zu früh
zu spät

Cultural Studies Band 6

Herausgegeben von

Christina Lutter und Markus Reisenleitner

Meaghan Morris

zu früh
zu spät

Geschichte in der Popularkultur

Aus dem Englischen übersetzt
von Stefan Erdei

Löcker

Gedruckt mit freundlicher Unterstützung des BKA, Sektion für Kunstangelegenheiten und des Magistrats der Stadt Wien, MA 7, Wissenschafts- und Forschungsförderung.

Die englische Ausgabe erschien unter dem Titel »Too soon too late« 1998 bei Indiana University Press

Herstellung: Novographic, Wien
Printed in Austria
ISBN 3-85409-388-8

für André Frankovits

Inhalt

Vom Nutzen und Nachteil der Übersetzung für das Werk
Geleitwort und Gebrauchsanweisung des Übersetzers

Dies ist nicht mein Buch; ich habe es bloß übersetzt. Es ist und bleibt das Werk von Meaghan Morris. Sie sehen, ich hänge einem recht unoriginellen »Originalitäts«-begriff an und halte nicht viel von der Ansicht, eine Übersetzung müsse sich vom Übersetzten entfernen, um in einem neuen Umfeld verständlich zu werden.

Es ist eine weit verbreitete Genre-Legende, daß eine vorlagengetreue Übertragung nicht literarisch ansprechend sein könne: Treue Übersetzungen, meinte etwa George Bernhard Shaw, seien nicht schön, und schöne nun einmal nicht treu. Wie jede Legende, die diese Bezeichnung wert ist, kümmert sie sich nicht um all jene Beispiele, die das Gegenteil belegen – ein weiteres hinzuzufügen, ist dennoch eines meiner Anliegen. Allerdings kann eine Übertragung, die an den Details der Vorlage wie auch an der Technik des Übersetzens selbst nur oberflächlich interessiert ist, die Wirkung eines Buchs nachhaltig stören, seinen Inhalt verstümmeln und jedenfalls das Lesen zu einer höchst mühseligen Erfahrung machen. Bei dem vorliegenden Buch wäre dies ganz besonders schade.

Meaghan Morris gehört zu jener Minderheit von WissenschaftlerInnen, die in ihrer Arbeit voraussetzen, daß Wissenschaft Spaß machen darf, ja soll, und jedenfalls nicht weh tun muß. Sie erzählt Ideen und selbst »trockene« methodologische Überlegungen in einem Stil, der es auch gestattet, das Buch als Ferienlektüre zu genießen, ohne daß sie dabei in gefällige Beliebigkeit verfällt.

Daher war mir wichtig, nicht nur zu transportieren, *was* Meaghan Morris sagt, sondern vor allem *wie* sie es sagt. Das (nie völlig erreichbare) Ziel war ein Text, der so klingt, als ob Morris deutsch geschrieben hätte; der Sprachmelodie und Satzbau der Autorin so weit wie möglich unberührt läßt, ihrem Hang zu Assoziationsketten folgt, den Wortwitz und die zeitweise nahezu bissige Ironie des Originals in die Übersetzung herüberholt und jene stilistischen und didaktischen Qualitäten spürbar macht, die an Morris Text so faszinieren. Auf dem Weg dahin gingen einige tradierte Weisheiten über Bord: etwa daß die englische Sprache so viel »präziser« und »knapper« sei als die deutsche und der übersetzte Text wegen erklärender Adjektiva und erläuternder Nebensätze deutlich umfangreicher sein müsse als die Vorlage; oder daß im Englischen eine größere Nähe zwischen Alltags- und Wissenschaftssprache bestünde, weshalb die dort erzielbare »Lebensnähe« im deutschsprachigen Wissenschaftsdiskurs nicht erreichbar sei.

Besonderes Augenmerk galt dabei den persönlichen Eigenheiten von Morris Sprache: ihrer Vorliebe für Bilder, dem Spiel mit ethymologischen Assoziationen, den für das Englische unüblich komplexen Satzgebilden, den manchmal fast abrupten Übergängen zwischen nahezu chirurgischer Exaktheit und alltagssprachlicher

Lockerheit, dem mühelosen Einfließen lokalsprachlicher Elemente. Eine spezielle Herausforderung stellt dabei ihr Bestreben dar, unter Verwendung von Fragmenten und Versatzstücken der in Linguistik, Kultur- und Filmkritik, feministischer Bewegung und Wissenschaft etablierten Terminologien eine eigene Wissenschaftssprache zu entwickeln, die der Interdisziplinarität (im Wortsinn) der betrachteten Gegenstände gerecht wird. Dies bedingt einerseits besondere Vorsicht, andererseits aber auch eine gewisse Respektlosigkeit im Umgang mit als inhaltlich »festgeschrieben« betrachteten Fachausdrücken (beachten Sie etwa die zahlreichen Bedeutungen von »minoritär/majoritär« bei Morris). Daß die Verwendung akademischer Begriffe außerhalb des gewohnten Fachkontextes zeitweise einen »entfremdenden« und gelegentlich sogar provokanten Effekt hat, ist von der Autorin bereits im englischen Text angelegt.

Ich gebe zu, gelegentlich war es nicht leicht, der Regung zu widerstehen, die Vorlage nach meinen Vorstellungen zu »verbessern«, Wortwiederholungen zu tilgen, »vage« Formulierungen exakter auszufeilen, komplizierte Satzkonstruktionen zu straffen oder aufzulösen, gelegentlich eine Fußnote an einen anderen Platz zu rücken, wo sie besser zu »passen« schien, kurz: sanktionslos (weil von der Autorin kaum kontrollierbar) all das zu tun, wofür sich BearbeiterInnen (LektorInnen, ÜbersetzerInnen, HerausgeberInnen ...) seit jeher den Unmut der AutorInnen zuziehen. Meine Aufgabe jedoch war die Übertragung, nicht die Verbesserung des Textes: und so blieben die Wortwiederholungen stehen – waren sie nicht ohnehin beabsichtigt? Auch davon, mein eigenes Wissen durch umfangreiche Ergänzungen des Apparats und editorische Anmerkungen zu »australischen« Besonderheiten unter Beweis zu stellen, nahm ich nach Möglichkeit Abstand. Morris macht es dem Übersetzer in dieser Beziehung auch relativ leicht: Ihre Bilder, Anspielungen und Assoziationen sind in aller Regel »international« auch ohne zusätzliche Erklärungen verständlich oder werden von ihr selbst – mit Blick auf ein US-amerikanisches Publikum – erläutert.

Nach einem Bonmot Walter Benjamins schreiben AutorInnen vor allem deshalb eigene Bücher, weil sie mit jenen, die sie kaufen könnten, nicht zufrieden sind. Das vorliegende Übersetzungsprojekt war zum Teil ähnlich motiviert: Es war auch eine Antwort auf mein wachsendes Unbehagen bei der Lektüre übersetzter Bücher. Oft hatte ich den Eindruck von Ungenauigkeit, Oberflächlichkeit und ja: einer Lieblosigkeit im Umgang mit den Texten, die in einem seltsamen Gegensatz zur oft peniblen Genauigkeit und »hinterfragenden« Offenlegung steht, die bei »Originaltexten« als wesentliches Merkmal wissenschaftlicher Arbeit eingefordert wird. Denn bei aller Treue zum Original handelt es sich bei einer Übersetzung doch auch um eine wissenschaftliche Arbeit sui generis, vergleichbar einer kritischen Edition, welche daher in ihrem eigenen Bereich den Kriterien der Nachvollziehbarkeit und Überprüfbarkeit zu gehorchen hat. Stellt man fest, dass die deutschsprachige Ausgabe eines so grundlegenden Textes wie Gilles Deleuzes und Félix Guattaris »Tausend Plateaus« fast doppelt so umfangreich ist wie die englischsprachige

Version und spürbar mehr Text aufweist als das französische Original, sind gewisse Zweifel angebracht, ob seine Rezeptionen noch miteinander vergleichbar und Grundlage eines wissenschaftlichen Diskurses sein können oder inwieweit die Texte von Übersetzungen tatsächlich etwas mit den AutorInnen zu tun haben, denen sie per Titelaufdruck unterstellt werden.

Um Vergleichbarkeit und sprachübergreifenden Zitiermodus zu erleichtern, habe ich auch die Numerierung der Anmerkungen aus dem englischen Ursprungstext beibehalten und die (bewußt spärlichen) zusätzlichen Anmerkungen numerisch dazwischengeordnet (mit nachgestellten Kleinbuchstaben) und so als eigene Einschübe ausdrücklich gekennzeichnet. Im Bemühen um wissenschaftliche Nachvollziehbarkeit gründet auch die einzige Durchbrechung des oben dargestellten Übersetzungsprinzips: Wo Meaghan Morris in ihrem Text Quellen zitiert, von denen bereits Übertragungen ins Deutsche vorliegen (etwa de Certeaus »Kunst des Handelns«), oder die im Original deutschsprachig sind (etwa die Werke Walter Benjamins oder Theodor Adornos), habe ich nach Möglichkeit auf die vorhandenen deutschen Texte zurückgegriffen, auch wenn dies Kompromisse bei Satzbau und Erzählduktus notwendig machte. Erwartungsgemäß tauchten dabei gelegentlich Probleme auf, wenn Morris aus den von ihr verwendeten englischsprachigen Ausgaben Assoziationsketten ableitet, welche mit dem deutschen Paralleltext nicht funktionieren. In diesen Fällen habe ich die Zitate gegenüber den Referenztexten verändert und an die Morris'schen Zwecke angepaßt und diese Eingriffe in den Anmerkungen begründet, um eine kritische Auseinandersetzung damit zu ermöglichen. In einigen wenigen Fällen habe ich eigene Übersetzungen anstelle der vorgefundenen verwendet und dies jeweils ausgewiesen und begründet. Trotz sorgfältiger und zeitaufwändiger Recherche kann ich klarerweise nicht ausschließen, daß mir die eine oder andere bereits vorhandene Übersetzung eines von Morris zitierten Textes unbekannt geblieben ist: Grundsätzlich handelt es sich also überall dort, wo als Quelle eines Zitats ein englischsprachiger Titel angeführt ist, um meine eigene Übersetzung; wo ich auf andere Texte zurückgegriffen habe, wird die deutschsprachige Ausgabe als Quelle zitiert.

In zwei Punkten habe ich aus grundsätzlichen Überlegungen eine Änderung gegenüber dem Englischen in Kauf genommen: Zum einen wurde im Sinn einer geschlechtersensiblen Übertragung das »Binnen-I« konsequent eingesetzt, außer dort, wo sich der Text eindeutig auf nur eines der Geschlechter bezieht (»Hausfrauen«) oder wo es sich um eines der oben angesprochenen Zitate handelt. Zum anderen fehlt im Deutschen wegen der Großschreibung aller Substantiva und hauptwörtlich gebrauchten Adjektiva die von Morris teilweise exzessiv genutzte Möglichkeit, einzelne Worte durch große Anfangsbuchstaben besonders hervorzuheben oder als Fachtermini einzuführen; in diesen Fällen habe ich mich zur Setzung in KAPITÄLCHEN entschieden, um die intendierte Betonung zu erhalten.

Mir ist bewußt, daß die vorliegende Übersetzung von meinem Verständnis und meinen Erfahrungen ebenso wie von meinen sprachlichen Vermittlungsfähigkeiten informiert und begrenzt ist. Als Übersetzer habe ich, ob ich will oder nicht, einen unleugbaren Einfluß darauf, in welcher Gestalt das übersetzte Werk vor ein neues Publikum tritt, und damit auch darauf, wie – und im schlimmsten Fall: ob überhaupt – seine Botschaften dieses Publikum erreichen. Daher ist hier wohl der Ort, als Person hinter dem Text hervorzutreten und mich vorzustellen. »Ich« bin (was immer diese gängigen Identifikationskategorien wert sein mögen): weiß, männlich, Europäer, und zwar Österreicher, deutschsprachig, 37 Jahre alt, Großstädter; kein Sozialforscher, Kulturwissenschaftler, Historiker oder Medienforscher, sondern: Jurist (die sich an dieser Stelle gern aufdrängende Assoziation »trockener« Textverliebtheit und den Querschluß von »Paragraphenreiterei« zum hier abgelegten Bekenntnis zur Werktreue dürfen Sie nun selbst anstellen).

Meine persönliche Beziehung zu »Too Soon Too Late« besteht auf mehreren Ebenen: Viele der politischen und geographischen Gegebenheiten, die den kontextuellen Rahmen des Buches ausmachen, waren mir bisher primär aus Nachrichten, Film und Belletristik bekannt und schon allein deshalb interessant und spannend. Allerdings wirkt die Schilderung einer »Insel der Seeligen« (im australischen Sprachgebrauch »glückliches Land«), die durch die »Globalisierung« in eine massive Sinnkrise gerät, indem sie entdeckt, daß die wortreich herbeibeschworene Abgeschiedenheit den Rest der Welt nicht davon abhält, Einfluß auszuüben, auf den »gelernten Österreicher« geradezu anheimelnd. Morris gleichzeitig angewiderte und bewundernde Verblüffung angesichts der Sado-Maso-Aura eines jungen »charismatischen« Finanzministers, der Wirtschaftspolitik »sexy« macht, indem er der Bevölkerung immer mehr Opfer abverlangt, kommt einem braven Untertan der exemplarischen »Ich-AG« Karl-Heinz Grasser im österreichischen Finanzministerium mittlerweile ebenfalls recht vertraut vor. Mit seltsamen Blut-und-Boden-Allianzen aus heimatbewußten UmweltschützerInnen, GlobalisierungsgegnerInnen und chauvinistischen Anti-Ausländer-AktivistInnen haben wir in Mitteleuropa auch schon gewisse Erfahrungen. Und was die Beziehung von Türmen und Ego angeht: Während der Arbeit an dieser Übersetzung (ich war tatsächlich gerade mitten im achten Kapitel) wurden die Türme des World Trade Centers aus der wohl berühmtesten Skyline der Welt gesprengt.

Doch selbst dort, wo sich die australische Situation dem europäischen Verständnis weniger unmittelbar erschließt – etwa bei der Debatte über Vor- und Nachteile republikanischer Ideen in einer Monarchie, deren Oberhaupt auf der anderen Seite der Weltkugel residiert, oder bei der Untersuchung der Motel-Kultur (welche uns allerdings dank Hollywood nicht mehr ganz so fremd ist) – eröffnen sich allenthalben Möglichkeiten, eben über diesen Entfremdungseffekt zu grundsätzlicheren Aspekten vorzudringen, die so verschieden gar nicht sind.

Meaghan Morris exemplarische Überlegungen, was und wie wir aus Geschichte lernen könnten, sind ohne besondere Übertragungsverluste auch auf die hierzulande praktizierten Kulturwissenschaften und Cultural Studies anwendbar; das Ringen um das Historische im Posthistorischen hat gerade erst begonnen, jede Hilfe sollte uns willkommen sein. Daß Morris »Interdisziplinarität« dabei nicht nur als Lippenbekenntnis pflegt, sondern tatsächlich konsequent – bis hin zur Begriffsbildung und -verwendung – umsetzt, macht Mut zu verstärkten Bemühungen im europäischen Kontext, zumal das Modell bei ihr so offenkundig funktioniert. Und schließlich reizte mich die Aufgabe, einen derart komplexen und vielschichtigen, dabei aber sprachlich einfach schönen Text zu übersetzen.

AutorInnen sprechen von Büchern oft als von ihren »Kindern« – ein schönes Bild, zumal es nicht nur die persönliche emotionale Bindung ans eigene Werk ausdrückt, sondern auch die Erkenntnis, daß ein Buch, sobald es »auf der Welt« ist, ein Eigenleben entwickeln und sich von dem/der Schreibenden emanzipieren kann. Knapp drei Jahre, die – keineswegs ausschließlich oder auch nur bruchlos, aber immer wieder und immer von neuem – der Übersetzung eines Buches gewidmet werden, können einen ähnlichen, »hybriden« Identifikationseffekt auslösen: Vielleicht qualifiziert mich der Versuch, es in einer neuen Umgebung zu etablieren, als eine Art Mentor oder Freund? Als solcher bin ich auf dieses Kind wirklich stolz; jetzt darf es zeigen, was es gelernt hat.

(Wien, im Juli 2003)

Danksagung

Ein Buch, an dem zehn Jahre geschrieben wird, häuft viele Schulden an. Mein Dank gebührt zuerst Kathleen Woodward, sowohl für ihr Wohlwollen als geduldige Serienherausgeberin als auch für den Ansporn, den ihre Arbeit über die Emotionen einer überzeugten Skeptikerin gab; weiters André Frankovits, John Frow, Lawrence Grossberg, Patricia Mellencamp und Paul Willemen, die alle dieses Buch unmittelbar formten und mich überredeten, es zu vollenden. Dank auch an Joan Catapano von der Indiana University Press für ihre beständige Unterstützung, Michael Baker für seine einfühlsame Endbearbeitung und Glen Powell dafür, daß er für dieses Buch einen Index verfaßte.

Viele Freunde haben Kapitel gelesen oder Probleme mit mir durchgesprochen. Ich genoß das Privileg von Kommentar und Kritik von David Bennett, Dipesh Chakrabarty, Ross Chambers, Kuan-Hsing Chen, Paul Foss, Anne Freedman, Ross Gibson, Helen Grace, Elizabeth Grosz, Ghassan Hage, Donald Horne, Ian Hunter, Laleen Jayamanne, Noel King, Adrian Martin, Brian Massumi und Stephen Muecke. Andere halfen mir direkt mit Untersuchungsmaterial und Rat: Dank an Roland Caputo, Virginia Coventry, Ann Curthoys, Michael Dean, John Docker, John Forbes, die Belegschaft von *Gleebooks*, Louise Johnson, James Hay, Chris Hilton, Colin Hood, Mark Jackson, Gary Jones von Bundeena Video, Pat Laughren, Jenny Lee, David Marcus, Rachel Moore, Joyce Morris, Andrew Naylor, Gil Rodman, Elvira Sprogis, Michael Taussig, Hilary Yerbury und Anne Zahalka. Beim Durchblättern uralter Notizen entdeckte ich, daß Paul Patton mir 1982 einen Brief über den Sydney Tower geschrieben hat, den ich mir offenbar zur Gänze geborgt habe.

Konferenzen und Seminare zwangen mich, meine Ideen und Konzepte vor Publikum darzulegen, und gaben den meisten Kapiteln Gestalt: Ich danke dafür Linda Baughman, Jon Bird, Edward Bruner, Sandra Buckley, Beatriz Colomina, Sally Couacaud, Peter Garrett, Stuart Koop, May Lam, Susan Magarey, Julie Marcus, Ken Ruthven und Susan Sheridan. Ich verbrachte 1987 eine wunderbare Zeit mit der Diskussion eines imaginären Buches mit Studierenden und KollegInnen am Center for Twentieth Century Studies an der University of Wisconsin-Milwaukee und 1990 an der Unit for Criticism and Interpretative Theory der University of Illinois in Champaign-Urbana. Meine Bibliographie läßt nicht erkennen, wie viel ich bei den zeitweise verwirrenden, aber stets lohnenden Abenteuern in den Vereinigten Staaten gelernt habe.

Paul Willeman lud mich ein, die Claire Johnston Memorial-Vorlesung beim 42. Edinburgh International Film Festival im August 1988 zu halten. Kapitel 5 »Ekstase und Ökonomie« basiert auf dieser Vorlesung.

Ohne öffentliche Unterstützung für Kritik und Forschung in Australien hätte dieses Buch nicht geschrieben werden können. Von 1991 bis 1993 gab mir ein Senior Fellowship des Literature Board des Australia Council durchgehend Zeit zur Arbeit an diesem Buch, und ich habe es als Inhaberin eines Senior Fellowship des Australian Research Council vollendet.

Frühere Versionen der folgenden Kapitel erschienen als »At Henry Parkes Motel«, *Cultural Studies* 2/1 (1988); »Things to Do with Shopping Centres«, in: Susand Sheridan (Hg.), Grafts: *Feminist Cultural Criticism*, London 1988; »On the Beach«, in: Lawrence Grossberg/Cary Nelson/Paula Treichler, *Cultural Studies*, New York 1992; »Great Moments in Social Climbing: King Kong and the Human Fly«, in: Beatriz Colomina (Hg.), *Sexuality and Space*, Princeton 1992; und »Ecstasy and Economics: A Portrait of Paul Keating«, Discourse 14/3 (1992). »Lunchen für die Republik« wurde in einer früheren Fassung für David Bennet (Hg.), *Multicultural States: Identity and Difference*, London 1988, verwendet. Das Vorwort begann als »Too Soon, Too Late: Reading Claire Johnston, 1970-81« in: Catriona Moore (Hg.), *Dissonance: Feminism and the Arts* 1970-90, Sydney 1994. Teile meiner Einführung stützen sich auf »Metamorphoses at Sydney Tower«, *New Formations* 11, 1990, und »Life as a Tourist Object in Australia«, in: Marie-Françoise Lanfant/John B. Allcock/Edward M. Bruner (Hg.), *International Tourism: Identity and Change*, London 1995. Ein Teil von »Epilog: Zukunftsangst« erschien als »Future Fear« in Jon Bird/Barry Curtis/Tim Putnam/George Robertson (Hg.), *Mapping the Futures: Local Cultures, Global Change*, London/New York 1993.

In Kapitel 1 wird der Auszug aus *Motel Chronicles*, Urheberrecht bei Sam Shepard 1982, mit Genehmigung von City Lights Books abgedruckt. In Kapitel 2 stammt das Bild von Mutter und Kind beim Einkaufen im Blacktown Westpoint aus *The Shopping Centre as a Community Leisure Resource*, Department of Environment, Housing and Community Development (Canberra 1978), Copyright Commonwealth of Australia, mit freundlicher Genehmigung. Ebenso wird in Kapitel 2 die Karte »Greetings from Indooroopilly Shoppingtown« mit Genehmigung von David Lee, International Colour Productions, Pty Ltd., abgedruckt. In Kapitel 4 erscheint das Szenenphoto aus *A Spire* mit Genehmigung von Chris Hilton, Aspire Films.

Vorwort: »Zu früh, zu spät«

Im Gedenken an Claire Johnston, 1940-87

> ...wir sehen die Emanzipation der Frau als Arbeit an der Revolution, aber nicht jener Art von Revolution, die ein Ereignis von zwei oder drei Tagen Dauer mit Schießen und Hängen ist.
>
> Ann Curthoys und Lyndall Ryan (1971) [1]

> Die Geschichte kann sich nicht von Daten befreien.
>
> Gilles Deleuze und Félix Guattari (1980) [2]

1991 organisierte Artspace in Sydney eine Ausstellung und eine internationale Reihe von Kunstprojekten zur Rückschau auf 20 Jahre Feminismus. Der Grundgedanke war, zeitgenössisches Schaffen mit einer neuen kollektiven Geschichte »Feminismus und die Künste 1970-90«[3] zu umrahmen. Dazu eingeladen, für eine Anthologie zu schreiben, die ein (für mich unlesbares) Manifest meines jüngeren Ichs enthalten würde, hatte ich große Schwierigkeiten, mir Feminismus als so etwas wie eine ungebrochene Erzählung vorzustellen. Für mich hatte Feminismus ebenso viel mit sporadischen Ausbrüchen von Energie, unterbrochenen Projekten, blockierten Pfaden, Perioden der Mattigkeit und unschätzbar ausgedehnten Abschweifungen zu tun wie mit einer langen, kumulativen Transformationsarbeit. Ich konnte über »Geschichte« nur nachdenken, indem ich mich durch einige Fiktionen von historischer *Zeit* arbeitete, die für feministische Kritikerinnen bei der Überlegung wichtig waren, was »Aktion« für feministische Kulturarbeit bedeuten könne.

Das führte mich dazu, über Aktivismus und Professionalismus nachzudenken, über Utopie und Pragmatismus, Engagement und Karrierepfade, über die Verwerfungen und Spannungen zwischen all diesen als Werte eines Mittelschicht-Feminismus. Doch das sind sehr große Begriffe, und ich sah mich selbst zu den Konzepten von Geschichte und Aktivismus zurückkehren, die in einigen wenigen Texten von Claire Johnston erkundet werden, einer der ersten und visionärsten feministischen Theoretikerinnen, die 1970 mit Film arbeiteten. Ich tat dies zum Teil, um zu verstehen, warum es mir zu jener Zeit schwer fiel, Johnstons Aufsätze zu lesen (ebenso wie die meisten anderen frühen feministischen Texte der »zweiten Welle«), doch vor allem weil ihr Werk – gerade durch seine Schwierigkeit für mich unter, wie sie vielleicht gesagt hätte, »diesen spezifischen Umständen« – meine Gegenwart als feministische Kritikerin beleuchtete.

Dies tut es heute noch. Das heißt, daß ich nicht länger eine *retrospektive* Beziehung zum Werk Claire Johnstons habe. Ich denke, ich hatte dies, als sie starb.

1987 war in vielen Bereichen des kulturellen und politischen Lebens bereits seit Jahren weithin die Vorstellung einer scharfen Trennung zwischen »den Siebzigern« und »den Achzigern« zum Ausdruck gekommen. In den Medien wurden bedeutsame Debatten über die Zukunft der Nation unter Verwendung charismatischer Premierministernamen wie »Hawke« (1980er) contra »Whitlam« (1970er) zusammengefaßt.[4] In der Kunstwelt nahm dies oft die Form eines Gegensatzes der *Stile* an: Es war in jenen Jahren für RednerInnen bei öffentlichen Foren nicht ungewöhnlich, sich selbst polemisch als »Mensch der Achziger« vorzustellen, als ob daraus sauber eine Kette von Paradigmen folgen würde wie eine Kaskade von Kreditkarten aus einer Geldbörse. Doch jenseits dieser Zeugnisse für die anhaltende Macht des avantgardistischen Narrativs war eine Erfahrung dessen, was Laura Mulvey in ihrem wundervollen Essay über Schließung und die 1980er »Veränderungen« (Changes) nennt, ebenso wichtig, intensiv und notwendig für den Feminismus als eine Bewegung.[5]

Claire Johnston beging Selbstmord. (Sie war kein »Mensch der Achtziger«.) Daher fiel es 1987 schwer, ihre Texte nicht so zu befragen, als wolle man herausfinden, was »schiefgegangen« sei. Diese Lesart brachte mir nichts: Es war zu früh für andere Fragestellungen, zu spät, als daß die Antwort Bedeutung gehabt hätte. Ich war aber nicht ernsthaft an einem Rückblick auf den frühen Feminismus interessiert (zu spät für Reminiszenzen, zu früh für nüchterne Historie)[6], und ungeduldig, in anderen Sachen weiterzukommen, gedachte ich den »1970-1990«-Teil der *Dissonance*-Vorgabe stillschweigend zu übergehen. Dennoch las ich weiter. Sprache hat ihre Imperative. Es ist faszinierend, wie Deleuze und Guattari sagen, »wie gründlich die Politik die Sprache von innen her bestimmt«[6a]; auf der Flucht vor diesen Jahreszahlen fand ich mich *gerade ihretwegen* in der Lage, Johnstons Werk im Jahr 1991, endlich, zu lesen.

Denn im Lauf der Zeit begann sich ein komplexeres, weniger mythisches Verständnis – in Wahrheit ihr kritisches Verständnis – davon durchzusetzen, wie Texte in der Geschichte, in der Zeit wirken. Johnstons Schriften, stets historisch, nervös gegenüber Mythen, wurden mehr Teil meiner Gegenwart, als sie jemals Teil meiner Vergangenheit gewesen waren. Es begann wichtig zu werden, statt etwas Abzuleugnendes, daß ich viele ihrer Texte tatsächlich zum ersten Mal in meinem Leben las. Denn ich kam »verspätet« zum Werk Claire Johnstons. In den 1970ern lernte ich nur sehr wenig von der britischen feministischen Filmtheorie; ich war nicht an Psychoanalyse interessiert, und meine eigenen Arbeiten blickten statt dessen auf Gilles Deleuze und Michel Foucault.[7]

Dies sind sehr persönliche Anmerkungen, aber sie helfen mir, eine Frage betreffend Feminismus und historische Zeit zu verdeutlichen, die ich untersuchen will. Ungeachtet all ihrer Unterschiede wurden die meisten Feminismen, zumindest in ihrer kreativ politischen Phase, von einem experimentellen Zugang zur Gegenwart gekennzeichnet, einem Verlangen, die Zukunft zu formen, und einer unternehmungslustigen Einstellung zur Repräsentation der Vergangenheit. In anderen

Worten, Feminismus ist skeptisch, aber konstruktiv. Wenn dies den Feminismus auch für Geschichte-ist-tot- und Shakespeare-hat-gesagt-Versionen des Kunst-Postmodernismus unzeitgemäß macht, klingt es als praktische Orientierung doch genügend sicher. Trotzdem kann man den Feminismus nicht leicht an heroische *Fortschritts*erzählungen anpassen. Wenn auch die meisten Träume des Historizismus, von der blutigen Revolution bis zur Milleniums-Gemeinschaft, zur einen oder anderen Zeit durch irgendeine Form von Feminismus aufgegriffen wurden, hat doch dieser grundlegende Skeptizismus gegenüber der Geschichte den Feminismus zugleich zäh beim Überleben seiner fehlgeschlagenen Experimente und widerstandsfähig gegenüber Argumentationsweisen gemacht, die ihre Behauptungen auf Notwendigkeit gründen.

Diese Verbindung zwischen einer konstruktiven Sozialphilosophie und einer skeptischen Geschichtstheorie ist nicht nur für melancholische Ästhetiker, sondern für viele der linken politischen Traditionen, mit denen der Feminismus assoziiert wurde, grammatikalisch falsch. Sie macht den Feminismus zugleich für die meisten zeitgenössischen Polemiken über Modernität, Postmodernismus und »Standards« im kulturellen Leben schwer verortbar. Der feministische Diskurs stottert oft, wenn es zur Rechtfertigung der Aktion aus einer Logik der Ereignisse kommt; nicht daß Logik zurückgewiesen oder Geschichte für chaotisch gehalten wird, sondern es gibt ein Ringen um die Benennung einer andersartigen Temporalität (»*nicht* jener Art von Revolution, die ein Ereignis von zwei oder drei Tagen Dauer ist«), die ein *feministisches* Konzept von Ereignishaftigkeit geschichtswissenschaftlich verständlich machen könnte. Exakter ausgedrückt bringt der Feminismus den politischen Diskurs zum »Stottern«.[8] Mit dem Ziel zu agieren, wie der Feminismus es meiner Ansicht nach tut, konkrete soziale Veränderungen herbeizuführen, und *zugleich* die eigentlichen Grundlagen des modernen Verständnisses davon anzugreifen, was »Veränderung« konstituiert, bedeutet eine immense Spannung, nahezu eine Art Überladung in der geschichtswissenschaftlichen Artikulation zu erzeugen – und manchmal im Leben von FeministInnen.

Denn tatsächlich gibt es keine einfache Trennung zwischen einem praktischen Alltagsfeminismus und den unermüdlichen, aber spezialisierten Kämpfen der feministischen Theorie. Natürlich können sie, und müssen sie oft, unterschieden werden, doch ich bezweifle, daß die brauchbare Trennlinie zwischen AktivistInnen einerseits und AkademikerInnen andererseits verläuft oder auch nur zwischen dem »Politischen« und dem »Kulturellen«. Professionalismus zum Beispiel wirkt sich mittlerweile ebenso intensiv auf Community- und Aktionsgruppen aus wie auf die KünstlerInnen, die zeitweise mit ihnen arbeiten. Ebensowenig trägt sich der Professionalismus sauber in die Karte der Materien von Klasse und Rasse ein; er ist für sich allein kein Problem des »weißen Mittelschicht-Feminismus«, obwohl der leichte Zugang dazu ein Privileg der weißen Mittelschicht sein mag. Im Professionalismus geschieht so etwas wie eine *generelle* Spezialisierung: Es ist nicht mehr selbstverständlich, daß der Unterschied zwischen einer »Politik« und einem »Job«

einer des Maßstabs ist oder der Qualität des Engagements, oder auch nur der Relevanz für eine Gemeinschaft.

Claire Johnston war eine kulturelle Aktivistin im Sinn der 1970er. Sie wirkte kollektiv in der London Women's Film Group und im Redaktionsteam von *Screen.* Sie organisierte 1972 zusammen mit Lynda Miles das erste Women's Film Festival in Edinburgh, verschiedene Sonderveranstaltungen beim Edinburgh Film Festival in den 1970ern und ein Feminist Film Festival im Jahr 1980. Sie schrieb etwa zwanzig Aufsätze, etliche davon grundlegend für die feministische Arbeit im Filmbereich, und nichts davon wurde mit Blick auf einen Lebenslauf produziert. Ihr letzter veröffentlichter Essay »Maeve« erschien 1981. Sie kämpfte mit »den Phantomen von Psychose, Thatcherismus und Einsamkeit«[9], und ebenso mit Geld- und Wohnungsalbträumen. Sie schrieb Manuskripte und vernichtete sie wieder. Sie lehrte zehn Jahre ohne Lehrauftrag und veröffentlichte nie ein eigenes Buch.[10]

Johnston jetzt zu lesen heißt, sich einem Aspekt feministischer Geschichte (und aktivistischer Zeit) zu stellen, den Lesley Stern, in einer schönen Würdigung Johnstons, schlicht »Überleben« nennt.[11] Johnston definierte ihr Werk oft in intensiv ortsgebundenen Begriffen, als ob sie dessen Leben einschränken wollte: sie »intervenierte« in »einem bestimmten geschichtlichen Augenblick«, um »Auswirkungen« in »spezifischen Situationen« zu haben, nicht um ein Wissensgebäude zu errichten, das als feministische Theorie Bestand hätte. Es gibt Probleme und Paradoxa in dieser Fiktion, aber in seiner hyperpolitischen Rastlosigkeit war ihr Denken durch und durch undogmatisch. Es zeigt eine zänkische Energie; es überlebt. Sie klang nicht immer undogmatisch: in dieser Britische-Filmtheorie-Prosa ist *so viel Latein,* ein mythisches Latein, das sagt »ich bin ein Beispiel strenger Wissenschaftlichkeit«; wie Stern sagt, kann der Effekt »düster, um nicht zu sagen: tyrannisch« sein. Doch gibt es einen aufsässigen Zug bei Johnston; sie hat eine Art, dieses Latein zu verwenden, die es klingen läßt wie einen Furz in der Kirche.

Heutzutage ist Dogma in der Kulturkritik selten düster in seiner Darstellung: rabiat, ja (in den Mainstream-Medien), oder cool, chic, charmant, einschmeichelnd (in Sterns Worten: »hebephren«).[12] Das Haupthindernis für den Feminismus ist derzeit nicht der Klang der Wissenschaftlichkeit, sondern das, was ein US-amerikanischer Literaturkritiker den »*Look* des korporativen Populismus«[13] nennt. In diesem Kontext ist mein Problem nicht mehr, oder nicht nur, warum Johnstons Aktivismus die 1980er nicht überstehen konnte, was »schiefging«. Nun frage ich mich auch, wie er die 1970er überlebte – mit anderen Worten, was *gut* ging. Das bedeutet, Johnston in chronologischem Sinne rückwärts zu lesen: Statt ihr Frühwerk nach tragischen Vorahnungen zu durchforsten, habe ich von ihrer skeptischen Geschichtsbetrachtung schließlich gelernt, am Anfang anzufangen.

Leben, Kunst, Arbeit

> Man ist seine eigene Arbeitskraft, und die Antriebe, die diese Arbeitskraft situieren, müssen sich zunehmend (im Thatcherismus) mit den Realitäten des eigenen Todes wieder und wieder befassen, unabhängig von eigenen Überzeugungen, politischen Bindungen oder irgendetwas sonst.
>
> Claire Johnston (1987)

Lassen Sie mich diese Anmerkung Johnstons auf dem Umweg über einen einfachen Vorschlag lesen: Deleuze und Guattaris Behauptung in *Kafka. Für eine kleine Literatur*, »Einen Gegensatz zwischen Leben und Schreiben, zwischen Kunst und Leben gibt es nur aus der Sicht einer großen Literatur.«[14] Diese Behauptung hilft mir, einige Aspekte in Claire Johnstons Leben als feministische Kritikerin zu verstehen, während Johnstons Schriften mir »eine Ansicht« zu einigen Konzepten des Minoritären[14a] eröffnen. Dazwischen kann ich die Probleme verdeutlichen, die ich mit beiden habe.

Die meisten literarischen Debatten gingen von der Möglichkeit eines Leben/Kunst-Gegensatzes aus (Autor/Signatur, Biographie/Text, Geschichte/Form), indem sie ihn entweder bekräftigten oder zurückwiesen oder verfeinerten. Selbst die poststrukturalistische Kritik an der Autorschaft wurde in der Literaturkritik gegen den Strich als Vorwand für die Gegenüberstellung von Kunst und Leben gelesen; in der gröbsten Form dieser Lesart würden, wenn der reale Autor unwichtig ist, Biographie und Politik aus der Literaturwissenschaft ausgeschlossen. In der Filmwissenschaft wurde Foucaults »Was *ist* ein Autor?«, womit klar gefragt wird, wie, und nicht ob, Autoren wichtig sind, etwas sorgfältiger gelesen; »die Ankunft des Poststrukturalismus hatte«, betonte Patrice Petro, »den gegenteiligen Effekt auf die feministische Kritik«.[15] Sie ermöglichte es Feministinnen wie Johnston, die in den 1960ern einflußreiche *Auteur*-Theorie zu revidieren, die Diskussion über den Platz weiblicher Regisseure in Hollywoods Studiosystem zu beginnen und jenes enorme Forschungsfeld zu erschaffen, das nun als »die weibliche Zuseherin«[16] bezeichnet wird. Dennoch, wie Petro sagt, war Johnston außergewöhnlich, weil sie darauf bestand, daß »Geschichte, Biographie *und* Textualität« in einer solchen Forschung immer zusammenwirken müssen.

Jetzt, in *Kafka* (1975), attackierten Deleuze und Guattari immer noch den psychologischen Kritizismus, der Roland Barthes in »Der Tod des Autors« in Rage versetzt hatte, eine Tradition, die »Kunst« als Substitut für das »Leben« sah und dann den Autor durch den Text analysierte.[17] Doch ihre Schwerpunkte unterscheiden sich von seinen. Wo Barthes dazu überging, die Arbeit des Lesens zu theoretisieren, studierten Deleuze und Guattari das »Leben« von Kafkas *Schreiben: Kafka* ist eine Biographie einer bestimmten Art des Schaffens. Es ist ebenso ein »Manifest für eine literarische/politische Avantgarde«.[18] Bekanntlich auf einen Gedanken gegründet, den sie Kafkas Notizen über jiddische Literatur in Warschau und Prager-jüdisches Schrifttum auf Deutsch entnahmen, ist das Minoritäre ein konstruktives Konzept; das Projekt lautet »*hin* zu einer minoritären Literatur« (*towards* a minor literature).[18a] Was an Kafka ungewöhnlich ist, ist daß Deleuze und Guattari an Stelle einer avantgardistischen Negierung des Stellenwerts der Kunst in der bourgeoisen Gesellschaft[19] ein affirmatives Projekt auf Grundlage einer massenhistorischen Erfahrung anbieten: »Wie viele Menschen leben heute in einer Sprache, die nicht die ihre ist? Oder kennen nicht einmal mehr, oder noch nicht, ihre eigene und kennen nur mangelhaft die majoritäre Sprache, die zu verwenden sie gezwungen sind?« (19).

Während diese Frage direkt auf die Erfahrung von ImmigrantInnen und kolonisierten Völkern verweist, findet sie versteckt Widerhall in den Themen der frühen feministischen Kritik und Johnstons Arbeiten über »*innerhalb des Systems*« der sozialen und cinematographischen Codes Hollywoods »erzeugte Filme von Frauen«[20]. Eine minoritäre Literatur ist nicht »marginal«: Sie ist das, was eine Minderheit *in einer größeren Sprache* konstruiert, und ist daher ein Modell der Aktion aus einer kolonisierten, unterdrückten oder verdrängten Position *innerhalb* einer vorgegebenen Gesellschaft. Darin unterscheidet sie sich von Theorien, die, so wie Laura Mulveys frühe Arbeiten über Film, ein alternatives System zu begründen vorgeben. »*Minor*« hat für Deleuze und Guattari die Gewalt eines Adjektivs, nicht eines Substantivs; sie stellen nicht eine Vorstellung von sozialer oder ethnischer *Minorität* jener einer abstrakten *Majorität* gegenüber. »Minor« und »major« werden in musikalischem Sinn als dur/Moll verwendet: sie verweisen nicht auf Inhalte oder Zustände, sondern auf verschiedene Arten, etwas zu tun, »zwei mögliche Umgangsweisen mit ein und derselben Sprache. Entweder man behandelt die Variablen so, daß man aus ihnen Konstanten und konstante Beziehungen extrahiert, oder so, daß man sie in einen Zustand konstanter Variation versetzt.«[21] Wie Godard, den Deleuze und Guattari ebenfalls als »minoritär« betrachten, ist Kafka ein kanonischer Autor, kein obskurer oder vernachlässigter Schriftsteller, und somit ist *Kafka* selbst eine »minoritäre« Lesart einer majoritären literarischen Figur. Doch die gigantischen Geschichten der Unterdrückung, die oft durch den Begriff »Minorität« maskiert (und durch eine sorglose Phrase wie »Frauen und andere Minoritäten« komisch bloßgestellt) werden, sind in das Konzept des Minoritären *eingebunden*; *Kafka* ist das Lesen des Werks eines Autors in Begriffen seiner Ethnizität.

Denn zu sagen, daß es einen Gegensatz zwischen Kunst und Leben nur aus der Sicht einer majoritären Literatur gibt, bedeutet nicht zu sagen, daß dies *falsch* ist und daß Kunst und Leben reintegriert werden sollten (laut Peter Burger das Projekt der Avantgarde[22]). Es bedeutet zu sagen, daß von einem anderen Blickwinkel aus das Problem schlicht irrelevant ist. Einige Hauptaspekte des Konzepts des Minoritären erläutern, warum dem so sein sollte. Minoritäre Literatur ist hochgradig ent-territorialisiert; von einer majoritären Sprache minoritären Gebrauch zu machen heißt, das Die-Verdrängung-Leben zu artikulieren. Alles an der minoritären Literatur ist politisch: die Ressourcenarmut im »beengten Raum« des Minoritären bedeutet, daß jede individuelle Intrige sofort an das Politische anknüpft und es immens auf die/den Einzelne/n ankommt – »sich in ihm eine ganz andere Geschichte abspielt«.[23] So hat alles kollektiven Wert; da ist kein Raum für die Entwicklung einer Modelläußerung, die vom Kollektiv *getrennt* wäre. Die »Talentknappheit« zwingt die minoritäre Literatur tatsächlich zu größerer Kreativität, und so definiert das Minoritäre »die revolutionären Bedingungen« für *jedwede* Literatur.«[24]

Das Konzept des »beengten Raumes« mag für das Nachdenken über die frühe feministische Praxis nützlicher sein als das »Minoritäre«, so wie dieser Begriff in wackeligen Analogien verheddert ist und durch eine Geschichte seines romantischen Gebrauches zum Zelebrieren von Marginalität. *Kafka* ist in der Beschreibung der Funktionsweise kreativer Bewegungen herrlich unmittelbar. Beengte Räume können ebenso durch kleine Milieus gebildet werden wie für fragile Gemeinschaften; meiner Erfahrung nach können eine politische Bewegung wie die Frauenemanzipation, ein periphäres feministisches oder nationales Kino und eine kleine Zeitschriften-Subkultur zumindest das Bestehen darauf gemeinsam haben, daß jede Geste *wichtig* ist.

In Milieus passiert Geschichte in einer absolut intensiven Gegenwart: es gibt keine »freie Zeit«, keine Toleranz für Verschwendung: Fehler werden tragisch als Desaster für die Zukunft konstruiert, sodann stoisch als »die Lehren der Vergangenheit« ausgeschlachtet; Kritik ist ein volatiler, mit Gefahren und akuten emotionalen Risiken befrachteter Akt, sie hat Konsequenzen, nicht »Gültigkeit«. Dies ist die Temporalität des Projekts, nicht der Profession, und Johnstons Essays tragen ihr Zeichen: massive Interpretation von für Außenstehende vielleicht nebensächlich erscheinenden Ereignissen (»Brecht in Britain: on *The Night Cleaners*«); die Angst vor »Gefahren«, die mit schlechten Schachzügen oder vergeudeten Lehren der Geschichte verbunden sind (»The Subject of Feminist Film Theory/Practice«), ein leidenschaftliches Interesse für die Anstrengung, die es braucht, einen Unterschied zu machen (»Maeve«).

In einem beengten Raum gibt es keine materielle Grundlage dafür, Kunst und Leben einander entgegenzusetzen. Doch in einem politischen Projekt kann der Aktionismus aus der Not eine Tugend machen, indem er eine *Konsistenz* zwischen Leben und Schreiben, Handeln und Denken, Leben, Kunst und Arbeit fordert. In *Kafka* gibt es keine derartige Ethik; der Künstler tut, was er tut, ohne Militanz oder Zwang, eindringlich zu bleiben. Das im späteren Werk von Deleuze und Guattari[25] stark verkomplizierte Minoritäre bleibt in *Kafka* ein fröhliches und wohltuend elitistisches Konzept. Absolut utopistisch benennt *minoritär* einen Prozeß, durch den das vereinzelte Individuum sich den »drohenden bösen Mächten« (Faschismus, Kommunismus, Fordismus »klopfen« für Kafka »an die Tür«) stellen, einer »möglichen Gemeinschaft« für das Kollektiv Ausdruck verleihen und das Böse mit »einer kommenden revolutionären Maschine« konfrontieren kann.[26] Das Minoritäre ist *prophetisch*. Es benennt nicht den historischen Prozeß, in welchem (wie für den Feminismus) die Prophezeiung soziales Handeln motiviert und durch gesellschaftlichen Wandel überprüft wird. *Kafka* handelt von Bürokratie, den Schrecken des täglichen Lebens, Niederlage und Verlust der Kreativität, aber nicht von der täglichen Plackerei jedweden weltlichen sozialen Ringens, nicht vom täglichen Rangieren zwischen minoritären und majoritären Praktiken, das Erfahrung im modernen urbanen Leben bestimmt – und nicht von den Schwierigkeiten der Aufrechterhaltung einer aktivistischen Ethik.

In einem nicht veröffentlichten, 1987 geschriebenen Text erklärte Johnston, warum sie es unmöglich fand, weiter zu leben und zu schreiben. Sie stand einer sozialen Ordnung gegenüber – ihren eigenen »bösen Mächten« – die zunehmend Druck auf dieses solitäre Individuum, die alleinstehende Frau mittleren Alters, ausübte. Als feministische Intellektuelle lebte sie, um zu schreiben und zu lehren. Als professionelle Feministin schrieb und lehrte sie auch, um zu leben. Im Thatcherismus wurde für Johnston der Grat zwischen *nicht* Schreiben und *nicht* Leben furchterregend schmal. »Zusammenbruch« bezeichnet in einer kapitalistischen Gesellschaft den Zeitpunkt, an dem man zu arbeiten aufhören muß. Als Johnston dies widerfuhr, war Lehren ein Test im Überleben der Tüchtigsten, explodierten die Wohnkosten, sperrten Kliniken zu im Namen der »Freiheit, in der Gemeinschaft zu leben«, während die »freie« Gemeinschaft, für die Arbeitslosen und Kranken, die Straße bedeuten konnte. Das war ein »beengter Raum« tödlicher Art: die Ressourcen, die für die persönliche Wiederherstellung benötigt wurden, waren zugleich jene, die am meisten vom täglichen Arbeitsleben ausgeschöpft wurden. So sah Johnston ihren Tod als logisches Ergebnis »einer Geschichte, welche die meine ist und eine Geschichte der 1980er, und der eingetretenen massiven Veränderungen, die am Ende den Körper, und das physische Leben im allgemeinen, ihr Gewicht spüren lassen.«

Seither ist viel über diese massiven Veränderungen und ihr Gewicht für Körper und Seelen geschrieben worden. Einiges davon, bei allem ernsthaften Bedauern der Armut und Hyperausbeutung, die heute am schwersten auf farbigen Männern und Frauen lastet, feiert neue Chancen, neue Karrierepfade für Reformprofis wie etwa Feministinnen in der Kunst.[27] Doch anders als die ProponentInnen der »neuen Zeiten« oder des Look des korporativen Populismus war Johnston nicht optimistisch. Im Thatcherismus sah sie ein Regime des totalen Realismus (keine Träume von Unsterblichkeit) und somit tödlicher Prohibition – keine Vorstellung eines anderen Lebens, keine Erfindung alternativer Welten, keine kommenden revolutionären Maschinen. Sie mag ihre Zukunft als eine Ewigkeit dessen gesehen haben, was Deleuze und Guattari mit Elias Canetti »Entwandlung« nennen, die Negation des Werdens: »Es gibt ebenso tote Räume wie tote Zeiten. ›Die gehäufte Entwandlung führt zu einer Reduktion der Welt. (...) Vielleicht die wichtigsten aller Verwandlungsverbote sind die sozialen. (...) Der Tod selbst ist zwischen Klasse und Klasse gesetzt, eine sehr ernste Grenze.‹«[28]

Eben dieser Tod wurde durch Thatchers berühmten TINA-Slogan »There Is No Alternative« (»Es gibt keine Alternative«) verkündet. Von der Führerin einer Nation proklamiert ist dieser Slogan (eine Performanz, ein im Sprechen verwirklichter Akt), was Deleuze und Guattari ein *mot d'ordre*, einen »Befehl« nennen; es ist »eine kleine Todesdrohung (...) – ein Urteil, wie Kafka sagen würde.«[29]

Vielleicht ist es das, was Johnston damit meinte, man müsse sich im Thatcherismus »mit den Realitäten des eigenen Todes wieder und wieder befassen«: zu überleben bedeutete, diese Verweigerung der Möglichkeit, dieses Verbot kreativer Kraft, diese strikte Negation des Lebens *auf der Alltagsebene* zu akzeptieren. Für eine feministische Intellektuelle konnte es ebenso einfach sein, sich mit dem eigenen Tod zu befassen, wie den eigenen sozialen Ort zu kennen, mit seinen Beschränkungen leben zu lernen und seine Vorteile zu akzeptieren oder zu ignorieren, indem man eine Sache sagt, eine andere tut – wieder und wieder jene Grenze festzuschreiben zwischen Leben und Schreiben, Kunst und Leben.

Und doch – indem sie dies zurückwies, hinterfragte Johnston zugleich das Erbe des Feminismus, das ihren eigenen Realismus informierte, ihr eigenes Gefühl des »keine Alternative«. Unter den Zwängen, denen sie sich ausgesetzt sah, war es, sagte sie, »*dieses Image der feministischen Aktivität*«, welches aus der Vergangenheit herüberwirkte, das sich für sie als »das allertödlichste« erwies. Eine aktivistische Vorstellungswelt, welche die Macht jener »massiven Veränderungen« leugnet und somit unfähig ist, sie zu ertragen, bewahrt in seiner eigenen Negation des Werdens einen »überholten« Imperativ, der jetzt für sein sozial paralysiertes Subjekt letal wird; jedes Selbst, das für seine Identität chronisch davon abhängig ist, »die Welt in einer bestimmten Weise zu sehen«, könnte sich als Subjekt einer Verfügung sehen, nicht länger diese Welt zu *verändern*, sondern einfach aus der Geschichte abzutreten.

Denn etwas sehr Wichtiges muß man sich bei der Arbeitsweise Claire Johnstons stets vor Augen halten. Von »Women's Cinema as Counter-Cinema« (1972) bis »Maeve« (1981) hat sie sukzessiv neue Räume der Analyse eröffnet, in denen sie sagen konnte, was im *nächsten* neuen Raum zu tun sein würde – und konnte dann eine Strategie dafür formulieren, es zu tun. Sie verabscheute jede Mythenbildung, ob feministisch, nationalistisch oder auch bloß cinephil, welche die Vergangenheit als Goldenes Zeitalter und die Gegenwart als Stadium des Verfalls ansah. Wenn Johnston über Erinnerung schrieb, schrieb sie darüber als eine Praxis, nicht als ein Erbe, als eine Methode, in Relation sowohl zum Ort als auch zur Zeit zu handeln – in Wahrheit als eine Art des Werdens. Sie sah die Vergangenheit als eine für jeden Kampf wesentliche »Dynamik«, doch sie nahm auch an, daß diese Dynamik nichts mit verlorenem Erbe und alles mit der Kreation effektiver Handlungsweisen in der Gegenwart zu tun haben muß. Claire Johnstons Denken war ereignishaft: Was sie »Theorie/Praxis« nannte, war eine temporale Kunst mit sozialen Implikationen. Sie war eine Aktivistin in dem Sinn, daß sie Dinge *geschehen* machte.

Als sie 1972 das skizzierte, was später ihre historischen Analysen von Dorothy Arzner und Ida Lupino werden sollten, argumentierte sie nicht in der Art für »die Geschichte«, wie uns eine *heutige* retrospektive Konstruktion des *damaligen* Feminismus erwarten lassen könnte. Sie argumentierte nicht für die Wiederentdeckung des »verlorenen« Werks weiblicher Regisseure, sondern daß das Studium von Arzner und Lupino ein Weg sei, die damals bei AktivistInnen populäre »monolithische Sicht der Medien als repressiv« zu unterminieren und angesichts der »puritanischen« Attacken der Linken »das Interesse Hollywoods wiederzuerwecken«. Sie sagte, daß eine Politik der Unterhaltung und des Begehrens lebenswichtig für das Frauenkino sein würden, und so war es die *Zukunft*, welche für sie »das Interesse an« in der Vergangenheit »innerhalb des Systems erzeugten Frauenfilmen« begründete.[30] »Women's Cinema as Counter-Cinema« heute zu lesen bedeutet, eine nützliche Perspektive auf die selbsttragenden Märchen der heutigen Cultural Studies (Es war einmal in den Siebzigern, so die Erzählung, da hatten Feministinnen eine monolithische Sicht der Medien als repressiv ...) zu gewinnen. Wichtiger jedoch ist, daß es bedeutet, durch Johnston selbst zu einer sorgfältigen Abwägung aufgefordert zu werden, worin der Sinn liegen könnte, sie heute zu lesen.

In ihrem Aufsatz über Pat Murphys *Maeve* thematisierte sie »Nostalgie« im strengen Sinn des Verlangens nach »Heimat«. Ihre Lesart des Feminismus und Republikanismus in Nordirland betont die vom Film getroffene Unterscheidung zwischen einer nostalgischen Rückbesinnung, die Maeves republikanischen Vater an seine Vergangenheit bindet und ihn dadurch am Handeln hindert, und Maeves »Reaktivierung« ihrer Vergangenheit – ihr Bemühen, eine Geschichte ihres Lebens zu erzählen, die es ermöglicht, in Zukunft zu handeln. Das Bild, das für Johnston dieses Unterschieden-Haben repräsentierte, war eine Einstellung auf den Giant's Causeway in der Schlußszene des Films; drei Frauen, die miteinander unter den Felsen trinken, während eine männliche Stimme aus dem Off in einer »irren Paraphrase des irischen patriarchalischen Diskurses« nörgelt und schwadroniert. Diese Szene deutete für sie die Möglichkeit an, nicht nur die patriarchale Mythologie des Heimatlandes zu verdrängen, sondern auch, für Frauen und im Kino, »eine andere Vorstellungswelt« zu entwickeln – eine andere Geschichte, eine andersartige Temporalität zu ermöglichen.

Im Nachdenken über das Überleben schreibt Laleen Jayamanne, daß die »listige Fähigkeit, die intellektuelle Sphäre zu verhandeln, ohne den Körper zu opfern, eine Kunst ist, die wir kaum zu lernen begonnen haben.«[31] Johnston sah Überleben immer als ein für Frauen wesentliches Thema: bereits 1975, in einem Essay über *Anne of the Indies*, sah sie die Implikationen der Modelle von Feminität als Maskerade und Hysterie, welche damals in der Theorie Einfluß gewannen, wenn sie über Tourneurs Heldin sagte, »die radikale Heterogenität, die durch ihre Maskerade dramatisiert wurde, wurde schließlich zu Ende gespielt und eingefroren im ultimativen Ort radikaler Absenz – im Tod selbst.«[32] Ihre eigenen Texte waren immer feinfühlige Lektionen in der feinen Kunst der Verhandlung, des Am-Leben-Bleibens, Lektionen die sie aus den Praktiken anderer Frauen, die im Bereich des Kinos arbeiteten, zog und in der Art ihres Schreibens umsetzte.

Die feministische »Kunst« ist kaum in Gefahr, die experimentelle Geschichtspraxis zu vergessen, welche ich soeben als »die Arbeitsweise Claire Johnstons«

beschrieben habe. Sie liegt, wenn auch nicht ausschließlich, dem größten Teil der feministischen Aktivität zugrunde, und die Filme, die mein eigenes Nachdenken über australische Kulturgeschichte in diesen zwei Jahrzehnten am nachhaltigsten beeinflußten – Helen Graces *Serious Undertakings*, Laleen Jayamannes *A Song of Ceylon*, Tracey Moffats *Nice Coloured Girls* und *Night Cries* – hatten alle diese Praxis gemeinsam. Mein Anliegen bei der »Erinnerung« dieses Aspektes von Johnstons Arbeit ist es nicht, den Feminismus zu dem zurückzurufen, was er stets getan hat, sondern mich einiger jüngerer Thesen über Ethik, Wahrheit und (einen oftmals unausgesprochenen) Professionalismus anzunehmen, die feministische Künste und Historien zum Objekt stiller Kritik oder gar direkter Angriffe machen.

Anders als ein großer Teil der zeitgenössischen Kunstkritik sind diese nicht Produkte des Neokonservativismus, obwohl sie ein reaktives Element beinhalten. Sie gehören marxistischen und liberalen Kritiktraditionen an, die nominell mit dem Feminismus sympathisieren: auch sie blicken auf zwanzig Jahre Kulturpolitik zurück und behalten dabei ein Auge auf die globalen Spannungen, die die 1990er geprägt haben. Ernsthaft, herausfordernd, urban akademisch sind dies Theorien, die fröhlich eine konstruktive Sozialphilosophie annehmen, sich aber in der Praxis mit einem skeptischen Zugang zur Geschichte nicht sehr wohlfühlen. Einige, wie David Harveys einflußreiches Buch *The Condition of Postmodernity*, assoziieren feministische Ästhetik mit »nostalgischem« ethnischem Nationalismus und religiösem Fundamentalismus; aus dieser Sicht, die »Maeve«s Politik der Differenzierung des Erinnerns nicht gerecht werden kann, kann Feminismus potentiell faschistisch sein.[33] Andere, wie Christopher Norris' *Spinoza & the Origins of Modern Critical Theory*, verteidigen leidenschaftlich die Möglichkeit von Wahrheit und VERNUNFT gegen eine »postmoderne« *pragmatische* Geschichte; aus dieser Sicht, welche die aktivistischen Modalitäten von Claire Johnstons kritischer Argumentation nicht erfassen kann, hat der Feminismus noch gar nicht stattgefunden.

Viele Frauen haben das Übertünchen feministischer Beiträge zur Kulturdebatte in den letzten Jahren bemerkt (genauso wie die widersprüchlichen Arten der Anerkennung, die den Feminismus selbst konstituieren) und über die Gründe dafür spekuliert.[34] Angesichts dieser Beispiele in politisch engagierten, energischen theoretischen Arbeiten bin ich überzeugt, daß in diese gemeinschaftliche *Unsicherheit* über den Status feministischer intellektueller Arbeit etwas hineinspielt, das mit der problematischen feministischen Kategorie der »Erfahrung« zu tun hat. Die Kategorie der Erfahrung hat immer die Irrelevanz des Gegensatzes von Leben und Schreiben, Kunst und Leben angenommen.[35] Wo sie als Möglichkeit zum Stellen skeptischer Fragen an die Geschichte verwendet wird statt als Möglichkeit, einen Anspruch auf persönliche Autorität zu erheben, ist »Erfahrung« seit jeher auch Teil des Ringens um die Benennung einer neuen Temporalität (»*nicht* jener Art von Revolution, die ein Ereignis von zwei oder drei Tagen Dauer ist ...«), die eine feministische Geschichtsethik theoretisch nachvollziehbar macht.

Ich habe den Verdacht, daß dies ein Ringen ist, das »majoritäre« Kulturkritiker wie Harvey und Norris nicht aus ihrer Lebens- und Arbeitserfahrung in einer akademischen Profession herauslesen können. Ich habe allerdings kein Verlangen, ihre (historische) Position anzugreifen, die Limitationen des von »weißen Mittelschicht-Männern« produzierten Wissens anzuprangern oder die Institutionen und Professionen abzulehnen, in denen Feministinnen jetzt arbeiten mögen. Im Gegenteil scheint es viel nützlicher zu fragen, wie professionelle Feministinnen nunmehr die Limitationen *unserer* Positionen verhandeln können. Früher oder später, so scheint mir, wird dies so etwas wie eine experimentelle Paxis der Geschichte des *Feminismus* notwendig machen.

In den fünfundzwanzig Jahren, seit Ann Curthoys und Lyndall Ryan eine Revolution vorhersagten, die »nicht ... ein Ereignis von zwei oder drei Tagen Dauer mit Schießen und Hängen ist«, hat der Feminismus seinen Teil an gewaltsamem Tod gehabt. 1988 provozierte Ann Curthoys eine Serie neuer Anläufe zur Benennung einer anderen Temporalität, als sie anmerkte, daß für weiße australische Frauen der Mittelschicht eine feministische Ereignishaftigkeit, selbst eine gewaltgeprägte, in keiner Weise *revolutionär* sei. »Es ist eine Erleichterung, ... daß wir nicht mehr in der Welt revolutionärer Slogans leben, die in den späten 1960ern und frühen 1970ern so weit verbreitet waren, dem munteren Revolutionsgerede eines Sektors der Gesellschaft, der wußte, daß er niemals Teil eines solchen Umsturzes sein wird, und den die Aussicht darauf zutiefst erschreckt hätte.«[36] Doch in den späten 1990ern ist die Aussicht eines Umsturzes wieder einmal näher gerückt; wie dieser schmale Sektor der Gesellschaft, der mit feministischer Kritik zu tun hat, mit noch »massiveren Veränderungen« in der Zukunft umgehen wird, ist nicht wirklich eine unzeitgemäße Frage.

Irgendwann in den 1980ern sah ich einen Film über Unzeitgemäßheit von Jean-Marie Straub und Danielle Huillet mit dem *Titel Trop Tôt Trop Tard* (*Too Soon Too Late*). Eine Szene ist in meiner Erinnerung lebendig. Die Kamera ist fix vor einer Fabrik montiert. Sie bleibt fix für eine bald schon unerträglich lange Zeit; mit böser Vorahnung erkenne ich, daß dies so weitergehen wird, und daß ich bleiben werde. Das ist »Realzeit«: Leute kommen und gehen bei den Toren, schlendern hinein, strömen heraus, verschwinden langsam wieder; eine Stimme erzählt ständig über moderne ägyptische Geschichte und irgendetwas, das mit Engels zu tun hat. Die »Fiktion« wird zum Alltag, der einfach vor unseren Augen stattfindet. Langsam in diese Fiktion hineingezogen werde ich von einer Zeit absorbiert, die so langsam abläuft, daß sie in jene zeitlose Geschwindigkeit verschwindet, die als »in praktisch keiner Zeit vorbei« beschrieben wird. Die Szene verweist auf einen Lumière-Film über *La sortie des usines*. Mein Körper jedoch ist intensiv im Kino, Gegenwartsform: meine Augen schmerzen, während Figuren sich in fließende Linien und zufällige Bewegungspulse verwischen und den Rahmen füllen und leeren. Ich bin von diesem Bild mesmerisiert, und dennoch sehe ich ohne Ende auf meine Uhr.

Mit Temporalität zu arbeiten ist in der modernen Kunst klassische Praxis. Realzeit kann im Kino mythisch »Experimentalität« bezeichnen. Das Erinnernswerte an dieser Szene war ihre skeptische Funktion in einem Film über Kolonialismus, Industrialisierung und Kino, unzeitgemäße politische Experimente und endlose Revolutionen. Die zunehmende Abstraktion ihrer Darstellung »der Arbeiter« beraubte die Szene nicht der Geschichte, wie man es vom Mythos erwartet, sondern füllte die Leinwand und das Kino mit einer kritisch dichten Erfahrung (im feministischen Sinn) der Macht der Repräsentation in der Geschichte kolonisierter Körper. Das Modell von Ereignishaftigkeit, das sie den ZuseherInnen offerierte, war weder eine aktivistische Identifikation mit der Darstellung noch eine kritische Distanz zu dieser, sondern die problematischere Erfahrung – andauernd, erratisch – von *Involviertheit.*

Bezugnehmend auf *Too Soon Too Late* weist Paul Willemen darauf hin, daß der Film Straubs und Huillets »das ›zu früh‹ oder ›zu spät‹ politischer Ereignisse und Bewegungen nicht als tragisches Schicksal akzeptiert, das ... Immobilität und Zynismus legitimiert«; möglicherweise, sagt er, gibt es eine Notwendigkeit, »daß Dinge *sowohl* zu früh *als auch* zu spät kommen«, damit »auch nur ein Augenblick« der Ereignishaftigkeit möglich ist.[37] Ich glaube, daß dies mehr als irgendetwas, das mit einem »postmodernen« Pragmatismus zu tun hat, das aktivierende Prinzip von Claire Johnstons feministischer Filmtheorie beschreibt und mir heute einen Ausgangspunkt bietet.

Einführung: Geschichte in den Cultural Studies

Warum *wollen* Cultural Studies die Geschichte? Was heißt es, sie zu wollen? Welche neuen Übertragungsakte werden Gegenstände aus der Vergangenheit den Cultural Studies durchzuführen helfen – oder sie dazu zwingen – ? Wie wird es gemacht werden? Wie gelehrt? Wird da überhaupt noch Platz sein für detaillierte historische Arbeit; oder werden StudentInnen der Cultural Studies gezwungen sein, sich auf große schematische und sekundäre Streifzüge durch die Zeit zu verlassen? Wird in ihrer Pädagogik noch Platz sein für die historische Fallstudie? Welchen Nutzen hat das überhaupt für Euch?

Carolyn Steedman[1]

Geschichte, »Theorie« und Cultural Studies

Es gibt ein methodologisches Problem, dem Leute, die in den Cultural Studies über die jüngste Gegenwartsgeschichte arbeiten, häufig begegnen. In seiner Darstellung der Schwierigkeiten, die Popularkultur in den Vereinigten Staaten heute zu theoretisieren, formuliert Lawrence Grossberg das so:

> Was tust du, wenn jedes Ereignis potentiell Evidenz ist, potentiell determinierend und sich zugleich zu schnell verändert, um die komfortable Freizeitgestaltung akademischer Kritik zu ermöglichen?[2]

Für meinen Zweck muß das Problem der Stabilisierung eines Analysegegenstandes in den Cultural Studies ein wenig anders formuliert werden. Im Ausdruck »komfortable Freizeitgestaltung« klingt eine Geste der Distanzierung von einer traditionellen literarischen Praxis an, die in Australien, wo akademische KritikerInnen weder Bequemlichkeit noch Muße als Bedingung ihrer Arbeit auffassen, unnötig scheint. Nichtsdestoweniger umreißt Grossbergs Frage ein klar erkennbares Dilemma, und zwar eines, das keineswegs neu oder auf eine Textkritik beschränkt ist, die mit Informationsflüssen, Hochgeschwindigkeitszeitformen und geschäftigen Forderungen nach schnellen Karriereverläufen ringt. Man sollte sich daran erinnern, daß bereits in den 1960ern Henri Lefebvre das Problem um *Das Alltagsleben in der modernen Welt* formulierte, indem er sein eigenes Aufgeben des ursprünglichen Projektes der dreibändigen *Kritik des Alltagslebens*, deren erster Band 1947 erschienen war, analysierte.[3] Lefebvre sagt von den »Überbleibseln« jenes Bandes, daß

> ...dieser theoretische Komplex zwar teilweise, nicht vollständig, geschrieben [wurde], aber er ist nicht veröffentlicht worden. Warum? Weil der Autor solche

> Veränderungen im gesellschaftlichen Leben festgestellt hat, daß seine »Objekte« sich vor seinen Augen verflüchtigten oder sich bis zur Unkenntlichkeit veränderten.[4]

Angesichts dieser Begegnung mit verschwindenden Gegenständen in einem Einführungstext zum Studium des Alltagslebens wäre eine Reaktion, auf einen jener »großen schematischen und sekundären Streifzüge durch die Zeit« zurückzugreifen, die uns erlauben, unsere methodologischen Probleme in die leichter zu handhabende Form als *Symptome* einer breiteren kulturellen »Logik«[5], eines sozialen »Zustands«[6] oder epochalen »Moments« umzuformen – postmodern, postkolonial, postindustriell, vielleicht sogar posthistorisch.[7] Derart eher etikettiert als gelöst werden Methodenprobleme zu Gelegenheiten für die Erprobung von Blockbuster-Geschichtstheorien. Wenn atemberaubend gigantische, monolithische Subjekte – der Westen, Modernität, Fordismus – beginnen, in unseren Texten über weite Räume in Welt und Zeit (»immer schon seit der Aufklärung ...«) hinwegzuschreiten und schließlich einzustürzen, »nehmen Vorstellungen von geschichtlicher Veränderung mythische, apokalyptische oder theoretische Formen an«;[8] da bleibt nur wenig Raum übrig für historische Praxis – oder verstörende empirische Überraschungen – welcher Art auch immer.

Solche Streifzüge bereiten vielen HistorikerInnen Unbehagen, weil sie die historische *Arbeit* aus dem Feld der Cultural Studies auszuschließen und mit den historischen Beweisregeln für das Aufstellen historischer Aussagen zu brechen drohen. Doch das ist nicht nur für HistorikerInnen ein Problem. Wenn KulturkritikerInnen übereinkommen, einen (großteils bibliographischen) Referenzrahmen anstelle eines Studienobjektes zu debattieren, verwenden wir in Wahrheit eine allgemeine Art von »Theorie«, um Fragen über den Status von Objekten und voneinander abweichende Beweis- und Determinationskonzepte in einem *multidisziplinären* Projekt zu umgehen. Die narrative Form, in der wir diese Umgehung durchführen, ist weder neu noch spezifisch für Cultural Studies. Wie gut es einem auch passen mag, eine Geschichte von Hyper-Ereignishaftigkeit und beschleunigtem Wandel zu erzählen, die Form stammt – mit stilistischer Mediation durch vielfach imitierte Philosophen wie Foucault, Lyotard und Derrida – aus der Gelehrtentradition der »Philosophiegeschichte«, in der (in Europa, das versteht sich von selbst) über sehr lange Zeitperioden sehr wenige große Ereignisse stattfinden: »seit Plato immer schon ...«; »seit Descartes ...«; »seit Kant ...«.

Die epische Wiederholung großer Augenblicke in der Theorie ist nicht die einzige Möglichkeit, die dem Kritiker offensteht, der beim Analysieren eines Objektes, das zu existieren aufgehört hat oder von allen anderen vergessen wurde, überrascht wird. Ich ziehe es vor, mich für einen Kontext an die Geschichte zu wenden, durch den das Leben des flüchtigen Gegenstandes oder »Falles« prolongiert wird: Durch die Sättigung eines festgelegten Ortes und Punktes in der Zeit mit Details kann eine kritische Interpretation aus ihren Objekten eine Parabel der Praxis extrahieren, die sie in *Modelle* mit einer Vergangenheit und einem Wiederverwendungspotential umwandelt und sie so mit einer Zukunft zu versehen trachtet. Dies ist eine literarische Lösung, und sie bevorzugt, wie vertraut die Szenerie auch sein mag, eine pikareske Erzählweise: populare Helden spielen in einer endlosen Serie kleinster Ereignisse eine theoretische Logik von beachtlicher Komplexität vor einem mehr oder weniger wohldefinierten sozialen Hintergrund durch.

Durch ihre eigene Investition in die Signifikanz von Dokumenten, Fällen und Ausnahmen sind alle Formen »textgestützter« Cultural Studies geneigt, sich der Geschichte als einer Möglichkeit zu fügen, ihrem Diskurs über Veränderungen jeder Art einen Rahmen zu geben. Historisch gesehen ist dies verständlich. Gerade die Formalität dieses Sich-Fügens jedoch provoziert Carolyn Steedman zu der Frage, was genau unsere Appelle an die Geschichte jetzt bedeuten und was wir mit ihnen erreichen wollen. Ich gehe davon aus, daß ihr Anliegen nicht ist, Cultural Studies für ungenügend »als« oder »in der« Geschichtswissenschaft zu befinden, sondern in disziplinübergreifenden Methodendiskussionen eine Frage des Begehrens explizit zu machen. Warum wollen wir, die wir Geschichte wollen, *Geschichte* – für Steedman »die instabilste« und »die unbeständigste aller geschriebenen Formen« – wenn nicht bloß deswegen, um ein Stück davon »als Baustein für eine andere Erklärungsstruktur« (614) zu benutzen?

Schließlich: Geschichte veraltet. »Es gibt nichts toteres und kälteres als alte Geschichte«; geschriebene Geschichte »*handelt* nicht bloß von Zeit, *beschreibt* nicht bloß Zeit oder verwendet *Zeit als ihren Schauplatz*; vielmehr bettet sie die Zeit in ihrer narrativen Struktur ein« (614). Das ist einer der Gründe, warum Deleuze und Guattari sagen, daß »Geschichte sich nicht von Daten befreien kann«; während die Geschichte »von den Aktionen und Passionen der Körper, die sich in einem gesellschaftlichen Bereich entwickeln«, erzählt, übermittelt sie doch auch »die reinen Handlungen, die sich in diese Entwicklung hineinschieben«.[9] Steedman fordert uns jedoch auf zu bedenken, daß das historische *Unternehmen* ein Ablaufdatum haben könnte. Zeitliche und finanzielle Beschränkungen höhlen die langsame, kostspielige Praxis der Archivforschung aus, auf der die moderne Disziplin gegründet ist; »eine sehr seltsame Darstellung« der Vergangenheit wird durch die pädagogische Notwendigkeit geformt, Geschichte billig und demokratisch auf das Lesen massenproduzierter Texte (Verwaltungsberichte, belletristische Prosa) zu stützen; der Paradigmenwechsel, durch den eine Disziplin nach der anderen »ihre Verbindungen zur Geschichte durchtrennt und ihre Autonomie durch Theorie verstärkt (hat)«[10], setzt sich mit gleichbleibender Geschwindigkeit durch die gesamte akademische Kultur fort und durch »die gewöhnliche und säkulare Welt, von der die akademische Wissenschaft ein Teil ist«, während auch die HistorikerInnen an »der Preisgabe der Zeit zugunsten ›des Kultur-Konzepts‹« (620) mitwirken.

Angesichts Steedmans eigener ernüchternder Antwort auf die Frage nach dem »Nutzen«, den Geschichte haben kann – »vielleicht gar keinen Nutzen« (621), erschiene es für Cultural Studies, die mit dieser gewöhnlichen und säkularen Welt befaßt sind, nicht weise, sich an die Geschichte um Hilfe zu wenden. Ob es uns gefällt oder nicht, Cultural Studies werden durch das Kultur-Konzept ermöglicht; sie sind ein *Produkt* »der allgemeinen Flucht aus dem Historischen«, und aus dem institutionellen Druck, den Steedman beschreibt; als Pädagogik bekräftigen sie (mit Steedman) den Wert wie auch die Notwendigkeit billiger, demokratischer Praktiken. Somit könnte »Geschichte wollen« eine Art gemeinsamer Nostalgie sein, die sich in dem ausdrückt, was sie die »Höflichkeit« einer akademischen Wissenschaft nennt, die von der einst allumfassenden Dominanz historischen Verständnisses befreit ist, aber um der alten Zeiten willen gerne zustimmt, daß »jegliche rigorose theoretische Form oder Art der Untersuchung eine historische Perspektive benötigt, eine ordentliche Historizität« (620).

Dennoch gibt es, wie sie selbst sagt, keine echte Alternative dazu, Geschichte zu haben. In einer Unmenge von »Studien-«Kursen wird Geschichte nicht nur anhand von Berichten und belletristischer Prosa gelehrt, sondern (ohne Rücksicht auf die »50-Jahr-Regel«[11]) von Filmen und hastig aufgezeichneten TV-Shows, dokumentierten Videoeditionen von Filmen und TV-Shows, Photokopien jeglicher kopierfähiger Art von Text, aufgezeichneten oder direkten Aussagen, »Kritik«-Expeditionen in Museen, Gallerien, touristische Stätten und öffentliche Gedenkräume, großen Stapeln abgelichteter Theorie, Magazinen und Morgenzeitungen. In dieser Weise gelehrt, gebrochen von den Belangen aboriginaler, feministischer, multikultureller und (immer noch seltener) schwuler und lesbischer Wissenschaft ist die Geschichte eine Serie öffentlicher Debatten und wird als solche in den Medien wahrgenommen.[12] Wie auch immer das Verhältnis zwischen Institutionen der neuen, »seltsamen« Versionen von Geschichte und der traditionellen Disziplin (bei der zur Zeit die akademische Macht und das Prestige liegen) aussehen mag, ich bin sicher, daß solche Cultural Studies, die sich selbst spielerisch als post-historisch deklarierten – oder zu ernsthaft ihre Divergenzen von dem ausloteten, was HistorikerInnen guten Willens freudig als Geschichte erkennen können – in Australien in die Rampenlicht-Obskurität der Kunstwelt oder das Halbdunkel des Philosophieseminars verbannt würden.

Kann diese Ausweitung praktischer Aktivitäten, die mit der Bezeichnung Geschichte belegt werden können, uns helfen, selbstbewußter mit Fragen kulturellen Wandels umzugehen, oder macht sie unsere Konzepte von Kultur und Veränderung verschwommener? Bei den Pädagogiken, die ich beschreibe, sind »Geschichte wollen« und »die Kultur verändern« wollen, indem man etwas Kapital für die öffentliche Debatte erwirbt, etwas Einfluß darauf, was in Zukunft als brauchbare Vergangenheit zählen kann, nicht leicht auseinander zu haltende Wünsche. »Neue« Geschichte ist ein Ergebnis gemischter Motive, und interessant an dieser Situation ist ihr absoluter Mangel an Neuheit. Wenn eine Geschichts-«Option« ein Ort intensiven Bewußtseins ist, daß es jetzt »sehr schwierig ist, aus Zeit ein Prinzip der Verständlichkeit, geschweige denn ein Prinzip der Identität zu formen«[13] (wie Marc Augé, ein Anthropologe, es ausdrückt), werden dadurch die Verständlichkeit und Identität der Geschichte als einer Disziplin der *Staatskunst* nicht notwendigerweise bedroht: nicht in auf Immigration gegründeten Gesellschaften und Siedlerstaaten, wo die Betrachtung der Kultur als uneinheitlich und umstritten, und eine historische Interpretation von Zeit an sich als ein europäisches Verständniskonzept[14] den Zwecken der Nationsbildung effektiver dienen kann als jeder Diskurs einer gemeinsamen Vergangenheit oder einer geschlossenen und kohärenten Kultur.[15]

Aus dieser Perspektive gesehen mag die Unbeständigkeit des Diskurses und der Fachpraktiken der HistorikerInnen weniger signifikant sein als die anhaltende Kraft der Geschichte als Bezeichnung für eine kulturelle Disziplin. Wie Dipesh Chakrabarty beredt darlegt, ist es von Bedeutung, daß Geschichte zu wollen kein primäres menschliches Verlangen ist.[16] Man muß uns beibringen, sie zu wollen, zu lernen, daß Geschichte der Name für etwas ist, das uns fehlt, und diese bestimmte Pädagogik von Begehren und Mangel ist eng mit dem Nationalismus als einem Projekt verknüpft, das darauf abzielt, Veränderung zu beherrschen. Andererseits muß, diese Geschichte vorausgesetzt, das Begehren nach Geschichte nicht vom Antrieb her nationalistisch oder von seiner Kraft her staatsbürgerlich sein. In den Cultural Studies wird es eher durch transnationale Faktoren der Subjektivität und Erfahrung und mobile Ausformungen von Widerstand oder Exzess organisiert. Daraus folgt, daß »Geschichte machen« als *institutionelles* Projekt gerade aus der Unbeständigkeit des historischen Diskurses und der Formbarkeit historischer Praktiken, die Steedman beschreibt, Luzidität und Kraft gewinnt.

Noch ist »Geschichte wollen« notwendigerweise von einem Gefühl der Ermangelung von Geschichte abhängig, oder auch nur vom Besitz eines Geschichtsverständnisses, für das »Mangel« eine relevante Kategorie ist. Begehren nach Geschichte kann pragmatisch erzeugt und verbreitet werden, wie die »neue Domäne der Positivität«, die Stephen Muecke als »Fälschung unter dem Slogan ›Australien hat eine aboriginale Vergangenheit‹« ansieht.[17] Dieser Slogan verbreitete innerhalb kurzer Zeit quer über den Kontinent eine Forderung ebenso wie ein Begehren aus den schwarz-australischen Sphären, die er zu organisieren half, hinein in die weiß-australischen Sphären, an die er sich am direktesten, wenn auch nicht ausschließlich, richtete. Von vielen verschiedenen Instanzen zitiert und verstärkt, weitergereicht zwischen dem T-Shirt-Geschäft und dem Archiv, den Medien und dem Museum, gewinnt der Slogan an Kraft als ein Verlangen nach historischer Anerkennung, historischer Arbeit, aber auch als ein Verlangen *nach Begehren*; er fordert, daß nicht-aboriginale AustralierInnen lernen, etwas über diese Vergangenheit *lernen zu wollen*, und diese Vergangenheit als Geschichte zu wollen.

Daher verschleiert jede einfache Wiederholung der Geschichts-Geschichte als die *staatsbürgerliche* Disziplin komplizierte Belange der Verortung und Adressierung verschiedenartiger Begehren nach Geschichte in verschiedenen öffentlichen Räumen. Wenn sie Geschichte wollen, wollen Nicht- HistorikerInnen üblicherweise nicht einfach irgendjemandes Geschichte und auch nicht die bloße Berührung durch die Würde und Autorität, welche die Geschichte immer noch verleiht. Wir mögen »unsere eigenen« Historien wollen, um so stärker, wenn wir fühlen, daß uns in der

Vergangenheit Geschichte verweigert oder wir *der* Geschichte unterworfen wurden; oder aber Historien, die etwas mit uns zu tun haben – Historien, die uns bedrücken, bedrängen, engagieren oder konfrontieren, Historien, welche das System erschüttern, innerhalb dessen wir »Veränderung« begehren und bewerten. Unter diesen fließenden Bedingungen mag geschriebene Geschichte als das Produkt der exakten, im Verschwinden begriffenen Arbeit, die Steedman als Geschichte schätzt – »das Aufdecken neuer Tatsachen, das endlose Neuordnen der unzähligen Details, welche des/der Historikers/erin Karte der Vergangenheit bilden« (S.614) – nicht ganz das sein, was wir wollen, oder alles, was wir wollen könnten. Methodologisches Begehren allein ist selten stark genug, um Amateure durch dicke Textstapel von Details über Menschen, Orte und Zeiten durchzutragen, zu denen wir keine gelebte oder vorstellbare Bindung haben. Wenn ich Geschichte will, lese ich die Theorie nach und überspringe die Fakten.

Die empirisch eingestellte Historikerin hat mit dem Begehren sowohl in der internationalen wie in der interdisziplinären Geographie der Cultural Studies ein Problem. Es taucht gegen Ende von Steedmans Aufsatz auf, wenn sie ihren Bericht über eine britische Situation als »parochial« bezeichnet in seinem Umfeld, einer US-amerikanischen Cultural Studies-Konferenz. In einem akademischen Kontext bedeutet »parochial« (wie das *Macquarie Dictionary* definiert, »ausschließlich auf den eigenen Pfarrkreis, oder ein besonders enges Gebiet oder Feld, beschränkt oder daran interessiert«) einen Mangel an Engagement, ein Fehlen von *räumlichem* Takt: Wir verabsäumen, andere in einem Diskurs zu berühren oder von ihnen berührt zu werden, der »weit« genug ist, um mehr als einen Parochialismus anzusprechen. Natürlich bedroht ein solches Versäumnis nie alle Parochialismen gleichermaßen. Chakrabarty erinnert uns, daß *wegen* der Geschichte nur die Geschichte jener, »die bereits im Zentrum der Dinge stehen«, von »inhärentem Interesse für andere« ist (S.103). Die Historikerin trägt allerdings gerade wegen der Natur ihrer Praxis das Risiko des Parochialismus: Neue Fakten, eine endlose Neuordnung der Details, ein scharfes Auge für Einzelheiten haben keinen Wert ohne einen gemeinsamen Referenzrahmen, der sie für andere bedeutungsvoll macht, und eine Methode der Übertragung, was als signifikante Veränderung *zählt*.

Doch dies ist nicht nur ein Problem britischer HistorikerInnen. In der transnationalen Ökonomie der Cultural Studies – mit Zentrum in den Vereinigten Staaten mit ihren Konferenz- und Veröffentlichungskreisen, gemanagt durch die funktionell großen Erzählungen von US-Feminismus, Multikulturalismus, Postkolonialismus, Diaspora, Postmoderne – unterliegt jede Analyse von allzu spezifischem Material, das zu weit von den US-Normen abweicht, der Gefahr, niemanden anzusprechen: das Parochiale wird zum *Bedeutungslosen*. Sich selbst als parochial zu bezeichnen, als ob sie als Außenseiterin spräche (»die Historikerin«), ist dafür eine kosmopolitische Lösung; Steedmans Selbstbeschreibung ist taktvoll, ermöglicht ihr, ihre Fragen gezielt an jeden zu richten, der es der Mühe wert findet zu antworten. Häufiger erledigt das, was wir »Theorie« nennen, die Arbeit, einen Weg zu finden, jene Themen anzusprechen, die wir in einem gegebenen transnationalen Raum für inhärent interessant erachten.[18] Innerhalb eines solchen Raumes *ist* Theorie die Arbeit, einen kosmopolitischen Aspekt selbst aus den am stärksten parochial konstruierten oder ephemären »Ereignissen« im Grossberg'schen Sinn zu extrahieren – selbst wenn dieser Aspekt darin besteht, den Kosmopolitismus der Theorie zu kritisieren.

Daher der seltsame, schwierige Status der *Theorie* (mehr noch als der Geschichte) in den Cultural Studies, wo »Theorie« in der Praxis wenig damit zu tun hat, die Autonomie des Feldes zu stärken[19], und noch weniger damit, die Autonomie anderer Disziplinen aufzulösen, aber eine Menge mit kulturübergreifender und interdisziplinärer Übersetzung, Verhandlung und Powerplay. Kulturtheorie ist ein Medium der Diplomatie. Deswegen verweist der Begriff in den Medien wie im akademischen Gebrauch gleichermaßen auf einen kleinen, aber international anerkannten Kanon von Namen, auf einen subphilosophischen Jargon und auf eine populistische Art der Darstellung, die ihre Vermengung expositorischer und narrativer (oder »akademischer« und »persönlicher«) Rhetoriken ästhetisch ausflaggt. Alle drei Praktiken sind Methoden zur Erzeugung einer partiellen und oftmals temporären Gemeinsamkeit zwischen Leuten, die wenig gemeinsam haben.

Darum kann Theorie einerseits als ein für seine Erste-Welt-Anmaßungen und seine homogenisierenden Kräfte zu kritisierendes »Tauschobjekt«[20] beschrieben werden, auch wenn sie andererseits als eine utopische Arbeit der Reflexion über die Bedingungen praktiziert wird, unter denen die Übersetzung zwischen heterogenen, politisch ungleichen und konfligierenden Wissen (eventuell mit ungleich stark geteilten Geschichten des Kontakts) geschehen kann. Die »Währung« der Theorie zu kritisieren, ist Teil dieses Prozesses. Ebenso verhält es sich mit ihrem taktvollen Gebrauch, um die mächtigeren Anderen von der Bürde ihres Versäumnisses, die »Fakten« unserer Geschichte zu begehren, zu befreien.

Hier erlaubt Steedmans Fragestellung ihre herausforderndste Abwandlung: Sind Cultural Studies daher tatsächlich an schematische und sekundäre Methoden, mit der Vergangenheit umzugehen, gebunden? In diesem Buch lautet meine Antwort »Nein«: Cultural Studies erfordern eine flexible Beziehung sowohl zur Geschichte *als auch* zu den räumlich wie zeitlich pauschalierenden Behauptungen, die als Theorie im Umlauf sind. Wie nützlich die Herausforderung auch sein mag, Steedmans allumfassende Opposition zwischen Geschichte und Theorie (für die in ihrem Text »das Kulturkonzept« als ein Metonym auftritt) macht es schwierig, auf praktische Weise über den dritten Begriff – »Cultural Studies« – nachzudenken. Die dringende Frage ist für die AnwenderInnen nicht, ob Cultural Studies »Raum« für historische Fallstudien lassen können. Natürlich können sie. Die Frage ist eher, was eine »Fallstudie« in den Cultural Studies bedeuten mag und was sie dort *bewirken* kann.

Ich teile Grossbergs Vorliebe für den Begriff »Kontext« anstelle von »Fallstudie« zur Beschreibung sowohl einer Methode als auch eines Objektes der Cultural Studies-Forschung. Grossberg definiert einen Kontext als ein »spezifisches Stück des Alltagslebens«, das *zwischen* Kultur, verstanden als »ein spezifisches Bündel von Praktiken«, und bestimmten sozialen Kräften, Institutionen und Machtverhältnissen liegt.[21] Cultural Studies bemühen sich zu verstehen, wie solche Kontexte erzeugt, aufgelöst und wiedererzeugt werden, und wie sie die die Bedeutung und den Wert kultureller Praktiken verändern. Eine »Fallstudie« beinhaltet daher zumindest einen Akt der Abgrenzung eines Kontextes. Daraus folgt, daß es tatsächlich unmöglich ist, generelle Aussagen über die Rolle von »Zeit« und Geschichte in Kultur-(Fall-)Studien zu treffen. Denn eine der wenigen Annahmen, die das Feld vereinen, ist, daß Kontexte, einschließlich Forschungskontexte, immer dynamisch und offen für Veränderung sind.

Das ist der Grund, warum ich in diesem Buch nicht beginne, die unübersehbare theoretische Literatur zu kommentieren, die in vielen Disziplinen jetzt über die Beziehungen zwischen »Geschichte« und »Kultur« (gar nicht zu reden von »Zeit« und »Raum«) produziert wird. Mein Fokus liegt auf einer winzigen Auswahl popularkultureller Konstruktionen von »Geschichte« in der zweischneidigen, umgangssprachlichen Bedeutung von »signifikanten vergangenen und gegenwärtigen Ereignissen« und »Diskurs über die Vergangenheit«. Wenn ich dennoch Theorien mit Bezügen zur Rolle von Geschichten in der Popularkultur bespreche, beschränke ich mein Blickfeld auf einige wenige Texte, die ich in diesem Kontext für nützlich halte; dies ist kein Buch über Geschichtsphilosophie,[22] und ich schreibe anderenorts über Historizismus in Theorien zur Popularkultur.[23]

Dieses Buch nahm sehr langsam Gestalt an als ein Essay in Cultural Studies, nicht in Kulturtheorie. Nach meinem Verständnis dieser Unterscheidung folgt daraus, daß ich auf Steedmans Frage nach dem Begehren oder Grossbergs Methodenfrage auf rein argumentative Weise nicht adäquat antworten kann. Ich muß einen Kontext definieren, der diesen Fragen Bedeutung verleiht.

Studienperiode: 1972-1995

Als ich dieses Projekt Mitte der 1980er anfing, wollte ich die Kulturpolitik der ENTWICKLUNG – »Development« mit dem grossen D, welches dem Wort im Sprachgebrauch des Immobilien-/Tourismus-/Freizeitindustie-Komplex, besser bekannt als der »Gastgewerbesektor«, seine Weihe verleiht – in Australien zwischen 1972 und 1988 untersuchen. Ich wählte diese Jahreszahlen als grobe Anhaltspunkte für eine Periodisierung, die, wie ich dachte, durch die wachsende Bedeutung des Tourismus für die australische Wirtschaft, seine Auswirkungen auf die soziale Landschaft und die Resonanz beider im neuen *nationalen* Image-Raum, der durch Gesetzesänderungen und eigene Satellitentechnologie 1986 geschaffen wurde;[24] ohne geschichtliche Begrenzungen läuft ein solches Projekt Gefahr, deskriptiv chronikartig scheinbar endlose Veränderungen aufzuzeichnen. Periodisierung signifiziert »Geschichte« nicht im fachlichen Sinn. Ich wollte lediglich mein Forschungsfeld begrenzen.

Neunzehnzweiundsiebzig ist ein symbolisches Schwellenjahr in der modernen australischen Geschichte. Die erste Labor-Regierung[25] seit 1949 wurde in einem

Klima des euphorischen politischen Radikalismus und des Verlangens nach Veränderung gewählt, doch gleichzeitig im letzten Jahr, in dem es einfach war anzunehmen, daß wirtschaftliche Prosperität für Australien »natürlich« ist; mit dem verrückten Boom des Jahres 1973 wurde immer offener über die »Nachkriegs«-Prosperität als eine historische »Phase« gesprochen, von der man eigentlich sagen konnte, daß sie vorbei war. Sechzehn Jahre später, 1988, beaufsichtigte eine andere Labor-Regierung (erstmals 1983 auf der Basis von Pragmatismus und der Verheißung sozialen Konsenses gewählt) die australischen Zweihundertjahrfeiern als riesiges, touristenorientiertes Medienspektakel – ein »historisches Special«, welches das ganze Jahr andauerte und starke soziale Auswirkungen auf die Großstädte, vor allem Sydney, hatte.

Während dieser sechzehn Jahre wurde es in den Medien zu einem Gemeinplatz, daß Australien nicht eine garantiert wohlhabende »europäische« Gesellschaft am Rande »Asiens« ist, sondern ein seltsamer, verwundbarer Hybrid, ein »armes kleines reiches Land« (wie der düsterste der Wirtschaftsgurus, Maximilian Walsh, sein 1979er Buch über »den Schock der Siebziger« betitelte); *etwas ähnliches wie* eine von Bodenschätzen und Tourismus abhängige »Dritte-Welt-Ökonomie«, tief verschuldet und mit einem strukturell unterentwickelten Produktionssektor, die aber an einer verschwenderischen Gesellschaft mit Erstwelt-Erwartungen an Lebensstandards und einem eingebunkerten Erstwelt-*Selbstverständnis* festhält.[26] Nicht länger ein Außenposten Europas war Australien nunmehr ein peripheres Land am pazifischen Rand, wirtschaftlich dominiert von Japan. In den 1980ern fügte die Regierung ihrem Programm der wirtschaftlichen Internationalisierung sodann eine diffuse kulturelle Pädagogik hinzu. Die Förderung des Tourismus würde Teil eines breiteren Prozesses der »Rekonstruktion Australiens« werden, in welchem weiße AustralierInnen lernen würden, unsere Erwartungen zu adjustieren – und dieses Selbstverständnis zu überdenken.[27]

Innerhalb dieses historischen Rahmens intensiv konfliktbeladenen Wandels wählte ich den Tourismus als Fokus, um in sehr engen »Kontexten« zu untersuchen, wie Veränderungen einerseits im Alltagsleben bestimmter Gemeinschaften und andererseits in dem aufgearbeitet werden, was Donald Horne als »die öffentliche Kultur« bezeichnet: Die Mischung aus Ritualen, Überzeugungen, Gebräuchen, Praktiken und *Images* von Politik und Vergnügen, erzeugt von all jenen Institutionen, groß und klein, staatlich und privat, religiös und weltlich, die eine »Fata Morgana« nähren, »die über einer Gesellschaft schweben kann, vorgibt, ihr nationales Leben zu sein, und dabei einigen Interessen dient und die bloße Existenz von anderen unterdrückt.«[28] Für Horne ist eine *öffentliche* Kultur nicht immer ident mit »Hegemonie« im Sinne eines verhandelten *Common Sense*, und mit Sicherheit nicht immer *Popular*kultur in dem Sinne, daß sie weithin praktiziert, genossen und geteilt wird: »Eine Mehrheit der Menschen in einer Gesellschaft mögen in einer öffentlichen Kultur überhaupt nicht auftauchen oder in einer Weise präsentiert werden, in der sie sich selbst nicht erkennen« (vii).

Ich interessierte mich für die Umgestaltung der öffentlichen Kultur in Australien während dieser Periode, einschließlich vieler Aspekte dieses Glaubens an Weiß-sein, Britentum, Homosozialität, Gewöhnlichkeit und Egalitarismus, die für anglo-keltische[29] Menschen der Arbeiterklasse für mehr als ein Jahrhundert das *Gefühl* nährten, »majoritär« zu sein. Die Agenda der Bundesregierung für diese Umgestaltung umfaßte eine von den Medien unterstützte Verschiebung in der nationalen Mythologie vom protektionistischen »Paradies des arbeitenden Mannes« zum Freihandels-Touristenhimmel. Die *Symbolik* einer solchen Verschiebung konnte jedoch nicht im selben Grad oder auf dieselbe Weise »popularisiert« werden wie jene der – um nichts weniger konstruierten – politischen Verschiebungen jener Periode vom Weißen zum Multikulturellen Australien und von der Klassenlosen zur Kosmopolitischen Gesellschaft[30] – nicht zuletzt deswegen, weil so viele nach dem Zweiten Weltkrieg als Industriearbeiter hereingeholte MigrantInnen feststellten, daß ihr Kosmopolitentum für die tourismusorientierte Ökonomie nutzlos war. Eine Mehrheit der AustralierInnen konnte in einem Pacific Rim-Tourismusfilm einfach nicht auftreten, oder, um das Problem auf weniger unverhandelbare Art zu formulieren, die den meisten AustralierInnen zugewiesenen Rollen konnten nicht als »majoritär« angesprochen werden.[31]

Auf der Ebene der *popularen* Mythologie barg daher »die unglaubwürdige Einbeziehung des Tourismus in ein offensichtlich nationalistisches kommerzielles Projekt«[32] stets ein Potential, das ideologische Wirken von Multikulturalismus und Kosmopolitentum zu stören. Der ökonomische Reiz des Tourismus ist einfach zu offenkundig sektoral, um Mehrheitsängste zu beschwichtigen. Wie Jennifer Craik es prägnant ausdrückt, bevorzugt die Industrie »rudimentär ausgebildete, teilzeit- und gelegenheitsbeschäftigte und unterbezahlte (›feminisierte‹) Arbeitskräfte« und ausgesuchte Küsten- oder Wüstenstandorte.[33] Die Verpackung des Tourismus als Mittel zur nationalen Erlösung kann neuen Bedarf an alten sozialen Sündenböcken schaffen: Migranten, die die guten Jobs wegnehmen; Frauen, die die schlechten Jobs annehmen und das Gewerkschaftssystem unterminieren; Aborigines, die den Städten Land, Steuergelder und Touristen wegnehmen; Asiaten, die als Touristen und Erschließer »das Land übernehmen«. Feinfühlige Cultural Studies-Lektionen über die Vorzüge eines wohlorganisierten Tourismus, etwa in Bali[34], sprechen solche Ängste, die machtvolle Anzeichen dafür sind, daß sich die Fata Morgana der »Majorität« auflöst, nicht wirklich an.

Nichtsdestotrotz schreitet die »Touristisierung« voran, in Zeitlupe, als ein kultureller und ökonomischer Prozeß unter mehreren. In meinem eigenen, ziemlich bevölkerungsreichen Staat New South Wales, wo Auseinandersetzungen über die Wildnis relativ selten und die Wohnraumversorgung der Bürger ein bedeutendes Umweltproblem sind, wird der Tourismus üblicherweise weniger unmittelbar als Bedrohung oder Allheilmittel gesehen denn als irdische Realität, die täglich im Leben der Menschen verhandelt wird. Daher begann ich, Repräsentationen von Raum, Zeit und Bewegung *in Funktion* in und um familientouristische Praktiken

(Einkaufen und Herumfahren ebenso wie Sightseeing) zu untersuchen, wie sie von Ortsansässigen ebenso wie von BesucherInnen an bestimmten Orten durchgeführt werden.

Ich untersuchte Diskurse, die bei der Produktion von Tourismusplätzen eine Rolle spielen – Regierungsberichte, Medienberichte, Planungsdebatten, Werbeliteratur – und unter den BenützerInnen eines Ortes als Klatsch, Mythos und Meinung zirkulierten. Da »Partikularität« für mich mehr ein Set von Beziehungen als eine Essenz ist, wollte ich auch *verschiedene* Touristenorte an Australiens mittlerer Ostküste analysieren: Ein Familienmotel in der kleinen Buschstadt Tenterfield (»In Henry Parkes Motel«), drei vorstädtische Einkaufszentren, zwei in Brisbane, eines in der agrarindustriellen Stadt Maitland (»Was man mit Einkaufszentren tun kann«), einen urbanen Touristenturm (»Höhepunkte sozialen Aufstiegs«). All diese Schauplätze der Analyse waren Räume weiblicher Arbeit, alle waren auf irgendeine Art von Gemeinschaften aus der Arbeiter- und unteren Mittelklasse bevölkert oder umgeben, und die meisten hatten mit dem Prozeß der Wiederherstellung sozio-ökonomisch verwüsteter Regionen als »Tourismuslandschaften« zu tun.

Ein frühes Ergebnis meiner Vorbereitungsarbeit war ein Interesse an der Beharrlichkeit von Ideologien (Narrative und Rhetoriken) von FORTSCHRITT und ENTWICKLUNG: wie und wo »Fortschritt« und »Entwicklung« als Werte mobilisiert und diskutiert wurden, welche Zwecke sie erfüllten, welche Handlungen sie ermöglichten und, da die beiden Begriffe eigenständig, aber fähig sind, als Synonyme zu wirken, wie sie sich in Beziehung zueinander verschieben, bei manchen Gelegenheiten überlappend, bei anderen in Konflikt miteinander. FORTSCHRITT und ENTWICKLUNG sind beide große Erzählungen, so wie sie in moderne Historien, Geschichtstheorien und Theorietheorien, die wohl kaum für Australien einzigartig sind, verwickelt sind.[35] Doch trotz der Unglaubwürdigkeit, welche laut Lyotard heute die Zirkulation jeder großen Erzählung begleitet,[36] hatten sie früher wie auch heute noch eine intensiv praktische Resonanz in der Lokalpolitik genau wie in der nationalen Historiographie. Wenn Adorno mit seiner Behauptung recht hat, »mehr noch als andere zergeht der Begriff Fortschritt mit der Spezifikation dessen, was nun eigentlich damit gemeint sei, etwa was fortschreite und was nicht«[37], dann ist die Frage wesentlich, *wie* Fortschritt »spezifiziert« und allenfalls in sozialen Konflikten über seinen Wert in Luft aufgelöst wird.

Die Verfolgung widerstreitender Versionen von FORTSCHRITT, mit ENTWICKLUNG als Instrument oder Gegenspieler, wurde lange Zeit von weit divergierenden Interessen als treibende Kraft der europäischen Besiedlung Australiens angesehen; im frühen Zwanzigsten Jahrhundert war »das Gesetz des Fortschritts und des Überlebens der Tüchtigsten«[38] Kern der Rechtfertigung der Weißes Australien–Politik und der Enteignung der Aborigines. 1977 formulierte Bob Connell dies unverblümt so:

> Der moderne Konservativismus unterscheidet sich in mehreren Beziehungen vom aristokratischen und religiösen europäischen Konservativismus des Neunzehnten

> Jahrhunderts. Er ist sekulär, optimistisch, und verknüpft sein Eintreten für das Privateigentum mit einer Wohlstands- und Fortschrittsdoktrin. Das wird nirgends deutlicher als in jenen Ländern, die wie Australien im Neunzehnten Jahrhundert Siedlungskolonien waren. »Fortschritt« war nahezu die Bedingung ihrer Existenz: Die Schwarzen auszurotten und das Land mit Weißen und ihren Bauwerken anzufüllen war der Prozeß, mit dem Lokalpolitik begann.[39]

1977 geschrieben, bedarf Connels Darstellung des Konservativismus heute der Verfeinerung. In »Ekstase und Ökonomie« argumentiere ich, daß neoliberale Ökonomie, politisch als Neokonservativismus dargestellt, jene sekuläre und optimistische Wohlstands- und Fortschrittsdoktrin weithin durch einen mystischen Pessimismus ersetzt hat, der *Überleben* und *Management* betont. Dennoch behält Connells Hervorhebung der gestaltenden Wichtigkeit des FORTSCHRITTS ihre analytische Kraft. Heutzutage, da Appelle an »Fortschritt« in öffentlichen Debatten über den Zweck einer Entwicklung ebenso leicht Stöhnen wie Applaus hervorrufen können, wird FORTSCHRITT immer noch als *grundlegender* Wert beschworen, sei es in der Kodierung als eine wiederzuerlangende Geisteshaltung oder als ein beklagenswerter, aber zu akzeptierender Verlust – das heißt, als Ursprungs- und nicht mehr als Schicksalsmythos.

Historien von Rasse und Rassismus, Nationsbildung und Nationalismus, Klassenkonflikt und Arbeitsbeziehungen, Immigration und den Kämpfen um Bevölkerungskontrolle, die um und durch die Körper und Sexualitäten der Frauen geführt werden, können hier nicht so leicht ohne Verweis auf das geschrieben werden, was Paul Gilroy leicht verächtlich als »die hypnotische Vorstellung von Geschichte *als* Fortschritt« bezeichnet.[40] In »Was man mit Einkaufszentren tun kann« behaupte ich, daß selbst eine oberflächliche Studie die Beharrlichkeit der hypnotischen Kraft dieser Vorstellung in sozialen Kontexten enthüllt, wo »Geschichte« im wissenschaftlichen Sinn kein sichtbares Thema ist – zum Beispiel Debatten über Wohnverhältnisse, Gesundheit, Gemeindedienste, Freizeiteinrichtungen, die Umwelt, Neue Technologien. Gleichzeitig haben Rhetoriken von Evolution, Aufstieg, Wachstum, »Aufwärtsmobilität« und zusammenhängend linearer Zeit mit ebenso grosser Beharrlichkeit dazu gedient, die Aspirationen von Radikalen, Reformern und Dissidenten zu artikulieren, wie die koloniale Macht zu validieren und zu kanalisieren: Wie Donald Denoon uns erinnert, »die Siedler-Historiographie war nicht nur eurozentrisch, sondern vorwärtsblickend. Ein goldenes Zeitalter lag nicht in der Vergangenheit, sondern in der nahen Zukunft.«[41]

Deshalb war die Eliminierung des FORTSCHRITTS aus neoliberalen Erzählungen von Australiens *Zukunft* (»armes kleines reiches Land«) in den 1980ern selbst wieder eine historische Verschiebung, die den progressiven Kritikern der »Geschichte als Fortschritt« keine Freude machte. Es war eine der Arten, auf die damals ökonomische Entwicklungsmodelle von anderen, unzeitgemäßen Elementen des komplexen Inhalts, den das Konzept im Neunzehnten Jahrhundert hatte, geschieden wurden

– Sozialreform, Besserung der Menschen, das Ringen um Gerechtigkeit, Träume von einer angemesseneren Verteilung von Eigentum, Einkommen und Ressourcen. Tatsächlich war Max Walshs *Poor Little Rich Country* trotz seines Titels nur zum Teil eine selbstmitleidige Fabel des weißen Niederganges. Es war mit größerem Nachdruck ein früher Ansatz, die Ablehnung von Vorstellungen *sozialen* Fortschritts als zu »kostspielig«, welche die öffentliche Kultur der 1980er durchdringen würden, populär zu machen.

Die sozial traumatische, umstrittene und noch immer unvollendete Aufarbeitung zwischen den alten »öffentlichen« (sozialen) und den neuen »privatisierten« (korporativen) Fortschrittsmodellen ist ein Leitthema dieses Buches. Zwar versuche ich nicht, einen Überblick über derzeit »aktive« Fortschrittsstheorien zu geben (eine unbewältigbare Aufgabe selbst für die von mir betrachtete Periode), doch ich untersuche sechs *Kontexte*, in denen die Zirkulation einer Erzählung oder einer Figur des Fortschritts – sei es ein emblematisch singulärer Charakter (ein *Selfmade-Man* des späten Neunzehnten Jahrhunderts in »In Henry Parkes Motel«, King Kong und die Menschliche Fliege in »Höhepunkte sozialen Aufstiegs«, ein männlicher »Aufsteiger« des späten Zwanzigsten Jahrhunderts in »Ekstase und Ökonomie«) oder eine unverhüllt korporative Parabel einer kollektiven Aspiration (Kleinstadtrevitalisierung in »Was man mit Einkaufszentren tun kann«, nationale Erneuerung in »Am Strand« und »Lunchen für die Republik«) – einen *revisionären* Raum definiert, innerhalb dessen eine lokale Grenze zwischen dem Öffentlichen und dem Korporativen neu gezogen oder diskutiert wird und ein Kampf um »Geschichte« stattfindet.

Wie sich herausstellte, machte es mein Interesse an diesen Themen unmöglich, meine Studie der »Tourismusorte« mit dem Bicentennium abzuschließen oder mich nur auf kulturelle Antworten auf den Tourismus zu konzentrieren. Die touristische, ahistorische Form des Massenmedien-Bicentenniums (die Version, die den meisten AustralierInnen gemein war) nährte paradoxerweise ein weites Interesse an »Geschichte« in jeder Bedeutung dieses Wortes.[42] Trotz all der homogenisierenden Aktivitäten, die auf einen internationalen Tourismusmarkt zielten, pluralisierten oder besser *multipizierten* die Zweihundertjahrfeiern das historische Bewußtsein in Australiens kulturellem Leben. Sie verliehen kritischen Darstellungen der kolonialen Vergangenheit – über Museen, TV-Shows, Radio, Filme, Popsongs, Festivals, persönliche Memoiren und Magazingeschichten genauso verbreitet wie durch wissenschaftliche Bücher – und geschickten öffentlichen Angriffen (am offensichtlichsten durch Aborigines) auf die Vorstellung von Geschichte als Fortschritt neue Legitimität.

Zu dieser Zeit begannen mehr Sozialaktivisten die Medien als etwas zu sehen, das neben »Raum« auch *Zeit* für Aktion und Auseinandersetzung bietet. Der Kraft des positiven Denkens und der Konfliktlösung verschrieben, wie es jedes staatlich gesponserte Unternehmen dieser Größenordnung sein muß, hieß das Bicentennium konstruktive Feminismus-, Migranten-, Arbeiterklassen-, Lokal-, Familien- und vor allem Aborigines-Geschichtsexperimente mit finanziell offenen Armen willkommen und verlieh ihnen, für gewisse Zeit, eine Respektabilität, die auf andere Arten von Nachrichten und Unterhaltung übergriff. Als Resultat dieser beiden Entwicklungen formte es einen belebten Raum der öffentlichen Debatte über die Bedeutung einer *nationalen* Geschichte.[43]

Allerdings begann die sichtbare Kunstfertigkeit der »spezifischen Interessensgruppen«, einschließlich FeministInnen, bei dieser Debatte auch Ressentiments unter Menschen aus der ländlichen und weißen Arbeiterklasse zu nähren, die sich durch die revisionistische Grundstimmung all dieses Geredes über die Vergangenheit ausgeschlossen oder attackiert fühlten, während sie es mit ökonomischen Reformen aufnahmen, die am offensichtlichsten dem *Big Business* einerseits und den akademisch gebildeten, mediengeschulten Mittelschicht-Lobbyisten für »Minoritäten«-Interessen andererseits nützten.[44] Während ich angenommen hatte, daß das Bicentennium Konflikte über Entwicklungspolitik eher spiegelte als initiierte, veranlaßte mich die mit der Zeit sichtbar werdende Komplexität seiner Auswirkungen dazu, eingehender darüber nachzudenken, wie diese Konflikte ihrerseits durch Medienbilder *von* Wirtschaftspolitik und Sozialaktivismus geformt wurden.

Ich begann die Einheitlichkeit meines Projektes als Ergebnis der Spannung zwischen den sozialen *Werten*, die in den Arbeiterklasse-Landschaften, die ich kannte,[45] erinnert und »eingebaut« waren, den neoliberalen ökonomischen *Überzeugungen* der Laborregierung (geformt durch die politischen Verluste der 1970er, in den Konjunkturjahren der 1980er in den Vordergrund gerückt und in der darauffolgenden Rezession durch so etwas wie Scham verhüllt) und den geschichtlichen *Mythen* von Labor als Partei des sozialen Fortschritts, kreativen Nationalismus und geschichtlichen Bewußtseins zu sehen. Für das Bicentennium abgestaubt, wurden diese Mythen in den 1990ern (auf Weisen, die ich in »Lunchen für die Republik« bespreche) kraftvoll für die neuen, sozial progressiven, kulturellen Eliten erneuert.

Die Mediengestalt Paul Keating, Schatzkanzler der Labor-Regierung Hawke 1983-91 und australischer Premierminister 1991-95, errang eine zentrale Rolle in meinem Versuch, die populare Debatte über Geschichte zu verstehen. Wurde er während der 1980er weithin als Verkörperung von ökonomischem Rationalismus und Globalisierung dargestellt, »verwandelte« sich Keating 1990 zu einem Träger von Geschichte und Nationalismus. Die während des Bicenteniums zugelassenen kritischen, revisionistischen Darstellungen der kolonialen Geschichte wurden für vier kurze, aber bedeutende Jahre zu institutionell dominanten Darstellungen. Sie unterwanderten sogar die Tourismusindustrie: am offenkundigsten durch Museen und die Förderung aboriginaler Kultur, aber auch durch staatliche Unterstützung für ein Exportimage Australiens als ein urbanes, gesellschaftlich liberales,[46] *multikulturalistisches* Paradies.

Bedenkt man, daß die Widersprüche zwischen diesem kulturalistischen Programm und den ökonomischen Realitäten des Lebens für die meisten Menschen aus Landbevölkerung und Arbeiterklasse ein Jahrzehnt lang offensichtlich gewesen waren, bevor die »Ära Keating« begann, überrascht es nicht, daß die Ära mit einer vernichtenden Niederlage für Labor in den Bundeswahlen vom März 1996 endete.[47] Für HistorikerInnen wird es noch lange dauern, bis diese Periode ernsthaft evaluiert werden kann. Als Kulturkritikerin interessiert mich jedoch die Rolle, die Bilder und Geschichten der Vergangenheit in den Konflikten der Gegenwart spielen. Für mich liegt der Wert der Analyse beider Phasen des Keating-*Mythos*, »Ökonomie« (die 1980er) und »Geschichte« (die 1990er), darin, daß sie zeigt, wie grundlegend sogenannte »lokale« und »alltägliche« Themen von Identität, Gemeinschaft und kultureller Macht – die so akut von den *sozialen* Zwängen einer Tourismuswirtschaft aufgeworfen werden – vom »globalen« Ringen um die Zukunft des Nationalstaates geformt werden und darauf reagieren. Dies ist das Anliegen der ersten vier Kapitel des Buches.

Die letzten beiden Kapitel untersuchen aus einer feministischen Perspektive das nationale *politische* Terrain dieses Ringens. Wie so manches Experiment im Bereich des »sanften« und »verträglichen« Tourismus versuchte die Regierung Keating, eine kulturelle Politik der Förderung nationaler Identität mit einer ökonomischen Politik des Internationalismus zu verschmelzen. Ich maße mir nicht an, zu sagen, ob diese Formel (»sowohl ... als auch«) mit ihrem sozialen Balanceakt Erfolg hatte oder versagte; selbst für eine Kulturkritikerin ist es zu früh, das zu entscheiden, und die Erzählung der Nationalstaatsform ist noch lange nicht zu Ende. Was ich aber sehr wohl sage ist, welche Probleme und Möglichkeiten für feministische Intellektuelle auf einem solcherart definierten politischen Terrain entstehen können und welche Arten von »Kulturpolitik« so ein Balanceakt ermöglicht. Dies ist das Anliegen meines Schlußkapitels.

Nun, die methodischen Dilemmata der Kritik können durch einen Akt der Periodisierung nicht sauber eingegrenzt werden. Während der Jahre, die ich mir den Kopf über Fragen der Ökonomie und der Kultur zerbrach, *veränderte* sich jeder der von mir studierten Orte. Jeder von ihnen renovierte seine Identität mindestens einmal. Einige gewannen und andere verloren für eine Weile in den »Regionalkriegen um Jobs und Dollars«[48], die so viele Städte dazu zwangen, mit oft schlechten Chancen darum zu wetteifern, das zu werden, was David Harvey »Zentren des Konsums« nennt.[49] Selbst der Ort oder das Objekt, das zuerst mein Interesse an diesen Themen geweckt hatte, mutierte – und es war doch, äußerlich betrachtet, als ein massives Overstatement an Unveränderbarkeit erschienen.

Metamorphosen beim Sydney Tower

Der Sydney Tower ist ein Tourismus-Telekommunikations-Monument im Zentrum von Sydneys *Central Business District* (CBD) und erhebt sich aus einem historischen Einkaufszentrum mit dem Namen »Centrepoint«. Als er 1981 eröffnete, wurde der Sydney Tower als Startschuß für ein CBD-(»downtown«)-Revival angekündigt,[50] und er war Brennpunkt hitziger Debatten über seine Ästhetik und wilder Gerüchte über seine Funktion. Ich schrieb einen Aufsatz über ihn, was sich als Einstiegsgeste für meine eigene Forschung entpuppen sollte.[51] Wenn es auch bequem scheinen mag, die Probleme mit diesem Aufsatz zu besprechen (bedenkt man die von mir gerade konstruierte Parallele zwischen »meiner« Kritik und der Geschichte des Sydney Tower), ist es doch ein Weg zur Zusammenfassung der Probleme, die diese Geschichte für eine bestimmte Art der Kulturkritik aufwirft (einschließlich des Problems der Parallelität).

1981 rang ich darum, mich von der französischen semiotischen Tradition zu lösen, in der ich geschult worden war, und so tat ich das Naheliegende. Ich strukturierte meine Lesart des Sydney Tower rund um eine Punkt-für-Punkt-Demonstration, daß er *nicht* dem Objekt von Ronald Barthes' Essay »Der Eiffelturm«[52] glich. Diese Gegenüberstellung war nicht so willkürlich, wie sie angesichts der flagranten Unterschiede zwischen beiden Strukturen scheint. Schon lange vor der Errichtung des Sydney Tower wurde er als »Der Eiffelturm der Südlichen Hemisphäre« (»nur höher«) beworben.

Lange Zeit war der Eiffelturm als Meisterwerk der Ingenieurskunst das Modell aller Modelle der »Modernisierung«. Verweise auf ihn prägen die Geschichte des amerikanischen Wolkenkratzers, den Eiffelturm zu »schlagen« war die Mission des Chrysler Building und damit der Klonung *amerikanischer* Skylines auf der ganzen Welt.[53] Ich wollte wissen, wie dieses Metacliché in Sydney in den 1970ern verwendet wurde. Zwischen dem Pariser und dem Sydney'schen Turm in Form einer Kritik eines Aufsatzes von Barthes, damals mein eigenes Modell-Modell, zu differenzieren schien ein logischer Weg zu sein, um zu lernen, vom Sydney des Jahres 1981 statt vom Paris des Jahres 1950 ausgehend zu denken. Es folgte auch treu Barthes eigener Kritik der *Mythologien* in »Change the Object Itself«.[54] Ich dachte, wenn ich zeigen könne, inwiefern mein Sydney Tower sich von Barthes Eifelturm unterschied, könnte ich (nach seinen Begriffen) das Objekt, wie es sich der Sprache präsentiert, verändern – und dadurch bei der Transformation des städteplanerischen Serienobjekts »Eiffel-Sydney-Turm« zu einem lokal artikulierten *Ereignis* mithelfen.

Im Rückblick erscheint mir diese Idee nicht nur formalistisch, sondern hoffnungslos abwegig. Sie war auch erfolglos. Ich ersetzte nur Barthes als mein Modell-Modell durch eine Mischung aus den Aussagen Foucaults zur Überwachung, Baudrillards zur Implosion und der feministischen Filmtheorie zum Voyeurismus. Sicher kam ich einer echten Konvergenz zwischen lokalen intellektuellen Passionen und den räumlichen Geschichten, die über den Turm in Umlauf waren, auf die Spur. Sydney Tower war jahrelang ein urbanes Gesprächsthema, eine unerschöpfliche Quelle an Gerüchten und Anekdoten. Im Angesicht des von aussen nicht einsehbaren Stengels, der das Türmchen emporhält, glaubten viele Leute und lehrte es (Gerüchten zufolge) einer meiner Kollegen als Tatsache, daß »SIE« – die Polizei, die CIA – dort drinnen, ganz oben ihre Büros hatten, damit sie alles beobachten konnten, was wir taten (Überwachung). Was Implosion betrifft, beschrieben die Medien aufgeregt, wie der Sydney Tower Körper und Geld aus der äußeren Vorstadt und »aus der ganzen Welt« anzog, und nörgelten dann darüber, daß urbane Parkplatz- und Zirkulationssysteme unter Druck zusammenbrachen.[55] Voyeurismus war in einer eher lästerlichen als kritisch-paranoiden Form populär. Die Breite der Basis des Türmchens auf der Spitze der phallischen Nadel ließ es wie ein Kleid aussehen und provozierte das Gerede über die geschlechtliche Ambiguität des Turmes und über die (durchaus reale) Erregung, wenn man von unten zu ihm aufschaut.

Durch die Erzeugung einer wechselseitigen Spiegelung zwischen Theorie und Geschwätz machten die Leute, die »über den Turm arbeiteten«, eine intensive, wenngleich verschwommene Erfahrung von Stimmigkeit in dieser Arbeit. Es war eine jener Zeiten, wo es eine Koinzidenz oder ein *Summen* zwischen den theoretischen und den in der öffentlichen Kultur weiter verbreiteten Begriffen gibt, die wir bereitwillig als »Relevanz« bezeichnen. Zu anderen Zeiten, wenn es keine derartige Koinzidenz gibt, mögen wir allzu leicht annehmen, daß die Beziehung zwischen Theorie und öffentlicher Kultur daher eine der Irrelevanz ist. Ich möchte deshalb dieses längst vergangene Summen um den Sydney Tower dadurch kontextualisieren, daß ich detaillierter die Repräsentation von Geschichte betrachte, die man 1981 *darinnen* vorfand.

Das Innere des Turmes war reichhaltig und selbstreflexiv ausgeschmückt. Jede der zwei Aussichtsplattformen hatte eine Gallerie von Photographien rundum entlang des oberen Randes der »Aussicht«, und jede der beiden Ebenen stand unter einem eigenen Thema. Die untere Plattform gedachte der Entwicklung Sydneys als Ort: alte Photographien von Pionierhütten und holprigen Straßen kontrastierten mit der Erhabenheit und Modernität des urbanen Panoramas außerhalb. Die obere Plattform bot eine formale Geschichte »des Turmes« und von touristischen Aktivitäten. Verbunden wurden beide Ebenen durch das Thema des Endes der »Tyrannei der Entfernung« (eines der großen populären Clichés der australischen Nachkriegshistoriographie)[56] dank der Telekommunikation. Von informativen Darstellungen bis zu Spielsachen wurde die neue Technologie überall als das beschworen, was Australiens Integration in das Zeitalter globaler Gleichzeitigkeit ermöglicht: keine Verzögerungen mehr, Schluß mit der Isolation vom Rest der Welt und voneinander durch gewaltige Räume.

Diese Bildsprache verkündete die Erfüllung einer Aufgabe, welche sich die Stadtentwickler selbst mit der zwanzig Jahre lang verwendeten Rhetorik, den »Turm vom Boden hoch zu kriegen«, gestellt hatten. Als »sprechender« oder Telekommunikations-Turm mußte der Sydney Tower eine Verkündigung der Modernität *sein.* Er würde Sydney ermöglichen, »erwachsen zu werden«, wie Journalisten und Architekten es zu jener Zeit formulierten, und eine »Weltstadt« zu werden; Sydney würde *endlich!* (wenn auch etwas spät) in das moderne Zeitalter integriert werden, das lange vorher durch das Modell aller modernen Modelle, den Eiffelturm, eröffnet worden war.

Wie bei allen solchen Verkündigungen und der von ihnen verbürgten linearen Temporalität konnte daran nichts Neues sein. Tatsächlich schien am Sydney Tower nichts neu zu sein. Er imitierte eine Reihe von Tourismus-Telekommunikationstürmen rund um die Welt (der London Post Office Tower, Torontos CN-Tower),[57] und war kaum vollendet, da beklagten die Kritiker bereits, daß er ein altmodisches Bauwerk sei. In einer Geschichte des australischen Modernismus konstituiert dieser Archaismus jedoch seinen automatischen Klassizismus. Wie David Bromfield anhand des Perth der Zwischenkriegszeit gezeigt hat, wurde »das Moderne« von den Australiern nur am Rande als etwas verstanden, das Zukunft, Jugend, Originalität, Innovation, Brechung, das Unbekannte und so weiter impliziert.[58] Das Moderne ist viel häufiger eine bekannte Geschichte, etwas, das sich *bereits woanders ereignet* hat und mit einem lokalen Gehalt reproduziert werden muß. Mit all seinem altmodischen Vorstoß-Ethos und seiner verfehlten Glitzerästhetik plazieren die Eiffelesken Aspirationen des Sydney Tower ihn mitten in der großen Tradition der australischen »nachweislichen Unoriginalität«.[59]

So zumindest sehen die Dinge aus, wenn man das Problem des Modernen in aus der Ästhetikdebatte stammenden Begriffen umreißt. Ich denke, es war etwas »Neues« oder symbolisch Einweihendes am Sydney Tower: Mit seinem selbstreflexiven Feiern des Tourismus als ein *Mittel* zum Modern-Werden war er die erste große architektonische Ankündigung von Sydneys aufkommender »Berufung« zum Tourismus,[60] und das erste große Monument zur doppelten Ehre der Einwohner Sydneys als »Bürger-Touristen« (in der Formulierung Robert Somols)[61] – Bürger, eins mit den fremden Touristen im bewundernden Blick auf unsere Stadt, doch zugleich die lebenden *Objekte* eben desselben Touristenblicks. Das sprechende Türmchen bot Bilder von Menschen aus Sydney, vielleicht einige von uns, wie sie den Turm besichtigen, von ihren/unseren hübsch restaurierten schmiedeeisernen Balkonen in die Kamera winken, durch ihre/unsere frisch gestrichene Chinatown wandern, durch ihre/unsere exotischen Zoos und Museen spazieren. Hier begann, was seither längst zu einem expliziten, zeitweise staatlich subventionierten Diskurs über die Notwendigkeit geworden ist, die lokale Kultur für die Bedürfnisse einer Tourismuswirtschaft umzumodeln: unsere Manieren zu verbessern (seltsame Phrasen zu lernen wie »have a nice day«), unsere Einstellungen zur Arbeit zu verändern (zu lernen, daß Dienstleistung eine Tugend und keine häusliche Pflicht ist), die Vorurteile zu maskieren, die unsere alte Majoritätskultur durchziehen (zu lernen, daß rassistische und sexistische Äußerungen schlecht sind für das Geschäft).[62]

Die auffälligste Komponente der Selbstinszenierung des Sydney Tower betraf jedoch eine *un*maskierte Geschichte von »Rasse« in den audiovisuellen Darbietungen auf beiden Ebenen des Turmes. In Harmonie mit den Photographien definierte die untere Schau Sydney als eine Touristenlokalität mit Bildern von Leuten, die von Booten, Strassen und Häusern nicht gezeigten Objekten zuwinkten. Außer einem waren alle diese Darstellungen des *Hindeutens* (»du bist hier«) im Stil von Schnappschüssen gehalten. Das letzte war ein simuliertes »naives« Gemälde der Stadtgründung: Eingeborene am Ufer deuten auf ein Segelschiff im Hafen, die Europäer an Bord deuten zurück, und die Klanguntermalung intoniert die Worte: »*Sie* können sich *deren* Überraschung vorstellen, als die ersten Siedler in diesen wundervollen Hafen einliefen.« Das war Genesis: der erste weiße Blick auf Aboriginies, erste Tourismusobjekte in einem schönen neuen Land; »wir« Europäer (denn diese Darstellung richtete sich nicht an Koori-Touristen) stellen uns »deren« Überraschung über das Wunder von »uns« vor, während wir »diesen« (nicht ihren) wundervollen Hafen betrachten. Auf der oberen Ebene kam dann eine Fortsetzung, »Entwicklung des Turmes: Vom Baumhaus zum Sydney Tower«. Die obere Ausstellung *begann* mit einem simuliert naiven Gemälde einer Schöpfungsgeschichte: der von Tieren attackierte Steinzeitmann erfindet das Baumhaus; aus der Höhe sieht eine Steinzeitfrau in der Ferne einen Vulkanausbruch; sie *zeigt darauf*, und die universelle Sprache des Tourismus ist geboren. Naive Bilder wichen einem Postkartenstil, und eine Serie von Modelltürmen (London, Pisa, Eiffel) *wachsen* aus dem Baumhaus, bis in klimaktischen Explosionen der Wiederholung eines einzigen, identischen Bildes die reine, endgültige Form des Sydney Tower erreicht wird.

1981 war beim Spazierengehen am Himmel der Eindruck dieser Narration des FORTSCHRITTS stark. So manieriert es klingen mag, ich war von diesen Darbietungen tief geschockt – eine für mich seltene Erfahrung im australischen Familienunterhaltungsraum. (Im Kontrast dazu schockiert mich jugendfreie Kultur in den USA immer; aber ich bin dort nicht annähernd im selben Grade majoritär). Ich *kannte* diese Erzählung. Als Kind hatte ich sie in den 1950ern aus den Wochenschauen im Kino und von Zeichen- und Geschichtslektionen in den vom Staat bereitgestellten Schulmagazinen gelernt, die mich den Sozialdarwinismus lehrten, die Erzählung, die so lange dem Weißen Australien eine Möglichkeit zur Festlegung der Grenzen der Gemeinschaft und zur Sicherung der nationalen Identität gegeben hat. Die Verdrängung dieser Erzählung durch den Multikulturalismus war 1981 noch frisch genug, daß die »Entwicklung des Turmes« in ihrer nackten Bekräftigung einer brutalen Wahrheit über die Grundsätze der »australischen Geschichte« erschreckte. Im Laufe der nächsten paar Jahre wurde dieser Eindruck für mich intensiviert durch die Eröffnung einer öffentlicheren Diskussion durch Aborigines über ihre eigenen Verhandlungen eines stetig wachsenden Touristen- und Kunstmarktinteresses an ihren Kulturen und Historien.[63] Aus diesem Grund schien die Autobiographie des Sydney Tower ein idealer Ort zu sein, um eine Untersuchung der Narrationen und Rhetoriken des FORTSCHRITTS im Australien der Gegenwart zu beginnen.

Sie können sich daher *meine* Überraschung vorstellen, als ich eines Tages im Jahr 1989 mit der Absicht zur Aufzeichnung von Details in den Turm zurückkehrte und fast alles verschwunden war. Schlimmer noch, es war, als ob keine der Darstellungen, mit denen ich mich abmühte, je da gewesen wäre. Ich nervte alle Angestellten, die ich finden konnte, mit Fragen über die Neugestaltung, aber niemand vom teilzeitbeschäftigten, kaum beachteten und unterbezahlten Personal war lange genug dabei, um sich zu erinnern, daß das Dekor jemals anders gewesen war als an diesem Tag. So endete die Episode mit einer übergeschnappten Kulturkritikerin, die im Turm umherstolperte und schrie »Was habt ihr mit den Beweisen gemacht?«

Aus der unteren Ebene war eine Cafeteria geworden, und ihre Bildgalerie war verschwunden. Verblichene Photogaphien waren durch Plastik-Halbreliefs mit einem Wildblumenmotiv ersetzt, in einem rechteckigen Design, das nicht an Wildblumen, sondern an Cafeteria-Tabletts gemahnte. Die »Entwicklung des Turmes« überlebte auf der oberen Ebene, aber als selbsttragende Erzählung ohne rückbezügliche Referenz, die ihre »primitiven« Figuren mit den Aborigines verknüpft, deren Existenz jetzt nur mehr durch die Spielzeugbumerangs im Souvenierladen anerkannt wurde. All die anderen Bilder, die den Turm mit Sydneys Geschichte verbanden, waren ebenfalls verschwunden. Statt die Gründung des Ortes zu erzählen, zelebrierte die Gallerie die internationale touristische *Zeit*: Werbungen für Zollfrei-Pelz- und Opalgeschäfte, Portraits von Transportsystemen (Züge, Schiffe, Luftkissenboote, sogar ein an einen Quantas-Jet herangefahrener Charterbus) und Schnappschüsse anderer Destinationen – anonyme Hotelpools, entfernte tropische und ländliche Anlagen.

Die Bilder bewarben nur die Möglichkeit, woanders hinzugehen. Nicht länger ein zentralisierendes Metonym der Stadt, war der Sydney Tower zu einer Overtüre geworden, die einen »Überblick« bot, nicht über den zu konsumierenden Raum, sondern über einen Routenplaner zu absolvierender Wege. Einwohner von Sydney wurden schlicht ignoriert; außer wir waren auch auf dem Weg woandershin und zum zollfreien Einkaufen berechtigt. Anderenfalls konnten wir beim Ausblick auf unsere Stadt bestenfalls die Programme der Freuden anderer Leute überschauen und daraus ein vages Gefühl des Ortsstolzes gewinnen.

Närrischerweise hatte ich eine derart drastische Veränderung nicht erwartet. Natürlich hatte ich erwartet, meine Referenzrahmen zu korrigieren und Probleme entsprechend neu zu formulieren. In den Jahren seit meinem ersten Besuch im Turm waren neue Darstellungen des australischen Kolonialismus erschienen, die rasch in die öffentliche Kultur eindrangen und die Beschaulichkeit zertrümmerten, mit der ich, wie viele andere weiße Feministinnen, Geschichte, Ort und »zuhause« betrachtet hatte.[64] 1989 war mir auch bewußt, daß ich auf ein sozio-ökonomisches »Panorama« blickte, das von 1981 weitgehend verschieden war, als die Stadt noch von den großen Immobilienmarkt-Crashes Mitte der 1970er benommen war. Nun bot sich der Anblick einer fieberhaften Bautätigkeit, die dem Touristentraum, den zu bedienen sie anstrebte, in die Quere kam.[65] Von der Turmspitze aus gesehen wetteiferten Kräne mit den Wolkenkratzern um visuelle Beachtung. Am Boden, wo das Donnern der Preßlufthämmer einem die Ohren pulverisierte, war in der Stadt spazierenzugehen die Hölle; ganze Reiseführer waren über Nacht überholt, als Gebäude verschwanden und Stadtteile mutierten. Ich war mir auch bewußt daß, wenn die Skyline von Sydney stets eine Projektion woanders bestehender Klassengesellschaften ist,[66] die Skyline von 1989 von den sich neu bildenden Klassensystemen des pazifischen Randes erzeugt wurde und nicht von jenen der Ära des Eiffelturmes.

All dieses Wissen war jedoch von geringer praktischer Hilfe bei der Entscheidung, was ich mit der Entdeckung *anfangen* sollte, daß sich meine »Gründungs«-Stelle in beinahe peinlicher Kongruenz mit der sozio-ökonomischen Landschaft verändert hatte. Hier kehrte Grossbergs Frage wieder: »Was tust du, wenn jedes Ereignis ... sich ... zu schnell verändert, um die komfortable Freizeitgestaltung akademischer Kritik zu ermöglichen?« Nun, man kann zuallererst fragen, *warum* diese Art Veränderung ein Problem ist. Schließlich könnte man argumentieren, daß Veränderung selbst ein Studienobjekt sein sollte statt ein »Ereignis«, das als »Text« konstruiert wird, der als Symptom einer »Bedingung« gelesen wird, die von Kulturkritikern diagnostiziert werden muß. Veränderung anstelle von Texten, Objekten oder selbst Praktiken in der Popularkultur zu studieren ist zum Teil das, was Grossberg uns zu tun vorschlägt, und ich würde dieser Betonungsverschiebung zustimmen.[67]

Allerdings erzeugt das Studium der Veränderung ein Problem für die Analyse von »Orten«, welche dazu tendieren, sich mit einer Häufigkeit zu verändern, die verglichen mit Fernsehen, Musik oder Mode als geologisch bezeichnet werden könnte, aber drastisch ist, wenn sie stattfindet. Das ist das Problem der *Beschreibung* beim Verfassen einer Kulturstudie. In gewisser Weise der Zusammenfassung der Handlung in der Filmkritik verwandt, hat Beschreibung auch mit Problemen des Austauschs zwischen lokalen wie auch nationalen Kulturen in einer nicht gänzlich postimperialistischen Welt zu tun. Barthes konnte den Eiffelturm beispielsweise als »der ganzen Welt gegenwärtig« bezeichnen – eine vernünftige Annahme, besonders wenn man die Einschränkung hinzufügt: »der wahrscheinlichen LeserInnen dieses Buches« – und diese Fiktion der Gegenwärtigkeit und Stabilität durch die Zeiten bedeutete, daß er sie nicht *beschreiben* mußte.

Wenn ich über Turm-Interieurs in Sydney oder, noch krasser, über Motels und Einkaufszentren in Orten schreibe, von denen die meisten AustralierInnen noch nie gehört haben, kann ich Gegenwärtigkeit oder Dauerhaftigkeit nicht in völlig gleicher Weise voraussetzen, nicht mehr als KritikerInnen des US-Kabelfernsehens, selbst bei anderen KritikerInnen, von der Vertrautheit mit irgendwelchen anderen als den bereits kanonisierten Shows ausgehen können. In diesem Sinne erzeugen Obskurität und Wachstumsfreudigkeit vergleichbare Probleme. Angesichts dieser Notwendigkeit der Beschreibung, der Erzeugung eines Referenten, können die resolutest »textuellen« Formen der Cultural Studies, ebenso wie die oft als ihr Gegenpart verstandene Erforschung der »Konsumgewohnheiten«, in das Praktizieren einer Form von *ethnographischem Präsens* abgleiten – jenes akademische Versagen der Reflexivität, das, wie Eric Michaels anmerkt, »verhüllt, aber nicht verändert werden kann, indem man darüber schreibt.«[68] Indem wir sie beschreiben, monumentalisieren wir die »Orte«, die wir besprechen, und machen sie oft auch *zeitlos*. Wenn sie sich dann verändern, was sie fast immer tun, scheint eine apokalyptische Auslöschung einer Welt eingetreten zu sein.

Was mich an der Beschreibung am meisten interessiert, sind nicht die epistemologischen oder metaphysischen Fragen, die dadurch aufgeworfen werden können, sondern die technischen, rhetorischen Fragen der Referenzstrategien, die mit der Erzeugung bestimmter Beschreibungen verbunden sind – und die wissenschaftlichen Probleme, die diese Strategien schaffen können. Wenn ich ehrlich bin, war das, was mich bei der inneren Transformation des Sydney Tower am meisten geärgert hat, der meinem Bericht dadurch aufgezwungene *Zeit*wechsel. Indem sie die Sicherheit meines »mythographischen« Präsens hinwegnahm, zwang sie mich, von »Diskurs« auf »Geschichte« umzuschalten (eher in der Benveniste'schen als in der Steedman'schen Bedeutung dieser Begriffe)[69] und damit eine andere Beziehung zu meinem Material einzugehen. Ich fand mich beim Schreiben einer unscharfen Art historischer Erzählung wieder, und das bedrohte die Legitimität meiner Forschung. Obwohl durch die Wirtschaftswissenschaften bedrängt, ist die Geschichtswissenschaft in Australien immer noch der privilegierteste Diskurs liberaler intellektueller Autorität, und ich bin keine Historikerin. Darüber hinaus kann die »Vergangenheit« des Sydney Tower nicht leicht als eine bis dato unterdrückte Dimension nationaler Erfahrung verkauft werden, die wichtig genug wäre, um auf persönliche Erzählungen zurückzugreifen. Warum sollte die Vergangenheit des Sydney Tower überhaupt irgendwelche Bedeutung haben, es sei denn als »Investition« von Zeit und Energie einer Forscherin?[70]

Theorie als Fortschritt

Cultural Studies eröffnen traditionellerweise eine Reihe von Wegen, um eine enge Berührung mit diesem Problem zu umgehen.

Ich könnte verschiedene zertifizierte, allgemeine Darstellungen der Kultur des Spätkapitalismus paraphrasieren – wie beispielsweise Baudrillards Theorie der »Hyperrealität« oder Jamesons Geschichte des Postmodernismus als eines Todes der »echten« Geschichte – und dann die Neugestaltung des Sydney Tower allegorisch als eine lokale Variation davon lesen.[71] Dies wäre eine australische »modernistische« Lösung. Es würde mich auch weg von den Cultural Studies (Analyse von Kontexten) und zurück zur Theorie (jene »großen schematischen und sekundären Streifzüge durch die Zeit«) bringen.

Ich könnte in den von mir beschriebenen Entwicklungen etwas Ermächtigendes finden.[72] Das wurde mit Darling Harbour getan, einer jüngeren bürger-touristischen Erschließung, und einer angeschlossenen Einschienenbahn durch Sydneys CBD. In der Kontroverse über die Einschienenbahn argumentierten manche KulturkritikerInnen, die Gegner hätten eine morbide Frankfurter Schule-Abneigung gegen das Populare, und daß die Einschienenbahn-Erfahrung von der Frage getrennt werden müsse, warum die Labor-Regierung, die sie unter dem Druck von Transfield-Kumagai, dem Bauträger von Darling Habour, finanziert hatte, auch für Spitäler in Arbeitervorstädten verantwortlich zeichnete, deren Mauern mit Maschendraht zusammengeflickt wurden.[73] Diese Lösung erzielt Gleichmut gegenüber sich materiell verändernden Objekten, indem sie Differenz und Ereignishaftigkeit im wesentlichen ignoriert; das ethnographische Präsens wird verwendet, um aus unendlich verschiedenen Situationen diesselbe Moral zu ziehen (»das Leben ist komplex und irgendwas Gutes kommt immer heraus«). Da diese Moral von ihren Vehikeln unabhängig ist, geht sie jedem tatsächlichen Ereignis voraus, überlebt es und kann es, wenn notwendig, wieder gutmachen.

Oder ich könnte von meiner alten Analyse die Idee der *Implosion* wieder aufgreifen, indem ich den nun von Investitionen geleerten Turm als Emblem des postpanoptischen Zusammenfallens von Bedeutung und Unterscheidung »ins Schwarze« des urbanen Herzens verstehe, das Robert Somol in seiner klassischen Analyse von Chicagos State of Ilinois Center beschrieben hat – eine »urbane Ruine«, die für jede Geschichte über den FORTSCHRITT der Simulation weit *fortgeschrittener* wäre als die muntere Vertikalität des Sydney Tower.[74] Diese Lösung kehrt zur Ästhetik zurück, indem sie das Ende des sozialen Fortschritts und die Geburt eines dystopischen Zeitalters des »Stils« verkündet, dadurch sowohl die Vergeblichkeit von Aktivismus wie den Tod des kritischen Geistes bekräftigend.

Ich denke, daß alle diese Möglichkeiten, was immer ihre jeweiligen Anziehungspunkte und Nachteile sein mögen, einen gemeinsamen Fehler haben. Jede stellt eine Methode dar, ein einzelnes Bauwerk so zu lesen, *als ob* es eine allegorische Exposition von als gegeben angenommenen theoretischen Problemen und damit eine Illustration genereller Kräfte wäre, von denen bereits bekannt ist, daß sie in der Welt am Werk sind. Mein Problem sind nicht die »generellen Kräfte« (das wäre absurd, wenn man über Tourismus spricht), sondern die Illustration. Diese Art Exposition, die oft als Beschreibung Dienst tut, kreiert eine Komplizität zwischen der ästhetischen Problematik des exemplarischen Objekts, des singulären Bauwerks, »des« Textes, und dem, was trotz rhetorischer Distanzierung davon ein lineares Modell historischer Zeit bleibt, in dem das Unvermeidliche – sei es die räumliche Verankerung des Spätkapitalismus, der moralische Imperativ, Ermächtigung zu finden, oder die Apotheose der Simulation – in *einer* Zeit erkannt wird, welche nicht die Zeit der urbanen Entwicklung, des Popularen oder des »späten« Kapitalismus, sondern jene des sich äußernden Subjekts des Diskurses ist, in dem diese Komplizität erzeugt wird. In anderen Worten: die große Erzählung der Geschichte als Fortschritt wird in diesen Darstellungen durch kleine Parabeln für »Theorie als Fortschritt« wiederhergestellt und miniaturisiert.[75]

Die Wirksamkeit von Somols witziger (und jetzt »pomo[75a]-Perioden«-) Folgerung beispielsweise, daß wir »die Sprache des Kampfes aufgeben« müssen, weil »Bewegung im Treibsand nur bewirkt, daß man schneller verschluckt wird«, hängt von einer vorher getroffenen Behauptung ab, daß sich die »Welt« großteils den Machttechniken »entzogen« hat, welche einst den Aktivismus effektiv machten:

> Foucaults Projekt mag wohl Sinn gemacht haben … vor einer Generation, aber wir stehen auf der Seite des urbanen Einsturzes. Ebenso sind aus unserer umgekehrten Perspektive Architekten und Planer, die sich weiterhin von 1945 wegbewegen, für jene von uns auf der Unterseite von 1968 unverständlich. Ihre Nova ist unser schwarzes Loch. Wir erinnern uns an Dinge aus ihrer Zukunft, obwohl wir für sie erst noch geboren werden müssen. (115)

In »generationellen« Formulierungen dieser Art (die in der kritischen Debatte auf der Formebene unausweichlich Dekade für Dekade wiederkehren) ist es die Gegenwartsform des rhetorischen »wir«, in welcher ein progressives Subjekt einer linearen, wenn auch dystopischen, Entwicklung rekonstituiert wird, neben einem avantgardistischen, wenn auch zynischen, Modell der intellektuellen Praxis. Diese »Zeit« gehört der irdischen Realität eines *Marktes* kultureller Haltungen und Ideen an, und seine Relevanz (die völlig real ist) zielt nicht auf die Vergangenheit oder Zukunft urbaner Kämpfe, sondern auf das Drängeln um Position und Glaubwürdigkeit, das für jenen Markt das alltägliche Geschäft ist.

Das festzuhalten macht allerdings keinen Sinn, wenn man es moralistisch tut, um (von einer imaginären, den »Markt« transzendierenden Position aus) die Vorstellungen ungleicher Entwicklung und differenter Temporalität als Doktrin zu wiederholen.[76] Für praktische Zwecke ist es wichtig, für jede Fallstudie und jeden Kontext aufs Neue zu fragen, *warum* ein Modell sich gleichmäßig entfaltender Temporalität ein Problem darstellen könnte. Diesmal liegt mein Problem darin, daß ich Fragen über den sozialen und kulturellen Gebrauch zeitgenössischer Erzählungen über Geschichte als FORTSCHRITT zu stellen begann, nur um mich bei der Reparatur der »Theorie« wiederzufinden, die ich vor den Fragen gehabt hatte.

Daher ist das eine, was ich als Antwort auf sich verändernde Objekte tun kann, mich zu weigern, von der Eigenwerbungsrhetorik bestimmter Ereignisse oder Schauplätze »hineingesaugt« (in Somols Worten) zu werden. Das ist ein Grund für das Studium mehrerer Schauplätze in einer Tourismusökonomie, die Definition eines Kontextes von Beziehungen, Unterschieden und relativen Veränderungsraten. Wenn der Sydney Tower sich auch nicht länger an die Einwohner der Stadt wendet, andere Bauten tun es. Dies zu ignorieren, indem man die Veränderungen des Turms in apokalyptischer Form nacherzählt, konzediert der Neigung der Stadtentwickler, jedes Monument für das Kapital zu einem »epochalen« Statement zu erklären, zu viel. Dem folgend wäre eine Analyse der Veränderungen des Sydney Tower nicht notwendigerweise eine adäquate Einleitung dafür, weiter vorzustoßen, wie es ein Ethnograph oder ein Soziologe sinnvoll vermöchte, um zu fragen, warum das »Green Hills«–Einkaufszentrum in East Maitland zur selben Zeit von einem Dorfplatz unter freiem Himmel zu einer historisierenden Umbauung namens »The Hunter« mutierte, oder warum sich 500 Meilen weiter nördlich die anmutige historisierende Umbauung von Henry Parkes Motel in einer Explosion gellend heißer rosa Farbe auflöste.

Geschichte, »Timing« und das Populare

Von SozialtheoretikerInnen und GeographInnen in den letzten Jahren umfangreich analysiert, haben globale ökonomische, politische und technologische Verschiebungen die Veränderungen, die ich in diesem Buch bespreche, möglich gemacht. Diese Verschiebungen sind hier nicht mein Thema, obwohl ihr Druck den Inhalt jedes Kapitels formt: Von der Neuformung einer erfolglosen Provinzstadt zu einer Stätte nationaler Geschichte in »In Henry Parkes Motel« zum Umgießen einer Nation in einen offenen internationalen Marktplatz in »Lunchen für die Republik« ist jeder von mir besprochene Kontext einer, in welchem sich Menschen dem Kollaps alter Ökonomien von »Arbeit« und »Zuhause« gegenübersehen, dem Ausfransen von sozialen Bindungen und politischen Allianzen, die einst, für manche, einen progressiven Sinn von Geschichte sicherten, und dem Abbröckeln vertrauter Begrenzungen der »Kultur«. Innerhalb dieser Kontexte untersuche ich, auf welche Weise massenmedialisierte, aber Nischen-vermarktete (rhetorisch gelenkte, sozial abgestimmte) Bilder und Geschichten über »große Veränderungen« unter bestimmten Umständen helfen können, Veränderungen herbeizuführen.

Wie mein Schwerpunkt auf ästhetischen Wandel deutlich machen wird, entstammen meine Fragen und Forschungsmethoden mehr den Fachrichtungen der sogenannten Textkritik[77] als der Sozialwissenschaft und eher der Rhetorik als der Philosophie. Ich bediene mich dankbar bei anderen Disziplinen. Wenn ich jedoch eine historische Schilderung der Produktion eines Objektes vorlege oder Fragen sozialer Gebräuche berühre, tue ich dies zu Zwecken, die von meinem kritischen Projekt definiert werden. Solche Anleihen helfen mir, ästhetische Annahmen *über* die geschichtlichen und sozialen Effekte kultureller Praktiken zu befragen. Das »Ästhetische« in meinem Sinn schließt institutionelle Wege des Gebrauchs von Bildern und Erzählungen zur Legitimierung von Mächten und Politiken wie auch zur Erzeugung kultureller Werte, geschichtlicher Erinnerungen, Begehren und ethischer Ideale mit ein.

Dabei setze ich mich mit zwei ungeheuer mehrdeutigen Begriffen auseinander, »Geschichte« und »Popularkultur«, daher muß ich die Grenzen meines Anspruchs, die von ihnen aufgeworfenen Fragen zu behandeln, markieren. Ich verwende diese Begriffe in mehreren Bedeutungen und halte nicht jedesmal inne, um meinen Gebrauch zu definieren: Ich frage nie »Was ist Geschichte?« oder »Was ist Popularkultur?« (Fragen der Kulturtheorie), unternehme den Versuch einer Geschichte des Konzepts der Kultur oder beschäftige mich mit kulturtheoretischen Arbeiten über Geschichtsphilosophie (ein Theorie-Stenogramm, das oft mit »Geschichte« vermengt wird);[78] schmerzhafter ist, daß ich von einer Besprechung der nunmehr riesigen feministischen Literatur über die Beziehungen zwischen Geschichte und Kultur Abstand nehme. Ich frage lediglich, was Geschichte, das Populare und Kultur in bestimmten empirischen Kontexten *bedeuten.* »Bedeutung« sehe ich als eine

Angelegenheit sozialer Verhandlung, nicht semantischer Definition;[79] wenn ich Bedeutung analysiere, tue ich dies in Begriffen der Kraft und Form *vermischter* Praktiken (in Deleuzes und Guattaris Begriffen: »Zeichenregime«)[80], von denen ich annehme, daß sie auf Weisen kollektiv (»allgemein«) und situiert (»partikulär«) sind, die zu spezifizieren meine Aufgabe als Kritikerin ist.

Obwohl ich mir nicht anmaße, hier eine Geschichte *der* Gegenwart zu offerieren, gilt meine Aufmerksamkeit der Bedeutung und dem Wert von Geschichte *in der* Gegenwart, wobei angenommen wird, daß »die Gegenwart« eine temporale Tiefe hat – nicht zuletzt infolge des Wirkens der Erinnerung. Ich lehne das amnesische Modell des postmodernen Bewußtseins ab, für das manche TheoretikerInnen der Popularkultur eintreten (und das in die Verwaltung des Sydney Tower eingebaut ist), ein Model, für das »jetzt«, in William Gibsons Worten, »ein enges und prosaisches Ding, von Nachrichten regiert ... kabelgefüttert. Eine auf den jeweils augenblicklichsten Teil eines Hubschrauber-Verkehrsberichts abgestimmte Gegenwart«[81] ist. Für mich enthält die Gegenwart amnesische Momente, Impulse und Kräfte. Doch ebenso wie der Sydney Tower bloß ein Platz in einer komplexen Tourismusökonomie ist, nicht ein Metonym einer universellen räumlichen Form (»*der* Turm«) oder historischen Phase (»Postmodernität«), so ist der Verkehrsbericht »jetzt« nur ein Bruchteil der Gegenwart, nicht ihre Essenz. Ich sehe keinen Sinn in einer Kritik, die die Effekte einer prekären Jobsituation reproduziert und für absolut erklärt; aus der Tatsache, daß »feminisierte« ArbeiterInnen an einer Tourismusstätte nichts von deren Vergangenheit wissen (oder sich nicht an das erinnern, wovon eine Kulturkritikerin will, daß sie sich daran erinnern), folgt nicht, daß sie keine Erinnerungen und keinen Vergangenheitssinn haben.

Es *mag* daraus folgen, daß die Kritik neu überdenken muß, was »Geschichte« bedeutet, wenn ihr »Sinn« (zumindest dort, wo er es einmal war) nicht mehr länger durch dauerhafte und stabile, als »Arbeit«, »Heim«, »Nation« projizierte Ortsbeziehungen geformt wird. Hier untersuche ich, was Menschen im *Namen* der Geschichte an einer sehr engen Auswahl von Orten sagen und tun. Dieses Sagen und Tun beinhaltet das Erzählen von Geschichten und das Zirkulieren von Bildern der Vergangenheit, aber auch die Entwicklung von Werbestrategien für wirtschaftliche ebenso wie gemeinschaftsbildende Zwecke; es beinhaltet romantische oder nostalgische Suchen nach persönlicher und sozialer Identität ebenso wie das rigorose Forschen nach Wahrheit;[82] es bringt mit sich, was Noel Pearson »Kreation, Aufrechterhaltung und Dekonstruktion popularen Glaubens« nennt.[83] Allerdings ist das Geschichtsverständnis, das ich als Kulturkritikerin am häufigsten an diese Materialien anwende eines, das für das Studium der *Formen* von Praktiken spezifisch ist; ich betone die *Geschichtlichkeit* von Genres, Erzählungen, Clichés, lokalsprachlichen Redewendungen, und in den Kapiteln 3 und 4 verteidige ich die inhaltliche Eigenständigkeit dieser Analyseebene.[84]

An Popularität gehe ich auf ähnliche Weise heran. Wenn ich das Populare auch niemals mit Folklore, Massenkultur, den Medien, »der Mehrheit«, einer großen

Anzahl an KonsumentInnen, dem *demos* oder dem Gegenteil von »Kunst« gleichsetze, werden doch alle diese Anwendungen des Begriffs in meiner zurückverfolgt und überarbeitet; auch mein Diskurs wird durch eine Geschichte akademischer Wissenschaft und Debatte möglich gemacht. Obwohl das Populare auch als eine leere Kategorie beschrieben werden kann und ein sinnvoller Weg, Cultural Studies zu betreiben, die Untersuchung ist, wie sie für konkrete Praktiken der »Distinktion« (nach Bourdieus Begriff) funktionieren, ist dies hier nicht mein Ziel.[85] Was ich konsequenterweise jedoch untersuche, ist die dynamische, unruhige Beziehung zwischen *öffentlicher* Kultur im Sinne Donald Hornes – einschließlich der Politikbilder von Medien, Regierung und Korporationen – und dem *Popularen*, im Sinne Michel de Certeaus als eine »Kunst des Timing«, eine Art, Dinge zu tun, nicht als ein Raum oder eine Zone der Kultur.[86]

Dieses Modell des Popularen hat seine Nachteile, und ich bespreche einige davon »Höhepunkte sozialen Aufstiegs«. Dafür erlaubt es mir die Unterscheidung der mediengesättigten, institutionell gestützten und, im Sinne de Certeaus, *strategischen* Produktion von »öffentlichem« Diskurs über australische Kultur und Geschichte von den tatsächlichen Praktiken, seien es alltägliche (Einkaufen im Green Hills) oder außergewöhnliche (Besteigung des Sydney Tower), die als Material für die öffentliche Elaboration des Lebens einer Nation dienen. Diese Praktiken, die »taktischen« Dinge, die Menschen tun, können umgekehrt als Wege dienen, auf das von Institutionen über und für sie kreierte »öffentliche Image« zu antworten, es zu bekämpfen oder es sich anzueignen.

Für de Certeau ist Taktik die Kunst, den strategischen Institutionen und »Orten« die *Zeit* zu entziehen. Für mich erzwingt allerdings die Unterscheidung öffentlich/popular keinen Gegensatz zwischen dem Offiziellen und dem Endemischen oder der Akademie und der Straße; öffentlich (institutionell/strategisch) und popular (praktisch/taktisch) sind asymetrische Kategorien. Ich interessiere mich für die variierenden Formen und Grade der *Involviertheit* zwischen öffentlicher Kultur und popularen Praktiken in der von mir untersuchten Periode, und ich betrachte Genres, Erzählungen und rhetorische Traditionen als wesentliche und geschichtlich fortdauernde, ebenso wie produktive, Modi einer solchen Involviertheit.

Aber lassen Sie mich etwas deutlich sagen. Die popularen Praktiken, die ich bespreche, sind nicht immer sozial progressiv oder heroisch subversiv. Ich identifiziere mich nicht mit allen davon, und ich versuche, die Bedeutung keiner davon zu überschätzen. Tatsächlich könnte man argumentieren, daß die *öffentliche* Kultur während der letzten fünfundzwanzig Jahre eine »Fata Morgana« liberaler sozialer Experimente (mit denen ich mich sehr wohl identifiziere) erzeugt hat, die angefochten, der Widerstand geleistet und der ausgewichen wurde von einem »popularen« Konservativismus. Während dies eine beleidigende Simplifizierung wäre, ist der Kontext, in dem es als eine mögliche Interpretation der öffentlich/popularen Beziehungen aufgeworfen wird, einer, in dem ich erneut auf der Bestimmung verschiedener Temporalitäten bestehen möchte.

Wie die in »Medienzeit« untersuchten politischen Debatten zwischen konkurrierenden Interessensgruppen im Fernsehen haben theoretische Debatten in den Cultural Studies ihre eigenen Geschwindigkeiten und Veränderungsraten. Manchmal bewegen sie sich sehr schnell, viel schneller als andere Gedankenstränge in der Gesellschaft. Das Mithalten mit der Veränderungsrate in unserer Disziplin kann uns dazu bringen, die Art und Weise zu ignorieren, in welcher eine Rhetorik oder Problematik, die in einem Kontext für »tot« oder »überholt« gehalten wird, in einem anderen höchst lebendig sein kann. Indem er immer zu früh, zu spät kommt, ist »Fortschritt« dafür ein offensichtliches Beispiel. Mein Verständnis von meinem sozialen Ort als Intellektuelle ist es, daß ich nicht nur von der Warte einer Zeit (die ich bewohne) »spät« am Abend nach Jahrhunderten des Streits über Theorien von Theorien von Geschichte nachdenken darf, sondern auch von jenen Momenten popularen Zeitgefühls aus, in denen Leute, deren Leben in die Bahn neuer Tourismusprojekte gerät, allzu bald sagen: »Es ist traurig, aber man kann den Fortschritt nicht aufhalten.«

Involviertheit: Begehren und Geschichte

Dies wirft die Frage nach meiner eigenen Involviertheit in diese Untersuchung auf. Einem alten, viel diskutierten feministischen Prinzip folgend beschränke ich mich hier meistens auf touristische Landschaften, Lokalhistorien und Kulturtraditionen, von denen ich umfangreiche persönliche Erfahrung besitze. Das bedeutet, daß die Popularkultur, die ich bespreche, primär weiß, anglo-keltisch, heterosexuell zentriert, Arbeiterklassen- oder kleinbürgerlich-australisch ist. Ich tue dies jedoch im Geiste des Erkennens der *Andersheit* in dieser Kultur und ihrer Artikulation in einer kritischen Praxis.

Mein Engagement dafür, das zu tun, ist bis zu einem gewissen Grade politisch. Slavoj Žižek hat argumentiert, daß es der »blinde Fleck« der weißen liberalen Intellektuellen im Westen sei, vor dem »Schrecken des Rassismus« oder dem »populistischen Protofaschismus« ihrer eigenen traditionellen Kulturen zurückzuschrecken, während sie sich vor den »autochthonen ethnischen Gemeinschaften *des Anderen*« verneigen.[87] Die Geschichte der Schwierigkeiten des weißen Feminismus, zu erkennen, inwiefern Rassismus und Kolonialismus »von Bedeutung sind«, legt nahe, daß Žižek den falschen blinden Fleck betrachtet.[88] Er mag allerdings recht haben, wenn er sagt, daß dieses Zurückschrecken, wenn es vorkommt, einen Haß auf das »eigene« Vergnügen beinhaltet, der eine peinigende Ambivalenz gegenüber dem phantasmatischen Vergnügen des Anderen verbirgt. Ich bin mir sicher, daß es entscheidend ist, die Sorgen und Ängste ernstzunehmen, die selbsternannte, grundlegend von sozialen und wirtschaftlichen Veränderungen bedrohte Majoritätskulturen durchdringen.

Indem wir dies tun, können jene unter uns, die in solchen Kulturen aufwuchsen, vielleicht der Behauptung ein wenig intellektuelle und politische Kraft zurückgeben, daß das Populare komplex und widersprüchlich ist. Nehmen Sie zum Beispiel den Tourismus. Meine kurze Geschichte des Sydney Tower mag so aufgefaßt werden, daß sie die Ängste vieler Leute davor bestätigt, was globaler Tourismus, mit seiner abrupten Beseitigung der mediatisierenden Zeichen von Lokalität und Geschichte, bedeuten kann. Doch sie deutet auch die Ambiguität eines Augenblicks an, in dem eine Gesellschaft, die ihre eigene Identität historisch durch die Enteignung anderer erzeugt hat, sich selbst Ängsten, und manchmal genußvollen Phantasien, von Verdrängung unterworfen sieht. Ökonomisch motivierte kulturelle Umstrukturierungen beinhalten nicht nur einen Prozeß der Revision und Herausforderung überkommener Darstellungen der Vergangenheit, sondern auch die Produktion und Zirkulation neuer polemischer Bilder davon, was eine erstrebenswerte *Zukunft* für eine Gesellschaft sein könnte, die »touristifiziert« wird.

In so einem Kontext kann es keine einfache Antwort auf Carol Steedmans Frage »warum wollen Cultural Studies die Geschichte?« geben. Geschichte zu wollen, kann viele Dinge bedeuten, einige davon defensiver Natur. Wir mögen »Geschichte« wollen als eine Art Bekräftigung, daß die Dinge genau so schlecht ausgehen werden, wie wir es befürchten (und in »Lunchen für die Republik« bespreche ich ein feministisches Argument, das diese Form annimmt). Ich handle eher aus dem gegenteiligen Impuls: Ich tendiere dazu, Geschichte als Quelle einer befreienden Gewißheit zu wollen, daß alles mögliche passieren kann. Die Abbildung des Quantas-Jets in der Galerie des Sydney Tower beispielsweise bekommt einen ganz anderen Wert, wenn wir sie zur Umrahmung einer anderen Erzählung von Geschichte und internationalem Tourismus verwenden – einer, die nicht so einfach anhand »mythischer, apokalyptischer oder theoretischer« Vorstellungen von historischem Wandel zu verstehen ist.

Ngukurr: Weya Wi Na (»Ngukurr: Where Are We Now« – Wo sind wir jetzt) ist ein Video, produziert 1988 als Programm zur Ausstrahlung im Aborigine-Fernsehen in Zentralaustralien.[89] Hergestellt von Mitgliedern der mehrsprachigen Ngukurr-Gemeinschaft im Northern Territory, konstruiert das Band die Geschichte dieser Gemeinschaft, wie sie sich entwickelte, nachdem weiße Siedler, Missionare und Lehrer den Norden erreichten. Diese Geschichte wird sowohl als Erzählung vorgetragen wie auch als Argumentation für eine synkretische Kulturpolitik, um die Autonomie der Gemeinschaft in Gegenwart und Zukunft zu erhalten.

Das Thema des Kultursynkretismus wird am Beginn eingeführt, wo ein alter Mann mit jungen Leuten schimpft, sie spielten »zu viel Rap, Disco. Rap – das ist Musik der *whitefellas*«.[90] Ohne sein Beharren darauf zu unterminieren, daß die jungen Leute ihre eigenen Tänze lernen sollten, deutet der Film an, daß keine kulturelle Form intrinsisch »whitefella«-Eigentum ist; ästhetisch eklektisch mischt er verschiedene Genres und international bekannte visuelle und musikalische Stile mit aboriginalen traditionellen Elementen. Auf diese Art baut er eine komplexe, visuell schöne Argumentation zugunsten einer Praxis der Selbstbestimmung auf, um Aborigines zu ermöglichen, sich nach ihren eigenen Bedingungen technische

Kenntnisse und kulturelle Güter aus anderen Gesellschaften zu eigen zu machen und dadurch ihre Unabhängigkeit sowohl von der Wohlfahrtsbürokratie als auch von assimilationistischem kulturellem und politischen Druck weiter abzusichern.

Als Teil einer Geschichte kollektiver Erungenschaften enthält der Film Gemeinschaftsdiskussionen über eine Sprachpolitik für die Schule. Die Erwachsenen wollen, daß die Kinder sowohl Englisch als auch ihre eigenen Sprachen und ihre eigene Kultur lernen, und planen eine Studienreise zur Recherche potentieller Modelle. Sie entscheiden sich für Singapur als eine multilinguale Gesellschaft, wo Englisch in den Schulen verwendet wird, während andere Sprachen zuhause und im sozialen Leben gesprochen werden. Die nächste Sequenz dokumentiert eine touristische Expedition, bei welcher der Kulturaustausch mehr Gegenseitigkeit aufweist als die meisten Touren verlangen oder sogar erlauben. In einer chinesischen Schule singen die Kinder für ihre Besucher in Englisch; im Gegenzug führen die TouristInnen aboriginale Musik auf und bringen den Kindern Tanzen bei. In beiläufigen Szenen am Flughafen, im Zoo, auf den Straßen und Märkten wird die Entdeckung, daß es schwarze AustralierInnen gibt, als erzieherisch für Singapurer vieler Rassen gezeigt; bei einem Ausflug nach Malacca tauschen aboriginale und portugiesisch-malaysische Frauen Erfahrungen aus. Die ganze Reise, ein Abenteurer in »kulturellem Tourismus«, unternommen mit präzisen, pragmatischen Zielen, wird als Erfolg betrachtet und ihre Geschichte in eine Unterrichtsstunde in der Schule daheim in Ngukurr eingebaut.

Für mich als weiße urbane Zuseherin, die dieses Band ansah (und als eine, für die weiße ebenso wie schwarze Gemeinschaften des Northern Territory einen abgelegenen Raum bewohnen, den zu besuchen ich mir immer nur eben als Touristin vorstellen konnte),[91] forderte *Ngukurr: Weya Wi Na* mein Nachdenken über Tourismus und Geschichte auf dreifach fundamentale Weise heraus.

Für mich am beunruhigendsten war die Irrelevanz meines eigenen »Australien«-Konzepts für die kulturelle und historische Landkarte, die der Film konstruierte. Nicht nur wird Tourismus als eine Begegnung zwischen aboriginalen und asiatischen Gesellschaften ohne Vermittlung durch signifikante europäische Agenten dargestellt, sondern das weiße Australien figuriert im Film *ausschließlich* als »Geschichte«, ein Zeichen der Vergangenheit (zum Beispiel Archivmaterial über die Missionsschule, die der heutigen Gemeindeschule vorausging), und als technologische Membran,[92] repräsentiert durch einen Quantas-Jet, durch welche die Aborigines zu einem anderen Ort in der Gegenwart passieren können. Eine explizite Verbindung zwischen dem Archivmaterial und dem Jet wird durch den Kommentar des älteren Mannes hergestellt, zu hören im Hintergrund, als die Gruppe das Flugzeug nach Singapur besteigt, daß er immer nach Übersee reisen wollte, ihm aber 1966 ein Reisepaß verweigert wurde.[93]

Kurz gesagt fungieren sowohl die internationale Tourismusindustrie als auch der australische Nationalstaat als Mechanismen zur Ermöglichung einer sozialen Praktik, die ohne Referenz zur ver-andernden Kraft des zeitgenössischen weißen

Australien durchgeführt wird. Heraus kommt ein »sowohl ... als auch«, nicht ein »entweder ... oder«-Operationsmodus. Singapur und Malacca stehen im Film sicher als *Verschieden* von Ngukurr (obwohl nicht besonders verschieden voneinander). Doch diese Verschiedenheit wird als eine Basis für die Konstruktion *begrenzter* und daher unspektakulärer Ähnlichkeiten, wie etwa Mehrsprachlichkeit, durch grenzüberschreitenden Austausch konzeptualisiert, aus dem die Leute aus Ngukurr ihren eigenen Gebrauchswert erzielen.

Die zweite Herausforderung folgt aus dem eben Gesagten. Jahrelang wurde aboriginale Kultur als *Objekt* des Tourismus diskutiert. Aboriginale Intellektuelle, BürokratInnen und GemeinschaftsführerInnen haben an dieser Debatte teilgenommen, und sie beinhaltete lange Zeit Argumente, daß die Entwicklung neuer »Traditionen für den Tourismus«[94] eine nützliche Aktivität sein kann, die das Prestige aboriginaler Kultur in der breiteren australischen Gesellschaft heben und Einkommen erzielen kann, um wirtschaftliche Unabhängigkeit vom Staat zu sichern. »Traditionelle« Kultur, so wird oft gesagt, sei nicht das Überbleibsel einer urtümlichen kulturellen Quelle, sondern ein bereits hybridisiertes historisches Produkt, und ihre Erhaltung könne durch die Aneignung und Transformation von Dingen aus anderen Gesellschaften unterstützt werden.

Wie ich angedeutet habe, erkundet *Ngukurr: Weya Wi Na*, so wie ich es sehe, diese Art Strategie. Der Film handelt jedoch nicht von aboriginaler Kultur als Tourismusobjekt. Er positioniert Leute als *Subjekte* einer touristischen Praxis, ebenso wie einer Geschichte, einer Pädagogik und einer Ökonomie. Daher geht er weit über die Frage hinaus, wie neue Traditionen die alten aufrechterhalten; Veränderung ist nicht nur ein Teil, sondern eine Voraussetzung der Geschichte Ngukurrs. Vielmehr fragt der Film, wie die Prozesse der Veränderung von den Menschen, die betroffen sein werden, *in Zukunft geplant und gemanagt* werden können, und die Herstellung des Filmes ist nur eines aus einer Reihe praktischer Projekte, dies möglich zu machen. Auf diese Weise ignoriert *Ngukurr: Weya Wi Na* die Kritik an der weißen australischen Historiographie, um eine andere Geschichte zu erzählen – eine, in der eine touristische Erzählung in eine fortlaufende aboriginale Geschichte des Überlebens, des Kampfes und der Selbstbestimmung eingebaut ist.

Die dritte Herausforderung, die ich in *Ngukurr: Weya Wi Na* sehe, betrifft die Zweifel, die ich bezüglich meiner Formulierung der ersten beiden habe. Es ist einfach, in einem orthodoxen Cultural Studies-Schritt zu erklären, daß dieses Band ein exemplarisches Beispiel bietet, wie sich unter den »komplexen und widersprüchlichen« Bedingungen, die der Tourismus mit sich bringt, neue Möglichkeiten für eine unterdrückte und marginalisierte Gruppe von Leuten eröffnen. Ich glaube, eine solche Lesart von *Ngukurr: Weya Wi Na* würde eine geballte Version meines eigenen »Begehrens nach Geschichte« darstellen, meine eigenen Sorgen hinsichtlich Australiens Vergangenheit und Zukunft auf die Aborigines projizieren und jene durch eine Erzählung über eine ihrer Erzählungen ersetzen. Wenn es für manche (keineswegs für alle) weiße AustralierInnen jetzt oft verlockend ist, die Lebensweisen der Aborigines aus sicherer Entfernung von ihren Mühen zu idealisieren, dann ist es immer allzu leicht, aus ausgewählten Erfolgsgeschichten das Versprechen eines beruhigend generalisierten »Überlebens« in einer globalen Tourismusökonomie zu ziehen. Steedman könnte diesen Gebrauch von Geschichte durchaus einen »Übertragungsakt« nennen, obwohl es sich nicht um einen neuen handelt. Schon seit langem wird von weißen AustralierInnen (neben anderen) in die aboriginale Kultur eine überlegene Weisheit hineingelegt, die uns übrigen helfen könnte, unsere Probleme zu lösen.

An Übertragung ist nichts eigentlich Falsches. In der akademischen Arbeit ist sie unvermeidbar. Steedmans Punkt ist, daß wir darüber nachdenken müssen, *was* wir tun, wann wir es tun und warum. Meine Antwort auf ihre Frage »Warum wollen Cultural Studies die Geschichte ... welchen Nutzen hat das überhaupt für Euch?« ist daher, mich daran zu erinnern, daß die Geschichten vom Sydney Tower und von Ngukurr, und die Historiographien der »Entwicklung des Turmes« und von *Ngukurr: Weya Wi Na* nicht ohne Verbindung zueinander dastehen: wie das Bild des Quantas-Jets verbindet sie eine Geschichte der touristischen Orts-bildung und der Medienzeit auf mehr als eine Weise. Es gibt eine Ebene, auf der es Bedeutung hat, daß die Designer der audivisuellen Show des Sydney Tower und die Filmemacher von Ngukurr denselben Kontinent bewohnen, einigen derselben politischen Systeme und Institutionen begegnen mögen und dieselbe Zeit miteinander teilen[95] – wie divergent ihre Interessen, wie unvereinbar ihre Erfahrungen von Temporalität und Geschichte, wie inkommensurabel ihre Lebensweisen, wie groß die Ungleichheit des diesen Lebensweisen von den Machtgefügen meiner Gesellschaft zugeordneten Wertes auch sein mögen.

Cultural Studies sind eine Praxis, die uns ermutigt zu versuchen, den gegenwärtigen Kontext ihrer Koexistenz ebenso wie die Eigenständigkeit eines jeden zu verstehen, und an der Erzeugung von zukünftigen Kontexten zu arbeiten, in denen die Bedingungen ihrer Koexistenz anders sein mögen. Geschichte, so denke ich, ist für diese Arbeit gut geeignet, nicht zuletzt deshalb, weil Geschichte der Name ist, den die australische Öffentlichkeit und zeitweise die Popularkultur diesem Erzeugungsprozeß gegenwärtig gibt.

Teil 1

Touristenorte

1. In Henry Parkes Motel

Motels sind überall Motels ...

Robert Venturi.

I. Ziegelmauer

Am 24.Oktober 1889 hielt Sir Henry Parkes, Kolonialsekretär und Ehemaliger Abgeordneter für Tenterfield, seine Historische Föderations-Rede. Als Ergebnis dieser Rede wurde das Commonwealth von Australien geformt.

The *Sydney Mail* bezeichnete Sir Henry Parkes als Australiens Weitblickendsten Staatsmann. Diese Raststätte befindet sich 180 Meter von dem Platz entfernt, wo diese Berühmte Rede gehalten wurde. Sie heißt »The Henry Parkes« zu Ehren dieses Großen Staatsmannes

Es gibt eine Inschrift auf der straßenseitigen Mauer des Henry Parkes Motor Inn in Tenterfield.

Sie erzählt eine Geschichte über einen der repräsentativen Großen Männer des kolonialen New South Wales – ein Immigrant, Self-made man, Reisender, Poet, Journalist und unermüdlicher Patriarch in seiner Familie und im politischen Leben – der die moderne Nation durch einen Sprechakt gründete.[1]

Es ist auch die Geschichte einer Reise, die nur dafür berühmt ist, daß sie in einer kleinen Agrarstadt unterbrochen wurde. Parkes war mit dem Zug auf der Rückkehr von Brisbane nach Sydney nach Gesprächen mit Führungspersönlichkeiten in Queensland, und hielt in Tenterfield, um das Äquivalent einer Presseaussendung auszugeben – eine Rede nach Tisch. Die Geschichte seiner Rede wird nun wiederholt, um die Aufmerksamkeit von Reisenden zu wecken, die heute diese Stadt passieren.

Ich würde gerne sagen können, daß ein Lesen dieser LEGENDE *in situ* einen sinnvollen Ausgangspunkt für ein feministisches Essay über Popularkultur bietet. Sie wirft vertraute Fragen auf über die in der Gegenwart repräsentierte Vergangenheit (Nationalitäts-, Ursprungs- und Vergeschlechtlichungsmythen). Sie tut das in einem von alltäglichen kulturellen Aktivitäten gebildeten Kontext – Autofahren, Haltmachen bei einem Motel, Tourismus, Kleinstadtleben – in welchem die LEGENDE dazu verwendet wird, Effekte des *Orts* Gender-bezogen zu konnotieren. Sie versucht, TouristInnen zum Anhalten zu bewegen und die Stadt für ihre EinwohnerInnen zu definieren. Die Thematisierung von Beziehungen zwischen Vergangenheit und Gegenwart, Mobilität und Verortung ist das semiotische (werbetechnische) Minimalprogram jedes Memorial-Motels. Das *Henry Parkes* ist in dieser Beziehung brauchbar selbstreflexiv.

Eine feministische Lesart könnte auch fragen, ob die in den Tourismuspraktiken erzeugte nationale und lokale Geschichte auch eine Gender-konnotation der räumlich-zeitlichen Operationen (Bewegung/Verortung), von denen diese Praktiken abhängen, impliziert und sich damit überschneidet. Das ist eine Frage der Repräsentation: Figuren (in Bewegung) in einer Landschaft. Doch eine feministische Lesart wäre auch bestrebt, jeden Motelkontext mit einer effektiven sozialen Signifikanz auszustatten. Motels werden heute oft als Schauplätze einer Landstrassen-Panik verwendet (das *Paris, Texas*-Modell). In dieser Erscheinungsform bezeichnen sie gewöhnlich eine transzendentale Heimatlosigkeit. Doch wegen seiner eigentümlichen Funktion als ein Ort der Flucht und dennoch ein Nicht-Zuhause-und-doch-Daheim kann das Motel als Transitort für Frauen neu geschrieben werden, die damit umgehen können. Einerseits haben Motels liberalisierende Wirkungen in der Geschichte der Frauenmobilität gezeigt. Sie können jener Figur erhöhte Sicherheit bieten, die Trollope einst als die UNGESCHÜTZTE WEIBLICHE TOURISTIN beschrieb, und Frauen, die mit ihren Familien auf »Urlaub« sind, ein Weniger an Mühsal versprechen.[2] Andererseits fixieren sie neue Stätten der Verortung häuslicher, affektiver und sexueller Arbeit, bezahlter und unbezahlter.[3]

Damit kann das Motel dazu verwendet werden, die Assoziation von Männern mit Reisen und Frauen mit Heim, die so viele australische Geschichtslegenden in akademischen ebenso wie in popularen und recyclet touristischen Formen strukturiert, einzugrenzen und zu verdrängen, ohne sie auszulöschen.[4] Ein Memorial-Motel ist eine komplexe Produktionsstätte, und zwar eine, in der konfliktbeladene soziale Beziehungen sinnvollerweise nicht ignoriert werden können.

Doch obwohl der Text einer Motel-LEGENDE einen naheliegenden Ausgangspunkt zu bieten scheint, kann eine Tour durch die jüngeren Cultural Studies es überraschend schwierig machen, dorthin zu gelangen. Gegen jede der von mir erwähnten Forschungsrichtungen gibt es andere Einwände.

Erstens gibt es ein Problem damit, was in der Analyse der Popularkultur als angemessener Gebrauch von *Zeit* gilt. Ian Chambers beispielsweise erklärt in *Popular Culture* daß, weil es »letztendlich nicht die individuellen Zeichen, die isolierte Aufmerksamkeit verlangen, sondern die resultierenden Verbindungen oder ›Bricolage‹ – der Stil, die Aufmachung, das Bild – sind, was zählt,« wir gegenüber der Popularkultur darauf verzichten sollten, sie wieder dem »kontemplativen Starren« der »offiziellen Kultur« zu unterwerfen.[5] Zu lange bei einer Motelmauer zu verweilen oder ihre Inschrift allzu eingehend zu »lesen« verlangt ein Tempo, das meinem Objekt unangemessen ist: Eine solche Lesart »erfordert Momente der Aufmerksamkeit, die vom Lauf des Alltagslebens losgelöst sind.« Die Vergangenheit-in-der-Gegenwart ist nunmehr ein Blick, kein Text.

Dann gibt es ein Problem mit der *Verortung*. Für Georges van den Abbeele widerspricht in »Sightseers: The Tourist as Theorist« fleißiges Lesen nicht dem Alltagsstreben des Tourismus. Er sieht Tourist und Theoretiker als Reisegenossen: Der Tourismus ist bereits eine Form von Cultural Studies, und noch dazu eine kontemplative Form.[6] Sie kann Recherche, Interpretation und ausgedehnte Momente intensiver Aufmerksamkeit enthalten. Doch auch für ihn lauert im Verweilen bei einer Inschrift eine Falle. Die LEGENDE von Henry Parkes ist das, was er Dean MacCannell folgend eine *Markierung* nennt – ein Zeichen, das eine »Sicht/Sehenswürdigkeit« (»sight«) konstruiert.[7] Wenn er sie studiert, kann sich Tourist wie Theoretiker in einer metaphysischen Suche verfangen. Beide sind vom Bestreben motiviert, »für sich selbst ein konzeptuelles Schema präsent zu machen, welches ihm unmittelbaren Zugang zu einer gewissen Authentizität gibt (der ›wahren Natur‹ seines Studienobjektes).«

Wenn ich also gegen den ersten Einwand darauf bestehe, daß die Parkes-LEGENDE eine touristische Erzählung über Politikmachen im vollen Lauf ist, und gegen den zweiten, daß sie bei kritischer Betrachtung einen (phallo)logozentrischen Mythos markiert, repräsentiert diese Motelmauer von beiden Seiten, als ein Interpretationsobjekt, ein Verlangen, Bewegung durch die Konstruktion eines singulären Ortes zu beschränken. Hier kommt eine dritte Art von Problem. Es beginnt damit, daß es für zahlreiche TheoretikerInnen des Reisens (Fussell, Baudrillard und Virilio beispielsweise) gar keinen solchen »Ort« gibt. Das Problem mit einem *Motel* als Schauplatz einer Analyse ist nicht die bekannte Kluft zwischen einem Text (einem bestimmten Motel vor Ort) und Lesepraktiken (die Vielzahl seiner Verwendungen). Noch ist es die Zweckmäßigkeit, in dieser Weise über einen kleinen Teil der erbauten Umwelt oder ein Segment des Alltagslebens zu sprechen. Das Problem ist daß, was sie auch immer sagen mögen, Motels in Wahrheit Sinnregime von Ort, Lokalität und »Geschichte« *zerstören.* Für diese TheoretikerInnen sind Motels lediglich Denkmäler der Bewegung, der Geschwindigkeit und des ewigen Kreislaufs.

Das Leseprojekt sollte daher vielleicht auf Abstand gehen und mit einem Blick im Vorbeifahren von der Straße aus neu beginnen. Das heißt, dem Weg des geringsten Widerstandes zu folgen, einem »populistischen« Ansatz – obwohl abzureisen, um anzukommen, eine zeitraubende, ortverfestigende Aktivität ist. Ein Grund für seine Verfolgung ist jedoch, daß dies die Art popularer Praxis ist, auf deren Pflege Motels hinarbeiten. Ein weiterer ist, daß er mir erlaubt, nebenbei einige Hemmnisse abzustreifen.

Seitenblick

Man kann von der Autobahn aus sehen, daß es ein verlockendes Motel ist, ein offensichtlich geeigneter Platz zum Anhalten. Wenn Sie von Süden in die Stadt kommen, bringt Sie ein Schwung über den Berg und einen Hang hinunter zur Raststätte im Talgrund. Ein leuchtendes Versprechen von KURBAAD POOL SAUNA FITNESSRAUM (und in diesem kalten Klima ZENTRALHEIZUNG) strahlt Tag und Nacht über dem heiklen Augenblick, der eine lange, harte Strecke von Sydney von einer lockeren Spazierfahrt nach Brisbane hinein trennt. Dies ist die letzte Stadt vor der Grenze zu Queensland. Als szenisches Panorama auf der Straße nach Norden ist das *Henry Parkes* perfekt getimt.

Von Norden her ist die Anfahrt weniger dramatisch. Tenterfield ist bloß die erste echte Stadt in New South Wales, und Sie wären bereits durch den größten Teil hindurchgefahren. Sie ist hübsch, mit Weiden und alten Steinhäusern, doch nach etwa drei Blocks verlassener Hauptstraße gibt es nicht vieles, das ein Anhalten lohnt. Aber es bietet sich ein langer, ebener Blick auf das *Henry Parkes* jenseits der Autobahn. Es ist imposant genug gestaltet, um ernsthafte Aufmerksamkeit einzufordern: großzügig um einen Gartenhof gewölbte Veranden, georgianische weiße Hebefenster, und auf der Vorderseite des nächstgelegenen Flügels eine große Gedenkschriftrolle. Obwohl eindeutig ein Motel, könnte es auch eine anmutige Residenz sein, ein Landsitz, ein Gesundheitszentrum, ein historisches öffentliches Gebäude. Aus dieser Richtung suggeriert das *Henry Parkes* ernsthafte Muße statt Erlösung für eine Nacht.

Überblick

Personifizierte Handlungsmodelle (der müde, zur Ruhe kommende Durchreisende, der reflexive, das Land in sich aufnehmende Tourist ...) werden üblicherweise von in und rund um Hotels angesiedelten Erzählungen erzeugt. Jedes wohlgeplante Motel kann eine Reihe davon zitieren und mobilisieren, ohne eine einzelne allzu explizit vorzugeben. Tatsächlich ist die Motel-Form (oder das Chronotop, in Bakhtins Worten) in unserer Kultur mittlerweile derart mythisch angereichert, daß jedes beliebige Motel, egal wo, die Möglichkeiten einschränken muß.[8] Eine amorphe, allgemeine Motelheit kann zu jedem Preis kommerziell unüberzeugend sein, außer für Liebhaber des Grundsätzlichen.

Es ist nicht nur eine Frage der Andeutung einer wettbewerbsfähigen Definition von Stil (Kosten, Ambiente, Klientel) für »Hochgeschwindigkeitswahrnehmung« auf große Entfernung.[9] Motels sind Transiträume, aufgeladen mit narrativem Potential. Ein Motel sollte ein Szenario versprechen, und zwar exakt jenes, das Sie wollen: Ein Versteck, ein ordentlicher Nachtschlaf, ein Hauch schmerzhafter Fremdheit, ein heimliches Abenteuer, Pause von der Hausarbeit, eine klösterliche Zuflucht ... Versprechen, die nichts mit dem zu tun haben müssen, was irgendwer in der Folge macht. Wenn wir von der Straße ab- und in die Einfahrt einer beliebigen Motelkulisse einbiegen, suchen wir Schutz, Ruhe und Sicherheit, aber wir beurteilen auch ein Drehbuch (selbst, oder sogar insbesondere bei einem einzelstehenden Motel in der Mitte von Nirgendwo, meilenweit ohne kommerzielle Konkurrenz).

Das *Henry Parkes* hebt sich von seiner nahen Konkurrenz durch das von ihm erzeugte Gefühl des »Komplexes« ab. Der Hauptrivale liegt gleich über der Straße – das Jumbuck, ein Homestead Inn. Das vertraute »H«-zeichen für den Kettenfan ist in dicken, genagelten Brettern gearbeitet, und seine Hölzernheit ist, abgesehen vom

Namen des Motels,[10] das einzige Zugeständnis an einen Code der Buschnostalgie. Das Jumbuck ist in der Grundstimmung agressiv *seriell* (»Du bist zu Hause«, wo auch immer Du bist): Der Asphalthof ist zum Parken da, kein Herumspielen mit repräsentativen Vorhöfen; ein paar Routineblumen, keine prätentiös landschaftsgärtnerisch getrimmten Sträucher; und, für ein New England-Motel ungewöhnlich, kein Hang zu Georgianischen Hebefenstern. Die Schiebefenster sind kompromißlos funktional, mit brutalen Proportionen, betont durch das schlichte Aluminium eines ungeschönten Hardliner-Modernismus. Das Jumbuck macht nur minimalen Gebrauch von Anspielungen an andere Bauformen. Es könnte maximal ein Eigenheim-Rohbau in einer Marken-Wohnsiedlung sein. Überall sonst wäre dasselbe Design lediglich die Trivialform eines Motels. Doch vis-a-vis der blühenden Ausdehnung des *Henry Parkes* nimmt es für sich Nüchternheit und Strenge in Anspruch. Das Jumbuck ist ein echtes Motel, für ernsthafte Geschäftsreisende.

Damit gelangt der/die reflexive TouristIn an der Kreuzung Miles Street und Rouse Street, Tenterfield, an ein scholastisches Dilemma. Auf einer Straßenseite ein Myhos des Modernen Universalen: Serialität, Ketten-Selbstreferenz, Territorialisierung durch Wiederholung-und-Differenz; *»ein Homestead ist überall ein Homestead.«* Auf der anderen Postmoderne Partikularität: Bricolage-Individualitätseffekt; pluralistische Imitationskodierung, Lokalisation durch simulierte Aura: *»dieses Motel ist DAS MOTEL in Tenterfield.«*

In beiden Fällen sind die Hauptsignifikanten dieser Mythen gleichermaßen Mythen des Australiertums (die Motelschilder: Jumbuck, Henry Parkes) und des Heims (der Vorstadtreferent ihres Designs). Doch diese funktionieren auf beiden Seiten der Straße höchst unterschiedlich. Das Jumbuck ist eine Synecdoche für National-*Identität*, von der Form her genauso internationalisierend wie ein Tudor Inn oder ein Ten Gallon Hat; sein Modell von »Heim« ist der standardisierte Wohnbau. Das *Henry Parkes* hingegen verkündet *Persönlichkeit*: etwas Lokales eignet sich einen »historischen« Namen an, um Anspruch auf besondere regionale Signifikanz zu erheben; und das von ihm angebotene »Heim« ist eine Mittelschicht-Pracht, individuell angepaßt, um »Einzigartigkeit« zu konnotieren. Das Jumbuck ist ein Motel für den Gebrauch, das *Henry Parkes* ein Ort für Besuche.

Dilemma

Auf der Straße kann die Wahl rasch auf Preis, Verfügbarkeit und Stimmung beschränkt werden. Daher kann es hier für einige reflexive TouristInnen gar keine Wahl geben. Ein Motel kann definitionsgemäß niemals ein echter *Ort* sein: der Lokalitätseffekt des *Henry Parkes* ist eine optische Täuschung.

Einer einflußreichen, von Daniel Boorstin abgeleiteten Definition zufolge ist zum Beispiel jedes Motel notwendigerweise einer der »Pseudo-Orte«, welche die touristische Welt definieren.[11] Für Paul Fussell ist das charakteristische Merkmal eines Pseudo-Orts, von Disneyland bis zum Flughafen, von der Schweiz bis zum

Einkaufszentrum, eine kalkulierte Lesbarkeit.[12] Echte Orte sind für den vorübergehenden Beobachter undurchsichtig und »erfordern« aktive Reaktion – idealerweise die reiche Interpretation, die »Literatur« war in der verlorenen Ära des »Reisens«. Pseudo-Orte gewinnen eine künstliche Transparenz und induzieren so die für den Tourismus typische Passivität. In Tenterfield, selbst teils Ort, teils Pseudo-Ort, kann man höchstens sagen, daß The Jumbuck seinen Pseudo-Status zelebriert, während das *Henry Parkes* ihn zu verbergen sucht. Der Unterschied ist bloß eine in einem rasenden, empiristischen *Blitz* wahrgenommene Variation. In der Tat wäre die Geschwindigkeit, mit der ich den Unterschied »erkennen« kann, ein Zeichen für seinen Pseudo-Status.

Gemessen an seiner Abhängigkeit von kulturellem Elitismus und einer realistischen Epistemologie zeigte die Idee des »Pseudo« eine überraschende Hartnäckigkeit in den Cultural Studies. Jean Baudrillards Konzept der Hyperrealität hat Boorstins Werk eine Menge zu verdanken und kann in dessen Begriffe zurückgeschrieben werden.[13] In Baudrillards Welt der drittrangingen Simulacra fließen die sich ausbreitenden Pseudo-Orte schließlich ineinander, um Orte vollständig auszulöschen. Dieses Ineinanderfließen ist ein Gründungsereignis: Sobald es Platz gegriffen hat, beginnt das Wahre, so wie das Echte, in Gestalt des Pseudo reproduziert zu werden, welches das Wahre zu werden beginnt. Dieses Ereignis ist auch grundlegend für Baudrillards Theorie, weil erst nach einem solchen »Ineinanderfließen« das Konzept des Pseudo (welches Baudrillard oft als das Imaginäre bezeichnet) schließlich von der Theorie aufgegeben werden kann. Wenn es keinen unterschied mehr gibt zwischen Ort und Pseudo-Ort, müssen neue Begriffe verkündet werden, die zu den Räumen unserer Erfahrung passen (Simulation, Verführung, ObSZENität). Das »Pseudo« lebt jedoch wie ein Geist dieser Verkündung fort: ohne gewisse Zeichen einer einst gegenwärtigen, nun verschwundenen Differenz könnte die neue Ordnung nicht proklamiert werden.

In dieser Optik können die beiden Motels nur als Erzeuger einer hyperrealen Provinzstadt »erkannt« werden. Benachbarte Einrichtungen – alte Häuser, Koppeln, Schafe – werden, wie die ländlichen Gesichter auf der Straße, indifferent entweder zu Überbleibseln der alten Ordnung des Wirklichen oder zu Simulakren des Alten (wahrer als das Wahre, ländlicher als das Ländliche) für die neue Ordnung der Hyperrealität.

Sowohl für Fussell als auch für Baudrillard ist die Irrealität des Motels von objektiver Art. Beide schreiben Allegorien von Subjekten in Bewegung, die hier und dort in einer verstockt erkennbaren Landschaft anhalten: wenn Fussells Tourist das Bekannte fordert, Baudrillards Theoretiker findet es immer.

Beschleunigung

Eine andersartige Zurückweisung des *Henry Parkes* kann durch einfaches Nicht-Anhalten erzeugt werden – indem man das Subjekt als heranzoomenden Beobachter schreibt und Tourismus als eine Geschichte der *Geschwindigkeit.* Für Paolo Prato und Gianluca Trivero gilt, bei der Betrachtung von Fussells Verwendung von Boorstin via Paul Virilios Werk:

Geschwindigkeit ent-schafft Orte (Ereignisse [*faits*] werden Nichtereignisse [*défaits*], Paul Virilio), und eine Abfolge von Pseudo-Orten reduziert die Komplexität der Umgebung auf Hotelketten, Autobahnrestaurants, Servicestationen, Flugplätze, Einkaufszentren, Unterführungen etc.[14]

Und tatsächlich löscht Geschwindigkeit für Virilio Zeit, Erzählung und Subjektivität ebenso aus wie den Raum: Geschwindigkeit ist selbst ein »Nicht-Ort«, und die Benutzer von Transiträumen, Transitstädten (wie Flughäfen) sind spektral: »Bewohner ... für wenige Stunden statt Jahren, ihre fließende Präsenz ist proportional zu ihrer Unwirklichkeit und zu jener Geschwindigkeit ihrer Reise.«[15]

Im »beschleunigten Impressionismus«[16] einer Ästhetik des Verschwindens wird »die« Landschaft zu einem Wischer, einem Streifen, und kein Ortsgefühl kann überleben. Wenn es allerdings ein Gespenst gibt, das bei diesen rasenden Formulierungen im Transitraum herumspukt, ist es eher die Figur des *Bauern* als die des kurzfristigen Bewohners. In diesem Diskurs werden Dauer, Stabilität, akkumulierte Erfahrung, die Realität selbst als Produkte relativer Immobilität an einem permanenten und singulären Ort gesehen: womit gesagt wird, sie sind rhetorisch immobilisierte *Kategorien.* Sie bewegen sich nicht eigentlich in der Geschichte oder verändern sich als Reaktion auf Übergänge. Der Gründungsmythos für diese AutorInnen ist kein geographischer (ein fortschreitendes Eindringen der Pseudo-Sphäre), sondern ein historischer: Das Trauma der ersten Zugfahrt »der Menschheit«, die Aufregung des ersten Kontakts mit dem Kino.[17] Im Unterschied zu Baudrillards Hyperrealistischen bleibt jedoch das Subjekt der Virilio'schen Zoom-Analyse ewig in seinem ursprünglichen traumatischen Moment fixiert. In der sich beschleunigenden Ortlosigkeit der Geschwindigkeit weiterrasend ist es eine Gestalt in chronischer Stasis.

Umkehr

Virilios Vorstellung vom »Wohnen« als einer *»strategischen Installation«* (mit der Einführung der »festen Adresse« als ein monetärer und sozialer Wert in der Geschichte der Mobilisation) gestattet allerdings eine Verlangsamung der Gangart.[18] Ein Motel ist ein Installationstyp, der in räumlicher, sozialer und monetärer Beziehung zwischen einer festen Adresse oder einem Domizil und »Nichtseßhaftigkeit« im Rechtssinn vermittelt. Es übt diese Funktion eben genau als Transitort aus, als feste Adresse für vorübergehendes Wohnen.

Darüber hinaus kann die Installation jedes Motels unschwer als strategisch angesehen werden. Da ist nicht nur der rhetorische Wettbewerb mit Nachbarn (in den Raum projizierte »Adresse«), sondern ein zielgerichtetes Bestreben, den Verkehr für Tage ebenso wie für Augenblicke anzuhalten, Durchreisende zu TouristInnen zu verlangsamen und Energie zu Orten umzuleiten (das Motel und seine Umgebung). Das

Ziel eines spezialistischen Motels wie des *Henry Parkes* ist eine Verfeinerung dessen – der von einer Kleinstadtautobahn ausgehende Versuch zur Veränderung urbaner Signifikanzkarten. Die Masche unterstellt die Flüchtigkeit und Plastizität, nicht die Verfestigung von im Raum konstruierten Bedeutungen. Daher bedeutet das Anhalten zur Untersuchung eines solchen Bemühens ebenfalls das Konstruieren einer strategischen Installation: Statt zum Zwecke der Bestätigung (Einsammeln theoretischer Broschüren) an exemplarischen Orten anzuhalten oder ihr Verschwinden zu vollziehen (Substantiieren von Bewegung), plaziert es das Lesen vorübergehend *an* einer Stelle, in einem Prozeß der Ort-Erfindung.

Tour

Von Autobahnklischees einmal abgesehen ist das Foyer des *Henry Parkes* tatsächlich ein Ort, wo sich das »Feste« und das »Mobile« treffen. Mit all den konventionellen Zeichen des Tourismus und der Hotellerie geschmückt, ist es sowohl ein Empfangsbüro für einen Motelflügel als auch ein erweiterter Arbeitsraum für den familiären Wohnbereich einige Schritte zur Linken – mit zwischen diesen überschwappender Aktivität.

Für einen sich umsehenden Neuankömmling sind die Beziehungen zwischen Teilen des Komplexes schwer zu stabilisieren. Hinter dem familiären Wohnbereich, so entworfen, daß er sich dem Motel optisch einfügt, liegt ein öffentliches Sportzentrum mit einer großen, gut ausgestatteten Trainingshalle; und der Zugang zu ihr vom Motel aus vermittelt einen landschaftsgärtnerisch in vorstädtischem »Hinterhof«-Stil gestalteten Garten mit Pool. Wie viele Motels mit sportlichem Leitmotiv kann das *Henry Parkes* zugleich als informelles Gemeindezentrum dienen; die therapeutische Motelfunktion weitet sich in die lokale Freizeitwirtschaft hinein aus. Dadurch findet jederzeit und in den meisten den Komplex definierenden Räumen eine ständige Durchmischung des häuslichen Lebens der »Gastgeber«-Familie, der sozialen Aktivitäten der StadtbewohnerInnen und der vorübergehenden Zerstreuungen der TouristInnen statt. Die Solidität des Motels als *Ort* gründet auf seiner Flexibilität als *Rahmen* für variierende Praktiken von Raum, Zeit und Geschwindigkeit.

Diese Kunst der Motelausweitung projiziert rhetorische Identität im Raum auf eine Weise, die weitgehend verschieden ist von jener, die Venturi, Scott Brown und Izenour für Fassaden am Las Vegas-Strip analysierten. In jenen Highway-bezogenen Strukturen sehen sie eine funktionale, in der Formgestaltung reflektierte Unterscheidung zwischen Front und Rückseite: »Ungeachtet der Front ist die Rückseite der Gebäude stillos, weil das Ganze der Front zugewendet ist und niemand die Rückseite sieht.«[19] Ein Front/Rückseite-Regionalisierungsmodell[20] wird so zur Unterscheidung zwischen einer Oberflächen-(Überzeugungs-)Rhetorik, die variiert, und einer tiefliegenden (befähigenden) Grammatik, die das nicht tut, umgeschrieben – »die neutralen Systemhotelstrukturen hinten … überleben eine Abfolge von Fassandenerneuerungen und eine Serie von Themen vorne.«

Das *Henry Parkes* gibt diese Unterscheidungen auf. Das Fassadenthema wird in den detailreichen Regionen dahinter weiterentwickelt, nicht eingeschränkt oder entwertet. Die Landguterfahrung beginnt auf der Straße und reicht bis ganz nach hinten an den Zaun. Als eine strategische Installation arbeitet dieses Motel *gegen* die Codes der Highway-bezogenheit – und tatsächlich gegen den Strom des Highway. Es dringt in den Verkehr ein, um ihn stadtwärts abzuleiten.

In dieser seiner Eigenschaft als Kleinfirmen-«Front« führt also das *Henry Parkes* eine Lösung für das von Venturi definierte Problem herbei. Seine Produktion seiner selbst als »Ort« und von Tenterfield als Tourismuskulisse ist nicht bloß eine logische Weiterentwicklung der Dynamik der Highway-konkurrenz, sondern ein Versuch, den Effekt der Autobahn auf kleine Städte umzukehren und auszubeuten. Es ist ein übliches, von Themenmotels an Standorten von fragiler Bedeutung verwendetes Mittel, und eines, daß dennoch Variation entlang der von Venturi beschriebenen Linien zuläßt. Andere Sportmotivmotels mögen beispielsweise primär als Fitneßzentren oder Gesundheits- und Schönheitsfarmen fungieren. In unserem Fall wird Ort in Tenterfield als stark ausgebildete Form der *Seßhaftigkeit* produziert.

Innerhalb des Komplexes nehmen die dort wohnhafte Familie, einheimische BesucherInnen und Motelgäste alle an einer durchdringenden Produktion von »Zuhause« teil. Das *Henry Parkes* bietet den Einheimischen nicht nur ein wenig Arbeit und ein inspirierendes Architekturmodell der »hübschen Residenz«, sondern auch den Rohstoff (»Fremde«) für weitere Heimatstadtwerbung. Die Kohärenz des *Henry Parkes*-Komplexes liegt in einem umfassenden und dauerhaften Familiarismus. Hier wird das Touristische, das Nachbarschaftliche und das Eigentümerhafte nicht in Opposition aufeinander bezogen (mobil contra fest, touristisch contra alltäglich, durchreisend contra heimatlich), sondern entlang eines in Graden der Dauerhaftigkeit, der *Intensitäten* des »Verweilens« – vorübergehend, periodisch, permanent – unterbrochenen Spektrums.

Dort sein

Quer über eine Ziegelmauer, in elegantem Schwung um eine Plakette und Büste, flaggt die Legende eines berühmten BESUCHERS. Dies ist des Motels Grundstein, seine Verankerung in der GESCHICHTE – national (die australische Föderation), regional (die Tenterfield-Rede) und persönlich (die Benennung des Motels).

Für einen oberflächlichem Blick muß die gezierte Schrift der LEGENDE und der Bronzeeffekt der Büste nicht viel mehr bewirken, als Periodennostalgie anzuzeigen. Für die meisten TouristInnen endet es zweifellos hier. Eine andere Art oberflächlichen Blicks könnte wiederum das Verschwinden der Geschichte im Mythos erlesen. Auf dieser Mauer werden die bitteren Klassenkämpfe des späten Neunzehnten Jahrhunderts, die Machenschaften eines verblassenden, immer noch nach politischem Einfluß greifenden Patriarchen, die Vertreibung des Volks der Aborigines[21] und somit die Geschichte dieser Stadt, dieser *Stätte* selbst in den Schlachten um

Land, Reichtum, Macht und das Recht, »Fortschritt« zu determinieren[22] – alle unterschiedslos ausgelöscht von einem übersättigten und sentimentalisierten Zeichen der Vergangenheit als zeitloser kolonialer *Stil*.

Ein/e erfahrene/r GeschichtstouristIn könnte sogar den anekdotischen Status der LEGENDE außer Acht lassen und sie zu einem Anhängsel des Familialmythos des Motels machen. Es war schließlich Parkes (Reformer und titulierter Begründer von Wohnbau-, Gesundheits-, Gefängnis-, Beförderungs-, Kommunikations- und Erziehungsprogrammen), der 1890 den Traum eines weißen Australien mit der Nostalgie für Britannien als »Zuhause« vermählte – indem er in einer denkwürdigen und weithin im Gedächtnis behaltenen Form die Legende der Imperialen Familie schmiedete: »Der rote Faden der Verwandtschaft«, würden seine Nachkommen wiederholen, »zieht sich durch uns alle.«[23]

Doch da gibt es ein Ungleichgewicht zwischen dieser allumfassenden Interpretation des Motelmythos und der ziemlich unspektakulären Positionierung der Schriftrolle. Einerseits schreibt die LEGENDE dem WORT große Macht zu (Parkes sprach, und als Resultat föderierte Australien) und ebenso der Autorität des Medienzitats (die *Sydney Mail* erschafft Parkes Status). Andererseits – wer liest sie? welche Macht übt eine Schriftrolle aus? die Zypressen davor werden größer ... die Einheimischen können sie ignorieren, die meisten TouristInnen mögen sie nicht sehen, und wer hat heutzutage überhaupt von Henry Parkes gehört? Sie hat bestenfalls die Macht, zum Place of the Oration ein wenig Kundschaft hinunter zu schicken. Von wenigen Reisenden, so sollte man denken, kann erwartet werden, daß sie aus dem Wissen Vergnügen ziehen, 180 Meter vom Schauplatz der Rede entfernt zu essen und zu schlafen.

Wer kann das sagen? Wer weiß über »die anderen« Bescheid? Das ist ein Problem, das die Schriftrolle, mit ihrer Erzählung über das *fiat* einer exemplarischen Figur, aufwerfen kann. Welche anderen Aktionen werden vollführt, wenn wir ideale Modelle einer der Popularkultur »angemessenen« theoretischen Praxis und Sprecherposition aufstellen? Das Motel läßt uns innehalten, um über diese Frage nachzudenken. *Innehalten* lassen ist überall die primäre Funktion des Motels als Motel.[24] Drinnen in den Zimmern von diesem gibt es, mitten in einer gemütlichen Mischung aus modernen Annehmlichkeiten und Epocheneffekten, strategisch installiert, unter einem Fenster neben dem Fernseher, jenen kontemplativen Ort – einen Schreibtisch.

II. Häusliche Geschäfte

Politische Philosophie

Unter welchem Hütchen – schnell! bitte sehr –
Unter welchem Hütchen sind jetzt die Erbsen?
Trick folgt auf Trick, den ganzen langen Tag,–
Richtig, mein Herr! – ach nein! – leider falsch!
Erst war es R, und jetzt ist es C,[25] *–*
Eure Augen konnten alle der Erbse nicht folgen;
Wie sie geschmuggelt wurde, keiner zeigt es,
Wie sie jongliert wurde, keiner weiß es.
Trick folgt auf Trick, Tag für Tag,
Das Leben ist ein Kampf, wir tun, was wir vermögen;Warte auf das nächste Mal, und dann sollst du sehen
Welches Hütchen die Erbse enthält.
Trick folgt auf Trick, den ganzen langen Tag,
Niemand hat ganz recht, niemand liegt völlig falsch;
Das Leben ist ein Kampf, immer bergauf,
Das Leben ist ein Jonglierakt, mag man sagen, was man will!

Henry Parkes [26]

(Von allen Eigenschaften Parkes als Selfmade-Man haben wenige bei den Kritikern, zu seinen Lebzeiten und danach, mehr Heiterkeit ausgelöst als seine ungeschulten Versuche in der Dichtkunst – außer vielleicht den »wandernden Hauchlauten«, die seine Klassenherkunft verrieten. Er publizierte fünf Bände Verse, darunter viele Gedichte über die Freuden des Reisens und andere über den zuhause mit seiner Frau genossenen häuslichen Segen).

In »Sightseers: The Tourist as Theorist« gibt Georges van den Abbeele seinen Kommentar zu jener Art Reiseroute ab, die ich gerade entworfen habe:

Die Ritualisierung und/oder Institutionalisierung der Reise kann auch ein Versuch sein, eine gewisse Unmittelbarkeit (des Wissens, der Präsenz) durch die Realisation eines zuvor geborenen Konzeptes zu erreichen. Man versucht, die Verzögerung in der Kognition dadurch zu umgehen, daß man sozusagen dort ist, bevor man begonnen hat, daß man einen »Hinterhalt« vorbereitet, sodaß, wenn die Erfahrung eintritt, sie als gänzlich gegenwärtig begriffen werden kann. (9)

Sein Artikel ist ein umständlicher Kommentar zu Dean MacCannells Buch *The Tourist: A New Theory of the Leisure Class*. MacCannell argumentiert, daß Tourismus in einer Gesellschaft auftritt, die nicht mehr von entfremdeter Arbeit abhängig ist, sondern von »entfremdeter Muße«, in der »Realität und Authentizität als irgendwo anders liegend vorgestellt werden« (3).[27] Tourismus ist eine Mission, um sie zu finden. Aber diese Mission wird gerade durch die Struktur des modernen Tourismus selbst unmöglich gemacht. Er wird durch eine »Semiotik der Anziehung« definiert, in welcher etwas (die Markierung) für jemanden (den Touristen) eine »Sehenswürdigkeit« repräsentiert. Indem sie die Sehenswürdigkeit anzuzeigen behaupten, entgrenzen und erzeugen die Markierungen diese; ohne das Wuchern von Informationen und Routenplanern wäre der Tourist nicht in der Lage, die »Sehenswürdigkeit« von ihrer »Umgebung« zu unterscheiden. Während er denkt, daß er die Realität einer anderen Welt begreift, liest der Tourist in Wahrheit stets die Zeichen des Tourismus – das heißt, Zeichen der Differenz.

In van den Abbeeles Glosse zu diesem Argument recherchiert ein Tourist nicht bloß deswegen für seine Reise, um Unannehmlichkeiten an fremdartigen Orten zu vermeiden, sondern um sich wie ein fleißiger Kunststudent (oder ein Verfolger der Erbse der Wahrheit in der Politik) darauf vorzubereiten, die schlußendliche authentische »Sehenswürdigkeit« zu *begreifen*. Daher ist der Tourist als Autodidakt unablässig in die Produktion und Reproduktion einer Metaphysik der Präsenz eingebunden. Er hofft, die Sehenswürdigkeit in einen »Hinterhalt« zu locken, aber er ist immer schon selbst in den Hinterhalt der Markierungs-Sehenswürdigkeits-Beziehung geraten.

Die hier ausgelegte Falle ist unumgehbar: und in gewisser Weise ist es tatsächlich die Unvermeidbarkeit des »Hinterhalts«, die wie die fromme Moral von Parkes zynischer Philosophie, der »Schreibtisch« in meiner Wand-Schrift in van den Abbeeles Argument immer gegenwärtig ist.

Lieber als den zu ihr führenden Weg zurückzuverfolgen, möchte ich einen Umweg machen, um die Schritte durchzudenken, mittels derer Tourismus und Theorie in dieser Argumentation als exemplarische, parallele Beispiele für einen teleologischen *Antrieb* gelesen werden.[28] Es ist schwierig, dem Text van den Abbeeles gerecht zu werden, nicht nur wegen seiner Komplexität, sondern wegen seiner veränderlichen Beziehung zum Text von *The Tourist*. Um es zu vereinfachen, werde ich meinen eigenen Hinterhalt entschärfen, indem ich ihn schon zu Beginn aufdecke. Van den Abbeele wird argumentieren, daß die totalisierenden Projekte sowohl des Tourismus wie der Theorie durch ein theoretisch-praktisches Nomadentum ersetzt werden können. Ich werde sein Argument so lesen, daß es sich aus drei wesentlichen Gegensätzen heraus entwickelt, an deren Dekonstruktion er arbeitet – *Reise/Zuhause, Mann/Differenz, Theorie/Tourismus*. Sie funktionieren nicht als gegenseitige Äquivalente, doch ich werde sie so lesen, daß sie durch eine implizite Wertung des ersten Begriffes als »maskulin«, das heißt unmarkiert-menschlich, gekennzeichnet sind: Eine Wertung, die den dekonstruktivistischen Schritt überlebt und dadurch eine Eliminierung der Politik (beispielsweise einen Aktivismus der »Bereisten«) aus van den Abbeeles Flugbahn ermöglicht.

In seiner Lesart von MacCannell akzeptiert van den Abbeele, daß eine Suche nach »dem Ziel« für den Tourismus endemisch ist. Daß er das tut, erlaubt ihm, eine starke Analogie zwischen »Tourismus« und »Theorie« unter Verwendung der klassischen epistemologischen Metapher der Reise zu entwickeln. Er beschränkt weiters die Entfaltung dieser Metapher, indem er sie als ein Modell der narrativen Struktur liest. Die diese Operationen verbindenden Schlüsselfiguren sind *»das Zuhause«*, oder das *»domus«*, und *»Domestikation«*:

> Der Tourist theoretisiert, weil er bereits unterwegs und in einem chaotischen, fragmentierten Universum gefangen ist, das domestiziert werden muß. Das eigentliche Konzept »der Reise« ist diese Domestikation, dadurch daß sie das eigene Reisen wie die Aristotelische Handlung in einen Beginn, eine Mitte und ein Ende aufteilt. Im Fall des Touristen sind der Beginn und das Ende derselbe Ort, »das Zuhause«. Es ist daher die Relation zu diesem Zuhause oder domus, in der alles, was zur Mitte zählt, »domestiziert« werden kann.« (9)

In dieser Darstellung schlägt das Projekt der Domestikation nicht nur wegen der Kluft zwischen Markierung und Sehenswürdigkeit fehl, sondern weil des Touristen Interpretation zeitlich immer hinter der Aktivität des Reisens »nachhinkt«. Domestikation ist eine Anstrengung, kognitiv auf die stets fliehende Erfahrung, oder die »Bewegung«, des *unterwegs* Seins aufzuholen. Sie ist daher der Versuch der Bändigung und Verleugnung der Präzedenz ebenso wie des Exzesses des Prozesses über die Struktur. Das Problem des Touristen mit dem »Nachhinken« wird hier meines Erachtens zu einem Modell eines fundamentaleren Dilemmas, von dem gesagt wird, daß es das Sprechende Wesen definiert.

Van den Abbeeles Darstellung ist eine der »zirkulären Struktur der Referentialität«, in welcher das *domus* in Wahrheit als der letzte den Touristen erwartende Hinterhalt fungiert. Als der Fixpunkt, auf den sich das Theoretisieren des Touristen zu beziehen versucht, weicht das *domus* nicht nur stetig zurück, sobald die Reise beginnt (die Richtung »nach Hause« ist eine »eminent retrospektive Geste«), sondern wird auch nie mehr dasselbe sein, wenn der Tourist »zurückzukehren« versucht. Das Zuhause hat sich weiterbewegt, während der Tourist sich wegbewegte, und der Tourist kehrt transformiert vom Prozeß des »Domestizierens« von Erfahrung anderswo zurück. Van den Abbeeles Tourist ist natürlich nicht nur der Gefangene seines eigenen Mythos der PRÄSENZ und der Aporie seines Empirismus, sondern einer literarischen Variante beider – Tristram Shandys Dilemma. Sein Tourist, der »sich selbst« in der Zeit jagt, ist ein dem Untergang geweihter, aber unbeugsamer Realist, ewig auf der Jagd nach einer Erbse.

Ein Problem mit dieser Darstellung liegt in dem Platz, den sie »Aktivität«,

»Bestreben« und »Arbeit« zuweist. Diese Begriffe werden nur für die Reise operativ gemacht, nicht für »das Zuhause« (das sich ständig entziehende Ideal, das die Fahrt motiviert). Das *domus* wird nicht reziprok als Stätte der Arbeit, theoretisch oder sonstwie, konstruiert. Van den Abbeele widmet sich den praktischen Aktivitäten im Tourismus (Flugzeuge besteigen, Gepäck einchecken, Taxis nehmen, aus dem Bett steigen ...), doch, wie die Anordnung dieser Liste suggeriert, nur in Beziehung auf die Rituale der Ankunft und Abfahrt, welche die »Reise« in den häuslichen Raum erweitern und ihren Beginn unmöglich zu fixieren machen. Das heißt, »Zuhause« ist ein Raum, der *leer* (somit unmöglich) ist, und eine Stätte der Rezessivität: Die Reise dringt in das Zuhause ein, nicht umgekehrt (außer als ein Traum der Nostalgie). Das *domus* wird daher figurativ nicht nur als Wiege konstruiert, sondern als unproduktiv – als Wiege, die der Arbeit vorausgeht.

Mehr noch, wenn das Werk des Tourismus (Erforschen, Lesen der Markierungen, Theoretisieren der Reise) eine »Domestikation« ist, dann deshalb, weil das Domestiziert/Häusliche im romantischen Sinn einer »Zähmung« und »Naturalisation« verstanden wird. Es gibt keine zwingende logische Verbindung zwischen den Konzepten der Kohärenz und Einheit (welche der Tourist einem »chaotischen und fragmentierten Universum« aufzuerlegen versucht) und jenen von Zuhause und Wiege (zwischen welchen ebenfalls keine zwingende Verbindung besteht). Doch natürlich gibt es eine machtvolle kulturelle Bindung, eine, die einer maskulinen Tradition teuer ist, welche »das Zuhause« sowohl als Stätte frustrierender Beschränkung (das Zuhause als langweilig) und als wiederzufindende Wahrheit (das Zuhause als echt) beschreibt. Das stickige Zuhause ist der Ort, von dem aus die Reise beginnt und zu dem sie am Ende zurückkehrt.

Eine extreme Version kann in Sam Shepards *Motel Chronicles* nachgelesen werden. Auf der linken Seite ein Gedicht: der weltmüde Treibende erklärt in einem Augenblick der »Domestikation« seiner Erfahrungen während der Zeit nicht-zuhause, »Ich habe so ziemlich / alle Nasenkorrekturen Zahnkronen und blöden Silikontütentitten gesehen die ich verkrafte / ich gehe zurück zu meiner natürlichen Frau.«[29] Auf der rechten Seite das Photo einer Frau in einer Haus- oder Motelwaschküche – ihr Körper hübsch ausbalanziert zwischen dem Bügelbrett und der Waschmaschine. Shepard ist an dieser Stelle der strengere Theoretiker des *domus*. Arbeit ist beiden Seiten eingeschrieben: Mann auf der Reise (schreibt Gedicht) positioniert Frau im *domus* (mit der Wäsche).

In van den Abbeeles Text verhindert die Beschränkung von Arbeit auf die Reise, daß diese Art Grobheit in seinem Schema auftaucht. Das blockiert auch Reflexionen über die kulturelle Geschichte des Schemas; für ihn definiert es ein rein epistemologisches Problem (»die Metaphorik der Reise«). Eine feministische Lesart kann daher fragen, was mit diesem Problem, und mit der Reise/*domus*-Opposition, geschieht, wenn das »Zuhause« anstelle der Reise als Chaos und Fragmentierung, Arbeit, Übergang, »Nachhinken« umgeschrieben wird – oder in gänzlich anderen Begriffen, nachdem diese für die Reise parasitisch bleiben.[30] Für van den Abbeele kann sich allerdings die Möglichkeit der Neuschreibung von »Zuhause« genauso wenig ergeben wie ein feministisches Bedürfnis danach. Der Tourist, der den leeren Raum des *domus* verläßt und zu ihm zurückkehrt, ist und bleibt ein indifferenter »er«.

Mann/Differenz

Ein Grund für diese Leere ist, daß van den Abbeele zumindest ein Stück weit Dean MacCannel beim Ersetzen der »Arbeiterklasse« durch die »neue Müßiggängerklasse« (der Touristen) als privilegiertes Feld für die Analyse der Moderne folgt. MacCannell betrachtet Arbeit, die als Touristenspektakel dient – zur Schau gestellte Arbeit – als eigentliche Definition der »entfremdeten Muße«; wir arbeiten nun, um andere Menschen bei ihrer Arbeit herumzuführen. In van den Abbeeles Text verschwindet die nicht-theoretische Arbeit aus dem Blickfeld: Die Ausblendung der Arbeit aus dem *domus* folgt einfach aus der Akzeptanz, daß das soziale » Zuhause » des Touristen eine Gesellschaft entfremdeter Muße ist.[31]

Ein anderer Grund ist, daß van den Abbeele in der Theoretisierung des Tourismus, und damit der »Moderne«, als Produktion von Differenzen und Zurschaustellung von Differenz weiter geht als MacCannell. Dies erfordert einen Abstecher, um *The Tourist* detailierter zu betrachten.

MacCannell argumentiert, daß die Modernisierung, statt durch simple Dualitäten (Kapital/Arbeit, Männer/Frauen, ...) organisiert zu werden, ein institutionalisierter Prozeß »sozialer struktureller Differenzierung« sei. Das bedeutet »die Gesamtheit der Differenzen zwischen sozialen Klassen, Lebensstilen, rassischen und ethnischen Gruppen, Altersstufen ... politischen und beruflichen Gruppen und der mythischen Repräsentation der Vergangenheit für die Gegenwart« (11). In seiner Version dieser klassischen Diagnose der modernen Gegebenheiten sieht MacCannell Differenzierung als »primären Boden« für das Gefühl von Freiheit, und auch von Widersprüchlichkeit, Konflikt und Entfremdung, in der modernen Gesellschaft. Der Tourismus ruht auf diesem Boden, als ein »kollektives Streben«, Differenzierung und diskontinuierliche Erfahrung durch das Begreifen des Großen Ganzen zu transzendieren. Der Tourist als entfremdeter, aber aktiver kultureller »Produzent« ist daher für MacCannell ein Modell des *modernen*-Menschen-im-Allgemeinen (10).

Das ist auch, warum der Tourist für MacCannell immer eine ambivalente Figur bleibt. Auf der einen Seite *»ist Besichtigen ein vor den Differenzierungen der Gesellschaft aufgeführtes Ritual«* (13). Bei der Suche nach Zeichen authentischer Differenz andernorts trägt der Tourist die Modernisierung weiter hinaus (Imperialismus). Seine Suche wird vereitelt, nicht nur deshalb, weil Tourismusattraktionen dieselbe Struktur haben wie die Differenzierungen der modernen Gesellschaft, sondern durch die Auswirkungen seines eigenen Handelns bei der Verbreitung der »totalisierenden Idee« der Modernität. Dementsprechend hilft der Tourismus, zuhause eine »starke Gesellschaft« abzusichern: er mag daher grundlegend konservativ sein, genauso wie destruktiv im Feld der ANDEREN der Moderne.

Andererseits impliziert die Suche zumindest eine Unzufriedenheit mit »dem Zuhause » (der Moderne). Die Sache wird durch den Umstand verkompliziert, daß MacCannell, während er die Suche als zum Scheitern verurteilt definiert, auch die Anschwärzung der touristischen Aktivität als *un*authentisch zurückweisen will. Das ist nicht bloß eine Frage der Sympathie für die Popularkultur, sondern auch der Argumentation, daß die »Rhetorik der moralischen Überlegenheit« über den Tourismus, besonders in der Form des touristischen Antitourismus, sich in perfekter Übereinstimmung mit der den Tourismus motivierenden Logik der Differenzierung befindet. Antitourismus – Verachtung für »die Anderen« – ist keine analytische Reflexion über den Tourismus, sondern »Teil des Problems« (10-11).

So wird die Rehabilitierung des Touristen auch dadurch erreicht, daß nahegelegt wird, der Tourist könne durch seine Interpretationsmühen eine Erfahrung von so etwas *wie* »Authentizität« machen. Anders als Paul Fussells Tourist befindet MacCannell seine Motels und Sehenswürdigkeiten und Souvenirgeschäfte nicht für »pseudo«, sondern erfreut sich an ihnen und fährt weiter. Er hilft bei der Erhaltung »einer kollektiven Übereinkunft, daß Realität und Wahrheit irgendwo in der Gesellschaft existieren, und daß wir versuchen sollten, sie zu finden und zu verfeinern« (155). Auf seine Weise ist er ein Sozialtheoretiker.

Erst auf der letzten Stufe trennt sich van den Abbeele von MacCannell. Er legt weit größeres Gewicht auf Differenzierung als »den Markierungsprozeß« im Tourismus – den er in einem formalistischen Schritt als die *»tatsächliche Produktion«* sozialer Differenzen, statt deren rituelle Aufführung, radikalisiert (10). Er weist auch darauf hin, daß MacCannells Konzept der »sozialen strukturellen Differenzierung« nichts dazu beiträgt, den totalisierenden Impuls der Theorie (oder des Tourismus) zu modifizieren, da »nichts so totalisierend ist wie ein Konzept der Differenzierung – oder so geeignet, von eben jenem Spiel der Differenzen untergraben zu werden, die es benennen und be-grenzen will« (13).

Für van den Abbeele erreicht der Tourist niemals eine Annäherung an, oder auch nur eine Andeutung von Authentizität, sondern erzeugt vielmehr soziale Realität als eine Art »figuraler Verdrängung«. Daraus folgt, daß eine »radikale Politik« des Tourismus eher das »Ergänzungsspiel« der »unauthentischen« Markierung aktiv bestärken wird als zu versuchen, die SEHENSWÜRDIGKEIT zu begreifen oder auf Differenz zu bestehen. Damit soll gesagt werden, der radikale Tourist wird nicht um Transzendenz und Verfeinerung sozialer Realitäten ringen, sondern er wird seine theoretische Praxis als Tourist dekonstruieren.

Auf den ersten Blick scheint es, daß van den Abbeeles Schritt zu einer Dekonstruktion der Figur des modernen-Menschen-im-Allgemeinen (MANN) führen sollte. Tatsächlich passiert jedoch etwas anderes. MacCannells MANN handelt aus der Logik sozialer struktureller Differenzierung, für die und von der er SUBJEKT ist. Das heißt, »er« ist immer schon sozial differenziert (durch Geschlecht, Rasse, Alter, Lebensstil etc.) als kultureller Produzent, und mag sich deswegen unwohl fühlen.

Sein MÄNNLICHKEIT ist dann sowohl eine grammatische Fiktion als auch ein unerreichbares Ideal. Van den Abbeeles Tourist ist in Wahrheit ein indifferenter Produzent sozialer Realität *als* Differenzierung: Sein Unwohlsein entspringt nicht seiner eigenen sozialen Position in der Differenz, sondern seinen philosophischen Fehlgriffen (der Suche nach Authentizität, Differenz). Seine MÄNNLICHKEIT ist dann nicht Kampfobjekt –etwas zu Erringendes – sondern eine Grundannahme. Sie bleibt weiterhin das *a priori* der Reise.

Theorie/Tourismus

Wenn der Tourist für MacCannell ein Sozialtheoretiker ist, so ist er ein »primitiver«. Er ist »verwirrt« über seine Rolle bei der Konstruktion von Modernität, und seine Arbeit geht jener des Sozialtheoretikers historisch voran: »Unser erster Begriff von der modernen Zivilisation ... entsteht im Geist des Touristen« (1). Doch er hat wegen seiner eigenen Unzufriedenheit reaktives Potential. Daher kann für MacCannell eine gewisse Lösung für die vom Tourismus aufgeworfenen Probleme gefunden werden, indem der Sozialtheoretiker ihn als eine Art der »Gemeinschaftsplanung« überdenkt und weiterentwickelt.

Van den Abeele schreckt sowohl vor der Aussicht auf »Planung« als auch vor MacCannells Anspruch zurück, seine Theorie des Tourismus könne als Theorie sozialer Totalität dienen. Er zeigt nachvollziehbar auf, daß sie in Wirklichkeit eine Theorie des Reisens ist, eine Theorie der Moderne, gesehen als »eine ewige Abenteuererzählung«, und wendet sich statt dessen dahin, die Politik der Erschaffung so einer »allumfassenden« Theorie in Frage zu stellen. Für van den Abbeele steht letzten Endes »weniger die Ideologie des Tourismus als die ideologische Funktion der Theorie« (11) auf dem Spiel.

Er nimmt zu dem Stellung, was er als MacCannells schließliche Neubegründung der »Überlegenheit« des Sozialtheoretikers über den Touristen ansieht. Indem er seine radikale »Sympathie« für den Tourismus aufgibt, begründet MacCannell nicht nur die Kraft seiner eigenen Position als Theoretiker, sondern wiederholt sogar die *Gesten* des verwirrten Tourismus. Tourist und Theoretiker versuchen beide, der PRÄSENZ einen Hinterhalt zu legen. Doch der Theoretiker zeigt die größere Anmaßung. Er will nicht nur ein Besichtiger sein, sondern ein *Seher* – ein Prophet, im Besitz einer Wahrheit, die jener »der anderen« überlegenen ist. Der Kreis schließt sich: für van den Abbeele ist der Theoretiker, sogar mehr noch als der Tourist, »Teil des Problems«.

Doch wessen Problem? MacCannells Kritik des Antitourismus basiert nicht nur auf Sympathie für den Touristen (Verwerfung von Elitismus), sondern auf einer Sorge über die sozialen Konsequenzen des »Abenteuers« der Moderne für die *bereisten* Plätze und Menschen.[32] Deshalb kehrt MacCannell zur Frage der Planung zurück. Seine Schlußposition ist nicht einfach eine des *vom* Touristen differenzierten Theoretikers, sondern des Theoretikers, der potentiell *mit* einzelnen bereisten

Gemeinschaften arbeitet. Seine Position als »Seher« ist daher stärker beschränkt in ihren Ansprüchen, als van den Abbeele zugeben kann.

Die »Bereisten« verschwinden tatsächlich aus van den Abbeeles Darstellung, sobald er seine Kritik am Konzept der *Totalität* einführt. Seltsam genug passiert das gerade dann, als er darauf hinweist, daß »nicht jeder entweder die politischen Rechte oder die ökonomischen Mittel zum Reisen hat« (11) und daß MacCannells Theorie sich daher ausschließlich mit der »Müßiggänger-Klasse« statt mit DER GESELLSCHAFT beschäftigt. Van den Abbeele legt uns dann nahe, daß wenn das Reisen »relativ beschränkt ist, muß das an einer Gefahr liegen, die es für die Integrität der Gesellschaft darstellt.« Dies stimmt mit seinem eigenen Bestreben überein, zu argumentieren, daß ein Exzeß der Reise eine Gefahr für das *domus* bilden kann. Doch man kann sicherlich den gegenteiligen Schluß ziehen: Wenn in einigen Gesellschaften das Reisen für eine große Zahl von Leuten relativ *unbeschränkt* möglich ist, dann deshalb, weil es für die Gesellschaft »zuhause« *keine* große Gefahr für ihre Integrität darstellt.[33] Diese Gesellschaften wären natürlich genau die entwickelten kapitalistischen Länder, aus denen der TOURIST (so wie der THEORETIKER) hervorgeht. Tatsächlich ist das MacCannells Argument: Der Tourist als Missionar der Moderne besitzt eine »totalisierende« politische *Kraft*, und das ist genau der Grund, warum MacCannell die »internationale Mittelschicht« überhaupt als Problem ansieht.

Für van den Abbeele jedoch impliziert Sympathie für den Touristen, gekoppelt mit einer philosophisch prinzipientreuen Totalitätskritik, nur eine allgemeine Umformung theoretischer Praxis. Er schlägt eine Theoriepolitik vor, in welcher der Exzeß der theoretischen Reise nicht eingeschränkt wäre und in welcher der Theoretisierungsprozeß nicht versuchen würde, auf einen fixen Platz »des Theoretikers« in einer fixen Gesellschaft zurückzuverweisen. Somit ist es die Voraussetzung einer fixen Position oder *domus* selbst, die hinterfragt werden muß.

Diese vertraute, in der Tat »domestizierte« Schlußfolgerung aus einer dekonstruktivistischen Analyse der Theoriepolitik erzeugt sodann eine Figur, die sowohl den TOURISTEN als Realist/Empiriker/Metaphysiker der PRÄSENZ als auch den THEORETIKER als totalisierenden SEHER ersetzen kann. Dies ist der NOMADE, der jeden Gegensatz von Ruhe und Bewegung, Heim und Reise »unerheblich macht« (13). Indem er Deleuze heranzieht, um zu betonen, daß der Nomade nicht notwendigerweise in Bewegung ist, sondern *»sur place«* reisen kann, spekuliert van den Abbeele, die nomadische Theorie würde »von unauthentischer Markierung zu unauthentischer Markierung reisen, ohne das Bedürfnis zu spüren, den authentischen Anblick durch die Totalisierung der Markierungen zu einer universellen und unvermittelten Vision zu besitzen« (14).

Das ist eine befriedigende Schlußfolgerung. Das Problem ist, daß wo MacCannells totalisierendes Konzept der Moderne Raum bietet für eine Kritik der »gegenwärtigen« sozialen Differenzierung und für eine Disartikulation des MENSCHEN-IM-ALLGEMEINEN durch die ANDEREN der Moderne, zuhause und auswärts (eben deswegen, weil DIFFERENZ so »geeignet ist, untergraben zu werden« durch das Spiel, das sie begrenzen will), van den Abbeeles philosophisch sensiblere Marschroute das entgegengesetzte Resultat zeigt. Sie löscht sozialen, politischen und möglicherweise theoretischen Konflikt zur Gänze aus.

In »Feminist Politics: Whats Home Got to Do with It?« argumentieren Biddy Martin und Chandra Talpade Mohanty, daß es politische Grenzen gibt für »Präventivangriffe auf alle Formen humanistischen Glaubens an ›den Menschen‹ und ABSOLUTES WISSEN, egal wo sie auftauchen«, wenn diese des Kritikers eigene Situiertheit im Sozialen und in einem institutionellen »Zuhause« verleugnen.[34] Etwas dieser Art ist in »Sightseers: The Tourist as Theorist« geschehen, wenn wir am Ende der Straße von einer Gestalt in den Hinterhalt gelockt werden, die, indem sie sowohl das *domus* wie die Differenz auslöscht (und damit in gewissem Sinne autogenetisch wird) und eine tatsächliche Verleugnung der Situiertheit im Sozialen markiert, effektiv ein Modell des Postmodernen-Menschen-im-Allgemeinen sein könnte.

'S'ist alles Unverstand.

EIN PHILOSOPH sprach, »alle Welt ist irre, ich
bin der einzige Vernünft'ge darin.

'S'ist alles Unverstand. Die Welt ist irr,
und ich allein vernünftig.« Derart sprach
Englands lebender Weiser, rechtlich stolz
auf Weisheit an der Weisheit Hof.

Ein Teil nur jener vollen, wogend' Menge
Erbarmungswürd'ger Irrer, ich, wie sie,
War zu beschäftigt mit Erwerb von Glück
und Lebenswert, zu geben viel auf diese
Suche nach Möglichem, umwandelbar,
vielleicht, in das Wahrscheinliche. Zu stark
In Grenzen des befang'nen Geists die süßen
Ford'rungen vieler anhänglicher Freunde
und güt'ger Taten liebe Weisheit,
Täglicher Ernst des ganz normalen Lebens,
Um fraglos nachzugeben jener lauten Ford'rung
allumspannenden Verstands. Weise dacht' ich
Mütter, hilflosen Kindern zugeneigt,
Weise den Ehe-Mann, der unser täglich Brot
Aus Gottes rechter Hand uns bringt;
Weise den Werkmann auch im Klang

mächt'ger Maschinen zum Wohl der Welt;
Weise, bescheidenst weise auch die Unschuld'gen
die, wenn auch ungelehrt, beugen die Knie,
neigen die Herzen, um von Gott zu hör'n.
So, obwohl in Weisheit immer noch verliebt
zuckt' ich zurück mit Haß fast oder Wut
und hieß den Weisen – Egotist.

Menie Parkes[35]

(Es ist ein bißchen schwer, Menie Parkes zu mögen, obwohl sie die brilliante Tochter ist, die von der Legende des Vaters ausgelöscht wurde. Sie hatte ein trauriges Leben und fand grimmigen Trost in der Religion. Sie war Parkes Gefährtin und Ratgeberin, verdiente Geld mit dem Schreiben von Romanen und heiratete einen Geistlichen, der bald darauf bei einem Sturz vom Pferd starb. Ihr eigener Gedichtsband wurde privat gedruckt als Weihnachtsgeschenk für ihren Vater.)[36]

Detektiv/Nomade

In »Maps for the Metropolis: A Possible Guide to the Present« bespricht Iain Chambers das Reisen in Begriffen, die sich von jenen van den Abbeeles stark unterscheiden. Auch Chambers suggeriert jedoch eine Gestalt des modernen Intellektuellen, obwohl eine mit beschränkterer Bewegungsfreiheit und stärker fokussierten Aufgaben als der NOMADE – der »bescheidene Detektiv«.[37]

Wenn der Detektiv auch selbst bescheiden ist, er bearbeitet ein grandioses Territorium. Er durchstreift den Lebensalltag in einem Ort, der sowohl die Reise als auch das *domus* umfaßt – die Stadt, oder treffender die Metropolis (für Chambers »die moderne Welt«). Wenig überraschend daher, reist er viel: »Eine kritische Intelligenz, die der fließenden Komplexität der Gegenwart gewachsen ist, ist gezwungen, regelmäßig zu fliegen«, obwohl schließlich »auch wir heimkehren« (5).

Die bevorzugte Metapher in Chambers Argumentation ist nicht die Reise, sondern die *Landkarte*. Kritische Bewegung wird nicht in Beziehung zu dem zeitlichen »Nachhinken« deffiniert, das van den Abbeele fasziniert, sondern zu räumlichen Verschiebungen zwischen »Perspektiven«. Es gibt zwei vorrangige und offenkundig konfligierende Arten, die moderne Welt zu kartographieren: den *Überblick* (die theoretische Sicht aus dem Flugzeug – verdünnte Atmosphäre, starke Abstrahierung, eine flache Erde als verschwindender Referent, mögliche Implosion unter Druck) und die *Nahaufnahme* (die Sicht am Boden – »bodenständige« Beobachtung, lokale Details, störrische und gewalttätige Materialität des Terrains, ein überwältigendes Chaos von Komplexitäten). Eine funktionstüchtige Vermittlung zwischen beiden Perspektiven ist jedoch möglich auf dem »gigantischen *Bildschirm*« der zeitgenössischen Stadt. Hier bieten die strömenden Bilder des Alltagslebens einen flüssigen Raum der »Unmittelbarkeit« zwischen den extraterrestrischen Perspektiven des

Postmodernismus und den terrestrischen Ausblicken gelebter Popularkultur, während sie eine Spannung zwischen den beiden im »semiotischen Schleier« der Gegenwart aufrechthalten.

Wo also van den Abbeeles Dekonstruktion der zeitlichen Paradoxa der Reiseerzählung letztendlich seine Karte des Raums restrukturiert (keine Tour mehr, kein *domus* mehr), generiert Chambers Kartographie der Perspektiven für die Neukartographie des Raumes schließlich einen »Reiseführer« für die *Zeit* – das Reich des Jetzt, des Kontemporären, der Gegenwart.

Diese zwei Projekte divergieren in einer Reihe von Punkten, die es einem Detektiv schwer machen, sie zu vergleichen. Im einen geht es um Tourismus, im anderen um Alltagsleben, (obwohl sie in ihren Erörterungen von Reisen und Fliegen überlappen). Eines ist institutionell bei der Literaturtheorie, das andere bei den Cultural Studies angesiedelt: während eines den Aristotelischen Aufbau als Trope zur Definition seines Objekts verwendet, verweist das andere auf Punk. Eines situiert sich selbst historisch durch die Beschwörung einer »globalen« europäischen Tradition (die »Metaphorik der Reise«); das andere situiert sich selbst in einer Geschichte britischer Nachkriegs-Subkulturen. Eines ist eine akademische Lesart einer Lesart, unnachgiebig kontemplativ, und geht so aus dem hervor, was Chambers »offizielle Kultur« nennen würde. Das andere sichtet eine Mixtur von Materialien mit der gleichmütigen Aufmerksamkeit, die laut Chambers für »populare Epistemologie« (13) charakteristisch ist. Hier liegt ein weiterer Unterschied: Van den Abbeeles Text macht diese Art von oben/unten-Klassenunterscheidung nicht und liefert damit keine Gegenvorwürfe, um Chambers' Projekt zu situieren.

In der gleichmütig kontemplativen Stimmung, wie sie von einem Zimmer in einem ruhigen Motel gefördert wird, kann man auch fairerweise sagen, daß eine sehr schwerfällig ist, die andere hingegen ein unwiderstehlich amüsanter Lesestoff. Beide Texte sind ernst, aber einer ist beschwerlich, wie Hausaufgaben, der andere Spaß, wie ein Magazin. Das ist nicht nur eine Frage der Markierung verschiedenartiger Bedürfnisse nach Publikum. Van den Abbeele versucht nicht, und kann es natürlich auch gar nicht, jenes »Theoretisieren ohne Theorie«, von dem er für den Nomaden träumt. Er sucht nach dem Möglichen, umwandelbar – *vielleicht* – in das Wahrscheinliche. Chambers Detektiv hat keine Zeit für das Verzögern der Umwandlung: Er schreibt über den täglichen Ernst und die Lüste des gemeinen Lebens im nun kodifizierten Pop-Theorie-Stil, der zu einem zeitgenössischen, informellen Equivalent des traditionellen sozialistischen Realismus geworden ist.

So scheint es im Überblick. In der Nahaufnahme gibt es einige interessante Konvergenzpunkte in den Bahnen des NOMADEN und des DETEKTIVS.

Van den Abbeele wie auch Chambers etablieren ihre Themen *territorial* durch einen Schritt metonymer Expansion. Für ersteren wird der gewöhnliche Tourist als Sozialpraktiker erst DER TOURIST/THEORETIKER als exemplarischer Übersetzer, bevor er transfiguriert und als DER NOMADE erlöst wird. In Chambers Text operiert die Expansion eher auf der Ebene eines Aktionsfeldes als auf jener der Kompetenz der Akteurs: Britische Nachkriegs(sub)kultur wird zu »Popularkultur«, welche die Metropolis okkupiert, welche deckungsgleich mit »der modernen Welt« und damit der GEGENWART wird. Das ist kein schlechtes Ergebnis für zwei Schritte hin zur Unterstützung einer Logik des Lokalen, des Begrenzten, des Partiellen und des Heterogenen.

Zugleich bestehen beide Texte darauf, daß der Ausangspunkt einer derartigen Expansion ihren Abschluß gleichermaßen *antizipiert* wie ihm praktisch vorangeht. Van den Abbeele erneuert MacCannells These der »Vorgängerschaft des Touristen zum Sozialtheoretiker« (12), um so den TOURISTEN den NOMADEN vorwegnehmen zu lassen, indem er die Struktur des Dilemmas liefert, daß letzterer beseitigen muß. Chambers behauptet offen, daß die metropolitanen Kulturen der letzten zwanzig Jahre das »Intellektualisierende« der Postmoderne »grundlegend antizipiert« haben (6-7). So ist es in jedem Fall das Terrain des Alltagslebens (gelebtes touristisches »Theoretisieren« für van den Abbeele, kulturelle »Vermischung« für Chambers), welches ein allgemeines theoretisches Programm und seinen handelnden »Helden« (Nomade, Detektiv) antizipiert.

Das heißt, in beiden Fällen ist das Soziale als prophetisch für die theoretische Schlußfolgerung, zu der die Texte jeweils kommen werden, eingeschrieben. Und in beiden Fällen wird diese Schlußfolgerung die Verdrängung des Intellektuellen als »Prophet« erklären. Wie der NOMADE den Seher verdrängt, so ersetzt für Chambers der DETEKTIV den Intellektuellen »als Quelle des Rechts und der Authorität, der romantische Poet-Priester-Prophet« (20).

An diesem Punkt scheint es, daß sich ein Ausgangspunkt nicht aus der wirren Komplexität metropolitaner Kultur oder der prophetischen Sphäre gelebten Theoretisierens *en voyage* ergibt, sondern aus einer Bibliographie kritischer Schriften der letzten zwanzig Jahre – ein Ausgangspunkt, wiedergefunden als der Hinterhalt der Schlußfolgerung, recyclet für rituellen Neubesuch als unumgängliche *Destination*, wie der Eiffelturm, auf einer Tour durch gegenwärtige Möglichkeiten (oder polittheoretische *Markierungen*). Wie Anne Zahalkas Photographin in ihrer Bilderserie »The Tourist as Theorist 1: (Theory Takes a Holiday)«[38] beginnen wir unsere Planung mit Broschüren und schließen mit der Wiederbetrachtung unserer personalisierten Bilder der Sehenswürdigkeiten, die zu sehen wir ausfahren.

Wenn »die Theorie Ferien macht« ist, ist das Interessante daran jedoch nicht die stete Wiederholung der narrativen Struktur, sondern das Wiederauftauchen einer Form von Personifikationsallegorie zur Artikulation dieser Struktur. Sowohl für Chambers als auch für van den Abbeele (anders als für Zahalka) wird »THEORIE« nicht bloß zum Subjekt der Geschichte von Flug und Transformation, sondern teilt sich *am Ende* in zwei Gestalten. Die Handlung wird für künftige Weiterentwicklung neu motiviert durch die Aufspaltung (und Verdopplung) von THEORIE in gute und böse Charaktere – der NOMADE contra der SEHER, der DETEKTIV contra der POET-PRIESTER-PROPHET.

In seiner klassischen Studie *Allegory: The Theorie of a Symbolic Mode* meint

Angus Fletcher, der Held einer Personifikationsallegorie sei vor allem ein »Erschaffer anderer sekundärer Persönlichkeiten, welche Teilaspekte seiner selbst sind.«[39] Der Reisende ist ein »natürlicher« konzeptueller Held für so eine Allegorie, weil er »plausibel in zahlreiche neue Situationen geführt wird, wo es wahrscheinlich scheint, daß neue Aspekte seiner selbst aufgedeckt werden können« (36-37). Demzufolge wäre der *Tourist* heute genau deswegen ein glaubwürdiger Held, weil er plausibel in *vertraute* Situationen geführt wird, wo alte Aspekte seiner selbst zum wiederholten Recycling aufgedeckt werden mögen. In jedem Fall kommt es Fletcher darauf an, daß das Absplittern von »Spänen eines Gemengecharakters« Teil eines progressiven Reduktionsprozesses ist, den er als *»dämonische Verstrickung in thematische Aktionen* (38) bezeichnet. Die DÄMONEN uralter Mythen haben mit allegorischen Agenten laut Fletcher das Merkmal der *unterteilenden Funktion* gemeinsam (40).

Wenn sich also der THEORETIKER in den NOMADEN und den SEHER spaltet, der INTELLEKTUELLE in den DETEKTIV und den POETEN-PROPHETEN-PRIESTER, kommen zwei divergente dämonische Programme für weitere Abenteuer der THEORIE heraus. Wie sich das Aktionsgebiet des Helden ausweitet (das nomadische Universum, die »moderne Welt«), so wird korrespondierend seine semantische Funktion reduziert, verdichtet und von jener seines notwendigen Alter Ego abgeriegelt.

Ist das schon ein seltsames Ergebnis für etwas, das in beiden Fällen als Bestärkung des Vorrangs komplexer sozialer Erfahrung vor totalisierender theoretischer Aktivität beginnt, ist es besonders seltsam für Iain Chambers, für den *»das metaphysische Abenteuer vorbei ist«* (20). Dies ist der Anspruch, der ihm den Austausch der Metaphorik der Reise gegen jene der Landkarte ermöglicht. Wenn der Detektiv auch immer noch ein Abenteurer ist, ist er dennoch, wie uns tausende Fernsehgeschichten in der nackten Stadt gelehrt haben, vor allem pragmatisch hinsichtlich des Verfahrens zum Erzielen von Resultaten und der Orte, die er aufsucht, um sie zu erzielen. Es ist in diesem Fall unerfindlich warum, wenn das metaphysische Abenteuer *wirklich* vorbei ist, der straßenerfahrene Intellektuelle seine Praxis aus einer so strengen Positionierung in einer konstitutiven Opposition gegen »den ANDEREN« beginnen sollte. Insbesondere da Chambers, wie MacCannell, meint, daß ein schwaches Gefühl detaillierter Unterscheidungen (»die anderen«) die singuläre Opposition ersetzt.

Doch ein binäres Wertesystem ist wahrscheinlich für die Rhetorik des Populismus ebenso unverzichtbar wie die Konstruktion emblematischer Tableaus von Rollenbildern bei der Ausübung der sie definierenden Funktionen für sein Porträt der Gesellschaft. Menie Parkes' Szenen von Mutter mit Kind, Ehemann mit Brot oder Werkmann mit Maschine können ohne Schwierigkeiten als Vorformen von Chambers post-Rasta–Schwarzbriten mit italienischen Trainingsanzügen und männlichen Gender-Bender mit Falsettostimme gelesen werden – mit dem Unterschied, daß Parkes' Tableau von einer ewigen Kongruenz von Person und Rolle ausgeht, während der Populismus heute seine Pädagogik auf ihrer radikalen Trennung aufbaut. In diesem Sinne, und trotz seiner antiakademischen oder anti-«offiziellen«

Haltung, mag der Populismus durchaus eine politische Richtung sein, für die das metaphysische Abenteuer *niemals* vorbei sein kann.

Man könnte den Schluß ziehen, daß, wenn die Rhetorik des touristischen Antitourismus eher »einen Teil des Problems« definiert als eine kritische Perspektive, in vergleichbarer Weise ein akademischer Antiakademismus nicht eine transformierte Theoriepolitik definiert, sondern »einen Teil des Problems«. Diese Formulierung ist jedoch insofern irreführend, als sie voraussetzt (so wie die von ihr analysierte Allegorie), daß das Problem der »THEORIE« immer und überall dasselbe ist. Es ist nicht der geringste der von diesen Übungen verrichteten kleinen Imperialismen, »die moderne Welt« als früher einmal oder immer noch unter dem Einfluß eines intellektuellen PROPHET-DESPOTEN stehend zu positionieren, der ausgerechnet wie ein bejahrter Professor der Geisteswissenschaften an einer ehrwürdigen, aber im Niedergang begriffenen europäischen Universität klingt.

»Das Problem« ist für mich die Funktion, welche die Gestalt des PROPHETEN (»der ANDERE«) nicht in der Weltgeschichte, sondern in Iain Chambers Argumentation ausübt. Seine hauptsächliche Rolle scheint zu sein, die Schwierigkeiten zu eliminieren, welche von Chambers flüchtig als »die Beziehung zwischen ... der Maschinerie von Kapital, Kommerz und Industrie und KUNST oder KULTUR« (17) angesprochen werden.

Chambers zeigt nachvollziehbar auf, daß diese Unterscheidungen hochgradig künstlich sind, selbstgefällige Mythen eines kritischen Außen zur Kultur verbreiten, und daß das »Ringen um Sinn« innerhalb der Kräfte des von »Kommerz« und (in seinem Beispiel) Musik wechselseitig erzeugten Feldes stattfindet. Er argumentiert dafür, das Ringen im komplexen »unmittelbaren Mischmasch des Alltäglichen« statt in Beziehung zu einem singulären *oder* »freischwebenden« Ursprungsgrund zu definieren. In einem Schritt, der für manche Versionen der Cultural Studies grundlegend ist, tritt Chambers jedoch sofort von der Erweiterung des Komplexitätsprinzips *auf* die Analyse der Beziehungen zwischen der (globalen) »Machinerie des Kapitals« und (lokalen) kulturellen Machenschaften zurück. Statt daß er das von Industrie und Kultur »wechselseitig« erzeugte »Feld« betritt, fällt erstere einfach aus dem Spiel. Klar ausgedrückt ist das Ergebnis, daß das »das unmittelbare Mischmasch des Alltags« in dieser Darstellung die sich rasch verändernden Erfahrungen des Arbeitsplatzes, des Heims, des Familienlebens oder der staatlichen Mechanismen nicht umfaßt – weil sie diese überhaupt nicht als »Alltag« erfaßt. Ebensowenig erstreckt sie sich auf die Beziehungen zwischen Hochtechnologiekultur und der zunehmend globalisierten Arbeitsteilung, welche Richard Gordon als »Hausarbeitsökonomie«[40] bezeichnet hat.

Als eine Bestandaufnahme, die auf die gleichnishafte Straßenerfahrung un- oder unterbeschäftigter Männer in europäischen oder amerikanischen Städten (oder was dann zu ihren Echos anderswo wird) gegründet ist, *beschränkt* sie stattdessen den Untersuchungsradius auf das, was durchaus im bösen Sinn eines der »Wachstums«-gebiete dieser Ökonomie sein mag, aber deswegen nicht notwendigerweise als brauchbare Synecdoche dient, von der aus allgemeine Prinzipien der »Kultur« in »der modernen Welt« gebildet werden können. Vielleicht ist dies ein Grund, warum Frauen in postsubkulturellen Darstellungen immer noch in apologetischen Klammern auftauchen oder als auf den Straßen »im Aufholen begriffen«, soweit man sie nicht bloß aus dem Fenster gucken läßt.[41] Auf welche Arten die ökonomischen und technologischen Veränderungen »der 1980er« (in Chambers Diktion) das Leben der Frauen umgeformt haben, kann nicht überlegt werden – wodurch Frauen nicht so sehr vernachlässigt als vielmehr anachronistisch deplaziert werden.

Läßt man ihn als begrenzte Darstellung lokaler Entwicklungen stehen, hätte Chambers »möglicher Reiseführer« eine andere, »bescheidenere« Kraft. Es ist die allegorische Ausdehnung, welche die Lüge, wie den Mythos der Metropolis, der Rhetorik des Lokalen in Chambers Text und den Darstellungen der Popularkultur hinzufügt, die den Zusammenbruch der alten Dichotomien (Produktion/Konsum, Industrie/Kultur) als Gelegenheit ansehen, einfach den ersten Begriff zu eliminieren und den zweiten mitsamt dem Großteil seines traditionellen Inhalts – Lust, Freizeit, Spiel, Widerstand – auszudehnen. Doch dies ist eine Lesart, gegen die sich schwer argumentieren läßt, weil die imaginäre Gestalt des INTELLEKTUELLEN DER AUFKLÄRUNG – Prophet der WAHRHEIT, Poet der TOTALITÄT, Priester der GENERALTHEORIE und so weiter – in der Debatte über Kultur immer noch so mächtig ist, daß sich die ödipale Auflehnung gegen ihn automatisch fortsetzt als Reaktion auf die Hinweise, daß Beziehungen zwischen Produktion und Reproduktion heute ebenfalls im Mischmasch des Alltags transformiert werden und sich transformieren.

Das ist es, wie und warum die Gestalt des PROPHETEN in »Maps for the Metropolis« autaucht. Nachdem er die Frage der Beziehungen zwischen Industrie und Kultur aufgeworfen und die Mehrdeutigkeiten und Multiplizitäten der »Mischung« betont hat, formuliert Chambers das Thema umgehend zu einem der intellektuellen »Feindseligkeit« gegen die Popularkultur um. Wie van den Abbeele, wenn er das Problem des Tourismus auf Sympathien dafür oder dagegen reduziert, schrumpft (und moralisiert) Chambers jede Kapitalismuskritik zu »Gerede über Kommerz und *Korruption*« (20, Hervorhebung durch mich) – und entdeckt, es liege hinter der intellektuellen »Abneigung« gegen Popularkultur »ein tieferliegendes Dama. Eine gewisse intellektuelle Formation entdeckt, daß sie ihre Kontrolle über die Welt verliert.«

Dies scheint mir ein Rückzug zu sein, nicht zuletzt von der Möglichkeit der Vorstellung, daß das »tiefliegende« Drama von irgendjemandes Ängsten heutzutage großzügigere und drängendere Resonanzen haben kann als die Furcht, die »Kontrolle« zu verlieren (der INTELLEKTUELLE als EGOTIST). Es ist ein Rückzug vor den Schwierigkeiten, die daraus folgen, wenn Kritik der Popularkultur bereits auf komplexen Erfahrungen eher der *Zuneigung* als der Abneigung, eher der *Betroffenheit* als der Distanz basiert, sodaß ein strategisches »Parteiergreifen« für oder gegen das »Populare« ein sinnloses Manöver wird. Mehr als alles ist es ein Rückzug vor der Frage, ob die im ROMANTISCHEN PROPHETEN exemplifizierte humanistische Formation nicht ohnehin längst gegen die völlig andersartige Formation verloren hat, die Donna Haraway »die Informatik der Herrschaft«[42] nennt: in der die privilegierte Rolle (um den allegorischen Imperativ beizubehalten) jener exemplarische Lokalist spielt, der STRESSBEWÄLTIGUNGSBERATER – aus dessen »dämonischem« Programm das Eigene nicht immer so leicht als Anderes differenziert werden kann.

Eingebettet in die beflissen stressfreie Umgebung eines Familienmotivmotels ordnet die UNGESCHÜTZTE WEIBLICHE TOURISTIN ihre Papiere, starrt auf anderer Leute Kinder, die auf dem Weg zum Pool am Fenster vorbeistolpern, und fragt sich, ob die Frau, welche die Bettwäsche wechselt, ein Mädchen war, mit dem sie zur Schule gegangen ist. Eine Feministin, überlegt sie unbehaglich, sollte eigentlich ihre »Reise« bei diesen vertrauten sozialen Markierungen auf der Karte des Alltagslebens beginnen – anstatt wie irgendein angemalter Detektiv den Spuren ihrer Auslöschung aus den Routen »der Anderen« nachzujagen.

Doch das ist das Problem bei als REISEN und LANDKARTEN geschriebenen Reisegeschichten. Sie generieren unermüdlich Modelle des richtigen Gebrauchs von Ort und Zeit – wo man beginnen, wohin man gehen, wozu man dazwischen werden muß. Eines der herkömmlichsten Genres im Kanon des modernen Realismus (einschließlich Journalismus und »spekulative Prosa«), scheint die Reiseerzählung hochgradig resistent gegen den Umformungsversuch, den »Sightseers: The Tourist as Theorist« und »Maps for the Metropolis« durchgeführt sehen wollen.

In Frank Moorhouses *Room Service*, einem nützlichen Gegentext zu Shepards *Motel Chronicles*, zeigt eine »The Anti-Art of Travel« (»die Anti-Kunst des Reisens«) betitelte Geschichte die Schwierigkeit auf, generische Modelle teleologischer Antriebe zu überwinden. Francois Blase – ein Journalist und Tourist, der gerne »in unentschlossenem Zustand die Welt durchstreift«, wird in der Bar des Albuquerque Holiday Inn mit einem seiner literarischen »Anderen« konfrontiert, dem SYSTEMATISCHEN REISENDEN. Im Zuge einer Plauderei wird Blase vom S.R. zur Darlegung seiner Theorie des Reisens gedrängt. Blase widersteht, kann aber den Hinterhalt, einen Schluß zu ziehen, nicht zur Gänze vermeiden:

> »Aber wie gewinnst du ein Bild von den Orten, an denen du gewesen bist?« sagte der S.R. gequält.
> »Tu ich nicht,« sagte ich düster, »tu ich einfach nicht. Ich kann nicht verallgemeinern, das ist mein Problem. Ich kann meine Beobachtungen nicht in ein blendend schlüssiges verbales Duftkissen einwickeln. Schlußendlich ist Reisen ein verdammt teurer Weg, um Unschlüssigkeit zu erreichen. ...«[43]

Er eilt jedoch weiter – um schließlich mitten im Satz zu enden, unschlüssige Bemerkungen über Boswell und Straßenverbrechen murmelnd zu einer höflich gelangweilten Bar.

III. Reklametafeln

Es war zirka 180 Meter vom Standort
dieser Raststätte entfernt am 24.Oktober 1889,
daß Sir Henry Parkes als Kolonialsekretär
und Ehemaliger Abgeordneter für Tenterfield
seine berühmte und historische Föderations-Rede hielt,
die zur Bildung des Commonwealth of Australia führte.

Die Sydney Mail jener Zeit
zitierte Sir Henry Parkes als
Australiens weitsichtigsten Staatsmann.

Diese Raststätte wurde daher
The Henry Parkes
getauft zu Ehren dieses großen Staatsmannes
Einem Mann, dem alle Australier
voll Stolz dankbar sein sollten
Für die Geburt einer
eigenständigen Nation

EINE KOLONIE FÜR EINE NATION UND
EINE NATION FÜR EINE KOLONIE.

– Restaurant-Plakette, Henry Parkes Motor Inn.

Legende

Noch in meiner Kindheit war in der Stadt eine Legende in Umlauf, daß die Tenterfield-Rede ein Mythos sei. Der Kanzlist für Bagatellsachen, ein Mann, damals alt genug, als Junge Zeuge des Ereignisses geworden zu sein, schwor, daß Henry Parkes bloß die Hauptstraße von Tenterfield herunterritt, von seinem Pferd sprang, sich hinter dem Pub erleichterte und dann geradewegs nach Sydney weiterritt.

Wenn sich die Ortsansässigen über die Bemühungen aufstrebender Familien lustig machten, ihren Flecken als einen Ort weitreichender Signifikanz zu markieren, witzelten sie über frühere Ereignisse. 1882 gerade von einer erschöpfenden Reise nach Amerika, Britannien und Europa zurückgekehrt, um mit einem Aufruhr über Landreformen konfrontiert zu werden, verlor Parkes die Wahl in East Sydney. Der Kandidat für Tenterfield, ein Mr. Edward Reeves Whereat J.P., trat sofort beiseite und bot Parkes seinen Sitz an. Ohne Gegenkandidaten gewählt, wurde Parkes von seinen Gegnern »der Abgeordnete von *Whereat*« getauft.

Doch der Witz ging nicht wirklich auf Kosten der Tenterfield-förderer. Der *Tenterfield Star* feierte die Wahl Parkes, indem er in einer Gleichsetzung des Fortschritts der Stadt mit der rhetorischen Nähe zu einer prominenten Gestalt feststellte, daß dies deren Zukunft als Transitstadt sicherstellen würde: »im Hinblick auf die Clarence and New England - Eisenbahn muß die Rückkehr von Henry Parkes diesen notwendigerweise zu einem festen Anhänger der Tenterfield-Trasse machen....«[44]

Durchfahren zu werden und Durchfahrungen anzuziehen war für weit ausgedehnte Gemeinschaften, die vom Transport abhängig waren, offensichtlich ein Mittel, und nicht das Ziel, des Prozesses der »Orts«bestimmung. Die Eisenbahn verwischte hier nicht die Landschaft, sondern machte sie für Weiße sichtbar, lesbar und lebbar – sie schnitt »Kultur« in den Busch.[45] Diese Abhängigkeit ist allerdings ein Grund, warum Provinzstädte in der australischen Popularkultur niemals wirklich organische »Wurzeln« oder sentimentale Dorfplatz-Konnotationen erwarben. Die Pompösitäten des Bürgerstolzes bleiben gegenüber der mächtigeren mythischen Anziehungskraft der Routen des Kommens und Gehens in der Defensive.

Ob nun Parkes »Anhängerschaft« zur Route zum Erfolg Tenterfields als Transitstadt beitrug oder nicht, sein Name wurde fest etabliert als ein Schutzheiliger der *Durchreise*. In der zirkulären Produktion von »Prominenz«, welche lange vor dem Auftauchen von Medien und Simulationsregimes die regionale Politik organisierte, gingen die Grundeigner, Honoratioren und Kleingewerbefamilien Jahrzehnte hindurch bei seiner Geschichte essen.[46] Der moderne Tourismus findet in ihrem Geschichtenerzählen seine semiotische Basisstrategie.

Ort und Raum

In *Kunst des Handelns* trifft Michel de Certeau eine interessante Unterscheidung zwischen »Ort« und »Raum«. Ein *Ort* steckt ein Feld ab: Es wird vom Gesetz des »Eigenen« regiert, von einem geordneten Nebeneinander von Elementen an den von ihm definierten Stellen, und als eine augenblickliche Konfiguration von Positionen impliziert es einen »Hinweis auf eine mögliche Stabilität«.[47]

Ein *Raum* ist nicht die Substanz eines Orts, sondern das Ergebnis seiner Transformation. Er existiert nur in Relation zu Richtungsvektoren, Geschwindigkeiten und Zeitvariablen. Raum »entsteht«: aus Überschneidungen mobiler Elemente gebildet, wird er von der Gesamtheit der in ihm durchgeführten Bewegungen *ausgelöst*. In Ermangelung der Unzweideutigkeit oder Stabilität des »Eigenen« wird er von den Operationen erzeugt, die ihn »als eine mehrdeutige Einheit von Konfliktprogrammen und vertraglichen Übereinkünften« funktionieren lassen.

»Insgesamt«, meint de Certeau, »*ist der Raum ein Ort*, mit dem man etwas macht.« Die von der Stadtplanung definierte Straße wird durch Gehende in einen Raum verwandelt; und auf dieselbe Weise ist eine Lektüre ein durch eine Praxis eines geschriebenen Textes (ein »Ort, (...) den ein Zeichensystem (...) bildet«) erzeugter Raum.

Eine nützliche Konsequenz dieser Definition ist, daß keine Unterscheidung getroffen werden kann zwischen authentischen und »unauthentischen« Orten. Gleichzeitig vermeidet sie jeden Ansatz, die Art oder das *Tempo* räumlicher (lesen, gehen ...) Praktiken vorherzubestimmen, die für bestimmten Orten »angemessen« gehalten werden. Von einem geschriebenen Text an einer Motelmauer mag auf Arten, in Richtungen und Geschwindigkeiten räumlich Gebrauch gemacht werden, die ebenso vielfältig sind wie bei jeder Straße oder jedem literarischen Text. Per Definition kann keine einzelne räumliche Praxis einem »angemessenen« Gebrauch des Orts entsprechen, und es gibt keine exemplarischen Nutzer. Noch gibt es eine einfache Trennung zwischen dem Ort und seiner Verwendung als Raum. Für de Certeau wirken Geschichten als Transportmittel *(metaphorai)* in dem Pendelverkehr, der »unaufhörlich Orte in Räume und Räume in Orte verwandelt.«

In Geschichten gibt es zweierlei Bestimmungen. Eine bezweckt die Begründung des Gesetzes des Orts durch das »*Dasein* von etwas Totem« – einem Kiesel, einem Leichnam, vielleicht die Aufzeichnung einer Rede. Die andere bezweckt, Räume durch die *Aktionen* historischer Subjekte zu spezifizieren – Steine, Bäume, oder ein Politschurke in Eile. Zwischen ihnen gibt es Übergänge hin und zurück: zum Beispiel in einer Geschichte über das Zutodebringen, oder in eine Landschaft einbringen, von Helden, welche das Gesetz des Orts übertreten haben, und Wiedergutmachung leisten mit ihren Gräbern (oder mit ihren Nachrufen an Motels).

Das heißt, beide Bestimmungen können in jeder Legende oder Geschichte am Werk sein. Daher kann die Errichtung von Denkmälern für Ereignisse, die an einer Stelle stattfanden, nicht einfach etwa in schlechte kleinbürgerliche Fabrikation (Ortsmythen, Sakralisierung) und gute populare Gegenwehr (Semiotiken der Verdrängung, Entlarvung) unterteilt werden. Als eine Aktivität ist die Errichtung von Denkmälern selbst eine komplexe Raumgeschichtenpraxis. Kämpfe (konfligierende Programme) treten im Pendelverkehr zwischen Geschichten und zwischen konkurrierenden Bestimmungen *in* Geschichten auf. Somit erinnern die rivalisierenden Versionen der Tenterfield-Rede – etwa »Drang zur Nation« gegen »natürlicher Drang« – beide an ein lokales Ereignis und verleihen einer Stätte Bedeutung, aber die zweite *belebt* die erste und markiert zugleich deren Verehrung eines Etwas-Toten mehr als eine sozial verortete Aspiration als ein »nationales« Ereignis.

Diese Unterscheidung kann nützlich sein bei der Demontage jener fortbestehenden Gleichsetzungen von Ort und *domus*, Entwurzelung und Reise, welche in jüngerer Zeit die Projekte feministischer Geschichtsschreibung, ungeachtet der Rhetorik des Lokalen, so stark mit generaltheoretischer Besorgtheit befrachteten – besonders weil de Certeaus Geschichtenkonzept auf der Ebene sowohl kleinster Phrasen und winziger Ereignisse als auch größerer narrativer Strukturen operiert. Sein Beharren, »jeder Bericht ist ein Reisebericht– ein Umgang mit dem Raum« (216), verweist eher auf Sätze, Schritte oder Fetzen von TV-Nachrichten als auf weitgestreckte Entwicklungsschemata zur Ordnung und Erzählung menschlichen Lebens.

So differenziert er zwischen »Wegstrecken« und »Karten« nicht in Begriffen teleologisch-narrativer Triebkräfte im einen Fall und Fixierungen der Gegenwart im anderen, sondern als konkurrierende Modalitäten *in* einem Prozeß der narrativen Beschreibung (220-226). In »mündlichen Ortsbeschreibungen, die Erzählungen von Wohnräumen und die Berichte über die Straße« präsentieren etwa Indikatoren des »Karten«-Typs (»Da ist eine historische Stätte 180 Meter die Straße hinunter«) Tableaus (*sehen* als »das Erkennen einer Ordnung der Orte«), während jene des »Wegstrecken«-Typs (»Sie gehen hinunter zur School of Art«) Bewegungen organisieren (*gehen* als »raumbildende Handlung«). In der Erzählung kann eine Form dominant, aber von der anderen akzentuiert sein: Wegstrecken postulieren Karten, während Karten Wegstrecken prägen und voraussetzen. Es ist ihre Kombination in einer narrativen Kette raumbildender Handlungen, welche für de Certeau die Struktur der Reisegeschichte definiert: »Geschichten von Wanderungen oder von Gebärden werden durch die ›Zitierung‹ von Orten markiert, die sich daraus ergeben oder sie autorisieren« (220).

Der Reisebericht besteht daher nicht aus dem durch Ursprung und Ziel begrenzten und dirigierten Prozeß, noch oszilliert sie zwischen »Perspektiven« der Realität. Sie ist selbst eine Bewegung, die wie jede räumliche Geschichte zwischen sowohl prospektiven wie retrospektiven Kartographierungen des Orts *und* den sie transformierenden Praktiken organisiert ist.

Grundstein

Verschiedene Gründungsgeschichten wandern rund um das *Henry Parkes* (auf Broschüren, Postkarten und einer Speisekarte in jedem Raum) wie auch die Straßen hinauf und hinunter. Die LEGENDE an der Vorderfront mit ihrem Kriegerdenkmal-Layout und ihrer anmaßenden historischen Aussage mutiert auf einer Restaurantplakette zur visuellen Form eines Gedichtes. In diesem Text werden die Ereignisse elegisch durch eine *tournure* der Romanze ersetzt. Sie betont das Hervortreten eines Orts in vergangener Zeit (»Es war zirka 180 Meter ...« contra »am 24.Oktober ...«), und eine archaisierende, einen »Historieneffekt« erzeugende Syntax verbindet sich mit einem besitzergreifenden enuntiativen Zug in einem Diskurs der Verpflichtung (»alle Australier voll Stolz dankbar sein sollten«). Dies erzeugt eine Aura besonderer Wichtigkeit, wie ein Tischgebet vor der Mahlzeit. Doch es macht die Restaurantplakette auch zu einem Ausdruck persönlicher Bindung anstelle bloßer touristischer Verführung.[48]

Die Plakette weist jedoch noch einen andere Note auf, die sie von anderen Geschichten abhebt und dennoch den Bewegungstypus definiert, der sie alle reguliert. Sie endet mit einer Art Slogan: *»Eine Kolonie für eine Nation und eine Nation für eine Kolonie.«* Das ist eine klingende und im Gedächtnis bleibende Phrase. Doch wenn man verweilt und darüber nachdenkt, macht sie keinen Sinn – oder vielmehr, sie zeichnet die Karte eines imaginären Orts. Sie funktioniert in einer Welt, in der

New South Wales alleine zu »Australien« wurde, oder in der der gesamte australische Kontinent von einer einzigen riesigen Kolonie eingenommen wurde. In beiden Fällen wäre der ganze Prozeß der Föderation von sechs verschiedenen und einander mißtrauenden Kolonien zu einer Nation, so wie die Tenterfield-Rede, ziemlich unnötig gewesen.

Man könnte es als Fehlzitat bezeichnen. Der Originalslogan, Edmund Barton (später Australiens erster Premierminister) zugeschrieben, lautete: »Zum ersten Mal in der Geschichte haben wir *eine Nation für einen Kontinent und einen Kontinent für eine Nation.*« Diese Produktion der Kongruenz zwischen natürlichen und politischen Orten geschah in einer öffentlichen Ansprache. Sie beginnt ihren Lauf des Zitiert- und Rezitiert-werdens in der Historiographie nicht als ein von seinem Autor zertifizierter Text, sondern als eine weitererzählte »erinnernswerte Improvisation« während einer Besprechung. In seinen Memoiren erhebt Robert Randolph Garran den Anspruch, ihr erster Einschreiber gewesen zu sein: Sie »wäre unverzeichnet geblieben, hätte ich sie nicht zufällig niedergeschrieben.«[49]

Worauf es bei dieser Geschichte ankommt, ist nicht ein Mythos des Primats des gesprochenen Wortes, sondern die Bewegung (in diesem Fall des Hörensagens), die zwischen den Zitaten des Textes verläuft und die ihn an einem Ort seiner Wanderung, einer Plakette an einer Speisesaalwand, von einem ortsbegründenden Slogan in die »Partitur« eines schwungvollen Rhythmus transformiert – ein Triller, ein Pfiff, ein Klingeln, eine musikalische Raumerzählung.

Memorabilien

Wenn man der Geschichte die Straße hinab folgt und eine Tour durch die Stadt unternimmt, beginnen sich verschiedene Karten der Gegenwart und Geschichten der Vergangenheit zu überschneiden. Dabei gibt es Mißtöne, nicht bloß eine kodifizierte Diversität-und-Differenz.

Die School of Art ist der Schrein des Schauplatzes von Parkes Rede. Sie mit irgendeinem Gefühl der Erwartung zu betreten beschert Enttäuschung, denn das Innere erweist sich als eine alltägliche Leihbücherei. Wie Dean MacCannell aufzeigt, sind die am schwersten zu sakralisierenden Sehenswürdigkeiten jene Orte, wo einmal etwas geschehen ist (Schlachten, Sprechereignisse), aber nichts Sichtbares übrigblieb. Alles, was hier noch blieb, ist ein hübscher, aber immer noch begangener Holzfußboden.

An einem Ende gibt es jedoch ein mit Seilen abgetrenntes, kleines Museum mit Henry Parkes-Memorabilien. Neben einer 1915er Büste und einem Portrait von Parkes in seiner Lieblingspose als spätviktorianischer Moses scheinen die meisten der Objekte (Schubkarren, Hundehalsband, Uhr) nach dem Gesichtspunkt gesammelt worden zu sein, daß sie von Parkes oder einer Person aus seinem Umfeld *berührt* wurden. Das sind jene für die Mediensensibilität verwirrendsten und emotional undurchsichtigsten Objekte – echte Reliquien. Doch selbst dieser Eindruck eines Allerheiligsten wird durch Stücke verdorben, die mit Parkes persönlich scheinbar nichts zu tun haben – ein modernes Buch über *Georgianische Architektur*, Lokalgeschichten entfernter Orte, einzelne Töpfereistücke aus dem zwanzigsten Jahrhundert mit nationalistischen Motiven. Es ist ein Museum, das nicht der Hinterlassenschaft einer Person gewidmet ist, sondern einer alten Schule für Geschichte – ein Inventar beziehungsloser, vom Alter verkrusteter, nationaler *faits divers*.

Einige Häuserblöcke entfernt bietet ein rivalisierender Gründungs-Ort etwas Vertrauteres. Es ist ein Showbiz-Monument – ein alter Laden, restauriert als das Heim des »Sattlers von Tenterfield«. 1860 erbaut, wurde es vor einigen Jahrenaus einem Song des mittlerweile verstorbenen Peter Allen, einem amerikastämmigen Entertainer, kreiert, der einer Familienbeziehung gedenkt. Die Sattlerei ist ein makelloses Simulakrum dritter Ordnung: obwohl das Gebäude nun »in seinem Originalzustand« ist, reproduziert es ein Realitätbild ohne früheren Anspruch auf Existenz. Die Menschen behandeln es respektvoll als einen Vorboten von Tenterfields Modernität.

Das Centenary Cottage Museum versucht etwas völlig anderes. Es befand sich lange in der Übergangsphase von einem alten, mit Plunder vollgerammelten Haus und einem »restaurierten Pionierheim«. Ein beginnendes Programm ist herauslesbar: die highway-orientierte, universalisierende Pädagogik der Simulation schwebt als eine Möglichkeit darüber. Doch selbst in den Räumen, die bereits am weitesten auf dieses Original hin organisiert sind, wird der Zeitaltereffekt von lokalen Genealogien überwältigt. In einem klaren Fall dessen, was MacCannell »Auslöschung durch die Markierungen« nennt, wird jedes Exponat von der Geschichte seiner Stiftung verschüttet: ein Bett wird von A gespendet, von B handgefertigt aus einer australischen Silbereiche, gefällt auf dem Besitz von C in der Gegend D im Jahr 1881, und restauriert von Hr. und Fr. E. Dieses Museum ist für Außenseiter unlesbar. Es weigert sich, die Gesten von Arbeit, Eigentümerschaft und Geschenk in der für das Einfangen von Interessen auf der Durchreise essentiellen Weise auszulöschen – nicht weil es einen tiefverwurzelten, organischen Sinn für »Realität« besitzt, sondern weil es keine Vorstellung von seiner eigenen Obskurität hat. Dies ist ein *dynastisches* Museum – eine »wer ist *hier* wer«-Ausstellung – und trotz seiner touristischen Ambitionen belehrt es primär die Stadt.

Nicht vieles hier hat für mich irgendeine Bedeutung. Doch in den weniger geordneten Teilen des Landhauses wecken zwei Ojekte unvermittelt das, was man gewöhnlich als »Nostalgie« bezeichnet. Eines ist im Hof, hinter einer alten Wiegemaschine, gestrandet in Gras und einigen angesengt wirkenden Farnen neben einem Abfluß. Es ist ein alter kupferner Wäschekessel, »historisch«, aber vertraut bedrückend: heiße, schwere, störrische umzurührende Wäscheladungen, ein im kochenden Wasser kreisender Rührstock im Elend brütender Hitze an jedem endlosen Samstagmorgen. Das andere ist innen im Chaos des Plunders. Neben einer Einkommenssteuerquittung von 1921 befinden sich die »Letzten Reservierungskarten für das Lyrische Theater«. Meine eigene erste Kinoerfahrung bricht aus den 1950ern hervor. Doch es hat nichts zu tun mit durch den Raum rasen, durch die Zeit zoomen, oder mit einer Ästhetik des Verschwindens.

Es geht um *Verortung*, eine Erinnerung an die Nervosität im Lichtspieltheater, wo man sitzen soll, genau dasselbe wie im Klassenzimmer. Ein Spannungskarte von Nähen, die ein braves weißes Mädchen zu meiden hat: Stadt-Aborigines (ganz in Ordnung, eigentlich); weiße West End-Lümmel (schon schlimmer); und am allerschlimmsten, in einer stillschweigend für jeden anderen als tabu betrachteten ersten Reihe, die Familien der Aborigines und des Weißen Abschaums vom Gemeindeanger direkt vor der Stadt.

Nähen[49a]

Wenn es möglich ist, im Umkreis weniger Häuserblöcke eine archaische Form der Pädagogik, eine spießige Zurschaustellung gegenwärtiger Klassen- und Kastenunterschiede und ein Stück postmoderner Ästhetik zu durchwandern, dann liegt das zum Teil daran, daß der Tourismus hier bisher noch kaum organisiert ist. Abgesehen von Nationalparks und National Trust- (historische Gebäude) -Aktivitäten operiert der Tourismus als eine lokale Antwort auf ökonomischen Kummer.[50] Er ist auch relativ harmlos – obwohl die Eklatanz eines in der Stadt erhältlichen Flugblattes genannt *Das Bluff Rock-Massaker* etwas Verwüstendes hat. »Wir straften sie hart und bewiesen ihnen unsere Überlegenheit,« doziert der Lokalhistoriker Ken Halliday und verschmilzt geologische Details über den Felsen mit der Erzählung von einem »Stamm«, der von dessen Spitze zur Vergeltung für die Ermordung eines Schäfers bei Bolivia Station im Jahr 1844 hinabgestürzt wurde. Eine höher entwickelte Tourismusorganisation würde das unverzüglich eliminieren.[51]

Doch wenn ihre wahllosen Bemühungen Provinzstädte für die globale Touriswirtschaft exzentrisch erscheinen lassen, deuten sie auch auf eine generelle Schwierigkeit bei der Konstruktion von Anleitungen für die Gegenwart oder Theorien über den touristischen Zielinstinkt. Es ist nicht nur so, daß sie hartnäckig *da* sind, wie die Vorstädte am Rande der Metropolis im Hinterhalt warten mit ihren eigenen »Erklärungen der Wirklichkeit«.[52] Vielmehr bemüht sich selbst an den kleinsten Orten, wo die Produktion von Raum eine beschränkte Anzahl von, in de Certeaus Worten, »Konfliktprogrammen und vertraglichen Übereinkünften« involviert, die operative *Gleichzeitigkeit* von Programmen und Übereinkünften, jeden einzelnen als exemplarisch anzunehmen (entweder für das Jetzt oder für eine »Domestikation« der Geschichte im Mythos), als nur eines der aggressiver territorialen Programme, die darum wetteifern, ihren Ort zu begründen.

Tausende Meilen entfernt schreibt Jean Baudrillard in *Amerika*: »Warum sollte ich hingehen und mich in Frankreich, im Ethnischen und im Lokalen, dezentralisieren, zwischen den Bruchstücken und Überbleibseln der Zentralität?«[53] Er will im Zentrum der Welt exzentrisch werden. So weit, so gut. Doch dort angekommen findet er, wie ein postmoderner Mystiker, das Universum in einem Burger King-Streuselkuchen, einem Studebaker oder einem leeren Hotel. Sein Amerika ist ein

»gigantisches Hologramm, die Gesamtinformation ist in jedem Teilstück enthalten« (45). Ich weiß, was er damit meint. Selbst in einer australischen Provinzstadt – eher ein Überbleibsel mißlungener Dezentralisation als ein Rest der Zentralität – kann ich in der SATTLEREI etwas über GANZ AUSTRALIEN lernen oder etwas über das Burger King-Werden von den alten griechischen und chinesischen Cafés die Straße weiter unten an der Straße.

Doch das Wesentliche an Hologrammen (wie an Simulakren) ist, daß sie andere Modelle signifizierender Praxis (räumliche Geschichten) eher zerstäuben als ersetzen. Tatsächlich ist ein Hologramm eines der visuellen Ereignisse, die *Nahebeziehungen* am wenigsten zulassen können: es wird (in Baudrillards Beschreibung) durch Selbstgenügsamkeit definiert. Tatsächlich erkennt es nicht die schwierige Logik des *Nächsten* – Hologramm hier, Kino nebenan, Gemälde dort drüben – die Räume in der zeitgenössischen Kultur aktiviert und Grundlegungsphilosophien so schwer aufrechtzuerhalten macht. Es ist ein Verkehr mit verhandelbaren Nähen, zeitlichen ebenso wie örtlichen, zwischen widerstreitenden Praktiken, der aus der Dezentrierung einer Renaissance-Lebens«anschauung« entspringt – und nicht die Wiederherstellung der Hierarchie durch einen beherrschenden Referenzpunkt, der den Rest »marginalisiert«.

Ein Motel ist ein guter Ort, um über die Verkehrsfrage nachzudenken, eben weil es der Nähe und Zirkulation geweiht ist. Es ist weder das Auto noch die Autobahn, das Haus, die Reise oder das Zuhause, sondern ein Raum zwischen all diesen. Es akzentuiert das Reisen durch Rasten und das Da-sein durch Aktion. Es repräsentiert weder Ankunft noch Abfahrt, sondern bewirkt Übergänge vom einen zum anderen in den *metaphorai* der Pause. Motelzeit ist eine Synkopierung verschiedener Geschwindigkeiten in unterschiedlichen Graden von Dauer.

Doch es ist keine symbolhafte Stätte, eben weil es in jedem Gebrauch nur übergangsartig, zwischen anderen Möglichkeiten existiert. Es bietet eine funktionstüchtige Verbindung nicht nur zwischen Praktiken, sondern zwischen Institutionen. In zahllosen Romanmotels kommen Gangster, Liebhaber, Psychopaten, Treibende und Fehlende in Motels, um getötet, ergriffen, verlassen oder gefangen gesetzt zu werden wie auch um sich zu verstecken, zu entkommen, sich zu erholen – im Transit zwischen vielen Arten von Gefängnis und vielen Befreiungsversuchen. Daher mag trotz seiner Empfänglichkeit für Highway-Romantik das Motel zuletzt stets das Dasein des Ortes und der Modalitäten der Karte bestärken – doch es erzeugt die Möglichkeit der Wegstrecke.

Wichtigkeitskarten

Lawrence Grossberg verwendete das Modell der Hinweisschilder am Straßenrand, um Probleme der Interpretation von Ereignissen in der Popularkultur und der Politik des Lebensalltags aufzuwerfen.[54] Hinweisschilder sind für Grossberg »Markierungen«, weder authentisch noch unauthentisch, sie sind dazu da, daß man an ihnen vorüberfährt. Sie sagen uns nicht, wohin wir gehen, aber sie markieren, und umfassen, Begrenzungen; sie *sind* das Außen, das Innen und die Grenze der von ihnen angekündigten und von uns passierten Stadt. Sie preisen an, doch wir fahren vorbei ohne Aufmerksamkeit dafür, was sie sagen, weil wir es bereits wissen oder weil es ohne Bedeutung ist. Dennoch sagen sie uns, auf welcher Straße wir uns befinden, und bestätigen, daß wir uns tatsächlich bewegen. Sie sind nicht dazu da, »gelesen« zu werden: doch sie sind ein Raum, in dem verschiedene Diskurse auftreten, und somit sind sie Kampfstätten. Wie auch immer, ein *individuelles* Hinweisschild ist indifferent. Es ist »weder auf ein radikales Verständnis textueller Differenz gestützt, noch löscht es alle Differenz aus« (32).

Somit deutet Grossberg an, daß das Interpretieren der Politik und der Effekte der Popularkultur weniger wie das Lesen eines Buches als wie das Vorbeifahren an Hinweisschildern ist; nicht weil die Straße die einzige Realität wäre, sondern weil Hinweisschilder gleichzeitig zu den Ordnungen der lokalen Details und der nationalen Struktur gehören und die Verbindung zu den Orten abseits der Straße (Fabriken, Gefängnisse, Häuser) herstellen. Hinweisschilder gleichen auch dem Sammelsurium im Centenary Cottage – offenbar bedeutungslose »Straßenschilder« die, bei aller Irrelevanz und scheinbarer Nutzlosigkeit ihrer jeweiligen Inschriften, Stätten der Investition und der Ermächtigung (nicht notwendigerweise wohlwollend) sind. Für Grossberg machen es solche Straßenschilder möglich, weiterhin darum zu ringen, einen Unterschied zu *machen* durch das Erstellen von »Wichtigkeitskarten«.[55]

Wenn also Hinweisschilder (anders als das Motel) von der Operationalität des Raums und der Modalität der Wegstrecke dominiert werden, eher vom »Gehen« als vom »Sehen«, ermöglichen sie umgekehrt das Erstellen von Karten, das Herbeizitieren und Sehen von Orten. Dieses Bild wird umso nützlicher, wenn wir daran denken, daß Menschen ebenso, wie sie an Hinweisschildern sonstwo vorbeifahren, manchmal *irgendwo* in der Nähe ganz bestimmter Hinweisschilder anhalten. Menschen leben nahe Hinweisschildern, photographieren sie, machen Picknicks und lesen Bücher neben ihnen, verunstalten sie oder, nahe Tenterfield, schießen sogar auf sie.

Den größeren Teil der 1980er hindurch wurden Tenterfields Grenzen an den drei Hauptstraßen von *National: The Big Entertainer*-Tafeln markiert. Sie umringten die Stadt mit Darstellungen von Peter Allen am Piano, der erklärte, er »Nenne Australien Immer Noch Zuhause« und Tenterfield sei das Zuhause des Tenterfield Saddler. Diese routinierten, konzentrischen Produktionen von ORT aus der Gestalt Allens (Sattler/Tenterfield/Australien) gingen völlig konform mit dem älteren Henry Parkes-Mythos (Motel/Tenterfield/Australien). 1986 wurden sie durch Reklametafeln für das nahe Naturwunder Bald Rock (»Australiens Größter Granitfelsen«) ersetzt, jede in perfekter Nachbildung seiner Postkarte handgemalt von zwei Künstlerinnen aus Tenterfield, Lou Potter und Jean Braid.[56] Für einige Zeit werden diese drei als Serie gedachten »individuellen« Tafeln auf lokalen Wichtigkeitskarten auftreten, nicht als indifferente Straßenschilder, die ermöglichen, einen Unterschied zu machen, sondern als Zeichen (für die, denen es wichtig ist) eines *gemachten* Unterschieds. Daß sie mit der Zeit in die Indifferenz zurückkehren mögen, macht für die Raumerzählung keinen Unterschied.

Vektoren

Einmal draußen bei den Hinweisschildern angelangt, kann die Touristin heim zum *Henry Parkes* Motel fahren, heim zum nahen Haus ihrer Mutter, oder heimwärts auf die Straße nach Sydney. Jedes Ziel mag eine andere Form von Domestizität definieren: formalistisch (Rückkehr zu Grundprinzipien), feministisch (Rückkehr in einen mütterlichen Raum) oder postmodernistisch (Blase gesteht die Flüchtigkeit ihres Interesses an kleinen Städten ein und gewinnt ihre intellektuelle Mobilität zurück). All diese Lösungen sind absolut realistisch.

In jedem Fall kann ich im Wegfahren weiterhin an Henry Parkes denken, über den ich sehr wenig zu sagen fand. Mein Interesse galt den Trennungen zwischen der Rhetorik von Bewegung, Entwurzelung und Geschwindigkeit in Debatten über populare Genres kultureller Praxis (touren, heimbereiten, kartographieren, entdecken) einerseits und dem feministischen Beharren auf der Beachtung von Ort und variablem *Tempo* im Alltagsleben andererseits. Und das liegt daran, daß für den Feminismus bei den schwierigen Beziehungen zwischen diesen ein ganz bestimmter Einsatz auf dem Spiel steht.

Das Problem kann mit der Behauptung von Prato und Trivero in »The Spectacle of Travel« zusammengefaßt werden, daß Transport aufgehört hat, eine Metapher für FORTSCHRITT zu sein, als *Mobilität* begann, das Alltagsleben stärker zu charakterisieren als die Vorstellung von »Heim und Familie«; Transport wurde statt dessen »die primäre Aktivität der Existenz«.[57] Der Feminismus hat keinerlei Bedarf, die Geschichte von Heim-und-Familie als seine spezielle Domäne zu behaupten, aber er impliziert doch eine gewisse Zurückhaltung bei der Verkündung ihrer Marginalisierung.

Es ist wichtig zu bedenken, daß in Australien, so wie vielerorts, die Trennung Mobilität/*domus* historisch bestenfalls zweifelhaft ist. In Siedler- und Immigrationsgesellschaften ist es Mobilität als *Mittel* zur unaufhörlichen Erzeugung von Aussichten (oder »Fortschritt«) für Heim-und-Familie, was für viele Menschen die primäre Aktivität der Existenz wird. Als Vorbedingung solchen Fortschrittes ist Kolonisation exakt eine Art von Bewegung, praktiziert *als* eine Okkupation des Heimatlandes anderer Leute wie auch als Zerstörung von deren Familien und Heimen, die Schranken und Grenzen überschreitet. Im und nach dem Kolonialismus verliert eine europäische Reise/*domus*-Unterscheidung ihre oppositionelle Struktur – und damit ihren Wert für die Verkündung der Verdrängung des einen durch das andere im Laufe der Geschichte.

Doch die Art Behauptung, wie sie Prato und Trivero aufstellen, sucht ihr Fundament nicht in historischer Wahrheit, nicht einmal der Wahrheit der Annäherung, und erschwert damit feministische Kritik. Sie ist vielleicht als Hinweisschild gedacht, als Markierung in einer bestimmten Landschaft. Sie markiert einen erkennbaren Vektor, entlang dessen es nicht nur einigen möglich wird, ihr Leben als eine Fahrt auf der »Straße ins Nirgendwo« zu denken,[58] sondern auch anderen, Heim-und-Familie als bequemes, »ermächtigendes« Fahrzeug zu denken.

Statt sich also auf die peinliche Position des Versuchs zurückzuziehen, einem Hinweisschild zu widersprechen, könnte die feministische Kritik ihr eigenes anfertigen. Mir fallen da zwei ein, zwei Textorte, die durch einen zwischen ihnen eingerichteten Pendelverkehr, der eine Raumerzählung erzeugt, transformiert werden könnten. Als individuelle Tafeln teilen sie mir nichts Bestimmtes mit – nicht wie die Geschichte der Familien, des Tourismus oder der australischen Politik zu lesen sind, und sicherlich nicht, wie die Beziehungen zwischen kulturellem Wandel und der hartnäckigen Wanderlust von Klischees zu lesen sind. Gemeinsam markieren sie jedoch den Raum zum Nachdenken über Konvergenz und Überlappung, statt über Divergenz und Unterscheidung, zwischen Mobilitätsrhetorik und Verortungspolitik, zwischen der Kartographie der Reise und der »Metaphorik des *Zuhause*«.

Eine ist ein Zitat von Henry Parkes – Selfmade-Man, Reisender, Familienvater, Premier, Modernisierer, Philosoph und Vater der Föderation – der über die politischen Reformen der 1860er in folgender Weise sprach:

> Da es unsere Aufgabe war, das Land zu kolonisieren, gab es nur einen Weg, dies zu tun – indem wir über alles die Beziehungen und Verbindungen des Familienlebens ausbreiteten.[59]

Die andere ist eine Medienanekdote aus dem *Sydney Morning Herald* 1987 unter dem Titel »Höhepunkte der Philosophie«.[60] Bundesschatzkanzler Paul Keating – Selfmade-Man, Reisender, Familienvater, künftiger Premierminister, Modernisierer, Philosoph, Republikaner – wies Anschuldigungen zurück, er würde sein Reisespesenkonto zum Ankauf antiker Uhren verwenden. Auf die Frage, warum er Reisegebühren in Anspruch nahm, wo er doch in Canberra mit seinem Heim-und-Familie lebte, erwiderte er auf den Stufen des Parlaments:

> *Wir sind Fahrende auf derselben langen Straße. Nur Fahrende.*

2. Was man mit Einkaufszentren tun kann

Die Geschichte der Alltagspraxis, sagt de Certeau, beginnt »zu ebener Erde, mit den Schritten.«[1] Von einem urbanen Turm herabzusteigen und von der Panoramastadt wegzugehen bedeutet, sich Zeit und Ereignishaftigkeit zu nähern, Aktion und Exzentrizität, Räumen der Anekdote, verborgenen Lokalitäten. In der unendlichen Diversität der Arten, wie Fußgänger ihre Stadtsysteme »handhaben«, findet de Certeau Widerstände, die dem disziplinierten Feld des spektakulären Raums entkommen und ihn doch bewohnen. So wie Sprechen ist Gehen eine referentielle Tätigkeit: mit jedem Schritt erzeugt der Gehende ein Nah und ein Fern, ein *Hier* und ein *Dort*, ein *Jetzt* und ein *Später*, und begründet so Welten mobiler Positionen und Relationen. Zumindest ist dies eine Interpretation der Analogie. De Certeau selbst zieht es vor, die kontaktorientierten Aspekte des Gehens hervorzuheben, jene die materielle Kommunikationsflüsse einrichten, aufrechterhalten oder unterbrechen, so wie »Hallo« oder »Hmmm« beim Sprechen: »Das Gehen, das abwechselnd einen Pfad verfolgt und selbst Verfolger hat,[1a] macht aus der Umgebung etwas Organisch-Bewegliches, eine Abfolge von phatischen *topoi*« (191).

De Certeaus Herabsteigen von der Beobachtungsplattform auf den Gehsteig erzeugt ein volatiles Drama von »oben« und »unten«, System und Prozeß, Planung und Leben, Theorie und Praxis, Gleichzeitigkeit und Geschichte. Die analytische Gewalt dieses Schemas wird jedoch mit zunehmender Entfernung vom Fuß des Turmes und den belebten Straßen rings um ihn schwächer. Weiterzugehen bedeutet, in australischen urbanen Kontexten, daß Turm und belebte Straße dort hinten in die singuläre Unbestimmtheit der »Stadt« (Zentrum) zusammenfließen; »weg von der Stadt« zu reisen bedeutet, auf Zonen der Weite und *Spärlichkeit* zuzufahren, wo Raum in seiner Organisation weder panoptisch noch intim fußgängerisch ist. Wie Venturi, Scott Brown und Izenour beharrten,[2] ist vorstädtischer Raum automobiler Raum; in den Autozonen sind »oben« und »unten« weniger distinktive »Praktiken« des Raums als relative *Momente* entlang eines Vektors.

Die räumliche Verteilung von Funktionen, die de Certeaus Stadt unterstützt (schauen/bewegen, beobachten/tun, kartographieren/handhaben), kann nicht einfach dazu verwendet werden, die Vorstadt[3] oder die fleckenartige Verstreutheit einer australischen Provinzstadt zu segmentieren in Begriffen von Theorien hier, Erzählungen dort, Struktur hier, Geschichte dort – selbst wenn wir planen, de Certeau zu folgen, indem wir fragen, wie Theorien und Erzählungen in der Praxis interagieren mögen. Ein anderer Ansatz ist vonnöten, um die Unterschiede zwischen allem Anschein nach gleichartigen Stätten zu erfassen; einer der hartnäckigsten Mythen australischen »Vorstädtertums«[4] projiziert ein sanftes Kontinuum austauschbarer Parzellen, deren jede das kulturelle Ganze reproduziert, von dem sie ein Teil ist.

Wenn ein regionales Einkaufszentrum[5] auch nicht das »Andere« zum urbanen Turm ist (ebensowenig wie bodenständige Lebensart »das« Andere zu den Träumen eines/r Stadtplaners/in ist), ist es doch auch nicht einfach eine in sich idente Form, die sich endlos in verschiedenen Städten und Vorstädten wiederholt, als ob letztere keine Geschichte hätten, welche die Form modifizieren könnte.

Schritte sind dennoch ein möglicher Beginn. Im Vergleich zu den amerikanischen Autobahn-Hinweisschild-Räumen, die Venturi und Partner klassisch beschreiben, bewahren australische Städte die Gewohnheit des Gehens und behandeln sie mit gewissem Respekt. Nichtsdestotrotz gibt es eine Hierarchie – wie jede/r verwundbare FußgängerIn weiß. FußgängerInnen draußen in kargen Landschaften außerhalb des Stadtzentrums sind nicht so sehr in Bezug auf Maßstab oder Ort deplaziert als vielmehr *in Gefahr* in einer Umgebung, wo Straßen spezialisierte Übungs-Einfriedungen (Heim, Hinterhof, Pool, Trainingszentrum, Sportplatz, Supermarkt) mit den Drive-In-Getränkeläden und Schnapsbuden verbinden, die potentiell räuberische Autos versorgen.[6]

Für weibliche, schwarze, homosexuelle, fremde, »seltsam aussehende« oder schlicht Pech habende FußgängerInnen erhält de Certeaus phatischer Aspekt des Gehens hier eine unangenehme Intensität. Die Taktik des Einladens von und des Ausweichens vor »Verfolgern«, wie er sie nennt, ist grundlegend für die Kunst der Kommunikation quer durch den vorstädtischen Raum. Dort ist der Anhalter, der nicht nur versucht, als Fahrgast für ein sich näherndes Fahrzeug begehrenswert zu erscheinen, sondern auf die richtige Art begehrenswert zu sein für die richtige Sorte Fahrer. Hier marschiert ein Fußgänger, mit eingezogenem Kopf und abwehrender Haltung, auf der falschen Straßenseite für leichte Mitfahrgelegenheiten, in der Hoffnung, die Aufmerksamkeit feindlicher Fahrzeuge abzuwehren. Wenn Zufußgehen aus Lust oder Bequemlichkeit in dieser Landschaft eine riskante Praxis ist, ist sie sicherer, wenn sie (etwa durch einen Trainingsanzug) »kardiovaskular« formuliert wird.

Wenn die Geschichte des Vorstadtraums in gewissem Ausmaß eine Geschichte der Verdrängung von Fußgängern ist, dann ist das Gehen wegen seines gespannten, disproportionalen Verhältnisses zu vorstädtischen kulturellen Formen eine nützliche Art des Nachdenkens darüber, wie man als feministische Kulturkritikerin etwas mit diesen Formen tun kann. Außerhalb der Stadt wird Gehen als Zeitlupe verstanden, und ein »schlendernder« Gang (um ein wundervolles Wort von Ross Chambers zu borgen)[7] kann einer Kritikerin helfen, im Ringen mit massiven Zeichen der Gegenwärtigkeit, die für sich schneller bewegende Augen als die ihren entworfen wurden, Details aufzugreifen, die in einer Landschaft liegen wie Abfall neben den Hinweisschildern, oder wie die zurückgelassenen Einkaufswägen, die in einer Kanaleinfahrt herumliegen, verziert mit Blumen und Dosen.

Mit Wandel zurechtkommen

Was ich als erstes tun möchte, ist eine alte Definition von Modernität zu zitieren. Sie stammt nicht aus der feministischen Theorie oder Cultural Studies, sondern aus einem Vortrag über »Entwicklungen im Einzelhandelsbereich«, den John Lennen von Myer Shopping Centers 1981 in Perth hielt. Als Beginn seiner Ansprache bei einem vom Australian Institute of Urban Studies organisierten Seminar erzählte Lennen diese Fabel:

> Als Adam und Eva den Garten Eden verließen, drehte sich Adam zu Eva um und sagte: »Sei nicht traurig, meine Liebe, wir leben in Zeiten des Wandels.«[8]

Nachdem er Adam zitiert hatte, fuhr Lennen fort, »Städte leben in Zeiten des Wandels. Wir dürfen uns vom Wandel nicht entmutigen lassen, sondern müssen vielmehr lernen, mit Wandel zurechtzukommen.« Er meinte, daß die Rolle der Einkaufszentren sich rapide gegenüber jener in den 1970ern verändere, und daß Einzelhändler, die mit den Folgen rangen – Planungsbeschränkungen, Post-Boom-Wirtschaftsbedingungen, neue Wettbewerbsformen – sich nicht entmutigen lassen, sondern ihre Praktiken entsprechend ändern sollten.

Einkaufen ist für mich eine angstvolle Angelegenheit[9], und im ersten Teil dieses Kapitels ärgere ich mich mit einigen methodologischen Fragen herum, die für feministische Cultural Studies immer wieder aufgeworfen werden durch das Zurechtkommen mit dem Wandel an Orten, die mit Praktiken zu tun haben, die regelmäßig, wenn auch nicht ausschließlich, von Frauen ausgeübt werden – Einkaufen, Autofahren, Organisieren von Freizeitaktivitäten. Wie beim Herumärgern meist der Fall, hat diese Diskussion ein obsessives Thema; ich sorge mich über »paradiesische« oder erlösende Konsumallegorien, die aus der Literaturtheorie gezogen und sodann benutzt werden, um Analysen dieser mühsamen und angstvollen Aktivitäten *einzufassen.*[10] Jedenfalls nimmt meine Argumentation die Form einer weitschweifigen Antwort auf zwei Fragen an, die mir oft von Frauen gestellt wurden, mit denen ich diese Themen diskutierte.

Differenz und Identität

Eine Frage stellt sich für wissenschaftliche Frauen, mit denen ich das Thema Einkaufszentren diskutiert habe, nahezu unausweichlich. Sie sagen: »Ja, du beschäftigst dich mit Semiotik ... untersuchst du, wie Märkte überall gleich sind? systematisch angelegt, jeder kann sie lesen?« Sie fragen nicht nach Einkaufszentren und Wandel, oder nach einer Semiotik des Managments von Wandel.

Mein Schwerpunkt ist eher entgegengesetzt. Es ist richtig, daß auf einer Ebene der Analyse (und unserer Einkaufszentren-»Praxis«) Layout und Designprinzipien sicherzustellen trachten, daß alle Zentren *minimal* lesbar sind für jeden, der in ihrem Gebrauch lesekundig ist. Diese Lesbarkeit mag allerdings minimal sein: Die meisten Gallerien alternieren absichtlich Überraschung und Konfusion mit Vertrautheit und Harmonie, und in verschiedenen Teilen jedes beliebigen Zentrums werden Klarheit und Obskurität in verschiedenen Graden für verschiedene Benutzer auftreten. Für einen Neuankömmling ist der große Supermarkt in einem unvertrauten Einkaufszentrum üblicherweise schwerer lesbar als die räumlichen Beziehungen zwischen den Feinkostgeschäften und den Boutiquen. Nichtsdestoweniger sind stets einie grundlegende Regeln von Kontingenz und Assoziation am Werk, um einem bei der Auswahl von Geschäften wie auch Produkten zu helfen.[11]

Ich interessiere mich allerdings mehr für die Unterschiede zwischen den Einkaufszentren selbst, wie sie das produzieren und erhalten, was Neville Quarry ein »einzigartiges Ortsgefühl« nennt – in anderen Worten, einen räumlichen Identitätsmythos.[12] Diese Betrachtung bedingt die Formulierung einer komplexeren und stärker lokalisierten *affektiven* Beziehung zu Einkaufsräumen und zu ihren Verbindungen mit anderen Stätten häuslicher und familiärer Arbeit, als es das Szenario des/der umherschweifenden, von einem Ort zum anderen Similarität lesenden Grammatikers/in tut. In gewisser Beziehung sind alle KäuferInnen umherschweifende GrammatikerInnen. Ich brauche dies allerdings nicht zu leugnen, um mich darauf zu konzentrieren, wie bestimmte Zentren danach streben, zum Besseren oder zum Schlechteren im Alltagsleben der Frauen in lokalen Gemeinschaften etwas Besonderes zu werden.[13] Männer können natürlich auch eine besondere affektive Beziehung zu *einem* bestimmten Einkaufszentrum haben.

Es liegt auf der Hand, daß Einkaufszentren ein Ortsgefühl aus ökonomischen, »tritt näher«-Gründen erzeugen, und manchmal auch, weil ArchitektInnen und PlanerInnen heutzutage einer Ästhetik oder gar Politik des Lokalen verbunden sind. Dennoch können wir die Analyse ihrer Funktion oder der Reaktionen der Menschen auf sie nicht ausschließlich auf dieses ökonomische Kalkül stützen; »Einkaufen gehen« und Geldausgeben sind zwei separate Aktivitäten. Außerdem sind Einkaufszentren-Identitäten nicht konsistent oder permanent. Einkaufszentren erfahren vielmehr Verschönerungen und wechseln ihr Image – in vermehrtem Ausmaß, wenn die großen klassischen Strukturen einer Region zu altern beginnen, zu verblassen und zu veralten.

Der Aufwand für die Renovierung insbesondere der größeren unter ihnen bedeutet allerdings, daß der vom örtlichen Spiel jedes einzelnen Zentrums in der Zeit erzeugte Identitätseffekt nicht nur komplex, stark nuanciert und vielfältig im Detail ist, sondern auch simpel, massiv und insgesamt, und durch die Zeiten, im Raum relativ dauerhaft ist. Auf jeder möglichen Analyseebene (und davon gibt es viele bei so einem diversifizierten und kontinuierlichen sozialen Ereignis) sind Einkaufszentren überwältigend und wesenhaft paradox. Dies ist eines der Dinge, die sie so schwer zu differenzieren machen. Einerseits sind sie so monolithisch GEGENWÄRTIG – solid, monumental, unleugbar Teil der Landschaft und unseres Lebens. Andererseits, wenn man mit ihnen zu disputieren versucht, lösen sie sich an jedem beliebigen Punkt in eine Unbestimmtheit auf, die jedes Philosophen Wahnidee von abstrakter Weiblichkeit gut anstehen würde. Das liegt zum Teil daran, daß die Einkaufszentren-«Erfahrung« in jedem einzelnen Punkt die Erfahrung von Menschenmassen (oder ihrer relativen Abwesenheit) mitumfaßt und damit all die verschiedenartigen Reaktionen und Verwendungen, die das Zentrum provoziert und umfaßt.

Um die Sache zu komplizieren, ist diese *duale* Qualität weitestgehend ein Teil der Anziehungsstrategie der Einkaufszentren, ihrer geplanten »Verlockung«, und auch ihres Managements des Wandels. Die vibrierende Spannung zwischen der massiven Stabilität der Struktur und dem sich ständig verändernden, unauhörlichen Spektakel innerhalb des und rund um das »Zentrum« ist eines der Dinge, welche Leute, die Einkaufszentren mögen, an Einkaufszenten wirklich *lieben.* Zu gleicher Zeit sind die Methoden (und Verträge) des Einkaufszentrenmanagements darauf ausgerichtet, so viel als möglich von diesem Spektakel zu organisieren und zu vereinheitlichen – auf der Ebene der administrativen Kontrolle, wenn auch nicht des erzielten ästhetischen Effekts – durch Regulierung der Mieterzusammensetzung, Schilder- und Anzeigenstile, gemeinsamen Raumschmuck, Festivitäten und so weiter. Das heißt jedoch nicht, daß es ihnen gelingt, entweder das ganze Spektakel zu »managen« oder die von ihm hervorgerufenen Reaktionen (einschließlich dessen, was Menschen mit dem tun, was sie ihnen zur Verfügung stellen).

Die Analyse von Einkaufszentren hat daher einerseits damit zu tun, die Empfindungen, Wahrnehmungen und emotionalen Zustände (negative wie deliröse) zu erkunden, die sie hervorrufen, und andererseits diese Wahrnehmungen und Zustände auszusetzen, um so einen anderen Raum zu schaffen, von dem aus gesprochen werden kann, als jenen der enthusiastischen Beschreiberin, die »außerhalb« des Spektakels steht, *qua* Ethnographin, es anderen empfiehlt und ethische Lehren daraus extrahiert, oder, in einer Haltung, die mir auf ziemlich das gleiche hinauszulaufen scheint, ostentativ vertieft ist in ihre eigene Vertiefung *qua* Zelebrantin der Popularkultur.

Während der erstgenannte Beschreibungsmodus in weiten Teilen der Konsum- und Freizeitsoziologie anzutreffen ist, hat der letztgenannte Modus überzeugende Verfechter in den Cultural Studies. Iain Chambers beispielsweise hat nachdrücklich vertreten, daß wir, um das demokratische Potential der Art und Weise, in der Menschen durch, nicht »neben« der Kultur leben, sich das Alltagsleben aneignen und es transformieren, zuerst die »großäugig staunende Präsentation von Aktualitäten« anstreben müssen, die Adorno an Teilen der Arbeit Benjamins über Baudelaire mißbilligte[14]. Ich stimme immer noch überein damit als einer generellen Orientierung. Doch wenn wir uns die Formulierungen von Adornos Einwand näher ansehen, ist es möglich, aus ihnen eine gute Beschreibung der Einkaufszentren-*Mystik* herauszulesen: »[D]ie Arbeit [ist] am Kreuzweg von Magie und Positivismus angesiedelt. Diese Stelle ist verhext.«[15] Mit einer Selbstsicherheit, die uns feministische PhilosophInnen zu hinterfragen lehrten, fährt Adorno fort, »Nur die Theorie vermöchte den Bann zu brechen …« (das heißt Benjamins Stil der theoretischen Praxis, nicht Theorie-im-Allgemeinen).

Für mich ist weder eine Strategie der »großäugig staunenden Präsentation« noch ein Vertrauen auf irgendeinen Theoriestil als Exorzisten für die Behandlung der Probleme ganz adäquat, welche sich dem Feminismus bei der Analyse des Alltagslebens stellen. Wenn wir unsere eigenen Studien an jenem »Kreuzweg von Magie und Positivismus« ansiedeln, die sich am großen Zentralhof jeder großen regionalen Gallerie befindet, werden sich mit Sicherheit komplexere soziale Erfahrungen als Staunen oder Verhextheit einstellen und für eine/n Feministin/en eine kritischere Reaktion hervorrufen, als bei einer »Präsentation« notwendig. Wenn es heute Routine geworden ist, die philosophische Mythologie von Adornos Szenario (Theorie, die den Hexenbann bricht) zu verwerfen und dennoch zugleich Kritiken des »Konsumierens« als eines falschen Bewußtseins (Verhexung durch die Einkaufsgallerie) abzulehnen, dann ist es vielleicht nicht mehr so einfach, die »großäugige« Haltung kritischen Staunens über die Darbietung des Alltags in Frage zu stellen.

Zum allermindesten wird eine feministische Analyse der Einkaufszentren zu Beginn auf Ambivalenz gegenüber ihren Objekten bestehen anstelle des Staunens über sie. Ambivalenz erlaubt ein Denken in Relationen zwischen widersprüchlichen Zuständen: Es ist ebenfalls eine Pose, aber eine, die vielleicht flexibler ist in ihrer eigenen Beziehung zu Alltagspraktiken wie etwa von denselben Einkaufszentren öfters und aus verschiedenen Gründen Gebrauch zu machen, statt mehrere gelegentlich, aber intensiv zu besuchen, um die Sehenswürdigkeiten zu betrachten. Ambivalenz eliminiert nicht das Moment der Alltags-*Unzufriedenheit* – Ärger, Frustration, Bedauern, Irritation, Haß, Langeweile, Ermüdung. Feminismus ist zu einem kleinen Teil eine Bewegung *der* Unzufriedenheit mit »dem Alltag« und mit großäugigen Definitionen des Alltags als »der Art, wie die Dinge sind«. Während der Feminismus auch so vorgehen kann, daß er »fest auf die Realitäten der Gegenwartswelt starrt, die wir alle bewohnen«, wie Chambers es ausdrückt, läßt der Feminismus ebenso die Möglichkeit zu, abzulehnen, was wir sehen, und sich zu weigern, es als gegeben anzunehmen. So wie effektives Einkaufen beinhaltet die feministische Kritik Momente des geschärften Fokus, des konzentrierten Blicks und der skeptischen Bewertung.

Eine gewöhnliche Frau

Die feministische Theorie hat bis dato eine große Anzahl von Werkzeugen für jedwede kritische Studie über Identität und Differenz und über den Ort im Alltagsleben geschaffen.[16] Wenn ich diese auf Einkaufszentren anwende, begegnet mir eine Mißlichkeit, diesmal eine rhetorische, mit Resonanzen interdisziplinärer Konflikte; die Schwierigkeit dessen, was ein Fehlen, oder ein Lapsus, der Entsprechung zwischen meinem Diskurs als einer Intellektuellen und meinen Studienobjekten zu sein scheint.

Liegt da nicht etwas wirklich *abwegiges* in der Verwendung der Werkzeuge eines elitären, möglicherweise immer noch modischen, aber eindeutig unpopulären theoretischen Diskurses zur Untersuchung eines Hauptelements der gelebten Kultur »gewöhnlicher Frauen«, für die dieser Diskurs ebenso irrelevant ist wie die verirrte Ausgabe eines Roland Barthes-Bandes, den ich einst die in einem »FREEDOM«-Möbelschauraum zur Schau gestellte Simulation eines schicken Appartements schmücken sah? Wäre es nicht »abwegig« in der Art, wie es nicht abwegig ist, diese Werkzeuge beim Neulesen von Gertrude Stein oder anderen weiblichen Modernen zu verwenden, oder um mißachtete und nicht-modernistische Texte von Frauen in den literarischen Kanon einzufügen?

Natürlich sind das keine Fragen, die zu beantworten irgendeine Akademikerin, selbst eine Feministin, verpflichtet wäre. Man kann den eigenen Gegenstand einfach strategisch definieren, auf die einem festgelegten akademischen und institutionellen Kontext entsprechende, begrenzte Weise. Es sind Fragen, die zu beantworten ohne Kritik an ihren Begriffen schlicht unmöglich ist; indem man zum Beispiel aufzeigt, daß Relevanz und Entsprechung beide, soweit man sie überhaupt »planen« kann, ebenso sehr vom »woher« und »an wen« jedes Diskurses abhängen wie von Beziehungen zu einem »worüber«. In all den Jahren habe ich die Schicklichkeit und sogar den guten Geschmack der Verwendung semiotischer oder ästhetischer Vokabularien zur Besprechung »gewöhnlicher« Themen schärfer durch Soziologinnen und Historikerinnen in Frage gestellt gesehen als durch nichtakademische Frauen, die je nachdem neugierig, indifferent oder belustigt waren.

Nichtsdestoweniger stellen feministische Intellektuelle einander solche Fragen, und werden zweifellos damit fortfahren, dies zu tun, solange wir uns ein wenig Gefühl für einen weiteren sozialen Kontext und die politische Tragweite unserer Arbeit bewahren. Lassen Sie mich daher eine Antwort versuchen, indem ich zu den Grundbegriffen zurückkehre und die Funktion *»der gewöhnlichen Frau«* als einer Figur feministischer Polemik untersuche. Es ist ein Gemeinplatz, daß ich als Feministin das Bild oder die Realität anderer Frauen nicht wegwünschen kann. Es ist ebenso ein Gemeinplatz, daß eine Semiotikerin oder Ästhetikerin beachten muß, daß »Bilder« anderer Frauen – so wie jenes, das ich gerade von »Soziologinnen und Historikerinnen« entworfen habe – tatsächlich *Bilder* sind.

Was passiert, wenn ich diese Gemeinplätze auf ein sichtbares Bild (Abb. 2.1) einer Frau zur Anwendung bringe, die durch ein Einkaufszentrum geht? Ein Bild wie dieses ist es wahrscheinlich, was vielen australischen FeministInnen vor Augen schwebt, wenn wir die soziale Kluft zwischen dem Diskurs einer Kulturkritikerin über Einkaufszentren und ihrem »Studienobjekt« ansprechen. Dieses Bild wurde ursprünglich in einem australischen Regierungsbericht über *Das Einkaufszentrum als komunale Freizeiteinrichtung*[17] publiziert. Es wurde ohne Wissen der Person von einer soziologischen Überwachungskamera in Sydneys Blacktown Westpoint-Einkaufszentrum 1977 oder 1978 aufgenommen. Im Rahmen eines Standbildes proklamiert es seinen realistischen Status: der versteckte-Kamera-Effekt des

2.1. Mutter mit Kind im Blacktown Westpoint, 1977 oder 1978. Quelle: Department of Environment, Housing and Community Development, The Shopping Centre as a Community Leisure Resource, Canberra: Australian Government Publishing Service, 1978.

Einfangens eines ironischen Moments von Spontanität und Freude wird durch Bruchstücke der zugehörigen Realität verstärkt, die beiläufig in den Ausschnitt hereinragen (Sportbuggy, vertikaler Ausschnitt einer »Begleiterin«).

Diese Details helfen uns anzunehmen, daß wir *wissen, was hier vorgeht*: Eine junge Mutter schlendert durch eine Gallerie, genießt sich selbst in deren Ambiente und teilt ihr Vergnügen mit einer Freundin. Unbenannt und sozial abstrahiert mit Ausnahme ihrer Mutterschaft (denn dies ist eine Ikone der FRAU als Reproduzentin des Konsums) wird sie für das Freizeiteinrichtungspotential »des« Einkaufszentrums für Frauen einer nicht näher bestimmten Arbeiterklasse repräsentativ gemacht. »Das Einkaufszentrum« wird hier ebenfalls als repräsentativ abstrahiert, da alles, was wir hier von ihm sehen, der gesprenkelte Fußboden ist, den man vor zwanzig Jahren überall in jedem Diskontsupermarkt vorfand. Aber natürlich wissen wir nur, was *im Bild* vorgeht. Wir wissen nicht, woher sie kam, was ihr Hintergrund sein mag, wie (oder sogar ob überhaupt) sie ihre Klasse oder Ethnizität beschreiben würde. Sie könnte weiß sein, sie könnte sich als Aborigine herausstellen; das Bild kann es uns nicht sagen. Wir wissen nicht, warum sie dort ist, worüber sie lacht, welche Gefühle sie für ihre Begleiterin oder das Kind (ist es wirklich ihres?) in diesem Augenblick hegte, was ihr Gesichtsausdruck zwei Sekunden vor oder nach dem Augenblick war, in dem sie die Kamera passierte, oder wie sie an jenem Tag über Einkaufszentren, oder das Blacktown Westpoint im besonderen, gedacht haben mag.

Dieses Bild einer gewöhnlichen Frau ist folglich nicht ein Einblick in ihre Realität, sondern eine polemische Deklaration *über* Realität, die zwischen den AutorInnen (besser: der Autorität) eines Regierungsberichts und seiner professionellen Leserschaft mobilisiert wird. Ich kann daraus wenig über jene Frau im Blacktown, geschweige denn über »Frauen« in »Einkaufszentren« ableiten. Noch kann ich so tun, als ob mein Diskurs, meine Kamera, oder sogar mein Fragebogen, wenn ich die echte Frau jetzt hier hätte, um mit ihr zu sprechen, mir unmittelbaren Zugang zu ihren Gedanken und Gefühlen in Bezug auf Einkaufszentren vor zwanzig Jahren, oder jetzt, geben würden. Anders gesagt, ich kann nicht durch dieses Bild einer Frau hindurch meine imaginäre GEWÖHNLICHE FRAU ansehen und sie fragen *»Was will Einkaufende Frau?«*

Ein Schritt weg von dieser Abwegigkeit wäre daher, mein ursprüngliches Studienobjekt weder als »diese Frau« noch als ihr Bild zu konstruieren, sondern vielmehr als das *institutionelle* Bild der Einkaufenden Frau, gefaßt als Illustration des soziologischen Textes (Abb. 2.2). Heute ist jede Studie über Einkaufszentren Teil einer Geschichte der Positionierung von Frauen als Erkenntnisobjekte, ja eigentlich als Ziele für die Manöver von VerkäuferInnen, PlanerInnen, BauherrInnen, SoziologInnen, MarktforscherInnen und so weiter. Es gibt viele Untersuchungen über diese Zielübungen, insbesondere in Bezug auf Mode und Geschichte von Kaufhäusern, und es gibt auch Untersuchungen darüber, wie sich das Ziel *bewegt*, das Objekt ausweicht: Dies ist das Studium der weiblichen Kreativität und der kulturellen »Produktion« als eine Praxis der Transformation auferlegter Beschränkungen.[18]

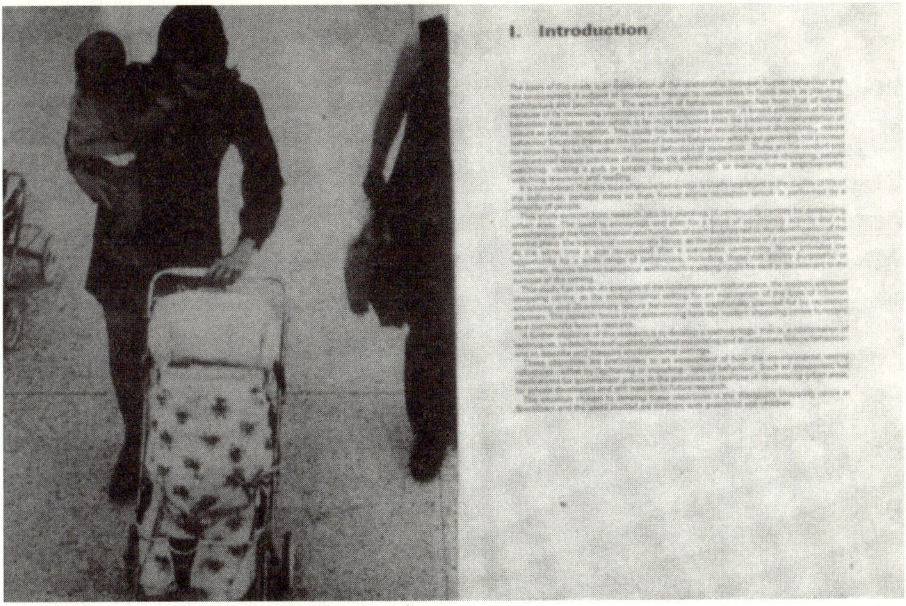

2.2 Mutter und Kind als soziologischer Text. Quelle: Department of Environment, Housing and Community Development, The Shopping Centre as a Community Leisure Resource, Canberra: Australian Government Publishing Service, 1978.

Ein weiterer Schritt weg von der Abwegigkeit und zugleich von dem Versuch, die/etwas über Frauen *im* Visier zu behalten (wie es das Blacktown Westpoint-Bild zu tun versucht), wäre, die Bedingungen der einleitenden Frage über die Kluft zwischen meiner theoretischen Sprache und ihrem Objekt zu überdenken. Denn nachdem ich gesagt habe, daß die Text-Bild-Relation (Abb. 2.2) mein Gegenstand sein könnte, schrumpft die Kluft allzu bald zu einem rein fachlichen Disput, zum Beispiel einen Streit zwischen Textkritik und soziologischen Konstruktionen von Realem, Magie und Positivismus (schon wieder); solche Dispute sind in ihrer Form beständig und immens repetitiv in ihren rhetorischen Blüten. Meine Schwierigkeit mit Einkaufszentren ist daher nicht bloß meine eigene Beziehung als Intellektuelle zu der Kultur, über die ich spreche, sondern meine künftige Vorstellung davon, *zu wem* ich sprechen werde. Wie die Antwort in verschiedenen Kontexten[19] auch ausfallen mag, es kann nicht die imaginäre GEWÖHNLICHE FRAU sein, die professionelle Feminismen ständig projizieren.

Fußgängerbemerkungen zur Modernität

Die zweite Frage, die ich mit anderen Frauen diskutiert habe, wird oft mit erfrischender Skepsis vorgebracht: »Was ist der Sinn dabei, Einkaufszentren zu unterscheiden? Sie sind also nicht alle gleich, na und?«

Hier möchte ich einen Schritt zur Seite machen und zwei Punkte zur Methode festhalten. Der erste ist, wenn diese Überlegungen darüber, »was man mit Einkaufszentren tun kann«, einen Untertitel tragen könnten, so hieße er »Fußgängerbemerkungen zur Modernität«. Ich stimme immer noch mit Alice Jardines fruchtbringenden Argument in ihrem Buch »Gynesis« überein, daß feministische Kritik aus Debatten über Modernität viel gewinnen kann[20]. Diese bleiben nicht nur wegen der vieldiskutierten Weisen wichtig, in denen »Frauen«-bilder ein *Problem* von Macht-Wissen signifizierten, sondern wegen ihrer Beziehung zu Frauengeschichten als Objekten von Macht-Wissen unter jenen Bedingungen, die ich oben beschrieben habe. Ich stimme auch zu, daß genauso wie wir darauf blicken, wie es dazu kam, daß »Frau« oder »Feminität« in diesen Debatten als Hebelmetapher fungierten, wir mehr empirische Geschichten weiblicher Modernismen brauchen.[21] Allerdings glaube ich nicht, daß jemals das Risiko bestand, daß Frauen auf irgendeine Weise »jener zutiefst archaischen Silhouette«, wie Jardine es nennt, zu ähneln begännen, »Dichterin und Irre – die zuletzt einen verstohlenen Blick auf die Modernität warf und dann schnell die Tür schloß« (49).

Wenn man es so sieht, daß der Haupteffekt der Modernisierung in der Kultur hinter der Türe liegt, nicht bloß der ästhetische und philosophische Modern*ismus* (eine von Jardine sorgfältig getroffene Unterscheidung), dann mußten Frauen schon vor langer Zeit durch diese Tür – oder vielmehr verschiedene Türen – gehen. Da das Zuhause eines der wesentlichen Experimentierfelder der Modernisierung war, für Konsumismus ebenso wie für Kolonialismus, ist die Moderne vielmehr durch der

Frauen Türen gekommen, ob sie dies wünschten oder nicht;[22] und wenn irgendeine archaische Silhouette an der Tür herumschwebt und verstohlen hereinguckt, ist es vielleicht eine Literaturtheoretikerin, die sehnsüchtig auf ästhetische und philosophische Dilemmata zurückblickt, die man sieben Tage die Woche in den Wühlkörben von Einkaufshausen findet.

Dies ist ein Kontext der Differenzierung, in dem ich das Wort »Fußgängerin« in Anspruch nehme würde. So wie das Studium der Modernistinnen sollte auch das Nachdenken über Einkaufszentren ein Weg zur Bestreitung der Vorstellung sein, die man zum Beispiel gelegentlich im Werk Julia Kristevas findet, daß die kulturelle Produktion »tatsächlicher Frauen« historisch hinter einer als kritische Konstruktion von Modern*ismus* oder in daraus abgeleiteten Begriffen verstandenen Modernität zurückfiel.[23] Ich ziehe es vor, im Detail einzelne Beispiele des Alltags zu untersuchen, das sogenannte Banale, das angeblich Un- oder Nicht-Experimentelle, nicht zu fragen »warum bleibt dies hinter dem Modernismus zurück?«, sondern »auf welche Weise bleiben klassische Modernismustheorien hinter der weiblichen Modernität zurück?«

Zum zweiten bietet mir die Figur der Fußgängerin eine Möglichkeit, eine Methode zur Analyse von Einkaufszentren zu denken, die nicht gänzlich der Verlockung zur Verwendung klassischer Bilder des IMAGINÄREN, im psychoanalytischen Sinn, zur Widerspiegelung des Spektakels der Einkaufsstadt erliegt. Solche Bilder sind in der Literatur über Einkaufszentren absolut üblich, besonders bei großen, geschlossenen, umfassenden, »spektakulären« Zentren wie Indooroopilly Shoppingtown (Abb. 2.3). Wie vor ihnen die Kaufhäuser werden die Einkaufszentren als Traumpaläste, Spiegelhallen, Gallerien der Illusion beschrieben … und die faszinierte Analytikerin wird zur Theaterkritikerin, die das Spektakel, sich selbst im Spektakel und das Spektakel in ihr selbst betrachtet. Diese Rhetorik ist eng mit der Vision der Einkaufsstadt als Eden oder Paradies verwandt: das Einkaufszentrum wird zum Spiegelbild einer speziellen utopischen Sehnsucht, der kultivierten Sehnsucht gefallener Kreaturen voller Nostalgie nach dem Urgarten, doch wissend, daß das Paradies eine verlorene Illusion ist.

Die Fußgängerin, oder gehende Frau, entkommt dieser träumerischen Ambivalenz nicht. Tatsächlich legen soziologische Studien nahe, daß Frauen, die nicht im Auto zu Einkaufszentren kommen, viel mehr Zeit in ihnen verbringen als jene, die das tun. Die langsame, evaluative, wertschätzend kritische Beziehung wird nicht in gleichem Maße von Frauen genossen, die in den Parkplatz einfallen, die Waren schnappen und so schnell wie möglich wieder hinausstreben. Verschiedene Frauen tun beiderlei zu verschiedenen Zeiten. Wenn allerdings lange Zeit herumzugehen Absorption in das Spektakel bewirkt, ist eine sichere Methode, zumindest in einer streng abgegrenzten Stimmung kritischer Fremdheit zu *beginnen*, zu Fuß bei einem *Drive In*-Zentrum anzukommen und einen Weg zum Hineingehen finden zu müssen. Die meisten Nicht-Fahrerinnen kommen natürlich nicht zu Fuß, besonders nicht mit Kindern, sondern mit öffentlichen Verkehrsmitteln (was zumindest in australischen

2.3 Postkarte, Indooroopilly Shoppingtown, Brisbane, 1985. Quelle: International Colour Productions Pty Ltd.

Städten ebenso einen akut entfremdenden Effekt erzeugen kann).

Allegorische Figuren wie »die gehende Frau« verlieren allerdings ihre lehrreiche Funktion, wenn man sie mit einer »empirischen sozialen Nutzerin« von Einkaufszentren verwechselt. Es ist ein sinnloses Unterfangen, generalisierende Aussagen über die NutzerInnen von Einkaufszentren zu einer gegebenen Zeit zu treffen, selbst nach Kategorien von Klasse, Rasse, Alter oder Geschlecht. Sicher ist es richtig, daß wo man ein Zentrum in einem sozial homogenen Gebiet findet – wie in einigen, aber nicht in allen Vorstadtregionen der meisten australischen Städte üblich – man auch eine hohe Übereinstimmung mit regelmäßigem Gebrauch durch spezifische soziale Gruppen findet, der stark zur Identitätswirkung des Zentrums beiträgt. Nichtsdestotrotz ist dies bei vielen Zentren nicht der Fall. Selbst wo es so ist, bedeuten Autos, öffentliche Verkehrsmittel, Besuchs- und Tourismuspraktiken (Einkaufszentren werden zum *Sightseeing* verwendet) und Tagesausflugs-Bewegungsmuster jeweils, daß man sich nicht darauf verlassen kann, daß Einkaufszentren die Zusammensetzung ihrer unmittelbaren sozialen Umgebung (oder ihres »Einzugsgebiets«) »widerspiegeln«.

An jedem beliebigen Tag werden sich verschiedene Gebrauchspraktiken in einem Einkaufszentrum überschneiden; es ist eine komplexe, kontinuierlich variierende »Erlebnis«-zone. Manche Leute sind das erste und einzige Mal in ihrem Leben dort; gelegentliche Besucher wählen an diesem Tag, aus esoterischen oder zufälligen Gründen, *dieses* Zentrum anstelle von *jenem*; Menschen mögen an einem Ort einkaufen, aber zu einem anderen gehen, um Leute zu treffen oder herumzuhängen. Die Verwendung von Einkaufszentren als Treffpunkte, und wegen der Wärme, Kühle oder als Zuflucht durch junge Leute, Pensionisten, Beschäftigungslose und Obdachlose ist ein vertrauter Teil ihrer sozialen Funktion, einer, für den das Managment häufig durch die Verteilung von Bänken, Videospielen und Wachpersonal Vorsorge trifft. Viele Anhänger eines Einkaufszentrums leben vieleicht nicht in seiner Umgebung; andere, die es hassen, haben vielleicht keine andere Möglichkeit, als dorthin zu gehen.

Einkaufszentren zeigen, warum man eine Öffentlichkeit bei einem kulturellen Ereignis nicht sinnvollerweise als direkt *expressiv* für soziale Gruppen oder Klassen oder deren angebliche Befindlichkeit behandeln kann.[24] Öffentlichkeiten sind keine stabilen, homogenen Entitäten, und polemische Behauptungen, daß sie es seien, sagen außer über die von dem/der SprecherIn behauptete Position wenig aus. DesignerInnen von Einkaufszentren wissen dies sehr genau. In den frühen 1980ern begann die Verkaufstheorie ausdrücklich über die Notwendigkeit der Zerschlagung des Modells eines »großen monolithischen Mittelschichtmarktes« für das »Produkt« Einkaufszentrum zu reden, das die 1960er und 1970er gekennzeichnet hatte.[25] Die Marketingphilosophie der 1980er bewarb Spektakel von »Diversität und Marktsegmentierung«: das heißt, Bilder von Klassen-, ethnischer, Alters- und Geschlechts*differenzierung* in einzelnen Zentren. Der Punkt dabei war nicht, daß ein vietnamisiertes Zentrum die Zielkultur »ausdrücken« und ortsansässigen VietnamesInnen besser dienen würde (obwohl es das sehr wohl tun mag, schließlich haben die Verkaufstheoretiker die Idee teilweise von den Formen der Kommunalpolitik übernommen), sondern daß die Zurschaustellung von Differenz die touristische Anziehungskraft eines Zentrums für andere von anderswo erhöhen würde.[26]

Dies war natürlich eine Antwort auf die Auflösung der Nachkriegs-«Mittelschicht« und die in den entwickelten Nationen stets wachsende Disparität zwischen Arm und Reich. Die Disparität war eine Bedrohung für Vorstadt-Einkaufszentren, und eine differentielle Thematisierung der »KäuferInnen« und der sie bedienenden Zentren war ein Ansatz, um den Wandel zu bewältigen. 1983 imaginierte ein Theoretiker die Zukunft als eine wuchernde Kette von Käufer-*Genres*: »Zentren werden speziell dafür eingerichtet, den Bedürfnissen des *ökonomischen* Käufers, des *erholungssuchenden* Käufers, des *pragmatischen* Käufers und so fort zu genügen.«[27] Sein Szenario wurde in gewissem Umfang verwirklicht, wenn dies auch wiederum nicht bedeutet, daß wir als KäuferInnen tatsächlich mit den vorgeschlagenen generischen Bildern unserer Bedürfnisse konform gehen, geschweige denn uns damit identifizieren.[28]

Nachdem soviel über Differenz gesagt ist, möchte ich eine weitere Bemerkung über fußgängerische Gemächlichkeit und kritische Zeit machen. Eine Sache, die das *Erkennen* ihrer Differenz uns mit jeweils einzelnen Einkaufszentren zu tun gestattet, ist ihnen eine Geschichte zu schreiben. Das kann sowohl schwierig wie zeitaufwendig sein. Die Einkaufszentren-«Form« selbst, oft beschrieben als »einer der wenigen neuen Gebäudetypen, die in unserer Zeit erschaffen wurden«[29], hat ihre Geschichten geschrieben bekommen, oft in heroischen und ausladenden Formen. In der Praxis habe ich jedoch bemerkt, daß während Ortsansässige es lieben, Geschichten über ein Bauprojekt und seine Auswirkungen auf ihr Leben zu erzählen, die Leute, die australische Einkaufszentren managen, üblicherweise beunruhigt werden durch die Anmutung, *ihr* Zentrum hätte eine Geschichte. Dafür gibt es mehrere Gründe: Kurzzeit-Beschäftigungsmuster, Indifferenz der Belegschaft und sogar des Managments gegenüber dem Arbeitsplatz, Ideologien darüber, was als »passendes« Thema für Geschichte gilt, Feindseligkeit gegenüber unkontrollierter Publizität, und in vielen Fällen das Gefühl, daß die Geschichte besser vergessen wäre. Der Bau der Indooroopilly Shoppingtown beispielsweise erforderte das Ausradieren eines riesigen Stücks des altansässigen Indooroopilly.

Eine parallele Elision lokaler Einkaufszentrumsgeschichten hat einen Großteil der Literatur über die Zentren geformt, mit Ausnahme jener, die als Pioniere in der Baugeschichte fungieren, wie Southdale Mall oder Faneuil Hall Marketplace in den Vereinigten Staaten und Roselands in Australien. Kritisches Schrifttum glitt oftmals entweder zur Autobiographie hin ab, in welcher der Einkaufsort sich in eine metaphorische Stätte einer literarischen Erinnerungspraxis verwandelt, oder zur formalen Strukturanalyse, wie man sie in der Architekturkritik findet. Walter Benjamins »Berliner Chronik« (für ältere Marktformen) und Donald Hornes Rückblick auf die Stätte von Sydneys Miranda Fair in *Money Made Us* sind Beispiele für die erste

Praxis, Neville Quarrys Besprechungen von The Jam Factory und des Knox City Shopping Centre hingegen sind ein Beispiel für die zweite.[30]

In jüngerer Zeit begannen journalistische AutorInnen, diese Lücke in einer stärker forschungsorientierten Sozialkritik der *Medien*-Ökologie zu verhandeln, in der Einkaufszentren und andere kulturelle Formen und Praktiken (am auffälligsten das Fernsehen) verknüpft sind,[31] und in der von Jane Jacobs in den 1960ern begründeten erfahrungsorientierten Tradition tätige UrbanaktivistInnen wandten ihr Augenmerk der Analyse des Gallerien-determinierten Städtebaus und der rücksichtslosen Geschäftspolitik in kleinen Städten zu.[32] Dennoch wurde die Genrelücke zwischen Reminiszenz und formaler Beschreibung, Erfahrung und Analyse durch Amos Rapoports einflußreiches Buch *The Meaning of the Built Environment* (1982), mit seiner Gegenüberstellung von »Benutzerbedeutungen« und »Designerbedeutungen«,[33] den sogenannten »Mensch-Umwelt«-Studien eingeschrieben und wirkt in Cultural Studies-Disputen über »Konsum« und »Produktion« organisierend fort.

Eine feministische Studie sollte in der Lage sein, diese Benutzer/Designer-, Konsum/Produktion-Lücke zu besetzen, nicht um sie zu »schließen« oder zu »überbrücken«, sondern um aus den repetitiven Begriffen der durch sie erzwungenen Fachpolemiken *hinaus*zutreten. Ein Einkaufszentrum ist schließlich ein Ort, der ein Extremprojekt planerischer Kompetenz (Bemühungen um absolute Vereinheitlichung, totales Managment) mit einem intensiven Grad an Abweichung und Diversität in der lokalen Umsetzung verbindet. Es ist auch ein Ort, der bekanntermaßen der Zeitlosigkeit und dem Stillstand geweiht ist (keine Uhren, perfektes Wetter), aber auch nach zutiefst *geschichtlichen* Bedingungen gelebt und gefeiert, gelebt und gehaßt wird: für manche als zerstörerisches Ereignis in der sozialen Erfahrung einer Gemeinschaft, für andere als der dauerhafte Schauplatz (wie es das Kino einst war, das Zuhause immer noch sein mag) der Veränderungen, Fluktuationen und Wiederholungen des Alltagslebens.[34] Das ist ein Grund, warum ich es für nützlich halte, eine Geschichte einzelner Einkaufszentren zu schreiben. Es ist eine Methode, durch die der Zusammenprall der *tatsächlichen* Programme sowohl für das Management des Wandels wie für das Widerstand leistende, akzeptierende oder modifizierende »Managment« besser verständlich wird.

So eine Geschichte ist auch in anderer Weise nützlich. Bei der Erforschung der Geschichte eines bestimmten Orts«gefühls« muß man überlegen, wie es sich in realen sozialen Umständen auswirkt, die seine Wirkungen ihrerseits umlenken, und muß von diesem Ort lernen, Entdeckungen machen, die Stoßrichtung der eigenen Analyse ändern, statt ihn nur als eine Probebühne für Theorien zu benutzen. Zweitens kann eine solche Geschichte die Annahme treffen, daß wenn Einkaufszentren und ihre Mythen von den »BenutzerInnen« transformiert werden, die Geschichte selbst als eine Nutzung anzusehen ist, welche die Beschäftigung mit den Vorstellungen anderer Frauen über Einkaufszentren im Laufe der *Zeit* beinhaltet. Ich habe die Probleme besprochen, die in diesem Kontext aus solchen Prozeduren erwachsen können wie der Auswahl »repräsentativer« Käuferinnen, dem Anvisieren von »Benutzergruppen« und der Erfassung von exemplarischen Figuren, sei es DIE EINKAUFENDE FRAU, Gewöhnlichkeit oder sogar »Andersheit«. Das heißt nicht, daß ich es ins Extrem treibe, Soziologie für gegenstandslos zu halten oder zu behaupten, daß Wissen nur aus persönlicher Erfahrung entsteht. Das würde mich davon ausschließen zu fragen, wie es ist, jahrelang in einer Gallerie zu arbeiten.

Ich bin lediglich an etwas interessiert, das ein wenig fußgängerischer ist als sowohl eine literarisch-theoretische Träumerei wie auch eine soziologische Studie. Als dritten Weg zur ungezwungenen Gestaltung meiner Beziehung zur Einkaufswelt bevorzuge ich *impromptu*-Begegnungen in Einkaufszentren: Plaudereien mit Frauen, die ich in und um und wegen dieser Zentren treffe, Freundinnen der Familie oder völlig Fremde. Die Sammlung von Geplauder *in situ* ist natürlich eine fußgängerische professionelle Praxis: Journalismus. Die Ausübung und Analyse des Journalismus ist, würde ich sagen, ein Weg, um aus jenem zwischen BenutzerInnen und DesignerInnen, dem Sozialen und dem Ästhetischen umfehdeten polemischen Raum herauszutreten, um zu fragen, wie Einkaufszentren an bestimmten Orten sowohl produziert als auch konsumiert werden.

Einkaufszentrum-Genres

Bevor ich eine Einkaufszentrengeschichte im Detail betrachte, werde ich ihren Platz in einer Dreierserie beschreiben. Ich wählte diese Serie ursprünglich aus persönlichen Gründen aus: Drei vertraute Einkaufszentren, von denen meine Familie eines genutzt hat und ich zwei oft als Touristin nutzte; von denen ich zwei liebte und eines haßte. Jedenfalls aber folgt die Serie selbst einem System formaler Unterscheidungen, die historisch von den Leuten verwendet wurden, die Einkaufszentren bauen und leiten.[35] Es sind Planerbegriffe, »Designerbedeutungen«. Allerdings sind Menschen, die in australischen Orten und Städten leben, mit diesen Unterscheidungen engst vertraut, sogar körperlich auf sie eingestellt, und einige Städte, etwa Canberra, sind um sie herum aufgebaut.

Bis vor kurzem erkannte ein mehr oder weniger weltweit akzeptiertes Klassifikationssystem drei Haupttypen von Einkaufszentren an: Das »Nachbarschafts«-, das »Gemeinde«- und das »Regional«-Zentrum. Einige Autoren fügen zusätzliche Kategorien wie das »überregionale« hinzu, ein riesiger und heute großteils unwirtschaftlicher Dinosauier, in Australien selten, aber häufig in bevölkerungsreicheren Ländern, mit vier bis sechs komplett ausgestatteten Kaufhäusern. Mit dem Altern der klassischen Vorstadtform und dem Aufsprießen vieler rivalisierender, den gegenwärtigen wirtschaftlichen Bedingungen besser angepaßter Geschäftsformate – Diskontketten, Hypermarkets, »Themen«-parks, Geschichtsbezirke, Spezialgallerien (ein altes Einkaufszentrum, das dafür umgebaut, oder ein neues, das dafür erbaut wurde, 150 Schuhgeschäfte zu bieten anstelle des alten allumfassenden Lifestyle-Mixes), Mehrzweckzentren, simulierte Marktstraßen (oft in Supermarktgallerien eingebunden zum Verkauf von »Frischprodukten«), Bezirkserneuerungen und urbaner Megastrukturen – verliert das alte Schema seine realitätserzeugende Kraft. Dennoch bleibt es im gewöhnlichen Einkaufsleben der Vorstädte und Provinzstädten verläßlich operativ und unauffällig dominant.

Die klassische Trias – Nachbarschaft/Gemeinde/Regional/ – wird nicht in Begriffen wie Größe des Einzugsgebiets, Art der angesprochenen Öffentlichkeit oder Bebauungsfläche definiert. Es kommt auf das Hauptgeschäft an, das ein Zentrum zur »Verankerung« seiner Spezialgeschäfte anbietet. Nachbarschaftsmärkte haben nur einen Supermarkt, während Gemeindezentren einen Supermarkt und entweder einen Diskonter oder die Filiale einer Handelskette aufweisen. Regionalzentren haben beides plus zumindest ein komplettes Kaufhaus. Das Ankergeschäft, üblicherweise am Ende der zentralen Einkaufspromenade angesiedelt, wird auch als der *Magnet* bezeichnet; er bestimmt die Anziehung, Zirkulation und Abstoßung von Menschen, Waren und Autos.

Indooroopilly Shoppingtown in Brisbane (Abb. 2.3) ist ein kanonisches Nachkriegs-Regionaleinkaufszentrum. Es ist gleichzeitig ein Aristokrat, ein »Westfield«. Als Australiens leitender Errichter von Einkaufszentren erreichte Westfield für gewisse Zeit das ultimative Ziel, in den USA tätig zu werden und sich in das Filmgeschäft einzukaufen; in seiner Glanzzeit Mitte der 1980er zelebrierte Westfield seinen normsetzenden Status in einem Kunstkorridor in Sydneys Miranda Fair, wo man Vollfarbphotos aller anderen größeren Westfields in Australien, einschließlich Indooroopilly, betrachten konnte. Indooroopilly Shoppingtown ist ein Beispiel jener Modellform, die in den von mir oben angesprochenen heroischen Geschichten zelebriert wird; expansionistische Geschichten der zentrifugalen Bewegung von Autos und Menschen weg von den alten Stadtzentren, wegen des »urbanen Raummangels« (ein Euphemismus für oft ethnisierte Klassenkonflikte) in amerikanischen und australischen Fällen, und ebenso der Kriegsschäden wie des Raummangels in europäischen Orten und Städten.[36]

Im Idealfall sind diese Zentren laut jener Geschichten sogenannte Bauten »auf der grünen Wiese« an Rande oder außerhalb von Städten in jener ständig zurückweichenden Transformationszone, wo das Land als Vorstadt zur Stadt wird. Natürlich waren sie oftmals das Ergebnis des Ausradierens von Vorstädten und nicht eines vorstadterschaffenden Prozesses, obwohl das Ausradieren von einer oft bei der Erschaffung einer anderen an der Stadtperipherie helfen mag. So stark war die Kraft der Zentrifugal-Bildsprache, daß im Fall der Berichterstattung über die Errichtung der Indooroopilly Shoppingtown in Brisbanes *Courier-Mail* die Häuser, die verlegt wurden, um dafür Platz zu machen, dargestellt wurden, wie sie fröhlich, wie Pionieren gleich, zu den fernen Grenzen der Stadt hinausfliegen.[37] Das Nachkriegs-Regionalzentrum wird somit als die »revolutionäre«, explosive Vorstadtform dargestellt.

Am entgegengesetzten Ende des Spektrums ist das Fortitude Valley Plaza (Abb. 2.4), ebenfalls in Brisbane, das Beispiel eines Nachbarschaftszentrums, wie sie in

2.4 Fußgängerübergang zum Fortitude Valley Plaza, Brisbane 1985. Quelle: Autorin.

den 1980ern aussahen. »Nachbarschaft« mag heimelige, freundliche Bilder von Intimität heraufbeschwören, aber dieses Zentrum ist ein wichtiger urbaner Transitknoten, über einem Bahnhof in einem dichtverbauten Gebiet und an einer der am stärksten verschmutzten Straßen Australiens. Das Valley Plaza war ein frühes Beispiel für den »Lückenfüller«- oder »Übergangszonen«-Bau, im Unterschied zur Errichtung auf der grünen Wiese oder durch Ausradierung, der in den zentralen Einkaufsvierteln von Provinzstädten und alten Vorstädten in den 1970ern und frühen 1980ern populär wurde. »Ausfüllung« bedeutet, daß kleine Stücke von Einkaufszentrum und Arkaden umherschlängeln, um die »Lücken« zwischen bestehenden Strukturen zu verschlingen. Diese Vorgangsweise war für die Vorstadtrevivals bedeutsam, die, parallel zur Energiekrise, auf das heroische Zeitalter des regionalen Einkaufszentrums folgten.

Wiederum war die Berichterstattung der *Courier-Mail* metaphorisch passend. Weil einst an jener Stelle ein altes offenes Bahngleis gewesen ist, wurde vom Valley Plaza behauptet, es fülle geschickt den »zuvor nutzlosen Luftraum«, der bei der älteren Struktur verschwendet wurde.[38] Es wurde als eine sparsame, sogar ökologisch vernünftige Lösung für ein Resourcenproblem beworben. Es ist auch ein Beispiel für ein Zentrum, das eine drastischen Identitätsveränderung durchgemacht hat. Als ich es 1984 erstmals untersuchte, war es dunkel und überaltet – vom Stil her reiner Popfuturismus, mit jeder Menge originalem, aber durch Verschmutzung verdunkeltem Sechzigerjahre-Orange und geometrischen Verzierungen. Einige Jahre später wurde es jadegrün gestrichen und chinatownifiziert, mit chinesischen Buchstaben anstelle der alten Pop-Art-Effekte, passend zur ethnischen Neuverpackung des Fortitude Valley als Ganzem – eine Vorahnung von »urbaner Erneuerung« und Dislozierung des traditionellen Straßenlebens und der Gemeinschaften des Valley.

Green Hills (Abb. 2.5) ist schließlich ein Beispiel der Mittelkategorie, ein Gemeindezentrum in East Maitland – einer Kohlentagbaugemeinde nahe der Industriestadt Newcastle, nördlich von Sydney in New South Wales. Green Hills ist ein Woolworths[39]–Zentrum mit einem Supermarkt und einem »Big W«-Diskonter. Im Gegensatz zu den anderen beiden Zentren begann es als Freiluft-Einkaufsstraße, und es ist seltsam schwer zu fotografieren: Nicht nur, weil es langgestreckt ist und nachlässig in der Außengestaltung (obwohl es einst ein kohärentes Innendesign als Dorfplatz hatte), sondern weil es *formal* unscharf und von einem fahrenden Auto aus schwer zu sehen ist. Das Zentrum ist schlecht beschildert und begrenzt, wie auch im Vergleich zum großen, an ihm entlang verlaufenden Highway den Blicken weitgehend entzogen. Was auch für Überlegungen oder Mißgeschicke hinter seinem Design stehen mögen, sein Effekt ist die Sicherung einer introvertierten Identität. Wie bei vielen kulturellen Aktivitäten in australischen Provinzstädten muß man wissen, wo es ist, um es zu finden.

Dennoch war Green Hills viele Jahre hindurch sehr erfolgreich. Von der Entstehung her ein kleines Gemeindezentrum, hatte es eine regionale Funktion: der Big W Discount-Magnet zog Leute aus dem ganzen Hunter Valley an, die früher

2.5 Einfahrt zum Green Hills, East Maitland, 1985. Quelle: Autorin.

nach Newcastle durchgefahren wären. Menschen kamen nicht nach East Maitland, sie »fuhren ins Green Hills«. Wenn also aus dieser besonderen Trias Indooroopilly in der lokalen Raumrhetorik explosiv war und das Valley Plaza sparsam, wurde Green Hills in den Begriffen eines Vorwärts-Konservativismus repräsentiert – es vergrößerte und erneuerte die alte Stadt Maitland und half zugleich die ökonomische und kulturelle Unabhängigkeit der Stadt zu bewahren.

In der kurzen Geschichte des Green Hill, die ich erstellen konnte, wird deutlich, daß Anspielungen auf die anderen Einkaufszentrumsformen eine komplexe Rolle spielten, zuerst in Woolworths strategischer Präsentation des Projekts, Green Hills zu *bauen*, für die Stadt, und danach in der Werberhetorik, mit der eine ideale Öffentlichkeit spezifiziert wurde, die das Zentrum ansprechen sollte – die »loyalen Bürger« von Maitland.

Ich muß jedoch zwei Qualifikationen darüber einführen, was für eine Art Geschichte dies ist und warum. Zum einen entspringt sie primär der örtlichen Zeitung *The Maitland Mercury*. Andere Quellen schaffen andere Erzählungen. Diese Version beschäftigt sich mit dem rhetorischen Zusammenspiel zwischen den Lokalmedien und den Interessen Woolworths, und den Weisen, wie diese Beziehung quer zu zwei bereits existierenden, aber an diesem Punkt gegensätzlichen Interessenskollusionen zwischen Medien und Stadtrat einerseits sowie Medien und Kleingewerbeinteressen andererseits verlief. Enge Beziehungen zwischen diesen Parteien – Stadtrat, Medien, Kleingewerbe – sind heute bei Provinzzeitungen üblich und definieren »die Interessen der Stadt« weitgehend in Begriffen der Tätigkeiten von Gemeindevätern und lokalem Unternehmertum. Sport und der Zyklus des Familienlebens sind zwei wichtige popularkulturelle Orte, wo diese Tätigkeiten durchgespielt werden. Gemeindeväter und lokale Geschäftswelt waren jedoch Green Hills betreffend bitter entzweit in einem Konflikt, der die Form einer Debatte über die Bedeutung von Gemeinschaft annahm. Um diesen Konflikt kurz zu beschreiben, gebe ich ihm die Form einer überkohärenten oder paranoiden Geschichte.

Zum anderen konzentriert sich diese Version auf die Programme der PlanerInnen; als langjährige wenn auch sporadische Nutzerin des Green Hills interessierte mich das, was ich nicht bereits darüber wußte oder nicht bemerkt hatte, als es geschah. In meiner »Erfahrung« ist dieses *Ding* einfach aufgetaucht, wo zuvor ein gestrüppbewachsenes Grenzgebiet war, das in den 1960ern das Vergnügen des Verlassens der Stadt von der Ambivalenz des Nachhausekommens trennte, und das in früheren Jahrzehnten ein Gebiet der verbotenen *Außen*stadt gewesen war. Wenn allerdings die Produktions/Konsumations-Beziehung nicht bloß eine großgeschriebene Designer/Benutzer-Opposition ist (da Produktionsverhältnisse sich nicht darauf reduzieren lassen, daß »Leute Dinge planen«), folgt daraus nicht, daß für eine Öffentlichkeit, die zugleich die Ziel-»Klientel« des Vorhabens ist, in Umlauf gebrachte Bilder eines Bauvorhabens als Produktionsgeschichte schubladisiert werden können. Ich bin nicht sicher, ob Medienpraktiken jemals sinnvoll auf egal welcher Seite dieser Dichotomie angesiedelt werden können. Die Annahme, daß

Produktion und Konsumation parallele oder divergierende Wirklichkeiten sind, läßt eine weitere Annahme zu, die durch den technologischen Wandel täglich dubioser wird, daß wir nunmehr über Produktion *genügend wissen* und zur »anderen« Seite weitergehen können – als ob die Produktion irgendwie ruhig sitzenbleiben würde.

Eine kurze Geschichte von Green Hills

Die Geschichte von Green Hills ist in gewisser Beziehung eine Allegorie auf eine Kultur des ruhig Sitzenbleibens, und sie beginnt paranoiderweise nicht mit dem ersten offensichtlichen Auftauchen eines Schildes, das ein Areal festlegte (Abb. 2.6)[40], sondern hinter den Kulissen mit einem Artikel im Journal der NSW State Planning Authority *SPAN* vom Jänner 1969 und einem darüber im *Newcastle Morning Herald* (24. Jänner 1969) veröffentlichten Bericht. Die Story im *Herald* trug den provokanten Titel »Wahrt Maitland seine Eigenständigkeit oder wird es eine Vorstadt Newcastles?«

Zu jener Zeit sahen sich Maitland und viele Kleinstädte in Ostaustralien mehreren generellen Problemen gegenüber: Bevölkerungsverschiebung, sinkende örtliche Beschäftigungsaussichten, verkommende oder anachronistische Gemeindeeinrichtungen, das »Nichts zu tun«-Syndrom. Maitland hatte auch regionale Probleme als ehemaliges landwirtschaftliches Servicezentrum und Hauptstadt des Kohleabbaus auf dem Weg zur Bettenvorstadt, bedroht von schleichender Bevölkerungsverschiebung in Richtung Newcastle – damals zirka 20 Meilen entfernt und näherrückend. Die Stadt hatte nach ruinösen Überschwemmungen 1949 und 1955 auch physische Fragmentierung erlitten, Wochenschaumaterial darüber ist in Phillip Noyces Film *Newsfront* (1978) zu sehen. Die Überschwemmungen verwüsteten das alte Geschäftszentrum und die inneren Wohnbezirke: Häuser wurden als Reaktion auf diesen »natürlichen« Vernichtungsfeldzug[41] hinaus- und wegverlagert. Flächenumwidmungen folgten: die ruhig sitzenbleibenden Häuser (wie mein Elternhaus, das 1955 bis zum Dach unter Wasser stand) wurden zunehmend isoliert inmitten von Walzwerken und Wellblechhallen.

Unter diesen unheilschwangeren Umständen zeitigte die vom *Newcastle Herald* ausgesprochene Annexionsdrohung im *Maitland Mercury* vom selben Nachmittag eine aufgebrachte Reaktion des Maitlander Bürgermeisters, der in Zurückweisung dieser »düsteren Prophezeiungen« die »Hoffnung« erwähnte, daß Woolworths bald den Termin für ein Vorhaben in East Maitland nennen würde. Von diesem Augenblick an und während aller folgenden Konflikte trat Woolworths in den Stadtratsdebatten niemals als eine nationale Kette auf, die bloß ein Geschäft an einem geeigneten Ort aufmacht, sondern als ritterlicher und fürsorglicher Erlöser, der gekommen war, um Maitland wieder heil zu machen – die Kluft zu schließen, die Definition zu erneuern, das Verlaufen und Versickern einzudämmen und UNSERER STADT »Eigenständigkeit« zu retten. Im wirklichen Leben und unter Befolgung eines wohlbekannten Gesetzes der Projektentwicklung wurde Green Hills am

2.6 Schild des Green Hills, 1985. Quelle: Autorin.

Newcastle zunächst gelegenen Stadtrand erbaut; das Wachstum rund um es herum brachte die Stadt um Kilometer näher an Newcastle heran und half das alte Stadtzentrum weiter zu fragmentieren.

Vier Monate nach den *SPAN*- und *Herald*- Vorfällen publizierte der *Mercury* das Foto eines anonymen Mannes, der auf ein geheimnisvolles Schild im Busch hinter Draht schaute, das lautete »Dieses Areal wurde ausgewählt für ein weiteres zur Gänze australisches Bauvorhaben von Woolworths« (16.Juni 1969). Das »Areal« war zu der Zeit immer noch ein verwildertes Grenzgebiet, hinter dem Hügel bei einem berüchtigten alten »Slum« namens Eastville.[42] Das *Mercury*-Foto steht am Beginn einer langen Rätselgeschichte über die Verwandlung einer unbestimmten Buschgrenze in ein Areal, eines Areals in einen Ort, und eines Orts in eine Vorstadt in einem Territorialisierungsprozeß, den ich die Fabrikation eines Ortsnamens nennen werde.

Um diese Episoden kurz zusammenzufassen: Zuerst entpuppte sich das geheimnisvolle Schild nicht bloß als ein Köder zur Erweckung von Interesse, sondern als ein rechtliches Schlupfloch, das Woolsworths bei Angriffen durch lokale Handelsfirmen vorzubringen erlaubte, daß es die Bedingungen einer Übereinkunft vom Jahr 1965 erfüllt hatte, das Areal bis zu einem bestimten Datum zu erschließen (*MM* 25.Juni 1969). Das Schild konnte selbst als eine Erschließungskonstruktion gelten und war gerade rechtzeitig aufgetaucht. Sodann wurde das erste Schild durch ein anderes ersetzt, ein vorerst nur mit dem Buchstaben »G.« verziertes Brett. Die »BürgerInnen« Maitlands sollten an einem Ratespiel teilnehmen, um den Namen des Orts herausfinden, und jede Woche wurde ein weiterer Buchstage hinzugefügt, bis der volle Ortsname und der Name des glücklichen Gewinners hervorkamen. Dies geschah am 22 Oktober 1969; und am folgenden Rememberance Day, dem 11. November, strich der Stadtrat den Namen des Slums jenseits des Highway, Eastville. Eastvilles Name sollte vergessen sein, sagte der *Mercury*, um »das Gebiet mit East Maitland zu vereinigen« (»Eastville To Go West«, *MM* 12. November 1969).

Der Basiskomplex des Green Hills – in diesem Stadium ein Nachbarschaftszentrum bloß mit einem Supermarkt – wurde im Februar 1972 eröffnet. Die Zeremonie umfaßte rituelle Darbietungen von Massenhysterie mit rasenden, in Ohnmacht fallenden und sich innerhalb der ersten fünf Minuten mit 5000 Paar Acht-Cent-Strumpfhosen davonmachenden Frauen (*MM*, 10.Februar 1972). Der Ritus der Taufe oder der Zustimmung der Öffentlichkeit zum Ortsnamen wurde im November 1977 sogar noch inbrünstiger wiederholt, als das Big W Discount House hinzugefügt wurde, um aus Green Hills ein Gemeindezentrum zu machen. Dieses Mal kamen Frauen, die Zeichen der Green Hills-Identität *am Körper trugen*: der *Mercury* schrieb, »ein Meer grüner Mamas strömte herein ... Die Mamas in meergrün, selleriegrün, grasgrün, olivgrün, grün geblümt - jedes vorstellbare Grün – gekleidet, um ein 2NX-Angebot von kostenlosen Abendessensgutscheinen für in dieser Farbe gekleidete Frauen zu nutzen« (*MM* 14.November 1977).

Das war noch nicht das Ende. Der als »Stadtkernbildung« bekannte Prozeß hatte begonnen. 1972 begann eine mit Woolworths verbundene Gesellschaft mit einem Nebenkomplex von 100 Wohnungen hinter dem Zentrum. Das Areal erhielt sodann mehr Parkraum, ein Gasthaus, ein Motel, Leichtindustrie, ein Seniorenheim, weitere Spezialgeschäfte im Zentrum selbst im Jahr 1980 und schließlich 1983 ein städtisches Gesundheitszentrum. Dieses Zentrum, meinte der *Mercury* – vergessend, daß das Vergessen von Eastville zur Vereinigung East Maitlands gedacht war – würde dazu dienen, »Menschen zu versorgen, die in Beresfield, Maitland, Bolwarra, East Maitland *und* den Green Hills-Gebieten leben« (*MM.* 14. November 1983). Maitlands »Eigenständigkeit« war in jenem Stadium immer noch eine Katastrophe, aber die Identität des Green Hills war etabliert, sein Status als ein Ortsname gesichert. Während es rhetorisch als eine Geste der Vereinigung der Gemeinde präsentiert wurde, war es im Effekt von seiner Funktion her vorstadt-explosiv.

Die Geschichte geht natürlich weiter. Ich werde ihr nicht weiter folgen, außer um festzuhalten, daß nach diesem Jahrzehnt der Expansion (einem Jahrzehnt akuten wirtschaftlichen Elends für Maitland und Hunter Valley-Kohlestädte im allgemeinen) die Popularität des Green Hills Ende der 1980er schrittweise absank. Woolworths geriet nationsweit in Schwierigkeiten, und ihre Big W Diskontgeschäfte hielten mit neueren Vertriebsstilen nicht Schritt. Besonders das Green Hills sah sich einem harten Wettbewerb ausgesetzt, als einige Blocks des alten Stadtzentrums für einen Coles-Myer Super K – Semihypermarkt niedergerissen wurden und rasante Lückenfüller-Projekte die Übergangszone zur Stadt brachten. Selbst Ortsansässige, die diesen Veränderungen feindselig gegenüber standen, wandten ihnen ihr Interesse zu: eine sagte, »es ist erstaunlich, was die glauben, wie viele Orte wir brauchen können, nur um unsere paar Kilo Faschiertes zu kaufen.«

Was man mit Geschichte tun kann

Diese Erzählung enthält eine Reihe standardisierter Elemente. Ozeanisches und hysterisches Verhalten der Menge beispielsweise, durch das die Menge selbst ein dekoratives Element der Darbietung des Einkaufszentrums wird, ist ein traditionelles Motiv, und der *Mercury* brachte Ende der 1960er erzieherische Reportagen darüber, wie sich Menschen in Einkaufszentren in Sydney und den USA benahmen[43]; ähnlich heutigen Reportagen über fortgeschrittene Nutzungen von Internet und Datenautobahn waren diese Geschichten kleine Etiquette-Leitfäden, die ihren Lesern sagten, wie sie sich zu benehmen hatten, wenn sie eine Gelegenheit dazu erhielten. Allgemeiner gesagt, der Prozeß der Projektentwicklung war untadelig banal.

Betrachtet man jedoch die lokalen Ausformungen dieser generellen Modelle, die wohlbekannten Dinge, die Einkaufszentren tun, so studiert man zugleich die praktischen Abwandlungen oder Neuschreibungen jener Modelle, die einen regionalen »Ortssinn« erklären und begründen können. Im Fall Green Hills wurde die Woolworths-Erfolgsgeschichte von den Medien als lokale Antwort auf bereits bestehende Diskurse über Maitlands »ureigene« Identitäts- und Einheitsprobleme produziert.

In diesem Sinn war Woolworths Erfolg gerade die *Auslöschung* der Ähnlichkeit zwischen den Vorgängen in Maitland und Vorgängen anderswo. Die Ausbeutung eines Gefühls der »Differenz« in der öffentlichen Kultur kann genauso komplex sein wie die Konstruktion und Dekonstruktion imaginärer Identitäten.

In einer Kritik des Werks Jean Baudrillards schreibt Andrew Wernick:

> Das Verkaufsziel der Warensemiose ist, das Proukt als gültiges, oder zumindest resonantes soziales Totem auszudifferenzieren, und das wäre unmöglich ohne die Fähigkeit, an als gegeben angenommene kulturelle Referenzsysteme zu appellieren.[44]

Im Fall Green Hills war Woolworths Strategie dafür, der Stadt das Zentrum zu verkaufen, an das kampfbereite Differenzgefühl zu appellieren, das man in der traditionellen »Booster«-Kultur von Provinzstädten als gegeben annahm – Städten, die seit langem ihre alte Daseinsberechtigung und ihre ökonomischen Grundlagen und damit das Gefühl ihrer Bedeutung in der Geschichte verloren hatten. Donald Horne hat die Prinzipien des Australischen *Boosterism* beschrieben als 1) größer werden und 2) Nachhaltigkeit erzielen[45] – mit anderen Worten: durchhalten.

Wenn der Raum heute im Referenzsystem mancher feministischer Theorien immer noch als feminin thematisiert wird (auf die von Alice Jardine in GYNESIS untersuchten Weisen) und die Warenattraktion zeitweise ebenfalls als feminin theoretisiert wird (wie beispielsweise in Baudrillards *Von der Verführung*), denke ich, daß FeministInnen auch weiterhin Rhetoriken von Raum und Kommerz betrachten sollten, die *als* Systeme kultureller Refenz offen und polemisch maskulin sind. Manchmal scheinen diese Systeme zu krude zu sein, um ernsthafte Beachtung zu verdienen; wie die Rhetorik des Femininen selbst sind sie so oft verurteilt und dekonstruiert worden, daß es kaum der Mühe wert scheint.

Akademische Kritik an einer öffentlichen Rhetorik bringt sie nicht zum Verschwinden, und man sollte das niemals von ihr erwarten. Es ist jedoch ein Weg, um *exoterisch* zu verstehen, was die Kultur, die man kritisiert, als gegeben voraussetzt. Ich halte den zornigen Überschwang des Bauerschließungs-hypes in *Gynesis* für ziemlich gut beschrieben, wo Jardine die »männliche Paranoia« im psychoanalytischen Sinn beschreibt:

> Männliche Paranoia hat grundsätzlich entweder mit der Angst vor dem Verlust aller Grenzen zu tun oder davor, daß die Einengung durch diese Grenzen allzu schmerzhaft wird. Und diese Begegnung mit Grenzen wird von Männern nahezu immer als eine Begegnung mit dem beschrieben, was »Gott« genannt wird – jenem Wesen, das keine Grenzen hat. (98)

Sie spricht hier über Präsident Schreber. Im *Boosterism* ist das Wesen ohne Grenzen der eigentliche *Geist* der baulichen ERSCHLIESSUNG, wie er nach jedem neuen Disaster expansiv wieder aufspringt: *Booster* sehen paradoxerweise ein Immer Mehr an ERSCHLIESSUNG als Schutz sowohl gegen Verlust von EIGENSTÄNDIGKEIT als auch gegen den furchterregend beengenden Zustand, den Stadtparlamente bis weit in das Zeitalter der Grenzen herauf immer noch »mangelndes Wachstum« nennen.

Ich will nicht im mindesten andeuten, daß diese Hauptimperative – bauliche Erschließung, Wachstum, Akkumulation – das Gleiche sind wie irgendeine »Maskulinitäts«-psychologie oder sich auf eine solche reduzieren lassen.[46] Ich will nur darauf hinaus, daß eine Rhetorik *der* Männlichkeit Bauerschließungsprojekte mit einem Referenzsystem versehen kann, das in der Propagandaphase für die Sicherung der substanzielleren Mittel für ihre Verwirklichung entscheidend ist (die Glorifizierung »harter« Entscheidungen beispielsweise erlaubt keinen Disput darüber, daß die fraglichen »Entscheidungen« getroffen werden müssen); und daß diese Rhetorik in vielen Bereichen des sozialen Lebens immer noch aktiv ist, effektiv, destruktiv und absolut unempfindlich gegenüber jener Krise der VERNUNFT, von der sie, wie oft gesagt wird, im Namen des »Femininen« oder »des Anderen« verschlungen wird.[47]

Die Bezugnahme auf »männliche Paranoia« könnte jedoch nichtsdestoweniger ein müder Scherz bleiben, würde ich der Green Hills-Geschichte nicht zwei weitere Aspekte hinzufügen. Der eine ist, daß es gerade ein Teil der Kampagne Woolworths gegen die lokalen Kleingewerbeinteressen war, zu behaupten, daß die Stadt vor der Vervorstädterung durch Newcastle (das heißt vor dem Verlust der Begrenzungen) nur gerettet werden könne, wenn Maitland es schaffe, sich selbst innerlich weiter zu vervorstädtern – seine Außengrenzen zu durchbrechen, sich zu diversifizieren und zum »Rivalen« Newcastles zu werden. Der Rivalitätsanspruch wurde meist durch Vergleiche vermittelt zwischen dem Ideal, zu dem Green Hills werden würde, und Newcastles stolzem und historischem Jesmond Big W – ein Green Hills in Wahrheit ziemlich unähnliches, aber Indooroopilly Shoppingtown ziemlich ähnliches Gebilde. In einer grausamen Umkehrung wurden lokale Geschäftsleute somit nicht nur als Verlierer positioniert, sondern als unpatriotisch allein schon wegen des Versuchs, zu gewinnen – Verräter an (imaginären) Bedürfnissen der Heimatstadt, die besser von Woolworth befriedigt werden konnten.

Der zweite Kommentar ist, daß ein Anspruch auf Rivalität beim Green Hills in einem vorstadtartigen Dekor auftrat (Abb. 2.7), das ihm eine halluzinatorische Ähnlichkeit zu Einkaufsstädten überall sonst verlieh, plus ein wenig Distinktions*zittern*, einen schimmernden Rand von Identität. Das als gegeben angenommene kulturelle Referenzsystem, das Green Hills in seiner besten Zeit zusammenhielt, war eine vorstädtische »Gartenmöbel«-Ästhetik, die nicht bloß alle mittelmäßigen Einkaufszentren gleich erscheinen läßt, sondern durch ein Spiel widerhallender Raumanalogie Einkaufszentren wie eine Reihe anderer Stätten erscheinen läßt, die der Ausübung des gewöhnlichen Familienlebens, und der emotionellen wie physischen Freizeitarbeit der Frauen, geweiht sind: Einkaufsstadt, Biergarten, Picknickplatz, Gebrauchtwagenplatz mit Girlanden, malerischer Aussichtspunkt, Stadtgarten, öffentlicher Park, vorstädtischer Hinterhof.

2.7 Gartenmöbel und Girlanden, Green Hills, 1985. Quelle: Autorin.

Zusammen mit bunten Abfallkörben, sauber rustikalen Einfriedungen, Blattwerk, Pflanzkübeln und in ordentlichen Reihen gesteckten Setzlingen waren die buntbemalten Bänke des Green Hills direkte Nachfahren dessen, was Robin Boyd 1960 die »verzweifelt pittoresken Accroutrements« nannte, die damals gerade als »Merkmale« australischer Schönheitssalons bunt hervorbrachen.[48] Heute hat ihre Pittoreskität nichts Verzweifeltes mehr, obwohl sie für manche BenutzerInnen Verzweiflung bedeuten mögen, so wie Freude und Bequemlichkeit für andere (jene, die sich an die unversöhnlichen Unbequemlichkeiten der sitz- wie merkmallosen »authentischen« Provinzstadtstraßen erinnern). Heute sind sie von einem Gefühl der *longue durée* durchsättigt. Vertraut und traditionsreich erzeugen sie eine »Szenen«-Aura, die dem öffentlichen Raum in Australien eine machtvolle Kohärenz, oder präzise *Kohäsion* mit einem *»Lifestyle«*-Raum gibt, der die Auflösung der Grenzen zwischen öffentlichem und privatem Raum, zwischen den öffentlichen Bereichen der Arbeit und den privaten Sphären der Freizeit verkündet.

Janet Wolff argumentierte, daß das Auftauchen der Unterscheidung zwischen öffentlichen und privaten »Sphären« im Neunzehnten Jahrhundert einen weiblichen *flâneur* unmöglich machte, eine weibliche umherziehende Heldin, die »auf dem Asphalt botanisiert«, wie Benjamin es in seiner Studie über Baudelaire ausdrückt.[49] Ich würde meinen, daß die proklamierte Auflösung des Öffentlichen und des Privaten am botanisierten Asphalt der Einkaufsstadt nicht eine *flâneuse*, da dieser Begriff anachronistisch ist, aber eine Erfahrung von »Modernität« für Frauen ermöglicht, in welcher es wesentlich ist, nicht mit der Bestimmung von Heldinnen und Opfern (selbst von Konflikten mit männlicher Paranoia), sondern vielmehr einer grundlegenden Ambivalenz hinsichtlich sich verschiebender Rollen zu beginnen.

Auch hier möchte ich jedoch differenzieren. Bei Green Hills-«artigen« Orten liegt die Funktion halluzinatorischer räumlicher Entsprechung und Erinnerung nicht, wie es bei einer urbanen Straßenromanze der Fall sein mag, in einer Ausdünnung der Signfikanz durch den Raum, sodaß ein Ort schließlich wie jeder andere ist. Noch ist es, was in einer Großstadt der Fall sein mag, ein Zug in einem schnellen kompetitiven Spiel, wo ein Ort über seine nahegelegenen Rivalen sagt »Wir machen genau dieselben Dinge besser«. Green Hills appelliert statt dessen an einen Traum von Fülle und von einer paradox absoluten und dennoch expansiven Selbstgenügsamkeit: eine Provinzstadt-«Paranoia« auf der Suche nach der beruhigenden Gewißheit, daß an diesem einen Fleck *nichts fehlt*. Es ist ein Mutterlandstraum vom »Zuhausebleiben«, ruhig Sitzenbleiben: wie ein Onkel mir gegenüber bei einem gelegentlichen, nur zum Bummeln unternommenen Besuch des Green Hills meinte, während er ringsum auf die Bänke und die Glasfassade des Big W deutete, »warum woanders hingehen, wenn du alles hier hast?« (Zwei Jahre später schickte er mich alleine los, um ermäßigte T-Shirts bei Super-K in der Stadt zu kaufen, einem Platz, wo jeder einkaufen will, den aber keiner besuchen mag).

Wiederholung einkaufen

Nachdem ich nun beim Big W-Magneten angekommen bin, schließe ich mit einer Bemerkung zu einem Text, der mir ein kritisches Äquivalent der Edenfabel John Lennens von Myer zu sein scheint, mit der ich begonnen habe. Es handelt sich um eine Passage aus Terry Eagletons Buch *Walter Benjamin, or Towards a Revolutionary Criticism*, welches zugleich eine versteckte Parabel auf die Moderne ist, die darauf angewiesen ist, Konsum als verführerischen Sündenfall zu denken.

In Paraphrasierung und Fortentwicklung von Benjamins Studie des *flâneur* schreibt Eagleton:

> ... die Ware vergnügt sich mit allen Kommenden, ohne daß ihr Heiligenschein verrutscht, verspricht jedem am Markt ewige Zugehörigkeit, ohne ihre verstohlene Isolation aufzugeben. Während sie ihre Konsumenten serialisiert, spricht sie nichtsdestoweniger jeden einzelnen ganz persönlich ad hominem an.[50]

Wenn es hier, anders als in Lennens Erzählung, auch nicht darum geht, daß Adam Eva mit einer Bemerkung über die postmoderne Befindlichkeit tröstet, so doch darum, daß Adam sich selbst mit einer ambivalenten Phantasie über Eva tröstet. Es ist eine wollüstige, selbstverführerisch *risqué* Phantasie, die Adam hat, ein Warengedanken, vergleichbar etwa der exquisiten Flasche Parfum oder dem Kleid aus reiner Wolle in dem ganz hinten in einer neuen Nobel-Neoarkade eingeschmiegten Importgeschäft mit seinem in Neon-Pastellfarben strahlenden oder, nachdem dies nunmehr übertrieben wird, von marmorierten italienisierten Fliesen gekühlten Ambiente.

Ihre Anwendbarkeit auf Verkauf, Warensemiose und Einkaufspraktiken ist heutzutage jedoch zweifelhaft, nicht zuletzt weil Formen wie die Neoarkade, oder die phantastisch aufpolierte Vorkriegseleganz bestimmter großstädtischer Kaufhäuser sich als Reaktion auf die Einkaufszentrumsformen entwickelten, die ich besprochen habe: Eine (wie es nunmehr scheint, verfehlte) Reaktion, die eben deswegen verstärkte *Zeichen* von altmodischem Warenfetischismus anbot, weil australische »vorstädtische« Einkaufszentren *das nicht tun*.[51] Es war Teil meiner Argumentation, daß in vorstädtischen und provinzstädtischen Einzelhandelsumgebungen es nicht unbedingt die konsumierten Objekte sind, die im Konsumationsprozeß zählen, sondern vielmehr das »einzigartige Ortsgefühl«; aus diesem Grund mögen sie sich, obwohl ihr »Tod« oft vorhergesagt wurde, als unerwartet zäh erweisen, nun da der Einkauf von Waren dem Einkauf von Dienstleistungen und Erfahrungen weicht. Darüber hinaus glaube ich jedoch, daß der Benjamin-Eagleton'sche Stil des Boudoirgeschwätzes über Waren in zweifacher Weise in die Irre führt.

Erstens, würde ich fragen – wie klingt eine ganz persönliche Ansprache *ad hominem* von einem Regenmantel bei Big W? wo ist die verstohlene Isolation der

Hosenträger in einem Haufen bei Super-K? Die Waren in einem Diskontgeschäft rühmen sich keines Heiligenscheins, keiner Aura. Im Gegenteil, sie verkünden eine gelebte Ästhetik des Seriellen, des Maschinellen, des Massenproduzierten, des »Sparsamen«[52]: Wenn ein Paar Hosenträger aufgetragen ist, wird es durch ein identisches Paar ersetzt, dasselbe Sweatshirt wird (»damit man das für ein paar Jahre hinter sich hat«) in vier verschiedenen Farben gekauft, oder zwei verschieden und zwei gleich; ein Makramee-Pflanznetz trotzt allen Mittelschicht-Konnotationen von ganzheitlich erdverbundener Natürlichkeit mit seinen Schattierungen von chemisch-grellem Senfgelb und Killer-Neon-Pink.

Zweitens fügt das Warenboudoirgeschwätz das einheitliche und klassenspezifische Bild der Nobelkurtisane aus einer Reihe von verschiedenartigen Beziehungen zusammen, die Menschen zu Waren *und* zu den sich verändernden diskursiven Rahmen (etwa Einkaufszentren) erfinden mögen und die dem Kaufen, Inverkehrsetzen oder Ignorieren von Waren variable lokale Bedeutungen verleihen. Von schönen Theorien angezogen, fallen Kritiker bei der Suche nach einem Modell des Warenaustausches ein wenig zu leicht auf das klassische Bild des europäischen bourgoisen Luxus herein. Sollte ich, bloß zu Argumentationszwecken, eine verschroben feministische Fabel von Adam und Eva und dem Fall in die Moderne erfinden, ließe ich meine Eva keinen Trost in einer modernistischen Erklärung finden (wie sie es bei Lennens Adam tut), und ich ließe sie ihm nicht schöntun, wie sie es mit Eagletons »Kommenden« macht. Bei mir wäre sie eine Fußgängerin, die beide auslacht, an ihnen vorbeigeht und sagt: »Ihr klingt wie die Schlange.«

Natürlich ist das nicht gut genug. Die Edenerzählung selbst ist das Problem, und die Fabel vom Zurechtkommen mit Wandel ist falsch mit ihren Bildern vom Garten, der Schlange, dem Pärchen, dem Sündenfall und den Bedingungen, die uns diese Geschichte aufzwingt, egal wie oder von wem sie umgeschrieben wird. So wie die feministische Filmtheorie, wenn sie beginnt, vom tränenvollen, plüschigen Verführerischen weißer Frauen im Film Noir besessen zu sein, können auch feministische Cultural Studies ein mitreißendes Bild ihrer eigenen Anliegen, vielleicht sogar ihrer »Identität« als einer Stätte intellektueller Arbeit in einem atemberaubend hochkünstlerischen Melodram sexueller Kommodifikation finden.

Ein Film über diese Themen und über Nobelkurtisanen, *Seduction: The Cruel Woman* von Elfi Mikesch und Monika Treut, wurde 1986 auf der ersten von mir besuchten Konferenz über feministische Cultural Studies gezeigt.[53] Mich, die ich mit Gedanken an Einkaufszentren im Kopf zu dieser Konferenz gekommen war, interessierte dieser schicke und kluge Film wegen seiner luxuriösen Verschiedenheit von der Welt eines Aufsatzes, den ich immer schon über provinzstädtischen familiären Sado-Masochismus schreiben wollte, unter dem Titel »Maitland S&M«.

Dieser imaginäre Text handelt von der Instrumentierung von Arten häuslicher Wiederholung, das immer wieder Durchspielen derselben Geschichten, der selben Terrains, derselben wunden Punkte, das meiner Ansicht nach in einem Zentrum wie Green Hills durch sein Erschaffen eines Mythos des ruhig zuhause Sitzenbleibens erfolgreich inkorporiert und mobilisiert wurde. Wenn das nach feministischer Paranoia kling, sollte ich sagen, daß eines der faszinierenden Dinge an der Big W-Ästhetik die Art ist, wie das Kaufhaus ein Sortiment verwaltungstechnischer Stützen für die Aufführung erfindungsreicher Szenarios in einem Drama bereitstellt, das endlos zwischen Zuhause und dem Lokal und dem Parkplatz und Green Hills und wieder zurück kreist. Man kann für eine gute Sitzung von ritualisiertem Schmerz und Reue (ebenso, natürlich, wie für stärker fußgängerische Erfahrungen) in nichts Wilderem oder Teurerem erscheinen als einem flauschigen rosa Top und einem süßen Blümchenrock.

Soweit ich selbst die Geschichte des Green Hills als Allegorie verwendet habe, tat ich dies, um zu zeigen, daß auch wenn es wichtig ist, und Spaß macht, die überkommenen Kulturgeschichten immer wieder neu zu schreiben, wir dennoch auch bedenken sollten, daß wir mit manchen Geschichten an manchen Orten grausam durch Wiederholung gefesselt, durch die von uns angegriffenen Begriffe eingeschränkt werden können. Dann bindet die feministische Kritik sich selbst die Hände und findet sich wieder und wieder am Heimweg zur selben alten Geschichte.

3. Am Strand

Am Strand: Ein Zweihundertjahrgedicht
2
(nach Juan Davila)

erstaunte
Gewerkschaftsvertreter
sehen einem Mann beim Köpfen eines Huhns zu
im Martin Place – gibt's da nicht
ein Gedicht darüber
& das schimmernde Ideal
einfach die Straße langzugeh'n?
wir, da nicht gläubig,
wetten, wie viele ganze Runden
das kopflose Hendl vollenden wird
& reicht das nicht für ein förmliches
Australien-Modell, nicht
zu weit hergeholt, nicht zu schlau?

John Forbes, The Stunned Mullet (1988)[1]

An einem australischen Strand an einem heißen Sommertag dösen die Leute in der Sonne oder düsen über die Brecher wie hawaiianische Prinzen im prämissionarischen Waikiki. Das Symbol ist für den australischen Geschmack zu weit hergeholt. Das Bild Australiens ist das eines Mannes im Hemd mit offenem Kragen, der bedächtig ein Eis genießt. Sein Kind sitzt neben ihm.

Donald Horne, The Lucky Country (1964)[2]

Zuhause

Manche Bilder sterben schwer. Mitte der 1960er – als es einem weißen Sozialkritiker noch möglich war, un-selbstbewußt postimperiale Australier mit »prämissionarischen« Hawaiianern zu vergleichen und sodann als Bild der Nation ein Porträt »eines Mannes« mit Kind zu fixieren – begann der Brauch des Haltens (und Tötens) von Hühnern aus dem täglichen häuslichen Leben der meisten nicht ganz so prinzlichen AustralierInnen zu verschwinden. Heute scheinen Donald Hornes »Symbole« genauso fern und wunderlich wie die Hahnenschreie, die man gelegentlich immer noch mitten in Sydneys Innenstadt hören kann. Und doch kann heute ein Nationalitätsproblem immer noch als Szene weißer, männlicher Gewöhnlichkeit gefaßt werden; immer noch kann heute ein Subjekt im Zustand der Verwirrung leidenschaftslos beschrieben werden mit »rennt herum wie ein kopfloses Hendl«.

In den vorangegangenen Kapiteln habe ich Weisen geschichtlichen Beharrens untersucht, wie sie in unspektakulärer mediatisierter Kultur am Werk sind; narrative, rhetorische und generische Weisen, die ich auch für *Praktiken* des Wandels halte. Hier will ich eine Darstellung über einige Probleme der Geschichte umreißen, die für mich in den Cultural Studies bestehen bleiben, indem ich zwischen zwei ziemlich verschiedenen Texten hin- und herlese, die ein Schauspiel aus der geschichtlichen nationalen Normalität machen.

Dabei mögen die im Verlauf von mir konstruierten Beziehungen zwischen einer Passage aus *The Lucky Country* und einem ein Vierteljahrhundert später veröffentlichten Gedicht weit hergeholt sein, aber nicht gänzlich gezwungen. Beide Texte sind *generisch* als Strandszenen markiert, obwohl es wichtig ist, daß »Martin Place« in Sydney eine Fußgängerzone in der Innenstadt ist. Beide stellen sich Australien als frauenlosen, farblosen Raum vor: »Hawaiianisch« bedeutet für Horne 1964 »sonnengebräunt«, und wenn eine Gruppe von Gewerkschaftsvertretern 1988 auch genauso gemischt sein kann wie eine Menschenmenge am Strand, bleiben Rasse und Geschlecht von Forbes genauso unmarkiert wie von Horne ignoriert. Aber beide Texte bieten kleine Allegorien der Demokratie: jeder entwirft ein Modell und unterzieht es dann der Kritik (Horne, indem er sich selbst korrigiert, Forbes durch das Vortäuschen von Fragen), und es ist wichtig, daß das, was Horne an seinem eigenen Gleichnis für »zu weit hergeholt« hält, nicht wirklich seine Exotik ist, noch weniger die von »hawaiianisch« bewirkte und unterschwellige Verdrängung von »aboriginal«, sondern der romantische Anachronismus *»Prinzen«*. Dies ist die politische Figur, die er durch »einen Mann im Hemd mit offenem Kragen« ersetzt; dies ist die Art *rhetorischer* Extravaganz, die John Forbes Gedicht mit mehr Zynismus zu vermeiden sucht. Beide Texte beschäftigen sich also mit »Geschmack« und mit Grenzen und Einschränkungen innerhalb einer dominanten – nicht marginalen – populären Ästhetik.

Sowohl *The Lucky Country* als auch Forbes Gedicht »2 *(after Juan Davila)*« sind auch in soziale Gründungs*erzählungen* eingebunden, und ich muß nunmehr einige Unterschiede zwischen ihnen festhalten. Das während der australischen Zweihundertjahrfeiern 1988[3] veröffentlichte *The Stunned Mullet & Other Poems* könnte leicht als eine »Kritik« der nationalen Mythen der weißen australischen Kultur beschrieben werden. Es mag zutreffender sein, es sich als eine Sammlung verstörender kleiner Szenen – häusliche, politische, künstlerische und wirtschaftliche ebenso wie historische – zu denken, die sich zu einem Diskurs über ein weitläufiges, multimediales öffentliches Erzählungsunternehmen verbinden. Monumentale nationale Geschichtswerke erschienen zur Würdigung des Bicentenniums; Medienunternehmen finanzierten haufenweise szenische Nachstellungen, Miniserien, Dokumentarfilme; Gemeinschaften und Individuen erzeugten einen Boom von diversen Formen von Familien-, Lokal-, Regional- und Ethnien-Geschichte. In gewisser Weise ist *The Stunned Mullet* ein Überlebensleitfaden für das Leben inmitten *all dieses Geredes*.

Als im Wortsinn halb ohnmächtig geschlagener Fisch (das Titelgedicht beginnt mit »die Lippen blau geschwollen / von der Wucht des Strands«[3a]) ist »The Stunned Mullet« (»die fassungslose/betäubte Barbe«) eine Phrase, die auf einen volkssprachlichen Mythos von Sprache und Bestürzung anspielt. Sie taucht üblicherweise in dem Gleichnis »*like* a stunned mullet« auf; eine ungeschönte Beschreibung der Erscheinung eines anderen, oder eines selbst, gesetzt als Anderer, in einer Geschichte. Es bedeutet, durch irgendeinen kleinen Schock der Geschichte »sprachlos« (in jeder Bedeutung) zu sein, – glatt aus der gewöhnlichen Sprache herauszukippen. Dies ist eine Erfahrung der Beschränktheit, aber eine gemäßigte: es ist nicht tragisch wie Lyotards *»différend«* oder heroisch wie Deleuz'sches »Stottern«; es ist weder eine Frage der Inkommensurabilität zwischen Diskursen noch des Gebrauchs einer majoritären Sprache auf revolutionär minoritäre Weise, sondern ledigliche eine Angelegenheit ihres momentanen *Verlusts* (und man erwartet nicht, daß daraus irgendetwas von größerer Bedeutung folgt; es ist kein »subversives« Moment, sondern ein unterbrechendes). In Forbes Buch allerdings strebt die Barbe nach Eloquenz, die Gedichte »formen Worte, denen ihr applaudiert / denn schließlich redet hier ein Fisch«.[3b]

»2 *(after Juan Davila)*« stammt aus *On the Beach: A Bicentennial Poem*, eine Folge von sechs Texten, in denen der männliche anglo-keltische Dichter erfolgreich seine nationale »Berufung« verfehlt, zu Ehren des Anlasses zu sprechen; die erste Zeile von »1« lautet »Deine Berufung befiehlt« (65).[4] Er arbeitet sich durch diverse »Modelle« von Australien und einer dichterischen Verkündungspose – die er Bildern der Pop-geschichte, Gemälden, Touristenspektakeln, TV-Shows, Ereignissen der Straße entnimmt – und erst im letzten Gedicht, »6«, gelingt ein flüchtiger Blick auf ein »blankes, seziertes Gefühl, was deine Berufung sein wird«[4a], wie es *auftaucht* im Schummerlicht einer Strandbar, einem originären Raum »wo erstmals du erträumt / dieses Modell des Ozeans / & es abgleiten sahst, langsam zuerst / den Strand hinab & in die Brandung.«[4b] Die Kulturlandschaft von *On the Beach* ist, wie die Kolonialgeschichte, weder frauenlos noch weiß; die im Gedicht »2« erwogene *Szene* ist so, und ich werde später auf sie zurückkommen.

Während John Forbes Text sich Gedanken über die öffentliche Rolle eines weißen männlichen Dichters bei einer Ursprungsfeier macht, wird Donald Horne von vielen Australiern ruhigen Gewissens als Idealmodell eines »öffentlichen Intellektuellen« betrachtet, und *The Lucky Country* wurde von manchen als ein Gründertext der Cultural Studies kanonisiert.[5] Im Rückblick scheint es sich selbst als solcher darzubieten (»Ich kam Anfang 1963 von einer Fernostreise zurück und entschied, daß Australien ein Buch wert sei« [13]), und obwohl *Money Made Us* (1976) eigentlich mehr Gewicht auf das legte, was wir heute als kulturelle Praktiken bezeichnen (»Ehrenkodizes, Rhetorik, Lebensstile, Kulte, Unterhaltungen etc.«)[6], machte der Erfolg von *The Lucky Country* bei deren Analyse in einer *sozialen* Bestseller-Kritik von Institutionen und Verhaltensregeln es zu einem einflußreichen Werk noch lange, nachdem die darin kritisierte Gesellschaft verschwunden war. Die Phrase »das glückliche Land« wurde als Klischee in den öffentlichen Sprachschatz übernommen und verlor dabei die beißende Ironie, die Horne selbst beabsichtigt hatte – und die »Lucky Country«, ein ätzender Song von Midnight Oil, später naiv wieder herstellte.

Dennoch kenne ich wenige Menschen (um ehrlich zu sein, keinen einzigen), die sich heute in *The Lucky Country* mit derselben Intensität vertiefen, die andere dem Wiederlesen von Raymond Williams' *Culture and Society* widmen. Hornes *Praxis* wurde kanonisiert, mehr als seine Thesen: Da er Kultur als ein Feld der Aktion sah, wirkte er als Journalist für Massenblätter, mächtiger Zeitungs- und Magazinherausgeber, literarischer Autobiograph, Essayist und Romancier, Historiker, Wissenschaftler und, in jüngerer Zeit, als prominenter Kulturpolitiker. Natürlich hat Horne die Möglichkeit seiner Praxis nicht selbst begründet; irgendetwas an der australischen Gesellschaft machte sein Aktionsmodell sowohl praktikabel als auch einflußreich, und er ist nicht der einzige herausragende Intellektuelle, der so operiert. Aber *The Lucky Country* als Ursprungsmythos für Cultural Studies 1990 ist keine arbiträre Wahl. Ein Teil seines heutigen Reizes liegt darin, daß es als kritisches Dokument für eine bessere *Zukunft* geschrieben wurde, in der »es von Interesse sein mag, wie der riesige Kontinent aussah in jenen frühen Tagen in den 1960ern, bevor er von ganz Asien aus bevölkert wurde« (13).

Forbes Gedicht und Hornes Buch haben nicht dieselbe Art von Beziehung zu Gründungserzählungen (*On the Beach* handelt von so einer Erzählung – *The Lucky Country* bildet den Vorwand für eine andere), und ebensowenig nehmen sie eine gemeinsame Haltung gegenüber den Bedingungen für ihre eigene Partizipation am öffentlichen Leben Australiens ein. Horne ist ein affirmativer und umsichtiger Populist, oder »mittlere Ebene« (middle brow) in der speziellen, positiven Bedeutung, die Andrew Ross diesem Begriff gegeben hat.[7] Ein Forbes-Gedicht zu lesen ist wie die geheimen Gedanken eines nervösen, skeptischen Bürgers zu teilen, an den sich der umsichtige Populismus wendet und den er zeitweise zu repräsentieren behauptet.

Gleichzeitig wäre es ein Fehler, diese Unterschiede überzubetonen. Beide Schriftsteller sind Erfinder imaginärer Länder; beide arbeiten im »Futur Perfekt« im Sinne Jane Gallops.[8] Beide sind auch Meister eines der dominanten Register der öffentlichen Rhetorik in Australien, der »Ironie« (ein Begriff, der in einem amerikanischen Kontext weder die reichen emotionalen Modulationen, zu deren Erzeugung dieses Register verwendet werden kann, zu vermitteln scheint noch die Dichte des allgemeinen Mißtrauens gegenüber Diskursen von Glaubens und Identität, das seine Anwendung durch AustralierInnen anzunehmen vermag). Beide Männer könnten also so beschrieben werden, daß sie innerhalb einer nationalen »großen Tradition« der Kulturkritik wirken. Daher will ich, statt ihre Unterschiede formal als eine Opposition aufzulösen, die Spannung zwischen ihnen als *produktiv* akzeptieren. So wie die Debatte in den Cultural Studies über »Politik« und »Ästhetik« – für die ich ebenfalls durch das Studium von Horne und Forbes ein Modell entwickeln werde – erzeugt diese Spannung in Wahrheit einen Raum, in dem ich meine Arbeit verorten kann.

Es ist verlockend, »*den* Raum« zu sagen. Ich bin mir wohl bewußt, daß die von mir soeben praktizierte methodische Weigerung zu wählen für mich ebenso von breiteren und tieferen Einflüssen widerhallt: Ich sehe mich selbst als Rhetorikkritikerin und *The Stunned Mullet* als Modelltext; auch ich idealisiere Donald Hornes Praxis, und *The Lucky Country* war eine der großen Offenbarungen meiner frühen Adoleszenz – der »Ursprung« (so könnte man leicht sagen) einer Sehnsucht, die sich später in mein Interesse an Cultural Studies verwandeln sollte.

Aber ich meine »*einen* Raum«. Ich verwende diese Texte hier, um das zu erschaffen, was Deleuze und Guattari ein *Zuhause* nennen. In ihrer Bedeutung dieses Begriffs ist »Zuhause (...) nicht von vornherein da«; es ist das Ergebnis einer Anstrengung, in der »ein *abgegrenzter Bereich* geschaffen« wird[9], und die hier angesprochene Abgrenzung ist keine Figur der Eindämmung, sondern einer provisorischen oder »Arbeits-«Definition. Diese Art Zuhause besteht immer aus gemischten Bestandteilen, und der von ihm erzeugte Innenraum ist eher ein Filter oder ein *Sieb* als eine fest verschlossene Konsistenz; es ist kein Ursprungsort, sondern ein »Aspekt« eines Prozesses, den es ermöglicht (»als ob der Kreis selber dazu neigte, sich einer Zukunft zu öffnen – und zwar von Kräften ausgehend, die in ihm wirksam sind und die er in sich birgt«), aber dem es nicht vorangeht – und ist so keine Einschließung, sondern eine Möglichkeit, hinauszugehen.

Familienromanze

Warum *The Lucky Country* (in wie auch immer gerissener Weise) als Text von vergleichbarer historischer Bedeutung vorstellen, wie sie *Culture and Society* für »andere« hat? Wäre dies eine Geste reaktiven Nationalismus, oder auch nur eine Kurzformel dafür, auf den komplexen historischen Parametern für spezifische Aktionsbedingungen zu bestehen, könnte jeder aus einer Reihe institutionell hochgeschätzter Texte nachvollziehbar denselben Zweck erfüllen – Phillips' *The Australian Tradition: Studies in a Colonial Culture* (1958), Russel Wards *The Australian Legend* (1958), die Aufsätze Ian Turners oder sogar das von Peter Coleman herausgegebene konservative Symposium *Australian Civilization* (1962). Ich könnte meine Wahl rechtfertigen – nur Hornes Text blickt unbeirrt voraus auf jene zweideutige Staatsideologie, die wir heute Multikulturalismus[10] nennen – aber es ist der Zweck, den ich betrachten will.

Auf einer 1990 an der University of Western Sydney abgehaltenen internationalen Konferenz gab es eine Diskussion darüber, warum so viele Menschen, die in weitgehend verschiedenen Kontexten arbeiteten, alle angefangen hatten, für Cultural Studies »Geschichten zu erfinden« – oftmals durch die praktische Umsetzung recht unterschiedlicher Felder (»Birmingham«, »Frankfurt«, »Radikaler Nationalismus«) oder durch (Ent-)Heiligung der Werke verschiedener Gründer*väter* (»Williams«, »Gramsci«, »Horne«, »Innis«). Jene, die den Gedanken der Erfindung betonten, fühlten, daß welche Gefahren der Mythenbildung diese Art von Geschichte auch mit sich bringen mochte, sie ein wichtiger Weg war, wie neue Projekte in den Cultural Studies, und »neue« Gegenstände der Geschichte, polemisch definiert werden konnten. Für andere lief sie Gefahr, die schlimmsten idealistischen Formen der IDEENGESCHICHTE zu reproduzieren oder die THEORIENGESCHICHTE durch emirische Kulturstudien zu substituieren, oder anderenfalls unablässige ödipale Verleugnungen der nützlichsten Werke der Vergangenheit zu verrichten.

Es blieb Dipesh Chakrabarty, einem professionellen Historiker, überlassen anzumerken, daß das wirkliche Problem darin liegen könnte, daß das Genre, in welchem »Geschichten« für Cultural Studies erfunden werden, die Menschen oft dahin führt, einen *einzelnen* Ursprung für ihre Praxis festzusetzen – etwas, was eben dieselben Menschen in irgendeinem anderen Kontext niemals tun würden.[11]

Beim Nachdenken über meine eigenen sporadischen Impulse, mich auf einen herausragenden historischen Präzedenzfall zu berufen, der mich autorisiert zu sprechen, kam mir der Gedanke, daß dieses Genre für die eurozentrische Cultural Studies-Tradition, aus der heraus ich *tatsächlich* spreche, einen Namen hat – die Familienromanze. Die Familienromanze ist eine Art von Phantasie, in welcher das Subjekt »sich vorstellt, daß seine [sic] Beziehung zu seinen Eltern modifiziert wurde«, üblicherweise zum Besseren; daß er beispielsweise adoptiert oder illegitim und sein Vater in Wirklichkeit ein Prinz sei (vielleicht ein »Hawaiianischer Prinz«).[12] Mit anderen Worten, die Familienromanze ist eine Art der »Erfindung von Geschichte«, die uns erlaubt, die empfangenen und sozial sanktionierten Versionen unserer Anfänge nicht bloß zu verändern, sondern zu *verbessern.*

Der von diesem Genre (das Erwachsene selten bewußt praktizieren, das jedoch als symptomatischer Archaismus fortbesteht) ausgeübte kulturelle Druck wird vielleicht in der verbreitetenAnnahme spürbar, daß jegliche Geschichte, die mit maskulinen Eigennamen zu tun hat, *notwendigerweise* besessen ist von Vaterschaft und Abstammung. Tatsächlich kann man eine Geschichte der Machtbeziehungen schreiben, ohne etwas mit Ahnenreihen am Hut zu haben. Die kulturelle *Verlockung* der Familienromanze kann jedoch sicherlich als Versuch gelesen werden, dies durch die Installierung eines Lokalhelden *anstelle* der bereits andernorts von machtvollen Interessen emporgehobenen Gründergestalten zu versuchen; man sagt, daß Donald Horne beispielsweise immer in »jeder Beziehung außer dem Namen nach« Cultural Studies praktizierte. Der nächstfolgende Schritt, den »wirklichen« (neuen, verbesserten) Vater zu *benennen*, ist keine Besonderheit der Intellektuellen, die Geschichten für periphäre nationale Kulturen erfinden. Es ist dieselbe Art, in der Frank Lentricchia in *Criticism and Social Change* einen großen Teil seiner Lesart von Kenneth Burke gegen Paul de Man faßt, und es ist eine Strategie, die Terry Eagleton ständig benutzt, um für »Englisch« und für den Marxismus ausgewählte Aspekte der poststrukturalistischen kritischen Theorie zu retten.

Warum ist diese Versuchung derart versuchend? In *Roman des origines et origines du roman* – einer essentialistischen Studie, welche die Struktur eines Freud'schen Mythos auf die Geschichte des europäischen Romans projiziert – meint Marthe

Robert, daß die Familienromanze für Kinder eine Antwort auf einen Moment schwerer Krise am Ende des Kindheitsidylls ist, wenn die soziale Erfahrung ernüchternde Hinweise mit sich bringt, daß andere Menschen existieren. Glorreiche Fülle weicht wenig schmeichelhaften Vergleichen, und der Glanz der Ewigkeit wird ersetzt durch die »trübe Wirklichkeit« der Zeit.[13] Findlingsgeschichten zu erzählen ist eine Methode der Bewältigung durch Leugnung der Logik dieser Erfahrung; die Familienromanze ist ein zugleich konservatives und nostalgisches Genre, da sie dem Kind erlaubt »reifer zu werden und zugleich die Entwicklung zu verweigern.« Die Entdeckung der Sexualität verwandelt sie dann in eine aktive Verteidigung gegen Differenz: sobald die unsichere *Vaterschaft*, anstelle der Abstammung, zum Objekt imaginativer Arbeit wird, eröffnet eine neue Opposition zwischen dem Femininen (die »vertraute und triviale« Welt des Kindes) und dem Maskulinen (»fern und edel«) die Möglichkeit »romanhafter« Abenteuer.

Trotz der Probleme dieser Darstellung, in welcher das »Kind« in Wirklichkeit eine Allegorie auf bestimmte Aspekte des Imperialismus ist, findet sich hier ein Widerhall der Dilemmata der Ausübung von Cultural Studies in einem internationalen Rahmen, wenn auch nicht mehr als ein Widerhall; eine Disziplin (wenn Cultural Studies tatsächlich so etwas geworden sind) ist keine Persönlichkeit. Doch für PraktikerInnen, von denen einige sich der Cultural Studies als eines »Projektes« in einem viel intimeren Maßstab erinnern, kann das Familienromanzengenre in der Tat eine Wehr gegen die »Differenz« bereitstellen, die selbst durch einen begrenzten Grad an Internationalisierung ins Spiel gebracht wird – ein Prozeß, der nicht nur gewisse »globale« Marktzwänge zur Wirkung bringt, sondern auch Gruppen in *Kontakt* bringt, welche Teil derselben Nation sein mögen, sich jedoch normalerweise nie treffen. Viele Cultural Studies-Konferenzen erzeugen eine Landschaft des Erstaunens gleich einem Gedicht von John Forbes, wo bizarre Nicht-Begegnungen zwischen inkommensurablen Identitäten nur durch ein Streben Sinn bekommen, etwas aus der bestürzenden Tatsache zu *machen*, daß sie denselben Raum einnehmen können.

Ich fühle mich in einer John Forbes'schen Landschaft zu Hause, möchte aber dennoch fragen, ob an einer defensiven Reaktion auf ihre Spannungen immer etwas falsch ist. Ich finde die Familienromanze zeitweise verführerisch. Sie *funktioniert*, in transnationalem Sinn, als eine stenographische oder metonyme Methode, zu behaupten, daß eine Differenz konstruiert ist; gerade wegen ihrer Geläufigkeit tue ich mir leichter mit der Aussicht, sie zur Präsentation einer kritischen Lesart von *The Lucky Country* zu verwenden, als ich mir vorstellen könnte, in einen fremden Kontext einzusteigen anhand einer Analyse (in der jedes zweite Wort eine elaborierte Glosse erfordert oder in Erklärungslabyrinthe führt, wo ich die erste sein könnte, die den Ausgangspunkt aus den Augen verliert) der verwickelten Debatten der australischen Sozialkritik der 1950er und 1960er – und der Kämpfe um politische und institutionelle Macht, in die jene verstrickt waren.

Doch ohne irgendeinen Hinweis auf jene entfernten *damaligen* Kämpfe – ohne die bitteren Schlachten um nicht-»britische« Massenimmigriation, welche die Bevölkerung zu verdoppeln half, ohne das langsame Sterben der Weißes Australien-Politik, ohne das Wiederaufleben der Forderungen nach Bürgerrechten für die Aborigines, ohne den Konflikt zwischen Eltern mit verblassenden Bindungen an Britannien oder Irland und Kindern, die wie ich selbst unter den Beschränkungen und kulturellen Anreizen der Amerikanischen Allianz geboren wurden, ohne den Kalten Klassen-, Ethnien- und Religionskrieg zwischen Vertretern Roms und Moskaus, der die Labor Party entzweiriß, während KritikerInnen aller Lager die Kultur attackierten, die geschaffen wurde (in Eternit- oder Ziegelhäusern, jeweils in einem Block von tausend Quadratmetern, eventuell immer noch mit einem Hühnerhof nach hinten) vom landwirtschaftlich fundierten Wohlstand der suburbanen Arbeiterklasse – ist es schwer, den politischen Kontext der Cultural Studies in einem veränderten Australien *heute* zu verstehen. Allgemeine Anrufungen von Rasse-Klasse-Gender als »globale« Universalismen reichen zu guter Letzt transnational nicht für mehr als für Gesten guten Willens.

Graeme Turner hat jedoch wiederum aufgezeigt, daß es gute Gründe für Defensivität in einer *ökonomischen* »Internationalisierungs«-Landschaft geben kann.[14] Unter materiellen Bedingungen, wo nur eine Handvoll vage an dem Gebiet interessierter VerlegerInnen die Gesellschaftsfusionen und Übernahmen der 1980er überlebten, beginnt das Wort »international« in den Cultural Studies auf gleiche Weise zu wirken wie in der Film- und Schallplattenindustrie - als Euphemismus für einen Prozeß der stromlinienförmigen Gestaltung des Werks mit dem Ziel, es für ein amerikanisches und europäisches Publikum »interessant« zu machen gemäß einer kommerziellen Einschätzung dessen, wo diese Interessen liegen. »Imperialismus« ist eine gleichzeitig zu starke und zu vage Bezeichnung für diesen Prozeß; unsere Regierungen begrüßen ihn freudig als eine Exportstrategie sowohl für die Künste als auch für die Forschung, und er stimmt mit der allgemeinen Richtung nationaler politischer Entscheidungsfindung in Australien wie in anderen Ländern überein. Er ist auch insofern eine *neue* Entwicklung, als er die Verbreitung australischer Werke nicht länger als »zu spezifisch« für anderwärtige LeserInnen blockiert. Stattdessen geht er dazu über, zu beeinflussen, was wir *hier* produzieren sollten.[15]

Für jene, die eine aktivistische Sicht ihrer Praxis bewahren, ist dies eine verstörende Tendenz, insbesondere für Arbeiten über Gender, Rasse und Klasse; schließlich ist dies der »Internationalismus«, welcher uns Tina Turner anstelle von Justine Saunders als Königin des Outback in *Mad Max III: Jenseits der Donnerkuppel* bescherte und welcher die »strategische« Übernahme von gut verkäuflichen Rhetoriken mit allerdings dürftigen Bezügen zu den sozialen Bedingungen in Australien in die Cultural Studies fördern mag. Britische Annahmen über Klasse haben diese Rolle in der Vergangenheit gespielt, und amerikanische Konstruktionen von Rasse und »Identität« tun es zur Zeit. Die für die Zukunft interessante Frage ist daher, wie man in dieser Situation agiert, ohne weniger eine Geschichte als eine neue Nostalgie für eine unveränderliche, introvertierte (und imaginäre) nationale Kultur zu erfinden.

Diese Verschiebung in der *Realpolitik* der Cultural Studies hat zwei Begleiterscheinungen. Eine ist, daß die Text/Ethnographie-Debatte tatsächlich eine Bewegung *weg* von den konkreten Werten, die EthnographInnen gerne ins Spiel bringen, intensiviert hat; in der Praxis, wie Graeme Turner bemerkt, »hat die gegenwärtige Unmodernität historisierter textbezogener Lesarten spezifischer Umstände australischer Medienproduktion zu einer Nettoreduktion brauchbarer Arbeiten über australische Texte, ... Praktiken und ... ideologische Formationen geführt« (7). Die andere ist, daß eine bestimmte *Art* von »Theorie« privilegiert wird; ausgehend von einem Kern amerikanischer und europäischer Bezüge und unter freigiebiger Verwendung von Metonymen aus weiterreichenden Debatten (»Differenz«, »Lust«, »Widerstand«), welche die kulturenüberschneidende Verständlichkeit des Textes signifizieren sollen, kann sie ihr eigentliches Werk verdeckt verrichten, indem sie gleichmütig in enthistorisierte »lokale« Kontexte hinein und wieder hinausgleitet. Andere Praktiken werden sodann aus *methodologischen* Gründen in das tote Eck des »zu Spezifischen« gedrängt oder sind ansonsten verpflichtet, sich in kosmopolitischeren Disziplinen häuslich einzurichten – Geschichte, Vergleichende Literaturwissenschaft, Filmstudien, Anglizistik.

Nachdem diese Zwänge der intellektuellen Produktion auf die australische Gesellschaft in ihrer Gesamtheit nicht einmal anwendbar sind, ist ihre erste Konsequenz für die Cultural Studies, behauptet Turner, »eine echte Gefahr, wissenschaftlich umkämpft, aber sozial und politisch irrelevant zu werden« (7). Es ist nicht so, daß der Wissenschaftsbetrieb eine Gefahr für irgendeine urtümliche Radikalität darstellt, sondern es formen vielmehr die Bedingungen, unter denen WissenschaftlerInnen heute operieren, ihr Werk in besonderer, und in diesem Fall einschränkender, Weise. Dies sind die Bedingungen, unter denen eine defensive Reaktion auf »Differenz« (in Wahrheit auf ökonomische Ungleichheiten und Machtungleichgewichte) weitgehend vernünftig sein kann, und unter denen ein Projekt der Geschichtserfindung durch Erzeugung eines alternativen Ursprungsmythos für die Cultural Studies »in einem Land« manchmal als eine lokal ermächtigende Option betrachtet werden kann.

In jedem Fall ist das Problem mit der Familienromanze, wie Chakrabarty aufzeigt, eben ihr strukturelles Bedürfnis, eine emblematische *Singularität* – »ein« Land, daher ein *Ursprung* – als Quelle ihrer kulturellen Autorität einzuschreiben. Ich bin nur auf die dem nationalistischen Denken teuren, anglo-keltischen maskulinen Möglichkeiten eingegangen; es wäre theoretisch möglich, »alternative« Alternativen zu erschaffen und Figuren in den Vordergrund zu stellen, die von unserer einst dominanten radikalen Tradition unterdrückt, aber für Koori-, feministische und Immigranten-Konstruktionen australischer Geschichte wesentlich sind. Es ist jedoch unwahrscheinlich, daß selbst separatistische Versionen solcher Geschichten wirksam in Familienromanzenform geschrieben werden könnten (und somit ist dies kein passender Kontext, um einige Beispiele vorzuschlagen). Denn nur aus einer Haltung gewaltbereiter Nostalgie für ein imaginäres britisches Land aus der Zeit vor dem zweiten Weltkrieg ist es möglich, die Pluralität und Vermischtheit der Ursprünge zu ignorieren, welche die Nation konstituiert.[16]

Im Repertoire kanonischer Bilder Australiens findet sich ein berühmtes Gemälde von Charles Meere, genannt *Australian Beach Pattern* (1938-40). Es stellt eine Familienszene dar, und obwohl es seine Vorstellungen starker, gesunder, sorgenfreier GEWÖHNLICHER AUSTRALIERINNEN Ende der 1930er eher nach den heroischen Posen des europäischen Klassizismus denn nach Touristenträumen von einem versunkenen Hawaii modelliert, ist es auch eine Allegorie der Demokratie. Der Wert der Analyse der Formen, aus denen Kulturgeschichten komponiert wurden, wurde in einem 1988 entstandenen Photo von Anne Zahalka betont, die *Australian Beach Pattern* »neu schuf«, indem sie seine Figuren durch VertreterInnen all jener Völker ersetzte, die Australien lange bewohnt (und sich am Strand vergnügt) hatten. Durch diese simple Geste wurde in Bezug auf Meeres Gemälde etwas sichtbar, das oft unerwähnt bleibt.[17] Seine edlen, athletischen AustralierInnen waren keine »europäischen« Götter und Göttinnen. Sie waren *Arier.*

Offensichtlicher Strand

Eine der genuinst »popularen« Formen der Cultural Studies in Australien ist jene Art von Mythenanalyse, die die Erschaffung von Paradigmen aus nationalen kulturellen *topoi* begünstigt. Bücher über die nationale Kultur werden oft für Essentialismus und nostalgische Sentimentalität kritisiert. Oft sind sie auch Bestseller und werden weithin gelesen.

Bei dieser Sorte Cultural Studies ist »der Strand« oft genug aufgetreten, um sich ein Dementi in einem Aufsatz zu verdienen, der ein von einem britischen Einwanderer verfaßtes jüngeres Buch in diesem Genre einleitet, und zwar Stephen Knights *The Selling of the Australien Mind.* Knights Erzählung von Ankunft und Kulturschock beginnt mit zwei anderen derartigen *topoi*, »dem Flughafen« und »dem Pub«, aber er entfernt schnell aus seinem künftigen Referenzrahmen »diese offensichtlichen Dinge wie Sport, den Strand, das Auto, die Kleidung, touristische Stätten und Klänge«; seine Themen wird er aus seinem eigenen urbanen Mittelschichtleben »im Lehr- und Literaturbetrieb« beziehen.[18] Sein Buch ist eine Alternative zum Pub-Strand-Barbecue-Paradigma, das durch einen bei Knight nicht erwähnten Text untersucht wird, *Myths of Oz* von John Fiske, Bob Hodge und Graeme Turner.

Knights Essays sind vergnüglich und überzeugend. Statt die vorgegebenen Elemente einer »Lifestyle«-Ideologie zu wiederholen, organisiert er seine Untersuchungen von Orten und Praktiken rund um *Probleme*, die in den Mainstream-Medien allgemein diskutiert werden: das »entschieden sekulare« Ethos der australischen Gesellschaft; die tiefempfundene Ablehnung des Patriotismus, die unsere Regierung gelegentlich dazu veranlaßt, ausgleichende Kampagnen zu sponsern; die Alphabetisierungspolitik; die Gier der 1980er; »die wachsende Konfrontation mit

Rasse, Geschichte, Besitz und Macht« (9). Auf diese Weise behandelt Knight kritisches Handeln als einen *Aspekt* der Kultur, die er kritisiert, und als einen Teil des Lebensalltags jener Öffentlichkeit, an die er sich wendet. Dies erlaubt ihm, jene für die topische Mythenanalyse endemische Beklemmung der kritischen »Position« zu überwinden, die Barthes in *Mythen des Alltags*[18a] als eine gequälte Entfremdung beschreibt, die jedoch heute häufiger durch einen Akt der Identifikation zwischen KritikerIn und »den Leuten« gelöst wird.

Knight gibt sich jedoch nicht damit zufrieden, jene Dinge auszuschließen, die in seiner eigenen Erfahrung keine Rolle spielen. Er verwirft Sport-Strand-Auto-Kleider-Tourismus als seiner Ansicht nach *überflüssig* (ohne »besondere Signifikanz für die tieferliegenden Lebenswirklichkeiten in diesem Land«) und als *extern* – »Teil eines Schildkrötenpanzers des Materialismus, den jede Wirbeltierstruktur von Analyse und Kultur aufbrechen muß, um an das Leben innen heranzukommen« (7). Sein Mißtrauen gegen den Materialismus verbindet ihn hier mit früheren KritikerInnen des australischen Hedonismus wie Ronald Conway (*The Great Australian Stupor*, 1971; *Land of the Long Weekend*, 1978), obwohl er deren Konservativismus nicht teilt, und führt ihn dahin, die konstruktiven Projekte der 1960er zu ignorieren, die wie *The Lucky Country* den popularen Materialismus als *Basis* eines neuen demokratischen Modells des sozialen und politischen Lebens eher zu analysieren als zu feiern suchten.[19] Es macht sein Buch auch indirekt zu einer Polemik gegen *Myths of Oz*, das den Strand sowohl als »eine nationale Institution« wie auch als einen Mythos präsentiert, der komplex genug ist, nicht nur »den tiefen biblischen Gegensatz zwischen Land und Meer, oder den grundlegend anthropologischen zwischen Kultur und Natur« zu verhandeln, sondern über »die Politik der Lust« und »überschießende Bedeutungen« die Möglichkeit »subversiven« Surfens zu vermitteln.[20]

Ich habe keine große Sympathie für die Idee, daß surfen gehen *subversiv* ist. Ich glaube jedoch, daß es ein Problem dabei gibt, »offensichtliche Dinge« zu verwerfen, wenn wir sie, wie Knight es tut, als *un*wesentlich betrachten. ich muß hier eine Voreingenommenheit gestehen. Der Strand war für mich immer eine »tieferliegende« und somit mehrdeutige Lebenswirklichkeit, und mein eigenes Desinteresse gegenüber Subkulturen verdanke ich möglicherweise einer Jugend, die damit verbracht wurde, die Surfbretter meiner Freunde zu bewundern in einer Ära, als Mädchen nicht surften. Doch lese ich Knights Widmung »Für Margareth, die mich hier hielt«, realisiere ich, daß wenn ich so eine Huldigung erbringen sollte, ich mit tiefstem Ernst sagen könnte »Für den Strand«. Deshalb schockiert mich Knights Urteil, und ich will dagegen argumentieren; am Strand hätte er etwas über Spiritualität in unserer »sekulären« Gesellschaft lernen können (viele AustralierInnen, glaube ich, sind Pantheisten) und somit etwas mehr über den Mangel an patriotischen Gefühlen für allzuviel außer Sport. Doch während ich diese Dinge noch denke, fühle ich mich unwohler mit dem Mythenbildungsmodus, in den ich verfalle, als mit Knights Ansicht über den Strand. Das ist die übliche Schwierigkeit mit

Mythenanalysen, wenn sie (wie es bei Barthes nicht der Fall war) durch eine strenge Thematik wie »Subkultur« oder »Nation« vereinheitlicht werden; persönliche Beobachtung wird schnell zu anmaßender Verallgemeinerung.

Mein eigentliches Problem mit Knights Oberflächen/Essenz-, Außen/Innen-Metaphysik der kulturellen »Signifikanz« ist die Frage, der sie ausweicht. *Warum* ist der Strand jetzt so ein »offensichtliches Ding«? Für wen ist er offensichtlich, und wie? Es ist plausibel zu behaupten, daß der popkulturelle Mythos des Strades eine allerdings fragile Signifikanz für andere Ordnungen australischer Realität hat; ein Historiker (für den »der Strand« via *Myths of Oz* gleichbedeutend war mit »Cultural Studies«) erklärte mir einmal gereizt, daß »die meisten Australier nicht an den Strand gehen«, und für ihn bewies dies einfach, daß »die Cultural Studies-Leute keinerlei Recherche betreiben«. Aber wir brauchen immer noch eine Erklärung für seine massive, obsessive Einschreibung: Tourismus, Mode, Limonade und Erfrischungstücherwerbungen einmal beiseite könnte eine riesige Anthologie aus Strandszenen aus Literatur, Kino, Photographie, Malerei, Theater, Fernsehspiel und Dokumentation, Zeitungen und Magazinen kompiliert werden. Wie kommt das ohne »Signifikanz«?

Tatsächlich teilt *Myths of Oz* mit *The Selling of the Australian Mind* die Ansicht, daß der Strand, wie er von der Kulturindustrie beworben wird, etwas Irreführendes hat. Für Knight gehört er zusammen mit vielem anderen einer Nachkriegsideologie des Konsumismus an, die »besonderen Schaden« in einem Land angerichtet hat, wo »die Ideologie des Kollektivs« so stark gewesen war; »es war ein Sturz der materiellen Armut des größten Teils der vorherigen australischen Lebens und der Systeme gemeinschaftlicher Selbsthilfe, die sich in dieser kargen Umgebung früher als im Rest der Welt entwickelt hatten« (5). Der »offensichtliche« Strand steht also im Widerspruch mit historischen *sozialen* Werten, die unter dem Schildkrötenpanzer des Materialismus vielleicht bis heute überleben. Für Fiske, Hodge und Turner »kolonisieren« die Medienbilder die Brandungszone, indem sie ihr die Beutungen einer »kulturell dominanten Klasse« aufzwingen. Für sie steht der mediatisierte oder »Vorstadt-« Strand im Widerspruch zu der widerständigen Kraft des subkulturellen oder »Surfer-« Strandes – seiner »Nähe zur *Natur*«. Für sie ist die mythische Natur, wie sie die Medien propagieren, verschieden vom surfenden »Natürlichen« (»physische Empfindung, und ... die Lust, die das erzeugt«). Anders gesagt, beide Texte stellen ein Bild einer tieferen (Knight) oder andersgearteten (Fiske u.a.) *Wirklichkeit* gegenüber. Cultural Studies sind dann ein Mittel, um sich Zugang zu dieser Wirklichkeit zu verschaffen.

Abgesehen von epistemologischen Fragen liegt hier ein kompliziertes Problem hinsichtlich der Beziehung zwischen Cultural Studies und Geschichte, und wie selbstreflexiv wir beim Überdenken dieser Beziehung sein müssen. Ich habe den Verdacht, daß wie sehr wir auch den Strand preisen oder heruntermachen als einen mythischen Signifikanten, eine sinnlich/spirituelle Erfahrung oder einen komplexen ethnographischen Gegenstand (Surfer, »Materialismus«, Männer beim Eisessen mit ihren Kindern), wir dies derzeit sicher nicht von einem Raum »außerhalb« einer Geschichte aus tun, in welcher der Diskurs über reale und imaginäre Strände eine eindringliche Signifikanz für australische *Intellektuelle* hat, besonders für jene, für die das Populare ebenso sehr Studienobjekt wie ein Umstand des täglichen Lebens ist, Dies ist eine Geschichte, die tatsächlich eine Menge mit einer »wachsenden Konfrontation mit Rasse, Geschichte, Besitz und Macht« zu tun hat, und so mit der Position, von der aus »wir« sprechen, und Knights Text ist sich dessen zumindest bewußt; der Titel seines Einleitungsessays und Subtitel seines Buchs lautet »Von der *Ersten Flotte* zum dritten Mercedes« (Hervorhebung durch mich).

Es ist weder tautologisch noch gekünstelt, hier davon zu sprechen, daß Geschichte gegen Geschichte steht. Viele traditionelle Erzählungen australischer Geschichte würden durchwegs am Strand beginnen: bis zu den 1970ern nahmen weiße HistorikerInnen regelmäßig an, daß erst mit der Ankunft der Sträflinge am »verfluchten Strand« Zeit und »eigentliche Geschichte« in »dem zeitlosen Land« begannen. Eines der wichtigsten Geschichtswerke, die wir über die Aufklärung haben, Bernard Smiths *European Vision and the South Pacific 1768-1850*, ist verschwenderisch mit Strandszenen ausgestattet – Spuren eines wissenschaftlichen und künstlerischen Ringens, sich dem radikal Andersartigen zu stellen und es in »das Andere« umzuformen. Es ist wahrscheinlich kein Fehlgriff, von einer *urtümlichen* Szene zu sprechen: Es geht oft um Sexualität und Gewalt, wenn Menschen Überlegungen über den »Erstkontakt« zwischen den Eora und den Briten anstellen, oder darüber, was am Strand geschah, als nach Monaten auf See weibliche Sträflinge ausgelassen wurden, um ein grenzenloses Gefängnis mit männlichen Sträflingen, Seeleuten, Soldaten zu teilen; wie Paul Carter in *The Road to Botany Bay* aufzeigt, schreiben die keuschesten narrativen HistorikerInnen über diese Szene regelmäßig so, als ob jemand anderes *dort* gewesen sei und zugesehen hätte.[21]

Es war im Rahmen der Auseinandersetzung mit dieser Art von Geschichte, daß Eric Willmot 1986 in seinen Boyer Lectures für ABC Radio, *Australia: The Last Experiment* feststellte, daß die Botany Bay von 1788 nicht notwendigerweise die beste »Markierung« für den Beginn einer »polygenerischen Gesellschaft« ist.[22] Der vierte Vortrag, »Lucky Country Dreaming«, führt aus, daß nur Arnhem Land im Jahr 1802 eine Bühne »für alle Akteure des modernen Australien« war. Wilmonts Szenerie ist keine Phantasie schuldbewußter oder besorgter Gegenwart. Er spricht einfach von Geschichte als einem Buch, und von einer Seite mit aboriginalen AustralierInnen, die aufs Meer hinausschauen, einem »für die Fischfangsaison« zurückkehrenden Macasaren-Schiff, und einem britischen Schiff, das zum ersten Mal in der Bucht erscheint. Die Macasaren, die seit Jahrhunderten im kosmopolitanischen Norden kamen und gingen, wurden stets durch eine von ihrem eigenen »verfluchten Strand« hypnotisierte englische Vorstellungswelt ignoriert; nur wenn sie repräsentiert sind, treffen sich »die Europäer, die Asiaten und die Australier alle an den Küsten des Südlandes«. Diese Erinnerung daran, daß zumindest drei Völker einen gegebenen *historischen* Raum »von Anfang an« eingenommen haben können, verleugnet nicht Tragik, Gewalt und Konflikt. Es versucht zu verändern, wie die Geschichte dieses Raumes in Zukunft sein kann.

Mein Punkt ist sicherlich nicht, daß wir nicht über Strandkultur schreiben könnten, ohne all dies mit an Bord zu nehmen, obwohl ich allerdings glaube, daß es oft unwillkürliche Resonanzen gibt, wenn Leute sich vorstellen, daß der Strand in Australien utopisches Potential für eine natürlich natürliche »Natur« bietet. Mein Punkt ist, daß Willmots Verwendung des Strandes zugleich als positiver kultureller Wert und als historisches Bild, das *bereits* in kritische Debatten und politische Konflikte verwickelt ist, vielleicht auf ein komplexeres Projekt für Cultural Studies als die Ausarbeitung paradigmatisch »gegebener« (sub)kultureller oder nationaler Themen verweist – ohne deren Wert oder gar ihre kulturelle Macht zu mißachten.

In diesem Geist ist es vielleicht sinnvoller, den Strand eher als ein Chronotop als einen *topos* oder Mythos zu denken. Bakhtins berühmte »Analyseeinheit« auf Grundlage variabler Zeit-Raum-Schlüssel kann ihre eigene essentialistische Aufladung tragen, erlaubt uns jedoch, mit der Dichte und Volatilität kultureller Referenzsysteme umzugehen, ohne *entweder* unablässig eine unmögliche Totalität auf jede einzelne Begebenheit zur Anwendung zu bringen (jede verirrte Strandansichtskarte ein schuldbeladenes Symptom des Kolonialismus) *oder* jene raumgebundenen Paradigmata popularer Praxis zu erzeugen, die derart eine atomisierte Gegenwart (Sport/Strand/Auto) idealisieren und läutern, daß sie als defensive Garantien absoluter historischer Unschuld fungieren können. Die Schönheit des Chronotop-Konzepts liegt darin, daß es uns ermöglicht, über die kulturellen Querverbindungen zwischen räumlichen und zeitlichen Kategorien in Begriffen *variabler* Beziehungen nachzudenken.[23]

Eine der kraftvollsten Strandszenen, die ich kenne, arbeitet in dieser Weise direkt an »dem Strand«. In meiner Lesart erklärt sie auch, warum der Strand vielleicht eine der tiefstliegenden »Lebenswirklichkeiten« in Australien ist, eine in deren Begriffen die Gefahr der Dissoziierung der Lüste der Popularkultur von den politischen Konflikten der Geschichte – ebenso wie das Bedürfnis danach – im Alltag gelebt wird.

Man könnte Mudrooroo Nyoongahs »Beached Party« – ein Text aus Anlaß des Australia Day (26.Jänner) 1991 – eine Elegie nennen.[24] Es ist mit Sicherheit ein Trauergedicht, aber nur in den ersten paar Zeilen gibt es eine Unterscheidung zwischen der Gegenwart der Erzählung (»Wir alle, jeder von uns muß einen Beginn haben, einen Geburtstag«[24a]) und der historischen Vergangenheit (»Ich, wir starben zu tausend, tausend, / Als Gouverneur Phillip zum Schreckensnullus brachte / seine kranke Ladung: ›Ich leide, leide– / Warum setzt man mich hier aus?‹«[24b]). Diese Zeilen komplizieren bereits die Beziehungen zwischen einem allgemein menschlichen »wir«, einem aboriginalen »ich, wir«, einem zitierten weißen »ich« und der Unterschrift »Nyoongah«: das übrige Gedicht verschiebt und dehnt diese Beziehungen hin und zurück innerhalb eines gedrängten, flackernden Zeit-Raums, ähnlich einer Party, wo sich nichts so sauberes wie eine »gespaltene« Subjektivität aufrechthalten läßt, wo die Stimmung wild zwischen Wohlwollen, Sarkasmus,

Mitleid und Trauer schwankt und wo die Vergangenheiten und Gegenwarten radikal verschiedener Temporalitäten ineinander überfließen und zusammenkrachen.

Die »gestrandete Gruppe« (beached party) ist ein Durcheinander, aber sie ist nicht chaotisch. Es gibt da eine Logik, welche die »Klischee-«Gegenwart von zur Schau gestelltem politischem Konsens und nationaler Aussöhnung, die »ewige« Gegenwart von TV, Tourismus, Strandurlaub und Grundstücksgeschäften und die wiederkehrende Gegenwart aboriginaler Trauer zusammenhält, so wie es da eine Logik gibt, die in der Lage ist, die Unterschiede zwischen den Koori-, australischen, menschlichen und Nyoongah-Identitäten, die Mudrooroos Text annimmt, zu verwischen, aber nicht auszulöschen.[25] Man könnte es MODERNITÄT nennen, das Erbe der AUFKLÄRUNG oder auch bloß einen jener sich in der Popularkultur häufenden Widersprüche. Man könnte es auch »die Umwelt« nennen oder »das Ozonloch«. Gegen Ende des Gedichtes klärt sich die Gruppenszene für eine »historische Neuinszenierung«, die zugleich (für »ich, wir«) die gegenwärtige Realität einer Opferszene ist: Gouverneur Phillip hält »den zerschmetterten Körper eines Koori in seinen weißen, langsam braun werdenden Armen«[25a], während »ich die Narben meiner Trauer befühle und lächle über das Tropfen meiner Tränen«[25b], das Boot ruhig haltend, während Phillip seine Gaben darbietet; als dann die Muskete spricht, kann »unsere neue Nation, in Trauer jedes Jahr aufs neue an diesem Tag«[25c] die Geburt ihrer Zukunft unter der todbringenden Mittsommersonne begrüßen:

> »Und gleichgültige Haut sich in Krebsgewächsen wirft
> Und meine Stimme ein hoffnungsvolles Alles Gute zum Geburtstag, Australien flüstert
> Während ich Sonnencreme auf die schlimmsten Wunden meiner Vergangenheit schmiere.«[25d]

»On the beach« (ein Etikett, das durch einen Roman und einen Film über das Ende der Welt am Ende der Erde, in Australien, berühmt gemacht wurde) ist ein alter Ausdruck und bedeutet *gestrandet*: schiffbrüchig, mittellos, bankrott, verlassen, angespült. »On the beach« ist auch der Name eines kulturellen Rahmenwerks zur Beschäftigung mit »dem Zustand der Nation« (also der Welt, der menschlichen Verfassung, öffentlichen Angelegenheiten, eventuell einer vertrauten, sogar trivialen Situation). Aus diesem Grund kann John Forbes einen Teil seines »On the Beach« auf einer belebten Stadtstraße ansiedeln und Mudrooroo Nyoongahs »Beached Party« Seitenblicke auf die Holzverarbeitungsindustrie und Auseinandersetzungen um ausländische Investitionen enthalten. In der Marxistischen Kritik wird einem solchen Ansatz oft unterstellt, *essentiell* essentialistisch sowie pessimistisch zu sein, und dafür kann es gute Gründe geben: wenn »Nyoongahs« schwarze(r) Trauernde(r)/Feiernde(r) in UV-Schutzcreme auf mehr als bloß eine Weise eine neue Form von historischem Subjekt definiert, sind Forbes Zuschauer, die ungerührt auf den Ausgang einer Gewißheit wetten, als ob deren Grausamkeit sie nichts anginge, Vorvätergestalten aus der Legende vom stoischen weißen Arbeiterklasse-»Charakter« – hart, zynisch, seelenlos – der großteils von Intellektuellen, voll Faszination, erfunden wurde.

Doch »on the beach« ist eine jener Phrasen, die sich selbst untergraben können: einfach deswegen, weil sie von jemandem verwendet wird, der noch am Leben und in der Lage ist, eine Geschichte zu erzählen, kann sie allenfalls ihre eigene Deklaration einer pathetischen oder hoffnungslosen Endgültigkeit verwerfen. Gedacht als narrativer Rahmen, erzeugt diese ausdrückliche Ironie eher Geschichten von Begegnung als von Abschließung, in der Zeit ebenso wie im Raum. Auf diese Weise verwickelt Mudrooroos Aneignung des »verfluchter Strand«-Modus der Australia Day-Meditation die globale Zukunft der Menschheit in eine immer wiederkehrende Koori-Vergangenheit-Zukunft. Aus diesem Grund impliziert auch John Forbes »On the Beach«, daß die Antwort auf die Frage seines eigenen kleinen Urbanszenarios - »reicht das nicht für ein förmliches Australien-Modell?« – am Ende wird »nein« lauten müssen.

Offenbarung am Martin Place

Eine komische kulturelle Begegnung hat in John Forbes' Straßenszene bereits begonnen. Wir brauchen nicht genau zu wissen, was es ist, um zu wissen, daß es passiert: irgendwas wird durch die Gedächtnisanstrengung in der Mitte des Textes markiert – »gibt's da nicht ein Gedicht darüber & das schimmernde Ideal, einfach die Straße langzugeh'n?« – und durch die Kodierung des Textes als formale Nachahmung »nach Juan Davila«.

Es *gibt* ein anderes Gedicht darüber, oder über etwas ähnliches wie »das« – ein berühmtes Gedicht von Les Murray mit dem Titel »A Absolutely Ordinary Rainbow«. Es handelt nicht von Gewerkschaftsvertretern, die einem Mann beim Köpfen eines Huhnes auf der Straße zusehen (nur vielleicht ein religiöser Ritus, möglicherweise ein künsterischer Ansatz, aber mit Sicherheit eine gesellschaftliche Übertretung). Es handelt von einer Offenbarung, die einen anonymen Mann im Martin Place in einem kosmischen Weinanfall überkommt. Sein Weinen bringt die Stadt zum Stillstand; als es vorbei ist, »geht er einfach« durch die Menge und davon.[26] Les Murray ist Katholik, ein gefeierter Poet (nahezu ein *de facto* Dichterfürst) und ein konservativer populistischer Denker innerhalb der anglo-keltischen Tradition; seine Sammlung von *Poems 1961-1983* trägt den Titel *The Vernacular Republic* (Die heimische Republik).

Juan Davila ist ein schwuler chilenisch-australischer Künstler, und Forbes Text ist ein Tribut an sein Werk, insbesondere sein Historiengemälde *Fable of Australian Art* von 1982-83, dessen erste Tafel eine leere Leinwand enthält mit der Aufschrift »A Republic for Australia«. In der Vergangenheit verwendte Davila umgestaltete christlich-koloniale Ikonographien, um geschlechtliche und kulturelle Differenz in der politischen Ökonomie des Modernismus zu untersuchen. Teile seines Werks in den

1980ern kombinierten die manchmal transvestierte, oft männliche Pieta mit entstellten »Kenn-«szenen der KUNSTGESCHICHTE, Zeichentrickfiguren, Popikonen und Gestalten aus Tom of Finland-Pornos in psychoanalytischer Auslegung; seine Gemälde wurden zeitweise über Antrag fundamentalistischer christlicher Gruppen beschlagnahmt. 1982 begegnete sein *Stupid as a Painter*, das Michelangelos *Pietà* in eine »Der Kuß der Spinnenfrau« betitelte Erzählung einband, Vorwürfen wegen Obszönität; 1988 wurde seine Darstellung *Bivouac* für ein Buch mit kritischen Essays zur Zweihundertjahrfeier zensuriert, damit sein Umgang mit Gouverneur Phillip keine Anzeige wegen Majestätsbeleidigung auslöst.[27]

Wenn die Medien ihm auch unterstellen mögen, gewöhnliche Werte umzukehren, köpft Davila keine Hühner, um damit unsere geheiligten Institutionen zu schockieren, und seine Kunst wird von Forbes nicht als eine »Übertretung« jener Les Murrays dargestellt. »Nach Juan Davila« zu schreiben ist genau eine Angelegenheit der Selbstumschreibung: das metonymische Umschlagen eines Bildes (»Köpfen eines Huhns«/«kopfloses Hendl«) aus einem Kontext in einen anderen, in dem seine erste Bedeutung nicht »negiert«, sondern in einer Weise transformiert wird, daß alle resultierenden Beziehungen *in Frage gestellt* werden. Das Prinzip ist der zeitgenössischen Kritiktheorie hinreichend vertraut. Was ich hier vielleicht betonen muß ist, daß dieses Infragestellen nicht auf, beispielsweise, katholische religiöse Überzeugungen (Murrays Gedicht ist in dem von Forbes nur eine vage Spur) zur Anwendung kommt, sondern auf »das schimmernde Ideal, einfach die Straße langzugeh'n« – jenen heiligen, sekularen Wert des ABSOLUT GEWÖHNLICHEN.

Das ist eine komplizierte Frage. Davilas Werk ist zum Teil einer breiten kritischen Bewegung zuzurechnen, die in den letzten zwanzig Jahren international von Leuten geschaffen wurde, die die sexuellen, rassischen, ethnischen und klassenbezogenen Ausschlüsse und Auslöschungen angreifen, die das GEWÖHNLICHE konstituieren. In diesem Sinne ist ihm eine Opposition zu Les Murrays Ästhetik eingeschrieben (obwohl dieses Gedicht der einzige mir bekannte Fall eines direkten Kontakts zwischen beiden ist). Die Beziehung von Forbes Gedicht zu »An Absolutely Ordinary Rainbow« ist etwas stärker involviert: es liegt da ein wenig »Murray« im »Forbes« (die schiefe Wendung in der Formulierung »wir, da nicht gläubig« spiegelt den Geist wie auch die Syntax von Murrays wundervoller Schlußzeile über den Weinenden nach seiner Offenbarung: »*Gläubigen ausweichend*, eilt er davon, die Pitt Street hinab«[27a]; und während das Ideal glückseliger Gewöhnlichkeit allerdings rücksichtslos behandelt wird, bleibt immer noch »schimmernd« die Aura zurück.

Das ist nicht weiter überraschend: Was da schimmert, ist ein mächtiges Trugbild. Zumindest ein Jahrhundert lang, seit der Blütezeit Henry Lawsons, haben Theologen der Sozialdemokratie das weiße männliche Arbeiterklassen-GEWÖHNLICHE als die leuchtende Wahrheit des Popularen betrachtet, das hinter dem Alltag durchscheint. Von D.H.Lawrence in seinem Roman *Kangaroo* von 1923 (»dieser Ort ist gedacht für alle Menschen von exakt gleichem Niveau«) bis zu Donald Horne in *The Lucky Country* (»Eine Gesellschaft, deren Vorgänger einen ganzen Kontinent erschlossen, scheint nunmehr alles zu scheuen, das irgendwie außerhalb des Gewöhnlichen liegt. Das Problem ist, daß nach australischen Standards nahezu alles, was heute wichtig ist, außerhalb des Gewöhnlichen liegt.«) haben KritikerInnen dieser Demokratie das GEWÖHNLICHE als eine verkrüppelnde Normalisierung vergegenständlicht – beinahe ein repressives *Regime*.[28] Doch wie diese zwei Zitate zeigen, erforderte die wiederholt auftauchende Kritik des GEWÖHNLICHEN als einer politischen Kultur (Lawrence sagte zutreffend die Form voraus, die der Faschismus hier annehmen würde) und als einer Sozialphilosophie (Horne sagte Australiens ökonomischen Abstieg in einer Ära neuer Technologie voraus) nicht immer das Durchdenken jener Ausschlüsse, von denen es abhängig ist.

Die Cultural Studies können von diesen noch nicht zur Gänze gelösten Begegnungen viel lernen. Zwischen den Materialien der Kulturkritik sind immer Klüfte und Inkommensurabilitäten am Werk, und vielleicht steht bei der Arbeit mit diesen der kritische Affekt am stärksten auf dem Spiel. Was mich zur Zeit oft interessiert, ist eine Kluft zwischen historischen Diskursen über australische Kultur (beinahe eine Zweitsprache für mich, so fremd können sie erscheinen) und den transnationalen Kritik- und Politikdiskursen – Feminismus, Marxismus, Poststrukturalismus – die für mich die Rolle einer zusammengesetzten Muttersprache spielten. Beide sind in der öffentlichen Kultur heute gebräuchlich, erstere weit mehr als letztere; die für mich heute in Cultural Studies am meisten hilfreichen Arbeiten vermengen beide. Daher bin ich mir auch einer Kluft zwischen den australischen institutionellen *Bedingungen*, die Graeme Turner besprochen hat, und den internationalen *Annahmen* bewußt, die häufig ein Zeichen transnationaler Kritik sind (absolutistische Distributionen der Beziehung zwischen Theorie und Praxis, »lokale« amerikanische und britische Methodendiskussionen – Text kontra Ethnos, das Literarische kontra das Populare – erhoben zum Rang globaler menschlicher Dilemmata). Diese Erfahrungen sind produktiv: »Klüfte« verbergen keine leichtfüßige Wahrheit, die der/die KritikerIn verfolgen kann, aber sie helfen, die *sozialen* Bedingungen für die Erfindung einer kritischen Praxis zu entwickeln.

Das ist kein verwässertes Thema. Es stehen praktische Probleme auf dem Spiel über die Politik der Cultural Studies in einer bestimmten sozialen Formation. In jüngeren Jahren gab es beispielsweise einige Diskussion über Probleme, die aus dem folgen, was Turner in Reflexion über *Myths of Oz* die *»theoretische* Schwäche« nannte, »britische Subkulturtheorie hereinzurollen, um australische Mainstream-Popularkultur zu analysieren«.[29] Nicht ganz so viel Aufmerksamkeit wurde bislang den Problemem gezollt, die aus dem Hereinrollen des abstrakten ästhetischen Vokabulars der europäischen Moderne zu dem Zweck folgen, in Australien das zu theoretisieren, was diese Moderne (wie Marshall Berman gezeigt hat) immer für »die Praxis des Lebensalltags« hielt und das hier historisch mit einstmals radikalen, nunmehr reaktionären *nationalistischen* populistischen Werten aufgeladen war.[30] 1990 legten Schüler in ganz New South Wales beim Abschluß der High School eine Englischprüfung ab, die eine Frage enthielt, die ich aus dem Gedächtnis zitiere:

»›Les Murray macht das Gewöhnliche außergewöhnlich und das Außergewöhnliche gewöhnlich‹: Führe das aus.«

Dies ist also kein »spezifisch« australisches Thema. Wenn eine lokale Ironie darin liegt, das Prinzip des »Fremdmachens« als Teil einer Grundausbildung im GROSSEN AUSTRALISCHEN GEWÖHNLICHEN zu erlernen, liegt eine größere Ironie in der in den Cultural Studies weitverbreiteten Abneigung dagegen, das ästhetische Erbe der Rahmenwerke zu hinterfragen, die heute zur Analyse von Popularkultur verwendet werden – eine Abneigung, die in Schulen der Medienstudien am intensivsten sein kann, die um nichts in der Welt irgendetwas mit einem Gerede von »Kunst« oder »Literatur« oder mit offenkundig theoretischen Spekulationen zu tun haben wollen.[31] Doch Ian Hunter hat in *Culture and Government* beispielsweise gezeigt, wie machtvoll eine ungeprüfte Leavis'sche Pädagogik der gegenseitigen Anerkennung durch Text (»das *ist* so, nicht wahr?«) für Cultural Studies geblieben ist, die für sich in Anspruch nehmen, nicht nur Kanons zu verwerfen, sondern »über« den Text hinauszugehen, um *Praktiken* zu untersuchen.

Der gewöhnliche Australier

Das Ziel von Ian Hunters Fragestellung, wie von jener Juan Davilas, ist nicht, eine historische Komplizität aufzudecken, die Denunziation erfordert, sondern zu fragen, was in der *Praxis* aus gewissen »schimmernden« Idealen folgt, und was auch daraus folgen konnte, auf andere Weise zu arbeiten. Ich möchte ein Beispiel für ein Problem anführen, das ich mit einem eigenen Ideal hatte und das zu klären mir Hunters Werk geholfen hat, ohne mich allerdings mit einer Lösung zu versorgen, die ich akzeptieren könnte. Es erhebt sich aus einer zweifachen »Kluft« (in Ermangelung eines besseren Wortes) zwischen der Geschichte des GEWÖHNLICHEN in der australischen Sozialkritik und dem Konzept des Alltäglichen in der europäischen Philosophie. Wie üblich ist diese Kluft sowohl eine materielle wie eine konzeptuelle: das »Alltägliche« ist bereits ein komplexes und wohldefiniertes Problem für ein riesiges Textarchiv;[32] die Geschichte des GEWÖHNLICHEN existiert nur als verstreute Dokumente, zusammengetragen durch »Alltags-Know How«. Meine Begriffe verfangen sich notwendigerweise in eben jenem Problem, das sie zu definieren versuchen. Ich kann nur auf mein Problem hindeuten und sagen, warum ich glaube, daß es wichtig ist.

Glücklicherweise bietet mir eine amerikanische Kritikerin eine versteckte, aber tragfähige Art des Beginns. In »An Ontology of Everyday Distraction« kritisiert Margaret Morse den Anachronismus des Transfers des Models der von Michel de Certeau in *Kunst des Handelns* entwickelten alltäglichen »Praxis als Äußerung«[33] in das Studium der heutigen US-amerikanischen Konsumentenkultur. Dieses Modell, so denke ich, ist nur eine Version eines der kraftvollsten »modernistischen« Themen, die regelmäßig von den Cultural Studies aufgegriffen werden, dem »Exzeß« von Prozeß über Struktur. Es ist weder zufällig noch inkonsequent, daß Henri Lefebvre

Das Alltagsleben in der Modernen Welt mit einigen dichten Seiten des Lobs auf James Joyces *Ulysses* begann und auf den »große(n) Fluß, das heraklitische Werden«, in dem, für Lefebvre, Joyce das urbane und linguistische Alltägliche wiedergefunden hatte, das es in den Diskurs einzubringen mithalf.[34]

Wie die meisten KritikerInnen, die von Lefebvres Werk ausgehen, wollte de Certeau über die Grenzen einer »Kritik der graphischen Darstellung« hinausgehen, die bloß »an den Grenzen der Lesbarkeit ein unerreichbares Jenseits« betrachtet. Im »Jenseits« dieser Grenzen mußte es einen Weg geben, nicht-graphische Sozialpraktiken direkt und dennoch nicht naiv zu lesen.[35] So schlug de Certeau in »Gehen in der Stadt« vor, »Zugang« zu diesem Jenseits zu gewinnen mit seinem Modell des fußgängerischen Sprechaktes. Gehen könne als *»Raum der Äußerung«* betrachtet werden; »Der Akt des Gehens ist für das urbane System das, was die Äußerung für die Sprache [*langue*] oder für formulierte Aussagen [*énoncés proférés*] ist.« Mit anderen Worten, die Handlungen der Menschen bei der Benutzung der Stadt können nicht durch den Systemplan einer Formalmacht vorhergesagt oder beschränkt werden. Mit dieser trickreichen urban/räumlichen Projektion eines linguistisch/temporalen Konzepts (Äußerung) wurde jenes »schimmernde Ideal, einfach die Straße langzugeh'n« ein Modell der popularen Praxis – und des kritischen Prozesses – in verwalteten Gesellschaften.

In der einen oder anderen Form war dies, zusammen mit der damit eng verbundenen Unterscheidung Strategie/Taktik, in jüngerer Zeit eines der einflußreichsten Modelle für Cultural Studies.[36] Morse fragt allerdings, ob de Certeau sich jemals hätte vorstellen können, »als er über Gehen als eine evasive Strategie der Selbstermächtigung schrieb, daß es eines Tages Videokassetten zur Demonstration von ›Power‹-Walking geben würde.« Sie führt aus, daß »Praxis als Äußerung« nur zweifelhaften Wert als »Vision der Befreiung« hat, sobald die Prozesse der Zugangsgewinnung zu einem Jenseits (mit ihren Begriffen, einem *Anderswo*) vollständig »in der Geometrie des Lebensalltags mit eingeplant« wurden durch Kaufhausgallerien, Autobahnen und Fernsehen, und nun, da de Certeaus »figurative Praktiken der Enunziation (›zurandekommen‹, ›Gehen in der Stadt‹ oder ›Lesen als Wildern‹) *in der Repräsentation selbst vorgegeben* sind« (195). In der speziellen Zeit-Raum-Ökonomie, die Morse »alltägliche Ablenkung« nennt, blockiert der Designprozeß eine Prozeß/Struktur-Dynamik, statt sie voranzutreiben. Es gibt keinen »Ausweg« beim Designer-Ausweg, oder um es anders auszudrücken, nichts ist so exzessiv wie Designer-Exzeß.

Nun bezweifle ich in abstrakter und ziemlich fundamentaler Weise, daß ich ohne ein Konzept enunziativer Praxis denken könnte, und wenn ich die von Morse beschriebene Umgebung auch wiedererkenne, bleibt es für mich doch eine touristische Erfahrung, jemand anderes Anderswo, und nicht mein Lebensalltag. De Certeau dachte nicht an Praxis als *ausschließlich* Äußerung, ein Begriff, der in seinen Texten als Allegorie auf und Attribut zu anderen Arten sozialer Aktion dient. Doch wie Morse aufzeigt, übersetzt de Certeau Äußerung häufig als *Ausweichen*, und das ist das Problem; an diesen Stellen seines Textes beschäftigt ihn die »fliehende« Natur des Sprechaktes mehr als seine kohäsiven, dialogischen oder referentiellen Kräfte.[37] An diesen Stellen blickt sein Text eher voraus auf Cultural Studies, die »Widerstand« als programmiertes Element der kapitalistischen Kultur feiern, statt jenen Prozeß (kohäsiv, dialogisch, referentiell) zu betrachten, durch den, wie Morse es in ihrer eigenen weisen Vision der Rolle der Kritik beim sozialen Wandel ausdrückt, »alternative Werte und ihre Unterstützer sich abgemüht haben, sich im Diskurs *selbst zu markieren* » (215).

Zudem war das evasive/enunziative Modell des Alltäglichen bei de Certeau weder einmalig noch originell. Es wirkt bereits in Lefebvres *Das Alltagsleben in der Modernen Welt*, und seine extensivste mir bekannte Bearbeitung findet es in Maurice Blanchots wundervollem Essay über »den Mann auf der Straße« von 1959, »Everyday Speech«. Blanchot schreibt über Lefebvres ältere *Critique de la vie quotidienne* (1947-62) und legt dabei mit bewunderswerter Knappheit alle Elemente für einen theoretischen Mythos des EVASIVEN ALLTÄGLICHEN dar. In der verwickelten Dialektik dieses Textes, der Levebvres historischem Materialismus wenig verdankt, werden diese Elemente durch einen Refrain zusammengehalten: *»das Alltägliche entflieht«.*[38] »Dies ist seine Definition«: es entflieht allen »Formen oder Strukturen«, allen »Kommunikationsmitteln«, jeder »dialektischen Rückgewinnung«, jeder »Autorität, sei sie politisch, moralisch oder religiös«, jeder Unterscheidung zwischen richtig und falsch. Es ist reiner Prozeß zum Exzeß, und es ist stets, wie »der Mann auf der Straße«, *potentiell* politisch. Deshalb ist das strukturell »Andere« zum Exzeß der Alltagssprache für Blanchot, wie bereits für Lefebvre, eine doppelte Gestalt: der Philosoph, der Mann der »Metasprache« in Levebvres Formulierung, und der *Bürokrat*, der »Mann der Regierung« bei Blanchot. Auch bei de Certeau widersetzte sich der »Fußgänger-Sprecher« einem Zwilling und wich ihm aus: einerseits dem Kulturtheoretiker; andererseits dem Stadt-*Planer.*

Dies ist ein intensiver Diskurs des Begehrens, und man könnte ihn historisch anhand philosophischer Debatten über die Frage »des Anderen« im Nachkriegsfrankreich analysieren. Unter den in den Cultural Studies heute noch benutzten Texten wechselt der symbolische Träger der evasiven Alltäglichkeit mühelos von Blanchots »Mann auf der Straße« über »die Frau im Heim« (Lefebvre) zu de Certeaus Gehenden, dessen mythische Projektion in seinem Text der »Mann Freitag am Strand« ist. In allen Fällen ist dieser Träger als zur »Metasprache« diskursiv Anderer markiert – als weibliche Belesenheit (Lefebvre), als populares Gerücht, ein Diskurs »ohne Subjekt« (Blanchot), oder als »wilde« Spur der Mündlichkeit in der Schriftlichkeit (de Certeau) – während das ihn markierende Subjekt als solches zwischen »dem Philosophen« in Lefebvres formalen Dialogen, dem spekulativen Denker, der zugleich im Alltäglichen lebt (Blanchot) und dem Berufswissenschaftler in einer Forschungsinstitution (de Certeau) wechselt.

Diese wiederkehrende Einschreibung des historischen Subjekts der Metasprache – überhaupt der Cultural Studies – als weißer europäischer Mittelschichtmann

(»Robinson Crusoe« bei de Certeau) hilft zu erklären, warum Wlad Godzich in seinem Vorwort zu de Certeaus *Heterologies* so überzeugend argumentieren kann, daß »dieses Andere, *das Diskurse dazu zwingt, diese verschlungene Form anzunehmen, die sie haben,* nicht eine magische oder transzendentale Erscheinung ist; es ist die Art des Diskurses, sich auf seine eigene Historizität im Augenblick seiner Äußerung zu beziehen.«[39] Die ist auch der Grund, warum die »Kritik des Alltagslebens« ein Diskurs kritischer *Involviertheit* ist, und ebenso der Grund, warum diese Involviertheit die Form einer enunziativen Praxis annehmen muß.

Das Interessante daran ist für mich jedoch, daß für *all* diese Texte dieser Prozeß sich nicht bis zur Involviertheit mit jener einen Gestalt erstrecken darf, die tatsächlich, für alle drei Autoren, der unbezwingbare »Andere« bleibt – der Bürokrat. Noch vor irgendeinem Auftreten enunziativer Praxis ist das Subjekt der Metasprache bereits durch diesen Diskurs in theoretische und »administrative« Funktionen, Prozeß und Struktur gespalten: die jeweils zweiten Begriffe sind negativ bewertet, und das semantische Attribut »politisch« wandert zu den jeweils ersten.

Hier muß ich die erste Kluft in meinem Diskurs und zwischen den Materialien, mit denen ich arbeite, markieren. Ich wende mich einmal mehr Donald Hornes »Mann im Hemd mit offenem Kragen« zu. Er redet nicht viel, während er am Strand sein Eis genießt; der Legende nach ist er enunziativ »lakonisch«. Trotz seiner Umgebung steht er Blanchots »Mann auf der Straße« viel näher als de Certeaus Mann Freitag, der in seiner Erinnerung als eine Art exotischer Prinz herumschwebt; er hat keine Ahnung von der Frau im Heim. In gewisser Weise paßt er in die Reihe. Aber er ist in keiner Weise *evasiv*: seine einzige Alltagspraxis ist ein mäßiger materialistischer Konsum, und er mag keine symbolischen Exzesse (»zu weit hergeholt«) Er ist der GEWÖHNLICHE AUSTRALIER: nunmehr im Ruhestand, besorgt um seine Pension und über »die Asiaten, die das Land übernehmen«; selbst seine alten Gewerkschaftskumpel haben gerade eben Geld der Basis verschwendet für eine zwanzigseitige Beilage in *Cleo*, diesem Yuppie-Frauenmodemagazin. In seiner Jugend hat er wenige Philosophen zu Diskursen angeregt (das wäre *wirklich* etwas übertrieben). Aber er war und ist ein Objekt ungeheurer Begierde für so manchen Mann in der Regierung.

Auf der anderen Seite dieser Kluft, in *Culture and Government* und einem dazugehörenden Essay über »Setting Limits to Culture« (»Der Kultur Grenzen setzen«) liefert Ian Hunter eine seltene Verteidigung einer bürokratischen Praxis.[40] Gegenstand von Hunters Kritik ist nicht der Alltag, sondern die Kultur in der Erscheinungsform als englische Literaturerziehung. Nichtsdestoweniger ist seine harsche Darstellung der »gigantischen ethischen Zangen der Dialektik« in den britischen Cultural Studies direkt auf die französische Tradition anwendbar. Hunter argumentiert, daß Cultural Studies das, was sie via Marxismus und romantische Ästhetik Schiller und Hegel zu verdanken haben, unterbewertet und dadurch ihren Platz in einer Geschichte der als exemplarische *ethische*, auf die »Formung des Selbst« gerichtete Praxis in den Schulen ausgeübten Kritik verkannt haben. Wenn Cultural Studies auch behaupten mögen, eine materialistische Analyse der Kultur anzubieten und den kritischen Prozeß zu politisieren, wirkt die Dialektik in Wirklichkeit als eine virtuose Technik »ethischer Athletik« – in Wahrheit als »eine Technik für den *Rückzug* aus den diskursiven und institutionellen Sphären, in denen kulturelle Attribute tatsächlich spezifiziert und formuliert werden«.[41] Solche Sphären sind hauptsächlich administrativ und bürokratisch; dies sind die Sphären des »eigentlich« Politischen.

So wie die verwandten Arbeiten Tony Bennets und anderer PolittheoretikerInnen[42] wirft dieses Argument einige unbequeme Fragen über die »Kritik des Alltagslebens« auf. Die Weise, in der sie so oft sowohl ihre eigenen Prozesse wie ihre Objekte als *notwendigerweise* »evasiv« definiert hat, sogar als *per Definition* vom Aufenthalt in jenen »Sphären« von Planung und Administration ausgeschlossen definiert hat, ist bloß der Beginn ihrer Verwundbarkeit für Hunters Polemik. Im Lichte von Hunters Geschichte kann eine kritische »Praxis als Enunziation« plötzlich aussehen wie die ethische Zustimmung zum *Status quo*. Das bestätigt die Nervosität meiner eigenen Erfahrung, indem es aufzeigt, wie und *warum* das Erbe der Romantik in den Cultural Studies auf die Schaffung eines »überfrachteten Raums« ethischer Großsprecherei hinwirkt, in dem massive weltgeschichtliche Probleme theatralisch auf einer derart allgemeinen Ebene besprochen werden, daß sie unmöglich zu lösen sind, und auf Arten dargestellt werden, daß sie zu den Kräften, die konkreten sozialen Zukunftsaussichten eine »definitive Form« geben könnten, keinerlei Bezug herstellen, herstellen werden oder jemals herstellen können. Im Namen der Politik äußert diese Praxis eine Spirale, wie Tony Bennet es ausdrückt, von »großer Debatte zu großer Debatte«; stets zwischen aktivistischem Begehren und Panik vor den eigenen Wirkungen pendelnd, hat sie genau die Gestalt der dem Untergang geweihten Zirkularität, die in der Alltagssprache bekannt ist als Herumrennen wie ein kopfloses Hendl.

Ich habe gegen diese These massive Vorbehalte. Doch eines der vielen Dinge, die mich daran anziehen, ist ihre Kompatibilität sowohl mit jüneren feministischen Arbeiten, die »Praxis als Enunziation« eben mittels eines prä-Kantianischen Ethikkonzepts als, wie Moira Gatens formuliert, »wesentlich mit der Spezifität der eigenen Verkörperung beschäftigt«[43] überdenken, als auch mit dem Wert, den radikale Pädagogiken innerhalb und außerhalb der Schule immer einer »virtuosen« *kollektiven* Praxis zuwiesen, die eben genau auf die »(Neu)Formung des Selbst« gerichtet ist. Hunters Argument lehnt diese nicht ab, sondern mahnt einfach etwas »ethische Bescheidenheit« bezüglich dessen ein, was sie erreichen können.[44] Andererseits jedoch bin ich nicht sicher, wieviel durch die Entpolitisierung ganzer Felder der intellektuellen Praxis als »ethisch« gewonnen werden kann, in denen Menschen routinemäßig gegen Machtbeziehungen und -strukturen auftreten; ob Kultur in Mediengesellschaften in dem von Hunter angenommenen Sinn als »rar« betrachtet werden kann; ob irgendein »Selbst« so singulär und ordentlich sein kann, daß seine Funktionen sich sauber in Ethik hier, Politik dort trennen lassen; und ob Äußerung in einer Diskurs-*administrierten* Gesellschaft sich jemals auf eine »ethische« Technik beschränken läßt.

Jetzt möchte ich über diese Kluft hinweg zurückschauen, wo sich unheimliche Erinnerungen ohne unmittelbare Rechtfertigung regen. In einigen unserer Debatten über Politik und Ästhetik präsentiert sich die Prozeßthematik in umgekehrter Form; KulturtheoretikerInnen, die sich stärker mit GewerkschaftsvertreterInnen als mit DichterInnen oder MalerInnen oder Popstars zu identifizieren begehren, verteidigen administrative Kräfte gegen vermuteten »semiotischen« Exzeß. Diesmal sind wir ÄsthetInnen erstaunt (sprechen die über *Übertretungen*?), aber nicht überrascht, wenn ein oder zwei beginnen, jener gewöhnlichen Seele, »dem BÜRGER«, als Objekt ihres Begehrens zu huldigen.[45] Schließlich gibt es da einen Text darüber und das schimmernde Ideal, einfach mit der Arbeit fortzufahren; es ist eine Vision aus *The Lucky Country*, keineswegs nur diesem Buch vorbehalten, in welcher der weiße männliche GEWÖHNLICHE AUSTRALIER 1964 von einer besseren Zukunft für seine Anderen (seine Brüder) träumt:

> Der pragmatische, skeptische Australier kann durch die Rhetorik Asiens gehen wie ein blinder Mann, der Gewehrkugeln ausweicht. Da sind sie, da draußen in Asien, und geben Ratschläge zu Seuchenkontrolle, Kreditpolitik, Bewässerung, Sprachunterricht, einige der tausendundein kleinen Sachen, die Zivilisationen halfen, die Strahlung ihrer eigenen Schwülstigkeit zu überstehen. ... Ihre Fähigkeit, nicht zu verallgemeinern, einfach mit der Arbeit fortzufahren, kann die Herzen praktisch gesinnter Asiaten öffnen. (229)

PolittheoretikerInnen würden das heute nicht sagen, oder keine derartige Rhetorik verwenden, um es zu sagen. (Donald Horne ebensowenig, denke ich) Aber diese Rhetorik und diese Rhetoriktheorie sind, zusammen mit den Auslöschungen, Begierden und Projektionen, die Hornes Text einschreibt, Teil ihrer Geschichte und der Geschichte der Cultural Studies, die ich heute in Australien praktiziere.

Sie sind Teil *meiner* Geschichte, nicht zuletzt weil ich mich selbst beim Betreiben von Cultural Studies in einer Gesellschaft wiederfinde, wo der dominante *politische* Diskurs »Rhetorik« immer noch als exotische Schwülstigkeit ansieht, der vom Gewöhnlichen (Lebensalltag + Regierung) gemieden wird, und ich tue das häufig selbst, indem ich einen theoretischen Diskurs verwende, der im Alltäglichen einen rhetorischen Ausweg aus dem *Metasprachlichen* (Philosophie + Regierung) finden möchte. Ersterer wird keinerlei Unterschied im Diskurs zugeben, und das ist in gewisser Weise Politik. Letzterer tut sich glaube ich schwer, politisch einen Unterschied zu machen.

Die Kultur verändern

Ich möchte mit einer formlosen Beschreibung des unmittelbaren Kontextes meiner eigenen Sicht von Cultural Studies schließen. Wenn meine Arbeit stärker von Konzepten des Lebensalltags beeinflußt ist als von Debatten über Popularkultur, ist dies zum Teil ein Resultat davon, wie mich der Feminismus anleitet, über Praxis nachzudenken; ich interessiere mich weniger für Musik oder TV als dafür, wie diese die verschiedenen Zeit/Räume durchschneiden und organisieren, in welchen die Mühsal wie auch die Lust des alltäglichen Lebens von australischen Frauen umgesetzt wird. Das ist der Grund, warum ich »touristische Stätten und Klänge« nicht, wie Stephen Knight, für insignifikant halte, sie aber auch nicht, wie *Myths of Oz*, *vorrangig* als Schauplatz für das Lesen des Popularen in Begriffen signifikanter Praxis betrachte (obwohl ich eine glühende Leserin bin). Ich betrachte sie in erster Linie als kulturelle Kriegsgebiete.

Nehmen Sie zum Beispiel ein Gerangel über ein hypothetisches Tourismusressort an einem Strand in den 1990ern. Es geht um einen Platz, wo aboriginale Landanspruchswerber, japanische oder malayische Bauträger, weiße RassistInnen, UnternehmerInnen vieler Ethnizitäten, die wahrscheinlich pro-japanisch, aber vielleicht anti-aboriginal sind, UmweltschützerInnen, SurferInnen und eine breitere, in jeder Hinsicht gemischte und über Bauprojekte uneinige Gemeinschaft alle mit ungleichen Chancen um einen Raum kämpfen müssen, wo der »tiefe biblische Gegensatz zwischen Land und Meer« von einer Regierung verwaltet wird, die sich vertretbarer baulicher Erschließung verschrieben hat, während sie zugleich darum kämpft, den Bankrott abzuwehren. Ich sage »hypothetisch«, um die Dinge einfach zu halten: in der Realität wird es aboriginale UnterstützerInnen der Erschließung geben, RassistInnen, die keine weißen RassistInnen sind, überzeugte ÖkologInnen, die sich gegen grünpolitische MachtspekulantInnen stellen ....

In diesem Kontext ist Kultur ein Medium eines Machtkampfes, in dem die meisten Teilnehmer auf der einen oder anderen Stufe leidenschaftlich für ihre eigenen Zwecke die Interessen der »GEWÖHNLICHEN AUSTRALIER« beschwören werden. Dieser Kampf stellt sich im Alltäglichen als im Grunde ökonomisch dar. Die meisten öffentlichen Diskussionen über »Kultur« in den letzten fünfzehn Jahren, ob in Talkshows, Zeitungen oder Wirtshäusern, haben nicht unmittelbar mit TV oder Poesie oder Surfen zu tun. In ihnen ging es um die Folgen der Deregulierung weiter Wirtschaftsbereiche auf unsere Sozialstruktur und ethischen Systeme, um die Uruguay-Runde der GATT-Gespräche und die Bedrohung lokaler Kultur*industrien* durch ein von den USA erzwungenes »Freihandels«-Modell, um Für und Wider der APEC, um die sich abzeichnende Teilung der Welt in drei rivalisierende Handelsimperien ohne klaren Platz für »uns«, um den Konflikt zwischen national-ökonomischen, global-ökologischen und lokalen »Lebensqualität«-Imperativen. All dies sind potentiell angsterzeugende »Zukünfte«, die für uns heute als Medienszenarios auftreten.

Gleichzeitig ist Kultur nunmehr eine Exportindustrie, die mehr in Bezug zum Schuldenmanagement als zu Konzepten eines »umfassenden Lebensentwurfs« gesetzt wird. In der Vergangenheit haben unsere Englischfakultäten fast die gesamte australische Literatur in das nicht untersuchte Feld des »Popularen« verbannt.[46] Heute unterrichten die Englischfakultäten viele Formen von internationaler

Popularkultur, während »australische Literatur« (einschließlich Kritik und Theorie) eine Förderungskategorie ist, gleichauf mit Oper, Rockmusik, Restaurierung alter Gewerkschaftsfahnen und Finanzierung aboriginaler Kunst.

Auf dem Feld dieser hartnäckig ökonomischen Repräsentation von »Kultur« ist es klarerweise eines der Anliegen der Cultural Studies, dieses Feld für Erfahrungen von und kritische Äußerungen über Rasse, Gender, Sexualität und Klasse zu öffnen. Allerdings waren politische Akteure in Astralien, wie auch die Lehrberufe, vergleichsweise gut auf solche Äußerungen eingestellt; die Medien auch, etwas erratischer. Daher ist es nicht immer klar, daß eine sich primär auf eine nordamerikanische Cultural Studies-Bibliographie beziehende Kritik, wie eifrig sie auch den Anspruch erheben mag, politisch zu sein, viel praktischen Rat anzubieten hat. Die Thematik des popularen Ausweichens kann uns beispielsweise dazu führen, diese bemerkenswerte Entwicklung der letzten Jahre zu ignorieren, in der sich Wirtschaft, Medien und viele von Ian Hunters »administrativen Intellektuellen« den Lebensalltag GEWÖHNLICHER AUSTRALIER zu so etwas wie einem ausweichenden Objekt konstruierten.

Während der 1980er begann das Wort »Kultur« von den Medien auf ziemlich eigentümliche Weise verwendet zu werden. 1990, eine Woche nachdem die schlimmsten Firmenzusammenbrüche der australischen Geschichte ein Jahrzehnt finanziellen Mißmanagements und deregulierter Wirtschaftsverbrechen beendeten, fragte ein kriecherischer Moderator eines TV-Reportagemagazins Rupert Murdoch (heimgekehrt, um ein paar Zeitungen dichtzumachen), was »wir« tun könnten, um »unsere« Wirtschaft zu retten. Murdoch antwortete: »Ach, wissen Sie – die Kultur verändern«. Der Moderator wußte, was er meinte, obwohl er Murdoch dazu drängte klarzustellen, daß man nicht zulassen dürfe, daß Grünis die Wirtschaft ruinieren, um »ein paar Fische oder Wombats oder irgendsowas zu retten.« Was Murdoch »meinte«, war ein Mediengemeinplatz, daß Australiens größtes Wirtschaftsproblem das faule, hedonistische, wettbewerbsfeindliche, strandgebundene, lotusessende Ethos der GEWÖHNLICHEN Leute sei.[47] So eindringlich wurde diese Einschätzung während der 1980er ständig wiederholt, daß am Ende des Jahrzehnts UnternehmensführerInnen, BürokratInnen, PolitikerInnen und MeinungsbildnerInnen wie Maoisten klangen:

> Die Kultur zu verändern ist bei etwas, das so alt und groß ist wie ARC, kein schneller Prozeß.
>
> Eine kulturelle Verlagerung muß vorgenommen werden, solange noch Zeit ist …
>
> Professor [Helen] Hughes … sagte, die Australier haben sich zu lange auf die »Lucky Country«-Attitüde verlassen … »Wir müssen eine Exportkultur kultivieren.«
>
> Wir, fast alle von uns, sind Trampel. Das ist der Grund, warum dieses Land im Chaos ist, und wir werden aus diesem Chaos nicht herausfinden, bis die nationale Trampel-Kultur geändert wurde.

Diese Slogans stammen jeweils von einem leitenden Angestellten von Smorgon ARC, Australiens größtem Erzeuger von Baustahl; einem früheren Präsidenten des australischen Handelrats, der eine geplante »Schuldenkonferenz« vorstellt; einem Finanzjournalisten, der eine Rede einer Wirtschaftswissenschaftlerin bespricht; einem Herausgeber der *Australian Financial Review* in seiner anderen Rolle als Kolumnist der meistverkauften Sonntagszeitung Australiens.[48]

In diesem Kontext heißt »die Kultur verändern« vor allem »Leute dazu bringen, mehr zu arbeiten für weniger Geld«. Doch in der Logik des korporativen und administrativen Begehrens wird angenommen, daß dies auch bedeuten wird, die Details des Verhaltens am Arbeitsplatz (»Arbeitspraktiken«) und damit die Werte und Erwartungen von Zuhause und Familienleben zu ändern, die Haltungen der Arbeiterklasse zu Gender, sexuellen Präferenzen (die nunmehr »Marktsegmente« bilden) und Rasse sich liberalisieren, das Klassenbewußtsein *gesteigert* (das heißt, soziale und ökonomische Ungleichheit für die AustralierInnen leichter akzeptabel) und so die Bedeutung einiger der dauerhaften Mythen der weißen australischen Geschichte verändert wird. Während der 1980er wurden diese als Regierungsberichte bekannten Diskurse des Begehrens in den Medien als Teil einer *Doktrin* des »die Kultur Veränderns« beworben und die Kultur dabei als formbar oder »kalkulierbar« im Sinne Ian Hunters gesehen. Dies sind komplexe und mehrdeutige Entwicklungen. Ein Beispiel für den »Begehrens«-Faktor ist der Garnaut-Report, *Australia and the North-East Asian Ascendancy*, der als Teil einer einheitlichen Strategie die Abschaffung aller Zölle bis zum Jahr 2000 und den verpflichtenden Unterricht einer asiatischen Sprache in allen australischen Volksschulen empfahl.[49] Er erwog nicht, wie ein überladenes und unterfinanziertes staatliches Erziehungssystem dazu in der Lage sein sollte.

Die Unterscheidung zwischen Popularkultur und Lebensalltag wird auf dem Gebiet der medialisierten Politik allerdings dünn. Manche Leute fürchten immer noch, daß Cultural Studies die Politik »ästhetisieren« werden. Ich denke, daß Cultural Studies der Ästhetisierung der »Politik« im Regierungsprozeß entgegentreten müssen. Als Beispiel ein Bild auf der Titelseite des *Sydney Morning Herald* 1988 mit der Überschrift »The Band That Makes You Bop«: vier Figuren, gestaltet in klischeehaftem Rock-Promotionstil, halb im Schatten verschwindend, während sie versuchen, hart und sexy auszusehen. »Bop« war ein Wortspiel mit »BoP«, Zahlungsbilanz (Balance of Payments). Die »Stars« waren Buchhalter – Beamte, die den Monatsbericht über unsere Zahlungsbilanzkrise erstellt hatten – und der Text war eine Chronikgeschichte. Die Logik der Ästhetisierung wurde geradewegs bis zur modernistischen Selbstreferenz und zur postmodernen Obsoletheit durchgehalten: 1990 eine Zeichnung mit großen Felsbrocken, die Zombies auf den Kopf fallen, BOP! – während der Schatzkanzler (Paul Keating) zum Premierminister (Bob Hawke) sagt: »Mit der Zeit sind sie anästhesiert«.

Es ist eine Glaubenswahrheit in den Cultural Studies, daß die meisten Menschen keine Zombies sind. Man könnte sagen, daß »die Kultur verändern« ein Mythos ist, der bereits von den Menschen, auf die er zielt, angeeignet und revidiert wird. Einige Nächte nachdem Rupert Murdoch sein Schärflein zur nationalen Errettung beigetragen hatte, sprach ein Leiter der Flughafenfeuerwehr in derselben Sendung (*The 7.30 Report*) über Katastrophenstreß und die Therapie, die er nach dem Aufräumen nach einem tödlichen Unfall benötigt hatte. Er sagte, er sei an der »Veränderung unserer Arbeitskultur« interessiert; mit »unserer« meinte er Männer – es für Männer in Ordnung sein zu lassen, emotionales Leid einzugestehen und Hilfe zu suchen, etwas dagegen zu tun. Dies, denke ich, ist »subversiv«: vielleicht nicht in Bezug auf eine politische Ökonomie, die von ihren ArbeiterInnen heute verlangt, »flexibler« zu sein als in der Vergangenheit, aber in Bezug auf den politischen Mythos des GEWÖHNLICHEN, vergangen und gegenwärtig, in Australiens Alltagsleben – und auf die Angriffe, die einige seiner *Tugenden* jetzt im Namen der Wirtschaft unterstützen.

Mit »die Kultur verändern« meinte dieser Mann etwas *Ethisches* im Sinne Ian Hunters. Es scheint mir, daß administrative und politische, ästhetische und ethische Arten von Praktiken nicht so leicht oder gar sinnvoll unterschieden werden können, nachdem das »Alltagsleben« im Namen der »Kultur« zum Objekt bürokratischer Phantasie, politischen Begehrens und medialer Aufregung sowie zum Subjekt scheinbar unbegrenzter kultureller Produktion geworden ist. Jedenfalls ist es sicher nicht sinnvoll, Probleme so darzustellen, als ob man beim Studium »des Alltags« immer unmittelbar in eine tödliche Schlacht mit der Geschichte der westlichen Philosophie verstrickt sei.

In diesem Kontext würde ich Cultural Studies gerne als eine Disziplin sehen, die fähig ist, die Beziehungen zwischen Lokal, Regional, National und International als Handlungs- und Erfahrungsrahmen zu sehen (unter der Annahme, daß diese Rahmen zwingend viele Politiken von Rasse, Gender, Sexualität und Klasse beinhalten). Daraus könnten sich zwei Konsequenzen ergeben. Erstens könnten Projekte in Cultural Studies ein bißchen weniger auf die großen Debatten hin ausgerichtet sein, die die Disziplin weltweit aufrütteln, und sehr viel mehr auf die »ethischen« und politischen Themen hin, die in den öffentlichen Medien in den Kontexten debattiert werden, von denen wir annehmen, daß sie uns betreffen. Zum Beispiel könnte der Garnaut-Report einen besseren Ausgangspunkt für die Diskussion etwa des »Elitismus« in Australien bieten als die Bürde des Schrifttums in Britannien oder den USA. Zweitens würde ich die Cultural Studies gerne stärker als in der Vergangenheit durch Debatten über politische Ökonomie oder Geopolitik informiert sehen.

Ich sage dies allerdings eher als »Text«-Kritikerin denn als Amateur-Sozialwissenschaftlerin. Die Frage der Vermittlung, inhaltlich unterschieden vom politischen Prozeß selbst, wird von den meisten Politikpolemiken ignoriert. Doch meiner Meinung nach ist es zumindest ebenso angemessen für die Cultural Studies, sich damit zu beschäftigen, wie zu hoffen, direkt in Bürokratie- und Geschäftssphären zu intervenieren. Zu erkennen, daß der Medieneindruck vom politischen Prozeß eine gewisse Autonomie, Zufälligkeit, Produktivität und »Bürger-Input« aufweisen mag, kann es schwieriger machen, die Gegensätze zwischen Politik und Ästhetik zu mobilisieren, die diese Debatte bisher kennzeichneten.

Aus diesem Grund wäre meine eigene Alternative zu einer Familienromanze der australischen Cultural Studies nicht, eine Geschichte für das Feld zu »erfinden«, sondern die Wichtigkeit *für* ihre Geschichte des Lesens von beispielsweise Eric Michaels' Werk über Warlpiri-Fernsehen, Tom O'Regan über die »raumbindende« Funktion neuer Kommunikationspolitik, Sneja Gunew über kritischen Multikulturalismus, Migrantinnenschrifttum und feministische kritische Theorie, Stephen Muecke über aboriginales Geschichtenerzählen und postmodernes Reiseschrifttum, Yuki Tanaka über den japanischen politisch-bauwirtschaftlichen (im Gegensatz zum militärisch-industriellen) Komplex und Helen Grace über die Folklore des Finanzkapitalismus und seine Maskulinitätsmodi zu argumentieren.[50] Jedes dieser Projekte hat auf irgendeine Weise mit widerstreitenden *Bildern* der Politik zu tun: nicht einfach mit Bildern davon, was »Politik« ist oder sein sollte, sondern mit ihren Fehlern und Absurditäten; damit, wie Leute mit ihren Operationen und unvorhergesehenen Konsequenzen leben und dann mit multiplen Mediationen und Rückspiegelungen ihrer eigenen Reaktionen; damit, wie sie eigene Initiativen formulieren; damit, wie all dieses Leben die Forderungen und Sehnsüchte der politischen Vorstellungswelt »exzessiv« (um ein nützliches Wort hereinzuholen) übersteigt. So beschäftigen sie sich alle mit Kultur und Regierung in einem sehr weiten Sinn.

Aus eben diesem Grund ist auch mein liebster »Gründertext« für meine eigene Vision der Cultural Studies Sylvia Lawsons großartige kritische Biographie eines weißen, männlichen, populistischen Magazinherausgebers des 19. Jahrhunderts, *The Archibald Paradox: A Strange Case of Authorship*.[51] Neben einer Theoretisierung der Medienarbeit als politischer Praxis ist dies zugleich eine der subtilsten Darstellungen, die wir von den Dilemmata eines »kolonialen« Intellektuellen (um den zu Archibalds Zeit angemessenen Begriff zu verwenden) und von den paradoxen Begleitumständen seiner politischen Effektivität besitzen. Breiter gesehen ist es eine zenttrale Betrachtung der 1890er: genau jener Periode in der australischen Kulturgeschichte, die, teilweise dank Archibald, die Apotheose des GEWÖHNLICHEN in all seiner sexistischen, rassistischen, sozialdemokratischen Glorie sah; genau jener Periode, die, teilweise dank *The Bulletin*, die Formalisierung einer ästhetischen Doktrin sah, die das »Zu weit Hergeholte« verbot; und zugleich genau jener Periode in unserer ökonomischen und politischen Geschichte, die in unseren Medien nunmehr als das Modell, wenn nicht die Quelle unserer Probleme in der Gegenwart dient.

Lawsons Buch ist eine zentrale Betrachtung, weil es diese Legenden problematisiert; es zeigt den Radikalismus und den Idealismus vermengt mit dem Schlimmsten des GEWÖHNLICHEN; sie zeigt die Komplexität, die von Stereotypen im popularkulturellen Denken ebenso erzeugt wie unterdrückt wird; indirekt zeigt uns ihr Werk, warum die jetzige Aufstellung weißer männlicher GEWÖHNLICHKEIT als Objekt kultureller »Restrukturierung« vielleicht paradoxerweise einen Angriff auf einige soziale Werte beinhaltet, die wohl, wie der unkompetitive und unpatriotische Strand, wert sein mögen, verteidigt zu werden. Auf diese Weise ist *The Archibald Paradox* für mich eine exemplarische Geschichte der Gegenwart.

Glücklicherweise wäre es für alle zu weit hergeholt, Sylvia Lawson romantisch als ihren neuen, verbesserten Vater in Anspruch zu nehmen – Wissenschaftlerin, Journalistin, Romanautorin, Filmemacherin und Politlobbyistin, die sie ist. Ein Grund dafür ist, daß ihre Errungenschaft bereits in *The Archibald Paradox* war, zu zeigen, daß es niemals etwas »Singuläres« und mit Sicherheit nichts Perfektes an der Periode gegeben hat, die angeblich am »Ursprung« der modernen australischen Kultur stand; wir schauen nicht zurück auf den mythischen weißen Mann von 1890 aus der Pluralität und Vermischtheit unserer eigenen Gesellschaft heute; diese Vermischtheit war von Anfang an da.[52]

John Forbes erinnert uns daran, daß dies zu wissen ein bescheidener Überlebensleitfaden für das Leben mit *all diesem Gerede* sein kann, das endlos im paranoiden Raum kreist. Seine Bilderwelt, wie die Alltagssprache, kann manchmal gewalttätig klingen, ein wenig brutal und unmenschlich – all diese betäubten Barben und kopflosen Hendln, stumme Opfer einer Geschichte, die sich selbst irrtümlich für einen Krieg zwischen Mensch und Natur hielt. So mag auch seine Entdeckung der Wahrheit über die betäubte Barbe, als diese nach ihrem Ausbruch von Eloquenz Luft holt, »unmenschlich« oder »unpersönlich« scheinen; tatsächlich ist es ziemlich zärtlich und optimistisch:

aus der Nähe
sind die Waagschalen falsch
eigentlich eine gerissene mechanische Vorrichtung
wie Bob Hawkes Haare –
der Atmosphäre ausgesetzt glitzern sie
statt zu sterben, weil aus Metall, nicht aus Fleisch.

The Stunned Mullet[52a]

Teil 2

Medienzeit

4. Höhepunkte sozialen Aufstiegs

> ... der Umstand, daß viele Philosophien (einschließlich Strömungen im Marxismus) sich selbst für Metaerzählungen hielten, macht diese Phantasie nicht wahr. Nach dem Bonmot von Marx: »Man beurteilt einen Intellektuellen nicht danach, was er selbst von sich hält.« Es gibt weder jetzt noch gab es irgendwann einen metanarrativen oder transzendentalen Raum. Theorie existiert überall in einem praktischen Zustand.
>
> Warren Montag[1]

Im Werk Michel de Certeaus ist der urbane Turm ein bevorzugter Ort für die »Erotik des Wissens«, die man *Theorie* nennt (»eines [...] Triebes [, a]usschließlich dieser Blickpunkt zu sein«).[2] Man muß sich jedoch Theorie nicht bloß als eine »vertikale« Perspektive vorstellen, die uns erlaubt, über die Welt nachzusinnen. In dieser Beziehung gleich einem urbanen Turm wird das Theoretische auch in »horizontalen« Zirkulationsnetzen erzeugt, die nicht immer zur Gänze von einem bestimmten Platz aus sichtbar sind, und in lateralen Mobilisierungen (von Geld, Resourcen, Kreditwürdigkeit und Information), die in die Welt *eingebunden* sind, nicht von ihr getrennt. Ein Turm hat allerdings Punkte, von denen aus wir, für einen Augenblick, über »die bewohnte Stadt« (182)[2a] nachdenken können, doch jeder Zentimeter des Turmes ist in einer Ökonomie aktiv; in diesem Maße vergleichbar der Praxis der Theorie, operiert ein urbaner Turm in der Zeit.

In diesem Kapitel analysiere ich einige populäre und gelehrte Genres, die urbane Türme interpretieren (oder in de Certeaus Begriff »praktizieren«). Lassen Sie mich daher mit einigen Überblicksbemerkungen beginnen, um die Struktur meines Arguments zu veranschaulichen. Dieses Kapitel hat drei Teile. Der erste bespricht kurz zwei Anwendungen »des Turms« als *Metapher*, die eine korporativ-populistisch, die andere akademisch; statt mit der Entwicklung einer Thematik des Blicks beschäftige ich mich eher mit Gipfeln und Steigungen. Dies leitet eine Analyse öffentlicher *Ereignisse* ein, die mit realen Türmen zu tun haben. Der zweite und dritte Teil des Kapitels untersuchen die Medienerzählung zweier Vorfälle, die im Geschäftsbezirk Sydneys während des großen Immobilienbooms der späten 1980er stattfanden: eine unter dem Thema »King Kong« angelegte Werbekampagne für teure Büroräumlichkeiten in einem renovierten Gebäude, und ein »Stunt«, bei dem ein als »Die Menschliche Fliege« verkleideter Mann das größte Gebäude in der Innenstadt Sydneys erklomm, den Sydney Tower.

Ungeachtet der öffentlichen Natur beider Ereignisse (und der Popularität von *King Kong*-Witzen) argumentiere ich, daß nur das zweite dieser Ereignisse als »populare« Kultur in der Bedeutung zählt, die ich vorzugsweise verwende, de Certeaus Idee des Popularen als eines *modus operandi*, der mehr durch eine Kunst des *Timing* als durch eine topologische Beziehung zu irgendeiner anderen »Zone« (sei sie »Hoch-«, »Elite-« oder »Massen-«) des kulturellen Raums definiert wird. Jedenfalls lese ich beide Ereignisse, beide Momente sozialen Aufstiegs so, daß sie zwei verschiedene Konzepte von Simulation anwenden (das eine von Jean Baudrillard übernommen, das andere von Gilles Deleuze) und unterschiedliche Modelle kritischer Praxis zur Folge haben.

Wenn das allegorisch klingt, muß ich geradeheraus zugeben, daß es das ist. Allegorie ist eine Möglichkeit, diese zwei Ereignisse zu benutzen, um eine Kritik eines eng metonymischen, heute in den Cultural Studies häufigen Arguments zu umreißen, in dem eine singuläre Form (*»der«* Turm) durch Aufblähung und Vermischung in ein Emblem nicht nur des Zustandes der Kultur im Allgemeinen, sondern auch eines historischen intellektuellen Ortes der Enunziation (gedacht als »Faustisch«) verwandelt wird, den zurückzuweisen sodann eine »fortgeschrittene« Theorie von uns verlangen würde. Ich werde ausführen, daß eine gestische Zurückweisung von Höhe, Überblick und der illusorischen Position »allumfassender Generalplanung« für die kritische Praxis an jenen Orten und zu jenen Zeiten inadäquat ist, die zumindest ich bewohne.

Lassen Sie mich an dieser Stelle wiederholen, was ich unter »Raum« verstehe. Wiederum de Certeau folgend nehme ich an, daß Raum keine Vorbedingung von etwas anderem (»Ort«) ist, sondern ein Ergebnis, das Produkt einer Handlung, und somit hat er eine zeitliche Dimension. In Umkehrung der gewohnten Vorstellung, daß »Ort« ein strukturierter Raum ist, sagt de Certeau, »Raum« sei »ein *Ort*, mit dem man etwas macht« (218). Ich beschäftige mich allerdings mehr mit den tatsächlichen räumlichen Praktiken als mit der Ort/Raum–Unterscheidung selbst. Bei der Untersuchung von Orten, die für eine Touristen-Konsum-Wirtschaft geschaffen wurden, war ich weniger an der Morphologie solcher Orte interessiert (»das« Motel, »das« Kaufhaus, »der« Strand, »der« Turm) als an jenen individualisierenden Intensitäten (*dieses* Motel, *dieses* Kaufhaus, und da ich Geschichten, Genres und Lesarten zu den räumlichen Praktiken zähle, *diese* Strandszenen), die Deleuze und Guattari »Haecceïtates«[3] nennen. Allerdings bringt der historische »Spieleinsatz« dieser Analysen eine Umkehrung der »Zuhause/Reise«-Opposition mit sich, die innerhalb der nationsbildenden Praktiken des weißen Australien so hart dafür gearbeitet hat, die Beziehungen zwischen Bewegung (konzeptualisiert als maskulin, wenn durch koloniale Entwicklungsideologien auf lineare Zeitmodelle bezogen) und Ort (dadurch feminin besetzt und auf statische oder zyklische Temporalitäten bezogen) geschlechtlich zu besetzen.[4]

Um mein Interesse an Gender und Raum klarzulegen, sollte ich explizit machen, daß meine Argumentation um eine Verschiebung, aber nicht um eine Opposition zwischen einer von den korporativen und akademischen Diskursen, die ich anspreche, behaupteten *Penis/Phallus*-Beziehung und einer von mir selbst behaupteten *Gesicht/Gesichtshaftigkeit*-Beziehung angeordnet ist. »Gesichtshaftigkeit« ist ein Begriff, den ich von Deleuzes und Guattaris Analyse der Figur des Weißen Mannes oder »des typischen Europäers« in *Tausend Plateaus* übernehme; er formt in ihrem Werk eine Theorie der »Majorität«. Ein menschliches Gesicht kann, muß aber nicht »Gesichtshaftigkeit« besitzen, so wie in der Psychoanalyse ein Pensis für den Phallus stehen kann, normalerweise wird, aber nicht muß. Das Gesicht kann sich in jedem »Weiße Wand/Schwarzes Loch«-System[5] bilden: es ist ein binarisierender Mechanismus, der am Schnittpunkt einer Semiotik der *Signifikanz* (ein paranoides, despotisches Interpretationsregime, niemals ohne »eine weiße Wand, auf der sie ihre Zeichen und Redundanzen einschreiben kann«) und einer Semiotik der *Subjektivierung* (eines leidenschaftlichen oder »monomanischen« prophetischen Regimes, niemals ohne »ein schwarzes Loch, in dem sie ihr Bewußtsein, ihre Passion und ihre Redundanzen ansiedelt«) operiert (230).[6]

Ein ausgezeichnetes Beispiel für die »gesellschaftliche Produktion des Gesichts« (249) ist die unnachgiebig redundante und selbstsignifikante Unternehmensarchitektur, die hier (Abb. 4.1) durch den goldenen Turm auf dem Schaft des Sydney Tower repräsentiert wird – zusammen mit dem übersteigert interpretativen, sowohl journalistischen als auch wissenschaftlichen Diskurs, der das »sich wandelnde Anlitz« der Metropole im Laufe der 1980er beschrieb. Es ist umso passender, das Konzept der Gesichtshaftigkeit auf ein Tourismus-Kommunikations-Monument zu übertragen, als für Deleuze und Guattari das Gesicht »eine ganz wichtige Entsprechung« in der *Landschafts*-Gestaltung hat (236). Mit ihren sich drehenden Restaurants und Aussichtsetagen existieren touristische Türme nicht nur zum Zweck der Erzeugung einer konsumierbaren Landschaft, sondern helfen in ihrer Rolle als die touristische Stadt dominierende *Objekte*, die man unbedingt gesehen haben muß, die von ihnen geschaffene Landschaft mit Gesichtern zu »bevölkern«.

Das Konzept des »Gesichts« eröffnet uns nicht notwendigerweise eine bessere Möglichkeit, über Unternehmensarchitektur nachzudenken, als die in der Kulturtheorie gemeinhin verwendeten psychoanalytischen Konzepte; ich habe nicht die Absicht, meine Argumentation rund um eine Rivalität zwischen monumentalen maskulinen »Gesichtern« am Horizont des modernen europäischen Denkens zu strukturieren. Durch die Verlagerung von einer Penis/Phallus-Analyse zu einer Gesicht/Gesichtshaftigkeit-Anayse möchte ich lediglich einen kritischen Medienakt (die Herstellung eines Films mit dem Titel *A Spire*) analysieren, der eine solche Verlagerung zu verlangen scheint, wenn ich seine Bedeutung in dem Kontext, in dem er stattfand, beurteilen soll.

Ich halte es nicht für sinnvoll, einen unvermittelten spiegelgleichen Austausch zwischen einem theoretischen Diskurs einerseits und einem Objekt oder einer Praxis der Popularkultur andererseits zu konstruieren (»Hier ist ein Stückchen *Tausend Plateaus*, dort ist ein Gebäude, DAS PASST!«). So wie ich die historische Analyse touristischen Raumes bevorzuge, will ich »im Milieu« (oder der Mitte), wie Deleuze und Guatari sagen, beginnen, das von *popularen* Theorien geschaffen wird, die in und um Tourismusorte entstehen. Da heißt nicht, daß ich meine Klassenposition auslösche und mich in der Phantasie mit »den Leuten« identifiziere. Es heißt aber, daß

4.1 Chris Hilton auf der Fasade des Sydney Tower. Quelle: A Spire, Riverheart Productions, 1988.

ich versuche, Probleme in Bezug auf jene lokal zirkulierenden Diskurse zu definieren, in denen die soziale Signifikanz meiner Studienobjekte und damit der Einsatz, der bei ihrem Studium auf dem Spiel steht, definiert werden können. Ich betone »zirkulierend«; das Lokale ist kein geschlossener Ort der Eindämmung, sondern ein Raum, der in der Bewegung erzeugt wird, und die Mitte ist für Deleuze und Guatari »eben kein Mittelwert, sondern im Gegenteil der Ort, an dem die Dinge beschleunigt werden« (41f).

Und so beginne ich mit einem Zitat des in Sydney ansässigen Bauunternehmers John Bond, der eines Tages im Jahr 1987 mit zusammengebissenen Zähnen im Radio von Sydney sagte:

> Der Turm ist kein Ego-Ding. Man gibt nicht eine Milliarde Dollar für das Ego aus.[7]

I. Ego-Ding

Heute, nachdem ich die lange Saga von Donald Trumps Aktivitäten in New York verfolgt habe, habe ich den Verdacht, daß John Bond mit seiner kämpferischen Behauptung, eine Universalregel kapitalistischen gesunden Menschenverstands zu verkünden, in Wahrheit eine grundlegend unamerikanische Annahme aussprach. Im kulturell vergleichbaren Mileu des amerikanischen Unternehmertums scheint es nahezu selbstverständlich zu sein (oder war es zumindest in den 1980ern), daß wenn man eine Milliarde Dollar für das Ego ausgeben kann, man es mit ganz großer Gebärde tut.

Wenn ein derart zwangloser Vergleich als kulturelle Analyse auch zweifelhaft ist, wirft er doch Fragen lokaler Resonanz auf, und darum geht es mir. Wovon distanziert sich John Bond in Sydney, und warum? Worum geht es bei seiner Weigerung, eine Bauform mit einem Konzept der Pop-Psychologie zu verschmelzen? Ein Weg, uns diesen Problemen zu nähern, ist eine nähere Befragung der Begriffe in Bonds Versicherung. Meine erste Frage ist jedoch nicht »Was *ist* ›der Turm‹, wenn er kein Ego-Ding ist?« (er hat darauf bereits geantwortet: eine Investition), sondern »was wäre demnach ein *Ego*-Ding? Was ist es, das der Turm nicht ist?«

Eine Sache, um die es John Bond 1987 sicherlich ging, war eine Chance zur Revanche an KritikerInnen. Indem er darauf bestand, daß »Ego« kein primärer Beweggrund bei seinem Plan war, einen siebenundneunzig Stockwerke hohen »Skytower« in einen im Geschäftsviertel Sydneys noch übriggebliebenen Fleck Hochviktorianismus zu stellen, antwortete Bond auf eine der hartnäckigsten, reduktivsten und befriedigendsten Beleidigungen urbaner popularer Kritik: ein großes hohes Gebäude bestätigt ein großes männliches Ego; aber wenn er dafür Bestätigung braucht … kann es nicht wirklich *groß* sein.

Bei diesem Anlaß hatte Andrew Briger, ein früherer Vizebürgermeister Sydneys, eine Schmähung gegen Ego-Dinge einer ganzen Bande von »Cowboy«-Bauherren losgelassen. Als Briger sagte, »das hat irgendwas mit dem persönlichen Ego dieses neuen Schlags zu tun, daß sie vielleicht glauben, sie können sich aufführen, wie sie wollen«[8], stellte er eher ihre Behauptungen in Frage, sie hätten die Macht, die Planungsvorschriften der Stadt zu brechen, als die äußerliche Stoßrichtung ihrer Gebäude. Ein neuer Immobilienboom begann gerade: einer, der sich als der bisher größte in Sydneys wilder Spekulationsgeschichte herausstellte und nach dem der Büroraum in Sydney Ende 1989 der weltweit fünftteuerste nach Tokyo, London City, London West End und Hongkong sein würde. Der Skytower war nur eines der Megaturmprojekte, die mediale Aufmerksamkeit erregten, und nicht einmal das größte: Korporationen träumten wieder einmal von Nadeltürmen mit Landeplattformen und Luftschiff-Andockvorrichtungen; BauunternehmerInnen prahlten öffentlich mit ihrer Vertrautheit mit einer freundlich eingestellten (Labor-) Staatenregierung. Einer schlug vor, 115 Stockwerke über einige zweistöckige Arbeiterhäuser im ältesten Teil der Stadt zu bauen.[9]

Viele BauherrInnen waren Ziel von Angriffen. Doch für John Bond, Sohn von Alan Bond – mittlerweile bankrott, im Gefängnis und in Ungnade gefallen, 1987 jedoch ein Bierbaron, Medien-Supermogul und Eigentümer einer Gesellschaft namens BIG (Bond International Gold) – war der persönliche Umgang mit Kastrationsdrohungen eine routinemäßige PR-Angelegenheit. Ein Skytower-Cartoon drückte die Wünsche vieler BürgerInnen Sydneys hinsichtlich der Bond-Dynastie aus, indem er des Vaters riesiges Swan Lager-Luftschiff (ein Fluch des Stadthimmels jener Zeit) in die bebende Seite von des Sohnes enormer urbaner Erektion klatschen ließ.[10]

Popularer Spott über die Turmform als ein (männliches) Ego-Ding beinhaltet einige Unschärfen. Er ist vage anti-phallisch: während er voraussetzt, daß ein Turm ein »Phallussymbol« ist (in diesem Code eine Verlängerung des Penis), liegt die Kraft der Beleidigung darin, daß jemandes *Ego* ebenfalls eine Verlängerung seines Penis sei: umgangssprachlich ausgedrückt, »der Kerl denkt mit seinem Schwanz«. (Das ist vermutlich zum Teil, was Bond für sich selbst verneinte, und weniger, daß Begehren nicht investiert werden könne, um eine Menge Geld zu machen). Doch gleichzeitig wird eine kontrollierte und kontrollierende Maskulinität als Norm des Verhaltens in der Öffentlichkeit bestärkt. Ein Ego-Ding ist beschämend, weil zu hervorstechend, zu sichtbar für andere; man wird dabei erwischt oder bloßgestellt, wie man ein Ego-Ding »tut«; es ist eine Form unangemessenen Verhaltens und somit ein Zeichen von Verweichlichung (warum sonst sollte Bond es leugnen?) – wie das Spazierentragen eines Pudels oder die Zurschaustellung eines personalisierten Kennzeichens auf einem protzigen Auto.

Die Unschärfen erwachsen eher aus der kulturellen Möglichkeit dieser Assoziationen als aus dem theoretisch wohlgegründeten Gefühl, daß eine offensichtliche oder »unverschleierte« Penisdarstellung etwas anderes oder etwas geringeres als phallisch wäre.[11] Einerseits funktioniert solcher Spott als eine Form reduktiver

Magie: Große Gebäude schrumpfen zum Status kleinerer sozialer Anmaßungen und Persönlichkeitsdefekte; der ehrfurchtgebietenden Unternehmensmacht, die sie repräsentieren und die sie erzeugen, wird die Signifikanz mit jener Art Geste abgesprochen, die Andrew Ross als »kein Respekt« bezeichnet.[12] Andererseits scheint dieser populäre Einzeiler auch als eine Art schlechtes Timing zu wirken: er verfehlt das Wesentliche an der Rolle der »Urbanisierung des Kapitals« bei der Erzeugung ökonomischer und sozialer Ungleichheiten zu eben jener Zeit, da seine Operationen in unseren Städten neue Höhen an Intensität und Wildheit erreichen und unser Leben direkt beeinflussen.[13] Unter den zu diesem besonderen Boom beitragenden Faktoren war auch ein gewaltiger Anstieg des Tourismus zu den Zweihundertjahrfeiern: Die Delogierung von Bewohnern mit niedrigem Einkommen, um Platz für Hotels und Luxusbehausungen zu schaffen und die Stadt für Besucher spektakulärer zu machen, war eine der unmittelbaren Ursachen für Obdachlosigkeit in Sydney während dieser Periode.[14]

Doch ist es bloß schlechtes Timing? In seiner in Australien gebräuchlichen Form stützt sich der Effekt der urbanen Kastrationskomik nicht bloß auf Phallus-Scherze (transantionale Signifikanten eines Machtproblems) sondern auch auf die Codes einer alten egalitären Umgangssprache – einer, über die sich die Megaturm-Bauvorhaben der 1980er massiv lustig machten, die aber von populistischen Unternehmern wie den Bonds flüssig und effektiv gesprochen wurde. Denn um einen Turm als Projektion einer prätentiösen Persönlichkeit zu schelten, muß man akzeptieren, daß das Zeigen von »Ego« jedenfalls unerwünscht ist: Es zu haben ist eine Sache, damit zu protzen eine andere. Man muß es komisch finden können, daß ein Subjekt von Reichtum und Macht annehmen kann, über den anderen zu stehen, und diese Position dann offen verkündet. »Ego« ist in diesem Kontext ein *Akt* der *Zurschaustellung* einer unglücklichen Subjektivität (»sich selbst zum Spektakel machen«).

Das ist natürlich ein traditioneller populistischer Weg, um das wesentliche Thema bei Reichtum und Macht zu verfehlen. Die egalitäre Kultur in Australien konnte immer eine Politik der Erscheinungsformen (»Nivellierung«) ohne eine Politik der Reform implizieren. Während den eigenen Anspruch auf Distinktion zu zeigen ein Faux Pas ist (»sticht heraus wie ein wunder Daumen«), kann ihn zu haben, so wie einen Penis, als absolut natürliches Faktum akzeptabel sein. Bis heute ist ein feindseliger Ausdruck für Angriffe auf die Reichen, die Privilegierten oder die Mächtigen in Australien »hohe Mohnblumen abmähen« (»cutting down tall poppies«). Diese Metapher wurde 1989 von Alan Bond selbst in der Australian National Gallery in einer Eröffnungsrede für eine Ausstellung von sechs Gemälden aus seiner Sammlung verwendet – darunter sein Prunkstück, van Goghs *Schwertlilien.* Indem er einen Vergleich zwischen seinen eigenen finanziellen und rechtlichen Problemen und van Goghs künstlerischem Ringen zog, behauptete Bond eine Affinität zu den Impressionisten, weil er sich so wie sie trotz »Kritik und Spott«, die ihre jeweiligen Aspirationen erfuhren, durchgesetzt hatte.[15]

Reinheit und Vermischung

> ... nicht jeder Turm ist ein gefrorenes Objekt der Reinheit;
> nicht jede Entfernung ist ästhetisch.
>
> Peter Cryle[16]

In professionellen Diskursen über hochragende Türme und die Stadt kann oder sollte die Verleugnung der Komplexität und Heterogenität der Kräfte, die urbane Silhouetten transformieren, oder die Vermengung einer Bauform mit einem putativen psychosexuellen Motiv nicht in Frage kommen. Man würde erwarten, daß die meisten Kritiker mit John Bond irgendeine Version von Ada Louise Huxtables Grundprämisse teilen, daß die hohe Bauform nicht nur eine Zelebrierung moderner Technologie ist, sondern »ein Produkt von Flächenwidmungs- und Steuergesetzen, den Immobilien- und Geldmärkten, Forderungen der Rechtslage und der Klienten, Energie und Ästhetik, Politik und Spekulation. Nicht zuletzt ... ist sie das größte Investitionsspiel weit und breit.«[17]

Doch Teile der jüngeren Kulturtheorie, die sich nicht notwendigerweise mit den Aktualitäten räumlicher Restrukturierung an bestimmten Orten befaßt, haben ebenso die Angewohnheit der magischen Schrumpfung von Türmen entwickelt. Trotz ihrer weltweiten manischen Blüte in Städten und regionalen Zentren während der 1980er fanden manche Autoren Wege, die neuen Türme für archaisch zu erklären; nicht einfach »altmodisch«, sondern ontologisch *übrig geblieben*, bloße Überreste einer früheren Entwicklungsphase. Statt ein in den Raum projiziertes »Ego« zu sein, tritt die Turmform als Nachbild eines vorangegangenen Augenblicks des kollektiven Fortschreitens durch die Zeit auf – ein Bild, das jetzt auf dem langen Marsch der Ware durch die Kultur zurückgelassen wurde.

In jedem von Robert Venturi inspirierten Werk zum Beispiel wird »die neue Monumentalität« nicht als »hoch und imposant« dargestellt, sondern als »lang und niedrig«, einer Opposition folgend, die jene Regionallandschaften privilegiert, in denen, welcher Mischung demographischer, ökonomischer, historischer und kultureller Faktoren auch immer zufolge, Einkaufszentrum-Autobahn-Systeme gegenüber Turm-Autobahn-Systemen überwiegen (deren symbolische Relationen ignoriert werden). Länge-und-Niedrigkeit wird so ein »wahrerer« räumlicher Ausdruck der *zeitlichen* Entwicklung eines essentiellen Kapital-Wesens. Dies ist explizit in Jean Baudrillards *Amerika*, wo das »wahre« Amerika nicht im »vertikalen« New York, sondern in einer Wüste (der Nullinie der Länge-und-Niedrigkeit) und auf der Autobahn zu finden ist. In einer anderen Version bietet Paul Virilio einen viel subtileren Mythos des Turmarchaismus mit seiner Vorstellung, daß alle »urbanen Stätten« schon als solche ein Modus des Beharrens oder der Bewegungslosigkeit angesichts der vernichtenden Auswirkungen fortgeschrittener Technologien sind. Die neue Monumentalität ist nicht lang und niedrig, sondern unsichtbar; sie kann nur im »monumentalen Warten auf Bedienung vor Maschinen » gelesen werden. Die Position der Übersicht ist hier nicht länger eine Sache der Höhe, sondern eines in Echtzeit operierenden, optisch-elektronischen Interface.[18]

Für meine Zwecke höchst interessant verkündet Robert Somol (ohne das alte monumentale Chicago zu verlassen), »daß heute eine neue Art von Macht operiert und ... die Vertikalität ist ihr erstes Opfer.«[19] In einer witzigen Interpretation von Helmut Jahns State of Illinois Center als urbane Ruine erklärt Somol ironisch die Vertikalität für »tot« in dem Sinn, daß die Stadt nunmehr buchstäblich aus Phantomen besteht, ihre postmodernen Türme rückwärtsgewandte »Zeitmaschinen« oder »stilistische Wiederauferstehungen« sind, die in einem Prozeß selbstreferentiellen »Klonens« mit der Replikation von Zeit statt mit der Eroberung des Raums beschäftigt sind. Diese Logik führt Somols bewußt hypertheoretisierten Diskurs schließlich tatsächlich zurück zur Wiederholung jener fundamental popularen Schmähung: »Jahns trugbildlicher Turm«, sagt er, »hat nichts mit Vertikalität und Kraft zu tun« – er ist »eine Prothese, ein *Dildo*« (100, Hervorhebung durch mich).

Es scheint hier eine Parallele zwischen der Kunst des populistischen schlechten Timings und Theoretiker-Wunschdenken zu geben. In beiden Akten komischer Reduktion (Turm auf Penis, Turm auf Dildo) bestärkt der kritische Diskurs seine eigenen performativen Kräfte (»es aussprechen macht es wahr«). Somol verwendet darüberhinaus eine Version von Fredric Jamesons vertrauter These über den »Zusammenbruch der kritischen Distanz« unter dem Postmodernismus, um zu behaupten, daß es im implosiven Raum unserer trugbildlichen Städte (»die in ihre toten Rehabilitationszentren kollabieren«) immer bereits unmöglich ist, Kritik von Bestärkung zu unterscheiden. So kann der Diskurs nur *als* Performanz effektiv sein – »eine subtile Ambiguität, ein Stil, der ... normalerweise unbemerkt bleiben wird« (115).

Ein Problem erhebt sich jedoch in Form eines »Stil«-Streits zwischen trugbildlicher und popularer Kritik. Aus letzterer Perspektive ist es alles andere als klar, daß ein Dildo mit Vertikalität oder Kraft »nichts zu tun« hat. Tatsächlich könnte man einen Dildo für die ideale Form von beidem halten: Wenn auch natürlich jedes Objekt für andere Zwecke entfremdet werden kann, ist vertikal und kraftvoll zu sein doch ziemlich genau das, wofür Dildos in erster Linie da sind, und Prothesen werden in der Popularkultur oft wegen ihrer Unzweideutigkeit als komisch behandelt, verglichen mit den Mehrdeutigkeiten und Schwächen des Fleisches. Ein Dildo steht in diesem Kontext für Reinheit der Funktion und Singularität des Zwecks, anders als der Penis, der gemischt und multipel ist. Einen Turmphallus als »in Wahrheit« Penis zu verspotten bedeutet also, die Verwundbarkeit des Penis zu betonen. Einen Turmphallus als »in Wahrheit« *Dildo* zu verspotten bedeutet im Gegensatz dazu, die größere Macht des (abwesenden) Penis als der idealen phallischen Form zu behaupten. Somols Scherz setzt voraus, daß ein Dildo nur ein »Phantom-«Substitut für »das Echte«, den Penis-Phallus, sein kann: er ist abhängig von der organistischen »Tiefen-«Nostalgie, die er mit Baudrillards Simulationstheorie und Jamesons

Konzept der kritischen Distanz teilt, und ist damit ziemlich verschieden von einer populistischen Betonung der Kontrolle der Oberflächenerscheinung.

Schließlich stelle ich fest, daß Türme heutzutage als Repräsentanten des privilegierten Ortes der Verkündung nicht bloß »Faustischer« Modernität im allgemeinen, sondern totalisierender Theorie und »Metaerzählung« im besonderen[20] in Ungnade gefallen sind. In einem heute wiederholt zitierten Gestus beschrieb de Certeau das Herabsteigen vom World Trade Center als einen Akt des Verlassens der einsamen, voyeuristischen, stasis-erzeugenden Position der Gesamtplanung zum Zweck des Eintretens in eine wimmelnde, taktile Sphäre der Praxis, Ereignishaftigkeit und Kreativität auf der Straße.[21] Dies ist auch eine Geschichte des Weggehens von einer Gesichtshaftigkeits-«Vision« des Strukturalismus.

Doch de Certeaus Bewegung von der Spitze zur Straße schreibt erneut eine Theorie-Praxis-Opposition ein, semantisch projiziert als *»hoch«* kontra *»nieder«* (»elite« kontra »popular«), *»statisch«* kontra *»dynamisch«* (»Struktur« kontra »Geschichte«), *»sehen«* kontra *»tun«* (»Kontrolle« kontra »Kreativität« und schließlich »Macht« kontra »Know-How«), die in Wahrheit die Möglichkeit eines Weggehens überhaupt blockiert.[22] Tatsächlich ist de Certeaus Besuch im World Trade Center ein Art Rückkehr zu einer Geschichte wie auch zu einem Ort und mißt aufs Neue das »Netzgitter« binärer Oppositionen aus, innerhalb dessen ein so großer Teil der Strukturalismusdebatte geführt wurde (unter anderen von Sartre und Lévi-Strauss). Der »Turm« steht hier als Allegorie der strukturalen Notwendigkeit einer auf einem bipolaren Machtmodell gegründeten Politik des Widerstands, um die imaginäre Hoheitsposition zu behaupten, die er dann unablässig leugnen muß.[23]

Mein Problem hat mehr mit Stadtplanung zu tun als mit Strukturalismus. Beim Lesen von de Certeaus Text, neben anderen von mir erwähnten Texten, verspüre ich einen *Common Sense*-Abscheu, ein Bedürfnis zur Entgegnung, daß wir in der überentwickelten Welt nicht in einem großartigen Zeitalter der »Gesamt«-Planung (noch, nebenbei bemerkt, der Generaltheorie in der Kulturkritik) leben und daß dies einen Unterschied machen sollte für die Begriffe, die wir verwenden wollen, und die »Raumgeschichten«, die wir erzählen. Was immer man über sie sagen mag, die Unternehmerstadt der 1980er war nicht *la ville radieuse*.[24] Tatsächlich macht de Certeau seinen Schritt »hinunter« von der symbolischen Position der Planung genau zu dem Zweck, um festzuhalten, daß »(d)ie Konzept-Stadt verfällt« (186).

Ich möchte mich daher jetzt einigen Raumgeschichten aus meiner eigenen Unternehmerstadt zuwenden und einigen Diskursen über Türme, die auch während des Immobilienbooms aktiv waren, aber weder eine populistische Reduktion (»Dinge zurechtstutzen«) noch ein intellektuelles Ritual der Lossagung von Höhen (»herunterkommen«) beinhalteten. Der erste von diesen betrifft die klassische Figur, in der Mythen von Höhe, Besitz und Archaismus konvergieren können.

II. King Kong

> Entgegen der allgemeinen Auffassung ist King Kong nicht bei diesem peinlichen Zwischenfall auf dem New Yorker Empire State Building gestorben. Statt dessen ist er mit Hilfe von Fay Gray [sic] … nach Sydney, Australien ausgewandert. Allerdings hatten sie mit einem nicht gerechnet. …
> »KONG, DU BIST HIER NICHT SICHER, EXPLODIERENDE MIETEN AUSSER KONTROLLE, INFLATION, WO WIRST DU WOHNEN? …«
>
> »King Kong: The Moment of Final Decision«[25]

Im Juni 1989 startete die Agentur »PM Advertising« eine King Kong-Themenkampagne für den Verkauf von Büroflächen in einem Gebäude im Geschäftszentrum Sydneys. PM erklärte, das Konzept passe »perfekt zum AWA Building, weil es viel gemeinsam hat … mit New Yorks Empire State Building.« Das Konzept war auch ehrgeizig. 1939 erbaut, ein mäßig verzierter Büroblock mit einer vagen Reminiszenz an den Eiffelturm auf dem Dach (ein Radioturm, der größere Ähnlichkeit mit dem Logo von RKO Pictures hat), ist das Amalgamated Wireless (Australasia) Ltd.-Gebäude – einstmals, das ist wahr, das höchste in Sydney – 13 Stockwerke hoch (Abb. 4.2).

Die Kong-Kampagne war eine elaborierte Angelegenheit. Ein Kolumnist sah in ihrer Extravaganz ein Zeichen dafür, daß der Zusammenbruch bevorstand: Für »In the Know« (*Weekend Australian* 24-25.Juni) zeigten solche »bizarren« Anstrengungen zur Anpreisung von Büroraum im Wert von $ 7.000 pro Quadratmeter die Panik vor einer drohenden Rezession, nicht das Fieber eines Booms. Ein riesiges Inserat ergoß sich über die Investmentseiten jeder größeren Zeitung im Land. Sein zentraler Bestandteil war »King Kong: The Moment of Final Decision«, ein Comic-Strip, der auf zwei aufeinanderfolgenden rechten Seiten abgedruckt wurde, um die narrative Spannung zu erhöhen. Auf der ersten Seite wurde das Comic von zwei Photographien und zwei simulierten Nachrichtenmeldungen umrahmt – eine über den Erfolg des King Kong-Themas bei der Erregung der Aufmerksamkeit von Investoren, die andere über die »steigende Nachfrage« an Büroeigentum, nachdem die Mieten im Geschäftsbezirk auf $ 1.000 pro Quadratmeter gestiegen waren. Eine genaue Betrachtung des Textes kann seine streng binäre Struktur nicht übersehen. Seine übertrieben elaborierte Gestaltung war zusätzlich etwas verwirrend; das Design war sehr unordentlich, das Inserat kaum abgegrenzt von damit in keiner Beziehung stehenden Beiträgen auf der übrigen Seite. Doch folgte man dem Comic über beide Seiten, machte das Paargemenge auf der ersten Seite schließlich Sinn.

Das Comic beginnt mit dem berühmten Pärchen in Sydney. Kong und Fay klammern sich an die Spitze des AWA-Turms und überlegen ihre Optionen. Fay hat eine konservative Ansicht über Grundbesitz und ein nostalgisches Bild von Kong. Sie

4.2 AWA Building, Sydney. Quelle: Building 24.Oktober 1939, 16.

will aus der Stadt flüchten und ihn ZURÜCK ZUR NATUR bringen (»ein GROSSER FELSEN gar nicht weit weg«). Ihr Traum-Zuhause ist Uluru (Ayers Rock) in der zentralen Wüste. Doch Kong ist ein natürliches Immobilientier (»dieses Gebäude sieht sogar besser aus als das andere mit einem Turm«); mit nur einem Blick auf die qualitative Verarbeitung und den sagenhaften Ausblick von seiner erstklassigen Lage im Geschäftsbezirk weiß er, daß er auf einer guten Investition sitzt. So verkündet Fay, wie immer mutlos, ein Ultimatum aus der rechten unteren Ecke der Seite: »Nun gut, KONG. Das AWA Building oder ich. Wofür entscheidest du dich?...« Und wenn wir umblättern, ist King Kongs »natürliche« Enscheidung:

KING KONG LÄSST FAY GRAY FALLEN

Tatsächlich implizieren die Schwunglinien der Zeichnung, daß King Kong Fay Gray *wirft*; eine Interpretation, die in einem der vertikalen Blöcke kleingedruckten Fülltextes bestätigt wird (»Arme Fay, verworfen für ein attraktiveres Angebot, das in Zukunft wirklich große Bananen wert sein wird«), die durch Flankierung und Unterstützung der zentralen Turmdarstellung visuell die Verstärkung seiner emporstrebenden, phallischen Singularität bewirken.

Mit dieser klaren Designer-Lösung für das lästige Pärchen-Wirrwarr trifft Kong als Unternehmertier die harte Entscheidung und gewinnt seinen Killerinstinkt zurück – und als das BIEST die SCHÖNE tötet, gehen Fays domestizierte Werte von »Sicherheit« mit ihr. Denn Fay ist nicht bloß eine typische Touristin, die mit Baudrillard u.a. Authentizität in Länge und Niedrigkeit in der Wüste sucht. Ihre Vision davon, bei Uluru im »Herzen« des Kontinents ein *Zuhause* zu schaffen, ist eine primäre Vorstadtphantasie aus einer stabilen Bedeutungstradition. Berühmt als »solider Fels / heiliger Boden« (»solid rock / sacred ground«) in einem spät-1970er Popsong für aboriginale Landrechte (jedoch nur als »solider Fels« in gleichzeitig erscheinenden Plakaten einer Finanzgesellschaft) ist »Ayers Rock« das Zentrum einer klassischen weißen nationalen Vorstellungswelt.[26] Als er diese »vorstädtische« eskapistische Tradition verwirft, weiß Kong, daß er sich in der rauhen Umgebung rasender Spekulation eher zu Hause fühlen wird. Wenn seine finale Entscheidung mehr ein Akt der Leidenschaft als der Vernunft ist, dann ist die unternehmerisch »wilde« Großstadt wirklich Kongs natürliches Habitat; und wie das Kleingedruckte nochmals erläutert, wenn es hart auf hart geht, kann Kong eine Krise überstehen, indem er von seiner Reputation zehrt – »alles was er tun mußte, war ruhig sitzenbleiben und darauf warten, daß die Filmangebote und Werbeverträge eintrudeln.«

Die Einladung, die Geschichte allegorisch zu nehmen, ist beinahe unwiderstehlich, beginnend mit der Ankunft von Kong und Fay als Embleme des am Pazifischen Rand herumfliegenden mobilen Investmentkapitals. In seiner brutalen Ausdrücklichkeit ist dieses Inserat ein schmetterndes Manifest für Grundstückspekulationen und die damit verbundenen Zerfurchung des Raums – der Teilung des Stadtraumes durch Umschließung und Grenzziehung, die Segmentierung von Populationen, eine monumentale Zentralisierung von korporativem Reichtum und Macht (»nicht um die Stadt in der Art der großen modernistischen Gebäude zu hegemonisieren«, wie Mike Davis hervorhebt, »sondern vielmehr um sie in radikal antagonistische Räume zu polarisieren«[27]). Konventioneller ausgedrückt, einfach durch die Identifizierung von Fay mit all den expliziten sozialen Referenten ihres Images – ängstliche »Hausfrauen«, sich abmühende »Eigenheimbesitzer«,[28] nostalgische Vorstadtträumer, ja selbst Aborigines, all die *Bewohner* eines Orts – zelebriert dieses Bild von Fays Vertreibung aus King Kongs urbanen Paradies die Zuordnung einer großen Zahl von Menschen zum Status von »Abfallprodukten«[29] räumlicher Umstrukturierung. »The Moment of Final Decision« ist eine Komödie der Heimatlosigkeit, des Hinauswurfs, der Verweiblichung der Armut und des Endes des Egalitarismus als Slogan für das Alltagsleben.

Es handelt auch, obwohl versteckter, von Adelsbildung und der Rolle jener Schicht von Intellektuellen, die Scott Lash und John Urry im Gefolge Pierre Bourdieus »die neue kulturelle Petite-Bourgeoisie« nennen – Arbeiter aller Berufe, die mit Präsentation, Repräsentation und der Versorgung mit »symbolischen« Gütern und Dienstleistungen zu tun haben.[30] Denn wenn man »The Moment of Final Decision« auch nur irgendwie ehrlich allegorisch lesen will, wäre die potentielle soziale Stellung (und die Praktiken der »Schaffung eines Zuhause«) vieler Intellektueller, einschließlich feministischer Theoretikerinnen, unabhängig davon, wie unsere Bindungen zu Fay beschaffen sind und wie sehr unsere Herzen für sie schlagen, heute in Wirklichkeit jener des Gorillas ähnlicher. Es geht jedoch nicht um das Festhalten und vielleicht Ästhetisieren einer zynischen Feier unserer Rolle als Avantgarde des urbanen Immobiliengeschäfts (jüngst ein Ziel der Kritik in Yvonne Rainers Film *The Man Who Envied Women* nach Julie Burchills Roman *Ambition*).[31] Die kritische Frage ist, welche *Art* der Positionierung »The Moment of Final Decision« der kulturellen Petit-Bourgeoisie zuschreibt.

Es ist verlockend, das einfach als eine Geschichte über selbstsüchtige Affen in ihren renovierten Elfenbeintürmen zu sehen. Eine große Tradition könnte diese Interpretation stützen. In seiner berühmten Analyse von Goethes *Faust* beschreibt Marshall Berman die »Tragödie der Entwicklung« zum Teil als ein Fortschreiten von einem Ort der Erhöhung (»das einsame Zimmer eines Intellektuellen ... ein abstraktes und isoliertes Reich der Gedanken«) zu einem anderen, dem »Wachturm«, von dem aus Faust eine Welt der Produktion und des Austausches beaufsichtigt, »die von gigantischen Korporationen und komplexen Organisationen beherrscht wird«.[32] So reduktiv und parodistisch »The Moment of Final Decision« auch sein mag, es zehrt doch von dieser Tradition. King Kong, der Fay vom Turm schleudert, wiederholt nicht nur die Geste des Verlassens von Gretchen durch Faust (die Zerstörung der Frau, die ihm half zu werden, was er ist, und damit die Zerstörung seiner Vergangenheit), sondern transformiert dabei auch seinen kulturellen Status.

King Kong war ein klassisches Opfer aufklärerischer Intellektueller (Forscher, Filmemacher, Geologen); durch seine Affinität zu Wilden und Frauen war Kong die *gegen*-Faustische Gestalt von Tradition, Archaik und Mythos. Daß er Fay in diese Rolle zurückstößt (Frau als Natur, Nostalgie, »Heim«) und dann ihre Bitten abweist, hat den Effekt, Kong als doppelt treulos gegenüber seinen Wurzeln darzustellen. Er wird nicht bloß zum Snob (»glücklich, ... das Gebiet mit einigen ziemlich schicken Leuten« zu teilen) und Ästheten (»dschungelgrüne Wände und Teppiche, kontrastiert durch einen kleinen Wasserfall bei den Liften, könnten eventuell ziemlich entspannend sein«), sondern zum Klassenverräter – kurz, zum Yuppie.

Es gibt da allerdings ein Problem. Als Kong die Stadt von Fausts speziellem Ort aus betrachtet, von der Spitze des Turmes, ist er nicht selbst in der *Position* des Entwicklers. Dieser King Kong ist ein Konsument: ein »neuer« Konsument, ein aktiver und bewußter Leser von Werbebildern (»nun, schau dir das an ...«), ein Zeichenspekulant. (Das ist es, warum King Kong und nicht Fay meiner eigenen in das Bild eingeschriebenen Aktivität eine Gestalt gibt, ein *mise-en-abyme* meiner Interpretation bis hierher). Die einsame Faustische Position wurde hier in ein wimmelndes Netzwerk kultureller Produzenten, »Ideenmenschen« aufgelöst – GrundstücksentwicklerInnen, ImmobilienmaklerInnen, MarketingexpertInnen, InserentInnen und Werbefachleute, StadtplanerInnen, ArchitektInnen, BaumeisterInnen, InnenarchitektInnen. Mehr als alles andere ist dieser *Text*, mehr noch als die urbane Situation, in der er operiert (um eine wesentliche Unterscheidung zu treffen) keine Tragödie, sondern eine verrückte Komödie um Boom und Pleite, die in ihrem materiellen Kontext grimmiger Überschriften über den dräuenden Kollaps des Immobilienmarktes zu und über King Kong den neuen Konsumenten sagt: jetzt klettern, später abstürzen.

Es mag launig scheinen, eine Marketingkampagne in irgendeinen Diskurs über Intellektualität zu assimilieren. Es gibt allerdings eine Nebenfigur im Kong-Ensemble, eine, die im Bild unsichtbar bleibt, aber in der Geschichte eine Schlüsselrolle spielt. Eine der »Nachrichten«-Meldungen auf der ersten Seite hält fest, daß eine spezielle »Stapellauf-Zeremonie« auf einem Hausdach gegenüber dem AWA Building abgehalten wurde, mit Bill Collins, einem gefeierten »nostalgiebegeisterten« Filmkritiker. »In the Know« enthüllte, daß Collins' Aufgabe »die Wiedererweckung der Geschichte« von King Kong war, während ein dreizehn Meter großes Modell am AWA-Turm aufgehängt wurde. Indem er seinen Platz im Netzwerk der *Animateure* im PM-Stapellauf einnahm, verkörperte Collins, der »Hollywoods Goldene Jahre«-Wiederbeleber, buchstäblich die Eigenwerbungsstrategie, durch die Lash und Urry die »kulturelle Petit-Bourgeoisie« definieren. Stets bedroht vom möglichen Abstieg ermutigen sie (wir) »symbolische Rehabilitationsvorhaben«, die »(oftmals postmodernen) kulturellen Objekten neuen Status als Teil einer Rehabilitationsstrategie für ihre eigenen Karrieren verleihen« (295).

Ausschlüsse

> … die Architektur der Neuerschließung konstruiert die geschaffene Umgebung als ein Medium, eines das wir buchstäblich bewohnen, das die populare Erinnerung durch Kontrolle der Repräsentation ihrer eigenen Geschichte monopolisiert. Es ist wahrhaftig eine Vertreibungsarchitektur.
>
> Rosalyn Deutsche[33]

Nachdem wir eine allegorische Lesart eines postmodernen »kulturellen« Objekts bis zu einem Punkt vorangetrieben haben, wo sie nur noch seine soziale Funktion in Frage stellen kann, möchte ich nun fragen, ob »Rehabilitation« und »Wiedererweckung« wirklich beschreiben, womit wir es in »The Moment of Final Decision« zu tun haben, und ob diese Begriffe ausreichen für was es auch sein mag, womit wir es bei »postmodernen Objekten« zu tun haben, wenn wir uns kommerziellen Rhetoriken stellen, die bezüglich deren sozialer wie auch ökonomischer Funktion derart explizit sind. Es wird allzuleicht angenommen, daß sobald einmal »Bilder *anstelle von* Produkten die zentralen Objekte des Konsums geworden sind«[34], eine zuvor vom Bild ontologisch unterschiedene Realität eine Art Tod erlitten hat – und daß die Sprache der Nekromantik besser dafür geeignet ist, mit den Resultaten umzugehen, als Kulturgeschichte oder politischer Aktivismus.

Robert Somols nekromantische Lesart des State of Illinois Center ist ein passendes Beispiel: ihre Begrifflichkeit führt zu dem Schluß, daß »wir … die Sprache des Kampfes (und die Begleitidee der Befreiung) hinter uns lassen müssen, die nur das Korsett von Macht (und Nutzlosigkeit) um uns enger zieht« (115). Die einzige verbleibende Antwort ist »Stil«, ein Modus ästhetisierter Schlauheit. Aber wie Rosalyn Deutsche aufzeigt, geht es bei der Architektur der Neuerschließung eben genau um Kampf, und um *Vertreibung*. Andere Versionen popularer Erinnerung, andere Repräsentationen von Geschichte, andere »Stile« der Erfahrung der geschaffenen Umgebung werden von den Kräften der Neuerschließung gewaltsam hinausgeworfen, als Teil eines Prozesses des Ausschlusses und der Verarmung von Menschen, der Kolonisation und »Abstrahierung« urbanen Raums.

Es ist wesentlich, daß man die Begriffe genau auswählt, die wir zur Konzeptualisierung des semiotischen Aspekts dieses Prozesses verwenden. Daraus ergeben sich ernste Konsequenzen für die Kulturpolitik: wenn eine Phantomstadt jeder anderen weitgehend gleich scheint, wenn jeder Beispielsfall einer Neuerschließung mit jedem anderen austauschbar wird, werden nach dieser Logik Sozialkritik und politische Opposition gleichermaßen bald in einem Kreislauf der Redundanz gefangen und auf nur für den Theorienmarkt geeignete Routinegesten reduziert. Ein Problem mit dem nekromantischen Simulationsmodell, das in den 1980ern so populär war, ist die Unfähigkeit zum Treffen von Unterscheidungen, die wenn auch parodistisch im dadurch beschriebenen Abstraktionsprozeß »herumgeistert«. Ich möchte dies kurz begründen, indem ich in das stets präsente Zitatennetzwerk eintrete, innerhalb dessen PM Advertising operierte. King Kong ist eine nützliche Figur zum Nachdenken über die Frage kultureller Reproduktion, eben weil er in der *Kino*-geschichte zu so vielen Zeiten und an so vielen Orten »gestorben« ist (und in seinem eigenen Bild wiedergeboren wurde, das ideale Simulakrum).

Zum Beispiel stimmt Yann Lardeau am Ende seines 1977 erschienenen Essays »Touche pas à la femme blanche« mit PM Advertising überein, daß King Kong seinen Sturz vom Empire State Building überlebte.[35] Kongs »wahrer« Tod trat wahrscheinlich auf den Gehsteigen von Paris ein während der Öffentlichkeitskampagne für den Start von John Guillermins 1976er Remake von *King Kong* in Frankreich. Ein sechzehn Meter großes, sechseinhalb Tonnen schweres King Kong-Modell wurde von dreißig Technikern zusammengebaut, mit elektrischen Leitungen und hydraulischen Pumpen belebt und flach auf den Champs-Elysées für Passanten ausgelegt, die darüber auf einer Plattform entlangmarschierten.

Für Lardeau ist diese Szenerie banalisierten touristischen Blicks und technologisch programmierten Träumens (die Szene des Simulakrums) begräbnishaft. Was da auf dem Gehsteig lag, war etwas Stoffliches und »Verifizierbares«, das in Widerspruch stand mit dem »Leben«, das vom ursprünglichen filmischen, von Schoedsack und Cooper 1933 produzierten *King Kong* repräsentiert wurde. In diesem Film – ein so machtvoller Mythos, daß alle späteren Versionen darauf als auf ihren Ursprung verweisen – war Kong eine Kraft des Geheimnisses, des Terrors und vor allem monströser Ungewißheit. Weder Mensch noch Tier, *war* Kong die Ambivalenz der Grenze zwischen VERGANGENHEIT und GEGENWART, NATUR und KULTUR (und daher eine inzestuöse Gestalt). Kong wird, so behauptet Lardeau, durch die umweltbewußte Farce von Guillermins Ölkrisen-Neufassung drastisch verändert. Bloß ein großer, vegetarischer und hoffnungslos verliebter Gorilla, war Kong 1976 keine Grenzgestalt mehr (oder, wie einige seiner Nachkommen in *Son of Kong, Super Kong, Baby Kong* etc. eine Parodie einer solchen), sondern ein »Schauplatz« der Konfrontation zwischen ÖkologInnen und einer Ölgesellschaft, zwischen einer Wissenschaft der Bewahrung (Zoologie) und einer Wissenschaft der Entwicklung (Geologie). Dieser Kong stirbt aus Zufall, nicht aus Notwendigkeit – er hätte in einen Zoo gesteckt werden sollen.

Der Roboter von den Champs-Elysées ist nur eine Erweiterung der technischen Danksagungen in Guillermins Film. Daher fragt sich Lardeau, ob King Kong immer noch das Subjekt von *King Kong* ist: eher prätextuell als prähistorisch, von jeder Ambivalenz geleert, könnte er nunmehr bloß eine Gelegenheit für die Zurschaustellung technologischer Fertigkeiten sein. Das paßt zum Hauptunterschied zwischen Original und Neufassung, der Verlagerung vom Empire State Building zum World Trade Center (wo Kong 1976 stirbt). Für Lardeau »korrespondiert« letzteres »mit einer neuen Phase kapitalistischer Entwicklung, in der eine bipolare Kraft auf sich selbst zurückgespiegelt wird und nur auf sich selbst verweist in einem Raum jenseits allen Inhalts« (123); zwischen den Zwillingstürmen hin- und herspringend ist Kong im Spiel des Feedback gefangen und somit als ursprüngliche Gewalt erledigt, schon lange bevor er fällt.

Wie kann diese Argumentation einen 1987er Rehab-Kong deuten, der von einem renovierten Bürohaus in Sydney baumelt, welches immer schon bloß eine degradierte Kopie eines New Yorker Wolkenkratzers war? Nicht viel, vermute ich, oder nichts besonderes (obwohl man den PM-Kong leicht dazu bringen könnte, eine »dritte« Phase des Kapitalismus zu reflektieren, in der das Nachkriegssystem bipolarer Macht nunmehr von einem multizentrischen System abgelöst wurde, das nicht durch irgendein einzelnes Monument repräsentiert werden kann, sondern durch die Informationsflüsse, die das Inserat konstituieren). Tatsächlich kann die bipolare Struktur von Lardeaus eigenem Referenzrahmen – Original/Neufassung, Bild/Reproduktion, Wirklichkeit/Technik – überraschend wenig über die komische Positivität des Ölkrisen-Kong aussagen, außer in ihn als ein *non sequitur* den Verlust älteren Kinos einzuschreiben. Lardeau liefert eine erhellende und scharfe Lesart des Films von Schoedsack und Cooper, doch bei ihm findet sich eine Vergleichsstruktur, die schließlich nur dazu dienen kann, Zeichen des Mangels in der Gegenwart zu generieren und die Gegenwart mangelhaft zu finden.[36]

Unter diesen Rahmenbedingungen ist entsprechend schwer vorstellbar, wie man die diversen King Kongs *verstehen* soll, die heute in der Popularkultur zirkulieren, außer sie, was unglaubhaft erschiene, auf Beispiele ein-und-desselben zu reduzieren: ein Pop-art-Kong in einem Subway-T-Shirt geht am Empire State Building vorbei, und eine gelangweilte »Fay« bürstet ihr Haar und hält einen Spiegel, während er sie hält; eine knallbunte »Ethno-Kunst«-Karte (Mola, Cuna Indians, San Blas Islands, Panama) zeigt KINGON, die Arme um Fay gebogen wie Schmetterlingsflügel, umgeben von Blättern und Blumen; eine Ansichtskarte aus einer Kleinstadt im Mittelwesten stempelt über ein *King Kong*-Panorama vom 1933er New York GRÜSSE AUS CHAMPAIGN-URBANA. Wie kann Nostalgie für das Original eine Szene aus dem Film *King Kong No Gyakushu* (1967) verstehen, in dem der »echte« King Kong vor dem Eiffelturm eine Schlacht gegen sein eigenes Spiegelbild führt, den Roboter einer Bergbaugesellschaft?[37]

Der japanische King Kong hat eine Geschichte, von der ich sehr wenig weiß. Für meine Lesung hier bietet jedoch die Vorstellung, wie King Kong sich »Mechni-Kong« entgegenstellt, eine brauchbare Alternative zu den bisher von mir besprochenen Original/Neufassungs- (und »das Echte«/Dildo-)-Schemata. Ich glaube, der Status des (zweitgradig) »originalen« King Kong in *King Kong No Gyakushu* kann sehr unterschiedlich von jenem definiert werden, den der (original) »originale« King Kong für Yann Lardeau hat. Die einander 1967 nahe des Eiffelturms bombardierenden Titanen repräsentieren nicht NATUR (organischer Kong) und KULTUR (Mechni-Kong) noch das Problem der Grenze zwischen beiden, sondern vielmehr einen Konflikt zwischen *Vermischtheit* (das fellbedeckte King Kong-Modell als Cyborg) und *Reinheit* (der geglättet unzweideutige Roboter, der Dildo). Die heroische Haltung der »Vermischtheit« unter den Bedingungen dieses Gegensatzes mag erklären, warum King Kong mit seiner ambivalenten Beziehung zur Macht am hartnäckigsten ein Penis- und nicht ein Phallus-Mythos ist; daher das Aufblühen einer arkanen Literatur über die Größe von King Kongs Organ.[38]

Die Unfähigkeit, solche Bilder als potentielle Ereignisse zu spezifizieren - in anderen Worten, sie produktiv zu lesen – behindert die Möglichkeit, kulturelle Praxis zu theoretisieren. Die Fähigkeit, sie repetitiv als Zeichen eines Abwesenden Bildes zu lesen, schließt den Gedanken an »Praxis« überhaupt aus. Es ist daher kurios, daß Baudrillards Simulationskonzept (der Tod von Differenz, Referenz, Geschichte und des Realen in der Kommerzialisierung) bis heute durch die Schriften von Marxisten wie Fredric Jameson und David Harvey großen Einfluß ausübt, die es zur Beschreibung von Aspekten postmoderner Kultur verwenden, dabei jedoch seine politische Schweigsamkeit abwerfen. Doch dieses Konzept stützt sich gerade auf eine Theorie von Intertextualität, die sich *Wandel* nicht vorstellen kann: sie kennt nur den apokalyptischen, daher singulären, Bruch, und auch dies nur in der Form seiner Unmöglichkeit als gegenwärtiges oder zukünftiges Ereignis. Aus diesem Grund ist es eine höchst unzureichend ausgestattete Theorie, um mit jener *Form* von Wandel zurechtzukommen, die Jacques Attali in *Noise* als »kleinere Modifikation von etwas Vorangehendem« beschreibt – mit anderen Worten, mit der Technik, die für zeitgenössische semiotische Ökonomien serieller Wiederholung spezifisch ist.[39]

Doch wenden wir uns statt dessen Judith Maynes 1976er Aufsatz über »›King Kong‹ and the Ideology of Spectacle« zu – auf seine Art selbst ein »Ölkrisen«-Text, der die Wirkung von *King Kong* auf das amerikanische Publikum während der Wirtschaftskrise bespricht – so ist es möglich, einen von PMs »The Moment of Final Decision« bewirkten tatsächlichen Unterschied, eine historische Veränderung in der King Kong-Mythologie zu erkennen.[40] In ihrer feinen Analyse der Funktion von Sexismus und Rassismus im Schoedsack/Cooper-Film argumentiert Mayne, daß die Gestalt des ANDEREN im Text als Schauobjekt definiert ist. Die weiße Frau, die Insulaner und King Kong selbst werden nicht nur auf eine den Konventionen des Hollywoodfilms der 1930er spezifische Weise als »Anderes« konstruiert, sie werden durch Carl Denham, den Regisseur und »petit-bourgoisen Unternehmer«, auch in narrative Äquivalenz zueinander gesetzt als Kreaturen, die *gefilmt* werden sollen (»*King Kong* ist ein Film über ... das Drehen eines Films, der nie fertiggestellt wird«).

Als Resultat bekommt sozio-ökonomische Klasse die Funktion »des Nicht-Repräsentierbaren an sich« in dieser imperialen Ökonomie des Spektakels. In Maynes Darstellung hat das Problem außerhalb der Mauern oder jenseits der Grenze in *King Kong* nichts zu tun mit Inzest oder unmöglichem Umgang oder mit einem »unberührbaren« weißen weiblichen Geschlecht: »Rasse und Geschlecht sind bequeme Mittel ... um zu vergessen – oder zu unterdrücken – worum es bei Klasse überhaupt geht« (379). Als der petit-bourgeoise »Kultur«-Unternehmer Ann Darrow (Fay Wray) in New York aus der Armut rettet, setzt eine narrative Vertreibung aus der Szenerie der amerikanischen Depression zu einem Spektakel von exotischem

Sex ein. Die Schlußszenen, wo King Kong durch ein glitzerndes, wohlhabendes New York wütet (die Stadt als auf ihre Weise »Anderes« für die amerikanischen Depressions-Zuschauerschaften, argumentiert Mayne, so wie die Frau, die Eingeborenen und Kong) beschließen diesen Vertreibungsprozeß, indem sie zeigen, was geschieht, als der Unternehmer die Kontrolle über das Spektakel verliert: Die »Gesetze der Repräsentation« werden gebrochen durch »diese brutale Wirklichkeit – so gigantenhaft, daß sie die Unwirklichkeit selbst ist – die Kong ist.« Aber das ist nicht die Rückkehr der sozialen Klasse auf den Schauplatz der Repräsentation. Im Gegenteil, es »reflektiert den grundlegensten in *King Kong* operativen Vertreibungsprozeß.« Die urbane Krise erscheint, wie die Depression für die meisten Ökonomen jener Zeit, »als nicht von Menschen erzeugt, sondern von den rohen Gewalten der Natur selbst« (384).

Abgesehen von ihrer Interessantheit und ihrer Kraft als Mahnung daran, daß eine »neue« kulturelle Klasse nicht über Nacht emporschoß, bietet mir Maynes Lesart eine Grundlage dafür, zu definieren, was 1989 *nicht* geschieht, als »KING KONG ... FAY WRAY FALLEN [LÄSST]«. Erstens hat das »korporative Tier« hier keinen Bedarf, seine Handlungen dadurch zu »naturalisieren«, daß es wilde Raubtierhaftigkeit gegen (ökonomische) Vernunft setzt: der Witz liegt darin, daß wir wissen, daß beides dasselbe ist. Zweitens ist »The Moment of Final Decision«, wie die HandelskritikerInnen verausahnten, die Vorhersage einer unmittelbar drohenden Krise und nicht die imaginäre Lösung einer solchen: der »Absturz« wird als der Logik des Finanzkapitalismus innewohnend akzeptiert, nicht geleugnet. Drittens ist »The Moment of Final Decision« sowohl eine Repräsentation vom als auch eine Übung im Vertreibungsprozeß: Indem es den »exotischen« Appell von »Spektakeln« von Geschlecht und Rasse verwirft (Fay Grays Uluru-Traum), klassifiziert es diese als Ablenkungen vom eigentlich Spannenden, dem Klassenkonflikt und der ökonomischen Leidenschaft. Viertens, King Kong ist nun Carl Denham: es gibt keine Krise *der* Repräsentation für den Kulturunternehmer, nur eine Krise *in* der Repräsentation, während er darauf wartet, daß »Filmangebote und Werbeverträge« seine wackelige Zukunft sichern. Dies ist natürlich sein großer Fehler und der größte Witz dieser Geschichte: Der Umstand, daß nur »Image« für Kong Kapital *ist* (und Kongs einziges Kapital), ist der Grund, warum er früher oder später abstürzen wird und warum die »*kulturelle* Petite Bourgeoisie« Subjekt der Erzählung und Autorin des Textes ist – aber nicht Adressatin des Verkaufsangebots.

PM Advertisings Übung in »Simulation« bringt die Figur von King Kong in das rhetorische und ethische Feld, das durch eine bevorzugte Trope der unternehmerischen oder Bullenmarkt-Kultur der 1980er konstituiert wird, die ich »die brutale Wahrheit« nennen würde. Es war dies eine Ideologie des Spektakels, die sich auf die Behauptung stützte, es *gäbe* nichts »Unrepräsentierbares« – keine Grenze mehr, über die man nicht hinausgehen kann, keine Lust, die Unterdrückung erfordert, kein noch so raubtierhaftes Verhalten, das geleugnet werden muß. Der pseudo-schockierende Effekt des Slogans »KING KONG LÄSST FAY GRAY FALLEN« liegt daher nach australischen Begriffen nicht bloß in der »brutalen Wahrheit«, die er über Klasse erzählt, sondern in der Art, wie er die Codes verspottet, die von unserer Gesellschaft immer noch fordern, ein »klassenloses« Erscheinungsbild aufrechtzuerhalten. Gordon Gekko aus *Wall Street* war zu seiner besten Zeit der vielleicht berühmteste Praktikant der Kunst der brutalen Wahrheit (»Gier ist gut. Gier ist richtig. Gier funktioniert. Gier klärt, durchdringt und erfaßt die Essenz des evolutionären Geistes«). In der kleinen Welt der Kulturtheorie funktionierten die Rokoko-Schriften Baudrillards – in ihrer Abhängigkeit von der Formel ewiger Inflation, »immer mehr *x* als *x*« – weniger in Komplizenschaft mit solch neo-darwinistischer offener Rede denn als Gegenpart, eine ausgefeilte Begleitrhetorik, die durch ihre kritische Hilflosigkeit nur bestätigen konnte, daß die Bullenmarkt-«Wahrheit« von Natur aus ein unangreifbares Gesetz war.

King Kong war allerdings nicht der einzige Kulturunternehmer, der am Höhepunkt des Grundstücksbooms von Türmen in Sydney träumte.

III. Die menschliche Fliege

> MAN SAGTE IHM VON ANFANG AN, DAß ES EINE SELBSTMÖRDERISCHE KLETTEREI IST – SCHON BEI TAG GEFÄHRLICH GENUG, SELBST FÜR DEN ERFAHRENDSTEN KLETTERER ... ABER TÖDLICH, UNMÖGLICH NACH SONNENUNTERGANG!
>
> The Human Fly: Castle in the Clouds!

Nach dem 1. Februar 1987 waren alle Medien voll von Berichten über einen »mysteriösen Kletterer«, der es bis zur Spitze des Sydney Tower geschafft hatte – und prompt verschwunden war. Das Fernsehen nannte ihn »Die Menschliche Fliege« (The Human Fly): Zeitungen ließen ihn 300 Meter über »dem sicheren Tod« baumeln (»gekleidet in einen feuerroten Kletteranzug«) und veröffentlichten dramatische Bilder einer winzigen Gestalt, welche die dicken Stahlseile hinaufkroch, die das Dachtürmchen des Tower halten. Die Bilder stammten von einem »sprachlosen Zuseher«, der sich zufällig mit einer Kamera auf dem Dach eines nahen Gebäudes aufhielt.

Wochen später enthüllte ein Magazin, daß Die Fliege sechsundzwanzig Jahre alt war, einen Ingenieurstitel hatte, als Verkehrsplanungsberater arbeitete und »sich für einen recht normalen Kerl hält«, während der »sprachlose Zuseher« sich zu »Glen Kirk« entwickelte, der »zu dieser Zeit einen Sonnenaufgang filmte«, als er Die Fliege am Turm sah.[41] Anfang August 1988 – gerade als der Immobilienboom in Sydney sich seinem Höhepunkt näherte – zeigte dann das landesweite ABC-TV-Netzwerk *A Spire*, einen halbstündigen Dokumentarfilm von Chris Hilton und Glen Singleman.

Erster Film einer Serie (*I Can't Stop Now*) über Menschen mit Obsessionen, war *A Spire* die Geschichte, wie und warum Chris Hilton nach sechs Jahren der Planung und Vorbereitung den Sydney Tower bestiegen hatte; wie die Phantasie eines Bergsteigers sich zu einer Idee intensiviert hatte, »eine persönliche Aussage ... über die städtische Umgebung« zu machen, und wie das Zusammentreffen mit Glen Singleman 1986 den Plan, auf den Turm zu klettern, in ein Projekt verwandelt hatte, einen Film darüber zu drehen, das zu tun. Dieses Projekt hatte zwei Komponenten und zwei Ziele. Eines war sicherzustellen, daß Hilton den Turm ohne Risiko »sicheren Todes« für sich oder jemand anderen erklettern konnte (Singleman erinnert sich in dem Film, wie er überzeugt werden mußte, daß es »absolut sicher« wäre). Das andere war die Herstellung von *A Spire* selbst.

Somit ist dies eine doppelte Abenteuergeschichte mit zwei separaten Happy Ends, strukturiert durch einen Zeitsprung und eine räumliche Verschiebung zwischen den beiden (dem Aufstieg und der Ausstrahlung, dem städtischen Turm und dem nationalen Netzwerk). Es gibt eine weitere Komplikation. Objekt meiner Analyse ist eigentlich ein Text, der während des Zeitraumes zwischen den beiden Schlüssen produziert wurde. *A Spire* existiert in zwei Versionen, deren erste ein Dreiundvierzigminuten-Film war, der ohne Unterstützung durch ABC gemacht wurde, aber in der Hoffnung, das Netzwerk zu seinem Ankauf zu überreden. Für mein zweites Modell sozialen Aufstiegs will ich mit dieser »originalen« Version beginnen, die als unabhängiges Video im Umlauf sein kann.

In diesem Stadium ist »Beginnen« nicht einfach. *A Spire* ist natürlich unmöglich als Begleitmaterial für einen Aufsatz reproduzierbar. Es wäre auch schwierig, »die Handlung« metonym zu beschreiben oder eine Schlüsselpassage zu analysieren, die einem »eine Vorstellung von dem Film« vermitteln kann, von dem ich annehmen muß, daß die meisten LeserInnen ihn nicht gesehen haben werden. Genau dieses, aller nicht-kanonischen Filmwissenschaft und aller Kritik temporaler Kunst vertraute Problem erlaubt mir jedoch, etwas Ungewöhnliches an *A Spire* als einer Abenteuergeschichte herauszuarbeiten. Im Gegensatz zu der »Pointen«-Struktur von King Kongs *»Moment of Final Decision«* – einer Erzählung, die wie jeder Einzeiler unablässig auf ihren schließlichen »singularen« Ausgang hingelenkt wird – ist *A Spire* eine Erzählung von Aufstieg, die weder linear noch einfach »klimaktisch« ist.

Statt dessen vereinen sich mehrere Erzählungen in einer Kombinationsgeschichte. Neben Filmmaterial vom eigentlichen Aufstieg gibt es Geschichten über verschiedene beteiligte Leute, insbesondere Mark Spain, der den Turm ein Stück weit hinaufgeklettert ist, bevor er sich zur Umkehr entschloß; über den Prozeß der Erforschung der Turmkonstruktion und der darauf folgenden Erfindung und Erprobung der Kletterinstrumente, die dem angemessen sein mochten; über die Monate physischer und mentaler Vorbereitung in »natürlichen« und urbanen Umgebungen – den Meeresklippen von Sydney, einem Parkplatz, dem Baum in einem innerstädtischen Hinterhof. Diese Geschichten gleiten locker in Geplauder und Interviewmaterial über: Felskletterer diskutieren den Unterschied, ob man auf etwas »weiches« wie

Bäume oder Wasser fällt oder auf etwas »hartes« wie Glas und Stahl; ein Besteiger des Everest vergleicht die Erklimmung des Sydney Tower mit der Verpackung einer Insel durch Christo; diverse kritische Reaktionen (von Leuten auf der Straße, einem Rechtsanwalt, einem Abenteurer, einem Psychiater, einem Architekten, einem Mythologen, einem Kunsthistoriker) verlängern das *Ereignis* der Ersteigung durch die Ausdehnung seiner Signifikanz.

Während *A Spire* also durch Filmmaterial von der Besteigung narativ vereinheitlicht wird, verschlingen sich die Ausweitungen und Seitenstränge in einer Art, daß der Fortschritt beim Aufstieg ständig durch Szenen aus anderen Geschichten und von Gedankensträngen Anderer durchbrochen wird. Ich sage »durchbrochen« und nicht »zerbrochen«: Eine Menge Spannung baut sich in *A Spire* auf, da der größte Teil des Filmmaterials von der letzten, schwierigsten und am wenigsten vorhersagbaren Phase der Besteigung stammt. Was für einen »Action«-Streifen eher ungewöhnlich ist, ist daß die Spannung nicht durch das Erreichen des offenkundigen Ziels des Unternehmens (Hilton erreicht die Spitze des Turms) gelöst wird, sondern nur durch sein »anti-klimaktisches« Ergebnis (als er dort ankommt, geschieht nichts) und den finalen Ausgang (er geht weg auf der Straße). Tatsächlich wirkt der Augenblick des Erreichens des Gipfels in gewissem Maße als eine »Durchbrechung« unter anderen in einem relativ glatten Prozeß der Reise weg von und dann zurück zu den Straßen der Stadt. Ich werde später zum Schluß von *A Spire* zurückkehren und dazu, wie er »Überblick« nicht als eine Position, sondern als Teil eines *Prozesses* repräsentiert.

Zuerst möchte ich den Film im Kontext meiner bisherigen Ausführungen verorten. Es gibt eine in den Cultural Studies einflußreiche Argumentationsform, die von mir jetzt verlangen würde, *A Spire* als eine Allegorie des Widerstands zu fassen. Als ein Projekt, das während des 1987-89 dauernden Grundstücksbooms und der ihn begleitenden sozialen Störungen abläuft, schreibt die Produktion von *A Spire* (einschließlich dem »vorfilmischen« Ereignis der Besteigung) eine Ablehnung der unternehmerischen Absichten zur Dominierung und Aufteilung städtischen Raums ein. Da es *in* diesem Raum handelt, zwischen John Bonds grandiosen Skytower-Träumen und PM Advertisings zynischer Vernunft, sollte es nicht nur Zeugnis von popularer Opposition ablegen, sondern uns Gelegenheit zum Gegenschlag eröffnen.

Nun glaube ich, daß *A Spire* das auch tut: Ich betrachte es als einen Akt der Sozialkritik und in stärkerem Ausmaß als Vehikel einer Praxis von Opposition und Transformation. Auch wenn man stets über die Art und Reichweite politischer »Effektivität« diskutieren muß, die für symbolische Handlungen in Anspruch genommen werden kann, schreibe ich ihnen eine produktive und nicht eine dekorative oder »ästhetisierende« Rolle zu; ich beabsichtige nicht, die Erwartungen zu enttäuschen, welche die Form meiner Argumentation geweckt hat. Allerdings möchte ich auch etwas von *A Spire* lernen – auf seine Produktivität reagieren und sie ausweiten. Ein solches Lernen ist eines der Ziele der Textanalyse, die weder generalisierenden Modellen (von denen sie hinsichtlich ihrer konzeptuellen Materialien abhängig ist) noch der Theoretisierung feindlich gegenübersteht, sondern vielmehr davon ausgeht, daß die Objekte, die wir lesen, uns durch ihren eigenen stofflichen »Widerstand« gegen unsere Abstraktionshandlungen[42] Bedingungen für die Befragung und Revidierung der von uns angewendeten Modelle bieten können. Statt also *A Spire* einfach als Bestärkung der von den Cultural Studies üblicherweise bekräftigten Handlungsmodelle (Widerstand, Opposition, Kritik) zu lesen, will ich es als Erfindung einer Praxis für eine bestimmte Zeit und einen bestimmten Ort lesen.

Strategie und Taktik

Ein Handlungsmodell, das unmittelbar auf *A Spire* als einer Kritik unternehmerischen Raumes zu passen scheint, ist de Certeaus machtvolle Unterscheidung in *Kunst des Handelns* zwischen Strategie und Taktik (23-29, 85-92). »Strategie« ist die Bezeichnung für eine Handlungsweise, die für *Orts*-Regime spezifisch ist: sie ist »eine Berechnung von Kräfteverhältnissen, die in dem Augenblick möglich wird, wo ein mit Macht und Willenskraft ausgestaltetes Subjekt (ein Eigentümer, ein Unternehmen, eine Stadt, eine wissenschaftliche Institution) von einer ›Umgebung‹ abgelöst werden kann.« Sie braucht und erzeugt auch ein Anderes: Strategie »setzt einen Ort voraus, der als etwas *Eigenes (propre)* umschrieben werden und der somit als Basis für die Organisierung seiner Beziehungen zu einer bestimmten Außenwelt (...) dienen kann. Die politische, ökonomische oder wissenschaftliche Rationalität hat sich auf der Grundlage dieses strategischen Modells gebildet.« PM Advertisings Vorstellung der mit dem »Fallenlassen von Fay Gray« verbundenen sozialen und räumlichen Beziehungen ist tatsächlich eine ausgezeichnete Projektion von de Certeaus Strategiekonzept.

Im Gegensatz dazu ist eine »Taktik« eine Handlungsweise, die dadurch bestimmt wird, daß man *keinen* eigenen Ort hat. Sie ist »ein Kalkül, das nicht mit einem ›Eigenen‹ rechnen kann und somit auch nicht mit einer Grenze, die das Andere als eine sichtbare Totalität abtrennt.« Das impliziert jedoch keinen dystopischen Status, oder Zustand, der Ortslosigkeit; »Taktik hat nur den Ort des Anderen« für de Certeau. Mit anderen Worten unterhält eine Taktik als eine Operationsweise, die Menschen zu Gebot steht, die als »ANDERES« durch die Grenzziehungsaktionen der Strategie vertrieben und ausgeschlossen sind, eine *aktive* Beziehung zum Ort durch das, was er »Eindringen« nennt. Taktiken sind opportunistisch: sie beinhalten, die Chance zu ergreifen, durch das Terrain des Anderen das zu unternehmen, was de Certeau eine »Tour«[42a] *(un tour)* nennt, und ihr Erfolg hängt daher von einem »geschickten *Gebrauch der Zeit*« ab (92).

Die Idee der Taktik ist nicht so romantisch, wie sie klingen kann. Zum einen verhält sie sich parasitär zur Idee der Strategie: wenn das bedeutet, daß »Taktik« aus eigenem keine Politik der Selbstbestimmung für strategisch ge-anderte Menschen unterhalten kann, bedeutet es auch, daß sie nicht als Fundament einer Ontologie der

ANDERSHEIT verwendet werden kann und daß Individuen nach de Certeaus Begriffen nicht holistisch als alleinige Subjekte entweder der Strategie oder der Taktik behandelt werden können. Darüber hinaus ist die Unterscheidung selbst nicht ein Weg, Marginalisierung als Privileg zu empfinden, sondern ein Weg zur Fragestellung, welche Arten von Aktionen möglich sind, sobald Menschen einmal historisch durch ein spezifisches Ortsregime marginalisiert *worden sind.* Aus diesem Grund konnte die Unterscheidung für de Certeau eine Theorie popularer kultureller Praxis untermauern. Das Populare ist als eine »Weise der Operation« und eine »Kunst des Timing« konzipierbar eben wegen seiner taktischen Beziehung zur sogenannten Konsumgesellschaft und ihren strategischen Einrichtungen (Motels, Supermärkte, Fernsehen, Autobahnen, hochragende Türme...).[43]

Wenn wir uns *A Spire* im Bewußtsein dieser Unterscheidung zuwenden, kann sie uns helfen, recht eingehend zu lesen, wie das ganze Projekt funktionierte. Sowohl die Ersteigung als auch der Film waren Produkte einer Kunst sehr sorgfältigen »Timings«. Chris Hilton begann das, was sich als neunstündige Klettertour entpuppen sollte, gegen Mitternacht an einem Samstag, damit er Sonntag morgens bei Sonnenaufgang schon ein weites Stück an den Stahlseilen rund um den Schaft hinauf wäre, die das Dachtürmchen halten. Das bedeutete, daß die kleine rote *»Fliege«* höchst vorteilhaft bei der Annäherung an die Spitze des goldenen Türmchens mit einem knallblauen Himmel als Hintergrund gefilmt werden konnte. Der unmittelbare Zweck des Timings war jedoch, die Alarmierung der Polizei so lange wie möglich zu vermeiden; daher auch die Auswahl des ruhigsten Morgens der Woche für den »sichtbaren« Teil der Besteigung.

Ein Firmenmonument ohne Erlaubnis zu erklettern, ist höchst illegal (»Hausfriedensbruch, Ruhestörung, Erregung öffentlichen Ärgernisses« lächelt Lesley Power, Rechtsanwalt), und der Sydney Tower ist vollkommen strategisch im Sinne de Certeaus. Historisch eines der Einführungsbauwerke der »Neuerschließungsarchitektur« in Sydney, ein auf dem Dach eines Einkauszentrums 1981 zu dem Zweck eröffneter Tourismusturm, die Menschen »zurück in die Stadt zum Einkaufen«[44] zu ziehen, ist er ein Ort, der völlig angemessen ist für die Lebensversicherungsgesellschaft (Australian Mutual Provident Society), die ihn besitzt, die Administration, die in ihm residiert, und die Wachgesellschaften, die seine Beziehung zu dem von den Einwohnern und Touristen Sydneys gebildeten »Außen« überwachen.

So brachte Chris Hiltons »Tour« auf den Turm nicht nur ein Risiko mit sich, am Ende verhaftet, sondern auch auf halber Höhe zwangsweise »gerettet« zu werden. Das hat Konsequenzen für die narrative Taktik des Films. Da ein so großer Teil der Erzählung darauf beharrt, im Voraus jede wirkliche Gefahr zu eliminieren, daß Hilton abstürzen oder der Rettung bedürfen und dadurch die Leben anderer in Gefahr bringen könnte, wird der Schauplatz der Spannung von jenen Bildern einer kleinen, im weiten Raum pendelnden Gestalt getrennt, die uns einladen könnte, und das in Actionfilmen üblicherweise auch tun würde, den Tod für den Helden vorauszuahnen und trotzdem ein Happy End zu erwarten. Wenn solche Bilder wie in *A*

Spire auch wirklich Ehrfurcht einflößen, ist da doch genausoviel Sorge, was *nach* der Klettertour passieren wird. Die Spannung wird ausgedehnt über die mit der Zeit wachsende Anhäufung von Verzögerungen, Stockungen und Augenblicken der Frustration, während die Sonne am Himmel höher steigt. Der Aufstieg dauert drei Stunden länger als geplant: Zeit, um Mark Spains Abstieg zu planen, Zeit, um einen zu engen Hänger Zentimeter für Zentimeter verrostete Streben entlang zu zwängen, Zeit, sich um die Basis des Dachtürmchens herumzuarbeiten und einen unversperrten Fensterputzaufzug zu finden – genug Zeit, daß da ein Wachmann im Türmchen ist und herausschaut, als Die Fliege am Fenster vorbeikriecht. Das ist der Grund für das Überlaufen des Klimaxgefühls über den Moment des Erreichens der Spitze hinaus. Es bleibt immer noch das Problem, das Terrain des Anderen zu *verlassen*.

In noch einem anderen Sinn kann *A Spire* als eine taktische Antwort auf die von der »Strategie« auferlegten Beschränkungen gesehen werden. In einer Rede in die Kamera nahe des Anfangs nennt Chris Hilton das Genreproblem, mit dem sich der Film auseinandersetzen müssen wird: »wäre dies eine Erzählung über die Besteigung eines Berges in irgendeinem wilden Gebirgszug der Welt, so wäre es eine Abenteuergeschichte für richtige Jungs, eine Erzählung vom Überleben gegen alle Widrigkeiten ...« Heutzutage eine eher abwertende Bezeichnung für ein offen nurmännliches Abenteuer, weist die Formulierung »für *richtige* Jungs« [»a boys' own«] auf die formalen Beschränkungen hin, die nicht nur den Ort des Genres im westlichen Actionkino definieren – relativer oder absoluter Ausschluß von Frauen, Isolation von (weißen) Männern als »passende« Handlungssubjekte und Exterritorialisierung von NATUR (und EINGEBORENEN) als gegenüber der Menschheit »Anderes« – sondern auch im Vorhinein den Rahmen für Erwartungen an jeden Film bilden können, in dem, wie in *A Spire*, ein Mann *tatsächlich* ein Abenteuer erlebt und gegen alle Widrigkeiten überlebt.

Als eine Möglichkeit zur Vorbeugung gegen diese Reaktion behauptet Hilton, daß die Verlagerung des Schauplatzes von Berg zu Turm das Genre modifizieren kann (»dieses Gebäude steht mitten in der Stadt, damit bringt es eine ganze Reihe anderer Aspekte zum Tragen ...«). Andere Sprecher bestehen darauf, daß natürliche und von Menschen geschaffene Umgebungen in Kontinuität stehen, nicht füreinander extern sind, und Szenen von felskletternden Männern und Frauen visuell dieselbe Aussage machen, wenn ein Bild die Türme der sich jenseits des Wassers über den Klippen erhebenden Stadt umfaßt. Stärker wird das Abenteuer für richtige Jungs modifiziert durch eine Reihe von im Film gestellten Fragen über die Unterscheidungen, die gesellschaftlich zwischen Natur und Stadt bestehen, Fragen, die sich als *Folge* der Entscheidung stellen, beide als gleich zu behandeln: »die rechtlichen Aspekte, Fragen sozialer Verantwortung, Fragen der von Menschen geschaffenen Umgebung und wofür sie da ist ... wem gehört die Außenseite eines Gebäudes? Der Öffentlichkeit, deren visuellen Raum sie beherrscht? Oder dem Eigentümer des Gebäudes?«

Auf diese Weise wird etwas, das man kritische Differenz nennen könnte, in das Abenteuer für richtige Jungs eingeführt. Die Differenz ist »kritisch« in dem einfachen Sinn, daß sie mit dem leisen Eindringen eines Raums der Sozialanalyse in den Ort heroischer Aktion zu tun hat, aber auch in dem komplizierteren Sinn, daß das Hinterfragen der Angemessenheit der Kletterei selbst (jene »rechtlichen Aspekte«) den Film unmittelbar zu der Frage führt, was als sozial »angemessene« Repräsentation gilt: »Ist es verantwortungsvoll, auf ein Gebäude zu klettern und dein Leben vor den Augen anderer zu riskieren? Wird das Kinder ermutigen, auf Gebäude zu klettern und ihr Leben in Gefahr zu bringen? Ist das schlecht? Leute, die kommen, um zu versuchen, dich zu retten, wird es ihr Leben gefährden? Wird es das Gebäude verunstalten? All diese Dinge....« Was dabei hilft, dies zu einer taktischen Anwendung des Abenteuers für richtige Jungs zu machen statt zu einer »Kritik« von außerhalb des Genres, ist Chris Hiltons durchgehende Unwilligkeit, den Standpunkt des Gesetzlosen einzunehmen, des einfachen Gegenspielers des Anstands: »All diese Dinge sind *wichtig*, weil ich kein Krimineller bin und keine Gesetze brechen und ins Gefängnis gesperrt werden will.« Die Besteigung des Turms wird niemals als Rechtsverletzung oder Übertretung präsentiert, sondern als eine Verwendung des »Orts« des Anderen zu Zwecken, die ihm fremd sind.

Damit schließlich verbunden ist die ästhetische Praxis des Films. *A Spire* ist kein Tschinbumm-Actionfilm, aber auch kein avantgardistisches Experiment, das seine eigene Dekonstruktivität erklärt. Es präsentiert sich selbst bescheiden als eine Spaßdokumentation mit sprechenden Köpfen und mitreißenden Szenen. Doch das ist der Grund, warum das Abenteuer einfach nicht »für richtige Jungs« sein kann. Das Einfügen von Nebengeschichten und Interviews garantiert ganz nebenbei eine kollektive Erzeugung des ganzen *A Spire*-Abenteuers. Ein Netzwerk von »Ideenmenschen« kommt in dem Film vor, einige diskutieren ethische, rechtliche und ästhetische Fragen nach dem Ereignis, während andere im Vorfeld an den Problemen von Gefahr und Sicherheit arbeiten; es gibt ein paar Szenen von Diashows, in denen eine Gruppe anhand von Photographien des Turms Taktiken für die Ersteigung durchspricht. Auf der Ebene des Filmemach-Abenteuers half die Verwendung dieser heute ziemlich konservativen Dokumentarfilmtechnik mit starken Verbindungen zur großen Tradition des australischen Sozialrealismus wahrscheinlich dabei, in einen unabhängigen Film »einzudringen«, der fröhlich im staatseigenen Rundfunknetz ein symbolisches Verbrechen gegen das Eigentum eingesteht, theoretisiert und schildert.

An diesem Punkt ist es sinnvoll, »na und?« zu fragen. Die Unterscheidung Strategie/Taktik kann zeigen, wie eine kritische Praxis verschiedene Hindernisse umgehen kann, um sich »gegen alle Widrigkeiten« durchzusetzen; sie ist pragmatisch in der besten Bedeutung des Wortes. Sie bietet mir auch eine Möglichkeit zu argumentieren, daß *A Spire* als Popularkultur zählt, während »The Moment of Final Decision« das nicht tut; eine Behauptung, die vielleicht das Risiko des Essentialismus eingeht, aber ihr Aktionsmodell nicht vom Ethos und den Praktiken der postmodernen Korporationskultur bezieht, sondern von einem kritischen Gegenschlag gegen sie, der einer anderen Logik folgt. Aus diesem Grund habe ich *A Spire* nicht als binären Gegenspieler zu PM Advertisings Vision der Stadt präsentiert, obwohl dies in mehrfacher Weise getan werden könnte: Raub eines Orts gegen Zurückeroberung von Raum, Eigentum gegen Besitz, Ausschließung gegen Infiltration, Investition gegen Genuß, Tauschwert gegen Gebrauchswert, zynischer Elitismus gegen utopische kollektive Praxis, Brutalität und Grausamkeit gegen Fürsorge und Respekt vor dem Leben.

Doch ohne Möglichkeit, das alles mitzunehmen und auf konkrete soziale Situationen anzuwenden, ohne Möglichkeit zu zeigen, wie und warum eine »andersartige« Logik *von Bedeutung* sein kann und was ihre lokalen Abwandlungen sein könnten, bleibt die Kritik darauf beschränkt, im besten Fall eine Liste oppositioneller Werte durchzugehen oder im schlechtesten Fall fromme aber leere Versicherungen zu produzieren, daß irgendwo irgendetwas passiert.[45] Ich bin nicht sicher, ob die Unterscheidung Strategie/Taktik uns immer sehr viel darüber erzählen kann, was bei einer bestimmten Konstellation von Umständen auf dem Spiel steht oder was erreicht wurde. Was folgt nun daraus, wenn wir *A Spire* als taktische Operation lesen, diese heißumstrittene Position auf der Spitze eines hochragenden Turmes eher zeitweise in Besitz zu nehmen als territoriale Ansprüche darauf zu erheben? Mit welcher Art »Aspiration« hatte *A Spire* zu tun? Der Titel des Films transportiert Untertöne eines Kleingewerbeslogans,[45a] des Unternehmensethos der »Pionier«-Schule des Aufbruch-Abenteuers, oder der in den Sonntagszeitungen dargebotenen Aufbauprofile für den persönlichen Erfolg. Welche Art von »popularer« Kritik hat *A Spire* also für das Terrain produziert, auf dem er spielte?

Rivalität und Simulation

> Indem ich ihn erstieg, wollte ich eine persönliche Aussage über die urbane Umgebung machen. Ich dachte, er gäbe ein nettes Bild zur Besteigung ab, daß es den Menschen einen Kick geben würde, zu sehen, wie jemand das höchste Gebäude in Sydney auf ein menschliches Maß herabstuft – bloß ein einzelnes Individuum, das aus eigener Kraft ein massives Gebäude niederzwingt, das sich als riesig, undurchdringlich und angsteinflößend aufgebaut hat.
>
> Chris Hilton

»The Human Fly« (Die Menschliche Fliege) ist ein ungewöhnlicher Superheld. Anders als Superman, Batman u.a. ist er kein paranoider Verbrecherjäger, sondern ein »leidenschaftlicher Monomane« (im Deleuze-Guattari'schen Sinn) mit einem sozialen Gewissen. Er mag es einfach, zu klettern und Stunts durchzuführen, aber er läßt sich auf die Probleme anderer Leute ein und gibt das verdiente Geld der Wohlfahrt. Seine exzentrische Beziehung zum Gesetz war immer Teil seiner Identität als Marvel Comics-Schöpfung. In *Castle in the Clouds!* (3, 1977) stellen Leserbriefe auf der »Fly Papers«-Seite sicher, daß wir das nicht mißverstehen: »*Die Fliege* ist kein neurosengeplagter ›Jedermann‹, der in einen radioaktiven Unfall stolpert und so Superkräfte gewinnt. Ihm befiehlt nicht sein ›Verantwortungsgefühl‹, hinauszugehen und das Verbrechen zu bekämpfen, um so der Menschheit zu dienen ... Die erste Ausgabe, in der ich Die Fliege durch New York patroullieren sehe auf der Suche nach bösen Jungs, ist die letzte Ausgabe, die ich kaufe« (Rich Fifield, Monterey, CA).

Zur Beruhigung von Rich und anderen Lesern unterstreicht Herausgeber Archie Goodwin eine weitere der hervorstechenden Eigenschaften Der Fliege: »Wir haben nicht vor, Die Menschliche Fliege in einen Verbrecherjäger zu verwandeln – einfach weil er das im *wirklichen* Leben *nicht* ist!« Obwohl sie die Standardleugnung jeder Ähnlichkeit »mit lebenden oder verstorbenen« Personen tragen, bestehen die Human Fly-Comics auch darauf, daß ihr Held ein Gegenstück in einem »Todesverächter im wirklichen Leben« hat (tatsächlich »werden wir zusehen, was wir tun können, um die *echte* Menschliche Fliege in diesem Magazin gemeinsam mit seinem zweidimensionalen *anderen Ich* erscheinen zu lassen«). Immer schon doppelt, im Original sowohl »Modell« als auch »Kopie«, entwickelt sich Die Menschliche Fliege als Simulakrum (eine Kopie einer Kopie einer Kopie) auf seltsam schwankenden Wegen weiter.

Das ist keine Frage endloser Neufassungen. Laut Michael Dean scheint Die Fliege in den 1970ern als reale Person begonnen zu haben, die nach einem Unfall prothetische Chirurgie erhielt und dann weiterhin Stunts machte, bevor er der Marvel-Held wurde, der zum Medien-«Modell« für andere reale Kletterer wurde, die die »originale« Fliege gekannt haben mögen oder auch nicht.[46] Ein Medienphoto mit einem davon, der das Sears Building hinaufkletterte, kommt in *A Spire* kurz als Vorbild für Chris Hilton vor (»Ich schaute in die Zeitung und ich las einen Artikel über einen Typen, der auf ein Gebäude in Amerika geklettert ist«). Als die Medien 1987 schließlich SYDNEY'S MENSCHLICHE FLIEGE schreien konnten, war die Frage nach dem Original und der Kopie bereits akademisch im populären Wortsinn. Alles was man braucht, um diese Überschrift zu lesen, ist das Alltagswissen, daß »Menschliche Fliege« historisch die Bezeichnung eines Action-Genres ist, in dem reale Menschen und Medienbilder produktiv vermischt werden.

Ein interessanter Nebenaspekt des verdoppelten Charakters der Menschlichen Fliege ist, daß er auch körperlich »vermischt« ist. Dem Namen und der physischen Kapazität nach ein Mensch-Insekt, ein Hybrid der Natur, ist Die Fliege dem Körper nach ein Cyborg, ein Produkt der Wissenschaft (»Eines Tages werde ich den Ärzten dafür danken müssen, daß sie meine Skelettstruktur mit Stahl verstärkten ...«). Er kann keine Figur der Trennlinie zwischen »MENSCH« und »ANDEREM« sein wie der originale, verträumte King Kong. Im Gegenteil wird seine Vermischtheit oft als Zeichen seiner menschlichen Gebrechlichkeit behandelt. Sobald Die Fliege den Ärzten mental dafür dankt, daß sie ihm Finger gegeben haben, mit denen er sich in Klippen krallen kann (»und ... ich bin derjenige, der für sein ganzes Leben verkrüppelt sein sollte!«), wird er von einem gigantischen Kondor angegriffen, einer »ROBOT-DRONE«. In einem Zusammenstoß, der an die Schlachtenszene von *King Kong No Gyakushu* erinnert, wird die hybride Verwundbarkeit Der Fliege durch die undurchdringliche Reinheit des mechanischen Raubvogels herausgefordert: »das gebrechliche Menschenkind, das sich am Felssims festklammert ... ist allzu menschlich – außerhalb seines Elements – und der metallische Angreifer ist völlig unfähig, Schmerz zu fühlen!«

Bilder außergewöhnlicher humanoider Gestalten, die gegen Metallmonster kämpfen, häuften sich natürlich in der Massenkultur des Kalten Krieges, und auch wenn man sie nun als Projektion des Unterschieds eines »realen Menschen« zu einer unermüdlich phallischen Konsistenz wiedererwecken kann, könnte behauptet werden, daß sie jetzt eine altmodische Aura haben – eine Anfälligkeit gegenüber den Praktiken der Nostalgie, die es vielleicht ermöglichen, sie in wohlmeinender Weise wiederzulesen. Aus diesem Blickwinkel wurde der industrielle Roboter durch den kybernetischen Replikanten verdrängt; das Prinzip der Differenz wird dem ANDEREN des MENSCHEN nicht länger verwehrt, sondern der Andersheit innerlich in einer Weise und zu einem Grad konstitutiv gemacht, daß der MENSCH sich selbst zum Anderen wird und nicht länger sicher sein kann, was er ist. *Blade Runner* wird oft als Vorausmanifest dieser Verschiebung verstanden, das metonymisch eine neue Ära in der Geschichte repräsentiert.[47]

Mich interessiert hier allerdings wiederum, auf welche Weisen ältere Legenden ihr Fortleben bewerkstelligen (eine Frage nach der *Veränderung*, die sich jede »historische« Annäherung an Kultur stellen muß), und daher möchte ich den originalen Status der Menschlichen Fliege als hybride/s Modell/Kopie detaillierter betrachten. Vor einem Augenblick nannte ich das Simulakrum »eine Kopie einer Kopie einer Kopie, ...« wobei die Punkte das unendliche Potential (differenzierter) Wiederholung bezeichnen. Sie könnten auch meine Auslassung des zentralen Schließungselements in der gebräuchlichen Definition des Simulakrums bezeichnen, mit den Worten Brian Massumis »eine Kopie einer Kopie, deren Beziehung zum Modell so abgeschwächt wurde, *daß ... sie selbständig als Kopie ohne Modell dasteht.*«[48] Die einflußreichste Form dieses Lehrsatzes ist Baudrillards neorealistische Neuformulierung des *»Image«* als etwas, das nunmehr »keine Beziehung zu einer wie auch immer gearteten Realität« aufweist: »es ist sein eigenes reines Simulakrum.«[49] Die Schließung erfolgt hier nicht nur syntaktisch, sondern logisch (das Differenzial hört daher zu wirken auf) und vorgeblich historisch (das Zeitalter der Differenz ist vorbei, Gleichartigkeit und Stillstand regieren).

Massumi hat argumentiert, daß Gilles Deleuzes Aufsatz »Plato and the Simulacrum« den Anfang einer anderen Art des Nachdenkens über massenmediale Simulation bietet, weil er die Unzulänglichkeit der Modell/Kopie-Unterscheidung als Ausgangspunkt und nicht als Conclusio nimmt. In Massumis Worten: »ab einem gewissen Punkt ist die Unterscheidung nicht länger eine graduelle. Das Simulakrum ist weniger eine Kopie zweiten Grades als ein Phänomen gänzlich anderer Natur; es unterminiert eben jene Unterscheidung zwischen Kopie und Modell« (91).

Die Schlüsselstelle hier ist *»ab einem gewissen Punkt«*. In seiner Interpretation der Platon'schen Ideentheorie meint Deleuze, daß die »unendlich verminderte Ähnlichkeit«, die der Kopiervorgang mit sich bringt, logisch zu der Idee einer »Kopie« führt, die so weit vom Original (der Idee) entfernt ist, daß sie nicht länger eine schlechte oder schwache »echte« Kopie ist, sondern eine *falsche* Kopie – ein Simulakrum, das äußerlich Ähnlichkeit vortäuschen mag, aber durch Verschiedenartigkeit konstruiert wird.[50] Die für Platon wichtige Unterscheidung ist daher nicht jene zwischen dem Modell und der Kopie, sondern zwischen der Kopie und dem Simulakrum. Die »falsche« Kopie ist gefährlich, weil sie in ihrer konstitutiven Verschiedenheit von jeglichem Modell (einschließlich der Idee der Differenz) die Gültigkeit der Modell/Kopie-Unterscheidung in Frage stellt – und damit die Theorie der Ideen. Das Simulakrum ist daher der innere Feind, oder die »Ironie«, des Platonismus; seine philosophische Gestalt ist der Sophist. Simulation ist nicht, wie für Baudrillard, der Abschluß der Geschichte (eine Krise des Hyperkopierens) sondern im Gegenteil eine *Handlung* (wie eine produktive Praxis des Lesens: Deleuzes Lesen von Platon ist in diesem Sinn »simuliert«). Das ist für Deleuze der Grund, warum das Platon'sche Projekt von einer »Dialektik der Rivalität« (46) abhängt. Echte Kopien wetteifern mit falschen; die Aufgabe des Philosophen ist es, »falsche« Kopien zu entlarven – um die Differenz des Simulakrums zu leugnen.

Darauf aufbauend meint Massumi, daß es »*maskierte* Differenz« und nicht »manifeste Ähnlichkeit« (wie hyperreal auch immer) ist, die das Simulakrum unheimlich macht und ihm seine produktive Fähigkeit verleiht, »aus der Kopier-Gußform auszubrechen«. Daher für Massumi wie auch andere die allegorische Kraft von *Blade Runner*. Der Replikant ist am Ende nicht mehr ein »mehr als perfekter« Kopien-Mensch, sondern eine andersartige Lebensform, fähig dazu, in neue Kombinationen mit, wenn auch nicht notwendigerweise unter Einschluß von, menschlichen Wesen einzutreten.

Nun, unter diesen Bedingungen mögen die King Kong- und Menschliche Fliege-Kampfszenen nicht nur der »Roboter«-Vorstellungswelt angehören, sondern auch der Platon'schen Szenerie der Rivalität. In *King Kong no Gyakushu* kämpft eine echte Kopie von King Kong gegen »Mechni-Kong«, die falsche: selbst wenn ihre Konfrontation Vermischtheit gegen Reinheit, den Penis gegen den Dildo stellt, lautet die grundlegende Frage wieder einmal einfach »wer soll herrschen?«. Obwohl die Robot-Kondor/ Menschliche Fliege-Begegnung durch einen Mangel an äußerer Ähnlichkeit verkompliziert wird (und durch eine gewisse »maskierte Differenz«, die dem »gebrechlichen Menschenkind« seinen Vorteil verschafft), steht immer noch die Frage der Herrschaft auf dem Spiel. Andererseits ist es schwer, zu sagen, was als die maskierte Differenz Der Fliege zählt: ist es das Stahlknochenskelett, das ihn zur doppelt falschen Kopie macht, ein Cyborg, getarnt als Mensch, der ein Insekt imitiert, oder ist es die organische Intelligenz, die seinen mechanischen Vetter täuscht, einen als Vogel verkleideten Roboter?

Ich denke, die signifikante Antwort ist, daß das nicht besonders wichtig ist. Die Identität einer beliebigen Medienikone ins Kreuzverhör zu nehmen, mag immer zum Schauplatz von Rivalität und Legitimität führen, zu einer Entscheidung zwischen echt und falsch oder »echter« und »falscher«; am Ende der Argumentation, die ich gerade wiederholt habe, entscheiden wir lediglich, ob der Replikant aus *Blade Runner* eine echtere »Illustration« von Deleuzes Simulationsmodell ist als Die Menschliche Fliege in *Castle in the Couds!* Damit soll natürlich nicht gesagt sein, daß jegliche Opposition, Dualität oder »Schlacht« auf Platon'sche Rivalität reduzierbar ist. Das Ziel von Massumis Gegenüberstellung zweier Versionen der Simulation, wie das meiner eigenen, ist es, sie nicht in Begriffen ihrer relativen Legitimität als »Beschreibungen« der Gegenwart zu differenzieren, sondern in Begriffen ihrer wetteifernden politischen Logiken und der Ergebnisse (d.h. Zukünfte), denen sie Auftrieb geben.

In diesem Kontext ist der wesentliche Aspekt der Geschichte der Menschlichen Fliege, daß, da seine *originale* Hybridität mit der Logik der Verdopplung konformiert und damit mit der Roboterszene (die »zweidimensionale« Figur und sein Gegenstück »im wirklichen Leben«), er *daher* das entfesselt, was Deleuze »die positive Kraft« nennt, »die sowohl Original als auch Kopie negiert, sowohl Modell als auch Reproduktion«. Anders gesagt, »von den zumindest zwei voneinander abweichenden Serien, die im Simulakrum internalisiert sind, kann keine als Original oder Kopie bezeichnet werden« (Deleuze 53). Daraus folgt, daß Die Menschliche Fliege, der von Anfang an eine Serie über einen menschlichen Kletterer und eine Serie über Medienbilder internalisiert, die einander zu kopieren vorgeben, lediglich gegenüber der Logik der Verdopplung Konformität simuliert. Aus diesem Grund ist der Versuch, entweder der Serie *menschlicher* Menschlicher Fliegen oder der Serie *medialer* Menschlicher Fliegen an irgendeinem Punkt ihrer weiteren Beziehung lokale Priorität oder einen höheren Grad an Wirklichkeit zuzuweisen – wie der Abschluß einer Serie durch *fiat* oder die Verfolgung des langverlorenen Originals – ein unendlich sinnloses Unterfangen.

Das Deleuze'sche Simulakrum ist ein Prozeß, nicht ein Produkt oder eine »Lage« der Umstände, der im Prinzip gegen das Unendliche geht. Damit impliziert es eine Art Grenzenlosigkeit – »große Dimensionen, Tiefen und Entfernungen, die der Beobachter nicht beherrschen kann« (49). Deleuze nennt diese Distanz »Schwindel«. Aber dies ist nicht der Schwindel Fausts auf der Spitze eines Turms, überwältigt von der endlosen Ausdehnung des Territoriums, das sich grenzenloser Ambition darbietet. Es ist der Schwindel Platons, der »im Blitz eines Augenblicks, als er sich über seinen Abgrund beugt« erkennt, daß das Simulakrum, das »Andere«, das seine Philosophie strategisch erschafft, die Fundamente seiner Philosophie zerstören kann. Es ist der Schwindel der *kritischen* Distanz, in der »der privilegierte Standpunkt nicht mehr Existenz hat als das Objekt, das allen Standpunkten gemein ist. Es gibt keine denkbare Hierarchie ...« (53). Weil die Gestalt des Beobachters – der sich über den Abgrund beugende Plato – Teil des Simulakrums ist, ist die im Schwindel aufgehobene Hierarchie nicht nur jene, die die Trennungen zwischen dem Ursprung und den Kopien ersten, zweiten, dritten Grades reguliert und Authentizität determiniert. Es ist auch die sekulare Projektion dieses Vorgangs in hierarchischen Mythen von Raum (die Spitze des Turms) und Zeit (»Meta«-erzählung).

Zurück in der behaglicheren Welt der Superhelden ist es der Erwähnung wert, daß während der Menschlichen Fliege der gewöhnliche Schwindel von Klippen und Meerestiefen nicht fremd ist, er eine ungewöhnliche Bindung zu kollektiver Praxis aufweist. Viele Helden haben Nebenbeschäftigungen und einen starken Gemeinschaftssinn, aber die »gebrechliches Menschenkind«-Verletzlichkeit Der Fliege verlangt eine Menge Unabhängigkeit. Er ist nicht unbesiegbar, er bekommt Angst, er braucht Hilfe. In seiner Mythologie spielt ein gewisser Elitismus hinsichtlich seines Körpers mit, aber keine autoritäre Befehlsstruktur. Während der Stunts wird er von Freunden umgeben und beschützt (in Flugzeugen, am Boden, zuhause in der Basis), mit denen er sich über Sprechfunk unterhält. Die Fliege ist eine Medienkreatur: er verwendet Funk, um seine Stunts zu begleiten, dann konstruiert er seine Stunts als Botschaften (»durch mein Beispiel Tausenden verkrüppelten und behinderten Kindern Hoffnung geben!«). Er ist ein radikaler, kein kompromißloser, Individualist; er demonstriert die Stärke der Schwachen. Weit davon entfernt, ein Verbrecherjäger zu sein, ist er ein politischer Performancekünstler.

A Spire arbeitet in beiden seiner Komponenten, Klettern und Filmemachen, mit dieser Mythologie. Es ist keine Frage von bewußtem oder unbewußtem »Einfluß«, von Zitat, Anspielung oder Nachahmung, sondern der Resonanz zwischen den divergenten Serien, aus denen das Simulakrum konstruiert ist, und der äußeren Ähnlichkeitswirkungen, die die Simulation erzeugen kann. Aus diesem Grund halte ich es nicht für wichtig, bei den zahlreichen Punkten der »Ähnlichkeit« zu verweilen: die Beziehung Der Fliege zu den Freunden und dem Filmteam, die das Abenteuer möglich machten; die Wichtigkeit des Sprechfunks, der im Film einfühlsam verwendet wird, um ohne Bitterkeit oder Rivalität den unangenehmsten Augenblick der Klettertour zu beschreiben, als Mark Spain den Abstieg beschließt; die didaktische Verpackung eines Stunts als sozialverantwortliche Handlung; der formale Gebrauch des Genres der »persönlichen Aussage« zur Förderung einer Politik für gewöhnliche Menschen (»Ich bin so klein, verglichen mit diesem Monster, diesem Monolithen unserer Zivilisation«, sagt Chris Hilton über den Sydney Tower). Diese Anmerkungen können gemacht werden, nicht weil jemand sich anschickte, ein vergessenes Marvel-Comic zu imitieren, und nicht deshalb, weil jemand beiläufig beschloß, einen »feuerroten Kletteranzug« zu tragen, sondern weil der Mythos der Menschlichen Fliege (wie ihn Sydneys Medien verstanden) mit einer kollektiven Produktion von Wissen zu tun hat.

Für mich ist die wichtige Frage, was sich daraus ableiten läßt. Als visuelles Element in *A Spire* hat der Menschliche Fliege-Effekt – betont durch die Verwendung eines Teleobjektivs und den Zusammenschnitt von Fern- und Nahaufnahmen – Konsequenzen, die alles andere als beliebig sind. Der Sydney Tower erscheint im Film zuerst als der übliche Ansichtskarten-«Phallus«, der über der Stadt aufragt. Dann, während der Aufstieg vonstatten geht, wird der Turm langsam aber sicher zu einem *Gesicht [face]*. Nachdem er als ferner urbaner Gipfel figuriert hat, verwandelt sich der Turm in eine *Oberfläche [surface]*, seine flachen Fenster und dünn gekerbten Wände werden zu einer Erweiterung der Oberflächen der Klippenfront *[cliff-face surfaces]*, die zur Vorbereitung der Klettertour verwendet wurden. Aus eben dem Grund, daß es der Punkt des Films ist, die kulturelle Konstruktion der Differenz zwischen natürlichen und von Menschen geschaffenen Umgebungen zurückzuweisen und dem Verbot zu trotzen, große Gebäude als zur Gänze öffentlichen Raum zu behandeln, ist es nicht bloß eine naheliegende Pointe, davon zu sprechen, daß der Turm ein »Gesicht« wird, sondern eine Reaktion auf eine tatsächlich wörtliche Umsetzung, welche die Chris Hilton-Figur am Bildschirm produziert.[51] Gekleidet als Die Menschliche Fliege wird er sichtlich nicht zu einem Marvel-Superhelden, der mit dem phallischen Spitzturm in Konkurrenz treten kann, sondern (besonders in den Fernaufnahmen) etwas für AustralierInnen ziemlich Vertrautes und »Natürliches«– ein Insekt, das über das Gesicht des Turms krabbelt (Abb. 4.1).

Dies ist eine Art, auf die *A Spire* den Sydney Tower im umgangssprachlichen Sinn des Wortes »auf den Boden zurückholt« und seine abschreckende Anmaßung verspottet. Er macht den Turm *anfaßbar*; im von mir oben zitierten Interview spricht Chris Hilton davon, den Turm auf ein »menschliches Maß« zu reduzieren, nicht davon, ihn »zurechtzustutzen«. Doch ist das alles? Für sich allein betrachtet ist diese Aktion nicht notwendigerweise mehr als eine schicke, gewagte, aber letztlich unwesentliche Bestärkung des alten egalitären Ethos und der Sorge »richtiger Jungs« um Äußerlichkeiten. In diesem Fall würde das Überreizen der Pointe vom »Gesicht« – das Lesen von *A Spire* als schlichte Entblößung einer sozialen Produktion von Gesichtlichkeit durch die Einschreibung eines Zeichens des »kleinen Mannes« auf die große weiße Majoritätswand – den Film in die Dialektik der Rivalität zurücktragen. Tatsächlich folgt eine ganze Reihe von Änderungen aus dieser »kleine(n) Schiefe des wirklichen Bildes«« (Xavier Audouards Formulierung für eine Wahrnehmungsverschiebung, die den Beobachter dazu hinzieht, das Simulakrum zu konstruieren)[52], die den Mann zum Insekt werden läßt, während der Turm ein Gesicht wird.

Wie Massumi hervorhebt, bietet das Konzept des »doppelten Werdens« in *Tausend Plateaus* eine Möglichkeit, die positive Kraft der Simulation ohne Verweis auf Modelle und Kopien zu theoretisieren. Der Begriff »Werden«, von eiligen KritikerInnen oft so verstanden, daß damit die dumme Idee gemeint sei, man könne tun, was immer man will, bezeichnet ein Konzept mit einer ziemlich präzisen Struktur und einen Prozeß mit spezifischen Limitationen. Erstens muß Werden immer zumindest zwei Begriffe betreffen, nicht einen in Isolation, die von einem Prozeß mitgerissen werden, der sie beide verändert; wenn ein Mensch Insekt-wird, verändert sich auch das Insekt. Zweitens betrifft »doppeltes Werden« eine »aparallele Evolution«, nicht eine gespiegelte oder dualistische Struktur, die heterogene Begriffe verbindet;[53] wenn ein Mensch Insekt-wird, wird das Insekt nicht »Mensch«, sondern etwas anderes (um eines der von Deleuze und Guattari bevorzugten unglücklichen Beispiele aufzugreifen, wenn der Krieger Frau-wird, wird die Frau vielleicht Tier-werden).

Drittens wird ein Mensch nicht zu einem »wirklichen« Insekt, aber Werden ist keine Fiktion, daß dem so wäre; Werden ist »wirklich«, aber was wirklich ist, ist das Werden – der Prozeß, oder das *Medium*, zwischen den Begriffen. Viertens ist dieses Medium des Werdens immer minoritär: »In gewisser Weise ist immer der ›Mann‹ das Subjekt eines Werdens; aber er ist dieses Subjekt nur, wenn er ein Minoritär-Werden beginnt, das ihn aus der Mehrheitsidentität herausreißt« (369). Dies ist der wichtigste Aspekt, in dem das Werden doppelt ist, denn es gibt hier »eine Doppelbewegung: mit der einen entzieht sich ein Term (das Subjekt) der Mehrheit, mit der anderen tritt ein Term (das Medium oder der Träger) aus der Minderheit heraus« (397).[54] Werden ist daher per Definition ein Ent-Schaffen des Menschen und ein Weg-Machen des Gesichts, das heißt die »Form [in welcher] der Mann die Mehrheit gebildet hat, oder vielmehr den Standard, auf dem diese Mehrheit beruht« (398).

Nun, ich habe angedeutet, daß in *A Spire* zwei verschiedene Werden durch die »leichte Abweichung im realen Bild« des den Turm ersteigenden Chris Hilton erzeugt werden. Im ersten ist ein Mann, der Fliege-wird, während der Turm Gesicht-wird. Allerdings ist nach den Begriffen von Deleuze und Guattari ein MANN-werden und damit ein GESICHT-werden unmöglich. Mehr noch, das vertraute australische Gesicht, über das eine Fliege krabbelt (und von dem herab Hilton euphorisch ruft »Ich fühle mich total verflucht wohl! Ich kann es nicht glauben! Ich fühle mich wohl!«) ist nicht länger das erfurchtgebietende panoptische GESICHT, daß die Landschaft der Korporationen dominiert. Etwas geschieht inzwischen, und es nimmt die komplexe Form doppelten Werdens an: in einer zweiten Phase ist ein Mann, der Fliege-wird, während die Fliege Frau-wird, und das GESICHT wird Gesicht als *Medium*. Eines der befriedigenden Dinge dabei ist, daß üblicherweise die »Frau« den fruchtbaren Boden oder das Medium bietet, in dem jemand Anderes Werden definiert werden kann. In Massumis ansonsten wundervollen Analyse von David Cronenbergs Remake von *Die Fliege* beispielsweise repräsentiert die Frau, die nach Brundle-Flieges wundersamer Übertragung schwanger zurückbleibt, passiv die »real existierenden Mächte«, die seine Hoffnungen auf die Erschaffung einer neuen Lebensform »zerquetschen« (94-95). Da gibt es keine Überlegungen, ob ihre Abneigung dagegen, Madonna für eine Rasse von »Übermenschen als Superfliegen« zu spielen, mit einem eigenen Werden zu tun haben könnte.

Warum überhaupt von einem Frau-werden der Fliege in *A Spire* sprechen? Das Konzept des »Frau-werdens« interessiert mich nicht in der Verkleidung als etwas generell GUTES.[55] Ich glaube jedoch, daß es über das »Bild« der Fliege auf dem Gesicht des Sydney Tower (und dem es-Mitreißen in ein Werden) hinaus einen narrativen Simulationsprozeß in *A Spire* gibt, durch den, während Chris Hilton zur Menschlichen Fliege wird, Die Menschliche Fliege *zu »Fay Gray« wird* – das soll heißen, einem Bild für »Zuhause«, aber auch für Entwurzelung; für Seßhaftigkeit, aber auch für Hinausgeworfen-Werden; für Niederlassung, aber auch für Flüchtlingsstatus; in anderen Worten zum Träger einer gemengeartigen Andersheit, die von moderner Unternehmensstrategie *erschaffen* und nach allgemeiner Auffassung von diesem Ort ausgeschlossen ist.[56]

Ich denke, dies passiert gegen Ende des Aufstiegs, als der Augenblick der Ankunft näherrückt. Als Die Fliege beginnt, das Dachtürmchen hinaufzukrabbeln, sieht es mehr und mehr danach aus, daß er es schaffen wird (»Das ist sehr ungeschützt. ... Ich fühle mich trotzdem seltsam ruhig – es ist nicht viel höher als ein Baum«). Zur gleichen Zeit lenkt die Tonuntermalung unsere Aufmerksamkeit auf die Unangemessenheit seiner Anwesenheit dort und auf die Frage seines Abstiegs: »Ich bin neugierig, ob da Leute auf der Aussichtsebene sein werden, wenn ich dort ankomme?« Es sind Leute da; wir sehen, daß sie ihn sehen; er jubelt »die sehen alle verdammt aufgeregt aus!« und krabbelt weiter zu einem der aufregendsten Höhepunkte eines Abenteuers, die ich je gesehen habe. Wie ein verdatterter Zuseher es nach Anschauen des Videos mir gegenüber formulierte: »Junge besteigt Turm – und fällt hinein«.[57]

Hilton zieht sich selbst über das Sims, macht einen halben Reckabschwung, tritt wild in der Luft – und schafft es dann nicht, seine Stiefel von den Riemen losbeuteln. An der Stelle einer generisch angemessenen Einstellung vom Eroberer, der stolz aufrechtsteht, um den Ausblick in Besitz zu nehmen, ist da eine komisch wiederholte kleine Sequenz von zwei körperlosen roten Beinen, die diagonal vor dem Himmel strampeln und wild mit wehenden grünen Bändern kämpfen. Die Beine verschwinden schließlich *in* die Turmspitze *hinein*, zwei Hände erscheinen am Sims, und dann ein Kopf – der nicht hinaus auf die Landschaft blickt, sondern direkt auf die Seile, die immer noch an der Turmfassade baumeln. Die Kamera fährt das Seil hinunter (»gut, ich bin an der Spitze, und keiner ist da, um mich zu erwarten, Ende...«), das Seil wieder hinauf, und dann schaut für ein kurzes Standbild der Kopf auf der Spitze des Turmes direkt das Seil hinunter, während es fällt (»Sie sollten bald kommen, würde ich sagen«).

Dies ist kein Faustischer Augenblick. Es gibt keinen Überblick vom Turm aus: statt dessen feiert eine wundervolle Luftaufnahme in einem Umkreisen des Turmes auf einer Ebene mit dem Dachtürmchen das von Hilton Erreichte (und zeigt diskret jenen, die mit Sydney nicht vertraut sind, worin dessen Großartigkeit lag). Niemand kommt, um ihn mitzunehmen, aus dem Turm zu werfen oder seine Aneignung der Höhen zu bestrafen: »Gut, ich bin jetzt fünfzehn Minuten hier, und niemand ist gekommen, um mich zu schnappen, und dabei hat mich ein Wachmann da drinnen gesehen, also werde ich jetzt einfach die Stufen hinuntergehen, ich habe einen Weg hinein gefunden, also werde ich sehen, was passiert ....« Was passiert, ist absolut banal: er marschiert aus dem Gebäude, seine Seile in seinem Rucksack, und schlendert die Straße hinauf davon. Ein Interview beendet die Geschichte: »Ich bin also einfach irgendwie nonchalant davongegangen, ich fühlte mich ziemlich ruhig, ich fühlte mich nicht aufgeregt, ich spazierte also einfach, als ob der Laden mir gehörte, und schnappte mir ein Taxi in der Pitt Street.«

Zuhause

Ich will zum Abschluß drei Feststellungen treffen.

»Ich spazierte also einfach, als ob der Laden mir gehörte«: Es würde Spaß machen, den coolen, kontrollierten Abstieg der Menschlichen Fliege als Fay Grays Entkommen zu sehen, einen Gegenschlag gegen die Eigentümerbrutalität, die die Bilderwelt von King Kongs *Final Decision* strukturiert. Durch die Aneignung des symbolischen Höhe-Punkts der Unternehmensmacht in der Stadt könnte die Fay-werdende FLIEGE durch einen Akt temporärer Okkupation (»*als ob* der Laden mir gehörte«) bestärken, daß Anrainerhandeln, und eine Anrainerpolitik, zeitweise »gegen jede Chance« erfolgreich sein kann.

Das wäre eine jener aufbauenden kleinen Widerstandserzählungen, mit denen die Kritik sich allzu oft zufrieden zurücklehnt. Treffender wäre meiner Meinung nach, daß *A Spire* seine Anrainerpolitik durch die Neudefinition der kolonialen »Reise/ Zuhause«-Opposition bekräftigt, für die die King Kong-Geschichte, in all ihren Varianten, ein klassischer und ständig wiederkehrender Ausdruck ist. Im Feld des Abenteuers für richtige Jungs ist das Heim ein feminisierter Ort des Stillstands, der als Anfang und Ende fungiert; die Reise, eine maskulinisierte Phase der Veränderung und Entwicklung, ist die Aktion dazwischen. Auf der anderen Seite kehrt Deleuzes und Guattaris Konzept des Werdens bei diesem Modell das Innerste nach Außen. Da »das Dazwischen« des Werdens immer ein minoritärer Prozeß ist und da ein Werden sich auf einen anderen minoritären Begriff hinbewegt, der ebenfalls im Werden begriffen ist, ist *MANN* der Name des Begriffs, der einfach zurückgelassen wird.

PM Advertisings Yuppie-King Kong folgt der Logik richtiger Jungs, wenn er sich weigert, mit Fay ein Zuhause zu schaffen und seinen finanziellen Abenteuern zu entsagen. Sie vom Turm zu werfen, ist bloß seine Art zu sagen, daß er noch nicht bereit ist, seßhaft zu werden. Wenn *A Spire* dieser Logik gefolgt wäre, hätten Raum und Zeit der »Reise« zur Turmspitze klar von den Welten des » Zuhause« und der Straße getrennt werden sollen. Das geschieht nicht, aber ebensowenig werden wir in einen Prozeß ständiger Transfomation geworfen. Was in *A Spire* geschieht, gleicht eher einer polemischen Ausdehnung des öffentlichen Raums der Straße bis hinauf zur Turmspitze, und eine Ausdehnung der Temporalität des » Zuhause«, sodaß sie die Reise mitumfaßt. Chris Hilton folgt einer geraden Flugbahn – in den Bus, den Turm hinauf, die Stiegen hinunter, in ein Taxi – die, weit davon entfernt, ein *Ausbruch* vom Schauplatz des Alltagslebens zu sein, die Stunden der Arbeit der Erfindung und Erprobung heimgefertigter Werkzeuge, der Gespräche mit Freunden, des Übens in den ringsum in der Stadt zur Verfügung stehenden Hinterhöfen, Klippen und Parkplätzen ausdehnt. Die logische Konsequenz ist, daß das Konzept des Zuhause, da es nun auch »Abenteuer« (Dynamik, Veränderung, daher Zeit ebenso wie Raum) umfaßt, nicht länger nur Innerlichkeit und Umschließung, sondern auch Äußerlichkeit und Oberfläche ist.

Heim in diesem Sinn bedeutet nicht »Domestizität«, noch signifiziert es »Eigentum«. Es ist eine Version des aktiven Prinzips, das de Certeau »mit dem Ort etwas machen« nennt. Meine zweite Feststellung leitet sich daraus ab. Da meine Analyse phantastisch ist (eine paranoide Lesart), kann vielleicht nichts so Ernsthaftes wie ein Überdenken der Ideologien von Heim und Reise in einem kurzen Video über eine exzentrische und folgenlose Episode in der Geschichte der Innenstadt wirklich auf dem Spiel stehen – der Erzählung dessen, den ein Interviewter in *A Spire* »bloß ein weiterer Verrückter in Sydney« nennt.

Doch just die Elemente, die ich gerade angesprochen habe, waren ernst genug, daß die ABC-TV–Fernsehfassung von *A Spire* sie eliminierte. Es gibt mehrere Unterschiede zwischen dem von mir besprochenen unabhängigen Video und der Fernsehfassung. Vor allem rückte der Serienrahmen *I Can't Stop Now* die Geschichte näher an den »leidenschaftlicher Monomane-«Aspekt des Abenteuers heran; die Betonung lag mehr auf dem »schwarzen Loch« persönlicher Obsession und weniger auf der »weißen Wand« des Einschreibens von Sozialkritik. Der Film wurde um fünfzehn Minuten gekürzt, Teile des »ablenkenden« Diskussionsmaterials entfernt und mehr biographische Information geboten. Das ist bei Professionalisierungen zu erwarten und für sich allein nicht bemerkenswert.

Interessanter ist ein kleiner, in der TV-Version gesetzter Schritt, der von den Codes der Rundfunkeignung nicht wirklich verlangt wird. Im ersten Video gibt es keine signifikanten Bilder, daß irgendwer »daheim gelassen« wird, während Hilton den Turm erklimmt. Es gibt einen schnellen Abschied an der Bushaltestelle, wir hören die Stimmen im Sprechfunk, aber es gibt da so viele teilnehmende Andere, die mit den Szenen von Der Fliege auf dem Turm gegengeschnitten werden, und sie sind so verstreut in Zeit und Raum, daß kein Ort konstruiert wird, der von einem einzelnen ANDEREN zum MANN auf der REISE besetzt werden kann. Die Fernsehfassung richtet diesen Ort wieder ein. Zum Teil deswegen, weil sie einige sprechende Köpfe herausschneidet, um die Handlung zu verdichten, werden zwei neue, für die Ausstrahlung hineingenommene Szenen besonders betont, die eine weitgehend neue Figur beinhalten. Eine junge Frau, die als Ehefrau oder Freundin oder Schwester zu sehen uns die kulturelle Logik der *Narration* einlädt, wird gezeigt, wie sie sich an ihre Gefühle hinsichtlich der Idee der Klettertour erinnert, dann Botschaften und Ratschläge aus dem Basislager des Kletterers sendet.

Maria Maley am Bildschirm ist eine Frau von großer Würde und Kaltblütigkeit, die in keinster Weise den Eindruck »femininer« Aufgeregtheit erweckt. Doch mit dieser einen fomalen Geste wird die Mann/Reise, Frau/Zuhause-Struktur des Abenteuers für richtige Jungs dem Film wieder aufgedrückt, und die räumliche Hierarchie, die die Turmspitze vom Alltagsraum trennt, wird wieder errichtet. Ich denke jedoch nicht, daß dies den Film verdirbt oder seine »Botschaft« verzerrt oder ihr Konkurrenz macht. Als halbstündige TV-Sendung über die künstliche Umwelt funktioniert die Fernsehversion von *A Spire* immer noch extrem gut. Was mich an den Veränderungen interessiert ist, was sie über den kulturellen Kontext aussagen, in dem *A Spire* erschien, und somit über seine kritische Aussage in diesem Kontext.

Ungeachtet seiner langdauernden Assoziation im theoretischen Diskurs mit einem Problem (weißer) Weiblichkeit war es Klasse, die für Judith Mayne in ihrer Analyse des 1933er US-Wirtschaftskrisen-*King Kong* das Unrepräsentierbare repräsentierte. Klasse war auch in der »Popular«-Kultur des australischen Egalitarismus – dessen Anstandsregeln in den 1980ern von den brutalen Wahrheiten der postmodernen Unternehmerkultur so schamlos verspottet wurden – wenn nicht unrepräsentierbar, so doch mit Sicherheit unaussprechlich. Doch liegt in einer Routine-Redaktion zur Aufhellung von *A Spire* für die Ausstrahlung eine sehr klare Definition von etwas immer noch »Unrepräsentierbarem« oder Verbotenem für australische öffentliche Medien des Jahres 1989. Es ist weder Klasse noch das weibliche Geschlecht noch irgend eine andere klassische Form des ANDEREN, sondern die Möglichkeit eines *nicht*-klimaktischen und »gemütlichen« Abenteuers für Jungs. Was die Fernsehfassung *A Spire* zurückgibt, ist mehr als ein Halt bietendes Frauenbild und eine konventionelle Unterscheidung zwischen Zuhause und Reise. Sie bringt zurück, was von diesen abhängig ist, einen Sinn für »angemessene« Männlichkeit. Die phantastische Menschliche Fliege, die Fay Gray-wird, ist einfacher und normaler Chris Hilton, ein Mann »in einem feuerroten Kletteranzug.«

Doch meine letzte Feststellung ist nicht pessimistisch. Wenn die Fernsehfassung von *A Spire* ihm einige angestammte Charakteristika zurückgab, ist das ein Hinweis, in welchem Ausmaß beide Filme, ja das ganze »Abenteuer«, erfolgreich waren bei der Veränderung der Auffassungen über Männlichkeit, Spektakel und städtischen Raum, die John Bond in dem Zitat bekräftigte, von dem ich ausgegangen bin. ABC-TVs Revision des phantastischen Werdens der Menschlichen Fliege als Chris Hiltons »persönliche Obsession« wurde ermöglicht, vielleicht notwendig gemacht, durch den Grad, in dem *A Spire* den Turm zu »einem Ego-Ding« erklärte – in dem Sinn, den John Bond ablehnte.

Chris Hilton machte sich selbst zum Spektakel und half dann mit, einen Film darüber zu machen. Er schuf eine soziale Analyse mit einem Akt der Zurschaustellung und stellte dann seine Analyse öffentlich zur Schau. Indem er diese Form von (sehr athletischer) Erschöpfung praktizierte, brachte er den Turm nicht dadurch zu Boden, daß er seine Höhen ablehnte, sondern indem er sie statt dessen erreichte. Auf diese Weise erfand er eine Form alltagssprachlicher Kritik, die das Thema jener Art von Reichtum und Macht, die in urbane Türme investiert werden, nicht verfehlt, sondern vielmehr genau daraus ein Spektakel macht.

5. Ekstase und Ökonomie

BEOBACHTUNG DES SCHATZKANZLERS

ich will die schönen Lügen glauben
die die Vergangenheit wie ein Festmahl ausbreitet.
Das Fernsehen ist voll davon & in
ihrer Schönheit kannst du handeln: Paul Keatings
Unterlippe zittert, faßt sich wieder,
wie der gedrückte Wechselkurs
sich aufschwang, als die Worte fielen –
eleganter Apostel der Notwendigkeit, das heißt
was reiche Amerikaner wollen, seine Welt ist
wie ein Gedicht, vollendet jene Utopie
mit der kein Philosoph rechten kann, wo
was scheint, ist & was deine Worte beschreiben
du weißt es, existiert, unter wenigen Milimetern
unsichtbarer Kosmetik, gebadet
in milchig weiß floureszierendem Glanz

John Forbes, The Stunned Mullet (1988) [1]

Dies ist ein Gedicht über das Fernsehen – im Besonderen darüber, einen berühmten Politiker beim Auftritt im australischen Fernsehen irgendwann Mitte der 1980er zu beobachten. Es ist auch ein Gedicht darüber, einen Blick auf die Utopie zu erhaschen: es definiert eine soziale Landschaft (eine Szenerie symbolischer Konsumation) und eine Art von imaginärem Raum (televisual); als Mittel des Übertritts zwischen ihnen führt es die Stimme eines Mannes ein, aus dem »Off«. Um sich diese Stimme vorzustellen (nicht eigentlich wie eine Stimme im Hintergrund, sondern wie Fernsehen mit abgedrehtem Ton, ein »ungehörte Melodie«-Effekt) muß man wissen, daß wir Paul Keating beobachten, Bundesschatzkanzler[2] (1983-1991) der australischen Labor-Regierung (1983-1996), und daß er für seine Anzüge und seine Eloquenz gerühmt wird.[3] Die Eleganz ist italienisch, die Eloquenz australisch und kommt in zwei Hauptstilrichtungen, oder, wie Modeleute sagen, in zwei »Geschichten« – Gossenslang (die Arbeiterklassen-«Junge aus Bankstown«-Geschichte) und Politjargon (die »Unternehmer«-Geschichte). Es gibt Variationen und Kombinationen – aufrüttelnde, visionäre Ansprachen, brutale, ausgelassene Einzeiler – doch es ist eine Grundsynthese aus »Straßenkind-« und »Überflieger-« Tonarten, die durch Auflösung alter klassenkultureller Oppositionen das Keating'sche semantische Feld bestimmt.

Das Gedicht handelt eher von der glatten und ekstatischen Geschichte als von der harten und vulgären – obwohl das da ist, Teil der Ekstase ist, vor Potential zitternd entlang jener Unterlippe. Die Presse genoß stets Keatings parlamentarische Beleidigungen (der *Australian* druckte einst eine Retrospektive einschließlich »Filzläuse«, »Quadratschädel«, »Nutten«, »Arschkriecher«, »parfümierter Gigolo«, »krimineller Müll«, »Clowns« und »rückgratlose Schmarotzer«, jedoch unter Auslassung seines berühmtesten Zwischenrufs an einen politischen Gegner, »du blöder vulgärer Prolet«) und schätzte seine oft grausamen Scherze als Sprichworte. Doch den Schatzkanzler bei Wirtschaftsvorträgen live in Talkshows mußte man *wirklich* gesehen haben. Er konnte die Kamera mit diesen tollen großen brennenden braunen Augen hypnotisieren und dann mit einer Flut von Jargon, der oberflächlich unverständlich schien, eröffnen und dich wissen lassen, ganz schlicht und grundsätzlich, das alles in Ordnung kommen wird, wenn du nur ein bißchen mehr *leidest* und ihn sich um das Geschäft kümmern läßt.

> Das bedeutet – um das aufzuschlüsseln, was sie sagen – wenn der Wechselkurs fällt, wird die Inflation steigen. Doch wenn die Regierung oder das Land keinen Vorteil von einem steigenden Dollar hatten, der geringere Inflation bringen hätte *sollen*, primär weil die Wirtschaft ihre Spannen und Profite auffettete, wird jetzt sicher niemand behaupten, daß wenn der Wechselkurs etwas fällt, dies auf die Preise aufgeschlagen werden wird. Ich meine – in einer trägeren Wirtschaft werden die Preise sich entspannen und die Inflation wird zurückkommen. So einfach ist das.
>
> Paul Keating, 1990[4]

Es liegt ein S&M-Glanz um Keatings Bild als Schatzkanzler. AustralierInnen verbrachten die 1980er damit, über den »Sexappeal« von Mrs. Thatcher zu lachen und über die infantile englische Besessenheit von Schulmeisterinnen, kurzen Hosen und Spazierstöcken, aber im Bild dieses großen, dunklen, finsteren Mannes gab es etwas nicht gleiches (keine Rhetorikschulungen für Keating), aber vergleichbares – ein »Mr.Murdstone«-Faktor, mit einem besänftigenden, komisch-romantischen Anflug von Frank Langellas Dracula.[5] Irgendwie war es für Keatings Ausstrahlung auch wesentlich, daß er immer noch praktizierender Katholik ist. Abgesehen davon, daß es seinem Sensenmann-Image noch einen Anflug des Perversen und Fanatischen hinzufügte (»ein wahrer Gläubiger, in *dieser* Zeit und Epoche?«), stellte ihn sein Katholizismus in die große Tradition irisch-australischer Labor-Führer.[6] Dieser Anspruch als legitimer Erbe des »Glaubens« einer mythischen Märtyrervergangenheit konnte manchmal helfen, wiederkehrende Imageprobleme zu überwinden, ob seine politischen Ansichten wirklich gut zu seinen yuppifizierten persönlichen Vorlieben paßten: wie ein »traditioneller« Labor-Führer ein Anhänger des freien Marktes und ein Deregulierer sein, französische Antiquitäten und einen Herrensitz in Sydney kaufen konnte, statt »bei den Wählern zu leben«, mit milliardenschweren Bauunternehmern auf Schweinejagd gehen, der »Kumpel« von Medienmagnaten und

Finanziers sein konnte – während er das Einkommen im, wie er behauptete, Interesse der arbeitenden Klassen nach oben umverteilte.

Doch diese Imageprobleme waren auch, so wie die Eleganz und die Eloquenz, *Teil* seines Images. AustralierInnen verbrachten das Jahrzehnt mit Gelächter über einen Hohlkopf Ronald Reagan und über bizarre amerikanische Verwechslungen von Geschichte und Hollywood-Filmen, aber die Fernsehstimme von Keating (artikuliert, schlagfertig, elegante Arbeiterklasse) hatte die Macht, Unruhe bezüglich der Fundamente *unseres* Geschichtsverständnisses zu wecken. Fragen nach Geschichte, und ein Gefühl der Konfusion, wuchsen aus der Kluft zwischen dem, wie er *klang* (»traditionell Labor«) und was er *sagte* als »der, der einem rechts der Mitte stehenden Schatzkanzler in diesem Land in den letzten 50 Jahren noch am nähesten kam«.[7] Was also ist Tradition? – fragten PolitanalytikerInnen.[8] Was ist der Unterschied zwischen »Darstellung« und »Politik«, wenn die Rede in den Medien Aktion *ist*? Einst konnten diese als das *Showhafte* gegen das *Solide*, das *Kurzlebige* gegen das *Dauerhafte* kontrastiert werden; Keating konnte in einer Fragen-Sie-Prominente-Show im Radio »Geschichte machen«, und tat es auch, indem er die Finanzmärkte so in Angst versetzte, daß sie den Dollar hinunterfuhren.[9] Was geschieht da zwischen Folklore und Ökonomie, popularer Erinnerung und politischer Kalkulation, Unterhaltung und Staatskunst, nationalen (rhetorischen) Idealen und globalen (wirtschaftlichen) Imperativen – Begehren und »Gesetz«? Diese Fragen bildeten den Stoff selbstreflexiver Medienkolumnen; so plaziert intensivierten sie das Verwirrungsgefühl, das solche Kolumnen pragmatisch zu zerstreuen suchen.

Dies ist eine Studie über die »Beobachtung des Schatzkanzlers« – das Gedicht, und die soziale Erfahrung, von der dieses Gedicht für mich *handelt*. Es geht nicht direkt um jene geschichtlichen Fragen, die dieses Gefühl der Betroffenheit gestalten. Es geht um »Paul Keating« als bloßes Medienbild, und dies nur so weit, als das Gedicht ihn zu einer allegorischen Gestalt eines Prozesses der Bildproduktion macht, Beobachten mit eingeschlossen, der an einer Schnittstelle zwischen ökonomischem Diskurs und Fernsehen stattfindet. Diese Gestalt porträtiere ich, und der Gegenstand meiner Analyse ist der Medienprozeß selbst. Da allerdings Beobachten gewiß sozial ist, sage ich auch etwas über den diesbezüglichen breiteren Kontext. So wird dieses Porträt im Materialienmix erstellt (einschließlich eines in Cultural Studies selten verwendeten Genres, dem buchstabengetreuen Interpretation) und von gewissen »gemischten Gefühlen« kulturübergreifender Sorge umrahmt.

Eine sprachliche Besorgtheit wegen diversifizierter AdressatInnenkreise und kulturellen Rauschens gehört zur Informations-Einbahnstraße zwischen AmerikanerInnen und (neben anderen sicherlich) AustralierInnen.[10] Für mich ist diese Besorgtheit eine technische Emotion, positiv und praktisch: wie Susan Stewart uns erinnert, heißt eine unbeschreibbare Erfahrung zu machen »bloß, die Ideologie des individuellen subjektiven Bewußtseins zu bestätigen.«[11] Sie umfaßt jedoch auch eine durchaus deskriptive Besorgtheit um Kontext und Referenzrahmen. In Australien hätte ich es nicht nötig, Paul Keating zu beschreiben oder seine Bedeutung zu erklären, wie ich es in den Vereinigten Staaten tue; ich müßte daher nicht das Risiko eingehen, ihn ganz offen zu erfinden.

> Die unausgesprochene Annahme, die allen Beschreibungen zugrundeliegt, ist Erfahrung jenseits der gelebten Erfahrung, die Erfahrung des Anderen und der Fiktion. In der Beschreibung artikulieren wir die Zeit und den Raum, die im vorliegenden Kontext, der gelebten Körpererfahrung abwesend sind. Unser Interesse an der Beschreibung mag am häufigsten als Interesse am Stil formuliert werden, doch tatsächlich ist es ebenso sehr ein Interesse an Abschließung. Jegliche Beschreibung ist eine Angelegenheit der Verzeichnung des Unbekannten in den Karten des Bekannten.
>
> Susan Stewart (26)

In den späten 1980ern wurde ich mir dann bewußt, daß ich eine völlig neue Emotion verspürte: Anhimmelung eines nationalen Führers. Ich spürte sie in der komisch-ironischen Weise, die bei AustralierInnen meines allgemeinen sozialen Hintergrunds (gemischt arbeiterklassenhaft und kleinbürgerlich irisch-australisch) kulturell natürlich ist. Ich spürte sie auch in der *augenblickhaften* Weise, die für Menschen natürlich sein kann, deren Emotionen mediensensitiv sind. Sie konnte mich bei Anlässen nationaler Feierlichkeit überkommen (beim Anschauen von Budgetreden, wirtschaftlichen Belangreden oder Wahldebatten im Fernsehen), doch sie konnte mich auch mitten in meinen trivialsten häuslichen Verrichtungen erwischen – beim Gemüseschälen, Abwaschen, Blättern in Theoriejournalen.

Wenn ich seine Stimme im Haus hörte, war ich fähig, alles fallenzulassen, mich vor den Fernseher zu werfen und ekstatisch auszurufen »Er ist es! Er ist es!« Ich verwende »Ekstase« hier im alltagssprachlichen Sinn von »ein plötzlicher Ausbruch«. Doch ich spürte diese Emotion auch *zutiefst*; in einer auf Pünktlichkeit ausgerichteten Wirtschaft ist Dauer nicht äquivalent mit Intensität oder Tiefe. Selbst als das Land in eine Rezession geriet, die Keating wahrscheinlich herbeizuführen half, wollte ich immer glauben, was er sagte; normalerweise tat ich es auch. Und doch schwankte meine Einstellung zu den meisten politischen Haltungen des Schatzkanzlers zwischen feindlich und ambivalent. Seine Einstellung zu meiner Art politischer Haltung war offen feindselig (»Korbflechter«).

Ich sage all dies eher in dokumentarischer als in beichtender Weise. Dies ist die Art von Erfahrung, in der man realisiert, wie machtvoll es wahr sein kann, daß »ich« ein Anderes *ist*. Und »ich« war nicht allein. Als der Schatzkanzler seine Medienpräsenz für Wochen, sogar Monate am Stück zurückhielt, gab es Heulen und Zähneknirschen in Editorials und Wirtschaftskolumnen (»Kann Keating nicht mehr?«); starke Männer weinten im Fernsehen um die Zukunft unseres Landes. Die Freude, als er »zurückkehrte«, war wunderbar anzusehen (»Mr. Keating kommt aus seinem Bunker«); Schlagzeilen riefen, daß er wieder die Zügel aufnahm, das Lenkrad hielt, an den Hebeln saß; starke Männer kicherten zärtlich über Archivwiederholungen seiner Scherze. Eine feministische Studie des Keating-Diskurses, der vorwiegend, aber keineswegs ausschließlich von irritierend faszinierten Männern produziert wurde, könnte viel über die Paradoxa des »männlichen homosozialen Begehrens« lernen, das unsere männlich dominierte, homophobe Staatskultur fesselt.[12] Mein dokumentarischer Impuls ist hier mehr auf die Erforschung der Bedingungen meiner eigenen affektiven *Involviertheit* in diese Kultur gerichtet. Auch Frauen produzierten »Keating-Diskurs«, und ich bin nicht überzeugt, daß das feministische Konzept der »Identifizierung mit dem Männlichen« (das einem hier einfällt) zur Untersuchung dessen geeignet ist, was passierte oder worum es für *uns* ging, als wir das taten.

Selbstverständlich mag meine »gänzlich neue« Emotion durchaus mit etwas zu tun haben, von genau dem ich in Beziehung auf *andere* Leute gelesen habe, in der Vergangenheit und in Ländern, wo es respektabel, sogar normal ist (was es in Australien nicht ist), Flaggen zu schwenken, Paraden zuzujubeln und die Nation zu preisen. Dies ist der kritischen Theorie bekannt als die »Ästhetisierung der Politik«, und von meiner Reaktion auf das Keatingbild könnte man behaupten, daß sie ihre kanonisch gespiegelte Form annimmt: Die Konstituierung der Nation im Bild des Körpers des Führers.[13] Wenn ein derartiges Eintragen meiner ungewohnten Erfahrung in einen machtvollen historischen Präzedenzfall (und ein bereits verfügbares Konzept) mir plausibel erscheint, dann liegt das, zum Teil, an den Fragen, die sich sodann über seine *Implausibilität* ergeben können. Denn an der Grenze zwischen dem Unbekannten und dem Bekannten – oder besser, im Augenblick vor der Abschließung – kann immer noch etwas über andere historische Präzedenzfälle und andere verfügbare Konzepte gesagt werden.

Philippe Lacoue-Labarthe zum Beispiel untermauert seine Darstellung der »ekstatischen Identifikation mit einem Führer« mit einer Lesart von Hans Jürgen Sybergs *Hitler, ein Film aus Deutschland*; Konzepte von Spektakel und Identifikation sind wesentlich für Theorien der Ästhetisierung der Politik im klassischen Sinn.[14] Aber ich kann nicht so einfach meine Medienerinnerungen an Hitler am Nürnberger Parteitag oder auch nur an Reagan bei der Olympiade in Los Angeles auf australische Führerbilder umlegen. Es ist tatsächlich hilfreich, es zu versuchen: wenn dies zu tun bedeutet, allgemein geteilte Anschauungen über eine massive Disproportionalität im Umfang (und Unterschiede zwischen Kino und Fernsehen, ganz zu schweigen von »Hitler« und »Reagan«) zu ignorieren, beleuchtet es doch Bilder der Führerschaft, die wohlwollend die Nation in unserer eigenen politischen Geschichte als konstitutiv weiß und männlich verkörpert und damit die Gewalttätigkeit dessen personifiziert, was Carole Pateman treffend als den brüderlichen Staat bezeichnete.[15] Aber Disproportionalität, so wie Differenz, ist wichtig. Abgesehen von dem Risiko der Trivialisierung des Nazismus, das solche Vergleiche eingehen, und der Abwertung der für andere Regime spezifischen Gewalt ist es bedeutend, daß der Führer eines Klientenstaats immer ein wenig der Verächtlichkeit preisgegeben ist. Er ist »unspektakulär«. Wie *populär* er auch sein mag, die Notwendigkeit, im Dienst der Nation vor ihren »großen und mächtigen Freunden« zu kriechen, wirkt als Gegengewicht zum *patriotischen* Drang, sich eng mit ihm zu identifizieren.

Außerdem ist der Schatzkanzler kein »Führer«. Im besten Fall kann er bloß (wie Keating es tat) das brennende Begehren personifizieren, die Position des Premierministers einzunehmen. Das Amt des Schatzkanzlers ist sicher ein mächtiges, symbolisch wie auch politisch: seine Handlungen beeinflussen massiv das Leben gewöhnlicher Bürger und damit das Schicksal von Regierungen; die mediale Legende ortet die grundlegende Passion der australischen (männlichen) politischen Öffentlichkeit im sogenannten »Gesäßtaschen-Nerv«. Doch eben aus diesem Grund ist kein Schatzmeister fähig, wie Lacoue-Labarthe es ausdrückt, eine »Verschmelzung der Gemeinschaft (in Feier oder Krieg)« (70) zu bewirken. Indem er Arbeit und die Verwaltung ökonomischer Ungleichheit repräsentiert statt Feier oder Krieg, *differenziert* der Schatzkanzler eine Gemeinschaft, die »Verschmelzung« wahrscheinlich nur im Konsens darüber findet, ihm für jene Disaster (Trockenheit, die Kriege anderer, Warenpreisschwankungen) die Schuld zu geben, von denen jeder weiß, daß er sie nicht kontrollieren kann.

In einem darauf bezughabenden Sinn finde ich, wenn ich nach australischen Modellen für charismatische Führerschaft suche, kein Spektakel und überhaupt nur wenige Bilder. »Hitler« zirkuliert mit »Reagan« weiterhin in meinem täglichen Lebensumfeld gemischt amerikanischer, australischer und asiatischer Bilder; es kann jederzeit passieren, daß ich sie im Fernsehen oder in Magazinen sehe. Sehr viel seltener »sehe« ich Curtin, Chifley oder Menzies, und wenn ich es tue, definiert diese Seltenheit (als besonders, aber »minoritär«) ihre Mediensignifikanz, genauso wie den Ausnahmestatus der staatsbürgerlichen Genres, in denen sie meist erscheinen; historische Mehrteiler[16], Dokumentationen, Sondersendungen. Doch diese nationalen Gestalten wurden nicht einfach, wie ein Kulturpurist behaupten würde, durch globale Ikonen ersetzt. Für mich zirkulieren sie in unterschwelliger Weise als *Geschichten*: als Ballungen von »Person« und »Ereignis«, an die in medialen Geschichts-Specials erinnert wird (der tragische John Curtin, der Alkoholiker, der sich »aus der Gosse erhob«, um die Nation im Krieg zu führen, und starb; der heiligmäßige Ben Chifley, der Eisenbahnarbeiter, der den Wiederaufbau nach dem Krieg leitete, und starb); als Erinnerungen anderer Leute in Familien- oder Gemeinschaftskontexten; in Büchern, die ich für Recherchen lese; als Bezugspunkte für Diskussionen in Spätsendungen des aktuellen Dienstes oder in der Qualitätspresse. Dieser oft aurale, manchmal literarische Diskurs ist nun in seiner tieferen Bedeutung nicht wirklich popular; eher denn als subkulturell oder professionell (obwohl er beides ist) könnte man ihn als ethnisch beschreiben.

Keating führte in Parteitag und Apparatpolitik die disziplinierte Unfehlbarkeit seines Katholizismus ein. Gewandet in die schlaue Ernsthaftigkeit eines Jesuiten glitt er durch die parlamentarischen Lobbies, trug seinen Ehrgeiz spazieren, wie ein Ministrant sein Missale im Arm hält, die Reflexe geschärft zum Losschlagen gegen Häretiker. Wenngleich von der Labor-Tradition durchdrungen, die ihm von Jack Lang und Rex Connor persönlich weitergereicht wurde, war Keating unbelastet von der Totenhand der Vergangenheit; er folgte seiner Leidenschaft für französische Antiquitäten in Paddington und empfing Anführer der Finanzgesellschaft im besten Viertel der Stadt. Keating betete zu Gott und diente der Geschichte; es würde erst noch eine komplexere Welt kennenlernen.

Paul Kelly[17]

Unter anderen Umständen, jenen der idealen Übereinstimmung von Rasse, *Ethnos* und Sprachgemeinschaft, auf die das europäische »Nations«-bild gegründet wurde, könnten einige Elemente dieses Diskurses vielleicht das totalisierende Projekt unterstützen, das Lacoue-Labarth im Gefolge von Jean-Luc Nancy »Immanentismus« nennt (70). Aber ich »beobachte den Schatzkanzler« in einer Immigrantennation, deren rassische und kulturelle Vermischtheit jede Möglichkeit ausschließt, ihre Essenz in eine Ästhetik der Reinheit oder »organischen« Form zu träumen, und die nur beschränkt vorgibt, ökonomisch und militärisch autonom zu sein. Das heißt, ich lebe in einer Gesellschaft, die – in dieser Hinsicht ausnahmslos – nicht auf Immanentismus, sondern auf *Relationalität* gegründet ist. Daher kann ich nicht sinnvoll eine lokalisierte aurale Tradition (»Folklore«) einer globalen Medienkultur (»Spektakel«) entgegensetzen. Einmal abgesehen von theoretischen Schwierigkeiten mit solchen Dualismen haben beide historisch meine »gelebte Körpererfahrung« (beobachten, zuhören, sprechen) geformt und formen sie noch heute, so wie beide die »Erfahrung des Anderen und der Fiktion« voraussetzen.

Ich kann allerdings Unterscheidungen treffen zwischen meiner internationalen Medienkultur und meinen anderen sozialen Wissen. Tatsächlich kann ich nur dadurch, daß ich dies tue, sagen, daß etwas Ungewöhnliches an der Figur Keatings seine gleichzeitige Verfügbarkeit für mich in mehreren affektiven Registern war. Viele Jahre hindurch weithin verbreitet und, an jedem beliebigen Tag, zeitlich verstreut über diverse Netzwerke kultureller Produktion – Konversation, Zeitungen, Radionachrichten und Diskussionssendungen, »Frauen«-Fernsehmagazine untertags, Familiennachrichten zur Hauptsendezeit, gewichtige Spätabends-«Analyse«-Sendungen, Wochenend-Wirtschaftsprogramme – war »Keating« eine Anekdotenkonstellation, die mir gleichermaßen und *sich überschneidend* zugänglich ist als reizvolles kapitalisiertes Bild, häßliches Politikparadigma, fesselndes Politdrama, beunruhigendes ideologisches Problem, geheimnisvolles Analyseobjekt und, in Begriffen, die Paul Kellys Keating-Portrait nahezulegen hilft, als sentimentales Volksmärchen.[18]

Natürlich kommen viele Politiker häufig, wenn auch wenig eindrucksvoll, in den Medien vor. Als John Forbes »Watching the Treasurer« schrieb, hatte der Keating-

Mythos bereits länger als die meisten an Tiefe und Resonanz gewonnen; im Bundesparlament seit 1969, war er, im Alter von 25 Jahren, bereits umstrahlt von Wahlmanipulationsgerüchten dorthin gelangt. Die australische Nachrichtenkultur lebt von politischer Intrige und wirtschaftlichem Skandal und vermeidet meist, in stillschweigender Übereinkunft, harsche Aufdeckungen des »Privatlebens«; Keatings ein wenig unheimliche politische Reputation und sein schockierend tugendhaftes persönliches Leben machten ihn als populäres narratives Subjekt zugleich begehrenswert und legitim – eine Mischung aus Held und Bösewicht.[19] Tatsächlich betraute laut einer wohlbekannten folkloristischen Episode (von Kelly zur Abrundung seines Portraits zitiert) ein Labor-Senator einen Journalisten 1977 mit dieser Mission: »Sehen Sie diesen Mann; *geben Sie acht* auf ihn, denn er ist ein politischer Killer.« Die Medienberichterstattung über Keating wurde von offenkundiger Mythenbildung der extravagantesten Art getrieben. Kellys schaurige Phantasie (1983) darüber, was der junge Keating 1977 vorhatte, ist weder in ihrer emotionalen Ambivalenz ungewöhnlich noch in ihrem überladenen Lyrizismus, der *Buchstäblichkeit*, die ihr Subjekt einem nüchternen und skeptischen Journalisten entlockt, der (ein ausgezeichneter Geschichtenerzähler) Rupert Murdochs *Australian* herausgegeben hat.

Bei all ihrer Extravaganz war die Keating-Mythologie zutiefst und ungewöhnlich kohärent. Wie in Paul Kellys Text wurde ein Großteil dieser Mythologie durch eben jene legitimierenden Metaphern der *Aussöhnung* ausgerichtet – zwischen »Labor« und »der Finanzgemeinschaft«, zwischen der »Tradition« und einer Zurückweisung der »Totenhand der Vergangenheit« – die die Grundlage bildeten für die Konsensrhetorik und unternehmensfreundliche Politik der Regierung, in der Keating nur ein Teil war, für die er jedoch später, zumindest in Wirtschafts- und Gewerkschaftskontexten, als lebende Allegorie diente. Am eindruckvollsten war jedoch seine persönliche Aussöhnung messianischer mit monetären Motiven. 1988 eröffnete Edna Carew das erste Kapitel (»Ein gut katholischer Junge«) ihrer romantischen Biographie *Keating* mit der Erzählung dieses Vorzeichens seiner Geburt: »Im Juli 1944 kam der Internationale Währungsfonds in der Stadt Bretton Woods, New Hampshire, USA zur Welt.«[20] Spirituelle Wahrheit erhält hier den Vorrang vor chronologischen Konventionen: Während der IWF den Platz einnimmt, der in den allermeisten Fällen in der Biographie für Eltern oder sogar Großeltern reserviert ist, enthüllt der nächste Absatz, daß Keating tatsächlich sechs Monate vor der Vaterfigur geboren wurde, die ihm im Text vorangeht.

Eher routinemäßig wurde Keating stets von Labor-Patriarchen gesalbt und verheißen. Wenn ihm die Tradition nicht von Lang und Connor »persönlich weitergereicht« wurde, hat er, als »der Sohn eines Kesselschmieds«, der sich zum Kleingewerbetreibenden gewandelt hatte, »sie eingesogen mit seinem ersten Atemzug« oder »zu Füßen seines Vaters« (während seine Mutter in den meisten Darstellungen »ein gastliches Haus« führte).[21] Gleichzeitig war er immer ein Aufsteiger, unbelastet durch Herkunft, Autodidakt (mit Fünfzehn von der Schule abgegangen), erwarb kulturelles Kapital (klassische Musik, Empire-Möbel und, mit einem Taylor'schen Flair, das Sammeln von Uhren), erwog eine »Paris-Option«, strebte nach »dem besten Viertel der Stadt«. Der Zwiespalt zwischen Tradition und Experiment, Glauben und Ehrgeiz, Legitimität und radikaler Veränderung wurde in der Keating-Folklore oftmals durch Manifestationsszenen ausgesöhnt: Keating belehrt die IWF/Weltbank-Funktionäre (»Tut was, redet nicht bloß«); Keating schilt die ehrwürdige Labor Party (offiziell gegründet 1891, die erste *parlamentarische* Arbeiterpartei der Welt) als »ein Ungetüm von einer Organisation«.[22] Diese Szenen konnten diverse kulturelle Inhalte manipulieren, von provinzieller »Weltbühne«-Prahlerei zur esoterischen Lagerfeindschaft. Ihre *Form* wurde schablonenhaft durch die Geschichte vom jungen Jesus geordnet, der den Ältesten im Tempel den Kopf zurechtrückt.

JournalistInnen, die Portraits schreiben, recyclen im allgemeinen Phrasen ebenso wie Themen und narrative Strukturen, die im Zeitungsausschnittsarchiv (und der auralen Erinnerung der Profession) gesammelt werden. Es gibt technische und kontingente ebenso wie kulturell determinierende Gründe dafür, warum jede Ballung von »Person und Ereignis« jeweils genau ihre konkrete Form annimmt. Aber Keating-Materialien sind so wie die binäre Struktur, die sie einschließt, immer schon »durchtränkt«, wenn nicht von Hagiographie, so doch von historiographischen Traditionen *über* die Labor Party. Wenn Paul Kellys Keating auch viele spätere Medientexte bewohnt, ist sein eigener, fürchte ich, stilistisch wie auch thematisch vom gequält moralischen Dualismus geprägt, der das große Nationalepos unserer liberalen Nachkriegskultur strukturiert: Manning Clarks sechsbändige *A History of Australia* (1962-1987). Kellys »Keating im Gebet« könnte ein direkter Nachkomme jenes Gründers der Labor-Bewegung sein, der in einem von Clarks eigenen bemerkenswerten Portraits der Geschichte in den 1880ern als Angehöriger »jener Generation gespaltener Menschen« diente, »die auf den australischen Goldfeldern geformt worden waren, Menschen, die zwei Götter anbeteten: den Gott der Gleichheit und den Gott des Vorwärtskommens.«[23]

Bei all dieser romantischen Legitimation und Bildsättigung bleibt hartnäckig ein Problem bestehen bei der Subsumierung von Reaktionen auf Keating-als-Schatzkanzler unter eine »ekstatische Identifikation«, wie Lacoue-Labarthe es nennt, »mit einem Anführer, der ... auf immanente Weise den Immanentismus einer Gemeinschaft inkarniert« (70). Sehr wenige Australier wurden wegen Paul Keating *ekstatisch.*[24] Selbst auf dem Gipfel seines ökonomischen Charisma Mitte der 1980er würden Umfragen immer noch verkünden, daß nur 4 bis 7 Prozent der Australier ihn als Anführer wollten – im Kontrast zu der dem damals populärsten Premierminister in Australiens Geschichte, R.J.Hawke, zugeschriebenen Zustimmungsquote von über 70 Prozent. Was immer uns Umfragen über die Verteilung politischen Geschmacks mitteilen mögen oder auch nicht, dieser Vergleich machte sicher, daß die populare *Weigerung*, sich mit Keating zu identifizieren, immer ein konstitutives *Merkmal* seines Medienimage war.

Dies wirft einmal mehr Fragen über Relationalität und weniger über »Immanenz« auf. Wenn, wie Michelle Rosaldo argumentiert hat, »Emotionen damit zu tun haben, auf welche Weisen die soziale Welt eine ist, die mit *uns* zu tun hat«,[25] muß ich sicherlich den Anwendungsbereich für jede Zuschreibung zu »Ekstase«, die ich vielleicht machen will, eingrenzen. Es ist keine Offenbarung, wenn man sagt, daß, welche anderen Formen der Unterstützung er auch genossen haben mag, Keating nur von und für eine »Welt« *ästhetisiert* wurde, die ganz wesentlich mit Intellektuellen und MedienpraktikerInnen zu tun hat. Im Juni 1991, als er bei einem frühen, von der Presse weithin unterstützten Griff nach der Führung versagte, wurde eben diese These von JournalistInnen verbreitet, denen es dadurch möglich wurde, über ihre Beziehungen zum »restlichen« Australien in ausnahmsweise anderen als expressiven Begriffen zu reflektieren. Einige debattierten ihre Beziehung zu Keating in offen *erotischen* Begriffen: ABC-TV sendete ein selbstreflexives *Lateline*-Programm über »Die Verführung der Medien«, und es gab einige Diskussion um Derek Parkers Buch *The Courtesans*, ein offener Angriff auf die Pressegallerie mit dem Ziel (wie ihr längstdienendes weibliches Mitglied bemerkte) »die Schlampen vom Hof zu vertreiben«.[26]

Um also die nicht-«immanentistische« Ekstase und das relationale Identitätenspiel zu untersuchen, das ich als eine Adressatin, eine Konsumentin und ein Bürger-Referent des Mediendiskurses über die Nation »Paul Keating« genannt habe, reicht eine soziale Restriktion nicht aus. Ich muß erst einige der in dieser »Welt« zirkulierenden Emotionsdiskurse näher betrachten, die meine eigene Reaktion ermöglichten – und marginalisierten.

> Das Wesentliche, das man an Paul Keating begreifen muß, ist, daß er ein Mann der Leidenschaft ist.
>
> Craig McGregor[27]

Ekstase – religiöse, sexuelle, politische – ist nach jeder Definition eine Erfahrung jenseits des Gewöhnlichen. Das griechische *ekstasis* kommt von *existanai*, verrükken, oder wie das *Shorter Oxford English Dictionary* es ausdrückt, »von seinem Platz *versetzen*« (»*put* out of place«). Die meisten Lexika haben besondere Einträge über poetische Raserei, mystischen Taumel und göttliche Verzückung, Zustände, die in einer prosaischen und sekularen Welt als ausnahmehaft konstruiert werden. Die Wörterbücher differieren jedoch in ihrem Verständnis jenes »Ortes« (manchmal einer »Norm«), aus dem uns Poesie und Göttlichkeit entweder herausversetzt oder vertreibt.

Für das *Shorter Oxford* ist es die Sicherheit eines selbstidenten Subjekts (Mensch): in der Ekstase wird man, vielleicht unangenehmerweise, »neben sich« versetzt durch Unruhe oder Furcht wie auch durch »Erstaunen« und »Leidenschaft«. Auf die »morbiden« Zustände des siebzehnten und die »nervösen« Zustände des neunzehnten Jahrhunderts wird einige Betonung gelegt. Das *Petit Robert* folgt dem

Shorter Oxford durch diese Geschichte der modernen Pathologie. Allerdings verleiht es der Erfahrung, »comme transportée hors de soi et du monde sensible« zu werden, eine schwungvollere Note von Freude, Frohsinn und Staunen: in dieser semantischen Welt enthält die Idee des »Davongetragenwerdens« stärker die Möglichkeit des Kontakts mit »l'être parfait, l'être infini, Dieu«, und der nicht-ekstatische »Ort« wird ausgeweitet, sodaß er die ganze gewöhnliche weltliche Erfahrung umfaßt. Diese Differenzen könnten grob als Gegenüberstellung protestantischer und katholischer, sogar empiristischer und kartesianischer Subjektivitätstheorien schematisiert werden. Man kann sie risikolos darstellen als Formen »der Ex-stase, des Außerhalb-eines-selbst, das Frauen durch männliche Spekulation zugeschrieben wird«, das heißt für Elizabeth Grosz in ihrem Kommentar zu Lacans Eulogie auf St.Theresa »die phallische Weigerung, ein Anderssein zu akzeptieren, das nicht am Gleichen modelliert ist«.[28]

Wenn auch beide Lexika mit den historischen Materialien der modernen Geist/Körper-Dichotomie arbeiten, definieren beide Ekstase als Verrückung, ohne die Natur der Beziehung zwischen den dadurch ins Spiel gebrachten Begriffen näher zu spezifizieren; keines von beiden trennt explizit Emotion und Intellekt oder setzt Ekstase in Gegensatz zur »Vernunft«. Das *American Heritage Dictionary* tut das. Ekstase ist dort nicht bloß »ein Zustand exaltierter Freude mit dem Gefühl, das normale Verständnis zu übersteigen«, sondern »ein Zustand jedweder Emotion, die derart intensiv ist, daß *rationales Denken und Selbstkontrolle* ausgelöscht werden« (Hervorhebung durch mich). Dies ist keine Verschmelzungserfahrung, welche die Begrenzungen des Alltags-Selbst verwischt, sondern ein dem Subjekt interner Aufruhr; die normale Hierarchie der Beziehungen zwischen seinen konstitutiven Teilen wird umgestoßen. Statt »hinaus« getragen zu werden, um das Andere als Unendlichkeit und Perfektion zu erfahren oder auch nur als Unruhe, durchläuft das Subjekt eine innerliche Krise, in der *eine* seiner Kapazitäten (Emotion) durch metonymische Gewalt bestimmte andere (rationales Denken, Selbstkontrolle) zerstört. Nach dieser Definition ist Ekstase ein gewalttätiger Prozeß mit destabilisierenden Effekten; in der Ekstase ist man radikal, wenn auch kurzzeitig, aus dem Gleichgewicht.

Eben diese oppositionelle Paarung von Vernunft mit *Kontrolle* und Emotion mit *Intensität* strukturieren Craig McGregors von ihm selbst so betiteltes »soziales Portrait« Paul Keatings. Zum Einstieg behauptet McGregor, ein bekannter Journalist und Popularkulturkritiker, daß Keating weniger stark durch »wohlbalancierte Zurückhaltung« geprägt wird, als »die Medienleute, die ihm das Etikett Mister Cool verpaßten«, vielleicht glauben. Sie assoziieren Coolness, so meint er, mit Keatings *Gravitas* und Selbstbeherrschung (Kontrolle) ebenso wie mit solchen seiner Attribute wie »Wirtschaftspolitik«, »Große Unternehmer-Tiere« und einem »mönchisch-jesuitischen Flair« – alles Metonyme, denke ich, von »Berechnung« und damit einer *exzessiven* Rationalität. Aber diese sind unwesentlich: schäl sie ab, und du findest eine »tiefsitzende Kapazität für Emotion, Zorn und Gehässigkeit«, »Wärme und Begeisterung« (»eine Intensität, die ein wenig jenem ›Feuer im Bauch‹

verwandt ist, das man Aneurin Bevan nachsagt«), und wiederum »Feuer und Überzeugung«. Der (echte) Keating als ein Mann der Leidenschaften steht daher in ebensolchem Gegensatz zum selbstbeherrschten (Medien-) Keating wie heiß zu kalt und Körper zu Geist (»Bauch«/»mönchisch«). McGregor interpretiert diese in sowohl klassen- wie geschlechtsspezifischen Begriffen: Leidenschaft verhält sich zu Berechnung wie der »nackte« Kampf des »scrum«[28a] (im Rugby Leage Football, traditionellerweise ein Spiel der Arbeiterklasse) zu den »dunklen Maßanzügen« von Geld und Macht (78).

Eine Betonung auf das Überwältigende (»Feuer«) und Volatile (»Zorn«, »scrum«) lockt McGregors eigenen Diskurs hier in Richtung auf Ekstase in einem dritten Sinn, der »überwältigenden Emotion« und dem »plötzlichen Eintreten eines intensiven Gefühls«, welche das *Macquarie Dictionary* zwanglos einführt ohne Bezug auf irgendeine Grenze oder entgegenwirkende Kraft und ohne jede Erwähnung eines Selbst. Dies ist Ekstase als reines Ereignis, als eine *Intensität*, die »passiert«, ein Rausch; das *Macquarie* betont die abstrakte Energie, welche die meisten Lexika als »übersteigend« kennzeichnen, während sie zugleich ihre Auswirkungen als *Verschmelzung* oder *Krise* verräumlichen. In Jean Baudrillards Medientheorie ist Ekstase in diesem Sinn eine Epiphanie (»eine Qualität, die jedem Körper eigen ist, der sich bis zur Bewußtlosigkeit um sich selber dreht, um dann in seiner reinen und leeren Form weiter zu erstrahlen«), in welcher ein Begriff einen anderen einfach deshalb »auslöschen« kann, weil er sich aus binären Strukturen freidreht: Ein Begriff in Ekstase »ist nicht mehr auf sein Gegenteil bezogen« (und vernichtet dadurch dessen Wert) und wird »zum Superlativ, zum Erhabenen im positiven Sinne, da [er] gewissermaßen die *gesamte Energie* [seines] Gegenteils *absorbiert* hat«.[29] Einige der faszinierteren Presseportraits von Keating stellten ihn als genau auf diese Art erhaben dar: »Wir sind keine Gegner für ihn«, schäumte ein hingerissener Alan Ramsey und drehte sich aus in einer Cricketmetapher: »[kein] anderer seines Schlages im Parlament … der Meister mit dem Ball wie mit dem Schläger … der komplett politische Spieler … der Bradman der Politik.«[30]

Allerdings gibt es in McGregors Text eine soziale Komplikation – einen referentiellen Haken, der diesen Diskurs an ein binäres Wertesystem (und eine realistische Praxis der Charakteranalyse) rückgebunden hält. Die australische Kultur beinhaltet eine starke Tradition, »Vernunft« aufzuspalten, indem Intelligenz mit Emotion assoziiert und beide der Intellektualität gegenübergestellt werden; eine alte Mythologie des Praktischen (erneuert in Clichés vom Mann-weniger-Worte aus der harten-Schule-des-Lebens) bewertet *gerade bei Männern* unartikulierte Empathie und Intuitivität als Zeichen wahrer Geistesriesen; Frauen bleiben eher zu sehr im Bereich der sensiblen, planenden, sogar kalkulierenden Seite der Vernunft. Bob Hawke verdankte einen großen Teil seiner Popularität (die er seine »Liebesaffäre mit dem australischen Volk« nannte) einem Mythos seines leidenschaftlichen Naturells: seine Tränen im Fernsehen, seine öffentlichen Wutausbrüche, seine chaotisch verbogenen Sätze und barschen kleinen Repliken, sein legendäres Trinken und Schäkern, der schmerzliche Verzicht auf all dies für die Macht. Hazel, seine gleichermaßen populäre Ehefrau, war gefühlvoll. Indem er also Leidenschaft zum entscheidenden Punkt unseres Keating-Verständnisses macht, widerspricht McGregor einer allgemeinen Anschauung, nach welcher wir in den 1980ern nicht bloß von »innerlich Zerrissenen«, sondern von einer fleischgewordenen binären Opposition regiert wurden: dem warmen, intelligenten Premierminister und dem kalten, intellektuellen Schatzkanzler, dem rundherum praktischen Mann und »bornierten« Wirtschaftstheoretiker.

McGregor »humanisiert« Keating also, indem er ihn aus der kalten Zone exzessiver Rationalität herausholt. Allerdings intensiviert er sodann Keating in der *warmen* Zone und destabilisert ihn erneut, während er seine eigene Position als »ausgewogen« absichert. McGregor kommt zum Schluß, daß Keating tatsächlich borniert *ist*, nicht weil er ein Theoretiker ist, sondern weil er das in seinem »halsstarrigen« Pragmatismus und seiner »Intoleranz« eben nicht ist. Keating fehlt es an Intellektualität, und hier ist das keine Tugend: »er verfügt kaum über einen Rückhalt an politischer Theorie und nur wenige Leitideen, verachtet den intellektuellen Gehalt der Politik, verläßt sich auf seine Instinkte und vertraut darauf, daß seine grimmige Entschlossenheit ihn durchtragen wird« (84) – nur ein weiterer leidenschaftlicher Mann halt. Keating, dessen »politisches Feuer« sich in einer »Gallen«-Ekstase zur »weißen Asche des Persönlichen« reduziert, ist totaler Affekt ohne jede Ideologie – und »Zorn ohne Ideologie gebiert Reaktion«.

Mäßigung ist eine große Tugend in Australiens politischer Mythologie:[31] zu sagen, daß »Theorie« helfen könne, uns damit zu versorgen, heißt zu versuchen, Intelligenz mit Intellektualität zu versöhnen. Doch McGregors Vertrauen auf die zügelnde Kraft der Ideologie – verstanden als durch einen kohärenten Satz von Ideen kreativ organisierter Glaube – schließt seinen Diskurs bereits vom Mainstream der öffentlichen Rhetorik ab, wo »Ideologie« nun eine *starres Festhalten an* der »Theorie« bedeutet und damit eine extremistische Inpraktikabilität, die für ein Merkmal sowohl »der Linken« als auch des »Rechtsaußen« in der Politik gehalten wird: Ideologie ist der Ort des Anderen, und der Andere ist immer unmäßig. So hielt Julian Disney, damals Präsident des Australian Council of Social Services, Keating aus Gründen für borniert, die jenen McGregors entgegengesetzt waren. Im Namen von »hunderttausenden Australiern, die jetzt einen hohen Preis dafür bezahlen«, attackierte Disney Keatings politisches System wegen seines »ökonomischen *Dogmas*«, seiner »grob vereinfachenden und extremistischen *Theorien*«, seiner »Besessenheit mit *ideologischem* Machismo.«[32]

> Ich bin über vierzig, ich habe vier Kinder, ich denke, es ist an der Zeit, den Queue in den Ständer zu stellen.
>
> Paul Keating, anläßlich seiner Wahl zum »Sexiest Man in Australien« in einer Radioumfrage 1990.

Beschränkung ist ein formales Thema in der Keating-Porträtkunst.[33] Welchen Wert man auch der Erscheinung des Mannes selbst zuschreiben will (in diesem Fall als Mangel oder Überverkörperung von »Theorie«), das *Thema* erlaubt eine Diskussion nicht nur über die Qualitäten, die einen idealen nationalen Führer ausmachen (ein politischer Diskurs des Begehrens), sondern auch die jeweils angemessene Zuordnung von Denken zu Fühlen, Glauben zu Handeln, Doktrin zu Erfahrung und Theorie zu Praxis in der Matrix einer weiß-männlich-dominierten, demokratischen öffentlichen Sphäre (ein philosophischer Diskurs des Managements). Somit ist McGregors »Keating« zugleich die individualisierende Analyse eines Mannes mit einem fatalen Makel und ein idealisierender Ausdruck von McGregors eigenem Sehnen nach dem perfekt ausgewogenen MANN, der zu werden sein Subjekt (»nur Mund und keine Ohren«) versäumte – ein *absoluter* Intellektueller, der Leidenschaft und Theorie verschmelzend die »großen humanistischen Ideale der Arbeiterbewegung« verwirklichen könne. Disneys Interessensgruppen-Rhetorik kümmert sich nicht um charismatische Führerschaft. Sein Keating ist nur die Galleonsfigur für eine reduktive ökonomische Agenda (»Machismo«), die sich unter schrecklichen Kosten einer störrisch komplexen Gesellschaft aufzwingt; er will weniger Ideologie und mehr Mitgefühl, eher in der Politik als in den Personen.

Allerdings hallt McGregors Plädoyer für mehr statt weniger Ideologie wieder von den Begriffen, wenn auch nicht immer den Wertungen, einiger jüngerer internationaler Debatten über die sogenannte postmoderne Politik. In dieser Nachbarschaft zu meiner sozialen Welt mag McGregors »grundlegendes Keating-Paradox« weniger idiosynkratisch erscheinen und in seiner verstörenden (Dis)similarität stärker verwoben mit anderen Diskursen, die eine Instabilität untersuchen, die mit Emotion in der internationalen Medienkultur zu tun hat. Auf signifikant unterschiedliche Weisen haben mehrere KritikerInnen vorgebracht, daß eine generelle Verschiebung in den Beziehungen zwischen »Affekt« und »Ideologie« in medialisierten Gesellschaften auftritt. Während sie diese Verschiebung zu definieren versuchen, löst sich der Begriff »Ideologie« aus seiner marxistisch-ideologischen Verstrickung mit Sprache und Subjektivität und kehrt zurück zu einem älteren Gebrauch als Benennung einer sozialen Kapazität für soetwas wie »Glauben«.[34]

Beispielsweise findet Lawrence Grossberg in *It's a Sin: Postmodernism, Politics and Culture* eine Serie von *Klüften*, die sich in der amerikanischen Nachkriegskultur »zwischen Affekt und Ideologie, zwischen Fans und Fantikern«, zwischen »wichtig sein« und »Bedeutung haben« auftun.[35] In sorgfältiger Unterscheidung »der Besonderheit der amerikanischen Hegemonie« unter Reagan vom Thatcherismus in Großbritannien argumentiert er, daß das Projekt der Neuen Rechten in den

Vereinigten Staaten eine höchst machtvolle Wirkung durch einen in der und als Popularkultur statt (wie in Großbritannien) durch den Staat geführten Krieg des Affekts entfaltet hat. Dieser Krieg zielt darauf ab, ein amerikanisches National-Populares wiederzuerschaffen, indem *»Common Sense«* von Glauben und emotionaler Investition getrennt wird: »Der Reaganismus scheint auf das zunehmend allgemein geteilte Mißtrauen gegen den Common Sense aufzubauen, das *ideologische* Differenzen weniger wichtig erscheinen läßt als die *Leidenschaftlichkeit* der jeweils eigenen Überzeugung« (32, Hervorhebung durch mich). Somit ist die Affekt/Ideologie-«Kluft« zugleich eine »Front«, an der die Neue Rechte Amerika als »eine kraftvoll affektiv aufgeladene, aber ideologisch leere Identität« (38) konstruiert.

Grossbergs Analyse dieser Kluft/Front ist historisch, selbstreflexiv, und irreduzibel kulturspezifisch. Indem sie mich darauf aufmerksam macht, daß ich ein anderes Land und eine anders geartete soziale Welt bewohne, ermöglicht sie hilfreicherweise Vergleiche. Ich kann den Staat nicht so leicht von den popular-kulturellen Strategien des Hawke-Keating-Regimes trennen. Die hegemoniale Kraft dieser korporativen Dreierallianz (Regierung/Wirtschaft/Gewerkschaften) war vom mobilisierenden Affekt durch eine *maskulin*-populare Kultur abhängig – nicht wie in Grossbergs Amerika auf Rock'n Roll, TV und Jugend bezogen, sondern auf Glückspiel, Pubs und Sport – durchtränkt von eben jenen »Kumpel«-Werten, auf deren Rekonstruktion sie ideologisch abzielte; einfacher gesagt, *Arbeitersolidarität* sollte als *nationale wirtschaftliche Wettbewerbsfähigkeit* neu konstituiert werden.[36] Durch Familientradition und ethnischem Hintergrund affektiv in diese Allianz einbezogen, wurde ich weniger durch das *Geschlecht* davon ausgeschlossen als durch eine professionsbedingte Klassenbildung, die mich jetzt ideologisch dazu bringt, *Geschlecht* und *Rasse* in »linker« Weise zu privilegieren.

Es liegt also vieles in Grossbergs Darstellung des postmodernen Affekts, das ich als »mein eigenes« erkennen kann. Mit seinem »zunehmend unüberbrückbaren Chiasma, das uns an der Grenze unserer affektiven Beziehungen zurückläßt, unfähig, uns selbst ideologisch zu verankern« (38), bin ich nicht weit von eben jenem kulturellen Raum entfernt, in dem, wie australische KommentatorInnen behaupten, der ökonomische Rationalismus (eine seit den 1980ern von allen größeren parlamentarischen Parteien geteilte Philosophie) »Labor« als ideologisch leere Identität rekonstruiert hat – allerdings mit *nachlassender* affektiver Aufladung.[37] Gleichzeitig werde ich durch Feminismus ebenso wie durch Nationalität von Aspekten der Darstellung Grossbergs distanziert: Das Verhandeln einer Kluft zwischen Wichtigsein und Bedeutung haben ist nicht nur eine Grundlage des Feminismus, sondern mag, wie Patricia Mellencamp argumentiert, die historische Erfahrung der Modernität für Frauen charakterisieren;[38] was für mich an dieser Periode tatsächlich ziemlich neu war, war die Weise, wie mein eigener »Affekt« begann, sich *auf* ein »ideologisches« Wichtigsein der nationalen Regierung *hin* zu kanalisieren. Wenn also Grossberg von einer Nachkriegs-«Auflösung dessen« schreibt, »was wir den ›Verankerungseffekt‹ nennen könnten, der Bedeutung und Affekt artikuliert« (40), bin ich mir einer andersartigen Vergangenheit (ohne solche Verankerung) ebenso bewußt wie einer anderen Gegenwart.

Diese Unterschiede können für mich deswegen hervortreten, weil Grossbergs Text explizit, zum Teil, ein Selbstporträt ist. Das bedeutet, daß seine Behauptungen über Vergangenheit und Zukunft umrahmt und in ihrer Generalisierungskraft limitiert sind durch einen Diskurs sozialer Erinnerung und damit durch eine Beschreibungspraxis, die ihrer eigenen notwendigen Geschlossenheit Widerstand leistet; indem er ebenso zwischen bekannten und unbekannten Ichs wie zwischen Vergangenheit und Gegenwart arbeitet, öffnet er jene Klüfte, die er beschreibt. Geschlossenheit einer anderen Art wird von jenen externalisierenden und zugleich generalisierenden Darstellungen postmoderner Politik erzeugt, die danach strebten, durch die Setzung (was Grossberg *nicht* tut) eines universalen Massenmedialisierungsmodells im Namen Anderer eine Ideologie/Affekt-Spaltung zu *periodisieren.* Dies ist In Wahrheit ein Weg, die Andersheit des »Fernsehens« in die kinematographischen Begriffe »Spektakel« und »Identifikation« einzutragen, die ästhetisierte Politik klassischerweise definieren. Bei diesem Vorgang wird eine prä-postmoderne Vergangenheit zum Objekt einer stabilisierenden Beschreibung, »wie es früher war« vor der elektronischen Medialisierung. Statt eine Reihe von Klüften zu öffnen, *produziert* diese Art Analyse den Ausschluß der Ideologie, dessen »historische« Verursachung man dann der Medialisierung zuschreibt.

Für Jochen Schulte-Sasse ist daher eine »Sentimento*logik*« dabei, die »Ideo*logik*« in ihrer ideologischen Rolle der Gewährleistung sozio-kultureller Reproduktion zu ersetzen. In »Electronic Media and Cultural Politics in the Reagan Era« liest er den US-Angriff auf Libyen und das »Hands Across America«-Megaereignis von 1986 als Signale einer ganzen Serie drastischer Verschiebungen: wir gehen von einer »linearen Narration« menschlichen Lebensraums zur »synästhetischen Fragmentierung«, von einem Subjekt unter dem Kommando eines »starken Über-Ich« (»streitbare, konkurrenzfähige Individuen mit klar umgrenzten, ideologischen Identitäten«) zu einer »narzistisch diffusen« Identität unter dem Einfluß »des Es«; von der »gewappneten« Psyche des modernen Nationalismus, dessen »historische Perspektive« durch lokalisierende, zeitverzögerte Technologien (Aufmärsche, Radio, Kino) geformt wird, zu einem postmodernen »Wohlfühl«-Nationalismus, der von elektronischen Medien genährt wird, die nunmehr in der Lage sind, Politik »intensiv« in wirklich großem Maßstab zu ästhetisieren.[39]

Ein Fusionsmodell von Ekstase wird hier aktiviert: Wo für Grossberg feine Risse im veränderlichen Terrain einer gesellschasozialenftlichen Subjektivität entstehen, werden für Schulte-Sasse die Begrenzungen eines alten, scharfkantigen Ich durch eine Woge der Ununterscheidbarkeit verwischt, in einer »paradoxen Erfahrung von Identität und Auflösung zugleich« (147); immanentistischer Nationalismus weicht der sanft zirkulären Relationalität des Massennarzismus. Es handelt sich hier um eine Abart eines alten Streits in den Medienstudien. Indem Schulte-Sasse aufgreift, was Philip Hayward als die »unangenehm vertraute« Annahme bezeichnet, daß »TV und Video vor allem anderen durch ihren (metatextuellen) ›Fluß‹ charakterisiert werden ... [ungeachtet dessen, daß] bereits die trivialste Form von Publikumsforschung Einschaltmuster aufzeigt, die diese massiv vereinfachte Charakterisierung durchbrechen«,[40] projiziert er diesen »Fluß« auf ein anderes vertrautes Binaritätsgitter, das Fragment und Struktur, flüssig und fest, Verwischung und Linie, Zerstreutheit und Entschiedenheit, Passivität und Aktivität, Hingabe und Engagement einander entgegensetzt – ein Gitter, dessen Kohärenz von einer elidierten Vorstellung/Geschichte von Asymetrie abhängt: sexuelle Differenz.

Im Kontext der Diskussion über Nationalismus erlaubt diese Elision Schulte-Sasse, das »Spektakel« wiederherzustellen, indem er wieder einmal das Fernsehen in seiner Arbeitsweise als *nicht*-linguistisch, sondern »visuell und akustisch« darstellt (127). Dies wiederum ermöglicht, das Konzept der Identifikation zu bewahren, indem er auf die »Masse« ein ödipales Narrativ von Regression und »Identitäts«-verlust projiziert.[41] Seine Analyse kann sodann die Kompliziertheit von Althussers Ideologiekonzept ebenso umgehen wie dessen feministische Anwendungen zur Theoretisierung dessen, was Rey Chow »die Erfahrung von Konsum und Rezeption« nennt, »dieses Warenhaus schwer faßbarer Elemente, die, *abseits von* ›Lohn‹ und ›Mehrwert‹, Menschen die Möglichkeit geben, zu kaufen, zu akzeptieren und zu genießen, was in ihrer Kultur erhältlich ist.«[42]

Eine luzide oder urteilsfähige »sentimentale« Lust wird sich nicht Schulte-Sasses Medialisierungsmodell verschreiben, ebensowenig wie die Fernseh-*Talk*-show für seine Theorie einer alinguistischen postmodernen Massensubjektivität stehen kann. Wenn so viel amerikanische Fernseherfahrung aus der Untersuchung des amerikanischen Nationalgefühls ausgeschlossen wird, kann der Blick auf einen auratischen australischen Politiker, der leidenschaftliche Vorträge über Ökonomie vor einem Fernsehpublikum hält, das zumindest einige entsetzte, aber hingerissene Fans umfaßt, die ihm zwischen Wiederholungen von *Miami Vice* und *L.A.Law* (für Schulte-Sasse emblematisch postmoderne Sendungen) zuschauen, nur als exzentrisch gelten.

> Ich gehe auf diese Bühne, manche Auftritte mögen besser gelingen als andere, aber sie alle werden da oben stattfinden und versuchen, Wirtschaft und Politik zusammenfließen zu lassen. Da draußen auf der Bühne den Placido Domingo geben.
>
> Paul Keating vor dem Canberra Press Club, 7.Dezember 1990.[43]

Allerdings kann nur dadurch, daß man vermeidet, Fernsehen als *Sprache* wie auch als alltägliche soziale *Loslösung* (markiert durch Rey Chows subtiles »abseits von«) und kulturelle *Vermischtheit* (»Warenhaus«) zu denken, der Mythos der Massenkultur als FRAU seine politische Form als eine Elegie auf den Tod des MANNES DER ÖFFENTLICHKEIT bewahren.[44] Ich denke, daß jeder theoretische Diskurs, in dem eine privat/öffentlich-Grenze als der im Verschwinden begriffene locus eines apokalyptischen Ereignisses auftritt statt als ein instabiles Objekt, Produkt und Gelände sozialen Wettstreits, ein traumatisierter Diskurs über die konzeptuelle Unmöglichkeit *und* die historische Aktualität des »weiblichen« Wahlrechts ist.[45] Wie das Fernsehen als ein privat/öffentliches Medium der *Sprache* des persönlich/politischen »Gesprächs«, macht die FRAU als Bürger in diesem Diskurs nur Sinn als die Verwischung, die die Linie auslöscht, die historisch einst den »ideologischen« MANN DER ÖFFENTLICHKEIT von seinen der Bürgerrechte beraubten, »sentimentologischen« Anderen (in Schulte-Sasses Worten) »klar abgrenzte«.

Aber es liegt auch etwas Geschlossenes in dieser meiner Kritik, wie sie routinemäßig ihre Strecke im gewohnt, wenn auch notwendig, feministischem Gelände zurücklegt. Schulte-Sasses Gegenstände sind verschieden von meinen; er theoretisiert die Bedingungen der Möglichkeit *singulärer* massenbildender Ereignisse (Hauptabend-Bombenangriffe, Massenbeteiligungs-Spektakel), während ich mich mit einem alltäglichen, niederschwelligen Prozeß beschäftige, der ein medialisiertes *Parteien*-Gefühl organisieren kann. Mehr noch, als Teil meiner Erfahrung jenes Prozesses ertappe ich mich beim Konsumieren einer Menge selbstreflexiven australischen Mediendiskurses, der sich in seiner Genderisierung der Debatte über Kommunikation und Bürgersubjektivität in seinen Grundannahmen nicht allzusehr von jenem Schulte-Sasses unterscheidet. Das wirft die Frage auf, wie kulturelle und politische Differenzierung durch ein offenbar generelles Rahmenwerk eines Diskurses geschlechtlicher Gleichartigkeit wirken mag.

Keating provozierte sicherlich Gender-probleme, aber um Geschlecht ging es dabei selten. Einerseits war er für das berühmt, was Gloria-Jean Masciarotte »muskuläre Oralität« oder »gesprochenen Muskel« nennt.[46] Abgesehen vom formalen parlamentarischen Boxkampf pulverisierte er oftmals mediale Anstandsregeln mit Schrotladungen unpassenden Humors zur rechten Zeit: seine sensationell vulgäre Antwort in Sydneys Frühstücksradio 1990 auf seine (bereits zweite) Wahl zum »*Sexiest Man* in Australien« wurde in der *Midday Show* mit großer Heiterkeit durch das Geschenk eines belebenden schwarzen Seidenpyjamas gefeiert – während » Zeit, den Queue in den Ständer zu stellen« ins Lexikon der Phrasen einging, die Journalisten verwenden, um ihrer Prosa »Volksnähe« zu verleihen.[47]

Im spezialisierteren Medienkontext einer Ansprache vor dem National Press Club gab Keating dem Stimme/Muskel-Thema selbst einen operativen Referenzrahmen in seiner berühmten »Placido Domingo-Rede«. Diese wegwerfende Selbstbeschreibung inspirierte die Medien dazu, monatelang zu wiederholen, daß Keating Ökonomie in hohe Kunst verwandeln und das Ergebnis popularisieren könne. Allerdings wurde der Scherz weithin als Boxring-Ansage verstanden. Da in der Rede auch behauptet wurde, Australien habe nie »einen echten Führer« gehabt, meinten ReporterInnen, daß Keating sich selbst als den wirklich talentierten Mann sah, der im Schatten eines populäreren, aber weniger fähigen Pavarotti auftritt. Das war eine Projektion von *Medien*-wünschen und –vorstellungen; Keating hatte lediglich seine Methode, Wirtschaftspolitik zu verkaufen, als »den Placido Domingo geben« beschrieben. Allerdings wurde er weithin so zitiert, daß er sich selbst zum

»Placido Domingo der *Politik*« erklärt habe. Von diesem Augenblick an begann die Hawke-Keating-Partnerschaft öffentlich zu zerbröckeln.

Auf der anderen Seite brachte Keatings erotisierter Status als ein Objekt medialen Begehrens (»er verführt jeden von uns von Zeit zu Zeit, so wie er die Regierung verführt und den Parteitag verführt und das Kabinett verführt«)[48] explizierte Feminisierung mit sich, nicht weil »er« verführerisch war – die Kumpel-kultur gestattet das als ein neutrales Merkmal – sondern weil er mit der Flüssigkeit einer *Rede* (für den Journalisten Peter Hartcher das »Lied der Sirene«) verführen konnte, der zugleich weithin mißtraut wurde (»so betörend, daß [Journalisten], wie die Seeleute des Odysseus, bewußt ihre Ohren schließen«).[49] Er war, kurz gesagt, ein anerkannter Rhetoriker, und Rhetorik kann nicht nur als »feminine« Oralität (Stimme), sondern auch als intellektuell feminisierend konstruiert werden (»einfach substanzlos«). Hartcher zog sogar Edward de Bono heran, um seine Vermutung zu stützen, daß Keating jene besondere Gefahr für die australische Männlichkeit darstellt, eine *»Intelligenzfalle«*: »je intelligenter man ist, umso einfacher kann man jede Idee vertreten, die einem gerade in den Sinn kommt«.

Das ist genau der Vorwurf, dem JournalistInnen selbst immer ausgesetzt sind. Ganz egal, wie lautstark sie die größere Realität und Wahrheit des knallharten praktischen Geschehens heraufbeschwören, ihre eigene Praktik von Stimme, Wort und Bild muß nach diesen Kriterien hoffnungslos rhetorisch bleiben. In diesem Kontext gesehen war die Verwendung des Wortes »Kurtisanen« durch Derek Parker, um eine besondere erotisch-ökonomische Komplizenschaft zwischen der Regierung und der Pressetribüne zu benennen, keine beiläufig sexistische Geste, sondern eine Theorie einer Regierungsform, der »Pornokratie«, dominiert von den korrumpierenden Schlichen weiblicher Rhetoriker: »sie mästen sich an Gerüchten, Geschwätz und den labyrintischen Intrigen des Parteiensystems. Für die Kurtisanen ist das Spiel alles.«[50] Vielleicht noch signifikanter als die Entladungen von Feminität und Intellektualität, die zwischen mächtigen Männern routinemäßig als Beleidigungen ausgetauscht werden, ist daher die geteilte Besorgtheit und das sich in diesen Neckereien ausdrückende Verlangen nach einem bestimmten Etwas – Ideologie, solide »Substanz«, verantwortungsbewußte Machtausübung – von dem man meint, daß es der medialisierten öffentlichen Sphäre (sentimental, rhetorisch, formalistisch) fehlt, die eben dieselben Männer tatsächlich dominieren.

In diesem Kontext war Keatings Borniertheit das Symbol eines »Etwas«, das intensive Ambivalenz hervorrief. Eine Karrikatur »Wie man den echten Paul Keating herausfindet« projizierte die Struktur der medialen Besessenheit von Keating als einem unmöglichen Subjekt (absolut wohlwollend, total destruktiv) in Begriffe einer *maskulinen* Sprachspaltung. »Stimme« wird in dieser Struktur nicht Sprache, Schrift oder Norm gegenübergestellt, sondern innerlich zweigeteilt. Zwei identische visuelle Bilder werden verbal unterschieden als »Der Echte Paul!« (Premierministeranwärter) und »Der Böse Zwilling!« (Ursache der Rezession); der Böse Zwilling hat ein »derart übles Mundwerk, daß Docker erröten«, der Echte Paul hingegen einen »lieblich seidigen Bariton, er singt wie Sinatra, nur ohne dessen angsteinflößendes und elitäres Talent«.[51] So wie »foul tongue« (übles Mundwerk) ist auch »language« (Sprache) ein altmodischer Euphemismus für Fluchen: Zwischen Sprache und Musik, Profanität und Heiligkeit, Muskeln und Seide, üblem Mundwerk und Singen zirkuliert ein Identitätsproblem in der Oszillation zwischen Liebe und Feindseligkeit, das Ambivalenz konstituiert und somit die Oszillation, die die Frage konstituiert.

Eine psychoanalytische Deutung könnte den Prozeß, durch den JournalistInnen als Symptom ihrer eigenen, nachhaltig ambivalenten Beziehungen zu politischer Macht und sentimentalen/rhetorischen Auftritten ein »Keating-Ding« entwickelten, zweifellos eingehender erklären.[52] Konsumentenekstase funktioniert nicht ganz auf gleiche Weise, da mit einem prinzipiellen *Versagen* der Feindseligkeit verbunden (wodurch Identität als Problem ausgesetzt wird), ebensowenig Comic-kritik: Die Karikatur löst das Problem durch Einführung eines dritten Parameters, eines Wirklich Bösen Paul Keating, der offenbar von einer anderen Position aus die Produktion seiner Stimmen und Bilder orchestriert (»ohne Talent«).

Für die »Substanz«-Melancholie der Medien ist diese Lösung selbst das Problem, das von einem politischen Führer aufgeworfen wird, der »es drauf hat«, indem er ganz offen nur die *Form* des Es-drauf-habens drauf hat. In einer Medienökonomie (so die Logik dahinter) kann ein sich selbst bewerbender Image-Mann mit der rhetorischen Kraft und der Legitimität, sich selbst als Self*made*-Man, mit echten altmodischen Politkonzepten, zu bewerben, tatsächlich einen Führungsseffekt bieten und so SEIN durch SCHEINEN erzeugen. Ein banger Traum (wiederholt in der Geschichte des Realismus, beharrlich in den »Keating for Prime Minister«-Leitartikeln, die mit größerer Frequenz erschienen, als die Rezession der späten 1980er sich verstärkte) nimmt Form an als Hoffnung, daß die Nostalgie nach politischer Substanz durch einen zynischen Glauben an das Image überwunden werden könnte. In so einem Augenblick wurde »Keating« zum Namen eines utopischen Diskurses, in dem Journalisten sich eine ideale »echte« politische Macht vorstellten, die nach dem Bild ihrer echten »rhetorischen« Macht zu formen sei.[53]

> Allein schon des Unterhaltungswerts wegen war Paul Keating unser bester Schatzkanzler seit Jahren. Mit seinem prunkvollen Auftreten und Stil machte Keating die Ökonomie sexy. Ein Zauberer mit Worten, dessen Fähigkeit, eine Phrase zu prägen, um die die Wirtschaft plagenden Probleme zu beschreiben, geringere Sterbliche nach Worten ringen ließe. Keating hat die Ökonomie popularisiert – heute atmen wir Ökonomie, sprechen Ökonomie und schwelgen in Ökonomie. Die monatlichen Handelsbilanzzahlen werden aufgenommen wie die letzten Cricket-Ergebnisse. Vom Kaufhaus bis zum Tanzparkett plappert jedermann über mikroökonomische Reformen.
>
> Alex Millmow[54]

Allerdings hält man heute allgemein Zynismus für das Charakteristikum der Sphäre der nationalen Politik charakterisiert. Es ist nichts Besonderes an ihm: vielmehr wird Zynismus als eine gesellschaftliche Norm gesehen (»die gemeine Währung der Politik überall«)[55], gegenüber der jede *ekstatische* Reaktion jetzt als Abweichung definiert werden kann. Daher greift Slavoj Žižek, der aus der Erfahrung eines kommunistischen Regimes heraus schreibt, Peter Sloterdijk's Behauptung auf, daß »der zynische Untertan sich recht gut des Abstands zwischen der ideologischen Maske und der sozialen Realität bewußt ist, aber nichtsdestotrotz auf der Maske besteht.«[56] Über diesen Abstand hinweg kann keine ekstatische Verschmelzung oder Krise auftreten: Dem Zynismus tritt lediglich auf der anderen Seite der *Kynismus* entgegen, eine »populare, plebejische Zurückweisung der offiziellen Kultur durch die Mittel der Ironie und des Sarkasmus.« Als pragmatische Prozedur *ad hominem* »untergräbt« der Kynismus »die offizielle Aussage, indem er sie mit der Situation konfrontiert, in der sie formuliert wird« – zum Beispiel durch die Aufdeckung des persönlichen Gewinns, den ein Politiker, der Opferpflicht predigt, »aus dem Opfer anderer« zieht.

»Auf der Maske bestehen« ist eine gute Beschreibung für viele der Rituale australischer Politik. Doch Sloterdijks Zynismus mit seinem verräumlichten Gegensatz des »sozial Realen« *contra* semiotische Funktionen, ist ein zu reinliches Konzept, um über die unordentlichen Beziehungen zwischen Masken und *anderen* Realitäten in einer pragmatischen Mediendemokratie nachdenken zu können, wo kynische Techniken (Exposé-Narrative, Satire, Skandalisierung des politischen Prozesses, aura-verstärkende Portraits, gnadenlose Analyse des persönlichen Profitmotivs) immer schon Teil der medialen Produktion »offizieller« politischer Kultur sind. Bob Hawke beispielsweise wurde oft als »der große Kommunikator« bezeichnet. Die Anspielung auf Reagan war kynisch (Hawke hat eine knarrende Stimme, Hawke litt unter Größenwahn), hatte aber auch Übersetzungscharakter. Hawkes »Image« als ungemein populärer Anführer war weder visuell noch vokal, sondern *taktil*, sein Medium »die Leutseligkeit«: er besuchte Schulen und Kaufhäuser, »ging Händeschütteln« in Seniorenheimen, ging auf Tour, um die Menschen zu *fühlen*: so wurde eine Idealisierung Hawkes als Verkörperung einer besonderen australischen Version »großartiger Kommunikation«, parallel zu seinem Hang zur Selbsttäuschung, bekräftigt, erweitert – und kommuniziert.

In gleicher Weise hat Alex Millmows frecher Rückblick auf Keatings Vorstellung als Schatzkanzler ein kynisches Flair, wie sie so dem Urteil vorangestellt ist, daß »seine Wähler, die gewöhnlichen Menschen, den Preis für sein ökonomisches Experiment mit ... ihren Jobs bezahlten.« Es hat auch etwas von dieser Kapazität, »absolut echt und total ironisch« Geschmack in ein Image zu investieren, das Grossberg nicht Zynismus oder Kynismus, sondern »authenitsche Inauthentizität« nennt (43, 61). Allerdings ist Millmows »jedermann« ein subkulturell-professioneller, kein national-popularer: während er problemlos seine kritische Distanz (»reine Unterhaltung«) zu Keatings Image wahrt, nimmt er für sich keine Distanz vom atmenden/redenden/schwelgenden/plappernden »wir« in Anspruch, das durch Millmows Redekunst belebt wird. Das ist eine echte und ironische Investition in einen *Sprach*gebrauch, nicht in ein Image oder eine Maske. Es erzeugt Identifikation (»wir«), nicht mit Keating als einem Spiegelbild (er wird als ein sprechendes Subjekt betrachtet, ja sogar als Kulturpraktiker), noch mit einer immanenten kommunalen Identität oder einem diffusen kollektiven Narzissmus, sondern mit der Macht einer enunziativen Praxis, die (»popularisierend«, »verzaubernd«, »sexy«) ein besonderes »wir« erzeugen kann, das ganz offen, nicht mit der Ästhetisierung der Politik (ein als gegeben angenommener Horizont), sondern mit der *Erotisierung der Ökonomie* zu tun hat.

Hier gibt es nichts zu enthüllen über die enuntiative Situation des »offiziellen« ökonomischen Diskurses, da es das Objekt von »jedermanns« Begierde ist, *in* einer Situation zu *sein*, die Macht und das Flair zu haben, wie Keating zu reden. Das legt Umstände nahe, in denen Affekt und Ideologie für diesen begrenzten »jedermann« machtvoll, wenn auch nur für den Augenblick, konvergieren mögen. Eben dasselbe tut auch die Veröffentlichung eines von einem Ökonomielehrer und ehemaligen Finanzbeamten verfaßten »Showbiz«-Portraits von Keating in einem Magazin, der *Australian Left Review*, das einst eine Publikation der Kommunistischen Partei Australiens war und immer noch frühere Kommunisten unter seinen Herausgebern hatte. Obwohl technisch gesehen medialisiert, sind dies nicht die Umstände einer Ekstase der Kommunikation, in der, wie Baudrillard sagen würde, wir »lebendig ... in die Modelle ... eingegangen« sind[57]. Es sind, zutiefst historisch, solche eines sozialen Moments, in dem eine Leidenschaft für die *Verwendung* eines bestimmten deskriptiven Modells »vom Kaufhaus bis zum Tanzparkett« und von der Bürokratie zu den Gelehrten zu der Labor Party zum alten Linksaußen zum geneigten Leser überwechseln kann, und das ohne die Unterschiede zwischen den bestehenden sozialen Sphären aufzuheben – bei Millmow wird der Fabrik/Nachtklub-Gegensatz vielmehr ironisch ausgekostet – jedoch unter Überwindung alter politischer Codes, die bestimmte Redeformen einzelnen *Orten* als angemessen zuweisen.

Die Unterscheidungen zwischen Arbeiten und Tanzen, staatlicher Buchhaltung und Sport werden durch eine »sexy« Ökonomie nicht bedroht, genausowenig wie das System sozialer Diskriminierungen bedroht ist, wenn aus der Kategorie »jedermann« präzise jeder ausgeschlossen wird, der nicht reibungslos zwischen Praktiken und Positionen hin-und-herschalten kann. Was aber in diesem neuen Kleinbürgerszenario sozialer Seitwärtsmobilität zusammenbricht, ist jedwede Vorstellung manifester Unterschiede zwischen gewerkschaftlichen, unternehmerischen, parlamentarischen, »revolutionären« und szenegängigen Modellen zur *Beschreibung* der sozialen Welt. Nach dieser Lesart werden Menschen unter dem Bann von Millmows Keating nicht in eine Ekstase der Ökonomie »lebend überwechseln«. Wir konsumieren (atmen/schwelgen) und imitieren (reden/plappern)[58] eine streng utopische gemeinsame Sprache, die über eine Reihe sozialer Felder hinweg Gleichartigkeit erzeugt, nicht indem sie die »Kommunikation« zwischen formal differenzierten sozialen Positionen oder technischen Sendestationen erleichtert, sondern indem sie ein Gefühl von *Kommunion* mit dem (Diskurs des) Anderen ermöglicht.

Die Fähigkeit, gewohnte soziale Grenzen zu überspringen, wird öfter mit der Mode assoziiert als mit der trockenen Wissenschaft, und als die Rezession sich in den frühen 1990ern verstärkte, begannen einige, sich von den »ökonomischen Moden der Achziger« zu distanzieren. Doch wie er so in den einst antagonistischen Räumen des australischen politischen Lebens zirkulierte, hatte der Traum von einer gemeinsamen ökonomischen Sprache mehr mit Mystizismus zu tun als mit Zynismus oder Mode. Millmow übertreibt nicht beim körperlichen Effekt, den es auf jene Keating-Fans haben konnte, die zwanzig oder auch nur zehn Jahre zuvor vom Kaufhaus bis zum Tanzparkett über Klassenkampf, soziale Gerechtigkeit und bourgeoise Ideologie wetterten, in eine Welt unbeschränkt freier Markttätigkeit sozusagen *befreit* zu werden. Ich sah Männer im Fernsehen (Gewerkschaft-Stars, Kabinettminister, linke Think Tank-Berater) bei Gesprächen über Ökonomie sichtlich in Hysterie verfallen: Augen würden glänzen, Schultern fallen, Lippen zittern in einem sinnlichen Krampf von »den Markt entscheiden lassen«, »harte Entscheidungen fällen«, »das Spielfeld ebnen«, »Produktivität steigern« und »die Kultur verändern«. Gehirne *verschmorten* eher, als sich zu verschließen; jene, die die Weisheit hinter der Lockerung des Wechselkurses, Deregulierung der Banken oder Zurücknahme des Industrieprotektionismus bezweifelten, wurden weniger ignoriert als *weggespült* von einer berauschenden Flut des »Lebens in einer Wettbewerbswelt« und des »Eintretens in die globale Wirtschaft«.

Auch die Kritiker waren hysterisch. Die ProponentInnen mochten gelassen sagen, daß ökonomischer Rationalismus nur der Glaube daran sei, daß »Märkte die Produktionsmittel meist besser verteilen als Planer«[59] – oberflächlich betrachtet eine einfache post-Keynesianische Vorstellung. Doch seine ganze moderne Geschichte hindurch wurde Australien von der genau entgegengesetzten Vorstellung regiert: Der »Laborism«, ein Gesellschaftsvertrag, der in verschiedenen Formen seit 1904 hochgehalten wurde, ersetzte Handelsprotektionismus und Währungskontrolle durch ein staatlich reguliertes Lohnfestsetzungssystem und ein zwingendes Schiedsverfahren; als Abmachung zwischen Kapital und Arbeiterschaft über die Umverteilung des Sozialprodukts vor allem zwischen weißen Männern wurde der Laborism von einer massiven Einwanderungspolitik getragen, die bis in die 1960er nach rassistischen Grundsätzen legitimiert und administriert wurde, später jedoch von Spielarten des Multikulturalistismus. Der Prozeß der Internationalisierung der Wirtschaft hatte daher eine verheerende intellektuelle (affektive, ideologische) wie auch soziale Wirkung. Als die politischen Allianzen eines Jahrhunderts langsam zu zerfallen begannen, sahen sich selbst jene »neuen gesellschaftlichen Bewegungen«, die dem Laborism besonders kritisch gegenüberstanden – Feminismus, Antirassismus, Umweltbewegung – durch seinen Niedergang zu »unabänderlichen« und »althergebrachten« Interessen umgedeutet, die dem *radikalen* Wandel im Weg stehen.

Die »rationalistische Revolution« – tatsächlich ein ideologisches Programm zur

Rechtfertigung der Auswirkungen der globalen Restrukturierung des Kapitalismus im Westen – deren Implikationen zu Beginn der 1980er kaum begriffen wurden, trat in den australischen Medien oft als Mischung aus »Thatcher'schen« und »Reagan'schen« Slogans auf, verwirrenderweise gesponsert von der Labor Party. Bald dämonisierten invasive Metaphern die neue Philosophie als alles-verschlingendes Monster, mit formalen Echos der alten Kriegskarikaturen über die deutsch-japanische Bedrohung, ganz zu schweigen von der »Gelben Gefahr«. Eine Karikatur zeigte eine Quacksalber-Apokalypse (»Es war einmal eine Zeit, da sprachen die Menschen über THEMEN und hatten Spaß. Dann erfand irgendwer die Wirtschaft. ... Die Wirtschaft wuchs und wuchs! Sie übernahm alles, und niemand konnte entkommen!«) in der eine grauenhafte, lärmende Flüssigkeit (»HE, WAS IST DIESES ÖDE SCHWARZE ZEUG!«) allen menschlichen Diskurs versumpfen läßt (»ICH ... ICH WEISS ES NICHT! ABER ... MEIN GEHIRN! ES ... ES VERROTTET!«) mit seinem gurgelnden Defizit-Sprech.[60] Im akademischen Bereich leitete der Soziologe Michael Pusey eine Habermas'sche Untersuchung des *Economic Rationalism in Canberra* mit einer Definition seines Objekts als »Heuschreckenplage« ein, die unsere soziale Demokatie »dem unfreundlichen Griff von Ideen ... aus Großbritannien und den Vereinigten Staaten – den zwei großen ›staatslosen Gesellschaften‹« überantwortet.[61] Ein Vorstandsdirektor von Kemper Financial Services (Chicago) konnte dann zur Unterstützung rationalistischer Politik weltmännisch auf »die intellektuellen Umwälzungen« hinweisen, »die gerade in politischen Zentren der Dritten Welt wie beispielsweise Mexico City, New Delhi, Jakarta und Buenos Aires stattfinden.«[62]

Für jene, die nicht gewillt waren, auf eine paranoide nationale Rhetorik zurückzugreifen, machte Keating die Ökonomie sexy, indem er als der große *Beschreiber* in Susan Stewarts Sinn auftrat. Er war beim Eintreten für ökonomische Reformen eloquent, nicht hysterisch oder paranoid, und lyrisch, nicht kommunikativ. Er benutzte das Fernsehen, um die Vision eines künftigen »Zeit und Raum« der Fülle zu entwerfen (die vor der gelebten Erfahrung der meisten Australier konsequent zurückwich), die aus einem ausgehandelten, konsensualen Prozeß der Deregulation entstehen würde, und stellte dem anschaulich das Fegefeuer der »Bananenrepublik« gegenüber, das eine stagnierende, geschlossene Wirtschaft erwartet – und die grausame, wirklich »Thatcherische« Revolution, die die rechten Oppositionsparteien versprachen. Ein Interesse an Keatings Stil (Sprache, Stimme) ist somit ein Interesse an einer *ganz bestimmten Art* von Schließung, einer, die man ideologisch nennen könnte, weil sie ebenso mit Glauben wie mit Affekt zu tun hat. Jeder Schatzkanzler kann versprechen, daß der *ökonomische* Diskurs die magische Kraft besitzt, »die Kluft zu schließen, die die Sprache von der Erfahrung trennt, die sie kodiert«,[63] um so ein Verlangen zu erfüllen; eine solche Schließung ist das Ziel der Politik. Die »Kluft« zwischen Keatings hyperkodierter Labor-Sprachlichkeit und seinem Managervokabular jedoch versprach paradoxerweise auch, daß *sein* Diskurs auf magische Weise den Abgrund zwischen den sozialen Werten (egalitär, solidarisch, mitfühlend), als nationale Ideale mythisch hochgehalten in der popularen Erinnerung der weißen Arbeiterklasse, und der *Realpolitik* des ökonomischen Rationalismus – elitär, entzweiend, kompetitiv – überbrücken könne.

> Traum und Norm sind lediglich Zwillingsaspekte der neokonservativen Vision. Die abstrakten Modelle, die von der Chicago School ausgearbeitet wurden, vertreten ein pragmatisches, positives politisches Projekt, entworfen für die Nachwirkungen der gegenwärtigen ökonomischen Krise. Diese Modelle zeigen aber auch, daß neokonservative Wirtschaftspolitik wahrhaft utopistisch ist: Wie jede Utopie wird sie zuallererst und vor allem vom Gespenst des Mangels verfolgt und ergänzt unablässig innerhalb der Ökonomie und mit den Mitteln der Ökonomie das, wovon sie glaubt, daß es ihr mangelt.
>
> Annie L.Cot[64]

Donald Horne hat angemerkt, daß man die eigentümlich intensive Vorstellung von der Wahrheit, die AustralierInnen ökonomischen Rationalismus nennen, besser als ökonomischen *Fundamentalismus* beschreiben könnte. Er ist nicht bloß jene im Lauf der 1980er in unterschiedlicher Form von allen »englischsprachigen« Volkswirtschaften übernommene, variable Mischung politischer Konzepte, die darauf abzielt, regulatorische Macht und soziale Verantwortung der Regierung zu verringern und zugleich die Effizienz des Staates zu steigern, noch mehr Reichtum an die Reichen und Armut an die Armen zu verteilen.[65] Noch ist er bloß die Überzeugung, daß die neoklassische Wirtschaftstheorie heute die am ehesten, vielleicht nunmehr die *einzige* rationale Anleitung für das Staatshandeln in demokratischen Ländern bietet. Ökonomischer Fundamentalismus beinhaltet auch eine Inversion, durch die, wie Pusey es ausdrückt, »der Gesellschaft die neue Rolle des *Objekts* der Politik zugewiesen wird (statt, wie zumindest nach den Normen des früheren Diskurses, jener des *Subjekts* der Politik)« und damit »einer Art widerspenstig zähflüssigen Bodensatzes« – gar »einer idealisierten *Gegenspielerin* ›der Wirtschaft‹« (10, Hervorhebung durch mich).

Für Pusey definiert diese Inversion »Kultur« um zur bloßen formbaren, konsumierbaren Umgebung ökonomischen Handelns (18), ein vertrauter Schritt für BeobachterInnen des Tourismus-Lifestyle-Kunst-und-Architektur-Komplexes, der im Boom der 1980ern die soziale Landschaft unserer Städte und Gemeinden umgeformt hat. Doch sowohl Horne als auch Pusey bemerken auch den zurück-von-den-Toten-Effekt, den dieser neue ökonomische Determinismus in Australien auf das hatte, was Horne brutal »Stalinismus« und Pusey »orthodoxer Marxismus« nennt. Pusey stellt sogar die Behauptung auf, daß ein politisch als dauerhaftes administratives System vorgestellter *Markt*determinismus fähig ist, sich »nahezu mit allen« zu arrangieren, »*außer den Liberalen*« – die darauf beharren, Vorrang für Konzepte von Gemeinschaft und Zivilgesellschaft zu fordern, und die zu verachten sich die traditionelle Linke und die Rechte immer einig waren (194).

Das hilft beim Verständnis des Dekorums, mit dem einige, die gestern noch Althusserianer waren, sich in Ökonokraten verwandeln, die auf Alex Millmows Tanzparkett zum Klang des Keating-Sprechs herumhopsen. Die fundamentalistische Inversion erlaubt ein Moment, bei dem ein professionelles Subjekt der Politik – eine lose Allianz aus BürokratInnen, BeraterInnen, ManagerInnen, ExpertInnen und, auf phantasmatischere Weise, JournalistInnen und PolitiktheoretikerInnen, die sich mit den Formen der Macht identifizieren, die jene ausüben – sich als angemessenes Objekt seines Handelns nicht »die Gesellschaft« im Allgemeinen, sondern ganz bestimmte Kulturen vornehmen kann, die in ihrem eigenen ökonomischen Interesse »umstrukturiert« werden müssen. Nobelformen des Avantgardismus können darin eine neue Mission finden; es gibt keinen Bedarf an sozialistischer oder modernistischer Nostalgie, wenn die neue Avantgarde die Zelle gegen das Kommittee eintauschen, Berichte statt Manifeste schreiben und aus der Mansarde in die Korridore der Macht umziehen kann.

Ebenso wie zur Hervorhebung der antidemokratischen Implikationen einer Philosophie, die die Gesellschaft nur als Nebenprodukt (»Bodensatz«) von Marktkräften behandelt, die *nur* durch die Handlungen einer elitären Expertenkaste gezügelt werden, hilft der Begriff »ökonomischer Fundamentalismus«, jenen Bereich medialer Polemik zu umgehen, in dem Opposition als »ökonomisch *ir*rational« disqualifiziert wird. Indem wir dies tun, erlaubt er uns, diesen Bereich als einen zu sehen, in dem ein Zweikampf zwischen »Vernunft« und »Emotion« mit ziemlich verzweifelter Intensität inszeniert wird. Es ist ein seltsamer Konflikt, nicht weil »Emotion« hier, so wie »Theorie«, ein Zeichen ist, das zwischen Gegnern ausgetauscht wird, die beide gleichermaßen Rationalität behaupten, sondern weil dieser Austausch so explizit zwischen gemäßigten (»pragmatischen«) und puristischen (»prinzipientreuen«) Exponenten derselben Überzeugung stattfindet, daß *der Markt* ein rationaler Agent sei. Vielleicht gerade weil kein Anspruch darauf erhoben wird, gegen einen signifikant verschiedenen Anderen anzutreten, zeigt die Debatte eine verzweifelte Intensität darin, daß der »rationalistische« Zug auf beiden Seiten nicht länger darin besteht, eine bestimmte Form von Logik als universal durchzusetzen, sondern vielmehr das argumentative Prozedere vernünftiger Argumentation durch eine *wütende Rhetorik* der VERNUNFT zu ersetzen – als ob der bloße Akt, den anderen für irrational zu erklären, den Sprecher magisch als garantiertes Subjekt eines intrinsisch rationalen Diskurses (und somit als einen Meister der »Marktlogik«) installieren könne.

In diesem Geiste kann ein Journalist wie Peter Robinson in einem wundervoll andernden[65a] Schritt versichern, daß Kritiker des ökonomischen Rationalismus logischerweise den Irrationalismus vorziehen müssen, aber, »da niemand so etwas öffentlich zugeben würde«, ihre Irrationalität verschlagen in »ökonomischem *Sentimentalismus*« »tarnen« werden.[66] Durch die Darstellung der Arbeitslosen als »unschuldige Opfer« von »gesichtslosen Bürokraten mit wirtschaftswissenschaftlichen Titeln« werden diese skrupellosen »irrationalen Sentimentalisten« sodann brutal »die Emotionen durch einen ruchlosen Appell an Mitleid und Patriotismus ... angreifen«. Robinson bezieht sich hier primär auf Personen des öffentlichen Lebens (einschließlich Labor-PolitikerInnen), die mit altmodischen »›Initialzündungs‹-schemata, ›Arbeitsplatzschaffungs‹-konzepten und ›Industriestützungs‹-Papieren« auf die schwere Rezession antworten wollten, die 1991 schließlich jene Volkswirtschaften – Australien, Neuseeland, Kanada, die Vereinigten Staaten und Großbritannien – überholt hatte, in denen die Elemente des ökonomischen Rationalismus das politische Denken und die administrative Praxis während der 1980er am stärksten dominiert hatten. Robinson beschreibt solche Antworten als »grausamen Betrug« und als »rücksichtslos« in ihrer Sentimentalität, weil er nicht glaubt, daß sie funktionieren können.

Doch die grelle Unlogik seiner eigenen Polemik macht schmerzhaft klar, daß Robinson selbst keine Idee davon hat, was funktionieren *wird*. Wie er fortfährt, die »zentrale Wahrheit« zu verkünden, daß Industriepolitik sich nicht »wie ein Wasserhahn auf- und zudrehen läßt«, ist Wahrheit eine Offenbarung, daß unsere Position in der Weltwirtschaft nun hoffnungslos im Mangel verfahren ist: einerseits »mangelt es Australien an wirtschaftlicher Macht«, um zu verlangen, daß andere Nationen ihren Subventionshahn im Interesse des Freihandels *zu*drehen; andererseits »mangelt es ihm an einer verbindenden autoritären [kulturellen] Tradition«, welcher Robinson den Erfolg jener asiatischen Volkswirtschaften zuschreibt, die von »staatlichem Interventionismus im Inland« profitiert haben. Letztlich ist Robinsons Rationalismus im Grunde ein *Glauben*, nicht an den Menschen oder die Kräfte der menschlichen Vernunft, sondern an das Gesetz eines eifersüchtigen Gottes: »Im Endeffekt«, so schließt er, »läßt sich die wirtschaftliche Realität ebensowenig verspotten wie die kulturelle Realität.«[67]

Selbstverständlich wird dieser autoritäre Fatalismus völlig nachvollziehbar einer realistischen Einsicht zugeschrieben, daß keine tief verschuldete Handelsnation, nachdem sie die Kontrolle über den Wert ihrer Währung den globalen Finanzmärkten überantwortet hat, darauf hoffen kann, ihre Probleme dadurch zu lösen, daß sie den Wünschen ihrer Bürger oder den Launen ihrer Politiker in eine »immanentistische« Isolation folgt. Indem er *ökonomische* VERNUNFT als das transzendente Prinzip bekräftigt, mit dem, wie John Forbes es ausdrückt, »kein Philosoph rechten kann«, drückt Robinson – unter Verwendung von Clichés, die er aus dem Schutt des einstmals möglicherweise echten Glaubens einer Kultur an VERNUNFT, GOTT und DEN MENSCHEN herausgeklaubt hat – auf dieser Ebene lediglich seine Ungeduld mit jenen aus, die nicht einsehen, oder sich nicht leisten können zuzugeben, daß die Macht zumindest dieses Nationalstaates wirklich stark beschnitten worden ist. Was mich jedoch interessiert, ist die Intensität, mit der ein solcher selbsternannt »rationaler« Diskurs, wenn er sich den Grenzen seiner eigenen Macht in Gestalt des Mangels bei Anderen gegenübersieht, in eben jenem Augenblick doktrinär statt praktisch wird, *in dem er sagt, daß er weiß,* daß Pragmatismus nicht universale Normen, sondern eine relationale Auffassung von Differenz fordert.

Robinson ist ein gemäßigter Vertreter des ökonomischen Rationalismus, eben weil er dies sagt: wie sein kühnes Eingeständnis, daß Australien nicht die Vereinigten Staaten oder Japan ist, würde auch sein Verweis auf »die kulturelle Realität« seinerseits bei TheoretikerInnen als »irrational« oder »sentimental« gelten, die davon träumen, daß die AustralierInnen ihre schlammige politische Kultur aufgeben könnten und sollten, um eine neue Gesellschaft zu entwerfen auf der Grundlage von, wie einer von ihnen es ausdrückt, »Nachkriegsdeutschlands *ordo*-Liberalismus und [*sic*] der ostasiatischen Bindung an die neokonfuzianistische Ordnung.«[68] Für Fundamentalisten besteht die Lösung nicht darin, auf die von Robinson zugestandenen »unzähligen Fehler, die im Namen des ökonomischen Rationalismus gemacht wurden« zurückzublicken, sondern unser gesamtes politisches System durch »eine einfache Ordnung« auf der Basis von sogar noch rücksichtsloser umgesetzten rationalistischen Prinzipien zu ersetzen.[69] Logischerweise sollte ein Gemäßigter solch grimmigen Utopisten, so wie auch »Sentimentalisten«, mit den Konditionen eines rationalen Kompromisses zwischen Ökonomie und Kultur begegnen. Statt dessen wendet sich Robinson in einem für weite Bereiche des Wirtschaftsjournalismus charakteristischen Schritt nach der Schelte für die Nostalgie, die andere beseelt, zur Verherrlichung der Tatenlosigkeit im melancholischen Namen einer keuschen Hinnahme des Schicksals.

> Laut dem Philosophen Bertrand Russel ist eine rationale Person jemand, der jeder These den Grad an Gewicht zumißt, der durch die vorliegenden Beweise für diese These gerechtfertigt wird. Im täglichen Sprachgebrauch bezeichnen wir eine solche Person als jemanden mit klarem Verstand, mit gesundem Urteilsvermögen. Wenden Sie dieses Urteilsvermögen auf ökonomische Fragen an, dann haben Sie Ihren »ökonomischen Rationalisten«.
>
> G.O.Gutman[70]

Wenn man zusah, wie diese bizarre Debatte aus der Finanzpresse in die Fernsehnachrichten überschwappte, neugefaßt als Prinzipienkonflikt zwischen den großen politischen Parteien (Labor »gemäßigt«, Liberale »puristisch«), schien es spätestens 1991, daß die Meinungsindustrie in Australien von senilen weißen Männern übernommen worden war, bei denen in aller Öffentlichkeit zunehmend die Schrauben locker wurden. Angesichts der Agonie und Unsicherheit »der schlimmsten Rezession seit 60 Jahren«, kombiniert mit weltpolitischer Veränderung, war dieser Effekt nicht überraschend; nur wenige Mächtige in unserer Kultur haben viel Erfahrung damit, aus einer entmächtigten Position heraus politisch zu wirken, und dem Irrsinn jener, die Australien »konfuzianisieren« wollten, weil die »Thatcherisierung« versagt hatte, kam der von anderen gleich, die angesichts von Beweisen für ein von Großunternehmertum, Banken, Keatings geldpolitischen Maßnahmen, weltweitem Handelskrieg und einem ungewöhnlich heißen und trockenen Wetter ausgelöstes Desaster UmweltschützerInnen, Gewerkschaften und Aborigines, die irrational die Wirtschaftsentwicklung behindern, für die Nöte der Nation verantwortlich machten.

Vor mehr als einem Jahrzehnt hat jedenfalls Annie Cot in einer faszinierenden Auseinandersetzung mit dem Utopismus der Wirtschaftstheorie der Chicago School die These vertreten, daß das akademische Projekt, das als Komponente der transnationalen »rationalistischen Revolution« so überaus einflußreich wurde, selbst immer von einem Bestreben getrieben war, der realen sozialen Unordnung der Krise der kapitalistischen Umstrukturierung *auszuweichen*, die zu überwinden es behauptete, und daß man eine Analyse der Phantasie braucht, um seiner Argumentation folgen zu können. Cot begrenzt ihren Analysegegenstand sorgfältig. Wo Pusey das Risiko der Paranoia eingeht, indem er eine massive historische Bewegung nachzeichnet, die den Bericht der Trilateralen Kommission 1975 (*The Crisis of Democracy*)[71], »Postmodernismus« in der Sozialtheorie (Niklas Luhmanns Systemlogik) und die Ausbildung einer Generation von AdministratorInnen im »technikorientierten neoklassischen Wirtschaftslehre-Curriculum, das seit ca. 1947 durch die Wirtschaftsfakultäten australischer Universitäten fegte« (6) umfaßt, konzentriert sich Cot auf die Arbeiten Gary Beckers, um die Fachrhetorik eines einzelnen Theoriesystems zu untersuchen. In der Analyse der invasiven Logik ihrer Selbstdarstellung als einer Bewegung zur Kolonisierung, über die Grenzen der Ökonomie hinaus, eines »außerhalb ihrer selbst«, dem dadurch die Differenz verweigert wird, verknüpft sie diese Bewegung intellektueller *Ekstase* mit einer theoretischen Politik des »Despotismus«.[72]

Um ihre räumlichen Metaphern historisch, in Beziehung auf die Einrichtung der modernen »Standard«-Wirtschaftslehre als eine Disziplin, die die Familie (Ort der Liebe, nicht des Geldes) aus ihrem Feld ausschließt, zu belegen, argumentiert Cot, daß die Wirtschaftslehre mit dem Aufkommen einer Theorie des Humankapitals in den 1970ern, die einen »einheitlichen Rahmen für jedwedes Verhalten im Zusammenhang mit knappen Resourcen«, wie Becker es ausdrückt, zu bieten versprach, *nach ihren eigenen Kriterien* »aus ihrem Terrain« zu rutschen begann. »Entortet« wird die Wirtschaftslehre zu einem utopischen *totalisierenden* Diskurs, der »die Universalität seiner Deutung menschlichen Verhaltens durch das Überschreiten der Marktgrenzen der Wirtschaftslehre« bekräftigt, und einen *totalitären* Diskurs, der sich selbst zum » alleinigen Träger der einzigen, universellen Norm aller Formen von Sozialstruktur, ob Markt oder nicht, vergangen oder gegenwärtig, privat oder öffentlich« erklärt (293-294).

Mit dieser Expansionsbewegung schien die Ökonomie »zu ihrer ursprünglichen Bedeutung zurückzukehren: *oikonomia*, die Lehre von der Wirtschaft des Haushalts« (296). Tatsächlich jedoch wird, analogisch, eine Inversion bewirkt, in der die Familie als Spiegelbild einer Marktgesellschaft gesehen wird. Das Resultat, in politische Begriffe projiziert, ist eine »Phantasie einer ganzen Gesellschaft, verwandelt in eine Fabrik« (305). Cox argumentiert, daß so eine »expandierte« Marktökonomie paradoxerweise das neoklassische Konzept des Markts negieren müsse, und meint daher, daß sodann eine aus der Inversion von Ökonomie und *oikonomia* erzeugte theoretische Figur auftritt, um dieses Paradox zu erklären wie auch die durch die Krise des Wohlfahrtsstaates ausgelöste »paternalistische Nostalgie« zu befriedigen – in der Theorie weder nach Alter noch nach Geschlecht festgelegt, ist das »despotische ›Familienoberhaupt‹«. Der Despot versöhnt Liebe *und* Geld: das neokonservative Oberhaupt der Familie, »jenes Mitglied, wenn es ein solches gibt, das auf alle anderen Mitglieder generelle Kaufkraft überträgt, weil er sich um ihr Wohlergehen *kümmert*« (299, Hervorhebung durch mich). In dieser Phantasie »reiner Macht« – phantasmatisch, weil sie die horizontalen Machtbeziehungen vernachlässigt, die die Familie konstituieren, analogisch, weil sie Differenz leugnen muß, um zu funktionieren – konvergiert die »natürliche Ordnung des Marktes« mit der »genetischen Ordnung der Natur« im neodarwinistischen Haushalt.

Das »selten offen ausgesprochene« Interesse dieser normalisierenden Bewegung (und, für Neokonservative, das Ziel der Restrukturierung, einschließlich des Produktmarketings) ist allerdings nicht länger die Hoheit über den Raum, die frühere liberale Utopisten beschäftigte, sondern die Eroberung der (Nicht-Markt-) *Zeit*: »Wo Rousseau und Bentham von panoptischer Transparenz träumten, vertritt die Chicago School eine panchronische Transparenz menschlichen Handelns« (304).[73] Im Kontext dieser Verschiebung kann der ekstatische Schritt in der Disziplin als eine *ausweichende* Reaktion auf Krisen verstanden werden. Cot sagt nicht einfach, daß die neokonservative Wirtschaftstheorie alle sozialen Kategorien der Regulierung durch den Markt unterwerfen wolle, obwohl dies ein Merkmal des Wirtschaftsmystizismus war, von dem sich die politische Rhetorik in den 1980ern »mit fortreißen ließ«.[74] Ihr Hauptargument ist, daß die Grenze zwischen Markt- und Nicht-Markt-Räumen von der Linken traditioneller Weise als die Trennlinie zwischen »Notwendigkeit und Freiheit« und somit als »Voraussetzung einer nicht marktbestimmten und pluralistischen Sozialisation« konzeptualisiert wird. Die Anstrengungen der Neuen Rechten, jede Art von Begrenzung für den Markt aufzuheben, impliziert jedoch, beide Räume könnten »in einer generalisierten ökonomischen Tabellenkalkulation *verschmelzen*, wo die menschliche Zeit das vorrangige Element wäre« (307, Hervorhebung durch mich). In dieser Utopie »erstrahlt« der Markt, wie Baudrillard es ausdrückt, in der »reinen und leeren« Form eines sowohl ewigen als auch grenzenlosen ökonomischen Erhabenen.

Cots Ausführungen sind eine europäische Lesart eines amerikanischen intellektuellen Projekts und könnten in formalistischer Hinsicht leicht beschuldigt werden, die unterschiedlichen institutionellen Kontexte und realen ökonomischen Bedingungen zu ignorieren, unter denen die neokonservative Wirtschaftstheorie nach dem ersten »Ölschock« der frühen 1970er Einfluß auf die politische Agenda so vieler Länder gewann. Wie Pusey betont, »die Rhetorik mag überall derselbe sein, der strukturelle Kontext ist es nicht«: In Australien muß der Enthusiasmus dafür in beiden politischen Lagern nach 1975 unter den Bedingungen der historischen Krise einer bestimmten Form des Protektionismus verstanden werden, der in

Großbritannien und den USA kein Äquivalent hatte und von dem man »glaubte, daß er die Nation auf den argentinischen Weg führte«.[75]

Doch Puseys institutionelle Studie bestätigt Cots Prämisse, daß das Problem, das der ökonomische Rationalismus als eine »normsetzende Sprache« (109) für die pluralistische Demokratie darstellt, eines der »Neudefinition der legitimen Begrenzungen ökonomischen Verhaltens« ist (13). Pusey lokalisiert die realpolitische Gefährlichkeit dieser Sprache eben in ihrer Kapazität, einen rein »formalen« Rationalismus an die Stelle der praktischen Rationalität zu setzen, die frühere Philosophien staatlicher Verwaltung im Kapitalismus bewahrt hatten. In dieser Hinsicht ist das Ergebnis seiner empirisch fundierten Soziologie nicht nur kompatibel mit Cots Analyse ökonomischer Repräsentation, sondern in ihrer Vision der Konsequenzen sogar noch deprimierender. In diesem »erhabenen« Moment, wenn die grenzenlose Logik eines *ökonomischen* Formalismus im politischen Diskurs und in der administrativen Praxis unangefochten ist, wendet sie sich laut Pusey tatsächlich ins Katastrophale: »Mit seiner Zeitkonstruktion und seiner Unfähigkeit zum Lesen oder ›Befolgen‹ der Erfordernisse der Außenwelt« (hier physisch wie kulturell) »ist der ökonomische Rationalismus als Handlungsmodell das genaue Gegenteil eines anpassungsfähigen Systems.« Er »stellt vielmehr ein Modell des selbstzerstörerischen Systems dar« (21).

Zusammen genommen helfen diese Analysen, eine öffentliche Debatte zu erklären, bei der sich in eben jenem Augenblick, als es so aussah, als ob die Beweislage Zweifel an der Adäquanz des ökonomischen Fundamentalismus als Handlungsleitfaden weckte, die melancholischen Vertreter der Paralyse (die Regierungstheorie des »Nichtstuns«) sich um die Ehre des »klar Denkens« mit infantilen Megalomanen stritten, die sich mit einer Marktmacht identifizierten, die, wenn unbehindert, alles tun könnte. Pusey schreibt die Beteiligung einer Generation von Intellektuellen an der Fortführung eines solchen Diskurses »einer angelernten Unfähigkeit, aus späterer Erfahrung zu lernen« zu (6), die mit einem privilegierten Klassenhintergrund wie auch einer Ausbildung in neoklassischer Wirtschaftslehre zusammenhänge. Cots Analyse der rhetorischen Formen kann jedoch besser erklären, wie sprechende Subjekte dazu kommen mögen, sich so leidenschaftlich und unverrückbar mit dem diskursiven Prozeß einer *bestimmten* Ausbildung zu identifizieren. Wenn reine Rationalisten nach einem »schlankeren« öffentlichen Sektor verlangen, um den »Wohlfahrtsstaat« in Australien zu ersetzen, obwohl Australien 1988 die niedrigsten bekanntgegebenen Wohlfahrtsausgaben aller OECD-Staaten und eine kleinere Verwaltung als alle anderen außer Japan und die Türkei hatte,[76] unterstützt ihre Unersättlichkeit Cots Behauptung, daß man eine Analyse der Phantasie braucht, um ein Programm zu verstehen, das in seiner ekstatischen Entschlossenheit, »alle Gräben zwischen dem Ökonomischen und dem Nichtökonomischen zu füllen«, im gleichen Atemzug vor der Komplexität jedes »›realen‹, verorteten Marktes« zurückschreckt (304).

Ihr Darstellung ist sicher nützlich als eine Allegorie darauf, wie eine Figur, die einen ekstatischen ökonomischen Diskurs personifiziert, Medienintellektuelle ansprechen kann, die die Macht der Rede hochschätzen. Trotz vieler Unterschiede zum Utopismus der Chicago School verdankte die von Keating sexy gemachte Ökonomie einen Teil ihrer *Resonanz* »reiner Macht« der von Annie Cot analysierten Bewegung. In den 1980ern kollabierte die politische Debatte nahezu völlig in einen Diskurs über Wirtschaftsmanagement:[77] Es reduzierte sich nicht nur der Unterschied zwischen den Parteien einige Zeit lang auf Managementstile, sondern es mußten auch AktivistInnen für einst als »sozial« und an sich wichtig eingestufte Themen (von Rassismus, Status der Frauen und Menschenrechten bis zu öffentlichen Schulen und den Künsten) ihre Ziele *und ihre Praktiken* neu konstruieren, um zu beweisen, daß sie »nicht *un*ökonomisch« sind.

Eine Gesellschaftsfabrik-Thematik wurde allgegenwärtig, ebenso wie der Traum, die Zeit zu kontrollieren: 1990 war »Produktivität« schließlich ein Wert, der aus jeder Aktivität von der Industrieproduktion über Aerobic bis zum Gedichteschreiben extrahierbar sein mußte. Wenn auch das Familienoberhaupt nicht als legitimierende Figur eingeführt wurde, floß doch etwas in die Berichterstattung über die Bemühungen der Führung ein, das verfügbare Haushaltseinkommen zu steigern und zugleich die Arbeitslöhne zu kürzen, das einem Verlangen nach »der Zärtlichkeit des Despoten« ziemlich ähnlich sah. Ob den Schatzkanzler die gewöhnlichen AustralierInnen tatsächlich *kümmerten*, als er ihre Löhne kappte, wurde genauso zum Streitthema wie die exakten Prozentsätze von Liebe, die auf monatlicher Basis in Hawkes »Affaire« mit dem Volk ausgetauscht wurden.

Es gab allerdings auch einen Charismafluß in die entgegengesetzte Richtung. Der »Keating«, der durch die Ökonomie sexy gemacht wurde, verdankte einen Großteil *seiner* Resonanz einer Inversion des Versprechens einer neokonservativen Utopie: anstelle einer in eine »diffuse Fabrik« verwandelten Gesellschaft konnte Labor die Phantasie eines Australien anbieten, verwandelt in EINE GROSSE GEWERKSCHAFT. Mit seiner Betonung von Verhandlung, Konsens und Trainieren der WählerInnen, unter Verwendung von Radio und Fernsehen, in den Metadiskursen zur Legitimation der sie betreffenden »harten Entscheidungen« unterscheidet sich der Neokorporatismus in wesentlichen Aspekten vom Neokonservativismus. Das Hawke-Keating-Programm stützte sich auf ein Übereinkommen, das sechsmal mit der Gewerkschaftsbewegung neuverhandelt wurde, ein Greuel für »wahre« Rationalisten. Aus diesem Grund konnte eine ekstatisch/despotische Wirtschaftstheorie ihre religiöse Aura umso machtvoller eben jenen Personen leihen, die ihre notwendige Praxis des Wirtschaftsmanagements erweitern, aber zugleich die soziale Zerstörungskraft der neokonservativen Logik *begrenzen* wollten.

Aus demselben Grund war Keating ein reversibles und kein widersprüchliches politisches Zeichen. Nicht nur konnte er mit absoluter Konsistenz als Stimme der Kontinuität und Agent des Bruchs auftreten, sondern er konnte, als seine Ergebnisse als Schatzkanzler selbstzerstörerisch schienen, übergangslos vom Auftreten als öffentliches Anlitz der *einzigen* »echten« rationalistischen Revolution, die

Australien bis dahin erlebt hatte, zu seiner anderen Rolle als der einzige Mann der Tat wechseln, der fähig war, unsere soziale Demokratie vor rationalistischen Revolutionären zu retten – und die Märkte zu überreden, ihn das tun zu lassen.[78] Als der Parteitag Keating Ende 1991 zum Premierminister machte, war der Mann, den man auswählte, die Nation in der Stunde ihrer Not zu führen, nicht bloß der Böse Zwilling, der 1990 das Gesetz der ökonomischen Wirklichkeit herangezogen hatte, um im Fernsehen »die Rezession, die kommen mußte« zu rechtfertigen. Man wählte auch den Keating, der nur ein paar Monate zuvor bewirkt hatte, daß sich die Medien vor Lachen über den Oppositionsführer John Hewson bogen, als dieser den AustralierInnen versprach, eine »ganz andere Welt« würde aus *seinen* wirtschaftlichen Reformen entstehen. Hewson, sagte Keating (und zitierte im Parlament die Anfangsverse eines populären Liedes) müsse »sein Wirtschaftswissen von Sam Cooke beziehen«:

Don't know much about history
Don't know much biology ...
But I do know that I love you
And I know that if you loved me to
What a wonderful world this would be.

Ständchen für Keating von »Marie« und »PJ« Bert Newton Show, November 1989

Ich lese John Forbes Gedicht als eine Analyse, wie dieser mediale Doppelschritt – zusammenführend, nicht diffundierend, eher inbrünstig als zynisch oder kühl – auf ein williges, bedürftiges Subjekt wirken kann. »Beobachtung des Schatzkanzlers« ist ein wunderbarer Text über intensives und gründliches Fernsehen, darüber zuzusehen, wie »die Worte fielen«: ein Text, der in seinem Hang zu »jener Utopie« von Identität und Glauben so komplizierte Beziehungen zwischen Sprechen und Sehen und Hören kreiert, daß er für mich die Bewegung beschreibt, die ein *Verlangen* zu beschreiben mit sich bringt – und mein Verlangen, Paul Keatings Beschreibungen zu glauben. Wenn kaum jemand so fernsieht wie Intellektuelle, die Fernsehen analysieren (JournalistInnen und politische KommentatorInnen ebenso wie PoetInnen und KulturkritikerInnen), dann ist das Gedicht eine Studie einer bestimmten *Art* zuzuschauen.

»Beobachtung des Schatzkanzlers« besteht nur aus zwei Sätzen. Der erste ist ein klares, kurzes Statement des Verlangens, zu glauben, durch ein eindeutig bestimmtes »Ich«, das zu allen spricht, zu niemandem, zu sich selbst (und damit vielleicht zur Institution der Literatur). Dieses angenehm soziale Subjekt sinnt über Wahrheit (»Lügen«) und Schönheit nach – historische Nahrung für die Poesie – in Form einer Szene, die zweideutig zugleich heilig wie die Kommunionsfeier und vertraut wie die »Teepause« der Arbeiterklasse ist. Die Szenerie ist heimelig, behaglich, aber auch zeremoniell: »Ich« ist erwartungsvoll wie ein Gast beim Abendessen, aber auch passiv wie ein Stubenhocker; »die Vergangenheit« besorgt gastlich das Ausbreiten der

Lügen, die bewundert und konsumiert werden sollen. Dann passiert etwas im Raum zwischen »Festmahl« und »Fernsehen«:

ich will die schönen Lügen glauben
die die Vergangenheit wie ein Festmahl ausbreitet.

Das Fernsehen ist voll davon & in
ihrer Schönheit kannst du handeln:

Es ist wie ein Auge, das selbstverständlich vom Tisch zum Fernsehgerät wandert (wie es das Auge eines jeden beim Abendessen tun könnte), aber auch wie eine Kamera, die die beim Filmen in einem Foyer üblichen Bewegungen absolviert. Mein eigenes Verlangen danach, Lügen zu essen, wird geweckt, in Gier nach dem (Worten über das) Bild verwandelt, und ab »in ihrer Schönheit kannst du handeln« spüre ich das höchst wundervolle, machtvolle Gefühl, in den Fernseher gezoomt und hineingesaugt zu werden – begierig, von ihm verschlungen zu werden, ja, aber sanft, nicht gefräßig, um zuletzt »gebadet« zu werden, um präzise zu sein, in jenem »milchig weiß floureszierendem Glanz ». Doch während dieses langen zweiten Satzes kommt es zu einem komplizierten Aufspalten der Begriffe der Eröffnungsszene:

Paul Keatings

Unterlippe zittert, faßt sich wieder,
wie der gedrückte Wechselkurs

sich aufschwang, als die Worte fielen –
eleganter Apostel der Notwendigkeit, das heißt

was reiche Amerikaner wollen, seine Welt ist
wie ein Gedicht, vollendet jene Utopie

mit der kein Philosoph rechten kann, wo

»Ich« für immer verschwindet in einer Serie kleiner Verschiebungen zwischen »Fernsehen«, »Paul Keating« und zwei sprachlich unscharfen »*du*«s. »Ich« wird »du«, mehrdeutig als du, ich, Paul Keating, man, jeder (»kannst du handeln«) und auch, noch stärker im zweiten Fall (»was deine Worte beschreiben / du weißt es, existiert«), ein anderes »ich«, irgendwo in einem Anderswo des Textes. Doch durch diese ganze komplizierte Verdopplung hindurch, die das Gedicht formal strukturiert (ich:du/du; ich/fernsehen:du/Paul Keating; ich will/reiche Amerikaner wollen; seine Welt/deine Worte), gibt es in der Bewegung hin auf »jene Utopie« einen zunehmenden Konvergenzdruck zwischen dem *Visuellen* (»Schönheit« zu »Unterlippe« zu

»elegant«), dem *Oralen* (»Festmahl« zu »Lippe« zu »milchig«) und dem *Verbalen* (»Lügen« zu »Wechselkurs« zu »Worte fielen«), hin zu einer Szene der Fülle (»Festmahl« zu »voll« zu »vollendet« zu »Glanz«) und des Fließens (»Lippe« zu »sich aufschwang« zu »gebadet« zu »milchig ... floureszierend«).

Es gibt hier auch eine Geschichte, eine kleine Erzählung von *Ekstase*. Ihre drei Hauptphasen werden durch die zwei »&«-Zeichen getrennt: eine einführende Festlegung des *Orts* (bis zu »& in ihrer Schönheit«), ein Bild am *Bildschirm* als Übergang (zu »& was deine Worte beschreiben«), und dann der Abschluß in »jenem« utopischen *Raum* des »Glanzes«, syntaktisch nur durch ein einziges Wort mit dem Rest des Textes verbunden, »vollendet«, wo

> *was scheint, ist & was deine Worte beschreiben*
> *du weißt es, existiert, unter wenigen Milimetern*
> *unsichtbarer Kosmetik, gebadet*
>
> *in milchig weiß floureszierendem Glanz .*

Jede Phase hat ihre eigene Modalität: Begehren (»ich will glauben«), Ermächtigung (»kannst du handeln«), Wissen (»du weißt es, existiert«). So fungiert die vermittelnde Phase der Ermächtigung, zugleich ein Portrait einer »Unterlippe« und eine Inszenierung des Sprechens, als eine Art Übergang, ein Ereignis zwischen zwei Szenen: eine auf »dieser« Seite des Fernsehschirmes, ein Ort der Subjektivität und des Begehrens, die andere ein Raum der Fülle (ohne ein echtes »Subjekt« im Glanz am Ende), der nicht auf der anderen *Seite* des Schirms liegt, sondern einfach woanders, anders, in Beziehung zur ersten Szene.

Der Bildschim, den das Keating-Portrait impliziert, ist nicht eine Grenze zwischen vergleichbaren Orten oder Räumen. Keine Barriere wird durchschritten, außer dem Zeichen »&«: mit einem mühelosen metonymischen Salto ist »ich« bereits am Ende der dritten Textzeile »in« den Lügen im Fernsehen und *en route* zum »du«. Zumindest in ihrer *Schönheit*: Des Fernsehens andere Szene ist keine »Box« (keine Raum-zu-Gebärmutter-Symmetrie hier), sondern eine Strahlung, eine Aura, ein »Innen« ohne Außen. Wenn also die Bildschirmphase als Transportmittel zwischen einem »Festmahl« und »jener Utopie« fungiert, bewegt sie sich auch auf einen Raum zu, der eine Entortung der heimeligen Anfangsworte ist. Paul Foss nennt diese Art Raum in der australischen Geschichtsschreibung eine »Landschaft ohne Landschaft.«[79] Deleuze und Guattari nennen es »Gesichtlichkeit«; »Jesus-Christ-Superstar: er erfindet die Vergesichtlichung des ganzen Körpers und überträgt sie auf alles (die Passion der Jeanne d'Arc in Großaufnahme).«[80]

Dies ist die Geschichte des »ich«. Doch es gilt auch »die Vergangenheit« zu betrachten; wie »ich« scheint unser Gastgeber von der Bildfläche zu verschwinden mit der Verschiebung von »Festmahl« zu »Fernsehen«. Vielleicht wird die Vergangenheit zu der anderen Szene, in einer Verschiebung von Temporalitäten wie auch von Ort zu Raum, mit dem »Beobachten« als einem Prozeß (und Keating als einem Bild), der (das) zwischen ihnen vermitteln kann. Zu Beginn ist die Vergangenheit eine unbestimmte allegorische Figur der Zeit, aber jener »milchig weiße« Nimbus maternalisiert im Rückblick sowohl »die Vergangenheit« als auch die Szene der Konsumation. Irgendwo hier ist ein verrückter Infantilismus, ein daumenlutschender, größenwahnsinniger Traum von Macht und Befriedigung (*»kannst du handeln«*), der sich in irgendwie köstlicher Weise mit Keatings »Unterlippe« verbindet. Doch ist Keating wie Kind oder wie Mutter? Einmal drinnen in der Schönheit der Fernsehenlügen, funktionieren »Du« und »Paul Keating« als Doubles für einander (»kannst du handeln: Paul Keatings Unterlippe zittert ...«), doch er überragt ganz schön schnell: er beginnt, den Wechselkurs hinaufzureden als ein delegierter Ausdruck »deiner« Macht, doch während er es tut, wird »du« hinweggerissen vom Schwung seiner Worte.

Es hält nicht an. Julia Kristeva schrieb einst, daß »die symbolische Ordnung gesichert ist, sobald es Bilder gibt, die unfehlbaren Glauben sichern, denn Glauben ist selbst schon das Bild: beide erwachsen aus denselben Prozeduren und durch dieselben Begriffe: *Erinnerung, Sehen, und Liebe.*«[81] Vielleicht spüre ich den Zug zur Gegenwart in der Mitte des Gedichts deswegen so stark, weil unfehlbarer Glaube schlußendlich *nicht* im Keating-Bild gesichert wird. »Beobachtung des Schatzkanzlers« ist nicht *Videodrome* mit Keating als Debbie Harry auf der anderen Seite, die fordert »Komm zu Mama«. Hier prallt »du« gegen etwas anderes; nicht ein Schirm, sondern eine Schicht von Entfernung, »wenige Milimeter unsichtbarer Kosmetik«, zwischen Wünschen und Glauben, Beschreiben und Sein, und zuletzt kriegst du *nur* das, was du siehst: die Phantasie, in den Fernseher »hineingesaugt« zu werden, noch irgendwie weiter zu treiben, ist wie die Nase gegen den Fernsehschirm zu drücken, um einen Blickvoll Floureszenz zu erhaschen.

Wenn es in »jener Utopie« am Ende kein echtes Subjekt gibt, gibt es auch keine Extase mehr. Was dort sichtbar »existiert«, in Glanz »gebadet«, ist lediglich ein »was« – ein Relativpronomen, ein Stückchen Sprache, jene *Relation*, die »deine Worte beschreiben«. Schreiben, statt Erinnerung, Sehen oder Liebe (und ein Verlangen nach Kontrolle, nicht Glauben) dominiert in diesem Gedicht: selbst die &-Zeichen, die die Erzählung festknöpfen, sind lebhafte Zeichen Moderner Poetik in ihrer exaktesten *Schreibung*. Eine Geschichte des Schreibens hilft auch das Problem zu definieren, »was deine Worte beschreiben«, nachdem Forbes Lügenfestmahl von Anfang an literarisch ist: »Australische Geschichte«, behauptete Mark Twain in einem berühmten Phantasielehrsatz, »ist wie die *schönsten Lügen* ... aber sie sind alle wahr, sie sind alle passiert.«[82]

Wegen dieses formal institutionalisierten Rahmens wird seine häusliche Erfahrung der intensiven Beobachtung des Schatzkanzlers von Forbes nicht als repräsentativ für die Macht »des Fernsehens« universalisiert. Dieses Gedicht ist keine Allegorie des postmodernen Nationalismus oder der Psychologie eines Führerkults, und es impliziert nicht, daß elektronische Medien die Quellen »unserer« Identität kolonisieren können; in einem anderen Forbes-Gedicht, »Baby«, ist die Sprache des Fernsehens zärtlich erwachsen, nicht phallisch-mütterlich, und eher kameradschaftlich als hypnotisierend (»du denkst, wie schön sie ist & das sanfte TV stimmt zu« [79]). Was »Beobachtung des Schatzkanzlers« meiner Ansicht nach aber tut, ist eine Geschichte über jemanden zu erzählen, der das Fernsehen nutzt, um in eine »soziale Welt« im Sinne Michelle Rosaldos »involviert« zu werden. Dies ist keine Geschichte von emotionaler Manipulation und unfreiwilliger Erinnerung, sondern die Geschichte einer kritischen Frage. Beginnend mit einem persönlichen Sehnen (»ich will glauben«) passiert das sich verändernde Subjekt des Gedichts einen Moment interpretativen Deliriums in der Vorstellung totaler Kontrolle über das Bild (»kannst du handeln«), nur um auf der anderen Seite der Phantasie bei einem Problem anzukommen: Wenn Paul Keatings Welt »wie ein Gedicht« ist, wie kann dann ein Gedicht sein? wie *kann* man mit der Utopie rechten? *wie* kann man in der Schönheit einer Lüge handeln? – wenn nicht so, wie Keating es tut und wie ein Gedicht (wie *dieses* Gedicht) es kann?

Es wäre dann wahr, wenn man sagt, daß das Gedicht »handelt«, indem es den Auftritt des Schatzkanzlers an einem seiner eigenen mißt, obwohl diese literaturkritische Wahrheit wahrscheinlich eine schöne Lüge ist, die »ich« nur gerne glauben würde. Für mich hat die kritische Kraft von John Forbes Schreiben über die Fernsehkultur mehr mit der Art zu tun, wie ein formal poetisches »ich« in seinen Texten oft darum kämpft, etwas zu artikulieren, das sein volkstümliches, bildschirmerfahrenes »du« bereits so nebenher weiß. In diesem Kampf geht es, glaube ich, nicht darum, einen Hohe Kunst/Medien-Antagonismus aufzulösen, oder auch nur darum, einer Ästhetisierung der Politik mit, wie Brecht und Benjamin vorschlugen, einer »Politisierung« der Kunst zu begegnen. Forbes ist ein Poet freundlicher Ausschließung, nicht militanter Opposition, und seine Texte überbrücken keine Gräben. Doch indem sie niemals ihre literarischen Grenzen leugnen, entwerfen sie Wege, wie die ethischen und politischen Dilemmata, die alltagskulturelle Praktiken – Tee einschenken, Fernsehen, über Wirtschaft reden – durchziehen, die *ästhetische* performative Geschlossenheit übersteigen oder gar verwirren, die sein gedichteschreibendes »ich« nichtsdestoweniger immer erzielen muß.

> So ist eine adäquate Beschreibung immer eine sozial adäquate Beschreibung. Sie hat nicht mehr und nicht weniger artikuliert, als für die Zugehörigkeit des Zeichens notwendig ist. Unabhängig von dieser sozialen Detailorganisation muß die Beschreibung die Unendlichkeit bedrohen, eine Unendlichkeit, die sich über die Zeit der Rede hinauserstreckt in einer Geste, die auf der Rede Hilflosigkeit verweist, wenn sie der Hierarchie beraubt wird.
>
> Susan Stewart (26)

Paul Keating, das muß ich sagen, weckte immer eine eigentümliche Nostalgie in mir. Etwas in seiner Stimme, die Art, wie sein Gesichtsausdruck sich im Fernsehen in seinen Lippen konzentriert, und besonders seine »Sprache«, all das wirkt auf unheimliche Weise als Nachspiegelungen von Geschichten, die meine *Mutter* mir seit meiner Kindheit über ihr Jugendleben erzählt hat. Ein Keating gegenüber feindlich eingestellter Gewerkschaftsfunktionär beschrieb ihn einst mit gutem Grund, wie ich denke, als »in Stil und Herangehensweise ... ein Labor-Politiker der 1940er«, der »im wesentlichen antiquierte Bilder« von »machoartiger Agression, hartem Konflikt und Aufstiegsmöglichkeiten in die herrschende Klasse« anbietet, die »unter gewöhnlichen Australiern keinen Widerhall mehr erzeugen.«[83] Das klingt richtig. Doch diese Kommentare sind auch aggressiv in ihrer Aneignung der Vergangenheit (dies sind keine Worte, die meine Mutter verwenden würde, um über die 1940er zu sprechen), und sie mögen auch etwas Wesentliches an der Kraft medialisierter öffentlicher Figuren außer Acht lassen, heute multiple (wie auch kommunale) und stark *diskordante*, wie auch konsonante, Sehnsüchte und »gewöhnliche« Erinnerungen zu orchestrieren.[84]

Mit Sicherheit erklären sie nicht, warum die Ökonomie begann, in den Medien als Orchestrierungsdiskurs zu wirken. Wenn die Arbeit von Sozialkritikern wie Cot und Pusey auch die Bewegung einer disziplinären Logik von Begehren und Macht artikulieren und die Effekte ihrer Anwendung in bestimmten Regierungsinstitutionen analysieren kann, gilt es immer noch die seltsame Geschichte medialer Faszination zu betrachten. Es ist schließlich eine *esoterische* Bewegung. Wenn die »Doktrin« des ökonomischen Rationalismus auch über Jahre hinweg eine »zentrale Position im politischen Denken der Rechten« in den meisten englischsprachigen Ländern einnahm, hat sie doch nicht in allen eine Hauptrolle in den Hauptabendnachrichten gespielt noch die emotionale Resonanz eines Diskurses über nationale Geschichte und Identität (wie Peter Robinson es ausdrückt, darüber »was wir haben und wer wir sind«)[85] erzielt. Ein anderer Weg, das Problem zu formulieren, mag daher darin liegen zu fragen, warum ein uneinheitliches Bündel von ökonomischen Theorien, administrativen Praktiken und politischen Verfahrensweisen hier so machtvoll *zu* einer sichtbaren und benennbaren »Doktrin« verschmelzen sollte.

Meiner Erfahrung nach hat die öffentliche Pädagogik des Neokorporatismus viel damit zu tun, und mit der speziellen Bedeutung, praktisch wie phantasmatisch, der Intellektuellen bei seinen Prozeduren. Man mußte seine Ziele und Werte nicht teilen, um Vergnügen an der *Form* von Intellektualität zu empfinden, die vom Schatzkanzler personifiziert und in Meinungsumfragen als »arogant« abgetan wurde. Wo Grossberg (26-28) die Projekte Thatchers und Reagans als Antwort auf »ein Gefühl der nationalen Wirtschaftskrise« (die »Opfer im Gegenzug zur imaginären Konstruktion einer verheißenen Gemeinschaft der Prosperität« verlangt) respektive ein »Problem des nationalen Egos« (»oft konstruiert und verstanden in Kriterien der sich verändernden Position der USA in internationalen Beziehungen«) sieht, sehe ich die »ökonomischen Alphabetisierungs«-Kampagnen des Hawke-Keating-Regimes so, daß sie ökonomische Errettung und die Auferstehung unserer imaginierten »mitfühlenden« Gesellschaft durch die Mittel eines *internationalistischen*

Diskurses über Australiens schwache Position in einer sich verändernden Weltwirtschaft versprachen – und über die Notwendigkeit einer wohlinformierten Bürgerschaft, um die vom Staat in unserem Namen unternommenen Modernisierungshandlungen zu unterstützen. Dies war eine Konsenspolitik, die nicht auf Massenspektakel oder vermassende Ereignisse angewiesen war, sondern auf die kontinuierliche Behauptung der Magie des Expertenwissens: erotisierte Bilder von Lehren, Lernen, (kontrollierter) Debatte, (begrenzter) Konsultation und exquisiter Beherrschung von Informationen.

Dennoch, trotz ihrer Abhängigkeit von Informationsmythen und ihrer immer engeren Anziehungskraft auf »das neue ›Kultur‹-Kleinbürgertum«[86] zögere ich, eine solche Politik »postmodern« zu nennen, wenn ich darunter ein Verblassen der Ideologie im Glanz des Fernsehschirmes oder ihr Versumpfen in einer milchigen Flut von Affekt zu verstehen habe. Denn es gibt einen Aspekt in meiner Reaktion auf Keatings Sprache, den zu analysieren ich, wenn ich ihn nicht als »ideologisch« im Sinne Chows (»dieses Warenhaus schwer faßbarer Elemente ...«) bezeichne, hilflos bin. Es ist dieses notwendige Extra, das diese Pädagogik für mich wie für Millmows klassenspezifischen »jedermann« akzeptabel und genießbar machen konnte, das eine starke, hartnäckige, irrationale und *ererbte*, beinahe unpersönliche Überzeugung weckte, daß ja, vor allem anderen, die nationale Wirtschaft wichtig ist, weil die WIRTSCHAFT die Quelle ist, aus der alles Gute und alles Böse kommt. Es ist ein Extra, das ich in jenem »kynischen« Augenblick der Wahrheit in »Beobachtung des Schatzkanzlers« spüre, wenn der Schwall von Keatings Rhetorik von einem Subjekt unterbrochen wird, das sagt, daß es *weiß*, was seine Aufschwungskraft bedeutet (»eleganter Apostel der Notwendigkeit, *das heißt / was reiche Amerikaner wollen,* seine Welt ist wie ein Gedicht«) – und dennoch seine Bemühungen fortsetzt, sich mitreißen zu lassen.

Solche Augenblicke sentimentaler Leugnung könnten in Schulte-Sasses Modell postmoderner Subjektivität eingetragen werden. Doch ich denke, daß selbst ein einfaches historisches Lesen der Werte, die »der Wirtschaft« in der australischen Popularkultur und der »Ökonomie« in den Träumen der Intellektuellen zugeschrieben werden, mehr über den Affekt aussagen könnte, der den politischen Diskurs im Fernsehen durchströmt. Etwas zumindest Mythisches ist im Spiel, wenn dasselbe ökonomische Credo für den öffentlichen Konsum von beiden politischen Lagern nicht nur als eine »Revolution« oder »Invasion« verpackt werden kann, sondern auch als eine *Inversion* oder eine *Wiedererweckung* der Annahmen über die Vergangenheit einer Nation. Nicht zuletzt als eine Revision der Kämpfe des späten 19. Jahrhunderts um Freihandel kontra Protektionismus, in deren Kontext die australische Verfassung entworfen wurde,[87] wirkt der ökonomische Fundamentalismus als ein Diskurs der Kontinuität, der eine Rückkehr zu imaginären Ursprüngen zu bewirken verspricht. »Die Wirtschaft« ist weißen Australiern als Schauplatz einer Ekstase der Vernunft ziemlich vertraut. 1976, nach einer anderen Periode ökonomischer und politischer Krise, schrieb Donald Horne beiläufig, daß »Australien eine der ›wirtschaftlichsten‹ Nationen der Welt ist – *fast von Beginn an* war seine ›Wirtschaft‹ einer seiner erklärten Hauptexistenzzwecke, und es ist bezeichnend, daß sich seine politische Rhetorik zu einem großen Teil in wirtschaftlichen Begriffen ausdrückt.«[88]

Wenn Horne die »Zwecke« einer Siedlerkolonie des 19.Jahrhunderts simplifiziert (schließlich waren andere Werte immer präsent), ist seine herbe Kritik der Komponenten einer nationalen ökonomischen Kultur umso nützlicher als Korrektiv gegenwärtiger Darstellungen der *Medien*kultur, die durch Projektion eines abstrakten postmodernen Subjekts, das einerseits die Strukturen des globalen Kapitalismus und andererseits die formalen Eigenheiten bestimmter Fernsehprogrammstile widerspiegelt, die historische Bürde (»Erfahrung«) der alltäglichen Subjektivität unbillig vereinfachen. Wir, die wir in einer sozialen Welt leben, wo es chic sein kann, von mikroökonomischer Reform zu plappern, nehmen auf ganz grundsätzliche Weise eine spezifische Position in einer kapitalistischen Ordnung ein, und wir sind in einer Medienkultur zuhause, die intensive, aber temporäre Investitionen in flüchtige Bilder tätigt. Wir leben ebenso grundsätzlich auch in einer Gesellschaft, in der fast ein Jahrhundert lang das Recht aller »Bürger« (ein Konzept, das langsam der Verfügungsgewalt weißer Männer entwunden wurde) auf ein anständiges Lebenseinkommen, und die Pflicht des Staates, das zu garantieren, als fundamental *gedacht* wurden;[89] wo »die Wirtschaft« mythisch als Quelle von Souveränität konstruiert und politisch als relationaler Ort für ansonsten getrennte populare Kämpfe, kurz, für affirmatives Handeln, verstanden werden konnte; wo die Übersetzung von öffentlicher Debatte als antisozialer ökonomischer Jargon zugleich verständlich, verführerisch und ein Zeichen profunder Enteignung ist.

Zwar ist diese imaginäre Szenerie australisch, nicht aber das methodische Thema, das sie aufwirft: historisches Verständnis wird weniger durch das Medien-Schauen geschwächt als durch die Weigerung, über »Schauen« historisch nachzudenken. Aus diesem Grund scheint Rey Chows Auswertung feministischer Arbeiten über Ideologie für ihre Theorie ethnischer Zuschauerschaft mir so hilfreich. In der Weiterentwicklung von Arbeiten von Laury Mulvey, Teresa de Lauretis und Kaja Silverman weist sie auf den »reaktiven, performativen Aspekt« der Ideologie hin, der bei »jeglicher Kulturrezeption« mitspielt (22). Während dieser Aspekt oftmals romantisch zu »Widerstand« geläutert wird, hält sie ihn offen für ältere Deutungen von Ideologie als Falschheit und Ilusion (»schöne Lügen«), insofern als diese es ermöglichen zu sagen, daß »in dem, was wir für ›Falschheit‹ halten, oft die Chance für dauerhaftes *Überleben* liegt, manchmal der einzige Weg, um mit einem bestehenden oppressiven Umstand zurechtzukommen« (23, Hervorhebung durch mich).

Es liegt eine echte Ungehörigkeit darin, die von mir beschriebenen Medienszenen allzu direkt mit Kämpfen ums Überleben in Verbindung zu bringen. Doch es ist auch wesentlich, zu erkennen, daß selbst Alex Millmows Papageien sich etwas Oppressivem gegenübersehen. In jeder auf Expertenwissen basierenden Politkultur werden die Grenzen akzeptabler kritischer Äußerungen ebenso sorgfältig bewacht, wie das Vermögen zur Beteiligung an öffentlicher Kritik beschränkt wird. Die neokorporative Pädagogik hat eine häßliche Art, Bilder und Geschichten an die Menschen zu verfüttern, nur um in strategischen Momenten zu enthüllen, daß *ernsthaftes* Wissen, *echte* Macht, immer woanders lag: das ist seine »Arroganz«, und das ist der Grund, warum Plappern eine Tarnung ist, die sowohl dagegen schützt, zum Schweigen gebracht zu werden, wie gegen den Glauben. Das ist wesentlich, weil es die Kraft einer offenkundigen Nostalgie – die »gegenstandslose Traurigkeit«, die für Stewart »ein eindeutig utopisches Gesicht trägt, ein Gesicht, das sich einer Zukunfts-Vergangenheit zuwendet, einer Vergangenheit, die nur ideologische Realität hat« (23) – zu definieren hilft, die so viele öffentliche Bilder und Geschichten von der Ökonomie in den 1980ern erfüllte und fortfuhr, die Kämpfe der 1990er zu durchdringen.

Getrennt von, aber bezogen auf die versteckten Narrative von Politik-Machen und »wirklicher« ökonomischer Debatte formten diese Bilder und Geschichten durch den bloßen Überschwang ihrer Rhetorik ein komplexes Gefühl des Verlangens: zweischneidig, doppelgesichtig. Einerseits grassierte die Nostalgie nach »der Wirtschaft« als einer Quelle von Souveränität und Selbstbestimmung – ein kostbarer Mythos, den aufrechtzuhalten sich im Gefolge finanzieller Deregulierung als schwierig erwies – im überschäumenden Machoschwulst von Politikern, die ihren eigenen Diskurs mit der Macht der Markt«kräfte« gleichsetzen und die soziale Realität von Grenzen für (ihre Herrschaft über) ökonomische Vernunft außer Acht lassen; die Regierung schien die Kontrolle über die Zukunft der Nation niemals sicherer zu haben als in eben jenem Moment, wo sie dabei war, sie zu verlieren. Andererseits lag in all der Spekulation über die soziale Bedeutung von »Keating« (seiner Stimme, seiner Borniertheit, seiner Rhetorik), wie sie das Jahrzehnt über von *anderen* Bildern und Geschichten über den Niedergang der Linken und den epischen Zusammenbruch des Sozialismus widerhallte, eine Art Trauer um diese Utopie, von der man immer wußte, daß sie eine »nur ideologische Realität« hat, und die McGregor »die großen humanistischen Ideale der Arbeiterbewegung« nennt.

Darin allerdings, daß sie ihren Gegenstand kannte (permanent von Historikern und Kritikern und Aktivisten aller politischen Lager entmystifiziert und vielleicht deshalb unmöglich zu verlieren), war diese Trauer nicht so sehr eine Form von Nostalgie als die ökonomische Ekstase, die ihr Gestalt gab, und, in ihrem Gefühl für die schönen Lügen, die Menschen zu handeln helfen, mehr wie eine Methode, gegen die Hilflosigkeit eine »Chance für dauerhaftes Überleben« zu ergreifen.[90] Die Medialisierung der »traditionellen« Tugenden des Schatzkanzlers beinhaltete eine komische Version des Ergreifens dieser Chance. Dabei wurde er nolens volens mehr zu einer Übergangs- als zu einer Abschlußgestalt der Geschichte – und sein Portrait eher eine Studie von Unsicherheit als von Geschlossenheit.

6. Lunchen für die Republik

> Howards Regierung ... operiert im Fahrwasser zweier intellektueller Bewegungen der letzten 15 Jahre. Die erste, ab den 1970ern, war die Folgerung, daß Staatsmacht, Regulierung, hohe Steuern und Hochgeschwindigkeitspolitik bei der Globalisierung nicht funktionierten. Die zweite, ab den 1980ern, ist, daß marktorientierte Politik nicht ausreicht, um demokratische Regierungen zu stützen. Dies nun ist die Folgerung der 1990er.
>
> Paul Kelly[1]

Vom Feminismus wird kaum jemals gesagt, er *fehle* in öffentlichen Debatten im »heutigen multikulturellen Australien«. Das ist eine Medienfloskel für ein diskursives Feld, das von konkurrierenden Modellen nationaler Kultur geformt wird. Innerhalb dieses Feldes wird der Umstand, daß Modelle konkurrieren – in solchen Genres wie Interview, Gastkommentar oder Persönlichkeitswerbung, Talk Show, Dokumentation oder Seriendrama, Nachrichtenmagazin und förmlicher TV-Debatte – als Zeichen des Unterschieds zwischen dem »Heute« und der schlechten, oder, von einer anderen Warte aus, der guten alten Zeit monokultureller nationaler Identität gesehen.

FeministInnen, die diese Genres nutzen, sehen sich Bildern von der Rolle des Feminismus im nationalen Leben gegenüber, die fröhlich inkommensurabel sind. Feminismus ist gleichzeitig überholt (zum Beispiel durch postfeministische Anliegen), festgefahren und repressiv (für »Political Correctness«-Kritiker), zersplittert oder diversifiziert (für Differenzfeminismen) und eine zu strikt weiße/anglo-keltische/mittelständige/Babyboomer-/heterosexuelle Bewegung – und hat immer noch »einen weiten Weg vor sich«, um Frauen irgend sowas wie gleichen Machtzugang in öffentlichen Institutionen, gleiche Vertretung im Parlament oder wirklich gleiche Bezahlung zu sichern. Feminismus ist heiß umstritten. Darum ist er eine Kraft im öffentlichen Leben.

Als daher Anfang der 1990er wieder eine republikanische Bewegung auftrat, die politische Glaubwürdigkeit und wachsende Unterstützung in der Gemeinschaft für sich reklamierte, war da etwas Bestürzendes an der Geschwindigkeit, mit der sie ein »Frauen«-Problem produzierte: 1993 war »Wo sind die Frauen?« bereits eine Frage, mit der man aus feministischen wie auch aus weiblichen Positionierungen gegenüber konstitutionellen Veränderungen Sinn zu machen glaubte. Sie machte Sinn, indem unsere Involviertheit verneint wurde: Wenn Frauen nicht *drinnen* waren und die künftige Form eines multikulturellen Australiens gestalteten, dann mußten wir wohl irgendwo draußen sein und etwas anderes tun. Doch diese Frage wurde in den Medien am häufigsten *von* Frauen gestellt, tatsächlich von feministischen Historikerinnen, die versuchten, ein feministisches »republikanisches« Problem zu artikulieren: Was war falsch an den republikanischen Vorstellungen, die in Australien angeboten wurden? Warum hatten Feministinnen bisher so wenig gesagt in so einer bedeutsamen Debatte? »Was«, fragte eine, »wollen die Frauen?«[2]

In Australiens kurzer Geschichte als konstitutionelle Monarchie hat der Republikanismus immer als eine oftmals radikale Tradition existiert, und Frauen waren immer beteiligt. Die Gründung eines bewußt vielseitigen und respektablen Australian Republican Movement (ARM) im Jahr 1991 wurde von einer Anzahl prominenter Frauen unterstützt, darunter die aktivistische Schriftstellerin Faith Bandler (eine Nachfahrin von Südseeinsulanern), die Modedesignerin Jenny Kee, die Sozialpolitikanalytikerin Mary Kalantzis, die Romanschriftstellerin Blanche d'Alpuget, die Politikerin Franca Arena und die Nachrichtensprecherin Mary Kostakidis. Es wurde aber bald deutlich, daß ethnische Unterschiede und Altersdifferenzierungen für jene, die nur für das Kappen unserer formalen Bindungen mit Großbritannien eintraten (der »minimalistische Zugang«), wichtiger waren als Geschlecht. Unter realpolitischen Bedingungen ist das nicht schwer zu verstehen. Republikanismus kann in Australien, wo die Furcht davor, daß kulturelle Unterschiede sozial entzweiend wirken, in jüngeren Jahren gewöhnlich (wenn auch fälschlich) mit einer anglozentrischen, oft »ältlichen« Sichtweise verbunden wird, aus dem Multikulturalismus *abgeleitet* werden.

Nach dieser Logik würde eine Republik den Veränderungen Ausdruck verleihen, die durch fünfundzwanzig Jahre »offiziellen« Multikulturalismus in der Immigrations- und Sozialpolitik bereits herbeigeführt wurden. Da Millionen AustralierInnen überhaupt keine Verbindungen zu Britannien haben, ist es vernünftig, eine 12.000 Meilen entfernte Monarchin als Staatsoberhaupt durch einen Australier zu ersetzen. Als sich die damalige Labor-Bundesregierung die republikanische Zielsetzung zu eigen machte, wurde dieses Argument des *Managements* von Diversität, typisch für den heimischen Multikulturalismus seit den 1970ern, mit einer »nach außen blickenden« Rhetorik der *Förderung* von Diversität (»Australien ist eine multikulturelle Nation in der asiatisch-pazifischen Region«) verbunden, das in den 1980ern zur Legitimierung deregulatorischer ökonomischer Reformen gebraucht worden war. Nachdem mehr als zwei Drittel des australischen Handels innerhalb der Region ablaufen und sich engere politische und militärische Bindungen mit nahegelegenen Ländern (vor allem Indonesien) bilden, ist es praktisch, nun eine unabhängige Identität zu etablieren.

Wenn sich Republikanismus auch nicht auf diese intensiv pragmatische Weise aus dem *Feminismus* ableiten läßt, schreckt doch die Notwendigkeit, um Anerkennung zu feilschen, Feministinnen üblicherweise nicht davon ab, an allen Aspekten australischer Politik teilzunehmen. Der Feminismus der zweiten Welle und der Multikulturalismus sind in diesem Land etwa gleich alt; wenn die Überschneidungen und Spannungen zwischen den beiden Bewegungen auch nicht unkompliziert, neu oder statisch sind, haben sich beide eingehend mit der Regierungsgewalt beschäftigt.[3] Bei dieser Gelegenheit wurde eine besondere Einladung zur Mitwirkung sogar auf jene

Intellektuellen ausgedehnt, die dem Pragmatismus im politischen Leben unter der Labor-Regierung kritisch gegenüberstanden. »Eine Republik braucht schließlich Visionen«, erklärte der Redenschreiber des Premierministers, Don Watson, in einer überregionalen Zeitung im Juli 1993: »welche Form die Republik Australien auch annimmt, sie wird etwas Unstrukturiertes, wenn nicht gar Dekonstruiertes an sich haben. Ich stelle sie mir aleatorisch vor, impressionistisch, figurativ, eklektizistisch, Bebop.«[4]

Nun, Watsons eigener blendender Entwurf für »die erste postmoderne Republik« beinhaltete nur eine einzige individualisierte Frau, eine Reporterin der *New York Times*, die über die Republik sagt: »Aber es ist nicht wichtig, oder?« Für einige Mainstream-Republikaner repräsentieren »Frauen« einen verschwörerischen Widerstand, sogar eine hinterhältige monarchistische Ader in unserer Gesellschaft. Umfragen legten vielfach nahe, daß Frauen von der Kampagne weniger angesprochen werden als Männer.[5] Australische Frauen gelten generell als konservativer als Männer in unserem Zugang zu drastischem Wandel, und es gibt auch eine Ungewißheit hinsichtlich der Bedeutung der Kulte um die königliche Familie, wie man sie an Frauenmagazinen liebt, ihrer Reichweite und der Form ihrer Anziehungskraft über Grenzen von Alter, Klasse und Ethnizität hinweg. Der gegenwärtige Monarch ist eine Frau, und einige spekulieren, daß ihre Ferne und ihre Englischheit für Frauen, für die der nationale politische Prozeß sowohl weit weg als auch bedrückend männlich dominiert ist, weniger wichtig sein könnte als ihre Geschlechts- und Familienprobleme.

»Wo sind die Frauen?« wurde für mich zu einer persönlichen Frage, als ich versuchte, an einer akademischen Konferenz über Republikanismus teilzunehmen, und herausfand, daß ich schlichtweg nichts zu sagen hatte zu meinem Thema, »Feminismus und Republikanismus« – außer daß *mein* Standort in der Republikanismusdebatte von meiner Arbeit als feministische Kulturkritikerin aus nicht zugänglich war.[6] Ich gehe davon aus, daß die Arbeit, die wir als Intellektuelle verrichten, nicht unbedingt oder auch nur verantwortlicherweise immer die »Gesamtheit« unserer Personen erfaßt. Es mag gute Gründe geben, warum Feminismus und Republikanisms nicht so leicht artikulierbar sind.[7] Klarerweise strebt eine Feministin nicht danach, ein »tugendhafter, Vermögen besitzender Krieger-Bürger«[8] nach klassisch bürgerlich-republikanischen Vorstellungen zu sein, und Helen Irving hat die Probleme analysiert, die aus dem beharrlich soldatischen Maskulinismus der ARM-Kampagne resultierten.[9] Was mir weniger klar erscheint ist, ob man den *Feminismus* so sehen kann, daß er eine generelle Plattform bietet, von der herab immer alle Themen von Bedeutung betrachtet werden müssen.

Republikanerin sein und werden

Lassen Sie mich zuerst meine Haltung zum Republikanismus offenlegen. Ich halte das für wichtig. Ich bin kein Teil dieser Kritikergemeinde, die sich gegenseitig routinemäßig einer außenstehenden Position und einer skeptischen Haltung zu dieser Debatte versichern, wie zu so vielen anderen, die über den Wissenschaftsbetrieb hinausreichen und mit Majoritätskulturen zu tun haben. Ich finde Chilla Bulbecks Behauptung zutiefst deprimierend, daß es »für Frauen wie mich, der weiß-angelsächsisch-stämmigen Mittelschicht, wenn nicht von Geburt, so doch von unserer Ausbildung her zugehörig, kaum etwas ausmacht, ob wir eine Republik oder eine Monarchie sind«.[10] Nach fünfundzwanzig Jahren Feminismus frage ich mich, ist das alles, was wir zu sagen haben? Sind weiße Mittelschichts-Anglo-Frauen jetzt so passiv, daß sie nicht wichtig sein wollen können, um sicherzustellen, daß eine Veränderung doch etwas ausmacht? Wann ist das passiert? Oder, anders ausgedrückt: Wie kam die weiße Mittelschichts-Anglo-Frauenschaft dazu, für ihre selbsternannt repräsentativen (»Frauen wie ich«) Intellektuellen eine derartige *Indifferenz* zu signifizieren?

Denn es liegt eine Kluft zwischen den »Frauen« und dem »mich« in Bulbecks Formulierung einer Ähnlichkeit. Voll Sorge, daß nur ihr Geschlecht sie historisch vom »weißen Nationalismus« in Australien trennt, fährt sie fort: »Ich sehe, daß nationale Ikonen wie der Buscharbeiter und der Rettungsschwimmer männlich sind, aber nicht, daß sie weiß sind.« Doch Bulbeck weiß ganz genau, daß diese Ikonen weiß sind. Sie behauptet, es nicht zu »sehen«, aber sie ist es, die *schreibt*, »daß sie weiß sind«; tatsächlich ist es die Funktion des Satzes, ihre Weißheit, nicht ihre Männlichkeit zu betonen. Also ist dieses »ich«, das Weißheit nicht sieht, eine Art von Projektion, unscharf getrennt von der Schreiberin des Textes; vielleicht die Erinnerung an ein früheres Selbst, oder eine Markierung eines Teils ihres gegenwärtigen Selbst, der immer noch zur Blindheit fähig ist, aber ebenso ein Zeichen der Identifikation mit all jenen *anderen* Frauen, die – *nicht wie* Bulbeck in ihrer schreibenden Rolle – die Weißheit unserer nationalen Ikonen *nicht* sehen.

Nun, ich bin wie die Frauen in Bulbecks Beschreibung, plus/minus das »Anglo«. Ich bin auch eine feministische Intellektuelle, die in den letzten Jahren so viel über Rasse und Ethnizität gehört und gelesen hat, daß ich Weißheit fast noch früher sehe als Männlichkeit, wenn ich unsere nationalen Ikonen betrachte. Doch als Keating 1992 eine Rede im Parlament darüber hielt, wie Britannien im Zweiten Weltkrieg Australien verkauft hat, blieb mein Herz stehen.[11] Ich war zutiefst bewegt, und das auf eine Weise, an der die unablässig wissenden und, ach ja, negativen Haltungen traditioneller feministischer »Kritik« kaum etwas zu ändern und für die sie derzeit (für mich persönlich gesprochen) nichts Gleichwertiges anzubieten vermögen. Doch das war keine emotionale Reaktion auf Buscharbeiter- und Rettungsschwimmerikonen, auch kein anti-britisches Gefühl, das von Ereignissen vor meiner Geburt geschürt wurde. Mich bewegte eine Erinnerung aus meiner Kindheit in den 1950ern und 1960ern. Ich hörte die Stimme meines Vaters, wie er Geschichten über die Kanonen von Singapur erzählte, über Winston Churchills Ausspruch »Australien ist entbehrlich«, und den großen Labor-Führer John Curtin, der sich Churchill widersetzte, um unsere Truppen 1942 *»heim«* in den Pazifik zu bringen; und ich erinnerte mich, wie sich diese Geschichten politisch anfühlten. Ich erinnerte mich jener anderen Zeit, als – damals vor dem Vietnamkrieg, den Radikalismen der späten 1960er und dann den langen, trostlosen Jahren des konservativen Rückfalls – die Menschen von einem Australien mit eigener Außenpolitik, somit mehr Spielraum für Experimente zuhause träumten, und von einem asiatisch-pazifischen, nicht einem weißen Australien.

Mit anderen Worten, ich wurde durch die *Wiederkehr* einer Rhetorik der Unabhängigkeit bewegt, die ich in diesem Land nie mehr zu hören erwartet hatte. Zu irgendeinem Zeitpunkt, vermutlich um 1975 herum, als die Whitlam-Laborregierung vom Generalgouverneur Sir John Kerr unter Ausnutzung der »vorbehaltenen Gewalt« als Repräsentant der Königin in Australien entlassen wurde, muß ich begonnen haben anzunehmen, daß Unabhängigkeit ein Ziel für andere Leute sei – Leute in Nicaragua, beispielsweise. Neunzehnfünfundsiebzig hatte bittere Auswirkungen auf viele AustralierInnen, einschließlich jene von uns, die nur drei Jahre zuvor mit der ersten Stimmabgabe unseres Lebens mitgeholfen hatten, die erste Labor-Bundesregierung seit 1949 zu wählen. Die ausgabenfreudige, Löhne hochhaltende Regierung Whitlam war dramatisch progressiv bei den meisten Themen, die den »neuen sozialen Bewegungen« der Zeit teuer waren. Sie stürzte auch die Wirtschaft in ernste Schwierigkeiten und alarmierte US-Behörden, indem sie wildes Gerede über die Schließung amerikanischer Militäreinrichtungen in Australien zuließ.[12] Als Whitlam in einer Atmosphäre von Krisen und Intrigen, einschließlich Erzählungen über CIA-Aktivitäten gegen ihn,[13] gefeuert wurde, setzten sich zwei Überzeugungen in der populären politischen Weisheit fest: jede künftige Labor-Regierung muß Wirtschaftsmanagement an die Spitze ihrer Agenda setzen; keine künftige australische Regierung kann riskieren, die Vereinigten Staaten in der Verteidigungs- oder Außenpolitik zu verärgern.

Die Jahre der Rückkehr Labors an die Macht unter R.J.Hawke (1983-1991) trugen wenig dazu bei, diese Überzeugungen zu erschüttern. So war es außergewöhnlich, als ob *alles* möglich wäre, zu hören, wie die alte Rhetorik von Keating wieder benutzt wurde. Es ließ das Herz stillstehen, auf gleiche Weise wie die Aufgabe der *terra nullius*-Doktrin durch das *Mabo*-Erkenntnis des High Court[14] oder die Zerstörung der Berliner Mauer; und die Wiederbelebung jener Rhetorik war mit diesen Ereignissen verbunden. Sie kehrte in einem neuen nationalen Kontext wieder, einer ungewohnten Welt, sie signifizierte Veränderung, nicht Nostalgie. Keatings Angriff auf Britanniens Umgang mit seiner früheren Kolonie war Teil einer Rede, die *für* eine Zeit gemacht war, in der Siedler-Australier unsere eigene Geschichte als Kolonialmacht neu verhandeln müssen, so wie auch der strategische Wert des Landes für die Vereinigten Staaten plötzlich abgenommen hat; eine Zeit, in der Nationstum zur Debatte steht und »Unabhängigkeit« zum ersten Mal eine Notwendigkeit ist.

Veränderung kann für weiße Mittelschicht-Kalter Krieg-Babies ziemlich schockierend sein. Allem Gerede über Revolution zum Trotz haben jene von uns, die in Australien aufwuchsen, dies unter einem politischen Reglement von immenser und betäubender Stabilität und in einem ideologischen Klima von scheinbar endlosem Fatalismus getan. Das »Ende der Geschichte« in der Kulturtheorie scheint mir eine Fortsetzung davon zu sein, und manchmal denke ich, daß die weitverbreitete Tendenz im Feminismus, immer schon im Voraus zu wissen, daß jegliches Ereignis nur ein weiterer Teil derselben alten Geschichte ist, *desselben* Patriarchats, *desselben* Rassismus, *derselben* Art von Klassenausbeutung (»Nostalgie für etwas wahrhaft Altes in etwas wahrhaft Anderem, das immer auf dasselbe Alte hinausläuft«),[15] in Australien ebensosehr ein Erbe der Mezies-Ära (1949-66) ist wie eine Abwehr gegen die Enttäuschungen der Erfahrung. Eine bittere Weigerung, unsere Erfolge anzuerkennen, das ständige Bestehen darauf, daß sich nichts verändert hat, verwandelt sich allzuleicht in jenes altvertraute Gefühl, daß nichts sich jemals ändern *kann*.

Doch all dem zum Trotz kann ich, wie Chilla Bulbeck, ein anderes »ich« entwerfen, das die Dinge etwas anders sieht. Wenn ich das durchgehe, was Elaine Thompson eine »Einkaufsliste« von Reformen nennt, weiß ich genau, was ich mögen würde.[16] Für die Hundertjahrfeier der Föderation 2001 hätte ich gerne eine republikanische Verfassung, die in irgendeiner Form aboriginale Souveränität anerkennt; ein australisches Staatsoberhaupt, ernannt, nicht gewählt, mit einer starken ethischen Aura (wie in Irland) aber rein zeremonieller Gewalt; ein politisch geteiltes Unterhaus, das vorzugsweise aus Einerwahlkreisen gewählt wird, so wie derzeit; und ein Oberhaus für »Staaten und Kleinparteien«, das wie derzeit durch ein proportionales Vorzugsstimmensystem gewählt wird, aber mit einer strikt auf die Überprüfung der Gesetzgebung begrenzten Rolle – kein Ablehnen des Budgets, keine Blockade der Mittel (wie etwa 1975), und keine Chance für Kleinparteien, die Regierung zu paralysieren. Es ist zwar möglich, diese Entscheidungen von einer feministischen Position aus zu rechtfertigen, doch was ich wirklich will ist, daß sie mir eine nie endende Labor-Regierung bringen – ein undemokratischer und absolut unnützer Wunsch.

Hier ist der unscharfe Kern meines republikanisch/feministischen Problems. Wenn mein eigener Enthusiasmus nicht signifikant feministisch ist, liegt das zum Teil daran, daß er nicht wirklich republikanisch ist. Ich akzeptiere, daß Barry Hindess recht haben könnte, wenn er anmerkt, daß das republikanische Ideal in der heutigen Welt anachronistisch ist,[17] und daß Skeptiker, die argumentieren, daß die Monarchie sich hier nur sehr wenig auswirkt (die »*de facto*-Republik«-Position), in diesem Punkt recht haben könnten. Für mich ist das republikanische Ideal sogar noch vager und ferner als die britische Monarchie. Zusammen mit vielen anderen Menschen sah ich fern und wurde über Nacht zur Republikanerin; es ist eine vehemente, augenblickliche Angelegenheit, die in meiner Ausbildung nur flach und meiner Erfahrung gar nicht verwurzelt ist.

Wie dem auch sei, dieser Enthusiasmus hat mich einmal mehr von jenen Formen des Feminismus distanziert, die die Überzeugung hegen, daß nichts Nationales oder Parteipolitisches für das Leben der Frauen wirklich Bedeutung hat. Er stützte sich auch auf Erinnerungen, die eine kleiner werdende Zahl von AustralierInnen teilen und die von jener »stabilen« Gesellschaft geprägt wurden, deren Grundorganisation sich nunmehr so rasch verändert. So fand ich die Mediendebatte über die technischen Schwierigkeiten dabei, eine Republik zu werden, mehr ernüchternd als behindernd, und ich bin nicht sicher, ob es schlecht ist, daß diese Diskussion zu einem Abebben des wilden Enthusiasmus führte. Vielleicht *hat* eine Gesellschaft, die um ein leeres Machtsymbol herum organisiert ist, auch etwas für sich, ebenso wie eine Geschichte popularen Widerstandes gegen patriotische Zurschaustellungen außer im Sport.

Feministische *Kultur*kritik ist allerdings schlecht dafür gerüstet, zu bewerten, was dieses »etwas« sein könnte, ganz zu schweigen davon, die Debatte auf eine nichtmilitante Form des Republikanismus hinzulenken. In den vielen Disziplinen, die sich nun auf dem breiten Terrain der Kultur überschneiden, sagen wir, daß der akademische Feminismus eine affirmative Gangart eingeschlagen hat; das Aufzeigen einer uniformen Unterdrückung hat schon vor langer Zeit Platz gemacht für die Untersuchung der diversen Praktiken von Frauen, und unserer Differenzen, Konflikte und Komplizitäten als historisch Agierende in einer kolonialen Klassengesellschaft. Dennoch kommt, außer in Fragen der Sexualität, der meiste akademisch-feministische Input in der öffentlichen Debatte immer noch von HistorikerInnen und Politik- und SozialwissenschaftlerInnen mit einem selbstbewußten Zugang zu nationalen Institutionen, adversiellen Prozessen und politischen Gefühlsstrukturen, die in der Kulturtheorie wenig beachtet werden. Trotz all der Komplexität, die wir beim Denken von Identität und Differenz zur Anwendung gebracht haben, haben feministische KulturkritikerInnen wenig Konstruktives über die Identitäten, Interessen und Bindungen (national, ökonomisch, generationsbezogen, regional, staatsgegründet, sogar parteipolitisch) zu sagen gehabt, die eine nationsweite Bewegung neben und manchmal *anstelle von* jenen von Rasse, Ethnizität, Geschlecht und Sexualität mobilisieren kann.[18]

In diesem Kontext ist das Problem mit der Kulturtheorie weniger der »akademische« Drall, den sie der feministischen Kritik gegeben hat, als das enge Modell politischer Kultur als primär psychisch, interpersonal und utopisch, das eine Präferenz für Psychoanalyse und Philosophie vor formalen historischen und sozialen Kenntnissen einem aufzwingen kann. Dieses durch einen seltsamen Konsens zwischen rechtsstehenden politischen Parteien (die das bürgerliche Leben in Australien amerikanischer machen wollen) und linksstehenden KulturtheoretikerInnen (die so reden, als sei es das bereits) aus den Vereinigten Staaten entliehene »privatisierte«[19] Politikmodell ist besonders hinderlich in einem Land, wo schon das bloße Vorhaben, die Verfassung in den Schulen zu *lehren*, 1994 als eine Labor-Verschwörung zur Indoktrination von Kindern angeprangert werden konnte. Menschen meines Alters hatten eine koloniale Schulbildung; viele von uns wissen nur wenig über jene Aspekte des politischen Systems, die nicht aus persönlicher Erfahrung erschließbar sind. Das mag ein Grund dafür sein, warum KulturkritikerInnen meiner Generation langsamer als die HistorikerInnen daran gingen, die affirmative Arbeit, die wir in unseren Disziplinen leisten, in Richtung einer positiven feministischen Darstellung oder *Version* von Kulturgeschichte auszuweiten, die geeignet wäre, am bereits laufenden Konflikt über unsere nationale Umformung teilzunehmen.

Mit »positiv« meine ich nicht »patriotisch«. Ich meine eine Darstellung, die unterstützen könnte, was Ann Curthoys und Stephen Muecke »eine vorläufige rekonstruktive Praxis gegenüber der Nationsidee, die ihre rhetorischen Taktiken untersucht« nennen.[20] Curthoys und Muecke betonen die Diskontinuitäten wie auch die Kontinuitäten zwischen früheren radikalen Nationalismen und dem von ihnen so bezeichneten »neueren Postnationalismus, ein Nationsgefühl, das durch intensive und einander überkreuzende Multiplizitäten informiert wird«:

> Wenn die früheren Nationalismen auf *Einheit* (der Rasse), *Ausschluß* (von Anderen) und *weißer Ausbeutung* des Landes aufbauten, dann können die postnationalen Varianten aufgebaut werden auf *Differenz* (sowohl innere als äußere), *Einschluß* (ein nicht auf das Europäische beschränkter Multikulturalismus) und eine *Re-legitimation* aboriginaler Souveränität über das Land (179).

»Postnationalismus« ist vielleicht nicht das richtige Wort für diese Entwicklungen in einer Gesellschaft, wo der Rassismus, wie Curthoys und Muecke sagen, »kraftvoll« weiterbesteht und die populare Anziehungskraft einer Rhetorik der Einheit weiterhin stark ist.[21] Selbst in der von Curthoys und Muecke beschriebenen Keating-Version war nicht klar, wie oder in wessen Interesse eine Relegitmiation aboriginaler Souveränität, wie sie von weißen Siedlerinstitutionen vertreten wurde, sich mit einem Multikulturalismus verbinden würde, der »Differenz« nach anglokeltischen Regeln verteilt. Keating übertrug unseren nationsbegründenden militärischen Mythos von Galipoli in der Türkei, 1914 (eine aussichtslose imperiale Schlacht, geführt von »Anglos« gegen »andere« in einem europäischen Krieg) auf den Kokoda-Pfad in Papua, 1942 (ein multi-rassischer Sieg über den japanischen Imperialismus im Pazifik); jeglicher historischer Diskurs, der um ein Thema von Männern im Krieg und eine Allegorie des nationalen ökonomischen Eigeninteresses herum aufgebaut wird, bleibt im allertraditionellsten Sinn nationalistisch.

Mit dem Ruf nach einer *rekonstruktiven* Praxis »gegenüber« der Nationsidee wollen Curthoys und Muecke jedoch den offenen, unvollendeten Status des australischen Republikanismus und die Möglichkeiten betonen, die der sich radikal verändernde Kontext der Nationspolitik für neue Formen der Mobilisierung bietet. Ihr Punkt ist nicht bloß, daß der riesige Maßstab dieser Veränderungen sozial privilegierte PraktikerInnen einer Hermeneutik des Argwohns, die an den Seitenlinien der meisten Disputfelder vor sich hinmurmeln, dem Vorwurf ausgesetzt hat, sich einer puristischen Politik der Selbstmarginalisierung hinzugeben. Mit mehr Nachdruck argumentieren Curthoys und Muecke für eine *re*konstruktive Form der Partizipation, die die »post-modernen, post-kolonialen und feministischen« Elemente fördern (und somit schützen) könne, die in nationaler Politik und Republikanismusdebatte zirkulieren. Dies würde bedeuten, von Erfolgsbeispielen auszugehen, wie etwa den politischen Errungenschaften des australischen Feminismus und der »immensen diskursiven und narrativen Kraft«, die von den aboriginalen AustralierInnen kulturell ausgeübt wird, um so die Kämpfe, die diese Errungenschaften möglich machten, »exemplarisch« für das zu machen, was Nation sein *könnte*.[22]

Ihre Strategie beutet die Unbestimmtheit des republikanischen Ideals aus, indem sie fragt, zur Mobilisierung welcher neuen Ideale dieser uns zur Verfügung stehende neue Name verwendet werden könnte: Sie erschafft eine republikanische »Tugend« des Experiments. Das findet sogar in Medienslogans Widerhall: In Überschriften wurden »Post-Nationalismus« und »Non-Nationalismus« verwendet, um ein verschwommenes, aber erstrebenswertes Ideal zu beschwören.[23] Für Curthoys und Muecke hat so eine Strategie Auswirkungen auf die Art von Geschichte, die eine australische Republik verlangen würde. Obwohl national in Maßstab und Bedeutung, dürfte diese, so betonen sie, nicht national*istisch* sein: sie müßte verankert werden in einem Bemühen, »die Natur der kolonialen Beziehung zwischen indigenen und hereinkommenden Völkern« zu begreifen, und sie würde, wie Curthoys in anderem Kontext hervorhebt, annehmen, unsere einzige gemeinsame Vergangenheit als AustralierInnen sei »eine *internationale* Vergangenheit, eine Myriade von individuellen regionalen und nationalen Geschichten, die an diesem Ort zusammengeführt wurden.«[24]

Es sollte für FeministInnen einfacher und aufregender sein, eine republikanische Politik auf der Basis dieser Imperative, auf Postkolonialismus *hin*zuarbeiten und Multikulturalismus zu *erzeugen*, zu entwickeln, als sich von alten bipolaren Parteienthusiasmen mitreißen zu lassen. Doch die Behauptungen feministischer Indifferenz zeigen, daß die Sache nicht so einfach ist. Ich glaube, Peter Beilharz identifiziert ein wesentliches Element unserer Teilnahmslosigkeit, wenn er argumentiert, daß wir den Niedergang des Modells des »Industriebürgertums« durchleben, das der Laborismus 1950 installierte. Was wir jetzt brauchen, sagt er, ist eine Neuerfindung des Bürgertums im Kontext eines »Republikanismus jenseits des Laborismus.«[25] Doch wenn dies einfacher gesagt als getan, bereitwilliger definiert als herbeigewünscht ist, mag ein Teil des Problems sein, daß in Australien die von Kobena Mercer so bezeichneten »nicht gar so ›neuen‹« Sozialbewegungen mit ihrem »›Rasse, Klasse, Geschlecht‹-Mantra« sich nicht nur im Konflikt mit dem Laborismus entwickelt, sondern auch in der praktischen Beschäftigung *mit* ihm positive Programme entwickelt haben.[26]

Aus dem Niedergang des Industriebürgertums kann eine gewisse Aphasie entstehen. Der Kampf gegen die Privilegierung des weißen männlichen Arbeiters als Industriebürger hat Gefühle und Investitionen, wie auch Diskussionsgewohnheiten, über lange Zeit geformt. Ohne diese Figur und ihre Derivative, wie etwa die »weiße Mittelschichtsfrau«, so machtvoll *da*, die als zentralisierende Instanz unseren Reden über Randzonen Sinn gaben, wird der Wert vertrauter Gesten plötzlich unsicher.

Feministische Indifferenz zu verkünden, ist eine solche vertraute Geste. Es mag an den »Rändern« der Debatte eine diffuse Erwartung herrschen, daß die vom Industriebürgertum gespielte zentralisierende Rolle von denselben alten Quellen gesellschaftlicher Macht (die ja weiterhin existieren) wiedererfunden werden kann und wird, und daß unsere Auswahl daher darauf beschränkt ist, einen gekünstelten Zynismus aufzusetzen oder in streng minoritärem Geist Alternativvorschläge zu machen.

Vielleicht ist dieses Warten auf ein neuerfundenes symbolisches Zentrum ein Irrtum. Ich finde es ermutigend, daß die Bemühungen von Malcolm Turnbull und Thomas Keneally, prominente Verfechter des Republikanismus, sich als emblematische Bürger zu verkleiden, rasch von einer Hanswurst-Aura umhüllt wurden. Mich interessiert weniger ihre Verkörperung eines explizit maskulinen Patriotismus als die Art, in der sie implizit auch ein *Klassen*modell intellektueller Sozialität artikulierten – wie sie sich selbst als Souffleure einer »popularen« Debatte präsentierten. Natürlich erscheinen Turnbull und Keneally im Fernsehen nicht als Berufsintellektuelle, sondern als Medienpersönlichkeiten. Turnbull ist der Anwalt der gehobenen Mittelschicht und Handelsbankier als postindustrieller Bürger (mit verwandtschaftlicher Beziehung zu Angela Lansbury). Keneally spielt den irisch-australischen populären Romanschriftsteller (Autor von *Schindlers Liste*) und organischen Repräsentanten des Kleinbürgertums. So sprechen sie nicht für die Interessen »einer« Klasse, die die Medienwelt in irgendeiner einfachen Weise transzendiert. Ihre Auftritte setzen vielmehr das National-Populare als ein Publikum, für das ihre eigenen *personae* zentral sind, und eine populare Debatte als Nachahmung ihrer Plauderei voraus. Mit anderen Worten, sie nehmen an, daß Staatsführung eine Aufgabe der von unseren Gelehrten (in eloquentem Selbsthaß) so bezeichneten »schwatzenden Klassen« ist.

Kein Lunch mit Thomas Keneally

Einer der bemerkenswertesten Aspekte der ARM-Literatur in den frühen 1990ern war die Betonung des Lunchs. Sowohl *Our Republic*, Thomas Keneallys Reminiszenzenbuch, als auch *The Coming Republic*, eine nützlichere, von Thomas Horne zusammengestellte Aufsatzsammlung, werden durch Lunch-Allegorien strukturiert, in denen Persönlichkeiten – echte Prominente im Fall Keneallys, imaginäre soziale Stereotype bei Horne – sich um ein reiches Angebot von Speisen und Wein versammeln, um eine australische Republik zu diskutieren.[27] *Our Republik* ist in dieser Hinsicht peinlich mit seinem Name-Dropping und seinen Chardonnay-Flaschen; so schwindelerregend ist der politische Wirbel, daß Keneally am Ende seines Buchs den Faden zu beinahe allen Themen verloren hat, die nicht mit seinem sozialen Kalender und seiner erstaunlichen Jobangebot bei U.C.Irvine zu tun haben. Es findet sich hier ein Klassen- wie auch »Sydney«-Provinzialismus, der vielleicht das Versagen des Buches erklärt, im Rezessionsjahr seines Erscheinens, 1993, besondere Leidenschaften zu wecken. Es ist mir dennoch peinlich, weil mir das Lunch-Gebrabbel, wenn auch nicht in der Szenerie oder dieser stellaren Qualität, aus meinem eigenen Berufsleben nur zu vertraut ist. *Our Republik* übt eine schreckliche Faszination aus als ein Buch, das anhebt, das weiß-männlich-nationalistische Erbe (Sträflinge, Soldaten, die Iren) zu feiern, um sich sodann in ein Buch über transnationales *Networking* der schwatzenden Klassen zu verwandeln.

»Lunch« ist für Culturati eine altmodische Art des Networking; jüngere Plauderer bleiben im allgemeinen vorzugsweise beim Modem. Doch er nimmt im AMR-Diskurs eine Rolle ein, die fundamentaler ist als jene seines Werts als Index sich verschiebender subkultureller Verhaltensweisen. »Lunch« ist die demokratisierte Version des literarischen Konzepts des bourgeoisen Abendmahls, dieses Versatzstückes so vieler Romane, Theaterstücke und Filme, in denen die Konflikte und Sehnsüchte ganzer sozialer Formationen in feinstem Detail in einer Einheit von Raum und Zeit ausgefochten werden.[28] Im republikanischen Diskurs bietet eine Lunch-Szene eine Bühne für das Ideal einer »freien und rationalen Debatte«, die das klassische republikanische Denken charakterisiert und seinen Anspruch auf Realismus begrenzt. Zugegeben, der ideale australische literarische Lunch ist ein ausgelassenes Ereignis, bei dem Leute ein bißchen irrational werden und vielleicht ein bißchen zu offen reden. Nichtsdestotrotz umgeht die Verwendung dieses Konzepts grundlegende Fragen über die Natur der öffentlichen Debatte in einer Mediengesellschaft.

Als utopische Allegorie auf das Soziale hat Lunch seine Probleme. Er ist grundsätzlich *monokulturell* auf eine liberalistisch-pluralistische Art, da er weder die Formen europäisch-bourgeoisen Sozialverhaltens noch die Resonanz der Gastlichkeit-Trope hinterfragt, die so oft verwendet wird, um die Dominanz einer anglo-keltischen »Heim«-Kultur über die weniger herzlich »eingeladenen« Immigrantenkulturen zu bekräftigen (so unsere eigene Vergangenheit als unwillkommene Gäste des indigenen Australien auslöschend). In dieser Hinsicht hat ein Lunch-Modell nationaler Debatte dieselben Fehler wie das »bessere Küche«-Modell des Multikulturalismus: Die Rolle der exotischen Elemente ist in beiden Fällen, die Mischung zu würzen, nicht die Grundlagen zu ändern. Wie Ghassan Hage in einem hellsichtigen Artikel betonte, hausen potentiell und tatsächlich neue Formen von Rasismus in dieser staatlich verlautbarten Toleranz.[29] Wie ein Gast, der sich bei einem ansonsten geselligen Lunch danebenbenimmt, kann der intolerabel andersartige gesetzliche Bürger Australiens immer noch aufgefordert werden, »nach Hause zu gehen«.

Um fair zu bleiben, weder *Our Republic* noch *The Coming Republic* führen Gastlichkeit in diesem Sinne ein. Beide Bücher zielen darauf, die Diskussion für eine breite Leserschaft zu eröffnen, die bereits gewohnt ist, Multikulturalismus als ein funktionierendes Set von Arrangements mit BefürworterInnen und auch KritikerInnen quer über all die großen Trennlinien zu diskutieren – indigen und nicht-indigen, schwarz und weiß, anglo-keltisch und nicht-anglo-keltisch, europäisch und nicht-europäisch – mit denen die Landkarte der australischen

Gesellschaft gezeichnet wird. Die besondere Schwierigkeit, die Keneallys Übergang vom Populismus zum Networking mit sich bringt, ist, daß weder das literarische Modell des Lunchens noch das kulinarische Modell des Multikulturalismus uns sagen können, wie irgendeine Diskussion über die Veränderung der Form der Nation so ausgedehnt werden kann, daß sie eine große Zahl verschiedener Menschen *auf* einer nationalen Basis erfaßt. Das ist in Wahrheit eine andere Version der Frage »Wo sind die Frauen?« – die Frage nach den historischen Bedingungen für Demokratie heute. Weder Lunch noch Multikulturalismus sind intrinsisch demokratische Institutionen. Offizieller Multikulturalismus ist zuallererst eine Managementpolitik, während jeder Lunch, der als Medien-Treffpunkt fungiert, ein Ereignis für soziale Eliten ist, die vielleicht, vielleicht aber auch nicht, für diese Gelegenheit bestimmte soziale Identitäten im Auftrag verschiedener Wählergruppen verkörpern mögen.

Ich habe kein Problem damit, daß die Meinungsindustrie in einer Schleife arbeitet, um die herum sich Interessensgruppen, von denen die meisten, aber nicht alle zugleich soziale Eliten sind, gegenseitig Botschaften zusenden, »was geschieht«.[30] Ein klares Verständnis der Potentiale dieses Prozesses ist wesentlich für das Mischen von marginaler und Mainstream-Politik, wie die Schlacht um einen Native Title Act 1993 zeigte. Bei jener Gelegenheit benutzten alle wichtigen Teilnehmer – die aboriginalen Delegierten, verschiedene Fraktionen im Labor-Kabinett, Kleinparteien im Senat, Premiers der Teilstaaten, die Bergbau- und Bauernlobbies – die Medien nicht nur dazu, einander in der Öffentlichkeit unter Druck zu setzen und auszutricksen, sondern auch, um ein nationales Publikum in ein aufwühlendes emotionales Drama zu verwickeln mit einer Fortsetzungs-Struktur, einem »Underdog«-Thema, das der aboriginalen Position für eine gewisse Zeit Sympathie erwarb, und einem (nicht unumstrittenen) Happy End zu Weihnachten.[31] Gleichzeitig verwendeten sie alle die Medien, um einander und die Öffentlichkeit über die Bedeutung jeder neuen Entwicklung zu informieren oder zu desinformieren. Ich lernte mehr über Gesetze und Geschichte, sowohl indigene wie koloniale, in diesen Monaten des Fernsehens als in all den Jahren meiner formellen Erziehung.

Durch eine noch subtilere, unpersönlichere Pädagogik, die das Medium Fernsehen selbst ausübte, lernte ich zudem größeren Respekt vor der Politik der Verhandlung, der sich all diese Eliten durch ihre Teilnahme verschrieben. Die Verlierer in dieser Schlacht (wenn auch nicht des Krieges, der noch Jahre andauern mag) waren die Koalitionsparteien, die das Gesetz glatt *ablehnten.* Sie behaupteten, damit die Mehrheitsmeinung zu vertreten. Vielleicht taten sie das. Rassistische Angstkampagnen, unterstützt von manchen Bergbauinteressen, taten ihr Bestes, um nicht-aboriginale AustralierInnen zu überzeugen, daß unsere Heime in Gefahr waren als Resultat des Regierungsbeschlusses, auf das *Mabo*-Erkenntnis mit nationaler Native Title-Gesetzgebung zu reagieren. Doch indem sie sich selbst aus der *formalen* Arena des Kampfes über das, »was geschieht«, aussperrten, und ohne einen anderen Ort der Autorität (im Gegensatz zu den aboriginalen KritikerInnen des Gesetzes), von dem aus sie in die Diskussion hätten eintreten können, verwiesen die Koalitionsparteien diese Meinung in die Rumpelkammer des Nebensächlichen und Nicht-Berichtenswerten – in Medienbegriffen, in die Vergangenheit.

Die Medienvergangenheit ist bloß temporär, und sie ist *immer* einer Revision zugänglich. Meinungen, die in jenen ausschlaggebenden Monaten 1993 marginalisiert wurden, waren 1996 wieder virulent »Mainstream«, wenn auch mit geringerer Macht zur vollständigen Umkehr der Auswirkungen des *Mabo*-Erkenntnisses.[32] Welche Resultate solche Meinungsgefechte auf lange Sicht auch haben mögen, es ist zumindest klar, daß sie nicht im »Gesprächstableau«-Modus des literarischen Lunches operieren. Um die freie und rationale Debatte zu erleichtern, inszeniert die aufgeklärte Tradition des feinen Speisens einen Konflikt von *Ideen* in einer willentlich herbeigeführten, wohlwollend konvergenten Situation, in der alle TeilnehmerInnen fiktiv gleich sind; wie Gary Shapiro betont, »die Gemeinschaft auf Zeit und die gute Stimmung neigen dazu, echte Machtunterschiede zu verhüllen ... die vermutlich das Ergebnis jeder Diskussion über Geschmacksfragen beeinflussen werden.«[33] Mediale *Meinungs*gefechte hingegen abstrahieren nicht Ideen von sozialen Kämpfen. Sie aktivieren Differenzen und zumindest einige der Machtunterschiede innerhalb von wie auch zwischen sozialen Gruppen, wie diese sich bei bestimmten Themen voneinander entfernen und einander annähern, indem sie ihren Konflikt als Teil einer facettenreichen, nicht festgeschriebenen und expansiven Saga nationalen Lebens inszenieren, die ihre Augenblicke der Auflösung immer nur provisorisch erreicht.

In einem relativ kleinen und vernetzten Mediensystem ist es nicht der Inhalt der eigenen Meinungen, sondern eine Bereitschaft und, viel schwerer zu erlangen, eine *Kapazität*, an »der öffentlichen Kultur« teilzunehmen, jene »Fata Morgana, die über einer Gesellschaft schweben und vorgeben kann, ihr nationales Leben zu sein«[34] erzeugen zu helfen, die bestimmt, was zu einem gegebenen Zeitpunkt als Mainstream-Position gelten mag. Also ist der Einfall professioneller Schwätzer, eine Debatte über die Zukunft der Nation auszulösen, nicht notwendigerweise lächerlich. Probleme tauchen dann auf, wenn ihre Exponenten die Spezialisierung der Interessen leugnen wollen, die Menschen die Macht (präziser: *Zeiten* der Macht) zum Networking als MediatorInnen und Fata Morgana-ErzeugerInnen in der Schleife gibt.

Diese Leugnung mag nationalistische, populistische oder panisch postmodernistische Formen annehmen, aber sie gedeiht auf einem Glauben, der aus der literarischen Kultur und der noblen Vorstellung der weißen Mittelschicht von einer »breiten« lesenden Öffentlichkeit entspringt, daß die verschiedenen Geschmackskulturen, die von einzelnen Medienshows zusammengetragen werden, sich zu einer kohärenten nationalen Öffentlichkeit aufsummieren, die vom medialen Persönlichkeitsdiskurs sentimentologisch *repräsentiert* und zugleich unterhalten wird. Hier lauert nicht allzu tief unter der Oberfläche eine Klassenphantasie, daß KulturarbeiterInnen sich dazu »erheben« könnten, in Zukunft dieselbe symbolisch zentrale Rolle zu spielen wie die Industriearbeiter in der Vergangenheit. Die Mediensphäre, obwohl mächtig, ist für unsere Gesellschaft jedoch nicht *zentral* (sie ist nicht die einzige öffentliche Sphäre und interagiert erratisch mit anderen), und sie wird von vielen politischen Bewegungen und sozialen Kräften benutzt, von denen nur sehr wenige sich ausschließlich über die Klasse definieren, die darum kämpfen, ihre eigenen Interessen in dieser und durch diese Sphäre zu fördern.

Nicht alle Intellektuellen sind Schwätzer, und nicht jedes Mediengeschwätz kann sinnvoll als intellektuell beschrieben werden. Ich glaube nicht, daß nationale Debatten heutzutage unmöglich sind oder daß Intellektuelle sich nicht auf verschiedene Weise beteiligen können. Ich zweifle jedoch, ob eine nationale Debatte die Form eines Massenfestivals von Meinungen und Ideen annehmen kann, eine Art Mega-Lunch, zu dem die FeministInnen, wie es aussieht, selbst Teller mitbringen sollen. Einleuchtenderweise kann kein Feminismus, der sich mit Republikanismus beschäftigt, eine singuläre Kraft sein, die massiv »die Frauen« repräsentiert. Wie wir in anderen Kontexten nie müde werden zu sagen, ist Feminismus selbst ein gemischter Diskurs und ein hybrider politischer Raum. Nachdem feministische Praktiken mit all den Engagements verbunden und durch sie definiert sind, die Frauen als soziale Akteure haben, wird eine große Zahl von Frauen sich wahrscheinlich an jeglichem nationalen Kampf *nur* in einem konjunktiven Modus von »Feminismus *und … und*« beteiligen, in dem sich unsere Interessen als Frauen mit unseren Interessen an der Arbeiterbewegung verbinden und/oder den Rechten der indigenen Bevölkerung und/oder den Bedürfnissen unterschiedlicher alter und neuer Siedlergruppen, Lesben und/oder arbeitenden Müttern, als Intellektuelle, und so weiter.

Das ist der Grund, warum die Formulierung »Feminismus und Republikanismus«, wie bequem sie auch sein mag, irreführend ist. Nur in einer Geschichte der »Ismen« stehen diese Begriffe einander in einer unvermittelt dualistischen Beziehung gegenüber; feministische Politik ist am besten sichtbar und hörbar, wenn zumindest drei Begriffe im Spiel sind. Das heißt nicht, daß das Konzept des Feminismus bedeutungslos ist oder daß heterosexuelle weiße Frauen, die nur als Feministinnen auftreten (ganz zu schweigen von anglo-stämmigen Frauen, ein guter Teil der Bevölkerung) unsichtbar oder unhörbar sein sollten. Es heißt einfach, daß »die Frauen« vielleicht niemals als ein geschlossenes spektakuläres Kontingent einrükken werden, um die Bühne der republikanischen Debatte zu besetzen.

Zu früh, zu spät: Postmoderner »republikanischer Non-Nationalismus«

Nähern wir uns den Modalitäten des Engagements von Frauen auf diese orthodox feministische Weise, können andere Fragen über die allgemeinen Bedingungen erwachsen, unter denen das chronische Problem der AktivistInnen, Differenzen zu organisieren, als nations*bildendes* Thema entworfen wird. Was bedeutete es für Frauen der Mittelschicht, in den Keating-Jahren zu zu einer »aleatorischen, impressionistischen, figurativen, eklektizistischen« *Vereinheitlichungs*-Bewegung eingeladen zu werden, und unsere Unterschiede mitzubringen? Welche Ideale wurden durch *diese* republikanische Bewegung mobilisiert? Bevor wir uns feministische

Zukünfte vorstellen, müssen wir vielleicht die widerstreitenden politischen Kulturen genauer untersuchen, die unsere Gegenwart tatsächlich dominieren. Sobald Multikulturalismus als ein Modell für nationale Identität entworfen wird, wie kontroversiell und mit welchem Grad an Heuchelei auch immer, funktionieren Analyseformen, die in der Vergangenheit verwendet wurden, um eine Politik der Heterogenität und Multiplizität gegen binäre Modelle politischer Opposition zu bekräftigen und verkörperte soziale Identitäten gegen eine abstrakte Form von Bürgertum zu artikulieren, vielleicht nicht mehr so gut wie früher.

Der Republikanismus zielt sicherlich darauf, das zu erzeugen, was Homi Bhabha die »problematische Einheit der Nation«[35] nennt. Selbst die spärlichsten Formen von Minimalismus würde eine Verfassung, die vollauf mit »Differenz« als dem Schutz für die »Staatenrechte« beschäftigt ist, in eine verwandeln, die nationale Identität in ein Staatsoberhaupt investiert; mit der Monarchie geht auch ein nach außen orientierter Weg zur Einigung Australiens verloren. Aus genau diesem Grund werden Ängste, daß eine Republik kriegerische Leidenschaften wecken könnte, nicht nur von »ältlichen« Anglophilen geäußert. Ein progressiver Richter, Michael Kirby, rechtfertigt die Monarchie als mäßigende Kraft gegen den Nationalismus (»Ich kann mit dem melancholischen Umstand recht friedlich leben, daß unser Staatsoberhaupt nur Anlaß für einen 19 Schuß-Salut gibt«[36]), während sich MigrantInnen aus Teilen Asiens und Europas aus dem Grund als »AustralierInnen für die Konstitutionelle Monarchie« sprachen, weil sie hierhergekommen waren, um von nationalistischen Konflikten wegzukommen. Barry Hindess, der als Anti-Monarchist schreibt, warnt, »allein schon die Idee einer modernen Republik« präsentiere »ein irreführendes und potentiell zerstörerisches Bild einer politischen Gemeinschaft, die über eine bestimmte gemeinsame Kultur verfügt.«[37]

Ausgedrückt als Ängste, Erfahrungen oder Wetteinsätze auf eine Logik der Geschichte sind diese Argumente unbeantwortbar. Sie beschwören machtvolle Präzedenzfälle aus unserer internationalen Vergangenheit, von denen niemand mit Sicherheit sagen kann, ob sie in Zukunft passen werden oder nicht. Ein anderes Argument verweist auf den Genozid und die rassistische Ausschließlichkeit, die für anglo-keltische AustralierInnen eine nationale Vergangenheit konstituiert. Was *diese* Präzedenz unsicher macht, ist, daß unsere Anstrengungen im Zwanzigsten Jahrhundert, die aboriginale Kultur zu zerstören,[38] und unser Ausschluß von »Asiaten« durch die Weißes Australien-Politik beide in eine Geschichte verstrickt sind, in der ImmigrantInnen aus verschiedenen Nationen, vor allem, aber nicht nur Engländer, Iren, Schotten und Waliser sich unter der Monarchie vereinten, um in Australien beflissentlich *Briten* zu werden. Emotional, wenn auch nicht logisch, folgt daraus, daß die britische Monarchie loszuwerden die Beendigung, nicht die Initiation einer Phase des virulenten Nationalismus bedeutet. Doch dies ist der Grund, warum Hage überzeugend argumentieren kann, daß das »wir« des republikanischen Diskurses eine anglo-keltische Identität impliziert: trotz der dem Multikulturalismus zugeschriebenen thematischen Zentralität bezieht das »wir« sich »auf eine *alte* anglo-keltische Geschichte und beschäftigt sich mit einem gegenwärtigen anglo-keltischen Problem.«[39]

Argumente aus historischen Präzedenzfällen fordern nutzbringend die Einheitlichkeit existierender nationaler Narrative heraus. Sie neigen auch dazu, alte Geschichten zu wiederholen und entweder die Bedingungen zu minimieren, unter denen sich das, was Hage »republikanischer Nationalismus« nennt, herausbildet, oder, wie Hindess es tut, den Abstand zwischen »jetzt« und »damals« zu maximieren: Sie beginnen, um Michael Naas zu paraphrasieren, mit einer Politik, von der sie uns sodann Beispiele geben, statt mit Beispielen zu beginnen, von denen aus eine Politik erdacht wird.[40] Wie Curthoys und Muecke setze ich lieber auf den zweiten Weg und frage, was die ProponentInnen mit »*Non*-Nationalismus« tatsächlich meinen. Der alte Nationalismus war ein ebenso *protektionistisches* wie rassistisches Arrangement, das in Australiens kultureller und physischer Isolation gedieh. Welche Art Einheit kann man für eine Freihandelsnation entwerfen, die weltwirtschaftlichen Kräften ausgeliefert ist, die keine Regierung kontrollieren kann? Für eine Gesellschaft, die unfähig ist, ihre Normen durch Bezugnahme auf eine gemeinsame Kultur effektiv zu legitimieren, doch mit einer großen Zahl von BürgerInnen, die sich danach sehnen, das zu tun? Für einen technologisch konstituierten öffentlichen Raum, der nicht nur offen ist für globale Informationsflüsse und regionale politische Zwänge, sondern den ersten simultan *nationsweiten* Bild-Raum in der australischen Geschichte bietet?

Es ist eine mißliche Zeit, um solche Fragen zu stellen. Sie schienen vor ein paar Jahren ein wenig leichter zu stellen, bevor ein »aleatorischer« Multikulturalismus von einer multiethnischen Mehrheit von AustralierInnen als nationales Modell abgelehnt und ein monarchistischer Premierminister, John Howard (Liberale), mit der Aufgabe betraut worden war, die Debatte über eine Republik fortzuführen, von der die Umfragen weiterhin sagen, daß eine wachsende Mehrheit sie will. Allerdings ist eben diese »Mißlichkeit« der Zeit das Herz dieser Fragen, wie auch eine historische Bedingung ihrer Formulierung.

Graeme Turner hat aufgezeigt, daß die »früheren, rassisch ausschließenden Formen des australischen Nationalismus nicht verschwanden« in den Labor-Jahren; »sie kamen nur außer Gebrauch.«[41] Doch sie wiederzubeleben kann die geschützte nationale Wirtschaft und die westliche imperiale Dominanz, von denen sie einst gestützt wurden, nicht wiedererrichten; als Rhetoriken *von* einer nationalistischen »Wiederkehr« kehren sie zu spät wieder. Die Koalitionsregierung hat, als sie Labor ablöste, tatsächlich eine Nostalgie nach einer abstrakten nationalen Einheit und einem sprachlich leeren Bürgerschaftsmodell (»wir alle«) bekundet.[42] Nachdem jedoch die meisten Liberalen nunmehr gegen die Regulierung kultureller Beziehungen, die Planung kultureller Zukünfte und die bloße Idee einer Konstruktion von Identität sind, behindert sie das beim Experimentieren mit neuen Ideen von Bürgerschaft, selbst rechtslastigen Ideen. Als Bewunderer des privatisierten, »personalisierten« US-Modells des zivilen Lebens nach Reagan müssen sich die Liberalen irgendwie die Unterstützung der WählerInnen aus Landbevölkerung und Arbeiterklasse erhalten, die (ohne dafür mit Steuern zu bezahlen) die »Werte« des semi-sozialistischen Australien restaurieren wollen, mit deren Abbau Labor begonnen hatte, während sie weiterhin die ethisch tief verwurzelten *sozialen* Institutionen (nationales Gesundheitswesen, öffentlicher Rundfunk, Massenhochschulen) angreifen, die sie zu erhalten versprachen, um diese Unterstützung in Landbevölkerung und Arbeiterklasse zu gewinnen.

Anstelle einer starken »Werte«-Politik individualisierter Bürgerschaft fördern diese widerstreitenden Zwänge, wie schon in anderen Ländern, eine nach Sündenböcken suchende, populistische Attacke auf »kulturelle Eliten«, die angeblich jene sozialen Institutionen verseuchen. Während Freihandel und Privatisierung weiterhin das soziale und wirtschaftliche Leben Australiens »diversifizieren« und ungleicher machen, wird nationale Einheit rund um brüchige, aber leidenschaftliche und historisch potente Rhetoriken des Anti-Elitismus und Anti-Intellektualismus mobilisiert. So eine Rhetorik kann leicht mit Republikanismus und einem farbenblinden, sozialliberalen Egalitarismus kombiniert werden. *Dieser* republikanische Nationalismus kann allerdings weder auf auf die Vorstellung einer gemeinsamen Kultur verzichten noch Gemeinsamkeit im täglichen Leben verwirklichen; unfähig zur Überwindung seiner eigenen Verspätung entwirft er eine der Nostalgie und der Enttäuschung überlassene Zukunft.

Das macht ihn nicht weniger gefährlich. So sind die Zeiten auch mißlich für Vertreter eines republikanischen Non-Nationalismus, um Gegenmodelle auszuarbeiten; es ist einmal mehr zu früh für die radikalen Republikanismen, mit denen manche FeministInnen liebäugeln, um ernsthaft politische Bedeutung zu gewinnen. Ich möchte jedoch das nun *oppositionelle* Mainstream-Modell untersuchen, um zu fragen, was kultureller Feminismus von seiner jüngeren »unpopulären« Geschichte lernen kann.[43]

Es fällt auf, wie minimal die meisten Manifeste der frühen 1990er werden, sobald es um republikanische Ideale geht. Statt AustralierInnen eine »gemeinsame Kultur« in irgendeinem positiven Sinn zu bieten, konzentrieren sie sich auf Wege, mit Differenzen umzugehen, auf einen Code, den alle teilen können, statt einer »Gemeinschaft« in dem, was ihrer Ansicht nach immer nur ein problematischer nationaler *Prozeß* sein kann. Sie bieten Pläne, nicht Definitionen für eine republikanische Regierung, Gebrauchsanweisungen, die keine von selbst einleuchtenden Wahrheiten verkünden. Was sie nach australischen Begriffen zum Mainstream macht, verglichen etwa mit Ideen für eine auf Korporationen gegründete Demokratie oder Schweizer und kalifornische Neumodellierungen des Wahlsystems, ist die Betonung formal effektiver, nicht moralisch erlösender, Schlichtungsprozeduren, die Kontinuität und Stabilität bringen und zugleich die Bedingungen dafür sichern, daß Veränderung weiterhin verhandelt werden kann. Donald Horne zum Beispiel will eine bürgerliche *anstelle* einer nationalen Identität, definiert durch eine Gebundenheit daran, auf bestimmte Weise zu handeln (legal, verfassungstreu, demokratisch, unter Beachtung der Gleichheit vor dem Gesetz) und, in stärkerer Modifikation der nicht-aboriginalen Tradition, an die »Treuhandschaft für das Land, das wir teilen.«[44]

Don Watson bestätigte, daß eine postmoderne Republik »weniger die Nation erhöht als Lebensart«, indem sie Toleranz, Differenz und Weltlichkeit hochschätzt, und:

> humanistische oder sogar einige romantische Traditionen, aber nicht Schmalz, falsche Empfindsamkeit und Faschismus. Ich habe dieses Gefühl, daß der Pragmatismus und dogmatische Gradualismus, der diesen Moment so lange verzögert hat, uns letzten Endes noch prächtig dienen wird.[45]

Das ist so ziemlich das Näheste, das republikanischer Non-Nationalismus an ein einheitsstiftendes Glaubensbekenntnis herankommt. Es hat seinen »anglo-keltischen« Nachhall, einschließlich des nett ironischen Zugangs zum Romantizismus (»sogar einige«) und der strengen Haltung gegenüber Schmalz. Wie Jon Stratton und Ien Ang betonen, ist »Lebensart« eine alte Vorstellung, die vage inhaltlichen Zusammenhalt in weltlichen Praktiken, nicht Identitäten oder Idealen, stiftet.[46] Der realpolitische Stachel liegt jedoch im *»dogmatischen Gradualismus«*. Diese Phrase beschwört mit wunderbarer Exaktheit einen traditionellen Labor-Glauben, den Hornes klassisch liberale Bürgerschaftskunde nun teilen kann, an einen Pragmatismus, der zäh die Front gegen Revolutionäre, Extremisten, Avantgardisten und zerstörerisch visionäre Radikale von rechts *und* links verteidigt, während er sich langsam, unspektakulär die populare Zustimmung und die praktischen Mittel sichert, die tiefgreifenden und nachhaltigen sozialen Wandel ermöglichen.

Vielleicht ist das, was dieses Dogma in Watsons Beschwörung postmodern macht, daß es sich von seiner Verankerung in den dialektischen Kämpfen gelöst hat, die über ein Jahrhundert hinweg die Labor Party formten (Kapital kontra Arbeit, Katholizismus kontra Kommunismus),[47] um so als eine *professionelle* Kultur diffusiv verfügbar zu werden, nicht als parteigebundenes Ethos. In moderner Zeit hatte der Gradualismus ein Ziel namens »Zivilisierung des Kapitalismus«,[48] und seine Art von Solidarität war ausschließend: Nicht-Gewerkschaftler raus aus dem Laden, verheiratete Frauen raus aus der Arbeiterschaft, billige Importe und »billige Arbeitskraft« raus aus Australien, Aborigines überhaupt raus aus der Geschichte. In Watsons postmoderner Zeit war das Ziel, in einem selbstreflexiven Prozeß der Zivilisierung des *Pragmatismus* (»und ... sogar einige romantische Traditionen«) eine offene und umfassende nationale, nicht weiß-männlich-arbeiterschichtliche, Bewegung jenseits von »Tyranneien aller Art«, darunter auch »der Marktfetisch und die Gier der Achziger« zu schaffen – etwas weit weniger Absolutes als den Kapitalismus. Der Pragmatismus gewann seine Schlacht um ein Freihandelsethos in den 1980ern. 1994 waren Labors einheitsstiftende Themen dann Frauenförderung in der Politik,[49] Ausgleich zwischen Indigenen und Siedlern (»Mabo«) und ein auf

Multikulturalismus gegründeter Republikanismus. Die Zergliederung des singularen Gegners ließ die rhetorische Verschiebung von Ausschluß zu Einschluß reibungslos von statten gehen: Nun waren Rassismus, Sexismus, Homophobie alles Formen von Tyrannei, doch Kapitalismus war der Horizont der Welt.

Ich ziehe es vor, diese Politkultur »korporatistisch« zu nennen und nicht, wie einige es tun, »anglo-keltisch«.[50] Ein Grund dafür ist, daß seine Ressourcen effektiv von verschiedenen minoritären Gruppen, darunter auch FeministInnen, mobilisiert wurden, die ihre eigene Einbindung in den nationalen Prozeß auszuhandeln verlangten.[51] Ein anderer ist, daß nur wenige Menschen egal welcher Ethnizität an ihrer Einschließlichkeit teilhaben konnten. Jeglicher Korporatismus hat eine ausschließende Grundlinie, die jene, die beitragen können und es tatsächlich tun (in unserem Fall Labor-kompatible »MitspielerInnen« und ihre Wählerschaften, einschließlich der »benachteiligten«), von jenen trennt, die beitragen könnten, es aber nicht tun – wie etwa, zweifellos, die versponnene Linke, aber auch Leute vom Land oder aus der Arbeiterschicht, die vo professionalisiertem Gewerkschaftswesen und einer urbanen, bürokratischen Kultur der »political correctness« abgeschreckt werden.

Jeglicher Korporatismus bestraft die Nicht-«MitspielerInnen« in einer Gesellschaft. In diesem Fall war die Strafe eine größere Entmächtigung – Spott, Irrelevanz, moralische Erniedrigung – die oft als etwas angesehen wurde, das die Menschen selbst auf sich herabgerufen haben. Auf dieser Basis ausgeschlossen zu werden, war freilich eine vorläufige Angelegenheit. Da ein Ziel des Labor-Korporatismus ist, gewalttätigen *Äußerungen* sozialen Konflikts ein Ende zu machen, wurde keiner einzelnen Gruppe auf offizieller Ebene ontologisch ein Außenseiterstatus zugewiesen.[52] Verhaltensweisen und Einstellungen, nicht soziale Identitäten wurden zu Sündenböcken gemacht, einschließlich populärer Verhaltensweisen und Einstellungen – häufig (aber nicht nur) gezeigt von widerspenstigen anglo-keltischen »Rednecks« – die die imaginierten Identitäten anderer anzugreifen drohten. Die Prämisse dieser Handlungsweise ist nicht, daß soziale Konflikte dadurch gelöst oder Vorurteile ausgelöscht würden, sondern daß diese niemals den *Anschein* haben dürfen, Legitimität zu besitzen oder die Mehrheitsmeinung zu beschäftigen.

Dies ist die Politkultur, die das Wiederauftauchen der republikanischen Debatte in Australien formte. Darin, daß sie Professionalismus und einer urbanen Zivilgesellschaft inneren Zusammenhalt gibt, hatten und haben sich Feminismus und Multikulturalismus einem Problem zu stellen, das sich nicht durch Heraufbeschwören schauriger Präzedenzfälle oder Recyclen von Kritiken an ethnischem oder militaristischem Nationalismus entsorgen läßt. Wenn auch jeder Korporatismus tyrannische Potentiale hat, wurde die Kontrolle von Konfliktmodalitäten und -schwellen in Australien über Jahrzehnte hinweg durch ein Netzwerk »öffentlicher Meinung« ermöglicht, das (oft beim Lunch) die Regierung mit der »Geschäftswelt«, den Medien, den Berufsständen, den Interessensgruppen, den Kulturindustrien, den Gewerkschaften und der Universität verbindet. Zusammen mit PraktikantInnen aller Arten von Identitätspolitik sind die FeministInnen in diesem Netzwerk fest eingebunden. Wir halfen, es zu erschaffen, und in unseren allerkritischesten wie auch kooperativsten Gesten verfeinerten und erweiterten wir seine Kapazitäten.[53]

Jede Bewertung des Tyrannei-Potential Australiens müßte die populäre Ansicht zumindest in Betracht ziehen, daß diese zwanglose Vernetzung oder »Kultur« gleichgesinnter Seelen eine unmittelbarere Bedrohung für Freiheit und kulturelle Diversität darstellt als die Aussicht auf einen Ausbruch von fahnenschwingendem Patriotismus. Sicher, Mitte der 1990er gab es breite Unterstützung für eine solche Ansicht. Doch keines dieser präzedenzgestützten Szenarien, die je nachdem einen politisch korrekten »Stalinismus« (oder »McCarthyismus«) oder aber Faschismus beschwören, paßt auf die tatsächlichen Konflikte, die jetzt Australiens Zukunft formen. Dies sind keine *nationalistischen* Konflikte in irgendeinem gewöhnlichen Sinn. Sie erwachsen jeden Tag aus den Spannungen, die einerseits aus der Transfiguration von bis vor ziemlich kurzer Zeit noch »minoritären« Interessen (Feminismus, aboriginale Selbstbestimmung, Antirassismus, Schwulen- und Lesbenrechte) in symbolisch, aber nicht immer substantiell majoritäre nationale Anliegen entstehen und andererseits aus dem ökonomischen *Internationalismus* – manchmal mit dem Ausdruck eines »Pazifischer Rand«-Chauvinismus, stets mit der Akzeptanz des transnationalen Kapitals als Limit für die nationale Politik – der auf vielerlei Weise sowohl die Ablöse des alten rassistischen Nationalismus durch den Multikulturalismus als auch das Auftauchen eines neuen, »postmodernen«, rassistischen Nationalismus ermöglichte.[54]

Eine Liste solcher Spannungen könnte sehr lang werden. Sie würde die erschreckende Kluft zwischen dem der »Aboriginalität« zugeschriebenen kulturellen Prestige und den Lebensbedingungen und Aussichten vieler aboriginaler Menschen beinhalten, die Diskrepanz zwischen dem hohen feministischen Profil der neuen Arbeiterbewegung und den Auswirkungen der von dieser Bewegung unterstützten Betriebsvereinbarungen und Pensionsvorsorgepläne auf die Arbeiterinnen, die krassen Kontraste zwischen dem kosmopolitanen Reichtum des urbanen Kulturlebens, der sozialen Auszehrung von Immigranten-Vorstädten durch Langzeitarbeitslosigkeit und der Verwüstung des ländlichen Australien durch Bankexekutionen und Service-«Abbau«, die Inkonsistenz von australischer Menschenrechtspolitik und Praktiken zuhause und in der Region.

Ein möglicher Rahmen für so eine Liste wäre allerdings, festzuhalten, daß ein in Watsons Vision der vom postmodernen Republikanismus transzendierten Tyranneien und in Labors historischem Kompromiß zwischen Identitätspolitik und Kapitalismus fehlender Begriff *Kolonialismus* ist. Alte wie auch neue koloniale Prozesse von »internem«, regionalem und globalem Ausmaß wirken weiterhin, verborgen und direkt, auf eben jene Gemeinschaften ein, deren symbolische Einverleibung in die Nation in unterschiedlicher Weise auf beiden Seiten der nationalen Politik so fleißig angestrebt wird. Doch die Überschneidungen und Diskontinuitäten zwischen den nationalen Imperialismen, die das moderne Australien erschaffen haben, und den *korporations*-gestützten Kolonialismen, die heute unsere

Gesellschaft umformen, spielen in der republikanischen wie auch der kulturell-feministischen Debatte kaum eine Rolle.

Die resultierenden Konflikte sind jedoch der alltägliche Stoff australischer Politik in der Hinsicht, daß eine Republikwerdung für sich allein genommen kaum eine Hinwendung zur Katastrophe *noch* zur Erlösung bedeutet. Diese Konflikte blockieren die Tendenzen selbst der gradualistischesten Feminismen, sich mit dem Staat oder mit den Einflußnetzwerken, in die wir involviert sind, zu identifizieren, und sie helfen sicherzustellen, daß die Nation »nicht länger als geschlossener Behälter für alles, was wir sind, verstanden werden kann ... oder als irgendeine Art Begrenzung der Richtungen feministischen Denkens«:[55] sie *regionalisieren* innerhalb und jenseits der Grenzen der Nation feministische Rahmenwerke von Denken und Handeln. Ich glaube, daß sie auch für jeden die Möglichkeiten unterminieren, die Menschen in einem Schwall singulär nationaler Subjektivität zu vereinen. Diese Politkultur arbeitet mit verschiedenen Graden limitierter Differenz (*stärker* von den Liberalen limitiert als von Labor) und mit einem kontrollierten (Labor) oder marktwirtschaftlichen (Liberale) Zugang zum Management sozialer Heterogenität; innerhalb dieser Limits können ihre Bürgerschaftsmodelle in der Praxis so divers verkörpert werden, wie man möchte.

Allein schon die Idee einer nationalen Debatte

Mir scheint, wenn Mitte der 1990er eine *populare* nationale Debatte ablief, dann lag ihr Fokus eher auf Mabo als auf der Monarchie. Mabo ist so wesentlich für die Macht- und Wertekonflikte in Australien, daß es die Republik versenken könnte.[56] Einige Leute behaupten, daß unabhängig davon, welche Partei an der Regierung ist, eine Republik irgendwann in näherer Zeit unausweichlich ist. Sie ist es natürlich nicht: sie muß bei einem Referendum von einer Mehrheit der WählerInnen *und* einer Mehrheit der sechs Staaten angenommen werden.[57] Das Resultat kann von jenen Staaten abhängen (Western Australia und Queensland), in denen gemäß Mabo bedeutende Landflächen zurückverlangt werden könnten und wo die weiße Panik am ehesten mit einem intensiven, historisch mit viel kleineren Staaten wie etwa Tasmanien geteilten Antizentralismus verschmelzen kann. Die staatenbezogenen Identitäten und Passionen, auf deren Mäßigung der Republikanismus abzielt, werden hier für das Ergebnis entscheidend sein; AustralierInnen stimmen gewöhnlich mit »Nein« bei jedem Vorschlag, der die Macht der Zentralregierung erweitert, selbst wenn wir sagen, daß wir dem *Inhalt* des Vorschlags zustimmen.[58] Landverwaltung war eine Angelegenheit der einzelstaatlichen, nicht der föderalen Regierungen. Mabo hat das geändert: Indem es die Rechte einiger aboriginaler Gruppen anerkannte, übte es, wie es eine Republik tun würde, eine nationalisierende Kraft aus. Gleichzeitig fragmentierte Mabo weiße Vorstellungen einer uniformen Aboriginalität; in der Berichterstattung über die Politik von Mabo mußten die Medien endlich Differenzen und Konflikte in der *aboriginalen* Meinung anerkennen.

Populare Debatten, in denen Menschen aus allen Bereichen des Lebens auf einer alltäglichen Basis über ein komplexes gemeinsames Anliegen reden und streiten, sind ziemlich rar. Etwas vom diesbezüglichen qualitativen Unterschied zwischen »der Republik« und »Mabo« – beides Mediensignifikanten – wird verständlich, wenn wir versuchen, uns die Verwendung einer Lunch-Allegorie zur Erörterung der Politik von Mabo vorzustellen. Wenn diese Idee inkongruent erscheint, liegt das nicht daran, daß »Lunch« Konsumation und urbanes Scherzen konnotiert (als ob aboriginale Menschen keinem von beiden je frönen), sondern weil die soziale Verbreitung von Mabo so nicht zur Gänze erfaßbar ist. Der republikanische Lunch ist eine selbstreferentielle Klassenfigur in einem medienzentrierten Diskurs. Daran ist nichts Falsches, solange seine Grenzen erkannt werden. Mabo jedoch ist der Name eines riesigen, komplizierten Geflechts unterschiedlicher, aber miteinander verbundener Debatten: technische Fragen des Landbesitzes, fortdauernde politische Kämpfe über ökonomische, soziale und ethische Prioritäten wie auch Föderation-Staaten-Beziehungen, philosophische Fragen über den Wert von Regierungsmaßnahmen zur Wiedergutmachung, und zutiefst emotionale Konflikte über Arten der Beziehung zum eigenen Land und der eigenen Kultur – von denen jede an etwas für das australische Leben Fundamentales rührt.

Mehr noch, wenn Mabo auch als ein Ausdruck »der immensen narrativen und diskursiven Macht«, welche die Aborigines erreicht haben, seine brillianten Medienstars hatte, ist es doch kein Produkt einer Persönlichkeitspolitik. Noch wurde Mabo für »das Volk«, universalisiert als MedienkonsumentInnen, inszeniert. In dieser Hinsicht können jüngere aboriginale Konstruktionen der öffentlichen Sphäre »Beispiele« einer Politik bieten, die fähig ist, selbst unter Druck, über den Laborismus der Vergangenheit und das Eliten-Networking der Gegenwart hinauszugehen (wie Peter Beilharz formuliert). Während aboriginale Menschen nicht »von der Warte des Hyperluxus der Ersten Welt aus mit den reflexiven Gedanken eines wohlbezahlten, wohlgenährten, abgehobenen Gelehrten«[59] sprechen, können jene von uns, die von solchen Positionen aus sprechen, eine Menge daraus lernen, wie Aborigines als *spezifische* Intellektuelle[60] politisch mit den Erste Welt-Institutionen umgingen, während sie zugleich von den Fundamenten in aboriginalen Gesellschaften und Politiken aus arbeiteten, die ihre organische Beziehung zu ihren Leuten definieren. Die nationale Autorität einer Marcia Langton oder eines Noel Pearson ist nicht von den Medien abgeleitet, obwohl sie medial verbreitet wurde; sie ging der Reklame für ihre persönlichen Rollen in den Native Title-Verhandlungen voran und überlebte sie. Solche Autorität hat ihre Basis in der Gemeinschaft und ergibt sich *auch* aus ihrem Einsatz spezifischer professioneller und symbolischer Fertigkeiten für aboriginale Zwecke.

Diese Fertigkeiten umfaßten die Verwendung der Medien, um das »weiße ›Bringt-mich-zu-eurem-Anführer‹-Syndrom«[61] zu kritisieren, das die Berichterstattung über aboriginale Aktivitäten beseelt, und um aboriginale Autoritäts- und Handlungsmodelle in anderen kulturellen Kontexten zu zirkulieren. Während der 1980er wurde ein Modell einer kulturellen *Pädagogik* auf die nationale Politik übertragen; man begann, weiße AustralierInnen nicht als kompetente Unterdrücker, sondern als junge, unwissende Menschen anzusprechen, die man belehren müsse. In jüngerer Zeit verwendete Langton das Modell eines »*Theaters* der Politik, in dem Selbstrepräsentation ein kompliziertes Instrument geworden ist«, um aboriginale Medienpraktiken zu analysieren, und die Vorstellung eines *»tatsächlichen Dialogs«*, in dem alle Parteien imaginierte Modelle vom jeweils Anderen testen und immer wieder anpassen (»sei es an der Supermarktkasse oder in einer Film-Koproduktion«), um eine funktionierende Form des interkulturellen Austausches zu definieren.[62] Ein anderes Modell ist *Diplomatie*, wobei die Begriffe »Verhandlung« und »Protokoll« verwendet werden, um eine Ethik interkulturellen Benehmens zu ermöglichen wie auch aboriginale Rechte im politischen Bereich zu bestärken.[63] Pearson hat sich öffentlich für eine Manipulation der kulturellen Vorurteile der Mittelschicht ausgesprochen (»um das mittlere Terrain zu erobern ... muß man sie durch Form gewinnen«)[64] und für eine Orchestrierung von radikalen und gemäßigten Ansätzen.[65]

Wenn diese praktischen Modelle die performative Dimension und das partizipatorische Potential einer medialisierten öffentlichen Sphäre auf Arten ausbeuten, die zwischen zumindest einigen von Australiens Gemeinschaften dolmetschen (selbst wenn sie andere dabei alarmieren und verärgern), erstrecken sie zudem bis in die Tagesnachrichten die »Untersuchung der rhetorischen Taktiken«, die Curthoys und Muecke in einer rekonstruktiven Bewegung *hin zur* »Nation« suchen. Allerdings machen sie die Idee der Nation selbst auf Weisen provisorisch, die jeden Vergleich der Pluralität indigener Nationen mit einem singulären, in einen monolithischen Staat investierten Nationalismus oder der polarisierten Gegenwart mit einer harmonischeren »non-nationalistischen« Zukunft komplizieren müssen.

Einerseits wurde weißen AustralierInnen streitlustig mitgeteilt, daß unsere nationsbildende Kultur Gegenstand einer rekonstruktiven Praxis ist; alte euphorische Tonarten nationaler Anrede wurden nun als »heikel« für staatliche Anlässe gesehen, und die Verlagerung von einer Schuldrhetorik zu einem Verantwortungsethos in den späten 1980ern verlangte von uns, am Wiederaufbau teilzunehmen – ein Projekt, das für viele weiße Menschen selbst euphorisch aufgeladen war. Andererseits verlangen, wie die Stärke des Gegenschlags gegen diese Veränderungen vermuten ließ, *tatsächlicher* Dialog und Diplomatie eine viel anstrengendere und vorsichtigere Reaktion auf die Aufgabe, das zu artikulieren, was Tim Rowse »die Pluralität der historischen Erfahrung« in Australien nennt, als eine Glückliche-Familie-Version von Diversität geben kann.[66]

1996 ging die neue Koalitionsregierung sogleich auf Konfrontationskurs zu aboriginalen Organisationen und ließ das lange diskreditierte Gerede über »Integration« und Assimilation neu aufleben. Selbst unter Labor war es allerdings klar, daß aus »Mabo« kein singuläres Bürgerschaftsmodell als Symbol korporatistischer Wiedergutmachung extrahiert werden konnte. In der Mediensphäre sind alle

ZuseherInnen zunehmend mit Bildern von aboriginalen Gruppen konfrontiert, die internationale Allianzen mit anderen indigenen Völkern, antikolonialen Bewegungen und Organisationen wie dem Weltkirchenrat und Amnesty International eingehen, um australische Regierungen zu zwingen oder zu *umgehen* im Kampf für grundlegende Menschenrechte (Wasser, Nahrung, Obdach) für ihre Gemeinschaften. Gleichzeitig werden die Modelle von Diplomatie und Protokoll von transnationalen Korporationen übernommen, die mit den traditionellen Eigentümern des Landes verhandeln wollen.[67]

Wir werden auch mit Bildern aboriginaler regionaler Selbstverwaltungsbewegungen und eindeutig urbanen Stimmen konfrontiert, die staatlich sanktionierte aboriginale Organisationen herausfordern; und mit einer radikal undiplomatischen Politik von Kritik und Protest, die weiterhin notwendig bleibt, nicht zuletzt in feministischen Kontexten, um echten Menschen, nicht einer freischwebenden kulturellen Abstraktion, die Art von »diskursiver Macht« zu verschaffen, die sich in soziale und politische Ermächtigung übersetzen läßt. Diskursive Macht bedeutet nicht, daß aboriginale Interessen mit »dem nationalen Interesse« konvergieren. Derselbe Noel Pearson, der einst eine einschließende nationale Rhetorik verwendete, um dem liberalen Parteiführer vorzuwerfen, daß er »auf eine australische Errungenschaft uriniert«, als dieser androhte, den Native Title Act aufzuheben, sagte in anderem Kontext geradeheraus: »Mabo ist extrem konservativ. Es geht dabei zu 90 bis 95 Prozent um den Schutz bestehender europäischer Interessen.«[68]

Es wird in Multikulturalismus-Diskussionen oft betont, daß die Position der Aborigines *partikulär* sei: Die Indigenen können nicht unter eine »nationale« Politik subsumiert werden, die ihre Enteignung bestätigt. Die Vorstellung, daß eine exemplarische Partikularität etwas Allgemeines artikulieren kann, geistert seit vielen Jahren an den Rändern der Theorie herum.[69] Sie wird, glaube ich, aufgrund der Hartnäckigkeit einer philosophischen Annahme vernachlässigt, daß »das« Partikuläre (doch ExemplarikerInnen würden von »einem« Partikulären sprechen) »dem« Allgemeinen nur *entgegengesetzt sein* oder es *illustrieren* könne, was einerseits zu brutalem Partikularismus und andererseits, freundlicher, zu Typisierung führt.[70] Das republikanische Lunchen setzt auf die zweite Möglichkeit. Es verwendet die kulturellen Resourcen eines popularen komischen Realismus, indem es »die Leute« als eine Serie sozialer Typen besetzt, um ein additives, nicht pluralistisches Modell multikultureller Nationalität zu bewerben – tatsächlich eine koloniale »Logik der Sammlung«, die, wie Hage erklärt, die Diversität des in Australien vorhandenen exotischen ethnischen Lebens ausstellt.[71] Die Politik von Mabo hat die *generelle* Inadäquanz dieser Art zu denken demonstriert, und sie hat auch gezeigt, wie Angriffe darauf zeitweise über nationale wie auch über lokale, regionale und internationale Systeme funktionieren können.

Bruce Robbins hat die Formulierung »komparativer Kosmopolitanismus« verwendet, um der Inklusivität und Diversität des Multikulturalismus im US-Kontext eine Schneide »notwendiger aber schwieriger Normativität« hinzuzufügen, die

»Raum schafft für Momente der Generalisierung ... ohne eine Lizenz für ungehindertes Universalisieren zu offerieren.«[72] Eine für feministische KritikerInnen nützliche Generalisierung, die aus dem Beispiel aboriginaler Medienpraktiken erwächst, ist, daß die möglichen Nationen, die wir theoretisieren, in Kämpfen um die Umformung einer tatsächlich vorhandenen Nation Gestalt annehmen können; in dieser Perspektive auf die Praxis ist die ehrwürdige *Opposition* zwischen Identitätspolitik mit ihrer transversal lokalen und transnationalen Kraft und einer Nationalpolitik, die nur in Begriffen der Schließung und Eindämmung gedacht wird, selbst von begrenztem und lokalem Wert. Mabo ist nicht das einzige Thema, das eine nationalisierende Kraft zeigte, während es inkommensurable Interessen in einem transnationalen Rahmen mobilisierte. Die Umwelt ist ganz massiv ein weiteres; ebenso die Anrufung des UN-Menschenrechtskommittees durch tasmanische Schwulenaktivisten, die die Keating-Regierung zur Einführung einer bundesweiten Privatsphäre-Gesetzgebung zwang, die potentiell Staatengesetze außer Kraft setzen kann, die damals homosexuelle Handlungen in Tasmanien effektiv verboten.[73] Diese Beispiele sind nicht austauschbar. So wie das langjährige Engagement australischer FeministInnen und MultikulturalistInnen für die »regulatorischen Praktiken und Prozesse der Schaffung gesellschaftlicher Köhäsion«[74] hat jedoch jedes damit zu tun gehabt, das kontradiktorische Verfahren zu nutzen, um die Inhalte und Prioritäten nationaler Politik zu beeinflussen.

Mit einem bestimmten Prozeß *zu tun haben* ist jedoch nicht dasselbe wie von ihm subsumiert, auf ihn beschränkt oder mit ihm identifiziert zu werden. Etwas Wesentliches an der rauhen Flexibilität dessen, was ich lose »Identitätspolitik« genannt habe, wird bei einem puristischen Rückzug aus dem kontaminierenden Raum des Nationalen ebenso leicht vergessen wie bei düsteren Projektionen der Gefahren einer Republik. Solche Politiken basieren nicht auf dem Ideal des Gemeinnutzes, und sie leiten ihre Ziele und Werte nicht aus einer versteckt sektiererischen Abstraktion »des« nationalen Interesses ab.[75] Aus eben diesem Grund können sie sowohl den Staat als auch die Nation als praktische Stätten von Kampf und Experiment konstruieren. Außerdem sind soziale Bewegungen, die kollektiv »Erfahrung« produzieren, weder motiviert noch *organisiert*, um das, was Rowse als »störendere Rhetoriken«[76] bezeichnet, aus ihren eigenen diskursiven Räumen auszuschließen, geschweige denn aus den Medien oder irgendeiner anderen öffentlichen Sphäre. Manche Gruppen versuchen es natürlich; aber es ist viel einfacher, einen unwillkommenen Gast beim Lunch hinauszuwerfen, als Identitätspolitik von unverhandelbar störenden Elementen zu säubern. Damit soll nicht der ineffektive »kritische« Zugang zur Politik romantisiert werden, den Beatrice Faust als »expressiv« abtut (»glücklich, Dampf abzulassen – besonders wenn es vor einem toleranten und freundlichen Publikum getan werden kann«).[77] Es soll auf eine reale, sogar pragmatische Bedingung jener Art demokratischer Praxis hinweisen, die Irving sich vorstellt als »einen Prozeß kontinuierlicher Diskussion, kontinuierlicher Versuche, neue Rechte zu artikulieren, neue Institutionen und neue Modelle der Repräsentation.«[78]

Nichts an diesem Denken ist dem Feminismus fremd, und es versetzt uns in eine stärkere Position, mit dem Republikanismus in Zukunft auf positive Weise umzugehen. Die medienzentrierte Logik des republikanischen Diskurses ist nicht bloß ein anekdotischer Aspekt seiner sozialen Verbreitung. Ein Grund dafür, warum hastige »feministische Kritiken« von klassischem Republikanismus und Theorien einer Zivilgesellschaft von der *Realpolitik* von Keatings Republik so weit entfernt schienen, ist, daß letztere die Notwendigkeit eines nationalen *Marketing-Image*[79] so offen bekräftigte. Sie war nicht abhängig davon, »dieselbe alte« nationalistische Mythologie neu zu formulieren, eben weil sie für ökonomische und politische Bedingungen gedacht war, unter denen die Grenzen der Nation, und die Macht des Staates, diese zu schließen, nicht länger als gegeben angenommen werden können. Bei Keatings Republik ging es um *internationalen Handel*, nicht um bürgerlichen Humanismus, und um *Verkaufspsychologie*, nicht um demokratische Partizipation; die Republikwerdung sollte bewirken, daß wir »uns besser fühlen«, was gut ist für die Wirtschaft, und daß Australien vor seinen Handelspartnern »besser dasteht«. Innerhalb der Parameter eines Managertdiskurses mag diese Argumentation wohl zutreffen. FeministInnen müssen jedoch einen so konstruierten Republikanismus weder prinzipiell akzeptieren noch prinzipiell ablehnen, um herausarbeiten zu können, wie wir zur Förderung unserer Anliegen partizipieren können.

Das Auftauchen von »Lokalrechten« als Basis zur Erschaffung einer regionalen statt nationalen Politik für indigene Völker in Australien und Ländern in Asien sollte helfen, uns daran zu erinnern, daß die Händlerrepublik kein Produkt eines europäischen volkstümlichen Nationalismus ist, wenn sie auch nationalistische Gefühle wecken und manipulieren mag.[80] Sie ist ein Produkt einer transnationalen Wirtschafts- und Sozialordnung, die hemmungslos die Frauenarbeitskraft ausbeutet und das demagogische Gerede über Bürgerschaft an vielen Orten in unserer Region und in Australien zur Farce macht. Wie es die Gewerkschafterin Pathma Tamby Dorai bei einer Konferenz zur Feier von hundert Jahren Frauenwahlrecht in South Australia ausdrückte, »Asien wird im Gegensatz zu Australien ein fantastisches Wirtschaftswachstum vorausgesagt, aber auf wessen Rücken?«[81]

Dorais Frage war keine bloße Geste. Australische FeministInnen könnten, so schlug sie vor, Druck auf australische Firmen ausüben, einen formalen Verhaltenskodex zu entwickeln, der die Rechte der ArbeiterInnen in den asiatisch-pazifischen Ländern berücksichtigt, in denen sie investieren (und ihre Forderung war selbst schon ein Akt internationalen Drucks). Einen ähnlichen Aufruf erließ eine von Bombay aus arbeitende Kinderrechtsaktivistin, Alpa Vora. Unter Ablehnung von Handelssanktionen gegen von Kindern erzeugte Drittweltwaren (»Protektionismus, getarnt als soziale Betroffenheit«),[82] argumentiert sie für die Einführung ethischer Einstellungs- und Lohnpolitiken seitens der australischen Investoren, das Erkennen der wachsenden Kinderarbeitsprobleme in Australiens eigener Textilindustrie, Unterstützung für Kampagnen zur Bereitstellung von Schulausbildung und Gesundheitsvorsorge für KinderarbeiterInnen in einzelnen Fabriken und eine stärkere Zusammenarbeit zwischen australischen Hilfsorganisationen und Anti-Kinderarbeitsgruppen in asiatischen Ländern.

Wenn KulturfeministInnen ebenfalls in dieser Weise »regional« über die Republik als eine Gelegenheit für eine international orientierte Politik nachdenken, die die Nation als ein *offenes* Handlungsgerüst nutzt, dann fallen wir nicht in die mythische Welt der Buscharbeiter und Rettungsschwimmer zurück; entscheidend ist, daß diese nicht nur »weiß-männliche«, sondern *protektionistische* nationale Ikonen waren. Wir befinden uns in einer Welt, die auf vielerlei Weise in Umformung begriffen ist durch das Aufkommen des asiatischen Kapitalismus und durch die harsche Mythologie dessen, was wir aus Bequemlichkeit »ökonomischer Rationalismus« nennen. Das ist für FeministInnen kein unbekanntes Territorium. Es ist eben derselbe Boden, auf dem unsere Praxis einer konjunktiven, nicht additiven, pluralistischen Politik – Feminismus *und* Arbeitsverhältnisse, Feminismus *und* Antirassismus, Feminismus *und* Immigrationspolitik, Feminismus *und* Menschenrechte, Feminismus *und* Umweltschutz, sogar Feminismus *und* Kulturtheorie – viele Jahre lang, oft recht erfolgreich, formuliert und erprobt wurden.

Auf diesem Boden können auch wir daran arbeiten, einen Unterschied zwischen der Monarchie und einer Republik zu machen. Vielleicht haben wir keinen Erfolg. Aber wenn wir beschließen, es nicht zu versuchen, und am Ende gibt es da *keinen* Unterschied, dann werden wir niemandem die Schuld geben können – etwa beim Lunch im, zur Erinnerung an einen monarchistischen Großvater der Republik wieder einmal neu aufpolierten, Henry Parkes Motel – außer uns selbst.

Epilog: Zukunftsangst

> Wenn der Mensch, der Grosses schaffen will, überhaupt die Vergangenheit braucht, so bemächtigt er sich ihrer vermittelst der monumentalischen Historie; wer dagegen im Gewohnten und Altverehrten beharren mag, pflegt das Vergangene als antiquarischer Historiker; und nur der, dem eine gegenwärtige Noth die Brust beklemmt, und der um jeden Preis die Last von sich abwerfen will, hat ein Bedürfniss zur kritischen, das heisst richtenden und verurtheilenden Historie.
>
> Friedrich Nietzsche (1874)[1]

> [Howard ist] wie der alte Schullehrer, den wieder aufzusuchen uns nicht im Traum einfallen würde. ... Er ist eine derart vertraute Trostlosigkeit in unserem Leben, daß ich voll Verzweiflung auf die kommenden drei Jahre blicke. Er ist wieder da! Er ist wieder da!
>
> Bob Ellis (1997)[2]

Um 1990 herum entwickelte sich öffentlich eine seltsame Annäherung zwischen umweltschützerischer Untergangsstimmung und einer Form von »weiße Überlegenheit«-Rassismus, den ich im politischen Leben Australiens für ausgemerzt hielt. Selbst der Geist des »Weißen Australien« schien 1987 endlich gestorben, als der Oppositionsführer John Howard die Koalition von einer Laborregierung, die die die meisten seiner politischen Konzepte gestohlen hatte, zu differenzieren versuchte, indem er einer wirtschaftlich unter Druck stehenden Wählerschaft andeutete, er könnte rassische Diskriminierung wieder in der Immigrationspolitik einführen: »Ein Australien« sollte der neue Slogan sein. Australien verlor in zirka zwei Monaten ein Vermögen an Investitionen aus Südostasien. Die Medien erklärten Rassismus für verabscheuenswürdig, das Großunternehmertum stimmte zu, und »Ein Australien« verschwand; eine Geschichte, so schien es, war zu Ende. Dann plötzlich sprach man über etwas Neues, das man »green and red-neck alliance«[2a] nannte.

Sicher ist das eine leichtfertige Formulierung. Viele UmweltwissenschaftlerInnen, AktivistInnen und FarmerInnen argumentieren ohne jede Bezugnahme auf Rasse, daß der extrem trockene australische Kontinent, heute von achtzehn Millionen Menschen bewohnt, realistischerweise nur *zehn* Millionen Menschen versorgen kann, die auch nur einer gemäßigten Form unseres gegenwärtigen mehrheitlichen Lebensstiles frönen. Bei der seit 1788 erreichten unglaublichen Rate an Bodenerosion, Versalzung, Ausdehnung der Wüsten, Waldzerstörung, Wasserverschmutzung und Ausrottung von Spezies ist das nicht schwer zu glauben. Als jedoch das Bureau for Immigration Research 1990 eine Konferenz abhielt, um unter anderem dieses Thema zu diskutieren, behaupteten VertreterInnen der von einem Journalisten umständlich so bezeichneten »vormals internationalistischen linksliberalen Klasse«, der beste Weg zur Bevölkerungsreduktion wäre, ImmigrantInnen zu eliminieren, die »in den übervölkerten Städten anderer Länder aufgewachsen sind und erst noch einen Lebensstil schätzen lernen müssen, der vom Wesen her mit offenem Raum verbunden ist; oder die ... kaum Wissen über, nationalen Stolz auf oder Interesse für die einzigartige Landschaft, Flora und Fauna in Australien mitbringen.«[3]

In diesem Abschnitt unserer Geschichte sind die »übervölkerten Städte«, aus denen in dieser Vision Horden von Umweltvandalen in unseren »offenen Raum« strömen, asiatische Städte. Zwar wird diese Kodierung nicht immer explizit gemacht, doch das ist auch nicht nötig. Vor einem Jahrhundert machte dieselbe ausschließende Logik, indem sie Klassenkampf anstelle von »Lebensstil« und Löhne und Bedingungen für weiße männliche Arbeiter anstelle der Sorge um Flora und Fauna anführte, die Politik des Weißen Australien zum Angelpunkt des Labor- und Gewerkschaftsethos. Es stimmt, daß als Reaktion auf diese Geschichte lange Zeit jeder Versuch, ernsthaft über Immigration zu diskutieren, von einschüchternden »Rassismus!«-Schreien begrüßt wurde (mit dem Erfolg, daß AntirassistInnen ohne jede Vorstellung vom Wasserhaushalt bei diesem Thema prekäre Glaubwürdigkeit besitzen). Bei dieser besonderen Logik ist der Stempel des Überlegenheitsdenkens aber wirklich eindeutig. Sie setzt voraus, daß der Andere, anders als wir, immer derselbe bleibt (aus »läßt sich nicht gewerkschaftlich organisieren« wird »kann keine Beziehung zur Natur haben«) und daß wir durch »unsere« nationale Verschiedenheit ein Monopol auf Wissen und Interesse haben.

Selbst unter den rücksichtslosen Bedingungen, die einem der Katastrophismus aufzwingen kann, schien es grotesk, denselben Fehler im Namen der »Ökologie in einem Land« ein zweites Mal zu machen. Doch die unheimlichen politischen Wiederholungen, die eine rassistische Umweltschutzbewegung prägen, gehen über die alte Dialektik von »Weißen« und »Asiaten« im *fin de siècle*-Diskurs der 1890er hinaus und reichen mit ihren Wurzeln ein weiteres Jahrhundert bis in die ursprüngliche koloniale Szenerie zurück. Anhand von Berichten über Konflikte mit Indigenen in den Vereinigten Staaten und Kanada[4] begannen einige UmweltschützerInnen zu argumentieren, daß das, was von unserer »einzigartigen Landschaft« nach zweihundert Jahren weißer Besiedlung noch übrig ist, vor Aborigines geschützt werden müsse – »modernen« Aborigines mit Gewehren, Jeeps, Landrechten und Macht zu Verhandlungen mit multinationalen Bergbaukonzernen.

Einige Jahre später waren dann in der australischen öffentlichen Kultur weder Rassismus noch Wiederholung ungewöhnlich. In der Person von Premierminister John Howard – Familienmensch, ökonomischer Rationalist – kehrte Donald Hornes modellhafter Gewöhnlicher Australier von 1964 als »Mainstream-Mann«[5] wieder. Bis Ende 1996, als der Mann im Hemd mit dem offenen Kragen seine ersten premierministerlichen Sommerferien am Strand verbrachte, waren Monumentalismus und *political correctness* der Keating-Ära hinweggefegt worden; ein Bürgermeister einer Kleinstadt in South Australia hatte von seinem Recht auf Redefreiheit

Gebrauch gemacht, um australische Kinder als »Bastarde« zu bezeichnen, und eine fraktionslose Parlamentsabgeordnete, Ms. Pauline Hanson (passenderweise, für eine Pat Buchanan-Version für eine sekulare egalitäre Gesellschaft, eine hart arbeitende Imbißbudenbesitzerin und alleinerziehende Mutter dreier Kinder), hatte die Medien das ganze Jahr über mit Warnungen dominiert, daß »wir Gefahr laufen, von Asiaten überschwemmt zu werden«, und mit Enthüllungen, daß die Aborigines in der australischen Gesellschaft »privilegiert« seien.

Das Parlament hatte jedoch zu guter Letzt (zu spät für jene, die in der Flut von Unterstützungen für Hanson verprügelt und beschimpft worden waren, und keinen Augenblick zu früh für die Tourismusindustrie) auch parteiübergreifenden Widerstand gegen Rassendiskriminierung und Intoleranz wiederbekräftigt. In Wahrheit stärker »Mainstream« als Ms. Hanson war der schleichende Antiquarismus, der ihr apokalyptisches weißes Jammern nach dreißig Jahren der Anrüchigkeit wieder respektabel werden ließ. Sie sprach über die soziale Katastrophe in einer alten und einst geehrten Sprache der platten Gleichsetzung (Schwarz und Weiß sollen »dieselbe« Behandlung erfahren) und des ökonomischen Nationalismus (»keine weiteren Asiaten«), der sich selbst wirklich nicht für rassistisch hält (»Aborigines können dieselben Rechte haben wie wir anderen« und »Asiaten, die schon hier sind, können bleiben«).[6] Wenn die überwältigende Mehrheit der armen, ökonomisch »überflüssigen« und kulturell »nicht konkurrenzfähigen« Leute in einer Nation weiß sind, wird diese Sprache sehr leicht für jene der Unterdrückten gehalten – weiße Opfer der Geschichte, mundtot gemacht durch die neuen, kosmopolitanen, multikulturellen Eliten.

Es liegt eine Art von Wahrheit in dieser Einschätzung.[7] Wenn auch wenige der historischen Konflikte, die ich in diesem Buch untersuche, spezifisch australisch sind (bei aller Einzigartigkeit der politischen Landschaft, in der sie ausgetragen wurden), lag doch eine exzentrische Eigenart der australischen öffentlichen Kultur in der von mir besprochenen Periode tatsächlich in der relativen Macht, derer sich die »politisch korrekten« Eliten mit Zugang zu den Medien und der Regierung, Geläufigkeit der Funktionsweise beider und zeitweise klassenundurchlässigen Agendas erfreuten: Da liegen Lektionen für die Zukunft in dem häßlichen Bild, das eine »Mainstream«-angepaßte Identitätspolitik bietet, die ihre eigene Klassenmacht leugnet oder lediglich händeringend beichtet. Dies jedoch ist eine Wahrheit über Medienmacht und temporäre oder *momentane* Erfahrungen, nicht über tiefreichende soziale Strukturen oder die räumliche Verteilung von Macht.

Howard formte einen Raum und eine Zeit der Wiederholung und erlöste die alte »weiße Panik« dadurch, daß er diese beiden Arten von Wahrheit zusammenfallen ließ.[8] Mit Anleihen bei George Bush's Attacken auf die *political correctness* verschmolz er erfolgreich die *Idee* »benachteiligter Gruppen« – Aborigines, Arbeitslose, alleinerziehende Mütter, neue ImmigrantInnen – mit dem *Bild* der sichtbar wohlgenährten und hörbar gebildeten »Elite«, die im Fernsehen für diese Gruppen sprach; wie in den Vereinigten Staaten wurde das Boulevardradio das bevorzugte Medium eines wachsenden popularen Hasses auf »elitäre Minderheiten«. In Australien drückte dieser Haß auch die populare *Revolte* gegen eine öffentliche Kultur aus, in der »eine Mehrheit der Menschen [...] überhaupt nicht vorkommen« oder sich »auf eine Art repräsentiert [fühlen], daß sie sich überhaupt nicht wiedererkennen.«[9]

Howards Triumph jedoch lag darin, ein historisches Bezugssystem bereitzustellen, das diese neue, zukunftsorientierte und brutal entzweiende Rhetorik als einen Weg erscheinen ließ, zu einer sichereren und sozial kohäsiveren Vergangenheit *zurückzukehren*. Weise und AkademikerInnen haben oft argumentiert, daß Howard, für den weiße AustralierInnen »nichts haben, dessen sie sich schämen müßten« und »viel, auf das sie stolz sein können«, keinen Geschichtssinn oder aber eine zynische Sicht der australischen Geschichte hat. Nichts könnte von der Wahrheit ferner sein. »Indem er das von Alters her Bestehende mit behutsamer Hand pflegt, will er die Bedingungen, unter denen er entstanden ist, für solche bewahren, welche nach ihm entstehen sollen«: Howard ist das, was Nietzsche einen *antiquarischen* Historiker nennt.[10]

In Bob Ellis unfreundlichem Portrait erscheint Howard als ein »schäbiger kleiner gerissener Vorstädter«.[11] Er achtet tatsächlich nur ein sehr kleines Set von schäbig-weißen vorstädtischen Werten und sucht sie zu bewahren. Howard hat des Antiquars »höchst beschränktes Gesichtsfeld« (Nietzsche, 33); er hegt mit Sorgfalt nur das repressive soziale Ethos (»Familienwerte«), die kalte Politik und die provinzielle anglo-keltische Mainstream-Kultur der 1950er und 1960er. Als jedoch so viele Menschen der Agrar- und Arbeiterschicht wirtschaftlich ausgeplündert waren *und* sich kulturell verachtet fühlten (eine Stimmung, die im zornigen Titel von Les Murrays *Subhuman Redneck Poems*[12] von 1996 punktgenau eingefangen war), und als die überarbeiteten und unsicher beschäftigten multikulturellen urbanen Eliten die Schlagzeilen sahen, die herausbrüllten, daß Sydney der »Mittelschichts-Sweatshop« Asiens geworden sei,[13] verlieh seine Aura der Schäbigkeit und Kleinheit Howard beeindruckende Macht, *historisch* »gerissen« zu sein.

Er benutzte effektiv die Medien, um den Rahmen historischer Argumentation weg von »der Weltbühne«, auf der »herumzustolzieren« Keating viel Spott eingetragen hatte, und zurück zu »Heim und Familie« zu reißen, die einmal mehr zu einem heterosexuellen Kernbereich verengt wurden; und er veränderte das dominante *Genre* für die Durchführung historischer Debatten von Labors »Gesamtbild«-Saga mit Auftritten großer Männer und Großer Ereignisse zu einer intimen, episodenhaften »Kämpfer«-Geschichte, die sich, wie die Rundfunkserien aus alter Zeit,[14] auf gewöhnliche Männer und Frauen mit alltäglichen Problemen konzentrierte, die darum rangen, in bescheidenen Heimen und Shopping Centers überall im Land zurechtzukommen – Kämpfer, die sich abmühten, die Familie für einen Tag am Strand zusammenzuhalten oder für ein Wochenende auswärts in einem billigen, aber freundlichen Motel. In flachem, langweiligem, nasalem Tonfall machte er *Small-Talk* über eine familiäre, nachbarschaftliche, hartnäckig alltägliche Geschichte.

»Hier haben wir gelebt«, sagte er zu weißen AustralierInnen, »denn hier leben wir, und hier werden wir leben, denn wir sind zäh und nicht über Nacht kaputtzumachen.«[15]

Dann riß er die öffentliche Rhetorik zurück in einen »entweder/oder«-Modus. In einer bösartigen Regression wurden Menschen aufs Neue als Aborigines *oder* als Steuerzahler dargestellt, ethnisch *oder* australisch, lärmende Minorität *oder* schweigende Majorität. Auf diese Weise werden gesellschaftliche Experimente in Richtung einer offenen oder nach außen orientierten Inklusivität (»und ... und«) in das trennende Schema übersetzt, durch das eine exklusive Form von Inklusivität (»Für uns alle«, wie der Slogan ging) dic Insider-Exklusivität der »Eliten« mit ihrem bindestrichreichen Gerede von »und ... und« erst projiziert und sich dann dagegenstellt. Wenig überraschend, war dieser Schritt geschlechtlich konnotiert: wie er so zärtlich (in Nietzsches Worten) »das Kleine, das Beschränkte, das Morsche und Veraltete« an sozialen Werten umarmte, wurde Howard dafür gerühmt, daß er »die Frauen ansprach« und die nationale Politik »feminisierte«.[16]

Der »arrogante« Keating war ein perfektes Ziel für diese gerissene Operation. Seine eigenen Experimente zur Schaffung eines ruhigen Raums zwischen Heim *und* Familie *und* Welt, zwischen Nationalismus *und* Multikulturalismus *und* Kosmopolitanismus waren aus dem gedrängten Milieu wetteifernder Ideen und sozialer Interessen, das sie geformt hatte, losgerissen und unter einen Aspekt seines Persönlichkeitskultes subsumiert worden, seine Liebe zur *monumentalen* Historie. Der Mythos von Keating als eines » Thätigen und Mächtigen, [...] der einen grossen Kampf kämpft, der Vorbilder, Lehrer, Tröster braucht und sie unter seinen Genossen und in der Gegenwart nicht zu finden vermag« (Nietzsche, 20) war ein Geschenk für Howard in seinem zwanzigjährigen Ringen um die Übersetzung der fremden Individualität, Religiosität und Moralität der amerikanischen neokonservativen Politik in eine unbeirrbar kommunalistische und »kynische« soziale Alltagssprache.[17] »An dieser Forderung, dass das Grosse ewig sein solle, entzündet sich« gerade in Australien »der furchtbarste Kampf« (22). Als Labor »FÜHRUNGSKRAFT« (»LEADERSHIP«) zu seinem Slogan für 1996 wählte, fand Howard seine Übersetzung: Paul Keating war »völlig abgehoben«.

Es verwandelte sich für Howard zu einem Vorteil, daß er im Fernsehen oft verlegen aussah, daß er im Radio seinen Text verpatzte und ihm Irrtümer in seinem politischen Programm unterliefen, daß er am Höhepunkt seines Wahlkampfes vor laufenden Kameras stolperte und hinfiel. Er verkörperte den *Stress* »des kleinen Mannes«. Als Howard in einem seiner allerschlechtesten Interviews versprach, dafür zu sorgen, daß sich die AustralierInnen rechtzeitig zur Olympiade 2000 in Sydney und den Hundertjahrfeiern der Föderation 2001 »entspannt und bequem« fühlen werden, begannen Leute, die in den turbulenten, signifikanten, über Geburt und Tod von Nationen bestimmenden Politiken von Aussöhnung, Republikanismus und asiatisch-pazifischem Regionalismus gefangen waren, zu lachen, und zu erschauern. Die meisten AustralierInnen liebten die Vorstellung.

Zwischen dem Katastrophismus von links- und rechtsaußen und dem unablässigen Drängen der managerhaften Labor, das Leben in einem endlosen Restrukturierungsprozeß zu kolonisieren, bot Howard die Hoffnung auf eine Rückkehr zu dem »einfache(n), rührende(n) Lust- und Zufriedenheits-Gefühl«, das die antiquarische Historie »über bescheidne, rauhe, selbst kümmerliche Zustände, in denen ein Mensch oder ein Volk lebt, (...) verbreitet« (31). Doch jeder, der ein Auge für die Geschichte in den Bildern hat, konnte in einer anderen, temporal seichteren Garnitur von Referenzen, arrangiert durch einen neuen Schatzkanzler, Peter Costello – der im Parlament seine Gegner beschimpfte, schicke Anzüge trug, den Macarena im Frühstücksfernsehen vorführte – die leere Zukunft dieser Hoffnung erkennen. Die Lebensbedingungen lagen in den Händen einer schlechten oder schwachen echten Kopie (keines Simulakrum)[18] von Keating Modell 1, eines ökonomisch-rationalistischen »Revolutionärs«, der im Unterschied zu seinem Vorbild glaubte, daß die Armen das Elend verdient hatten und keine Hilfe von der Regierung verdienten.

Was für eine Zukunft hat in so einer Zeit die von Nietzsche so genannte »kritische« Historie? Ich denke, sie kann nur fortfahren in ihrer Arbeit des Richtens, in ihrer Anstrengung, »eine Vergangenheit zu zerbrechen und aufzulösen« in dem Prozeß, den Nietzsche als Erschaffung einer »zweiten Natur« beschrieb, die fähig ist, zu einer neuen ersten Natur zu werden (35-37). Das ist eine schäbige Aussage, und ich muß gestehen, daß die Vitalität von Nietzsches Text für mich an diesem Punkt verblaßt, so verkrustet, wie er durch eine Geschichte wiederholter wissenschaftlicher Zitierungen ist – wie die Flügel von Walter Benjamins armem Engel der Geschichte, die lustlos im Dienste eines nicht sehr lebendigen Professionalismus schlagen.[19] Doch wenn in dieser Vision des Kritischen auch eine gewisse Langeweile spürbar ist (und eine furchterregende Vorwegname einer puritanischen *political correctness* in Nietzsches Ruf »zu einem Kampfe einer neuen strengen Zucht gegen das von Alters her Angezogne und Angeborne« und Anpflanzen »einer neuen Gewöhnung« in uns [37]), spüre ich doch eine *Leblosigkeit* sowohl in den zynischen als auch den panikerfüllten Alternativen, die in der Kulturtheorie angeboten werden.

In Cultural Studies über populare Medien werden die kritischen Energien oft hin- und hergerissen zwischen zwei rivalisierenden, aber zusammenwirkenden temporalen Modi, die ich in diesem Buch berührt habe: chronische Stasis (»es ist immer das Gleiche, nichts ändert sich je«) und akute Kontemporärität oder Dynamitis (»das war einmal, dies ist jetzt!«). Beides Verlängerungen des Historizismus, fördert der erste den *Futilitarianism*, um ein altes australisches Wort zu benutzen, einer distanzierten und doch unersättlichen Kritik; die Vergangenheit kennt bereits alle Antworten auf die Probleme der Gegenwart, und erst am Ende der Geschichte wird eine »wirkliche« Veränderung stattfinden. Sein weitaus amüsanterer Rivale nährt sich von semiotischen Notfällen und durchlebt auf *ästhetische* Weise jeden Tag ein »Ende der« Geschichte; vom Prinzip her unfähig, von der Vergangenheit zu lernen, löst er das aus, was Jane Goodall in ihrem vorsichtigen Vergleich zwischen dem Neurasthenie-Gerede im Neunzehnten Jahrhundert und unserer eigenen

Besessenheit vom Stress »Fälle von kultureller Hypochondrie im Endstadium« nennt.[20]

Beide teilen aber ein politisches Mißtrauen gegen »Reform« und ein intellektuelles Desinteresse an *langwierigem* Werden, aktivistischer Zeit: Der erste, weil alle Zeit diesseits des Endes von Kapitalismus und Patriarchat an die Kooptierung verpfändet oder »verkauft« ist; der zweite, weil die unmittelbar bevorstehende Apokalypse ein »komplettes Veralten der Erfahrung der Mühe«[21] mit sich bringt. Beide bewohnen eine Gegenwart, die reich ist an »fatalen Vorhersagen«[22] und arm an praktischen Möglichkeiten: Keiner von beiden hat *Zeit* für die Vorstellung, daß monumentale und antiquarische Historien, die in der öffentlichen und popularen Kultur wetteifern, zum Guten oder zum Schlechten auch darin aktiv sein könnten, was Nietzsche »im Dienste des Lebens« nannte. Als Annäherung an eine medialisierte Politik beiden näher verwandt ist Nietzsches eigene Vision einer Zeit, geknechtet von dem »Kritiker ohne Noth, de[m] Antiquar ohne Pietät, de[m] Kenner des Grossen ohne das Können des Grossen« – einer Zeit, die für Nietzsche selbst auch ein *Raum* der Umweltkatastrophe ist, in dem die Spezies Historie »ihrem natürlichen Mutterboden entfremdet« sich durch Emigration schädlich ausbreitet und in »Gewächse« degeneriert (29).[23]

Natürlich ist die Zeit für viele entschlossene, weltliche AktivistInnen ebenso knapp wie für KulturtheoretikerInnen. KatastrophikerInnen etwa werden sagen, daß Imperative der Umwelt sofort Vorrang vor anderen erhalten müssen, daß die Zukunft von der Kapazität des Planeten abhängt, weiterhin menschliches Leben zu erhalten, und daß es nunmehr zu spät ist, um langsam zu arbeiten; es sind, so sagen sie, Entscheidungen zu treffen. Ich will dieses Dringlichkeitsgefühl nicht schlechtmachen. Echte Dilemmata entstehen, von denen viele es den alten »links-liberalen« Kulturen in Zukunft erschweren werden, ihre politische Vorstellungswelt weiterhin dadurch zu erhalten, daß sie sich mit einem Spektrum von Ursachen identifizieren, das einst problemlos als kohärent konstruiert wurde. Als Bürgerin, deren Unterstützung für Landrechte und aboriginale Selbstbestimmung (wenn ich gezwungen bin, zu wählen) stärker ist als meine Opposition gegen den Uranabbau oder die Jagd, bin ich mir eines Hiatus an diesem Punkt meines Denkens bewußt.

Es fällt mir leicht zu glauben, daß der massive ökologische Zusammenbruch nicht bloß wahrscheinlich ist, sondern unmittelbar bevorsteht. In jenen Momenten, wenn ich kuwaitische Ölfelder im Fernsehen brennen sehe, von einer 1.200 Kilometer langen, giftigen blaugrünen Algenblüte höre, die ein Flußsystem abtötet, das ein Drittel Australiens bewässert, oder einfach beobachte, wie mein roter Jasmin vergißt, im Winter seine Blätter zu verlieren, habe ich Angst, daß der größte Teil der Spekulationen über die Zukunft, zu der ich jemals Zugang haben könnte, in dem Sinn »akademisch« ist, daß die Gesellschaft, wie ich sie kenne, wahrscheinlich noch zu meinen Lebzeiten zusammenbrechen oder zur Unkenntlichkeit verändert werden wird. Andererseits entscheide ich mich, von Tag zu Tag zu handeln, als ob meine Angst nicht wirklich zählen würde.

Als Intellektuelle habe ich mehrere Möglichkeiten, diese Angst zu verdrängen. Ich kann sie »milleniarisch« nennen und »Mythen« analysieren. Ich kann UmweltschützerInnen unterstützen, die daran arbeiten, Lösungen für Dispute und Probleme auszuhandeln. Ich kann mithelfen, auf den Schaden aufmerksam zu machen, der von intensiven Agrikulturmethoden und Tourismusressort-Projekten (mehr als von »Immigranten«) angerichtet wird, und auf die Anstrengungen von Leuten, die alternative Technologien entwickeln, kann zeigen, wie Entscheidungen sozial strukturiert, historisch flektiert und offen für Veränderung sind, kann daran arbeiten, konstruktivere Arten öffentlicher politischer Debatte zu fördern. Doch der Hiatus bleibt: Was bringt es denn (frage ich mich manchmal, wenn ich meinen roten Jasmin beobachte), eine Geschichte des Diskurses der »einzigartigen Landschaft« zu schreiben, wie er heute in unseren Medien angewandt wird? Aber wenn ich im Fernsehen einen Mann sehe, der einen Vorschlag bekämpft, einen Fluß in der Wüste auszutrocknen, um das Gras auf einem in japanischem Eigentum stehenden Golfplatz auf »internationalen Standard« zu bringen, dann weiß ich in dem Moment, was Kulturgeschichte zu erreichen hoffen kann, wenn ich höre, wie er (»Ich bin kein Rassist, aber ...«) in Schimpfereien abgleitet über »die Japaner«, die »das Land übernehmen«.

Ich halte es für wichtig für meine Arbeit als Kulturkritikerin, meine eigenen Anfälle von schäbig-weißer Vorstädterangst nicht zu verleugnen oder sie zu verdrängen, indem ich unkorrekte Emotionen gegenüber der Zukunft wie Hilflosigkeit, Zweifel und Sorge einfach abtue. Ob marxistisch oder postmodern inspiriert, ob immer noch von Fünfjahresplänen gejagt oder eine disziplinierte Begeisterung über »Widerstand« in der Popularkultur erzwingend, scheint mir diese Art Kritik die Reichweite und möglicherweise das *Publikum* ihrer Arbeit zu beschränken, indem sie defensiv die Spannungen ignoriert, denen die meisten Menschen bei der Bildung ihres eigenen Handlungsbewußtseins unterworfen sind. Für mich haben Forderungen »danach«, etwas zu tun, die das *Durcheinander* des Lebens und Handelns in der heutigen Welt auslöschen, etwas Billiges. Eine allgemeine Konsequenz dessen, was David Harvey die Zeit-Raum-Verdichtung genannt hat, ist denke ich nicht die vielgerühmte »Fragmentierung« eines (europäischen) Geschichtsverständnisses, die Harvey im Postmodernismus[24] erkennt, sondern vielmehr ein Wuchern heterogener und *volatilisierter* Temporalitäten, die einen Kampf um Geschichte, der intensiver ist als je zuvor, zu einem globalen machen.[25]

Mehr als schematische und weit ausholende Theorien ermutigt mich Ruth Levitas Argument, daß die Schwierigkeit beim heute über die Zukunft Nachdenken aus einem konkreten Problem resultiert:

> ... der Schwierigkeit, Interventionspunkte in einer zunehmend komplexen sozialen und ökonomischen Struktur zu identifizieren, und die Agenten und Träger sozialer Transformation zu identifizieren. Es ist daher schwierig, sich den Übergang zu einer imaginierten besseren Zukunft vorzustellen und daran zu glauben. Das Problem mit zeitgenössischen Utopien ist nicht, daß es schwierig wäre, imaginäre Landkarten der

Zukunft herzustellen, sondern daß es schwierig ist, adäquate Landkarten der Gegenwart herzustellen, die Vorstellungen von einer damit zusammenhängenden, aber transformierten Zukunft zulassen.[26]

Nur mitten in den konkreten Problemen dieses temporalen Dazwischen – der Zeit jenes Übergangs, während dessen in jeder Erzählung das, was passiert, passiert – wird es, so denke ich, für KulturkritikerInnen sinnvoll, ihre Karten zu zeichnen und ihre bescheidenen Handlungsvorschläge zu erstatten.

Der Katastrophismus sagt uns, *warum* wir die gesamte künftige Zeit vom Handeln in den nächsten paar Jahren abhängig machen sollen, aber das »Wie« eines solchen massiven Handelns bleibt (wie in jedem Projekt, das vage den »Sturz« des Kapitalismus beinhaltet) unklar. Der Pragmatismus bietet die mittelzeitliche Temporalität des Kommittees, des Berichts, des Mahlens der internationalen, regionalen und lokalen Verhandlungen zwischen widerstreitenden, sogar unvereinbaren ökonomischen Interessen, politischen Programmen und historischen Visionen. Als Bürgerin ist mir der relative Realismus des letzteren meist sympathischer als der absolute Realismus des ersteren, weil ich den Pragmatismus für eine Praxis halte, die insgesamt besser geeignet ist, sich ihren Weg durch die *Hindernisse* zur Veränderung zu bahnen.

Allerdings verstehe ich von Temporalität der Kulturpolitik in wieder anderen Begriffen. KritikerInnen arbeiten primär als MediatorInnen – Schreibende, Lesende, Bilderzeugende, Lehrende – in einer sowohl sozial als auch theoretisch obskuren Zone von Werten, Meinung, Ideologie, Glauben und Emotion. Wenn wir uns potentiell und tatsächlich in ausgedehntere soziale und ökonomische Kämpfe verwickeln lassen, kann jegliche politische Effektivität, die wir für unsere *kritische* Arbeit beanspruchen mögen, die meiste Zeit nur durch graduelle Verschiebungen in dem wahrgenommen werden, was Menschen in Beziehung auf bestimmte Umstände in Zeit, Ort und Raum für denkbar und machbar halten. In gesetzteren Zeiten kann dies von dafür Begeisterten als immanent großartiges Unternehmen entworfen werden. In angstvollen oder turbulenten Zeiten wird es leicht als trivial beschimpft. Dazwischen stimme ich mit Margaret Morse überein, wenn sie sagt:

> Veränderungen in gemeinsamen Fiktionen, Werten und Überzeugungen passieren auf lange Sicht, langsam und stufenweise, nicht nur deshalb, weil einst geteilte Werte diskreditiert werden oder nicht mehr länger gültig sein mögen, sondern weil alternative Werte und ihre Befürworter sich angestrengt haben, ihre Spuren im Diskurs zu hinterlassen. Ich glaube, daß die Fernsehkritik dem kulturellen Wandel dienen kann, wenn sie solche langfristigen Ziele im Auge behält.[27]

Um so eine positive Anstrengung zu unternehmen, ist es notwendig, auf die *Offenheit* der Zukunft zu setzen, und ebenso, sich dafür zu engagieren, in der Gegenwart ein gewisses Gefühl der Kontinuität und Solidarität mit jenen zu erzeugen, die sich in der Vergangenheit angestrengt haben.

Aus diesem Grund bleibe ich ungerührt von dem, was zwanzig Jahre des Wandels im Feminismus mich gelehrt haben, als Verbrämung offenkundigen politischen Versagens dieses oder jenes kritischen Anspruchs oder Standpunktes zu betrachten. Ich glaube nicht daran, daß relevante Teile der Zukunft davon abhängen, was in einem akademischen Buch oder einer Konferenz gesagt wird. Andererseits habe ich keine Zeit dafür, mir rituell die Haare zu raufen über die Sinnlosigkeit von allem (»die Welt bricht auseinander, während wir herumsitzen ...«). Die meisten Menschen mit mehr als bloß karrieremotiviertem Engagement für die kritische Praxis fühlen Zweifel, sogar Sorge, über Zweck und Wert ihrer Arbeit, und oft hilft uns das beim Denken. Doch es gibt auch eine altehrwürdige Praxis des sich ins eigene Fleisch schneidenden Antiintellektualismus, der durch die furchtlose Aufdeckung, daß jemand anderes Aufsatz über populare Ästhetik es unterlassen hat, den Militär-Unterhaltungs-Komplex zu demontieren, lediglich bewirkt, daß die Signifikanz der Arbeit anderer Menschen vermindert wird.

Ich habe in einem früheren Kapitel Ian Hunters Geschichte dieses und anderer kritischer Rituale erwähnt, *Culture and Government: The Emergence of Literary Education.*[28] Hunters Kritik der »Kritik« als Ethos der Selbstformation ist in Beziehung auf die meisten kritischen Debatten, die nicht direkt mit Kultur- oder Bildungspolitik zu tun haben, immer noch, wie Michèle Le Doeuff es nennt, *atopisch*,[29] unverortbar unverortet. Hunter erklärt diesen Atopismus jedoch selbst, wenn er argumentiert, daß weil der romantische Imperativ, »getrennte ethische Substanz« in der Kulturkritik wieder zu versöhnen, niemals erfüllt werden kann, der Imperativ repetitiv bewirkt, einen überladenen Raum der *Krise* zu erhalten, wo massive Probleme auf einer derart generellen Ebene angesprochen werden, daß sie unmöglich zu lösen sind, und auf Arten, daß sie keine Verknüpfungen zu Handlungsmöglichkeiten herstellen können, durch die tatsächliche soziale Zukünfte definitive Gestalt bekommen könnten.[30]

Wenn wir das zum Zweck der Argumentation einmal als faire Beschreibung der Dynamiken der Cultural Studies-Debatten akzeptieren, folgt daraus, daß Kritik keine Praxis ist, die soziale Zukünfte formen kann, sondern im Gegenteil eine, die *notwendig*, schon während sie differenzierte kritische Ichs multipliziert, darin *versagen muß*, das zu identifizieren, was Levitas »Interventionspunkte« nennt, die effektives Handeln ermöglichen. Hunter ist mit diesem Argument nicht allein. In ähnlichem Geiste schlägt Tony Bennet vor, daß die Figuren, die so oft als »Agenten« sozialer Transformation bezeichnet werden – Klassen, Rassen, Geschlechter, das Volk – besser als »*Phantom*-Agenten«[31] beschrieben würden. Anhand des Beispiels der Politik öffentlicher Museen schlägt er vor, wenn Agenten »Entitäten [sind], die fähig sind, Entscheidungen zu treffen und sie umzusetzen«, hieße das:

> Man würde weder Klassen noch »das Volk« – oder, da wir gerade dabei sind, Rassen oder Geschlechter – aktiv als identifizierbare Agenten in der Sphäre der Museumspolitik finden. Was man natürlich finden würde, wären Ansprüche, Klassen- oder

> Popularinteressen zu repräsentieren, Ansprüche, die von einer ganzen Reihe effektiver sozialer Agenten vorgebracht werden mögen – MuseumskritikerInnen, partikuläre Interessensgruppen wie WHAM [Women Heritage and Museums], Managementkommittees, DesignerInnenteams, KuratorInnen, manchmal sogar Stiftungsbeiräte (31).

Das soll nicht heißen, daß Klassen, Rassen und Geschlechter nicht existieren, wie man so sagt; für Bennet haben sie und »ähnliche Konstrukte unzweifelhaft eine echte Existenz sowohl als Ziele spezifischer politischer Programme wie auch als Repräsentationen, welche die überzeugenden Strategien sozialer Agenten informieren.« Allerdings »können sie selbst keine solchen Agenten sein« (31-32).

Ich denke, Hunter und Bennet könnten damit Recht haben. Dies zuzugestehen, schafft nur dann Probleme für KulturtheoretikerInnen und –kritikerInnen, wenn wir *in* unserer Arbeit die institutionellen Standorte *von* unserer Arbeit als MediatorInnen, Lehrende und Schreibende, also ProduzentInnen überzeugender Strategien, nicht ernst nehmen. Etwas gereizt möchte ich hinzufügen, daß feministische TheoretikerInnen und KritikerInnen der Kultur Standorte immer ernst genommen haben. Ohne über den Kreis von ein paar Texten hinauszugehen, die ich oft zum Nachdenken verwende, finde ich Michèle Le Doeffs Geschichten von Frauen und Philosophie,[32] das Werk Gayatri Spivaks, so sorgfältig klar hinsichtlich der feinen Pragmatiken von Diskurs, Macht und Handlungsfähigkeit in akademischen Kontexten,[33] Patricia J. Williams' »Alchemie« von Rasse und Rechten, Literatur und Gesetz, persönlichem und professionellem Wissen,[34] und ich finde Claire Johnstons unzeitgemäße Aufsätze über Frauenkino und Filmgeschichte.

Nichtsdestoweniger scheint es für die Cultural Studies als, sagen wir, ein Ethos, eine kollektiv geformte Veranlagung schwer zu sein, die aus dem »Englischunterricht« ererbte megalomanische Vorstellung abzuwerfen, daß eine Ausbildung im Lesen eine Kaste absoluter Untertanen (oder, wie Hunter vielleicht sagen würde, »ganzer Personen«) formen kann und formt, die fähig ist, eine Nation oder gar die Welt zu verwalten. Wenige KritikerInnen würden sich zu so einem absurden Ziel bekennen wollen. Doch das Verlangen nach totaler Verantwortlichkeit mit seinem Versprechen eines ultimativen, aber immer aufgeschobenen Zustands der Vollkommenheit autorisiert nach wie vor das Betragen bei jenen Gelegenheiten, wo akademische Grüppchen zusammenkommen, in Touristenhotels und Konferenzsälen, um sich gegenseitig das »Auslöschen« der Handlungsspielräume einer unbegrenzbaren Zahl von Subjekten (Klassen, Rassen, Geschlechter, Sexualitäten und das Populare dienen bei diesen Gelegenheiten nur als die generellsten Formen von dem, was Rey Chow *»portable Unterdrückungen«*[35] nennt) und damit eine Mittäterschaft bei multiplen historischen Verbrechen vorzuwerfen.

Vielleicht strukturiert die Geschichte des »Englischunterrichts« auch unsere professionelle Vorstellungswelt, wenn wir als Praktiker einer wahrhaft sitzenden Aktionsform (reisende TheoretikerInnen *sitzen* in Flugzeugen, wie sie an

Schreibtischen sitzen) unsere Befassung mit einer größeren Welt dramatisieren, indem wir uns diskursiv als Helden und Heldinnen der Mobilität entwerfen: der Intellektuelle als Nomade, Detektiv, Tourist, Fußgänger, sozial aufsteigender Gorilla. Mit Sicherheit prägt sie unsere Praxis zuinnerst in jenen Momenten, in denen wir von einem aufwühlenden, einfallsreichen, eloquenten und gelehrten kritischen Diskurs, der die Leute soeben offenkundig inspiriert und gestärkt hat, fragen, »Schön, aber was kann er *sonst* noch?«

Ich vermute, die Kulturkritik würde großen Nutzen aus einem besseren Verständnis ziehen, was es ist, das so ein Diskurs tatsächlich tut. Hunter und Bennet befassen sich nicht mit dieser Frage, da sie sich für andere Modi intellektueller Arbeit beziehungsweise leichter sozial umsetzbare Methoden zur Strukturierung von Forschung in den Cultural Studies interessieren. Jene von uns jedoch, denen *infolge Begehrens* daran liegt, »Raum zum Manövrieren«[36] auf dem weiten Terrain der Ästhetik zu schaffen, müssen neben unseren Fragen nach dem Affekt auch die Fragen nach der Effektivität beachten, die Hunter und Bennet aufwerfen.

Für Bennet ist der beste Zugang zum Thema *agency* »über Brechts Bemerkung, daß es nutzlos ist, bloß ›die Wahrheit‹ zu schreiben; man muß [...] ›sie *für* und *an* jemanden schreiben, jemanden, der etwas damit tun kann‹« (31). Durch Anfügen einer Forderung, daß wir bei der Benennung desjenigen, der »etwas tun« kann, sozial viel exakter sein sollen, macht Bennet es uns schwer, als Antwort einfach (wie es unter Druck geratene KulturkritikerInnen immer noch zu tun pflegen) »unsere StudentInnen« auf die Liste der Phantomagenten zu setzen; nicht weil StudentInnen Phantome wären, sondern weil gerade ihr Status als »unsere StudentInnen«, was sie in dieser (temporären) Kapazität »tun können«, und jegliche Projektionen, die wir über den Wert unserer Pädagogik für ihr Leben machen mögen, Bestandteile des selbstformenden Regimes der Kritik sind, das Bennet, ebenso wie Hunter, angreift.

Rey Chow, eine weitere Feministin, die über die institutionellen Rahmen akademischer Arbeit schreibt, liefert eine bessere Art von Antwort auf Bennet im Zuge ihrer eigenen Kritik der »moralischen und/oder rhetorischen« Siege, die von Phantomagenten duch einen »Schuldgefühle auslösenden Diskurs nach dem Motto ›wer spricht?‹« erzielt werden. Für Chow liegt das Problem bei »wer spricht?« darin, daß »die Betonung immer auf dem ›wer‹ liegt« (146). Dafür gedacht, die Antwort zu herauszulocken, daß jene sprechen, die Macht haben, leugnet diese Frage die Macht und die Technologie, die ihr erlaubt, errungen zu werden, und simplifiziert Unterdrückung, indem sie »versucht, die Welt in Form einer kohärenten narrativen Grammatik zu verstehen, mit einem identifizierbaren (anthropomorphen) Subjekt für jeden Satz.« Um die »mannigfaltige und widersprüchliche« Natur der Unterdrückung in Hong Kong in den Vordergrund zu rücken, beginnt Chow ihre eigene Darstellung chinesischer Popularmusik mit einer anderen Frage: »Was spielt?«

Nun, indem sie dies tut, kreiert Chow einen Kontext für ihre Frage. Während ihr Aufsatz fortschreitet, wird es klar, daß zu fragen »was spielt?« (»was sind die

Formen des Überschusses? Wie besetzt Überschuß die Emotionen? Was ist der Zusammenhang zwischen Überschuß, Emotionen und der Portabilität von Unterdrückung?«) in der zeitgenössischen chinesischen Musik überhaupt nicht bedeutet, eine Frage nach den Effekten durch eine Frage nach der Emotion zu ersetzen. Es bedeutet im Gegenteil, diese Musik zu befragen, wie Emotionen *funktionieren* können und was musikalisch in einem Kontext *bewirkt* werden kann, in dem eine hartnäckige »Unartikuliertheit« Krieg führt gegen »die redende Funktion des Staates«, wo »wer spricht?« ein Befehl ist, der hinter einer vierzigjährigen Geschichte politischer Verhöre und Säuberungen steht, wo die romantischen kritischen Themen von Parteilichkeit und Exzeß (»Überschuß«) Wege beschreiben können, mit totalitärer Rationalität zu leben, und wo die »symphonischen Effekte« einer offiziellen Kultur der Kollektivität auf eine *»Revolution im Zuhören«* (162) treffen, die durch eine bestimmte Technologie, den Walkman, möglich wird. Für Chow gewährt diese Technologie nicht nur Zugang zu einer individualisierenden »Freiheit, für die Lautsprecher der Geschichte« taub zu sein, sondern auch zu einer anderen Art von Kollektivität: »nicht notwendigerweise ein aus der Ferne zu idealisierendes ›Anderes‹, sondern vielmehr ein weltlicher, mechanischer, portabler *Teil* von uns selbst« (164).

Außer bei diesem wesentlichen letzten Punkt ist dies kein Kontext, in dem ich irgendeine Art von sozialer Agent wäre. Gibt es also irgendetwas, was ich verantwortlicherweise mit Chows Analyse chinesischer Popularmusik *tun* kann? Ich denke, die Antwort ist Ja: Der Walkman lädt LeserInnen ein, als portabel anzusehen, »was« für sie in diesem Essay »spielt«,[37] so wie er der Frage nach der Portabilität der von Chow beschriebenen ostasiatischen Straßenszenen in das US-akademische Umfeld ihrer Beschreibungsarbeit als eben dies, eine *Frage*, aufzutreten erlaubt. Vielleicht ist der Walkman in diesem Kontext selbst ein »Interventionspunkt«. Denn ebenso, wie Chow die Musik verwendet, um historische Partikularität herauszuarbeiten (beispielsweise wie ein »offen autistisches Ich« gegen den chinesischen Kommunismus antreten kann), legt ihr Gebrauch des Walkman auch nahe, daß diese Geschichte, diese Musik, nicht abgeriegelt sind gegen unsere eigenen, was immer diese sein mögen; was wir aus dem Essay über Individuen und eine portable Kollektivität lernen, ist vielleicht nicht auf eine gesonderte und (wenn wir Westler sind) beruhigend nicht-westliche Sphäre beschränkt.

Es ist die Maskierung unserer *Verwendung* von Technologien, die Chow kritisiert, nicht die Portabilität selbst. Daher denke ich, es ist fair zu sagen, daß Chow, indem sie die »Wer?«-Frage nach der Identität durch die »Was?«- und »Wie?«-Fragen nach der Praxis ersetzt und »Fragen nach der Anwendung von Linguistik und Narratologie auf Machtthemen« (145) durch eine Frage nach der Pragmatik (»spielt«), in praktischerer Weise als Bennet auf das fokussiert, was er »überzeugende Strategien« nennt, sowie auf den »popularen« Widerstand, dem solche Strategien *begegnen* mögen. Ihr Ansatz erlaubt uns, selbst in jenen grundlegenden professionellen Aktivitäten des Sprechens und Schreibens zu fragen »was spielt?«, und wenn wir dennoch fragen »wer spricht?« (denn ich glaube, es gibt Zeiten, da wir das tun müssen), erinnert er uns daran, die Betonung auf das »spricht« zu legen – auf Technologien und Techniken der Überzeugung.

Dies führt mich zurück zu der Frage von Kulturkritik und sozialer Effektivität. Brecht schrieb laut Bennet »an und für jemanden«, der tatsächlich das Proletariat als Phantomagent war. Bennets Aktivist zieht es vor, pragmatisch für soziale Agenten zu arbeiten, die von Institutionen *als* Agenten klar definiert und eingesetzt sind, in denen Fragen wie »wer spricht?« und »was spielt?« definitive Antworten haben und einander durchaus bedingen mögen; wissen, welche Interessen in einem Kommittee vertreten sind, ist oft gleichbedeutend mit wissen, was spielen wird.

Chow definiert eine dritte Möglichkeit. Sie »siedelt« ihre Frage nach Pragmatik in einem »Bereich« chinesischer Musik »an«, der historisch bestimmt, offen für Portabilität und technologisch ein Teil eines breiteren Prozesses der Zirkulation ist (oder, wie Deleuze und Guattari vielleicht sagen würden, eher »pick-up« als »cut-up«[38], in dem es keine Möglichkeit gibt, irgendwie letztgültig zu limitieren, »für und an« wen *irgendetwas* gespielt wird.

Bennet ignoriert diese dritte Möglichkeit und siedelt, indem er bloß eine im weiten Sinne managerhafte Form von Aktivismus der »unaussprechlichen Komplexität« einer sozial nutzlosen Kritik gegenüberstellt, Aktivismus ausschließlich in einer kleinen Welt exakt situierter Jemands an (Eliteminoritäten nämlich), die andere Jemands kennen, die etwas »tun können«; in einer ordentlichen Welt mit einer kohärenten narrativen Grammatik des Handelns, die sich nicht nur auf Effizienz und Limitation stützt (für mich ist das eine große Tugend bei Bennets Ansatz), sondern auch massiv auf Abschließung gegenüber dem *Unbestimmten* im Sozialleben gegründet ist. Das bedeutet, daß Bennets Theorie die Medien, oder irgendwelche Technologien kultureller Zirkulation, als Kräfte für soziale Veränderungen nicht ernst nehmen kann.

Doch die Tatsache, daß die aller-insignifikantesten Statements unvorhersehbar zirkulieren und aufgenommen werden können, wird so wie auch das Problem des Umgangs mit unbestimmten Gesprächspartnern in unkontrollierbar porösen Kontexten routinemässig von jedem/r angegangen, der/die »Was?«- und »Wie?«-Überzeugungsfragen stellt, ob in der Medienarbeit oder an irgendeinem anderen Punkt, wo Intellektuelle als MediatorInnen, Sprechende und Schreibende intervenieren. Effektive überzeugende Strategien könne nicht aus den Konstanten einer Grammatik abgeleitet werden, ebensowenig wie Bennets fähiger »Jemand« zu einem »Subjekt« abstrahiert werden kann; beide agieren in dicht sozialen Zonen kontinuierlicher Variation im Alltagsleben. Die nützliche Polemik in den Cultural Policy Studies gegen die ästhetische Illusion, daß wir die Welt verändern, wenn wir Kritiken austauschen, sollte uns nicht verleiten, (wieder einmal) die pragmatische Kraft zu vergessen, die von Emotion, Begehren, Affekt und der hörbaren Energie, die Rey Chow »Überschuß« nennt, zur »definitiven Formung« sozialer Zukünfte ausgeübt wird. Schließlich formte das Boulevardradio einst eine Zukunft, die jetzt ein äußerst »definitiver« Teil der Gegenwart ist.

In der Praxis verfügen KritikerInnen über Methoden, mit Unbestimmtheit und Portabilität in der kulturellen Arbeit umzugehen. Wir konzentrieren uns auf Gruppen, von denen wir wissen, dass wir sie ansprechen, und tun den Rest agnostisch achselzuckend ab; wir sammeln alles von Zeugenaussagen bis zu Marktanalysen, das uns als Anleitung dienen könnte; einige von uns inszenieren unsere Subjektivitäten und Geschichten als Forschungsprojekte; andere spielen EthnographInnen und studieren, was bestimmte Gruppen mit Materialien »tun können«, die ihnen unterkommen. Ich neige dazu, von dem zu lernen, was Hunter die »positiven Wissenschaften« der Kritik, Rhetorik und Geschichtsphilologie nennt;[39] ich finde, daß diese, wenn ihnen gestattet wird, ein pragmatisches Studium von Genre und Narrativ zu umfassen, bessere *technische* Handlungsanleitungen bieten können als die monogenerische (und daher sozial unflexible) dekonstruktivistische Kritikpraxis, die jetzt häufig so einfach als »Theorie« bezeichnet wird.[40]

Was immer man über diese verschiedenen Techniken denkt, alle teilen eine Einsicht, daß Unbestimmtheit und Portabilität die Kultur nicht unartikulierbar machen oder unbrauchbar als ein Medium fokussierten Strebens für Menschen, die nicht »Politik« machen. Allerdings wird angesichts der Zunahme und Intensivierung der Portabilität der indigniert oder grammatikalisch »politisch korrekte« Provinzialismus der Annahme, daß man die politische Bedeutung dieser oder jener Handlung oder Praktik *kennt*, in Zukunft nicht sehr hilfreich sein. Zur gleichen Zeit mag die intellektuelle Kontrollphantasie, die historisch in avantgardistische Formen des Nachdenkens über die Zukunft – das Manifest, das utopische Programm, das große Buch, das den Lauf der Geschichte ändert – investiert wurde, selbst obsolet werden.

Ich mag diese Idee ziemlich. Klassisch utopisches Schrifttum deprimiert mich zutiefst, und meine Vorstellung von einer ermächtigenden Zukunftsvision ist das Finale von *Terminator 2: Tag der Abrechnung*. Doch ich bezweifle, daß die Zukunft ganz so offen ist, wie dieser Film mit seiner Versicherung nahelegt, daß Freiheit und Verantwortung möglich sind, nicht nur in den Phantasiezukünften, mit denen wir unsere Opposition gegen Regime grimmiger Notwendigkeit träumen, sondern als wirkliche Praktiken in der Gegenwart einer unbestimmten und unvorhersehbaren historischen Zeit. In der Realität erscheint die Vergangenheit jetzt allerdings oft furchterregender, als es die Zukunft unter dem alten System des Kalten Kriegs tat (und es am Schluß von *Terminator* war). Wenn sich jetzt das Gefühl einer sich mit grimmiger Notwendigkeit in blutiger Wiederholung bewegenden Geschichte in den globalen Medien festsetzt, kann ich verstehen, warum manche KritikerInnen sich nach der wohltuenden, vertrauten Schließung jenes aufwühlenden Manifests, jener singulären avantgardistischen Geste, jenes großen Buches zur Einleitung einer »ganz neuen Ära« sehnen.

Ich allerdings habe größeres Vertrauen in Morses Kulturpolitik-Modell, weil es nicht verlangt, daß wir der Furcht und der »Krise« die Möglichkeit opfern, von einer *anderen Vergangenheit* Gebrauch zu machen: keine mythische, idealisierte oder

»nativistische« Vergangenheit,[41] und nicht Nietzsches familienromantische »kritische« Vergangenheit, in der man versucht, »sich gleichsam a posteriori eine Vergangenheit zu geben, aus der man stammen möchte, im Gegensatz zu der, aus der man stammt« (76) (mit anderen Worten, eine Vergangenheit, die der von den Antiquaren geschätzten diametral entgegengesetzt ist); sondern eine tatsächliche Vergangenheit, in der reale Praktiken von Freiheit und Verantwortung möglich werden, *weil* »alternative Werte und ihre Befürworter sich angestrengt haben, ihre Spuren im Diskurs zu hinterlassen.«

Da ich weder die lähmende Überzeugung teile, daß praktisches Handeln in der Gegenwart sinnlos oder zum Scheitern verurteilt ist, noch den panikhaften Glauben, daß ImmigrantInnen, Internet, postmoderne Architektur und Außerirdische aus dem Weltraum die Geschichte terminieren, denke ich, daß es wert ist, daran zu denken, daß die Kulturkritik notwendigerweise Phasen durchläuft, in denen der Markt des durch die von Morse bezogene Anstrengung erzeugten »kritischen« Geschichtsgefühls *überdrüssig* wird, und der langsamen, stufenweise anwachsenden Temporalität, die jeder Kampf mit ernsthaften Plänen für die Zukunft aushalten muß. Meine Antwort auf derartige Überdrüssigkeit ist – Pech für Kulturkritiker. Alternative Werte und ihre BefürworterInnen können in einem apokalyptischen Ereignis ausgelöscht werden, aber sie werden nicht auf Befehl einiger abgespannter *culturati* verschwinden noch in den Hintergrund treten, um den Bedürfnissen des Konferenzsektors der Gastgewerbeindustrie zu genügen.

Auf derselben Grundlage wende ich mich jedoch gegen die unter anderen von Harvey vorgetragene Ansicht, daß die werte-parasitische »kulturelle Masse« infolge ihrer Klassenpositionierung kollektiv dazu tendiert, »die beruhigende Unterstützung einer moralischen Tradition vermissen zu lassen, die [wir] als unsere eigene bezeichnen können«; ebenso wie ich mich gegen die Idee wende, diese kulturelle Masse habe unter »dem Banner der Postmoderne« eine Menge von Kämpfen mit allgemeiner Signifikanz, wie etwa Feminismus, »internalisiert«.[42] Ich weiß durchaus, was Harvey damit meint, und er ist nicht der einzige, der das auf akademische Formen des Feminismus anwendet. Allerdings lehrte mich der Feminismus, lange bevor mir irgend so etwas wie »das Banner der Postmoderne« bewußt werden konnte, bereits den Wert aktiver kultureller Arbeit, und nicht anders herum. Alternative *Geschichten* sind ebenfalls wichtig, und die Mühe, sie im Diskurs zu markieren und zu bemerken, findet anscheinend nie ein Ende.

Wenn wir beispielsweise mit Harvey bipolare Modelle konstruieren müssen, um die Beziehungen zwischen modernen und postmodernen Methoden der Konzeptualisierung von Ort und Raum zu begreifen, dann könnten sowohl die Gegenwart als auch die Zukunft der Kulturpolitik ganz anders aussehen, wenn wir mit einer anderen Vergangenheit begännen. Statt etwa erneut von Marx und Heidegger auszugehen (und so fest im Schwarzwald-Bauernhaus der Sozialtheorie verwurzelt zu bleiben, das die Dialektik von Moderne und Tradition genannt wird), könnten wir eine Debatte zwischen Marx und Spinoza inszenieren, und eine zwischen Heidegger und

Frantz Fanon; eine weitere zwischen Alexandra Kollantai und C.L.R.James, und noch eine zwischen Judah Waten (einem russischstämmigen jüdischen australischen Marxisten) und Emma Goldman.

Ich würde es vorziehen, das bipolare Modell fallenzulassen. Ich würde gerne eine Erörterung von Raum, Ort und Geschichte sehen, die sagen wir mit Jamaica Kincaids *A Small Place* beginnt, einem Aufsatz über Antigua, der einem jede Menge über die globale Ökonomie des Tourismus, Kolonialgeschichte und die Politik kultureller Identität beibringen kann; mit Sally Morgans *My Place*, einem Text über Morgans Erfahrung, im Alter von dreißig Jahren herauszufinden, daß sie eine aboriginale und keine indische Australierin ist und was ihre eigene Geschichte mit der Rassen- und Geschlechtspolitik zu tun hat, die hinter dem Erfolg der Viehwirtschaft in Australien steht; mit Cynthia Enloes *Bananas, Beaches and Bases: Making Feminist Sense of International Politics*, einer ökonomischen und kulturellen Studie der Geschlechterpolitik der »Ortskonstruktion« (Armeebasen, Botschaften, Bordelle, Dienstbotenquartiere, Wohnungen), die für den globalen militärischen Raum unentbehrlich ist; und mit dem Buch des verstorbenen Eric Michaels über die vom Walpiri-Volk in Central Australia erfundene Kulturpolitik des Fernsehens, *For a Cultural Future: Francis Jupurrurla Makes TV at Yuendumu.*[43]

Auf diese Art könnte die »kulturelle Masse« durchaus Zugang zu einer sowohl politischen als auch moralischen Tradition haben, die nicht im possessiv selbst-identischen Sinn »unsere eigene« sein könnte, jedoch machtvoll unsere zukünftigen Anstrengungen prägen und nähren kann; die es leichter macht, wie Laura Mulvey es ausdrückt, »von einem historischen Kontext zu einem anderen fortzubauen ohne den endlosen Verlust, den die ›Tradition des Neuen‹ mit sich bringt.«[44] Wir könnten auch erkennen, daß orts-gestützte Bewegungen nicht provinzlerisch oder orts-gebunden sein müssen[45] und durchaus konkretere Wege bieten könnten, eine Politik des Raums historisch zu artikulieren, als jene ausholenden, schematischen, sich selbst für universell haltenden Traditionen des Theoretisierens bisher erzielen konnten. Was diese Bewegungen mit Sicherheit bieten können, sind die Jahrzehnte ihrer Erfahrung damit, wie hart es tatsächlich sein kann, internationale Bewegungen zu unterhalten – und ihr Wissen darum, daß es, manchmal, möglich ist, das zu tun.

Während ich dies schreibe, lenken mich die Medien mit Gerede von historischen Ereignissen vom Lärm der über mir fliegenden Touristen-Shopper-Flugzeuge ab; ganz leise gewinnt die Labor Party ihren Glauben an PKW- und Zuckertarife zurück, und die *Business Review Weekly* japst »Keating Ist Tot«;[46] spektakulär säumen mehr als eine halbe Million Menschen (eine große Menge für eine Stadt von vier Millionen, selbst wenn man die TouristInnen berücksichtigt) die Straßen beim *Sydney Gay and Lesbian Mardi Gras*, dessen Star heuer auf allgemeinen Wunsch ein Pauline Hanson-Festwagen ist, eskortiert von Koori- und asiatischen Tänzern mit großen Pommes Frites-Tüten auf dem Kopf. Ich wende mich Eric Michaels' *Unbecoming: An AIDS Diary* zu, einem weiteren Text über Globalisierung, Ort und das, was bei persönlicher Identität auf dem Spiel steht.

Darin ist ein Aufsatz enthalten, den er wahrscheinlich 1982 in einem Moment des Niedergangs, wie er es damals beurteilte, schwuler Politik schrieb. Nachdem er Jahre damit verbracht hatte, aus den Misch-Medien »historische« Strategien traditioneller, wenn auch nicht unbedingt heideggerscher aboriginaler Gesellschaften zu lernen, schrieb Michaels, ein jüdischer Amerikaner, dies über die Zukunft für schwule Männer; und ich wage zu behaupten (während ich Mainstream Man im Fernsehen betrachte), »für uns alle«:

> Zu Beginn müssen wir etwas Verantwortung für unsere eigene Geschichte übernehmen, dafür, sie an unsere Jugend zu vermitteln. Das ist keine Nostalgie. Wenn man sich schon die ganze Mühe macht, schwul zu sein, sollte man eine interessantere und nützlichere Aufgabe daraus machen. Modelle dafür gibt es in unserer allerjüngsten Vergangenheit. Sie sollten in Erinnerung bleiben.[47]

Anmerkungen

Vorwort: »Zu früh, zu spät«

1 The Theory of Women's Liberation, in: Ann Curthoys, *For and against Feminism* (Sydney 1988), 11.

2 Gilles Deleuze/Félix Guattari: Tausend Plateaus, Kapitalismus und Schizophrenie (aus d. Franz. von Gabriele Ricke und Ronald Voullié), Berlin 1992 (Paris 1980), 114.

3 Die Hauptausstellung *Frames of Reference: Aspects of Feminism and Art* fand im August 1991 statt. *Dissonance* mit über 70 unabhängigen Projekten in mehreren Städten lief von Juli bis Oktober 1991 und mündete in den Katalog *Dissonance: Feminism and the Arts 1970-90*, Hg. Catriona Moore (Sydney 1994).

4 Gough Whitlam und R.J. (»Bob«) Hawke waren 1972-75 bzw. 1983-91 Premierminister von Australien. In den 1980ern umfaßte der in ihren Namen umrissene Gegensatz, pauschal gesagt, Radikalismus (Whitlam) contra Pragmatismus (Hawke), Konfrontationspolitik contra Korporatismus und gesellschaftlichen Konsens, ideologische Leidenschaft contra kühle, kompetente Professionalität.

5 Laura Mulvey, *Visual and Other Pleasures* (Bloomington 1989), 159-76

6 Ich verdanke diese Formulierung, und damit vieles andere, Helen Grace.

6a A.d.Ü.: Morris zitiert die englische Übersetzung von Brian Massumi (*A Thousand Plateaus. Capitalism and Shizophrenia*, Minneapolis 1987, 83) »..., how thoroughly politics works language *from within*.« Die von Gabriele Ricke und Ronald Voullié besorgte Übertragung dieser Textstelle ins Deutsche »..., bis zu welchem Punkt die Politik auf die Sprache *des Innen* einwirkt« (Tausend Plateaus, 117; Hervorhebung in beiden Fällen durch mich) scheint dem Morris vorliegenden Text geradezu entgegengesetzt zu sein und würde hier keinen Sinn ergeben, weshalb ich die deutsche Übertragung hier der englischen angepaßt habe.

7 In den 1970ern wurde Interesse an Deleuze und Foucault mehr durch Debatten im Bereich der Homosexuellen-Emanzipation als von jenen genährt, die damals in der australischen Frauenbewegung vorherrschten. Vgl. Paul Foss, Meaghan Morris (Hg.) *Language, Sexuality and Subversion* (Sydney 1978); Meaghan Morris, Paul Patton (Hg.) *Michel Foucault: Power, Truth, Strategy* (Sydney 1979).

8 Deleuze/Guattari, *Tausend Plateaus*; 137; Gilles Deleuze, »He Stuttered«, *Gilles Deleuze and the Theater of Philosophy*, Constantin V. Boundas u. Dorothea Olkowski, Hg. (New York/London 1994), 23-29

9 Lesley Stern in: Lesley Stern, Laleen Jayamanne u. Helen Grace, »Remembering Claire Johnston«, Framework 35 (1988), 115.

10 Sie gab auch *Notes on Women's Cinema* (1973) heraus, Frank Tashlin und Jacques Tourneur (1973 und 1975, beide mit Paul Willemen), *Dorothy Arzner – Towards a*

Feminist Cinema (1975), und 1976 war sie Mitherausgeberin des legendären *Edinburgh '76 Magazine* (*Psycho-analysis/Cinema/Avant-Garde*) mit Beiträgen von Rosalind Coward, Christian Metz, Geoffrey Nowell-Smith, Stephen Heath, Kari Hanet, Julia Kristeva und Peter Wollen. Eine beinahe vollständige Bibliographie findet sich in *Filmnews*, »Remembering Claire Johnston«, Mai 1988, 15.

11 Stern, 115

12 Stern, 118: »Der paranoide Diskurs sieht Muster und Absichten in absolut allem, überall. Der antiparanoide oder hebephrene andererseits glaubt, daß kein Muster und keine Deutung privilegiert ist, und kann daher keinerlei Muster in irgendetwas erkennen.«

13 Jerome Christensen, »From Rhetoric to Corporate Populism: A Romantic Critique of the Academy in an Age of High Gossip«, *Critical Inquiry* 16 (Winter 1990), 438-65.

14 Gilles Deleuze/Félix Guattari, *Kafka. Für eine kleine Literatur* (a.d.Franz.v. Burkhart Kroeber), Frankfurt a.M.1976 (Paris 1975), 58.

14a A.d.Ü.: Das von Deleuze und Guattari verwendete Begriffspaar »mineur/majeur« – in der von Morris verwendeten englischen Übertragung von Dana Polan (Kafka: Towards a Minor Literature): »minor/major« – stellt den deutschsprachigen Bearbeiter vor Probleme. Sowohl im Französischen als auch im Englischen eröffnen diese Begriffe weitreichende Konnotationen und Gleichklänge in den Bereichen des Sozio-Politischen (Abstimmungs-, politische, ethnische etc. Majorität/Minorität), der Linguistik (Mehrheits-/Minderheitssprache; Hauptsprache/Dialekte und Mischsprachen; Hochsprache/Umgangssprache etc.), Literatur (Hochliteratur/populäre bzw. Gebrauchsliteratur) und nicht zuletzt der Musik (Dur/Moll), welche jeweils durch den allgemeinsprachlichen Sinn »hochwertig/minderwertig« bzw. »groß/klein« auch emotional befrachtet sind. Eine alle diese Begriffsfelder umfassende deutsche Entsprechung existiert nicht; Übersetzungen behelfen sich notgedrungen mit der abwechselnden und manchmal gleichzeitigen Verwendung aller oben angeführter (und zahlreicher weiterer) Begriffspaare in jeweils spezifischem Kontext, wobei sich zur Benennung des Generalkonzeptes der Begriff der »Minorität« durchgesetzt zu haben scheint, welcher der intuitiven Schönheit und Reichhaltigkeit des Originals schon aufgrund seiner lehnwortlichen Sperrigkeit und ausschließlich politischen Besetzung nicht gerecht werden kann. Siehe dazu zB. die Übertragung von Ricke und Voullié in Deleuze/Guattari, Tausend Plateaus, 132 ff: Hier wird dem/der deutschsprachigen LeserIn nur schwer zugänglich, daß der etwas unvermittelte Übergang von einer Betrachtung über den »flüchtigen, sich entziehenden und dezentrierten« Charakter der Moll-Tonarten zu Anmerkungen über Geheimsprachen und weiter zu Überlegungen über das Verhältnis von Dialekt und Hochsprache nicht nur assoziativ begründet ist, sondern im Original durch einen alle diese Felder zugleich umfassenden, identen Begriff getragen wird; hingegen wählt Burkhart Kroeber für seine Übertragung von Kafka: Pour une littérature mineure (Paris 1975) bewußt den Titel Kafka: Für eine kleine Literatur (Hervorhebung durch mich); vgl. auch Kroebers »Anmerkung des Übersetzers« in *Kafka*, S.24. Meaghan Morris spielt bewußt, ja geradezu exzessiv mit dem ambivalenten, implizit wertenden und feldübergreifenden Charakter des »minor«-Begriffes und weist dabei die (im deutschen »Minorität« noch viel stärker als im englischen »minority« enthaltene) soziopolitische Konnotation ausdrücklich zurück (s. im folgenden FN 21 supra). Aus Zwecken der Vergleichbarkeit und sprachlichen Einheitlichkeit (insbesondere was direkte Zitate aus den Werken von Deleuze und Guattari angeht), vor allem jedoch mangels einer besseren Alternative wird hier dennoch die bereits eingeführte Übertragung »minoritär/majoritär« verwendet.

15 Patrice Petro, Feminism and Film History, *Camera Obscura* 22 (Jan.1990), 144

16 Siehe *Camera Obscura* 20-21 (Mai.-Sept.1989), »The Spectatrix«

17 Roland Barthes, »Der Tod des Autors«, in: ders., *Texte zur Theorie der Autorschaft* (hg. v.Fotis Jannidis u.a.), Stuttgart 2000, 185-193.

18 Ronald Bogue, *Deleuze and Guattari* (New York 1989), 122

18a A.d.Ü.: Das von Morris verwendete Wortspiel mit der vorwiegend *räumlichen* Konnotation des Titels der englischen Ausgabe (Kafka: *Towards* a Minor Literature) und damit die hier entwickelte Vorstellung einer »konstruktiven« *Bewegung* funktioniert weder mit dem französischen Originaltitel »*Pour une littérature mineure*« noch mit dem Titel der deutschen Übertragung »*Für eine kleine Literatur*«.

19 Siehe Peter Burger, *Theory of the Avant-Garde*, Engl. von Michael Shaw, Minneapolis 1984.

20 Claire Johnston, »Women's Cinema as Counter-Cinema«, in: *Notes on Women's Cinema* (London 1973), 31.

21 Deleuze/Guattari, *Tausend Plateaus*; 144.

22 Peter Burger, *Theory of the Avant-Garde*. Siehe auch Andreas Huyssen, *After the Great Divide: Modernism, Mass Culture, Postmodernism* (Bloomington, 1986).

23 Deleuze/Guattari, Kafka, 25.

24 Siehe Réda Bensmaïa, »On the Concept of Minor Literature: From Kafka to Kateb Yacine«, *Gilles Deleuze and the Theater of Philosophy*, Constantin V. Boundas u. Dorothea Olkowski, Hg. (New York/London 1994), 213-28.

25 Deleuze/Guattari, *Tausend Plateaus*; Kapitel 4 (»20. November 1923 – Postulate der Linguistik«) erweitert das Konzept des Minoritären aus *Kafka* durch eine Theorie der Notwendigkeit und des *Timing* (»Daten«) in Sprache und Geschichte, während Kapitel 10 (»1730 – Intensiv-Werden, Tier-Werden, Unwahrnehmbar-Werden ...«) darlegt, daß das Subjekt des Minoritär-*Werdens* immer eine Majorität ist.

26 Deleuze/Guattari: Kafka, 26. »Kafkas Einsamkeit macht ihn offen ihn für alles, was die heutige Geschichte durchzieht.« (27).

27 Siehe einige der Aufsätze in *New Times: The Changing Face of Politics in the 1990s*, hg. von Stuart Hall/Martin Jacques, London 1989.

28 Deleuze/Guattari, Tausend Plateaus, 150 *(mit einem – bei Morris nicht getrennt ausgewiesenen – Zitat aus: Elias Canetti, Masse und Macht (Frankfurt 1980)*, 424-427; A.d.Ü.)

29 Deleuze/Guattari, Tausend Plateaus, 107. Zu Sprechakten siehe 109f. Das Konzept des »Befehls« ist komplizierter, als ich hier zeigen kann. Während es auf Aussageklassen verweisen kann (Imperative, Slogans, Reizwörter, »Tageslosungen«, »Grußworte unse-

res Sponsors«), wird es von Deleuze und Guattari auch verwendet, um gleichzeitig das Grundelement jeglicher Sprache und eine imperative Kraft zu bezeichnen, die der Sprache *immanent* ist.

30 Johnston, »Women's Cinema as Counter-Cinema«, 30-31.

31 Stern/Jayamanne/Grace, 127

32 Claire Johnston, »Femininity and the Masquerade: *Anne of the Indies*« (1975), in: *Psychoanalysis and Cinema*, Hg. E. Ann Kaplan, New York 1990, 68.

33 David Harvey, *The Condition of Postmodernity* (Oxford 1989). Ich gehe darauf ausführlicher ein in »The Man in the Mirror: David Harvey's ›Condition‹ of Postmodernity«, *Cultural Theory and Cultural Change*, Hg. Mike Featherstone (London/Newbury Park/New Delhi, 1992), 253-79

34 Einige wenige Beispiele aus verschiedenen Disziplinen sind Rosalyn Deutsche, *Evictions: Art and Spatial Politics* (Cambridge, Massachussetts 1996); bell hooks, *Yearning: Race, Gender and Cultural Politics* (Boston 1990); Cindi Katz, »Major/Minor: Theory, Nature, and Politics«, *Annals of the Association of American Geographers* 85.1 (März 1995), 164-67; Judith Newton, »History as Usual? Feminism and the ›New Historicism‹«, *The New Historicism*, Hg. H.Aram Veeser (New York 1989), 152-167; Michele Wallace, *Invisibility Blues: From Pop to Theory* (London 1990).

35 Eine Leben/Schreiben-Opposition wird beispielsweise von Teresa de Lauretis' Verständnis von »Erfahrung« als »ein kontinuierlicher Prozeß, durch den Subjektivität semiotisch und historisch konstruiert wird« ausgeschlossen; *Alice Doesn't: Feminism, Semiotics, Cinema* (Bloomington 1984) 182. Eine kritische Betrachtung des Begriffs ist Joan W.Scotts »›Experience‹«, *Feminists Theorize the Political*, Hg. Judith Butler/Joan W.Scott (New York/London 1992), 22-40.

36 Ann Curthoys, »What Is the Socialism in Socialist Feminism?« *Australian Feminist Studies* 6 (Herbst 1988), 17-24. Antworten und Reaktionen von Rosemary Pringle, Pauline Johnson, Carol Johnson, Daphne Gollan, Philipa Rothfield und Judy Lattas folgen in den Nummern 6, 7/8, 9.

37 Paul Willemen, »Rotterdam«, *Framework* 20 (1983), 44

Einführung: Geschichte in den Cultural Studies

1 Carolyn Steedman, »Culture, Cultural Studies, and the Historians«, *Cultural Studies* Hg. Lawrence Grossberg/Cary Nelson/Paula Treichler, New York/London 1992, 621. Weitere Verweise darauf im Text in Klammern.

2 Lawrence Grossberg, »Formation(en) der Cultural Studies. Ein Amerikaner in Birmingham« (1989), *in ders., What's Going On? Cultural Studies und Popularkultur,* Wien 2000, 144.

3 Henri Lefebvre, *Kritik des Alltagslebens Bd.1*, München 1974 (Paris 1947); gefolgt von *Kritik des Alltagslebens Bd.2 u. 3: Grundrisse einer Soziologie der Alltäglichkeit*, München 1975 (Paris 1962).

4 Henri Lefebvre, *Das Alltagsleben in der modernen Welt* (aus d.Franz. von Annegret Dumasy), Frankfurt a.M. 1972 (Paris 1968), 61.

5 Fredric Jameson, *Postmodernism, or, The Cultural Logic of Late Capitalism*, Durham 1991.

6 David Harvey, *The Condition of Postmodernity: An Enquiry into the Origins of Cultural Change,* Oxford 1989. Harveys Titel spielt an auf die Darstellung der Postmoderne als *epistemologischen* Zustand (condition) in Jean-François Lyotard, *The Postmodern Condition* [auf Deutsch erschienen als *Das postmoderne Wissen. Ein Bericht* (aus d. Franz. v. Otto Pfersmann), Graz/Wien 1986]. (Paris 1979).

7 Zum »Posthistorischen« s. Elizabeth Deeds Ermath, *Sequel to History: Postmodernism and the Crisis of Representational Time*, Princeton 1992; und Lutz Niethammer, *Posthistoire. Ist die Geschichte zu Ende?* Reinbek bei Hamburg, 1989.

8 O.K.Werckmeister, *Citadel Culture*, Chicago 1991, 183

9 Gilles Deleuze/Félix Guattari, *Tausend Plateaus, Kapitalismus und Schizophrenie,* Berlin 1992, 114.

10 Carl Schorske, zitiert bei Steedman, 620

11 Humphrey McQueen, »The Pineapple of Professional Correctness«, *ABC Radio 24 Hours* Juni 1996, 57. McQueen meint, daß ein »Zurückschrecken« der HistorikerInnen vor der Gegenwart KulturtheoretikerInnen und LiteraturkritikerInnen »in diesem Feld stärker alleine« gelassen hat, als wir hätten sein sollen.

12 Ich denke dabei an die Häufigkeit, mit der australische Mediengurus, die selbst keine Historiker sind, den historischen Wert von Filmen, Büchern und TV-Shows beurteilen, den Geschichtelehrplan in Schulen diskutieren und die »historischen« Auswirkungen neuer Gegenstände vorhersagen. Der Konflikt um *Political Correctness* wurde in Australien am intensivsten um die Kontrolle über die Sprache der Geschichte ausgetragen – ob beispielsweise öffentliche Museen und Schulbücher »Invasion« oder »Besiedlung« verwenden sollen, um die Ankunft der Briten 1788 zu beschreiben – statt um den literarischen Kanon.

13 Marc Augé, *Non-Places: Introduction to an Anthropology of Supermodernity* (engl. John Howe), London 1995, 25.

14 Siehe z.B. Tony Swains Geschichte des Einflusses westlicher »Zeit« auf die raumbasierenden Ontologien des aboriginalen Australien, *A Place for Strangers: Towards a History of Australian Aboriginal Being*, Cambridge/New York/Melbourne, 1993.

15 Steedman (617) folgt Dominick LaCapra darin, das Konzept von Kultur mit dem »Kultur-Konzept« zu vermengen, und nimmt damit an, daß *Üblichkeit* und *Kohärenz* immer als Charakterisierung *einer* »Kultur« verstanden werden, die dadurch mit der Geschichte des europäischen Nationalstaates deckungsgleich gemacht wird: In den Cultural Studies, würde ich sagen, hält diese Vermengung nicht. Siehe LaCapra, *History and Criticism*, Ithaca 1985, 71-94.

16 Dipesh Chakrabarty, »Trafficking in History and Theory: Subaltern Studies«, *Beyond the Disciplines: The New Humanities* (hg. K.K. Ruthven), Canberra 1993, 101-108. Weitere Verweise darauf im Text in Klammern.

17 Stephen Muecke, »Experimental History? The ›Space‹ of History in Recent Histories of Kimberley Colonialism«, *The UTS Review* 2.1, 1996, 4.

18 Siehe Chakrabartys beißende Schilderung der Rolle der Theorie bei der »Globalisierung« des Projektes ,der *Subaltern Studies,* »Trafficking in History and Theory«, 101.

19 Ernsthafte Versuche, die Spezifität der Cultural Studies zu theoretisieren, waren rar, teilweise infolge einer Scheu, Ansprüche auf Disziplinarität zu erheben. Unter den Ausnahmen sind Tony Bennett, »Coming Out of English: A Policy Calculus for Cultural Studies«, *Beyond the Disciplines: The New Humanities* (hg. K.K. Ruthven) 33-44; und Lawrence Grossberg, *We Gotta Get out of This Place: Popular Conservatism and Postmodern Culture,* New York/London 1992. Grossberg folgt Stuart Hall in der Definition von Cultural Studies als einer besonderen Art von *Praxis*: Stuart Hall, »Cultural Studies and Its Theoretical Legacies«; Grossberg/Nelson/Treichler 277-294. Über Halls Praxis als theoretisches Modell *für* Cultural Studies siehe David Morley/Kuan-Hsing Chen (Hg.), *Stuart Hall: Critical Dialogues in Cultural Studies,* London/New York 1996.

20 Inderpal Grewal/Caren Kaplan (Hg.), *Scattered Hegemonies: Postmodernity and Transnational Feminist Practices,* Minneapolis 1994, 17

21 Lawrence Grossberg, »Cultural Studies: What's in a Name?« B.Aubrey Fisher Memorial Lecture, Okt.1993, publiziert vom Department of Communication, University of Utah, Salt Lake City/Utah, 9. (Eine überarbeitete Version dieses Vortrages findet sich als »Cultural Studies: Was steckt in einem Namen? (Noch einmal)« in Lawrence Grossberg, *What's Going On? Cultural Studies und Popularkultur,* Wien 2000, 253-86)

22 So etwas wie eine Lehrmeinung zu diesem Thema wurde für die Kulturtheorie herausgebracht von Robert Young, *White Mythologies: Writing, History and the West*, London 1990.

23 »Panorama: The Live, the Dead and the Living«, in: *Nation, Culture, Text: Australian Cultural and Media Studies* (hg. Graeme Turner), London/New York 1993, 19-58.

24 Über die Komplexität dieser jüngsten Erfahrung eines »nationalisierten« Image-Raums, die im selben Jahr auftrat, in dem die »Internationalisierung« der australischen Wirtschaft begann, s. Tom O'Regan, *Australian Television Culture*, Sydney 1993.

25 Ein kurzes Glossar für amerikanische [und andere nicht-australische, Anm.d.Ü.] LeserInnen: 1891 gegründet, ist die *Labor Party* Australiens »altehrwürdige« (»grand old«) Partei (s.unten Kapitel 5). Nach innen durch ein Fraktionssystem und strenge Regeln der Parteidisziplin organisiert, umarmt sie mehrere Philosophien. Ihr »linker« Flügel umfaßt SozialaktivistInnen mit Tendenz zu Positionen links von der britischen Labour Party; ihr »rechter« Flügel, der in der Regierung üblicherweise dominiert, umfaßt Bewunderer/innen der US-amerikanischen Democrat Party. Die konservative Seite der australischen Nachkriegspolitik wird von *»the Coalition«* (»die Koalition«) repräsentiert, einer zeitweise zerbrechlichen Allianz der wirtschaftsorientierten *Liberal Party* (früher den britischen Tories vor Thatcher vergleichbar, nunmehr stark vom

rechten Spektrum innerhalb der US-amerikanischen Republican Party beeinflußt), und der ländlich gestützten *National Party* – sozialkonservativ mit einem Schuß »Agrarsozialismus«.

26 Maximilian Walsh, *Poor Little Rich Country: The Path to the Eighties* (Harmondsworth/Ringwood 1979). Ich billige diese Überzeichnung nicht. Die extreme Armut, die mehreren entlegenen australischen Aboriginal-Gemeinschaften zugemutet wird, ist nicht das, was WirtschaftlerInnen im Sinn haben, wenn sie von Australiens »Dritte-Welt«-Potential sprechen, und in eben derselben Periode zählten auf Lebensqualitätskriterien abstellende Übersichten Australien unter die reichsten Ländern der Welt. Im Folgenden interessiere ich mich für die *Kraft* dieser einschüchternden Diskurse des ökonomischen Pathos, wie sie auf populäre Bilder und, für einige Leute, auf Erinnerungen an anderwärtigen Imperialismus zurückgreifen, um Unterstützung für antisoziale Wirtschaftspolitik in der Gegenwart zu organisieren.

27 »Rekonstruktion« wurde in dieser Periode sowohl zu einem Regierungs- als auch zu einem akademischen Schlagwort durch einen einflußreichen Bericht des Australian Council of Trade Unions, *Australia Reconstructed: ACTU/TDC Mission to Western Europe* (Canberra 1987).

28 Donald Horne, *The Public Culture: An Argument with the Future*, London/Boulder, 1994, vii.

29 Die Bezeichnung »Anglo-Celtic« für AustralierInnen vorwiegend britischer und/oder irischer Abstammung wurde in der zweiten Hälfte der 1980er weithin gebräuchlich als eine Weise der Benennung der (zu jener Zeit bereits) großteils verschmolzenen, wechselseitig assimilativen Kultur von Australiens dominantem und größtem ethnischen Block. Sie erboste viele Leute als eine sowohl ahistorische als auch rassisch differenzierende Bezeichnung (im Gegensatz zu der verständlichen, aber unmöglich schwerfälligen Alternative »Britisch-Irisch-Australier«) und als Beleidigung der gaelischen Katholiken in ihren Auseinandersetzungen sowohl mit anderen »Kelten« als auch mit den Engländern. In der öffentlichen Kultur für einige Zeit akzeptiert, ist sie nun wieder umstritten. Ich habe sie nie gemocht, doch keine andere Bezeichnung erfüllt zur Gänze den Zweck.

30 Diese Verschiebungen waren nicht alle gleich effektiv oder sozial wirklich. Siehe Ghasan Hage, »Anglo-Celtics Today: Cosmo-Multiculturalism and the Phase of the Fading Phallus«, *Communal/Plural* 4 (1994), 41-77

31 Lassen Sie mich meine Einstellung zum Tourismus klarstellen. *Selbstverständlich* genießen es die meisten Leute, TouristInnen zu sein. Unter Australiens relativ günstigen Bedingungen sind viele auch NutznießerInnen der verbesserten Dienstleistungen, welche der Tourismus sowohl unterstützt als auch anbietet. Es ist allerdings nicht die Frage, ob die Tourismusindustrie »gut« oder »schlecht« ist, sondern wie sie sich in bestimmten Situationen *auswirkt*. Siehe Andrew Ross, *The Chicago Gangster Theory of Life: Nature's Debt to Society*, London/New York 1994, 21-98.

32 Graeme Turner, *Making It National: Nationalism and Australian Popular Culture*, Sydney 1994, 111.

33 Jennifer Craik, *Resorting to Tourism: Cultural Policies for Tourist Development in Australia*, Sydney 1991, 231.

34 Horne, *The Intelligent Tourist*, McMahon's Point 1993, 325-33. Michel Picard bespricht dieses Modell in »Cultural Heritage and Tourist Capital: Cultural Tourism in Bali«, *International Tourism: Identity and Change*, Hg. Marie-Françoise Lanfant/John B. Allcock/Edward M. Bruner, London/Thousand Oaks/New Delhi 1995, 44-66.

35 Eine klassische und immer noch nützliche Interpretation dieser außergewöhnlich komplexen Konzepte stellt J.P.Bury, *The Idea of Progress: An Inquiry into Its Origin and Growth*, New York 1932, dar. S.auch Jeffrey Alexander/Piotr Sztompa (Hg.), *Rethinking Progress*, London 1990, und Yi-Fu Tuan, *Morality and Imagination: Paradoxes of Progress*, Madison 1989.

36 Jean-Francois Lyotard, *Das postmoderne Wissen. Ein Bericht* (aus d. Franz. v. Otto Pfersmann), Graz/Wien 1986 (Paris 1979), 14. Oftmals als platte Behauptung paraphrasiert, daß große Erzählungen »tot« sind, liegt das Argument Lyotards eher darin, daß wir heute Schwierigkeiten damit haben, ihnen zu glauben.

37 Theodor W. Adorno, »Fortschritt«, in: ders., *Gesammelte Schriften 10.2, Kulturkritik und Gesellschaft II* (hg.v.Rolf Tiedemann), Frankfurt a.M. 1977, 617-638 (617).

38 W.E.H.Stanners vernichtende Zusammenfassung der treibenden Prinzipien des Pastoralismus wird zitiert bei Noel Pearson, »Mabo and the Humanities: Shifting Frontiers«, *The Humanities and a Creative Nation: Jubilee Essays* (Hg. Deryck M. Schreuder), Canberra 1995, 52

39 R.W.Connell, *Ruling Class Ruling Culture: Studies of Conflict, Power and Hegemony in Australian Life*, Cambridge 1977, 195.

40 Paul Gilroy, *The Black Atlantic: Modernity and Double Consciousness*, Cambridge 1993, 53; Hervorhebung durch mich. Historien der Effekte der »Geschichte als Fortschritt« in Australien sind u.a.: Lynette Finch, *The Classic Gaze: Sexuality, Class and Surveillance*, Sydney 1993; Humphrey McQueen, *A New Britannia*, Ringwood/ Harmondsworth 1970; Rosemary Pringle, »Octavius Beale and the Ideology of Birthrate: The Royal Commissions of 1904 and 1905«, *Refractory Girl* 3 (Winter 1973), 19-27; Kerreen M. Reiger, *The Disenchantment of the Home: Modernizing the Australian Family 1880-1940*, Melbourne 1985; Henry Reynolds, *The Law of the Land*, Ringwood/Harmondsworth 1987.

41 Donald Denoon, *Settler Capitalism: The Dynamics of Dependent Development in the Southern Hemisphere*, Oxford/New York 1983, 207.

42 Siehe mein »Panorama: The Live, the Dead and the Living«.

43 Siehe Tony Bennet/Patrick Buckridge/David Carter/Colin Mercer (Hg.), *Celebrating the Nation: A Critical Study of Australia's Bicentenary*, Sydney 1992; Turner, *Making It National*, Kap.4.

44 Im Australischen Sprachgebrauch ist »Minorität« nicht immer ein rassisch kodierter Begriff und wird von der Verwaltung nicht offiziell in diesem Sinn verwendet. Nach der Ideologie des Egalitarismus ist es falsch, irgendwelchen AustralierInnen »Minderheiten-«Status zu verleihen, wenn sie ihn nicht selbst auf irgendeine Weise in Anspruch

nehmen. Das Wort verweist gewöhnlich auf jede Gruppe, die offen den »*Mainstream*-Werten«, wie sie zu jedem beliebigen Zeitpunkt von der anglo-keltischen Bevölkerungsmehrheit definiert werden, widerspricht oder von ihnen abweicht. Das bedeutet, daß es in der Praxis stark rassistisch, homophob oder antifeministisch aufgeladen sein kann.

45 Simon Schamas *Landscape and Memory* erschien, als dieses Buch weitgehend abgeschlossen war. Neben dem Werk von Michel de Certeau war jenes Buch, das mich am unmittelbarsten zum Nachdenken über die temporale Dimension und die kommemorativen Aspekte touristischer Landschaften veranlaßte, Kevin Lynchs *What Time Is This Place?*, Cambridge 1972.

46 Ein spezieller Fokus für dieses Image war der *Sydney Gay and Lesbian Mardi Gras*; das schwule und lesbische Tourismusgeschäft wuchs in dieser Periode signifikant. Siehe Gay Hawkins, *From Nimbin to Mardi Gras: Constructing Community Arts,* Sydney 1993.

47 Da für australische StaatsbürgerInnen Wahlpflicht besteht, bieten Bundeswahlen tatsächlich ein gewisses Belegmaterial für Gespräche über nationale Trends. In dieser, der umfassendsten Niederlage für Labor seit 1949 ließen viele von denen, in deren Namen progressive SozialaktivistInnen handeln, die Partei samt ihrer multi-ethnischen Arbeiterklassen-Basis in Scharen im Stich. Eine Wende dieser Größenordnung kann nicht verstanden werden, indem man eben jene Kategorien der »Identitäts-«Politik (z.B. »Weiße« und »Anglo-Kelten« contra »andere«) verwendet, die von den WählerInnen so nachdrücklich abgelehnt wurden. Einleuchtender ist das Muster sozio-ökonomischer Teilung, wonach Labor die drei größeren urbanen Zentren der finanziellen und kulturellen Macht knapp hielt (Sydney, Melbourne, Canberra) und den Rest des Landes verlor.

48 R.Goodman, zitiet bei Edward W.Soja, *Postmodern Geographies: The Reassertion of Space in Critical Social Theory,* London/New York 1989, 173. Soja erklärt »Regionalkrieg« als »einen intensivierten territorialen Wettstreit, die sich über die ganze Hierarchie der spatialen Lokalitäten erstreckt.«

49 David Harvey, »Flexible Accumulation through Urbanization: Reflections on ›Post-Modernism‹ in the American City«, *Antipode* 19/3 (1987), 260-86.

50 In dieser Beziehung folgte der Sydney Tower bloß US-Experimenten der von Einkaufszentren angetriebenen Revitalisierung urbaner Zentren. Siehe Bernard J.Frieden/Lynne B.Sagalyn, *Downtown, Inc.: How America Rebuilds Cities,* Cambridge 1989.

51 »Sydney Tower«, *Island Magazine* 9/10 (März 1982), 53-61.

52 Roland Barthes, Der Eiffelturm (a.d.Franz.v.Helmut Scheffel), München1970 (Paris 1964)

53 »Als William van Alen ein Bauwerk für Walter P. Chrysler entwerfen sollte, war die Anweisung klar: ›Machen Sie dieses Bauwerk höher als den Eiffelturm‹«; Charles Knevitt, »Towers of Power«, *Weekend Australian* 2-3, Nov.1985, 18.

54 Roland Barthes, »Change the Object Itself«, *Image-Music-Text,* ausgewählt u. engl. von Stephen Heath, Glasgow 1979, 165-69.

55 Jean Beaudrillard, *L'effet beaubourg: implosion et dissuasion,* Paris 1977.

56 Geoffrey Blainey, *The Tyranny of Distance: How Distance Shaped Australia's History,* Melbourne 1966.

57 Siehe Arthur Krokers einflußreiche Analyse des CN-Tower in: *Technology and the Canadian Mind: Innis/McLuhan/Grant,* Montreal 1984, 9-10.

58 David Bromfield, »Making the Modern in the Newest City in the World«, *Aspects of Perth Modernism 1929-1942,* Perth 1988, 2-8.

59 Siehe: *The Pirate's Fiancée: Feminism, Reading, Postmodernism,* London 1988, 241-69. Die Wendung »nachweisliche Unoriginalität« wurde von einem Kommentar der US-Feministin Jessie Ackerman über AustralierInnen von 1913 übernommen: »Sie sind nachgewiesenermaßen unfähig zum Originären. Alles ist eine Kopie mit gewissen kleinen Änderungen, gewöhnlich zum Nachteil des Themas« (245).

60 Jacques de Weerdt, »L'espace rural français: vocation touristique ou processus de touristification?«; Beitrag zum 1990 World Congress of the International Sociological Association, Madrid.

61 Robert Somol, »›...You Put Me in a Happy State‹: The Singularity of Power in Chicago's Loop«, *Copyright* 1 (Herbst 1987), 98-118. Weitere Verweise darauf im Text in Klammern.

62 Kultureller Umbau dem Tourismus zuliebe ist keineswegs ausnahmslos schlecht, und ich bespreche Beispiele in »Panorama: The Live, the Dead and the Living«. Siehe Jennifer Craik, *Resorting to Tourism,* und John Urry, *The Tourist Gaze: Leisure and Travel in Contemporary Societies,* London/Newbury Park/New Delhi 1990.

63 Über diese Periode siehe »Contemporary Aboriginal Art«, *Artlink* 10.1/2 (1990); *Postmodernism: A Consideration of the Appropriation of Aboriginal Imagery,* hg. von Sue Cramer, Brisbane 1989; Henrietta Fourmile, »Aboriginal Heritage Legislation and Self-Determination«, *Australian-Canadian Studies* 7.1-2 (1989), 45-61; Adrian Marrie, »Museums and Aborigines: A Case Study in Internal Colonialism«, *Australian-Canadian Studies* 7.1-2 (1989), 63-80.

64 Unter den einflußreichsten in der zweiten Hälfte der 1980er waren Diane Bell, *Daughters of the Dreaming*, Melbourne/North Sydney 1983; Sally Morgan, *My Place*, Fremantle 1987; Henry Reynolds, *The Other Side of the Frontier: Aboriginal Resistance to the European Invasion of Australia*, Ringwood/Harmondsworth 1982, und *The Law of the Land*, Ringwood/Harmondsworth 1987. Zur Auswirkung dieser Darstellungen auf weiße feministische Geschichtskonzepte siehe Ann Curthoys *For and Against Feminism,* Sydney 1988, 136-49. In jüngerer Vergangenheit haben Zeugnisse von Aborigines, die bis einschließlich der 1960er als Kinder vom Staat gewaltsam ihren Familien weggenommen worden waren, die Beschaulichkeit früher feministischer Diskurse über »zuhause« weiter erodiert: siehe Coral Edwards/Peter Read, *The Lost Children*, Sydney/New York 1992, und *Bringing Them Home*, Report On the National Inquiry into the Separation of Aboriginal and Torres Strait Islander Children from Their Families, Commonwealth of Australia 1997.

65 Margo Huxley/Kate Kerkin, »What Price the Bicentennial? A Political Economy of

Darling Harbour«, *Transition: Discourse on Architecture* 26 (Frühjahr 1988), 57-64.

66 Leonie Sandercock, *Cities for Sale: Property, Politics and Urban Planning in Australia*, Melbourne 1977.

67 Siehe Grossberg, *We Gotta Get out of This Place.*

68 Eric Michaels, *Bad Aboriginal Art: Tradition, Media and Technological Horizons,* Minneapolis 1994, 138-139.

69 Emile Benveniste, *Problèmes de linguistique générale,* Paris 1966, 237-50.

70 Interdisziplinärer Feminismus ist mir bei meinen Zweifeln über Kulturkritik, die »Geschichtswissenschaft« zu sein behauptet, keine große Hilfe. Einige australische VerteidigerInnen folgten US-HistorikerInnen wie Gertrude Himmelfarb bei der Erzeugung von Panik *über* die »Gewalt«, die dem Fach durch QuereinsteigerInnen, einschließlich FeministInnen, angetan würde: Keith Windschuttle, *The Killing of History: How a Discipline Is Being Murdered by Literary Critics and Social Theorists*, Sydney 1994; Gertrude Himmelfarb, *On Looking Into the Abyss: Untimely Thoughts on Culture and Society*, New York 1994. Allerdings haben viele australische feministische HistorikerInnen noch weniger Sympathie als ihre US-amerikanischen KollegInnen für eine Kulturkritik gezeigt, von der feierlich verkündet wird, sie vertrete die Überzeugung, daß »es keine echten Frauen gibt« und auch nicht so etwas wie Wahrheit: Patricia Grimshaw/Marilyn Lake/Ann McGrath/Marian Quartly, *Creating a Nation*, Ringwood 1994, 4; vgl. Joyce Appleby/Lynn Hunt/Margaret Jacob, *Telling the Truth about History*, New York/London 1994.

71 Jean Baudrillard, *Simulations* (engl. von Paul Foss, Paul Patton, Phillip Beitchman), New York 1983; Jameson, *Postmodernism, or, The Cultural Logic of Late Capitalism,* 21-25.

72 Siehe John Fiskes Interpretation von Chicagos Sears Tower in *Lesarten des Populären,* Wien 2000 (Boston 1989), 218-236

73 Über diese Debatte siehe John Docker, *Postmodernism and Popular Culture: A Cultural History*, Cambridge 1994, 90-102.

74 Somol, »›...You Put Me in a Happy State.‹«

75 Der ästhetische Postmodernismus spielte explizit mit »Theorie als Fortschritt«-Paradoxa, doch neigen alle »Post-«Rhetoriken dazu, dieses Problem aufzuwerfen; siehe Anne McClintock, *Imperial Leather: Race, Gender and Sexuality in the Colonial Context*, New York/London 1995, 9-15.

75a AdÜ: »pomo« wurde in der angelsächsischen Literatur in den letzten Jahren als informelle (und gelinde respektlose) Abkürzung für »Postmoderne« gebräuchlich.

76 Siehe Perry Anderson, »Modernity and Revolution«, *Marxism and the Interpretation of Culture*, hg. Carry Nelson/Lawrence Grossberg, Urbana 1988, 317-38; Marshall Berman, »The Signs in the Street: A Response to Perry Anderson«, *New Left Review* 144 (1984),114-23; Paul Willemen, »Response to Donzelot«, in: Don Barry/Stephen Muecke (Hg.), *The Apprehension of Time*, Sydney 1988, 28-32.

77 Der den Cultural Studies, oft mit pejorativer Absicht, umgehängte Begriff »textuell« scheint mir eine Fehlbezeichnung, die auf einer Vermengung US-amerikanischer liter-

aturformalistischer Konstruktionen »des Textes« mit dem eigentlichen Konzept der Textualität beruht. Siehe John Frow/Meaghan Morris (Hg.), *Australian Cultural Studies: A Reader,* Sydney/Urbana 1993, xix.

78 Etwa Robert Young, *White Mythologies: Writing, History and the West,* London 1990. Eine gute Abhandlung der Kulturtheorie aus der Sicht eines Historikers ist Michael P.Steinberg, »Cultural History and Cultural Studies«, *Disciplinarity and Dissent in Cultural Studies,* hg. Cary Nelson/Dilip Parameshwar Gaonkar, New York/London 1996, 103-29.

79 Aus diesem Grund denke ich, daß Anne McClintock völlig recht hat, in ihrem zentralen Werk über britischen Imperialismus und Popularkultur den Wert der »Einschreibung der Geschichte als ein einzelnes Thema« zu hinterfragen: *Imperial Leather,* 11. Allerdings kann (wie McClintock anmerkt) dasselbe von jeder signifikaten sozialen Analysekategorie gesagt werden. Ich sollte daher meinen Gebrauch noch klarer formulieren. Für mich schreiben die Begriffe »Geschichte/Historie« und »Kultur« immer eine Mehrzahl, eigentlich eine widersprüchliche und konfliktbeladene Masse von Themen ein. Daher schreibe ich sie nur dann im Plural (»Geschichten«/«Historien«, »Kulturen«), wenn es dafür einen praktischen Grund und einen klaren Referenzrahmen gibt. Aus Prinzip an jedes Hauptwort ein »-en« anzuhängen kann uns allein nichts über die so pluralisierten (und dadurch diskret und autonom gemachten) Begriffe oder die konkreten Formen ihrer Relationalität unter bestimmten Umständen sagen.

80 Deleuze/Guattari, Tausend Plateaus, 155-204

81 William Gibson, *Idoru,* London 1996, 14.

82 Ich bespreche touristische Erzählungen in der Literatur und dem Kino Australiens seit den 1970ern und ihre Implikationen für das Modell nationaler »Identität« als ein koloniales Ziel und eine weiße männliche Erzählung des Werdens in »Crazy Talk Is Not Enough«, *Environment and Planning D: Society and Space* 14.4 (1996) 384-93; und »Life as a Tourist Object in Australia«, *International Tourism: Identity and Change,* hg.Marie-Françoise Lanfant/John B.Allcock/Edward M.Bruner, London 1995, 177-91.

83 Noel Pearson, »Mabo and the Humanities: Shifting Frontiers«, 43.

84 Siehe meine »Afterthoughts on Australianism«, *Cultural Studies* 6/3 (1992) 468-75.

85 Siehe John Frow, *Cultural Studies and Cultural Value,* Oxford 1995.

86 Michel de Certeau, *Kunst des Handelns* (deutsch von Ronald Voullié), Berlin 1988 (Paris 1980).

87 Slavoj Žižek, *Tarrying With the Negative: Kant, Hegel and the Critique of Ideology,* Durham 1993, 212.

88 In einem australischen Kontext siehe Catrina Felton/Liz Flanagan, »Institutionalised Feminism: A Tidda's Perspective«, *Lilith* 8 (1993) 53-59; Adele Murdolo, »Warmth and Unity with all Women?« Historicizing Racism in the Australian Women's Movement«, *Feminist Review* 52 (1996) 69-86; und Tikka Jan Wilson, »Feminism and Institutionalized Racism: Inclusion and Exclusion at an Australian Feminist Refuge«, *Feminist Review* 52 (1996) 1-26. Kolonialismus ist ein Rahmen historischer Erfahrung, der es weißen Frauen unmöglich macht, ihre »eigenen« kulturellen Traditionen und

Lüste von einer aktiven Beziehung *zu* dem zu abstrahieren, was Žižek die »Gemeinschaften des Anderen« nennt. Aus diesem Grund beinhaltet das, was Catherine Hall die »Arbeit, sich an Imperien anders zu erinnern« nennt, einen kritischen *Blick* auf diese Traditionen und Lüste: »Histories, Empires and the Post-Colonial Moment«, *The Post-Colonial Question: Common Skies, Divided Horizons*, hg. Iain Chambers/Lidia Curti, London/New York 1996, 65-77.

89 Unter der Regie von Ronald Thompson, Andrew Joshua, Kevin Rogers, Raymond Geoffrey und Brian Burkett wurde *Ngukurr: Weya Wi Na* 1988 vom Ngukurr School Council, dem Ngukurr Adult Education Committee und Yugul Manggi Media produziert. Mein Dank gilt Pat Laughren dafür, daß er mich auf den Film aufmerksam machte. Über zentralaustralisches TV siehe Eric Michaels, *The Aboriginal Invention of Television in Central Australia 1982-1986*, Canberra 1986.

90 »In dieser Benennung der Welt sind alle Menschen, die nicht indigene AustralierInnen sind, ›whitefellas‹ unabhängig von ihrer Hautfarbe oder ihrem Hintergrund«; Tikka Jan Wilson, »Feminism and Institutionalized Racism«, 5. Wilson bespricht diesen Begriff (und vieles weitere) als eine afrikanisch-amerikanische Immigrantin in Australien.

91 Über die Geschichte des Northern Territory als imaginären Ort des Anderen siehe Jon Stratton, »Deconstructing the Territory«, *Cultural Studies* 3.1 (1989) 38-57.

92 Ich verdanke diese Beobachtung James Hay.

93 Siehe Roberta Sykes, *Black Majority*, Hawthorne 1989. Aborigines errangen erst 1967 die vollen Bürgerrechte im Gefolge eines Referendums, das einem Zusatz zur Bundesverfassung die Zustimmung erteilte.

94 Siehe Wai-Teng Leongs davon stark abweichende Darstellung der Tourismuspolitik in Singapur, »Culture and the State: Manufacturing Traditions for Tourism«, *Critical Studies in Mass Communication* 6 (1989) 355-75.

95 Ich beziehe mich auf Johannes Fabians berühmte Kritik des »Allachronismus«, des Versetzens des Anderen in eine andere Zeit; *Time and the Other: How Anthropology Makes Its Objekt*, New York 1983.

In Henry Parkes Motel

1 Henry Parkes (1815-1896) kam mit seiner Frau 1838/39 aus Birmingham/England als subventionierter Einwanderer nach Australien. Er war ein Handwerker ohne einen Groschen, und trotz geschäftlicher und journalistischer Unternehmungen verbrachte er einen großen Teil seines Lebens am Rande des oder im Bankrott. Er hatte dem Birmingham Mechanics' Institute angehört und wurde von den frühen Phasen des Chartismus beeinflußt. Der Zeitpunkt seiner Emigration machte ihn »auf Dauer zu einem Birmingham-Mann des Jahres 1832 statt 1839: ein Radikaler, aber der Kooperation der Arbeiter- und der Mittelklasse als Schlüssel zu Reform und Fortschritt verschrieben«; A.W.Martin, *Henry Parkes*, Melbourne 1980, 17. Er heiratete dreimal und zeugte das letzte von siebzehn Kindern im Alter von Siebenundsiebzig. Während

einer politischen Karriere, die von 1848 bis zu seinem Tod dauerte, war er fünfmal Premier von New South Wales – er leitete die Umsetzung der meisten jener Ideale, mit denen er angekommen war, sowie wie einer pro-weißen, antikatholischen Vision von Australiens Bestimmung. 1890 war er schließlich ein Erzkonservativer, verblüfft von der neuen Labor Party.

Unnötig zu erwähnen, daß Parkes Rede in Tenterfield 1889 nicht die australische Föderation »herbeigeführt« hat. Seine Gründe dafür, sie zu halten, scheinen teilweise opportunistischer Natur gewesen zu sein, und die Rede selbst hatte bestenfalls eine symbolische Wirkung durch die Stimulation öffentlichen Interesses an der Angelegenheit, besonders in New South Wales. Nichtsdestotrotz beziehen sich Verfassungsreformer immer noch auf sie: s.Kenneth Wiltshire, *Tenterfield Revisited: Reforming Australia's System of Government for 2001*; St.Lucia 1991. In diesem Gebrauch, so wie in meinem, ist die Gestalt Parkes eher ein Motto oder ein Emblem als ein Objekt historischer Betrachtung.

2 Anthony Trollope, *Travelling Sketches*, London 1866, 29-42.

3 John Urry liefert in *The Tourist Gaze*, London/Newbury Park/New Delhi 1990, 70 eine hilfreiche Darstellung des Dienstes an den KonsumentInnen als »emotionale Arbeit«.

4 Über diese Assoziation in der australischen Kolonialkultur siehe Sue Rowley, »The Journey's End: Women's Mobility and Confinement«, *Australian Cultural History* 10 (1991) 69-83.

5 Ian Chambers, *Popular Culture: The Metropolitan Experience*, London/New York 1986, 12-13. Weitere Verweise darauf im Text in Klammern. In Chambers Modell ist unklar, wie ein Zeichen »individuell« oder Aufmerksamkeit »isoliert« wird.

6 Georges van den Abbeele, »Sightseers: The Tourist as Theorist«, *Diacritics* 10 (Dez.1980), 13. Weitere Verweise darauf im Text in Klammern.

7 Dean MacCannell, *The Tourist: A New Theory of the Leisure Class*, New York 1976. Weitere Verweise darauf im Text in Klammern. Über das Konzept der »Markierung« (»marker«) s. Jonathan Culler, »Semiotics of Tourism«, *The American Journal of Semiotics* 1.1/2 (1981) 127-40.

8 M.M.Bakhtin, *The Dialogic Imagination: Four Essays*, hg.Michael Holquist, engl.von Caryl Emmerson/Michael Holquist, Austin 1981.

9 Robert Venturi/Denise Scott Brown/Steven Izenour, *Learning form Las Vegas: The Forgotten Symbolism of Architectural Form*, Cambridge 1977, 34-35.

10 »Jumbuck« ist ein alter umgangssprachlicher Ausdruck für »Schaf«. Angeblich vom Aborigine-Englisch hergeleitet (»jump up« – »hochspringen«), ist es den meisten Menschen heute nur noch aus dem Text von »Waltzing Mathilda« bekannt, einer traditionellen populären oder »alternativen« Nationalhymne auf Grundlage eines Gedichtes aus dem Jahr 1895 von A.B.Paterson.

11 Daniel Boorstin, *The Image: A Guide to Pseudo-Events in America*, New York 1961.

12 »Orte sind seltsam und verlangen nach Interpretation ... Pseudo-Orte entzücken durch ihre Vertrautheit und verlangen nach sofortigem Erkennen.« Paul Fussell, *Abroad: British Literary Traveling between the Wars*, New York/Oxford 1980, 43.

13 Jean Baudrillard, *Simulations*, New York 1983, 1-79. Baudrillard verdeutlicht seine Lesart Boorstins in *La société de consommation*, Paris 1970.

14 Paolo Prato/Gianluca Trivero, »The Spectacle of Travel«, *The Australian Journal of Cultural Studies* 3.2 (Dez.1985), 27.

15 Paul Virilio, »Véhiculaire«, in *Cause commune: Nomades et vagabonds* (Paris: U.G.E. 10/18) 1975, 52. Eigene Übersetzung. Über das Konzept des »Nicht-Ortes« s. Marc Augé, *Non-Places: Introduction to an Anthropology of Supermodernity*, engl. von John Howe, London 1995.

16 Richard Sieburth, »Sentimental Travelling: On the Road (and Off the Wall) with Laurence Sterne«, *Scripsi* 4.3, 203

17 Geschichten über frühe oder »primitive« Zuseherschaften, die vor einem auf der Leinwand auf sie zurasenden Zug fliehen, sind eine Grundlage der Kinomythologie. Sowohl in Virilios *Esthétique de la disparation* (Paris 1980) als auch in Baudrillards *Amerika* (München 1985) wird jedoch die Verbindung zwischen Beförderung und vom Kino bewirkten Wahrnehmungsverschiebungen in Begriffen des *Verschwindens* entwickelt. Für Virilio, der sich mit Bewegung eher als Militarisierung denn als Tourismus beschäftigt, wird die Erfindung der Kamera auch mit dem chrono-photographischen Gewehr und dem Maschinengewehr assoziiert: *Pure War*, New York 1983, 82-83; *War and Cinema*, London 1989; *The Vision Machine*, London/Bloomington 1994.

18 Virilio, *Speed and Politics*, 8-9. Virilios Ausdruck ist eigentlich *»Implantation«*, nicht »Installation«. Er argumentiert, daß die strategische Implantation des festen Wohnorts für die historische Formierung der bourgeoisen Macht bedeutender war als Handel oder Industrialismus.

19 Venturi/Scott Brown/Izenour, 34-35.

20 Siehe Anthony Giddens, *The Constitution of Society*, Cambridge/Oxford 1984, 122-26, und MacCannell, *The Tourist*, 91-102.

21 Siehe Ken Halliday, *Call of the Highlands: The Tenterfield Story 1828-1988* (Tenterfield Shire Council and Australian Bicentenary Authority 1988) 1-2, und die Einträge zu *Bundjalung [Jukambal], Ngarabal, Nganyaywana* und *Southeast Region* in *The Encyclopaedia of Aboriginal Australia* (Canberra 1994).

22 Über Provinzstädte und Fortschritt siehe Donald Horne, *Money Made Us*, Ringwood/Harmondsworth 1976.

23 Parkes »roter Faden der Verwandtschaft«-Modell der Kohäsion hat bis heute gewissen Wert in Versionen eines nationalen Familiarismus, der nicht auf die rassisch exklusive Blutsgemeinschaft, die Parkes schätzte, sondern auf eine durch Immigration, Mischehen und geteilte Arbeit geschaffene »Affinität« gründet. Siehe Geoffrey Blaineys Vorwort zu E.Lloyd Sommerlad, *The Migrant Shepherd: Ober-Rosbach to Tenterfield*, Avalon Beach 1986, vii; und Wiltshire, 46.

24 Nachdem dieses Argument zeitweise als Beitrag zur »Reisetheorie«-Literatur gelesen wird, möchte ich betonen, daß mein Interesse hier dem *Anhalten* gilt, dem Motel, nicht »der Straße«, dem Aussetzen in der Zeit, nicht glatter Bewegung im Raum.

25 John Robertson und Charles Cowper, Fraktionsführer im Parlament von New South

Wales. Die koloniale Politik des Neunzehnten Jahrhunderts war nicht in einem Parteiensystem organisiert, sondern um wetteifernde liegende Persönlichkeiten herum.

26 Henry Parkes, *Studies in Rhyme*, Sydney 1870:

Political Philosophy

Under which thimble – quick! if you please –
Under which thimble now are the peas?
Juggle on juggle, all the day long, –
Sir, you are right! – ah no! – you are wrong!
Then it was R, and now it is C, * –*
None of your eyes could follow the pea;
how it was smuggled nobody shows,
how it was juggled nobody knows.
Juggle on juggle, day after day,
Life is a struggle, do what we may;
Wait for our next, and then you shall see
Which is the Thimble holding the pea.
Juggle on juggle all the day long,
None are quite right, and none are all wrong;
Life is a struggle ever up hill,
Life is a juggle, say what you will!

* zu »R« und »C« siehe FN 25.

27 Für andere Interpretationen MacCannells siehe John Frow, »Tourism and the Semiotics of Nostalgia«, *October* 57 (1991), 123-51; und Urry, 8-15.

28 Das ist eine Art, wie eine hierarchische Trennung zwischen »Reisen« und »Tourismus« aufrechterhalten wird. In Baudrillards *Amerika* zum Beispiel ist »nichts dem reinen travelling fremder als Tourismus und Freizeit« (19); der Tourist und nicht der Reisende ist für Baudrillard archaisch, eben wegen einer angenommenen touristischen Suche nach Bedeutung, Begründung und Realität. Für eine Kritik dieser Annahme siehe Urry, 100-102.

29 Sam Shepard, *Motel Chronicles*, San Francisco 1982, 102: »I've about seen / all the nose jobs capped teeth and silly-cone tits I can handle / I'm heading back to my natural woman«. [A.d.Ü.: Die vorliegende, einigermaßen unsensible Übersetzung von Uschi Gnade und Willi Winkler (*Motel Chronicles*, Frankfurt a.M. 1987, 108) ignoriert nicht nur Shepards – allerdings nicht völlig adäquat übertragbares – Wortspiel »silly-cone tits«, sondern vor allem die für Morris ausschlaggebenden Implikationen der Formulierung »natural woman« – dort mit »Naturkind« wiedergegeben – weshalb hier eine Neuübersetzung versucht wurde. Das von Morris beschriebene Photo findet sich in der deutschsprachigen Ausgabe jedoch auch (109).]

30 Siehe Angelika Bammers Editorial über die Komplexitäten des »Heims ... als bewegliches Konzept« in der Sonderausgabe von *New Formations* 17 (Sommer 1992), »The Question of Home«.

31 Keiner der beiden Autoren widmet der »Arbeit« der Freizeitindustrie viel

Aufmerksamkeit oder betrachtet Hausarbeit in Relation entweder zur industriellen oder zur »postindustriellen« Produktion. Dies zu tun, hätte vielleicht das Ziehen der industriell/postindustriell-Grenze etwas schwerer gemacht. Stattdessen wird die Hausarbeit in diesen Analysen unter die Verschiebung von »Arbeit« zu »Muße« subsumiert.

32 Siehe auch MacCannell, *Empty Meeting Grounds: The Tourist Papers*, London/New York 1992, 87-113

33 Nach dem 1987er Militärputsch auf Fiji wurden Versuche eines ökonomischen Protestes zugunsten der abgesetzten gewählten Regierung von Dr.Timoci Bavadra durch die Einführung von Billigflügen aus Australien unterminiert. Es ist schwer zu sagen, in welchem Ausmaß touristische Gleichgültigkcit gegenüber einem Putsch in einem nahegelegenen Land als Gefahr für die *australische* Integrität zählt.

34 Biddy Martin/Chandra Talpade Mohanty, »Feminist Politics: Whats Home Got to Do with It?«, *Feminist Studies/Critical Studies*, hg. Teresa de Lauretis, Bloomington 1986, 193-194

35 Menie Parkes, *Poems, Printed for Private Circulation*, Sydney 1867, 15:

'Tis Misconception All.

A PHILOSOPHER said, »All the world is mad, I
am the only sane man in it.«

»'Tis misconception all. The world is mad,
And I alone am sane.« Such the words
Of England's living sage, he rightly proud
Of Wisdom in the courts of wisdom.

An unit in that full and flowing crowd
Of miserable maniacs, I, like them,
Was too intent to win the happiness
And worth of life, to value high the search
For possibilities, convertible,
It might be, to the probable. Too full
Within the limits of a biassed mind
Of the sweet claims of many clinging friends,
And the dear wisdom of kind deeds,
The daily earnestness of common life,
To yield, unquestioned, that high-voiced demand
Of all-engrossing sanity. Wise, thought I,
Mothers who bend o'er helpless babes;
And wise the husbandman, who brings
From God's right hand our daily bread;
And wise the toiler 'midst the clang
Of mighty engines for the world's behoof;

And wise, most humbly wise, the innocent,
If ignorant, who bend the knees
And bow the heart to learn of God.
Thus, tho' yet in love with wisdom, I
shrank back with thoughts akin to hate or scorn,
And called the wise man – egotist.

36 A.W.Martin (Hg), *Letters from Menie: Sir Henry Parkes and His Daughter*, Melbourne 1983.

37 Iain Chambers, »Maps for the Metropolis: A Possible Guide to the Present«, *Cultural Studies* 1.1 (Jan.1987) 1-21. Weitere Verweise darauf im Text in Klammern.

38 Anne Zahalka, »The Tourist as Theorist 1: (Theory Takes a Holiday)«, *Cultural Studies* 2.1 (Jan.1987) 17-28.

39 Angus Fletcher, *Allegory: The Theorie of a Symbolic Mode*, Ithaca/London 1964, 35. Weitere Verweise darauf im Text in Klammern.

40 Zitiert bei Donna Haraway, Die Neuerfindung der Natur. Primaten, Cyborgs und Frauen (aus dem Engl. von Dagmar Fink u.a.), Frankfurt a.M. 1995 (New York 1991), 54.

41 Siehe Angela McRobbie, »Settling Accounts with Subcultures«, *Screen Education* 34 (Frühjahr 1980), 37-49; über Frauen an Fenstern Dick Hebdige, »The Impossible Object: Towards a Sociology of the Sublime«, *New Formations* 1 (Frühjahr 1987), 47-76. Über die Beschränkung von Frauen auf theoretische Räume von Konsum, Fortpflanzung und das Private in Urban Studies siehe J.K.Gibson-Graham, *The End of Capitalism (as We Knew It)*, Cambridge/Oxford 1996, 78-81.

42 Haraway 48.

43 Frank Moorhouse, *Room Service: Comic Writings of Frank Moorhouse*, Ringwood/Harmondsworth 1985, 52.

44 6.Dezember 1882. Zitiert bei Norman Crawford, *Tenterfield*, Tenterfield District Historical Society 1949, ohne Seitenzahlen.

45 Noch 1988 durchzieht ein Gefühl der Wichtigkeit der Eisenbahn für die Landerschließung Ken Hallidays hymnische Lokalgeschichte *Call of the Highlands*. Obwohl Passagierzüge nicht mehr nach Tenterfield fuhren und die Bahnlinie selbst im darauffolgenden Jahr eingestellt wurde (»National Birthplace Goes off the Rails«, *Sydney Morning Herald* 23.Okt.1989), ist das Kapitel über die »Ankunft der Eisenbahn« (»Coming of the Railway«) eines der längsten im Buch.

46 Siehe Halliday über »The Federation Speech«, 40-43, und Sommerlad, 109.

47 Michel de Certeau, *Kunst des Handelns*, Berlin 1988 (Paris 1980) (aus dem Franz. von Ronald Voullié), 217-220. Weitere Verweise darauf in Klammern im Text.

48 Das Motel wurde von einem Ehepaar errichtet, dessen Familie Henry Parkes auf seinem Höhepunkt, doch vor seinem Ritterschlag gekannt hatte. Daher wurde das Hotel einfach *Henry Parkes* genannt, um das Wesen der familiären Beziehung widerzuspiegeln.

49 R.R.Grahan, *Prosper the Commonwealth*, Sydney 1958, 101.

49a A.d.Ü.: »proximities«. Morris macht hier das oben (Anm.47) ausgewiesene de Certeau-Zitat »eine mehrdeutige Einheit von Konfliktprogrammen und vertraglichen *Übereinkünften«* – in der von ihr verwendeten englischen Übertragung durch Steven F. Rendall (The Practice of Everyday Life, London 1984, 117f) »a polyvalent unit of conflictual programs or contractual *proximities«* – zum Ausgangspunkt einer Assoziationskette, die sich an die primäre Bedeutung des Wortes »proximity«: Nähe, Nachbarschaft hängt. Diese Vorstellung einer *räumlichen* Nahebeziehung lag für den englischen Übersetzer von de Certeaus Text aufgrund des Generalthemas »Ort und Raum« ebenso nahe, wie für den Übersetzer ins Deutsche, Ronald Voullié, die »juristische« Deutung als »Übereinkunft« im Hinblick auf das beigestellte »vertraglich« und die bei de Certeau folgenden Überlegungen zum »Gesetz des Ortes«.

Für mich stellte sich nun das Problem, daß diese für Morris hier ausschlaggebende räumliche Komponente dem Wort »Übereinkunft« in seinem modernen Gebrauch gänzlich abgeht. Die Möglichkeit, dem durch eine Modifikation des (deutschen) de Certeau-Zitats Herr zu werden, wurde im Hinblick auf die Reichweite eines solchen Eingriffs (eben dieses Zitat wird von Morris mehrfach in anderen Zusammenhängen verwendet, wo das sich hier stellende Problem nicht virulent wird) und darauf, daß ein solcherart verändertes Zitat für deutschsprachige LeserInnen schwer wiedererkennbar oder nachvollziehbar wäre, letztlich verworfen. Im Folgenden wird »proximity« daher mit »Nähe« übersetzt, *mit Ausnahme* jener Stellen, wo es in (direktem Zusammenhang mit) dem de Certeau-Zitat auftritt. Die damit verbundene leichte Einbuße an sprachlicher Kohärenz, die das Verständnis des Textes nicht wesentlich behindert, wird m.E. durch den Vorteil der kontingenten Zitierweise und intertextuellen Vergleichbarkeit mehr als aufgewogen.

50 Wie viele Agrarstädte redete Tenterfield in den 1970ern angesichts des Niedergangs der Landwirtschaft, der Proteste gegen die Holzindustrie, sinkender Nachfrage nach hölzernen Eisenbahnschwellen und der Schließung der örtlichen Fleischfabriken über die Möglichkeit seiner Auslöschung. Man begann, natürliche und historische »Ressourcen« für eine Semiotik der Attraktion zu vermessen. Wenn die Autobahn weniger kommerzielle Transporte auf der Suche nach Holz und Fleisch bringt, so bringt sie doch einige durchreisende StädterInnen auf der Suche nach Bäumen, Tieren, frischer Luft und Pionierhäusern. Nichtsdestoweniger sind viele EinwohnerInnen für ihr Überleben auf die Wohlfahrt angewiesen.

51 Das Massaker wurde in Halidays Bicentenniums-Geschichte *Call of the Highlands* entsprechend ignoriert. Die ersten zwei Seiten über »Die Ersten Einwohner« (»The First Inhabitants«) sind jedoch bezeichnend für Veränderungen in der Pionierhistoriographie, die durch Forderungen der Aborigines nach Repräsentation und den Druck touristischer Neugier hervorgerufen wurden: Über die Komplexitäten des Genres siehe Julian Thomas, »Heroic and Democratic Histories: Pioneering as a Historical Concept«, *The UTS Review* 2.1 (1996), 58-71. In der Zeit der Bicentenniumfeiern begannen Lokalgeschichten auch chinesische (Halliday 32; Sommerlad 49-50), deutsche (Halliday 30, Sommerlad *passim*) und nicht spezifizierte »nicht-englischsprachige« (Halliday 144)

Aspekte des Pioniertums anzuerkennen, einen Präzedenzfall bildete Glen Halls Geschichte des benachbarten Clarence River District *The Road to the River (1839-1939)*, Lismore 1975. 1992 erschien eine große Populargeschichte des chinesischen Pioniertums: Eric Rolls, *Sojourners: Flowers and the Wide Sea*, St.Lucia 1992.

52 Donald Horne, *The Great Museum: The Re-Presentation of History*, London/Sydney 1984, 1.

53 Baudrillard, *America* (engl.v. Chris Turner), London 1988, 28 (Übersetzung durch mich modifiziert). [A.d.Ü.: Die Übersetzung wurde dem von Morris modifizierten Zitat angepaßt und weicht daher hier von Michaela Otts Übetragung aus dem Französischen ins Deutsche (*Amerika*, München 1985, 43) ab. Die weiteren Verweise auf Baudrillards *Amerika* (im Text in Klammern) beziehen sich auf die deutsche Ausgabe.]

54 Lawrence Grossberg, »The In-difference of Television«, *Screen* 28.2 (Frühjahr 1987) 32. Weitere Verweise darauf im Text in Klammern.

55 »Wichtigkeitskarten definieren verschiedene Formen, Quantitäten und Orte von Energie. Sie ›sagen‹ den Menschen, wie sie Energie nutzen und erzeugen, wie sie ihren Weg in und durch verschiedene Stimmungen und Leidenschaften finden und wie sie mit emotionalen und ideologischen Geschichten leben können«: Grossberg, *We Gotta Get out of This Place*, New York/London 1992, 82. Der Begriff »Wichtigkeitskarten« (»mattering maps«) ist ein Zitat von R.Goldstein, *The Mind-Body Problem*, New York 1983.

56 »Bald Rock Highlight«, *Tenterfield Star* 17.Nov.1986.

57 Prato/Trivero, 40.

58 Siehe Dick Hebdige, *Hiding in the Light*, London/New York 1988, 233-44.

59 Legislative Versammlung von New South Wales 14.8.1966. Zitiert in Stephen Murray-Smith (Hg.), *The Dictionary of Australian Quotations*, Melbourne1984, 211.

60 »Great Moments in Philosophy«, *Sydney Morning Herald* 30.6.1987.

Was man mit Einkaufszentren tun kann

1 Michel de Certeau, *Kunst des Handelns*, Berlin 1988 (Paris 1980) (aus dem Franz. von Ronald Voullié), 188. Weitere Verweise darauf in Klammern im Text.

1a A.d.Ü.: Hier stellte sich ein ähnliches Übersetzungsproblem wie bereits oben unter Anm. 49a zu Kapitel 1 besprochen. Diesmal entschied ich mich jedoch in Abweichung von Voulliés Übertragung »Das Gehen, das sich Schritt für Schritt fortsetzt oder fortgesetzt wird« für obige Neuformulierung anhand der von Morris verwendeten, von Steven F. Rendall besorgten – und m.E. näher am französischen Original bleibenden – englischen Ausgabe (»walking, which alternately follows a path and has followers«: The Practice of Everyday Life, London 1984, 99), weil Morris die Vorstellung des »Verfolgers« (followers) im Folgenden weiter entwickelt und die von Voullié gewählte Formulierung im hier gegebenen Kontext keinerlei Sinn ergäbe.

2 Robert Venturi/Denise Scott Brown/Steven Izenour, *Learning from Las Vegas: The*

Forgotten Symbolism of Architectural Form, Cambridge/MA 1977.

3 Das australische Konzept der Vorstadt geht nicht immer mit Wohlstand oder auch nur materiellem Komfort einher. In etwa einer magistralen Verwaltungseinheit gleichzusetzen, kann eine »suburb« genausogut eine Ansammlung innerstädtischer Viertel sein wie die äußere Zone einer Stadt. »Innercity suburbs« sind häufig elitär und wohlhabend, während außenliegende Vorstädte, schlecht versorgt und großteils von diversen neuen Immigrantengemeinschaften bewohnt, konzentrierte Stätten der Armut und Benachteiligung sein können. Soweit »Suburbia« und »*die* Vorstädte« (»*the* suburbs«) ein Stereotyp aufsteigerischen Familienlebens anklingen lassen, beziehen sie sich gewöhnlich auf Lebensstile und Aspirationen der *Arbeiter- und unteren Mittelschicht*. Aus diesem Grund können Vorstadt- und Provinzstadtbilder durch korporative Propaganda leicht in der Art verwischt werden, die ich in diesem Kapitel bespreche.

4 John Hartley, »Suburbanality (in Cultural Studies)«, *Meanjin* 51.3 (1992) 453-64.

5 »Shopping center« ist teilweise ein australisches Synonym für eine »mall« [d.h. eine Einkaufs»gallerie« amerikanischen Zuschnitts, A.d.Ü.]. Während beide Begriffe in Verwendung stehen, bezieht sich »mall« in Australien meist entweder auf eine für den Verkehr gesperrte Einkaufsstraße oder ein großes, umfriedetes *regionales* Einkaufszentrum und weniger auf die »Gemeinde-« oder »Nachbarschafts«zentren, mit denen ich mich in diesem Kapitel primär beschäftige. Da »shopping center« der umfassendere Begriff ist und als solcher von der Mehrzahl der Industrietexte verwendet wird, die ich bespreche, habe ich ihn zugunsten der Genauigkeit beibehalten. [A.d.Ü.: Aus demselben Grund habe ich für die Übersetzung durchgängig den Begriff »Einkaufszentrum«, welcher auch kleinere, lokale Zusammenfassungen verschiedener Geschäftsbetriebe oder auch größere Supermärkte bezeichnen kann, dem im deutschen Sprachgebrauch mittlerweile ebenfalls eingeführten, aber meist auf große, außerhalb der Metropolen angesiedelte Einkaufs«städte« bezogenen Wort »Shopping Center« vorgezogen.].

6 Siehe mein »Fear and the Family Sedan«, *The Politics of Everyday Fear*, Brian Massumi (Hg.), Minneapolis 1993, 285-305.

7 Ross Chambers, »Strolling, Touring, Cruising: Counter-Disciplinary Narrative and the Loiterature of Travel«, *Understanding Narrative*, hg. James Phelan/Peter Rabinowitz, Columbus 1994, 17-42.

8 *Shopping for a Retail Policy*, A.I.U.S. Publication 99, Canberra 1982, 3.

9 Angst ist weder frei von Lust noch von kognitiver Starre. Siehe Patricia Mellencamp, *High Anxiety: Catastrophe, Scandal, Age, and Comedy*, Bloomington/Indianapolis 1992.

10 Damit soll nicht gesagt sein, daß ich über *Konsumismus* »besorgt« bin. Mein Thema bei dieser Abhandlung ist nicht »Konsum« im soziologischen Sinn, sondern die Arten, wie KulturkritikerInnen das Populare projizieren und uns selbst in Landschaften und Erzählungen kulturellen Wandels einschreiben.

11 Diese Regeln unterliegen der Interpretation. Siehe den Disput in Kevin Smiths Film *Mallrats* (1995) darüber, ob ein Keksstand »im Obergeschoß« als Teil des Essbezirks

»im Untergeschoß« zählt (Identität durch verwandte Waren) oder als eine »autonome Einheit für den Mittzentrums-Imbiß« (Identität durch Plazierung).

12 Abhandlung über The Jam Factory in »A Shopping Guide«, unveröffentlichte Arbeit. Mein Dank an Professor Quarry für diese Mitteilung. Ein anderer Abschnitt der Arbeit ist veröffentlicht als »Knox City Shopping Centre: A Review«, *Architecture Australia* 67.5 (November 1978), 68.

13 Über die industriellen Motive solchen Strebens siehe Jon Goss, »The ›Magic of the Mall‹: An Analysis of Form, Function, and Meaning in the Contemporary Retail Built Environment«, *Annals of the Association of American Geographers* 83.1 (1993) 18-47.

14 Iain Chambers, *Popular Culture: The Metropolitan Experience*, New York-London 1986, 13.

15 Theodor W. Adorno, Walter Benjamin, *Briefwechsel 1928-1940*, Hg. Henri Lonitz, Frankfurt a.M. 1994, 368 [es handelt sich um das Schreiben Adornos an Benjamin, New York 10.11.1938. A.d.Ü.).

16 Einige der hilfreichen Sammlungen, die Eintrittspunkte in die nunmehr unübersehbare internationale Literatur über dieses Thema bieten, sind: Erica Carter/James Donald/Judith Squires (Hg), *Space and Place: Theories of Identity and Location*, London 1993; James Duncan/David Ley (Hg), *Place/Culture/Representation*, London-New York 1993; Michael Keith/Steve Pile (Hg), *Place and the Politics of Identity*, London-New York 1993; Doreen Massey, *Space, Place and Gender*, Cambridge 1994; Sophie Watson/Katherine Gibson (Hg), *Postmodern Cities and Spaces*, Oxford-Cambridge/MA, 1995.

17 Department of Environment, Housing and Community Development, *The Shopping Centre as a Community Leisure Resource*, Canberra 1978.

18 Nur einige wenige Beispiele: Elaine S. Abelson, *When Ladies Go A-Thieving: Middle-Class Shoplifters in the Victorian Department Store*, New York 1990; Susan Porter Bensen, *Counter Cultures: Saleswomen, Managers, and Customers in American Department Stores 1890-1940*, Urbana-Chicago 1988; Beverly Kingston, *Basket, Bag and Trolley: A History of Shopping in Australia*, Melbourne 1994; Mica Nava, »Consumerism Reconsidered: Buying and Power«, Cultural Studies 5.2 (1991) 157-73; Gail Reekie, *Temptations: Sex, Selling and the Department Store*, Sydney 1993; Elizabeth Wilson, *Adorned in Dreams: Fashion and Modernity*, London 1985.

19 Über das Ernstnehmen der Variabilität von Adressatenkontexten siehe »Epilog: Zukunftsangst«.

20 Alice Jardine, *Gynesis: Configurations of Women and Modernity*, Ithaca-London 1985. Weitere Verweise darauf im Text in Klammern.

21 Viele feministische Redefinitionen der gechichtswissenschaftlichen Felder von Modernismus und Modernität wurden seit dem ersten Erscheinen von *Gynesis* publiziert, unter anderen: Giuliana Bruno, *Streetwalking on a Ruined Map: Cultural Theory and the City Films of Elvira Notari*, Princeton 1993; Rey Chow, *Women and Chinese Modernity: The Politics of Reading between West and East*, Minneapolis 1991; Rita Felski, *The Gender of Modernity*, Cambridge/MA-London, 1995; Patricia Mellencamp,

Indiscretions: Avant Garde Film, Video, and Feminism, Bloomington-Indianapolis 1990; Patrice Petro, *Joyless Streets: Women and Melodramatic Representation in Weimar Germany*, Princeton 1989; Griselda Pollock, *Vision & Difference: Femininity, Feminism and the Histories of Art*, London-New York 1988; Bonnie Kime Scott, *The Gender of Modernism: A Critical Anthology*; Bloomington-Indianapolis 1990; Hortense J. Spillers (Hg), *Comparative American Identities: Race, Sex, and Nationality in the Modern Text*, New York-London 1991.

22 Kraftvolle Modernisierungen des »Zuhause« werden beispielsweise besprochen in Stuart Ewen, *Captains of Consciousness: Advertising and the Social Roots of the Consumer Culture*, New York 1976; Rita Huggins/Jackie Huggins, *Auntie Rita*, Canberra 1994; Kerreen M. Reiger, *The Disenchantment of the Home: Modernizing the Australian Family 1880-1940*, Melbourne 1985; Henry Reynolds, *With the White People*, Ringwood-Harmondsworth 1990; Ileana Rodriguez, *House/Garden/Nation: Space, Gender and Ethnicity in Postcolonial Latin American Literatures by Women*, Durham-London 1994.

23 Françoise van Rossum-Guyon, »Questions à Julia Kristeva – A partir de Polylogue«, *Revue des sciences humaines* 168 (1977), 495-501.

24 Siehe John Frow, »Accounting for Tastes: Some Problems in Bourdieu's Sociology of Culture«, *Cultural Studies* 1.1 (1987) 59-73.

25 George Sternlieb/James W. Hughes, »Introduction: The Uncertain Future of Shopping Centers«, in dies. (Hg), *Shopping Centers, U.S.A.*, Rutgers/NJ 1981, 3.

26 Über die Verbindungen zwischen Kommunalpolitik, Tourismus und der Förderung von Differenz siehe Gay Hawkins, *From Nimbin to Mardi Gras: Constructing Community Arts*, Sydney 1993.

27 John A. Dawson, *Shopping Centre Development*, London/New York 1983, Kap.7.

28 Zur Heterogenität »zeitgenössischer Einkaufsaktivitäten« (und in »der Welt jenseits der Einkaufsgallerie« in einem britischen Kontext) siehe Nicky Gregson/Louise Crewe, »The Bargain, the Knowledge, and the Spectacle: Making Sense of Consumption in the Space of the Car-Boot Sale«, *Environment and Planning D: Society and Space* 15.1 (1997) 87-112.

29 Eine vielzitierte Phrase von Victor Gruen und Larry Smith, *Shopping Towns U.S.A.*, New York 1960, 11. Gruen wird weithin als der Erfinder der modernen geschlossenen Gallerie angesehen, und sein Buch beeinflußte spätere Darstellungen wie zB. Nadine Beddington, *Design for Shopping Centres*, London 1982, 22.

30 Walter Benjamin, Berliner Chronik (1932), *Gesammelte Schriften* (Hg. Rolf Tiedemann/Hermann Schweppenhäuser, 7 Bde, Frankfurt a.M. 1972-1989), Bd.VI, 465-519;_Donald Horne, *Money Made Us*, Ringwood-Harmondsworth 1976; Quarry, s.o.FN 7.

31 Siehe William Severini Kowinskis wundervolle »Odyssee« des amerikanischen Einkaufszentrenlebens *The Malling of America: An Inside Look at the Great Consumer Paradise*, New York 1985.

32 Z.B. Roberta Brandes Gratz, *The Living City*, New York 1989; Jane Jacobs, *The Death*

and Life of Great Amercan Cities, New York 1961.

33 Amos Rapoport, *The Meaning of the Built Environment: A Nonverbal Communication Approach*, Beverly Hills 1982. Für Rapoport »liegen Bedeutungen in den Menschen, nicht in Objekten oder Dingen. Allerdings *rufen Dinge Bedeutungen hervor.* ... Anders gesagt, die Frage ist, wie (und natürlich ob) Bedeutungen in Dingen in einer Weise kodiert werden können, daß sie von den in Aussicht genommenen Benützern dekodiert werden können« (19). Nach diesem Ansatz sind »Bedeutungen« selbständig existierende Variablen, die zwischen autonomen Subjekten ausgetauscht oder kanalisiert werden. Trotz seiner Betonung auf »nonverbaler Kommunikation« korrespondiert Rapoports Bedeutungskonzept daher mit dem konventionellen Übertragungsmodell verbaler Kommunikation. Siehe Briankle Chang, *Deconstructing Communication*, Minneapolis 1996.

34 Neben einer Reihe von ausdrücklich in und im Umfeld von Einkaufsgallerien angesiedelten »Gesellschaftsportrait«-Filmen benutzen Action- und Horrorfilme routinemäßig Gallerien nicht nur zur Darstellung von Machtverhältnissen in einer Gemeinschaft oder Gesellschaft (wie in dem 1993er Cynthia Rothrock-Film unter Regie von Kevin Hooks, *Irresistible Force*), sondern auch von Zeitparadoxa und Geschichtslogik: George Romeros *Dawn of the Dead* (1979), Peter Hyams *Time Cop* (1994). Über den Kino-Einkauf-Nexus siehe Anne Friedburg, *Window Shopping: Cinema and the Postmodern*, Berkeley-Los Angeles 1993.

35 Ein Standard-Definitonstext für die Periode der 1970er ist *The Shopping Center Development Handbook*, Washington, DC 1977.

36 Es lohnt sich durchaus, die älteren amerikanischen und britischen Werke zur Errichtung von Einkaufszentren zu konsultieren, um zu sehen, wie diese klassen- und rassenspezifische Geschichte als die »universale« Erzählung einer kommerziellen Bauform geschrieben wird: G.Baker/B.Funaro, *Shopping Centers, Design and Operation*, New York 1951; Wilfred Burns, *British Shopping Centers*, London 1959; James Hornbeck, *Stores and Shopping Centers*, New York 1962; Colin S. Jones, *Regional Shopping Centres*, London 1969; Louis G. Redstone, *New Dimensions in Shopping Centers and Stores*; New York 1973. Siehe auch J.M.Freeland, *Architecture in Australia: A History*, Ringwood 1972, Kap.14. In Australien war die Nachkriegs-«Flucht« aus dem Stadtkern in vielen Fällen ein Gewaltmarsch, der langetablierten, ethnisch diversifizierten Gemeinschaften der Arbeiterklasse durch die Stadterneuerungspolitiken der Staaten verbunden mit rasant steigenden Grundstückspreisen, aufgezungen wurde.

37 »From Dust to Shops«, *Courier-Mail* 26.2.1969; »Mini-City to Open – July 8«, *Courier-Mail* 7.4.1970. In einer *Courier-Mail*-Story am 6.März 1980 behauptete Alderman Sallyanne Atkinson, »eine Streiterin für die Erhaltung der Gebäude in Queensland«, daß die Mobilität der Queensland-Häuser einer ihrer besonderen Vorzüge wäre (»›Viele Schindelhäuser in Queensland sind einzigartig, weil sie versetzt werden können‹, sagte sie. ›Viele belegen Grundflächen, die extrem wertvoll sind.‹«). Alderman Atkinson öffnete schließlich ihr Büro in der Indooroopilly Shoppingtown und wurde Bürgermeisterin von Brisbane.

38 *Courier-Mail* 2.7.1968.

39 Woolworths ist eine alte australische Firma, nicht die gleichnamige US-Kette.

40 Im Licht meiner Behauptung über die Schwierigkeit, das Green Hills vom Highway her auszumachen, sollte ich betonen, daß dieses Photo von einer peripheren Zufahrtsstraße aus gemacht wurde.

41 Wie in so vielen Fällen von »Naturkatastrophen« wurden diese Hochwässer durch ökonomisch motivierte menschliche Ingenieursarbeiten intensiviert und kanalisiert. 1955 lenkten Uferdämme am Hunter River den Großteil der Wassermassen von den Farmen weg in Richtung der Geschäfte und der Arbeiterhäuser.

42 In diesem Zusammenhang bedeutet »Slum« alte, vorwiegend von armen weißen Familien bewohnte Schindel-, Eternit- oder Bretterbauten.

43 Zum Beispiel *Maitland Mercury* 18.April 1969 über Sydneys Roselands (»es könnte Japan sein, ist es aber nicht ...«) und 23. Oktober 1969 über amerikanische Kinder, die »mitten in der Nacht« im Pyjama sechzehn Meilen weit in ein rund um die Uhr geöffnetes Foodland gebracht werden.

44 Andrew Wernick, »Sign and Commodity: Aspects of the Cultural Dynamic of Advanced Capitalism«, *Canadian Journal of Political and Social Theory* 8.1-2 (1984), 31.

45 Horne, Kap.8.

46 Ich danke Louise Johnson, daß sie mir die Möglichkeit dieser Interpretation aufzeigte.

47 S.u.Kap.5.

48 Robin Boyd, *The Australian Ugliness*, Ringwood-Harmondsworth 1963, 105.

49 Janet Wolff, »The Invisible Flâneuse: Women and the Literature of Modernity«, *Theory Culture & Society* 2.3, 1985, 37-46.

50 Terry Eagleton,*Walter Benjamin, or Towards a Revolutionary Criticism*, London 1981, 27.

51 Ein Dokument dieser Periode ist Corrie Perkin, »Store Wars«, *Good Weekend* 7.Juni 1986, 16: »The Big Store Is Big Time Again, More Glamorous than Ever Before.«

52 Siehe Gregson/Crewe, 110.

53 Die erste Fassung dieses Kapitels wurde als Vortrag bei der »Feminist Criticism and Cultural Production«-Konferenz, Humanities Reserch Centre, Australian National University, Canberra 1986 gehalten. Mein Dank an Susan Magarey und Susan Sheridan.

»Am Strand«

1 John Forbes, *New and Selected Poems*, Sydney 1992, 65. Weitere Verweise im Text in Klammern beziehen sich auf diese Ausgabe, die eine Auswahl aus *The Stunned Mullet* (Sydney 1988) enthält.

On the Beach: A Bicentennial Poem

2

(after Juan Davila)

astonished
trade union delegates
watch a man behead a chicken
in Martin Place – isn't there
a poem about this
& the shimmering ideal
of just walking down the street?
not being religious
we bet on how many full circles
the headless chook will complete
& won't this do for a formal
model of Australia, not
too far-fetched, not too cute?

2 Donald Horne, *The Lucky Country*, Ringwood 1964, 21. Weitere Verweise darauf im Text in Klammern.

3 Obwohl als »nationale« Zweihundertjahrfeier dargestellt, bezeichnete dieses Ereignis lediglich die Invasion in der Botany Bay in New South Wales (damals Kamay, Heimat des Eora-Volkes) durch Großbritannien 1788. Die Zweihundertjahrfeier der australischen Nation (»Föderation«) findet 2001 statt.

3a »lips bruised blue / from the impact of the shore«

3b »form words you applaud / because, after all, a fish is speaking«

4 »your vocation calls«. Zu »anglo-keltisch« siehe Einführung, FN 29.

4a »blank, cut-up sense of what your vocation is going to be«

4b »where you first dreamt up / this model of the Ocean / & watched it slide, slowly at first / down the beach & into the surf«

5 Horne wurde eingeladen, 1990 die erste nationale Cultural Studies Association of Australia Conference an der University of Western Sydney zu eröffnen.

6 Donald Horne, *Money Made Us*, Ringwood–Harmondsworth 1976, 6.

7 Andrew Ross, *No Respect: Intellectuals and Popular Culture*, New York–London, 1989, 15-41. Ein Unterschied zwischen australischer und amerikanischer Kultur »mittlerer Ebene« [middlebrow culture, d.h. angesiedelt zwischen »Hochkultur« – highbrow culture – und Popularkultur, A.d.Ü.], wie Ross sie beschreibt, könnte sein, daß erstere weder einem erfolgreichen patrizischen noch einem effektiven linken Gegenschlag ausgesetzt war.

8 Jane Gallop, *Reading Lacan*, Ithaca–London 1985, 74-92.

9 Deleuze/Guattari, Tausend Plateaus, Berlin 1992, 424; Hervorhebung von mir.

10 Wenige Begriffe erzeugen mehr kulturüberschneidenden Lärm als »Mulitkulturalismus«. In Australien ist das die Bezeichnung einer offiziellen Politik, die seit Mitte der 1970er nationale Einheit *in* der durch Immigration erzeugten kulturellen Diversität

begründet. Siehe unten Kap.6; Stephen Castles/Mary Kalantzis/Bill Cope/Michael Morrissey, *Mistaken Identity: Multiculturalism and the Demise of Nationalism in Australia*, Sydney 1988; Jon Stratton/Ien Ang, »Multicultural Imagined Communities: Cultural Difference and National Identity in Australia and the USA«, *Continuum* 8.2, 1994, 124-58.

11 Diskussionssitzung zu »Australian Cultural Studies: Past, Present, and Future«, University of Western Sydney, Dezember 1990.

12 J.Laplanche/J.-B. Pontalis, *The Language of Psycho-analysis*, London 1980, 160-61.

13 Marthe Robert, *Roman des origines et origines du roman* , Paris 1972, 44-50.

14 Graeme Turner, »Dilemmas of a Cultural Critic: Australian Cultural Studies Today«, *Australian Journal of Communication* 16, 1989, 1-12; weitere Verweise darauf im Text in Klammern. Siehe auch »Of Rocks and Hard Places: The Colonized, the National and Australian Cultural Studies«, *Cultural Studies* 6.3, 1992, 424-32.

15 Dieser Zwang ist selbst ein »internationalisierendes« Problem für WissenschaftlerInnen, die in gemessen an der Geographie globaler Publikation in englischer Sprache periphären Kontexten arbeiten. Siehe Kuan-Hsing Chen, »Voices from the Outside: Towards a New Internationalist Localism«, *Cultural Studies* 6.3, 1992, 476-84.

16 Über die Implikationen der Zulassung gemischter Ursprünge für die Nationalgeschichtsschreibung siehe Anne Curthoys, »Single White Male«, *Arena Magazine* 8, 1993/94, 28; und die Besprechung ihrer Argumente unten in Kap.6.

17 Siehe Geoffrey Dutton, *Sun, Sea, Surf and Sand – The Myth of the Beach*, Oxford-Melbourne 1985, 84-85. Über die »Rassenideale« in *Australian Beach Pattern* siehe Linda Slutzkin, »Spartans in Speedos«, in *Creating Australia: 200 Years of Art 1788-1988*, Hg. Daniel Thomas, Adelaide 1988, 176-77.

18 Stephen Knight, *The Selling of the Australien Mind: From First Fleet to Third Mercedes*, Port Melbourne 1990, 1-11. Weitere Verweise darauf im Text in Klammern.

18a Roland Barthes, Mythen des Alltags (aus d.Franz. von Helmut Scheffel), Frankfurt a.M. 1964 (Paris 1957) [A.d.Ü.: die von Morris bezogene Stelle findet sich auf S.148-151].

19 Siehe auch Manning Clarks Aufsatz aus 1963, »The Ruin of the Ideologies«, in *The Australian Dream*, hg. v. Ian Turner, Melbourne 1968, 348-51.

20 John Fiske/Bob Hodge/Graeme Turner, *Myths of Oz: Reading Australian Popular Culture*, Sydney/London/Boston 1987, 71-72.

21 Paul Carter, *The Road to Botany Bay*, London/Boston 1987: siehe Eleanor Dark, *The Timeless Land*, Sydney 1941; Robert Hughes, *The Fatal Shore*, London 1987; Bernard Smith, *European Vision and the South Pacific 1768-1850*, Oxford 1960. Für alternative Strandszenen: Patricia Grimshaw/Marilyn Lake/Ann McGrath/Marian Quartly, *Creating a Nation*, Ringwood 1994; Colin Johnson, *Dr.Wooreddy's Prescription for Enduring the Ending of the World*, Melbourne 1983; Henry Reynolds, *The Other Side of the Frontier: Aboriginal Resistance to the European Invasion of Australia*, Ringwood-Harmondsworth, 1982; Anne Summers, *Damned Whores and God's Police: The Colonization of Women in Australia*, Ringwood-Harmondsworth, 1975; Eric Willmot, *Pemelwuy: The Rainbow Warrior*, Sydney 1987.

22 Eric Willmot, *Australia: The Last Experiment*, Sydney 1987, 32-33.

23 M.M.Bakhtin, *The Dialogic Imagination*, Hg.Michael Holquist, engl. von Caryl Emerson & Michael Holquist, Austin 1981. Als Chronotop kann der Strand in Australien ziemlich düster sein: siehe mein »Fear and the Family Sedan«, *The Politics of Everyday Fear*, Hg. Brian Massumi, Minneapolis 1993, 285-305.

24 Mudrooroo Nyoongah, »Beached Party«, *The Sydney Morning Herald* 19.Jänner 1991. Als Teil des Sydney Writers' Festival wurde dieses Gedicht als Anlaßtext für den Australia Day kommissioniert. Mudrooroo Nyoongah hat Romane und Kritiken unter den Namen Mudrooroo, Mudrooroo Narogin und Colin Johnson veröffentlicht.

24a »We all, all of us, must have a beginning, a birth day«

24b »I, we died a thousand, thousand, / When Governor Phillip carried to terror nullus / His ill cargo: ›I suffer, suffer– /Why exile me here?‹«

25 Das Gedicht bearbeitet die koloniale Namensgebungsgeschichte und die Gewalt, die dem vereinheitlichenden Terminus »Aboriginal« zugrunde liegt, der sowohl eine vom Kolonialismus geschaffene Realität als auch eine Politik der indigenen Völker bezeichnet, die sich, wie in dem Gedicht, daraus ableitet. »Koori« heißt »Menschen« in den südöstlichen Sprachen einschließlich jener, die von den Gruppen gesprochen wurde, die Zeugen der Ankunft der Ersten Flotte wurden; das Wort wird heute in New South Wales und Victoria zur generellen Bezeichnung aboriginaler Völker gebraucht. »Nyoongah« wird von aboriginalen Völkern im Südwesten des Kontinents zur Bezeichnung ihrer selbst und ihrer Heimatgebiete verwendet. Siehe *The Encyclopaedia of Aboriginal Australia*, Gesamtherausgeber David Horton, Canberra 1994.

25a »the shattered body of a Koori in his white arms slowly turning brown«

25b »I finger the scars of my sorrows and smile at the droppings of my tears«

25c »our new nation in mourning each and every year on this date«

25d »As indifferent skin blisters with cancerous growths
And my voice whispers a hopeful, happy birthday, Australia
While daubing suncream over the worst lesions of my past«

26 Les Murray, *The Vernacular Republic: Poems 1961-1983*, Sydney 1990, 23-24.

27 Siehe Juan Davila/Paul Foss, *The Mutilated Pieta*, Sydney 1985; und Juan Davila, *Hysterical Tears*, Hg. Paul Taylor, Melbourne 1985. *Bivouac* ist in *Island in the Stream*, Hg. Paul Foss, abgedruckt.

27a »*Evading believers*, he hurries off down Pitt Street«

28 D.H.Lawrence, *Kangaroo*, Ringwood-Harmondsworth 1968, 82; Horne, *The Lucky Country*, 24.

29 Graeme Turner, »Return to Oz: Populism, the Academy, and the Future of Australian Studies«, *Meanjin* 50/1 (Herbst 1991), 20 (Hervorhebung durch mich).

30 Marshall Berman, *All That Is Solid Melts into Air: The Experience of Modernity*, New York 1982.

31 Über die Widersprüchlichkeit dieser Haltung in den ethnographischen Cultural Studies siehe Virginia Nightingale, »What's ›Ethnographic‹ about Ethnographic Audience Research?«, *Autralian Cultural Studies: A Reader*, Hg. John Frow/Meaghan Morris,

Sydney 1993, 149-61.

32 Siehe Mike Featherstone, »The Heroic Life and Everyday Life«, *Cultural Theory and Cultural Change*, Hg. Mike Featherstone, London/Newbury Park/New Delhi 1992, 159-82.

33 Margaret Morse, »An Ontology of Everyday Distraction: The Freeway, the Mall, and Television«, in *Logics of Television*, Hg. Patricia Mellencamp, Bloomington 1990, 193-221. Weitere Verweise darauf im Text in Klammern.

34 Henri Lefebvre, *Das Alltagsleben in der modernen Welt* (aus d.Franz. von Annegret Dumasy), Frankfurt a.M. 1972 (Paris 1968), 8-18. Siehe auch Adornos prägnante Formulierung für das, was unschwer als ein Axiom für modernistische Cultural Studies gelesen werden kann: »Gut ist das sich Entringende, das, was Sprache findet, das Auge aufschlägt«, in »Fortschritt«, *Gesammelte Schriften 10.2, Kulturkritik und Gesellschaft II* (hg.v.Rolf Tiedemann), Frankfurt a.M. 1977, 617-638 (622).

35 Michel de Certeau, *Kunst des Handelns*, Berlin 1988 (Paris 1980) (aus dem Franz. von Ronald Voullié), 189.

36 Über die Unterscheidung Strategie/Taktik siehe unten Kap.4 und »Banality in Cultural Studies«, *Logics of Television*, Hg. Patricia Mellencamp, Bloomington 1990, 14-43.

37 Eine wichtige Neuearbeitung der Enunziation als *sowohl* performativ *als auch* referentiell für die Kulturtheorie ist Homi K. Bhabhas *The Location of Culture*, London/New York 1994.

38 Maurice Blanchot, »Everyday Speech«, *Yale French Studies* 73 (1987) 12-20.

39 Wlad Godzich, *The Culture of Literacy*, Cambridge,MA/London 1944, 272, Hervorhebung durch mich. In ihrer Erörterung der Beziehung zwischen dem rationalen Subjekt der humanistischen Geographie und »jenem Anderen«, das »die Idee des Ortes selbst« ist, als unerkennbar, der Sprache entzogen und feminin, bezeichnet Gillian Rose diese *Art* der Beziehung treffend als »ästhetischen Maskulinismus«: *Feminism and Geography: The Limits of Geographical Knowledge*, Cambridge 1993, 60.

40 Ian Hunter, *Culture and Government: The Emergence of Literary Education*; London 1988; »Setting Limits to Culture«, *New Formations* 4 (Frühjahr 1988), 103-24.

41 Ian Hunter, »Setting Limits to Culture«, 110.

42 Siehe unten »Zukunftsangst«; Tony Bennet, »Putting Policy into Cultural Studies«, *Cultural Studies*, Hg. Lawrence Grossberg/Cary Nelson/Paula Treichler, 23-37; Stuart Cunningham, »The Cultural Policy Debate Revisited«, *Meanjin* 51.3 (1992), 533-43, und »Cultural Studies from the Viewpoint of Cultural Policy«, *Nation, Culture, Text: Australian Cultural and Media Studies*, Hg. Graeme Turner, London/New York 1993, 126-39; Meaghan Morris, »A Gadfly Bites Back«, *Meanjin* 51.3 (1992), 545-51; Tom O'Regan, »(Mis)taking Policy: Notes on the Cultural Policy Debate«, *Cultural Studies* 6.3 (1992), 409-23.

43 Moira Gatens, »Corporeal Representation in/and the Body Politic«, in *Cartographies: Poststructuralism and the Mapping of Bodies and Spaces*, Hg. Rosalyn Diprose/Robyn Ferrel, Sydney 1991, 85.

44 Ian Hunter, *Rethinking the School: Subjektivity, Bureaucracy, Criticism*, Sydney/New

York 1994.

45 Siehe die Debatte zwischen Stuart Cunningham und Elizabeth Jacka, »Cultural Studies in the Light of the Policy Process – A Curate's Egg?« in *Australian Cultural Studies Conference: 1990 Proceedings,* Nepean 1991, 26-56.

46 Siehe »Panorama: The Live, the Dead and the Living«.

47 Siehe zB. die grelle Bewerbung ihrer Titelgeschichte vom 10.Oktober 1991, »Australia–Time to Get Serious« in der *Far Eastern Economic Review*, mit dem Bild eines Haufens biersaufender weißer Männer, die bei einer jährlich an einem trockenen Flußbett in Alice Springs abgehaltenen Regatta-Persiflage einen draufmachen.

48 »Swan Steels ARC for Competition«, *Sunday Telegraph* 26. November 1989; »Coming to Grips with the Debt Crisis«, *Australian Financial Review* 20.November 1989; »Poor Performance ›Shooting Aust [sic] in the Head‹«, *Australian Financial Review* 26.Oktober 1989. Peter Robinson, »Fair Go, We're All Bludgers«, *Sun-Herald* 18.Juni 1989.

49 Ross Garnaut, *Australia and the North-East Asian Ascendancy*, Canberra 1989.

50 Der Reihe nach: Eric Michaels, *Bad Aboriginal Art*, Minneapolis 1994, 99-125; Tom O'Regan, *Australian Television Culture*, Sydney 1993; Sneja Gunew, »Home and Away: Nostalgia in Australian (Migrant) Writing«, in *Island in the Stream*, Hg. Paul Foss, Sydney 1988, 35-46; Stephen Muecke, *No Road (Bitumen All the Way)*, Fremantle 1997; Yuki Tanaka, »The Japanese Political-Construction Complex«, in *Technocratic Dreaming: Of Very Fast Trains and Japanese Designer Cities*, Hg. Paul James, Melbourne 1990, 71-77; Helen Grace, »Business, Pleasure, Narrative: The Folktale in Our Times«, *Cartographies: Poststructuralism and the Mapping of Bodies and Spaces*, Hg. Rosalyn Diprose & Robyn Ferrell, Sydney 1991, 113-25, und »A House of Games: Serious Business and the Aesthetics of Logic«, *Australian Cultural Studies: A Reader*, Hg. John Frow/Meaghan Morris, Sydney/Urbana 1993, 69-95.

51 Sylvia Lawson, *The Archibald Paradox: A Strange Case of Authorship*, Ringwood/Harmondsworth 1983.

52 John Docker, *The Nervous Nineties: Australian Cultural Life in the 1890s*, Melbourne/Oxford 1991.

52a *up close*
the scales are false
in fact a cunning mechanical contrivance
like Bob Hawke's hair –
they glitter, exposed to the atmosphere
instead of dying, being alloy not flesh.

Höhepunkte sozialen Aufstiegs

1 Warren Montag, »What Is at Stake in the Debate on Postmodernism?«, in *Postmodernism and Its Discontents: Theories, Practices*, Hg.E.Ann Kaplan, London 1988, 95-96.

2 Michel de Certeau, *Kunst des Handelns*, Berlin 1988 (Paris 1980) (aus dem Franz. von Ronald Voullié), 180. Weitere Verweise darauf in Klammern im Text.

2a A.d.Ü.: Morris zitiert hier die englischen Übertragung: »a bustling city« (wörtlich etwa »wimmelnde Stadt«), die der im französischen Originaltext (»la ville radieuse«) mitschwingenden Vorstellung flimmernder Geschäftigkeit näher kommt als die deutsche Version. Vgl. auch Anm.49a zu Kapitel 1.

3 Deleuze & Guattari, Tausend Plateaus, Berlin 1992, 369ff. Weitere Verweise darauf im Text in Klammern.

4 »Bewegung« wird in weiß-australischen Erzähltraditionen ganz einhellig *nur dann* maskulinisiert, wenn sie als »Reise« strukturiert ist, das heißt zielgerichtet und unter Einschluß der Möglichkeit von »Fortschritt«. Aboriginale nomadische Bewegung, in diesem Rahmen historisch als »ziellos« mißverstanden, wird so in romantischer Weise im Femininen, Ursprünglichen und Zeitlosen assimiliert. Siehe Ross Gibson, *The Diminishing Paradise: Changing Literary Perceptions of Australia*, Sydney/London 1984; Kay Schaffer, *Women and the Bush: Forces of Desire in the Australian Cultural Tradition*, Cambridge 1988.

5 Deleuze/Guattari, Tausend Plateaus, Kapitel 7. Das Gesicht, sagen sie, kann sich auch in einem schwarzer Fleck/weißes Loch-(Rohrschach-) System bilden, aber die Dominanz des Weiße Wand/Schwarzes Loch-Bildes in ihrer Darstellung wird so erklärt:
Das Gesicht ist nichts Universelles. Es ist nicht einmal das Gesicht des Weißen Mannes, es ist der Weiße Mann selber mit seinen breiten weißen Wangen und dem schwarzen Loch der Augen. (...) Das Gesicht ist der typische Europäer, also jemand, den Ezra Pound als den durchschnittlichen, sinnlichen Menschen (...) bezeichnet hat. (...) Nicht universell, sondern *facies totius universi.* Jesus Christ Superstar: er erfindet die Vergesichtlichung des ganzen Körpers und überträgt sie auf alles (die Passion der Jeanne d'Arc in Großaufnahme). Das Gesicht ist also von Natur aus eine ganz spezielle Vorstellung, was es aber nicht daran gehindert hat, eine äußerst allgemeine Funktion zu erwerben und auszuüben, nämlich die Funktion, (...) binär zu machen. (242 f).

6 Siehe auch Deleuze/Guattari, Tausend Plateaus, Kap.5, insbes. 160-161.

7 Zitier bei Michael Laurence, »Now, the Billion-Dollar Game Comes to the Boil«, *The Sydney Morning Herald* 15.August 1987.

8 ebd.zit.

9 Dieser Vorschlag wurde schließlich abgelehnt (»Carr Cuts Skycraper Plans Down«, *The Sydney Morning Herald* 31.August 1987. Über die Geschichte der Immobilienspekulation in Sydney s. M.T.Daly, *Sydney Boom, Sydney Bust*, Sydney 1982. Über die jüngeren Auswirkungen der Tourismus- und Bauindustrien des Pazifischen Randes s. Abe David & Ted Weelwright, *The Third Wave: Australia and Asian Capitalism*, Sydney 1989.

10 Tatsächlich ist der Turm nicht »hochgekommen«, wie Journalisten sagen; der Baugrund wurde an Bonds japanische Partner verkauft und ist zur Zeit, da dies geschrieben wird, immer noch ein Loch im Boden bis zum Abschluß von Verhandlungen über den Austausch von Büroflächen mit anderen Stadtlagen.

11 Jane Gallop, *Feminism and Psychoanalysis: The Daughter's Seduction*, London 1982, Kap.3.

12 Andrew Ross, *No Respect: Intellectuals and Popular Culture*, New York 1989.

13 Siehe David Harvey, *The Urbanisation of Capital*, Oxford 1985.

14 Meine Analyse beschäftigt sich nicht unmittelbar mit der politischen Ökonomie des Immobilienbooms 1987-89, sondern mit der Politik des Spektakels, die eine kleine Rolle in diesem Boom spielte. Jedenfalls beinhalteten die wesentlichen ökonomischen Faktoren umfangreiche Umschichtungen von verzinslichen Anlagen zu Immobilienveranlagungen nach dem Börsencrash von 1987 und den darauf folgenden Zinssenkungen, kombiniert mit der Wiedereinführung der Fremdfinanzierung von Mieteigentum durch die Föderationsregierung Mitte der 1980er.

15 Siehe Sylvia Lawson, »Art in Bondage«, *Australian Society* 8.8 (August 1989), 52-53; und Stuart Macintyre, »Tall Poppies«, *Australian Society* 8.9 (September 1989), 8-9.

16 Peter Cryle, *The Thematics of Commitment: The Tower & The Plain*, Princeton 1985, 9.

17 Ada Louise Huxtable, *The Tall Building Artistically Reconsidered: The Search for a Skyscraper Style*, New York 1984, 8.

18 Jean Baudrillard, Amerika (Aus dem Franz. von Michaela Ott), München 1985; Paul Virilio, »The Overexposed City«, *Zone* 1/2(nd), 14-31.

19 R.E.Somol, »›...You Put Me in a Happy State‹: The Singularity of Power in Chicago's Loop«, *Copyright* 1 (1987), 98-118. Weitere Verweise darauf im Text in Klammern.

20 Der *locus classicus* dieser Kritik der »Faustischen« Modernität ist Nietzsches beißendes Porträt des »überstolzen Europäers des neunzehnten Jahrhunderts«, der »hoch und stolz auf die Pyramide des Weltprozesses« steht: *Vom Nutzen und Nachtheil der Historie für das Leben* , München 1996 (1873-76), 95.

21 De Certeau, 179-187. Zum Problem der *Ausdehnung* dieses hochverdichteten urbanen Modells auf andere soziale Landschaften siehe oben Kap.2.

22 Während dies mit der Kritik in *Kunst des Handelns* am Werk Michel Foucaults übereinstimmt – den de Certeau in diesem Buch, wie viele andere Kommentatoren, eher als einen Exponenten denn als Kritiker des Konzepts der »totalen« Macht sieht (107) – steht dieser Zug zum Populismus in Widerspruch zu de Certeaus übrigem Werk über die historische Entwicklung von »Popularkultur« als Studienobjekt und über die Matrix der Macht-Wissens-Relationen, die dieses Studium heute definieren (277-311). Siehe »The Beauty of the Dead: Nisard« und die Aufsätze über Foucault in *Heterologies,* Minneapolis 1986.

23 Über dieses Thema siehe John Frow, »Michel de Certeau and the Practice of Representation«, *Cultural Studies* 5.1. (1991) 52-60, und Tony Schirato, »My Space or Yours? De Certeau, Frow and the Meaning of Popular Culture«, *Cultural Studies* 7.2 (1993) 282-91.

24 Siehe Christine Boyer, »The Return of Aesthetics to City Planning«, in *Philosophical Streets: New Approaches to Urbanism*, Hg. Dennis Crow, Washington, DC 1990, 93-112; Dean MacCannell, *Empty Meeting Grounds: The Tourist Papers*, London/New

York 1992, 87-113. Siehe jedoch auch Oren Yiftachels Fallstudie der Verwendungen von Planung zur Unterdrückung und Benachteiligung von Minderheiten in Entwicklungsgesellschaften: »The Dark Side of Modernism: Planning as Control of an Ethnic Minority«, *Postmodern Cities and Spaces*, Hg. Sophie Watson/Katherine Gibson, Oxford/Cambridge, MA 1995, 216-42.

25 *Australian Financial Review* 15.Juni 1989, 47-49. Ich nehme an, daß »Fay Wray« aus rechtlichen Gründen zu »Fay Gray« wurde. Wie stets ist das Interessante daran die Verwendung des Vornamens der »originalen« Schauspielerin zur Bezeichnung der *Rolle* von King Kongs weiblichem Anderen.

26 Die Macht dieser Vorstellungswelt läßt sich aus der Hysterie des »Linda Chambelain«-Falles einer vermuteten mütterlichen Kindstötung beim Felsen ableiten; siehe Noel Sanders, »Azaria Chamberlain and Popular Culture«, *Australian Cultural Studies: A Reader*, Hg. John Frow/Meaghan Morris, Sydney 1993, 86-101; und Fred Schepisis Film von 1988 mit Meryl Streep, *Evil Angels* (alias *A Cry in the Dark*). Über Uluru als Focus zeitgenössischer aboriginaler wie auch weißer Mythenbildung siehe Ann McGrath, »Travels to a Distant Past: The Mythology of the Outback«, *Australian Cultural History* 10 (1991) 113-24.

27 Mike Davis, »Urban Renaissance and the Spirit of Postmodernism«, in *Postmodernism and Its Discontents: Theories, Practices,* Hg. E.Ann Kaplan, London 1988, 87.

28 AustralierInnen genossen traditionellerweise ein hohes Maß an Eigenheimbesitz. Ein Haus zu besitzen war ein Ideal der *Arbeiterklasse* und fungiert als solches in der nationalen Mythologie (»der australische Traum«). Der »sich abmühende Eigenheimbesitzer« ist also nicht äquivalent zu dem gutsituierten Vorstädter der US-amerikanischen Vorstellung, sondern eines der verwundbarsten Zielobjekte von räumlicher Restrukturierung und ökonomischer Reform. Über die Architekturgeschichte des Eigenheimbesitzes siehe Robin Boyd, *Australia's Home*, Harmondsworth 1978.

29 Patricia Mellencamp, *Indiscretions: Avant-Garde Film, Video, and Feminism*, Bloomington/Indianapolis 1990, 142-45.

30 Scott Lash/John Urry, *The End of Organized Capitalism*, Madison 1987, 295f. Weitere Verweise darauf im Text in Klammern. Lash und Urry sind bezüglich dieser »Schicht« weniger pessimistisch als Bourdieu und ziehen es vor, den »neuen Petit-Bourgeois« als ein Mitglied der niederen Ränge der Dienstleistungsklasse zu sehen. Über die Implikationen dieser Klassendiskussionen für die Cultural Studies siehe John Frow, *Cultural Studies and Cultural Value*, Oxford 1995.

31 Siehe Sharon Zukin, *Loft Living: Culture and Capital in Urban Change*, Baltimore 1982.

32 Marshall Bermann, *All That Is Solid Melts into Air: The Experience of Modernity*, London 1982, 39 u. 67-68.

33 Rosalyn Deutsche, »Architecture of the Evicted«, *Strategies* 3 (1990) 176.

34 Lash/Urry 290 (Hervorhebung durch mich).

35 Yann Lardeau, »Touche pas à la femme blanche«, *Traverses* 8 (Mai 1977), 116-24 (Übersetzung durch mich), weitere Verweise darauf im Text in Klammern.

36 Als Kontrast siehe Donna Harraways starke Analyse einer 1982er Hallmark-Grußkarte (»Getting Even«), die einen verängstigten kleinen Kong arstellt, der in seinem Bett von einer gigantischen blonden Frau vor seinem Fenster belästigt wird: *Primate Visions: Gender, Race and Nature in the World of Modern Science*, New York/London 1989, 160-62. Weil Haraway ihren Vergleich auf eine sowohl kulturspezifische als auch historische Lesart von Kongs Tragödie im Film von Schoedsack und Cooper stützt (»für die weiße erregte Vorstellung war er das Sinnbild für die Liebe des gefangenen schwarzen Mannes für die weiße Frau. Als »Biest« und »primitiv« wurde Kong gelyncht«), ist sie in der Lage, die *Kraft* des zeitgenössischen komischen Bildes zu definieren: »Die Cruise Missile wird nicht in dieser häuslichen Szene auftauchen, um einen schwarzen Homosexuellen zu retten« (162).

37 Siehe die *Aurum Encyclopaedia of Science Fiction*, Hg. Phil Hardy, London 1984, 265.

38 Diese Frage drängt sich in der Ikonographie von Guillermins *King Kong* auf, nicht nur in Kongs Liebesszenen mit »Dwan« (Jessica Lange), sondern auch in krassen Nahaufnahmen eines riesigen Bolzens, der das Dorftor verriegelt. Siehe Robert Anton Wilson, »Projekt Parameters in Cherry Valley by the Testicles«, *Semiotext(e)* 14, *SF* (1989) 337-43.

39 Jacques Attali, *Noise: The Political Economy of Music*, Minneapolis 1985, 109. Ich diskutiere Jamesons Anwendung von Baudrillard in »Panorama: The Live, the Dead and the Living«, *Island in the Stream*, Hg. Paul Foss, Sydney 1988, 160-87.

40 Judith Mayne, »›King Kong‹ and the Ideology of Spectacle«, *Quarterly Review of Film Studies* 1.4 (1976) 373-87. Weitere Verweise darauf im Text in Klammern.

41 »Sydney's Human Fly«, *Daily Mirror* 2.Februar 1987; »Exclusive: The Human Fly«, *People* 23.März 1987.

42 Über den Widerstand von Textmaterialien siehe Anne Freadman, »Sandpaper«, *Southern Review* 16.1 (1983) 173.

42a A.d.Ü.: Die von Ronald Voullie für den Begriff »tour« bei de Certeau konsequent gewählte Übertragung »Wegstrecke« weist die hier von Morris angesprochene Konnotation des »Streifzugs« oder »Ausflugs« nicht auf, weshalb in diesem Punkt von der deutschen Ausgabe von *Kunst des Handelns* abgewichen wurde.

43 Siehe Marc Augés hilfreiche Besprechung von de Certeau in *Non-Places: Introduction to an Anthropology of Supermodernity*, engl. von John Howe, London 1995, 79-85.

44 Siehe oben in der Einleitung; über die Bewegung »zurück in die Stadt«: »Sydney Tower«, *Island Magazine* 9/10 (1982) 53-61.

45 Susan Ruddick weist darauf hin, daß eine der Schwierigkeiten mit der Unterscheidung Strategie/Praxis ist, daß »in der longue durée die Taktik ohne jede Spur aus dem Blickfeld verschwindet«; »Heterotopias of the Homeless: Strategies and Tactics of Placemaking in Los Angeles«, *Strategies* 3 (1990) 184-201. Obwohl sie die Unterscheidung nützlich findet für die Beschreibung, wie die Obdachlosen von »Räumen, die von anderen Akteuren strategisch organisiert wurden«, Gebrauch machen, schlägt sie vor, diese müsse Platz lassen für die durch diesen Raumgebrauch errungene *relative Permanenz* an bestimmten Orten: »die Obdachlosen verändern durch ihre bloße

Anwesenheit an einem bestimmten Ort dessen symbolische Bedeutung« (191).

45a A.d.Ü.: »A Spire« (eine Turmnadel) ist ein Wortspiel mit dem Verb »aspire« – hoffen, anstreben (vgl. »Aspiration«).

46 Persönliche Korrespondenz. Michael Dean gab mir *Castle in the Clouds!* und ermöglichte mir so, dieses Kapitel zu schreiben.

47 Siehe Eric Alliez & Michel Feher, »Notes on the Sophisticated City«, *Zone* 1/2 (nd) 40-55; Guiliana Bruno, »Ramble City: Postmodernism and *Blade Runner*«, *October* 41 (1987) 61-74; David Harvey, *The Condition of Postmodernity*, Oxford 1989, 309-14.

48 Brian Massumi, »Realer than Real: The Simulacrum According to Deleuze and Guattari«, *Copyright* 1 (1987) 90-97. Weitere Verweise darauf im Text in Klammern.

49 Jean Baudrillard, *Simulations*, engl. v. Paul Foss/Paul Patton/Philip Beichtman, New York 1983, 11.

50 Gilles Deleuze, »Plato and the Simulacrum«, engl.v. Rosalind Krauss, *October* 27 (1983) 48. Ebenso in Gilles Deleuze, *Logik des Sinns* (aus dem Franz. v. Bernhard Dieckmann), Frankfurt a.M. 1993 (Paris 1969), 311-324 (»Plato und das Trugbild).

51 Über Worttreue (literalism) siehe Paul Willemen, *Looks and Frictions: Essays in Cultural Studies and Film Theory*, London/Bloomington 1994, 27-55.

52 Zitiert von Deleuze in »Plato and the Simulacrum«, 49 [ebenso in »Platon und das Trugbild«, *Logik des Sinns* 316, Anm.3, unter Verweis auf Xavier Audouard, *Le Simulacre*, Cahiers pour l'analyse 3; A.d.Ü.]. Deleuze entwickelt die Bedeutung dieser »leichten Abweichung« oder *clinamen* für seine Theorie der Simulation in »Lucrez und das Trugbild«, *Logik des Sinns*, 324-340.

53 Deleuze-Guattari, *Tausend Plateaus*, 21. Über das Werden 317ff.

54 Siehe oben »Vorwort: Zu früh, zu spät«. Es ist wiederholenswert, daß für Deleuze und Guattari »Minoritär« als Werden oder Prozeß von »Minorität« als Aggregat oder Zustand zu unterscheiden ist (396) und der musikalische Begriff »mineur« (Moll) dazu verwendet wird, in Begriffen von Metamorphosen zu denken. *[Zur Problematik der Übersetzung von »mineur« siehe FN 14 in »Vorwort: Zu früh, zu spät«. A.d.Ü.]*

55 Für nützliche feministische Besprechungen dieses Konzepts siehe Rosi Braidotti, *Nomadic Subjects: Embodiment and Sexual Difference in Contemporary Feminist Theory*, New York 1994, 111-23; Elizabeth Grosz, *Volatile Bodies: Toward a Corporeal Feminism*, Bloomington/Indianapolis 1994, 160-83; Alice Jardine, *Gynesis: Configurations of Women and Modernity*, Ithaca/London 1985, 208-23.

56 Indem sie Turm/Gesicht in diesen Prozeß des zweifachen Werdens miteinbezieht, wird die Filmerzählung in *A Spire* selbst in genau jenem Augenblick zur Simulation im Sinne Deleuzes, in dem »sie nicht einmal die Beschwörung des Modells des Anderen bewirkt, weil kein Modell existiert im Schwindel des Simulakrums« (Deleuze, 53).

57 Ich danke James Hay für diese Beobachtung.

1 John Forbes, *New and Selected Poems*, Sydney, 1992, 61. Weitere Verweise im Text in Klammern beziehen sich auf diese Ausgabe, die eine Auswahl aus *The Stunned Mullet* enthält (Sydney 1988).

Watching the Treasurer

I want to believe the beautiful lies
the past spreads out like a feast.

Television is full of them & inside
their beauty you can act: Paul Keating's

bottom lip trembles then recovers,
like the exchange rate under pressure

buoyed up as the words come out–
elegant apostle of necessity, meaning

what rich Americans want, his world is
like a poem, completing that utopia

no philosopher could argue with, where
what seems, is & what your words describe

you know exists, under a few millimetres
of invisible cosmetic, bathed

in a milky white flourescent glow.

2 Der Schatzkanzler (Treasurer) ist so etwas wie der Chancellor of Exchequer in Großbritannien und so etwas wie eine Kombination von Notenbankchef, mehreren Kommittees des Weißen Hauses und Finanzstaatssekretär in den USA. Es ist ein sehr mächtiges Amt und steht an Bedeutung nur noch dem Premierminister nach.

3 Meine Verwendung des Präsens verweist hier auf das fiktive Moment des Gedichts. Die hinter meiner Analyse liegende historische Erzählung ist komplexer. Als föderaler Schatzkanzler während Boom und Rezession der späten 1980er erregte Paul Keating intensives Medieninteresse sowohl an seiner Person als auch an seiner »ökonomisch-rationalistischen« Politik (freierer Handel, finanzielle Deregulation und Privatisierung von Staatsvermögen). Im Juni 1991 forderte er den damaligen Premierminister R.J.L.Hawke zum Kampf um die Führungsrolle heraus, der von den 110 Mitgliedern

des Labor-Parteitags entschieden wurde. Hawke gewann, aber Keating griff sechs Monate später erneut an und gewann mit einer Handvoll Stimmen Vorsprung. Er war etwas über vier Jahre Premierminister, gewann eine Wahl 1993, aber verlor gegen die rechtsgerichtete Liberal-Nationale Koalition im März 1996.
Mein Hauptaugenmerk gilt in diesem Kapitel der Zeit 1986-1990, als grundlegende Veränderungen in der Weise vorgenommen wurden, wie wir die Rolle des Staates in wirtschaftlichen Angelegenheiten und im Leben der BürgerInnen konzeptualisieren. Später erfand Keating sein Image neu: als Premierminister betonte er die großen Themen »Geschichte« und »soziale Gerechtigkeit«, die im nächsten Kapitel behandelt werden. Als ansprechend für Intellektuelle und GemeinschaftsaktivistInnen, aber unattraktiv für die Arbeiterklassen- und ländlichen Wählerschaften, die ein Jahrzehnt hindurch die Hauptlast seiner *ökonomischen* Reformen getragen hatten, wurde diese Verlagerung weithin für die Labor-Niederlage 1996 verantwortlich gemacht.

4 Keating in einer Vorwahldebatte mit dem damaligen Führer der Opposition, John Hewson (Liberale), ABC-TV *Lateline*, März 1990. »Die Inflation wird zurückkommen« bedeutet hier »die Inflation wird wieder sinken«. Das tat sie auch.

5 Mr.Murdstone ist der sadistische Stiefvater in Charles Dickens' *David Copperfield* (1850). Frank Langella adaptierte seine Bühneninterpretation von Dracula für John Badhams romantischen Film *Dracula* (1979).

6 Über die Labor Party siehe Einführung, FN 25.

7 Max Walsh, »Now, It's a Question of Pride for Paul«, *Sydney Morning Herald* 11.Oktober 1990. Die Maßstäbe haben sich verändert, seit Walsh das schrieb. 1996 wurde Peter Costello (Liberale) als echter »rechts der Mitte stehender Schatzkanzler« ernannt.

8 Siehe Graham Maddox, *The Hawke Government and Labor Tradition*, Ringwood 1989, und Dean Jaensch, *The Hawke-Keating Hijack*, Sydney 1989.

9 Im März 1986 sagte Keating zu John Laws im Rundfunk, daß Australien leicht eine »Bananenrepublik« werden könne. Am Ende der Show war der australische Dollar Berichten zufolge um vier Cents gefallen. Auf längere Sicht wurde die Bemerkung von JournalistInnen als Startschuß für eine historische Verlagerung weg von Erwartungen anhaltenden Inlandswachstums und hin zu Lohnkürzungen und dem Abbau der Auslandsschulden kanonisiert. Auf den zehnten Jahrestag der Bemerkung wurde von allen größeren Zeitungen im März 1996 feierlich hingewiesen, wobei ein Wirtschaftsreporter so weit ging, die Bananenrepublik zur »eisigen Realität« zu erklären; Paul Cleary, »Banana Republic Vision Comes True«, *Sydney Morning Herald* 14.Mai 1996. Solche Übertreibungen dienen primär den JournalistInnen dazu, ihre eigene professionelle Macht zur Erzeugung finanzieller »Ereignisse« zu feiern; siehe FN 78.

10 Dieses Kapitel nahm seinen Anfang als Vortrag für die Konferenz *Discourses of the Emotions*, organisiert von Kathleen Woodward, Center for Twentieth Century Studies, University of Wisconsin-Milwaukee, Mai 1990.

11 Susan Stewart, *On Longing: Narratives of the Miniature, the Gigantic, the Souvenir, the Collection*, Baltimore/London 1984, 26.

12 Eve Kosofsky Sedgwick, *Between Men: English Literature and Male Homosocial Desire*, New York 1985.

13 Über das Individuum als »Anhängsel einer Führerfigur« siehe Ansgar Hillach, »The Aesthetics of Politics: Walter Benjamin's ›Theories of German Fascism‹«, *New German Critique* 17 (Frühjahr 1979) 99-119.

14 Philippe Lacoue-Labarthe, *Heidegger, Art and Politics*, Oxford 1990, 61-76. Weitere Verweise darauf im Text in Klammern.

15 Carole Pateman, *The Sexual Contract*, Cambridge 1988.

16 Über die Bedeutung dieses Genres in den 1980ern siehe Stuart Cunningham, »Style, Form and History in Australian Mini-Series«, *Southern Review* 22.3 (1989), 315-333.

17 Paul Kelly, *The Hawke Ascendancy: A Definitive Account of Its Origins and Climax 1975-1983*, Sydney 1984, 31.

18 Siehe Helen Grace, »Business, Pleasure, Narrative: The Folktale in Our Times«, *Cartographies: Poststructuralism and the Mapping of Bodies and Spaces*; Hg. Rosalyn Diprose/Robyn Ferrell, Sydney 1991, 113-25. Ein Beispiel für die Legitimierung des Labor-Regimes durch einen Diskurs sentimentaler Ethnizität (Irentum) ist Fia Cumming, *Mates: Five Champions of the Labor Right*, Sydney 1991.

19 Siehe John Edwards, »Paul Keating: A Lust for Power«, *Sydney Morning Herald* 24.Sep.1988. Die Medien erstrecken diese Diskretion bezüglich des Privatlebens üblicherweise nicht auf Privatpersonen.

20 Edna Carew, *Keating: A Biography*, Sydney 1988, 5. Symptomatisch für die von Keating vollzogene Trennung seiner premierministeriellen Person von des Schatzkanzlers harscher Mission ist die Art, wie Carews überarbeitete Biographie *Paul Keating: Prime Minister* (Sydney 1992) mit Keatings eigener Geburt anfängt: »Paul John Keating wurde am 18.Jänner 1944 in der Vorstadt von Bankstown, New South Wales, Australien als erstes Kind von Matt und Min Keating geboren« (5).

21 Carew, 12. Siehe John Lyons, »Our Prime Minister in waiting«, *Weekend Australian*, 22-23.Aug.1987; Phillipp Knightley, »The Real Knight Revealed«. *Sunday Telegraph* 20.Aug.1989.

22 Carew, 1; Geoff Kitney, »Coarse Keating Put off Course«, *Australian Financial Review* 31.12.1987.

23 C.M.H.Clark, *A History of Australia*, Bd.V, *The People Make Laws 1888-1915*, Melbourne 1981, 40-41. Ich zitiere hier Clarks Portrait von William Guthrie Spence, aus dem dieser Auszug sowohl die politische Konfiguration als auch den metonymischen Stil klarmachen mag, die ich im Sinn habe:

Dank seiner Lehrer [Carlyle, Ruskin, Morris, Bellamy und Blatchford] konnte auch er mit Leidenschaft einer neuen Welt entgegenblicken, gesegnet mit Reichtum, gereinigt durch Gerechtigkeit und versüßt durch brüderliche Güte. Doch für sich selbst nahm er nur bescheidene Schätze auf dieser Erde zum Ziel: ihn verlangte nach einem Flecken Land und einem Haus, wo er den Individualismus pflegen könnte und all die kleinen bourgoisen Tugenden. ... Über Frauen und Aborigines verlor er kein Wort. Er wollte eine Gesellschaft, in der weiße angelsächsische Männer vorankommen könnten:

Frauen könnten diesen Männern helfen, ein paar Sprossen auf der Leiter zu erklimmen. Er wußte nichts von der romantischen Liebe zwischen Mann und Frau, nichts vom strahlenden Ausblick über ausgedehnte Ebenen, nichts von der »Dynastie des Menschen«. Für ihn war Sozialismus eine Frage dessen, wie viele »bob« [austral. Schilling] ein Mann pro Tag bekam. Er war ein australischer Gewerkschaftler.

24 Man kann argumentieren, daß die australische Popularkultur »ekstatische Identifikation« mit egal welchem Anführer nicht tolerieren kann; mit Sicherheit gingen Keatings Bemühungen, den Slogan »Führung« (»Leadership«) zu propagieren, in der Wahl von 1996 arg daneben (siehe im Folgenden bei »Zukunftsangst«). Worum es hier jedoch geht, ist nicht, ob das eine australische Besonderheit darstellt, sondern ob das theoretische Modell der »Identifikation« für eine Analyse von Fernsehen brauchbar ist.

25 Michelle Z. Rosaldo, »Toward an Anthropology of Self and Feeling«, in *Culture Theory: Essays on Mind, Self and Emotion*, hg.v. Richard A.Shweder u. Robert A.LeVine, Cambridge 1984, 143.

26 Michelle Grattan, »Ideological Spectacles: Reporting the ›Rat Pack‹«, *Media Information Australia* 60 (Mai 1991), 9.

27 Craig McGregor, *Headliners: Craig McGregor's Social Portraits*, St.Lucia, 1990, 77. Weitere Verweise darauf im Text in Klammern.

28 Elizabeth Grosz, *Jacques Lacan: A Feminist Introduction*, Boston 1990, 175. Grosz glossiert hier das Werk von Luce Irigaray.

28a A.d.Ü.: »scrum« bezeichnet im Rugby die Blockformation, die die angreifende Mannschaft beim Anstoß einnimmt.

29 Jean Baudrillard, *Die fatalen Strategien* (aus d.Franz.v. Ulrike Bockskopf/Ronald Voullié), München 1985, 9-10; Hervorhebungen durch mich.

30 Alan Ramsey, »Black, Blue and Deep in the Red«, *Sydney Morning Herald* 1.Dez.1990. Donald Bradman war ein legendärer australischer Cricketspieler der 1940er.

31 Siehe Graham Freudenberg, *Cause for Power: The Official History of the New South Wales Branch of the Australian Labor Party*, Sydney 1991.

32 »Keating? Welfare Boss Says: No Way«, *Sydney Morning Herald* 24.Oct.1991. Hervorhebungen durch mich.

33 James McClelland schreibt von einer »Schmalspur-«Gelehrsamkeit, »seichter« Bildung und »der Enge von Keatings wirtschaftlicher Erfahrung«; »A Moneybags not a PM«, *Sydney Morning Herald* 10.Sep.1987. Im Gegensatz dazu sieht Peter Robinson »einen Geist, der darauf aus ist, seinen Horizont zu erweitern«; »Take a Good Look at Keating and Co.«, *Sun-Herald* 30.Aug.1987.

34 Siehe Michel de Certeau, *Kunst des Handelns*, Berlin 1988 (Paris 1980) (aus dem Franz. von Ronald Voullié), 315-333.

35 Lawrence Grossberg, *It's a Sin: Postmodernism, Politics and Culture*, Sydney 1988, 38; weitere Verweise darauf im Text in Klammern.

36 So wurde Alan Bonds Sieg beim America's Cup Yachtrennen 1986 als *politischer* Triumph der Regierung Hawke konstruiert; siehe Doug McEachern, *Business Mates:*

The Power and Politics of the Hawke Era, Sydney 1991; zu Bond siehe oben Kap.4 und Graeme Turner, *Making It National: Nationalism and Australian Popular Culture*, Sydney 1994, 15-40.

37 David Burchell, Race Matthews (Hg), *Labor's Troubled Times*, Sydney 1991; Andrew Scott, *Fading Loyalties: The Australian Labour Party and the Working Class*, Sydney 1991.

38 Patricia Mellencamp, *High Anxiety: Catastrophe, Scandal, Age and Comedy*, Bloomington 1992.

39 Jochen Schulte-Sasse, »Electronic Media and Cultural Politics in the Reagan Era: The Attack on Libya and *Hands Across America* as Post-modern Events«, *Cultural Critique* 8 (Winter 1987/88), 138, 126-127, 150-152; weitere Verweise darauf im Text in Klammern. Schulte-Sasse betrachtet die Naziästhetik als präpostmodern im Kontrast zu den archaisierenden »Printkultur«-Schwerpunkten des US-amerikanischen Neokonservativismus (125). Ein ähnliches Argument führt bei David Harvey in *The Condition of Postmodernity*, Oxford 1989, zu anderen Schlüssen. Harvey behauptet, daß ein image-dominiertes *ästhetisierendes* Regime eine im »Narrativ« gegründete Weise *ethischer* Wahrnehmung verdrängt. Durch Assimilieren von Kino und Photographie ins Fernsehen postuliert er eine »räumliche«, auf die »Oberflächen«-Erscheinung fixierte Image-Kultur; sein Tenor eines damit einhergehenden Verlusts der »Tiefe« (Narrativ, Geschichte) ist konsistent mit Schulte-Sasses Darstellung des Niedergangs des vom Über-Ich getriebenen Subjekts der Ideologik. Doch wo Harvey eine Rückkehr zur Metatheorie und eine Suche nach Einheit in der Differenz verlangt, bezweifelt Schulte-Sasse »die bloße Möglichkeit der Beibehaltung von Formen der Kulturpolitik, deren Verantwortungssinn das Gesellschaftsganze umfaßt« (152).

40 Philip Hayward, »Culture, Logic and Criticism«, *Media Information Australia* 61 (1991), 72. Hayward rezensiert hier Fredric Jamesons *Postmodernism or, The Cultural Logic of Late Capitalism*.

41 Eine starke Kritik des Werts des Identifikations-Konzepts für Analysen des Gebrauchs des Fernsehens durch Reagan ist Kenneth Dean/Brian Massumi, *First and Last Emperors: The Absolute State and the Body of the Despot*, Brooklyn 1992, Kap.3.

42 Rey Chow, *Woman and Chinese Modernity: The Politics of Reading between West and East*, Minnesota 1991, 22.

43 Zitiert bei Michael Gordon, *A Question of Leadership: Paul Keating, Political Fighter*, St.Lucia, 1993, 10-11.

44 Der klassische Text, der dem Mythos der Massenkultur in dieser Art politische »Form« gibt, ist Richard Sennett, *The Fall of Public Man*, New York/London, 1974.

45 Siehe Pateman, *The Sexual Contract*, und Jean Baudrillard, »The Ecstasy of Communication«, in Hal Foster (Hg), *The Anti-Aesthetic*, Washington 1983, 126-134. Berühmt für seine Methodologie dafür, das postmoderne Bild als »sichtbarer als das Sichtbare« zu denken, ist dieser Aufsatz auch eine klassische Artikulation der Rhetorik des Medienflusses – invasiv, exzessiv, obszön, eifrig, »ein großer weicher Körper mit vielen Köpfen« (129) – zu einem Diskurs über den Tod des Bürgers.

46 Gloria-Jean Masciarotte, »C'Mon Girl: Oprah Winfrey and the Discourse of Feminine Talk«, *Genders* 11 (Herbst 1991), 81-110. In einer Anmerkung zu ihrem bemerkenswerten Aufsatz verwendet Masciarotte die Formulierung »muskuläre Oralität« (107) zur Beschreibung des Stils von US-amerikanischen TV-Moderatoren, die sich, wie Geraldo Rivera, dem »Zusammenschlagen des *anders* sprechenden Subjekts« widmen. Keating tat das nicht und war dazu auch politisch nicht in der Lage: Australien hat kein heimisches Äquivalent zu diesen Shows, obwohl Mitte der 1990er bereits viele rechtsstehende »Boulevardradio«-Shows ihre Sensibilität nachahmten. Was Keating als Schatzkanzler statt dessen tat, war gegen jeden »auszuhauen«, der von *ihm* differierte, indem er bei jeder Gelegenheit sein weißes männliches »Arbeiterklassentum« zur Schau stellte. Keatings eigener Ausdruck für diesen oft höchst unterhaltenden Medienstil war »den Schalter auf Varieté stellen«.

47 Z.B. Peter Robinson, »Time to Rotate the Top Job«, *Sun Herald* 10.Nov.1991.

48 Alan Ramsey im ABC-TV *Lateline (Seducing the Media)* 4.Juni 1991.

49 Peter Hartcher, »Kaeting Becomes a Victim of the ›Intelligence Trap‹«, *Sydney Morning Herald* 2.Nov.1991.

50 Derek Parker: *The Courtesans: The Press Gallery in the Hawke Era*, Sydney 1990, 5.

51 »Colquhoun«, *Sydney Morning Herald* 4.Nov.1991. Ein Docker [austral.: »Wharfie«, A.d.Ü.] ist ein Hafenarbeiter und eine traditionelle Labor-Ikone.

52 Für eine Lacan'sche Deutung dieses »Dings« als *objet petit a* (»ein sublimer, evasiver Körper, der ein ›Nichts-Ding‹« ist, eine reine Gestalt ohne Substanz«) in Funktion in diversen politischen Systemen siehe Slavoj Žižek, »The King is a Thing«, *New Formations* 13 (1991), 20. Eine leicht veränderte Version dieser Argumentation findet sich in *Denn sie wissen nicht, was sie tun. Genießen als ein politischer Faktor*, Wien 1994, 242.

53 Siehe Mike Secombe, »From Paul to John, Special Delivery«, *Sydney Morning Herald* 25.Oktober 1989: »Zirka 2000 Jahre vor der modernen Politik ... wurde Demosthenes gefragt, was er für den wichtigsten Teil der Rhetorik hielte. Er antwortete: ›Liefern, liefern, liefern.‹ Keating kann das. Hewson nicht.«

54 Alex Millmow, »Profile: Paul Keating«, *Australian Left Review* 130 (Juli 1991), 3.

55 Peter Robinson, »Time to Rotate the Top Job«. Robinson vergleicht Parteipolitik in Japan und Australien.

56 Slavoj Žižek, *The Sublime Object of Ideology*, London 1989, 29, in Besprechung von Peter Sloterdijk, Kritik der zynischen Vernunft, Frankfurt a.M. (2 Bde) 1983/84. Žižek führt sein eigenes Argument fort durch die Analyse einer grundlegenderen Operation, die er »ideologische Phantasie« nennt.

57 Jean Baudrillard, *Die fatalen Strategien*, 10.

58 Millmow spielt auf einen berühmten Scherz Keatings an (der sich auf *makro*-ökonomische Reformen spezialisiert hatte): »In jedem Tiergeschäft in Australien redet jetzt der ortsansässige Galah über mikro-ökonomische Reform.« Ein Galah [Rosakakadu, A.d.Ü.] ist ein rosa und grau gemusterter Papagei, und eine schwatzhaft dumme Person.

59 Robert Garran, zitiert von »Cassandra« (Senator Peter Walsh, Australian Labor Party),

»Rationalist Winning Some, Losing Some«, *Australian Financial Review* 19.Nov.1991.

60 »Colquhoun«, »Once Upon A Time ...«, *Sydney Morning Herald* 21.Aug.1989.

61 Michael Pusey, *Economic Rationalism in Canberra: A Nation-Building State Changes Its Mind*, Cambridge 1991, 1-2, weitere Verweise darauf im Text in Klammern. Der Begriff »staatslose Gesellschaft« ist ein Zitat von J.P.Nettl. Pusey legt dar, daß Australiens »Strukturen in vielen wesentlichen Bereichen jenen der Vereinigten Staaten symetrisch entgegengesetzt sind (wo der Staat in Beziehung zu anderen fremden Staaten die uneingeschränkte Macht eines Imperiums besitzt ...) aber die nach ganz einhelliger Literatur in Beziehung auf die inneren ökonomischen Interessen der Archetyp eines schwachen Staates sind.« Der australische Staat hatte stets eine starke »innere Autorität«, während er nach außen hin schwach blieb (15).

62 David D.Hale, »Australia's Economy: Can It Survive Free Trade?« *Weekend Australian* 16.-17.Nov.1991.

63 James Clifford, *The Predicament of Culture*, Cambridge 1988, 219. Er bespricht hier Susan Stewart, *On Longing*.

64 Annie L. Cot, »Neoconservative Economics, Utopia and Crisis«, *Zone* 1/2 (undatiert), 293-311. Weitere Verweise darauf im Text in Klammern.

65 Ökonomischer Rationalismus kann auch als Wiederaufleben eines puristischen Wirtschaftsliberalismus beschrieben werden. Für Robert Manne »waren [sic] der Stimulus für dieses Wiederaufleben die Publizistik der Regierungen Reagan und Thatcher. Seine einflußreichsten Autoritäten waren von Hayek und Milton Friedman. Vertreter dieser Doktrin suchten rasch ein globales Regime des universellen Freihandels zu erreichen, die Privatisierung von staatseigenen Unternehmen, wo immer möglich, die rasche Deregulierung der Geldwirtschaft und der Volkswirtschaften und eine Rückkehr zu dem, was allgemein als ›schlanker Staat‹ bezeichnet wurde.« Robert Manne, »The Future of Conservatism«, *Quadrant* (Jan/Feb.1992), 49-55.

65a »othering«: jemanden / etwas zum (zu mir gesetzten) Anderen erklären (A.d.Ü.).

66 Peter Robinson, »In Search of Elusive Economic Panacea«, *Australian Financial Review* 11.Dez.1991, Hervorhebung durch mich.

67 Bei dieser Art journalistischen Diskurses wirkt »wirtschaftliche Realität« oder »die Weltwirtschaft« als ein Lacan'sches »Großes Anderes«, sodaß jede Referenz darauf, wie Žižek betont, »radikal ambivalent« sein muß, sodaß »sie als beruhigender und bestätigender Einfluß wirken kann ... oder als furchterregender paranoischer Akteur.« Slavoj Žižek, »The King is a Thing«, 28; siehe auch: *Denn sie wissen nicht, was sie tun. Genießen als ein politischer Faktor*, Wien 1994, 244-253.

68 Wolfgang Kaspar, »The Revolution We Have to Have«, *Weekend Australian* 12.-13.Okt.1991.

69 Die Phrase »eine einfache Ordnung« stammt von Kaspar. Tatsächlich haben, während das neokonfuzianistische Modell einigen in der Labor Party anziehend erschien, die Liberalen eher in Neuseeland nach Inspiration gesucht. Jedenfalls scheint es bemerkenswert, daß Neuseeland, weit davon entfernt, seine *politische* Gestalt Kaspars Wünschen gemäß zu vereinfachen, seiner rationalistischen Revolution ein komplexes

neues Wahlsystem zur Seite stellte, das es allen Parteien schwer macht, eine klare parlamentarische Mehrheit zu erringen.

70 G.O.Gutman, »Rational View Needed on the Playing Field«, *Australian Financial Review* 23.Dez.1991. Gutmann schreibt als Manager von Investmentfonds.

71 Michel J.Crozier/Samuel P. Huntington/Joli Watanuki (Hg), *The Crisis of Democracy: Report of the Trilateral Commission on the Governability of Democracies*, New York 1975.

72 Cots Einschätzung der Ambitionen der Chicago School wird von Donald N.McCloskey geteilt, der Becker den »Kipling des ökonomischen Empire« nennt: *The Rhetoric of Economics*, Madison 1985, 76. Für eine feministische Darstellung der »neuen Binnenökonomie« siehe Rhonda Sharp/Ray Broomhill, *Short Changed: Women and Economic Policies*, Sydney 1988, und Marilyn Waring, *Counting for Nothing: What Men Value & What Women Are Worth*, Sydney 1988.

73 Cot weist auf die uneingestandene Verbindung zwischen »der Monetarisierung der Nicht-Markt-Zeit« und der »Entwicklung einer ... sogenannten Untergrund-, Parallel- oder ›Schatten‹-Wirtschaft« hin (306). Wir können aus ihrer Argumentation das gleichzeitige Entstehen der Obdachlosigkeit als »außergesellschaftliches« Produkt des neokonservativen Utopismus und einer Rhetorik extrapolieren, die obdach- und arbeitslose Menschen für das persönliche Zeit-Mißmanagement tadelt, das als Ursache ihrer Situation gesehen wird. Siehe Eric Alliez/Michel Feher, »The Luster of Capital«, *Zone 1/2 (nd)*, 315-359.

74 Hier kann man George Bush's berühmter Beschreibung der politischen Vorstellungswelt Reagans als »Voodoo«-Ökonomie einen judeo-christlichen Rahmen geben, der ihren kulturellen Determinanten angemessener ist.

75 Robinson, »In Search of Elusive Economic Panacea«. Im Wirtschaftsjournalismus wird Argentinien oft als die Nation angeführt, die Australien am ähnlichsten sei, da beide eine Vergangenheit als territorial riesige, wohlhabende, auf Landwirtschaft aufbauende und sich mit Europa identifizierende südliche »Siedler«-Demokratien aufwiesen und diese Position durch protektionistische Wirtschaftspolitik und eine populistische Politkultur zu sichern suchten. Dieser Aufzählung fügte *Le Monde* 1992 eine als »Argentinien-Syndrom« bezeichnete »Apathiekrise« hinzu; »Aust. ›in Argentine Syndrome‹«, *Australian Financial Review* 3.März 1992. Ein ernsthafterer Vergleich der beiden Volkswirtschaften findet sich bei James Levy, »The Error in Argentina's Ways«, *Sydney Morning Herald* 19.Apr.1995.

76 Peter Richards, »Rich to Get Richer at the Expense of the Poor«, *Australian Financial Review* 22.Nov.1991. Vier Jahre später gab Max Walsh in den Wirtschaftsseiten kleinlaut zu, daß »Australien das knappste Wohlfahrtssystem aller fortschrittlichen Volkswirtschaften betreibt«: »Menzies Was Right, after All«, *Sydney Morning Herald* 21.Dez.1995.

77 Siehe Michael Keating/Geoff Dixon, *Making Economic Policy in Australia 1983-1988*, Melbourne 1989; über Manager-ismus in der Sozialpolitik Christine Jennet/Randal G. Stewart, *Hawke and Australian Public Policy: Consensus and Restructuring*, South

Melbourne 1990.

78 Die semiotische Empfindlichkeit von Finanzmärkten gibt Anlaß zur Sorge nach der Deregulierung, wenn hingeworfene Bemerkungen von Politikern exzessive ökonomische Ereignisse auslösen können. Die Berichterstattung über diese oftmals kurzzeitigen Ereignisse wird jedoch auch von medialen Machtphantasien strukturiert. Als im Jänner 1992 der australische Dollar fiel, berichtete die *Australian Financial Review* stolz, daß Regierungsberater die Schuld an der Reaktion des Marktes einer ihrer Überschriften gaben, in der unklugerweise die Worte »massiver fiskaler Anreiz« verwendet worden waren (»$A Fall Tells Keating to Watch His Step«, 13.Jan.1992).

79 Paul Foss, »Landscape Without Landscape«, in Paul Foss (Hg), *Island in the Stream: Myths of Place in Australian Culture*, Sydney 1988, 1-3.

80 Deleuze/Guattari, Tausend Plateaus, Berlin 1992, 243.

81 Zitiert bei Jaqueline Rose, *Sexuality in the Field of Vision*, London 1986, 141.

82 Mark Twain, *Traveling the Equator*, zitiert bei Kylie Tennant, *Australia: Her Story* (1953), London 1964, 8.

83 Lindsay Tanner, »Laborism in Retreat«, in Burchell/Matthews, *Labor's Troubled Times*, 73-74. Tanner ist nun Parlamentsabgeordneter.

84 Ronaldo Caputo wies mich darauf hin, daß bei Betonung der italienisch-eleganten statt der irisch-eloquenten (wie ich es tat) Seite seines Image ein anderer »Keating« herauskam. Die Idee einer für das akustische ebenso wie das visuelle Medienimage spezifischen *orchestrierten Diskordanz* erlaubt uns auch, die konvergente Kraft jener PolitikerInnen wahrzunehmen, die, so wie Keating es war, bei der Wählerschaft intensiv unbeliebt sind. Oft als polarisierend oder entzweiend bezeichnet, sind sie tatsächlich bemerkenswerter für ihre Kraft, in unverhältnismäßigem Ausmaß Medieninteresse anzuziehen und zu absorbieren auf Kosten der Diskussion und der Vermittlung von Politik.

85 Robinson, »In Search of Elusive Economic Panacea«. Robert Manne, ein konservativer Kritiker des ökonomischen Rationalismus, bemerkte, daß diese Doktrinen »vielleicht nur in Neuseeland mit weniger Widerstand das politische System durchdrangen«: »Conservatism: The Way Ahead«.

86 Scott Lash/John Urry, *The End of Organized Capitalism*, Madison 1987, 295.

87 Siehe Graham Freudenberg, *Cause for Power*, und J.A.La Nauze, *The Making of the Australian Constitution*, Melbourne 1972.

88 Donald Horne, *Money Made Us*, Harmondsworth 1976, 12 (Hervorhebung durch mich).

89 Siehe Roberta B. Sykes, *Black Majority*, Hawthorn 1989; und Sophie Watson (Hg), *Playing the State: Australian Feminist Interventions*, Sydney 1990. Beide Texte bieten die Geschichten des Ringens von Menschen, die aus dem Sozialvertrag des Laborismus ausgeschlossen waren, um den Bürgerstatus, und beide geben Darstellungen von Bedingungen in der Gegenwart, die den *imaginären* Aspekt der »Rechte« unterstreichen, die ich hier anspreche.

90 Ich verdanke mein Bewußtsein für die Wichtigkeit dieser Unterscheidung Dipesh

Chakrabarty, der mich darauf hinwies, daß KulturkritikerInnen, wenn sie »Nostalgie« schmähen, oft die Menschen jener Waffen zu berauben versuchen, die ihnen für den Kampf zur Verfügung stehen.

Lunchen für die Republik

1 Paul Kelly, »Howard's Report Card: A Year of Governing Cautiously«, *Weekend Australian* 1./2. März 1997. Kelly bespricht das Aufkommen der »Werte«-Politik in den Vereinigten Staaten, Großbritannien und Australien: »es ist egal, ob man mit Bill Clinton, Tony Blair oder Howard spricht, sie operieren alle in diesem Umfeld.« Howard wurde im März 1996 liberaler Premierminister von Australien.

2 Marilyn Lake, »Sexing the Republic: What Do Women Want?« *Age* 2.Dez.1993; siehe auch Helen Irving, »Feminists to Turn up Heat on the Republic«, *Sydney Morning Herald* 20.Aug.1993.

3 Siehe Hester Eisenstein, *Inside Agitators: Australian Femocrats and the State*, Philadelphia 1996, und unten Anm. 53.

4 Don Watson, »Birth of a Post-Modern Nation«, *Weekend Australian* 24./25.Juli 1993.

5 Eine Umfrage im Oktober 1993 ergab nur 41 Prozent der Frauen für eine Republik, im Vergleich zu 56 Prozent der Männer (AGB McNair Bulletin -Umfrage, zitiert bei Lake). Bis Juni 1995 waren die Zahlen auf 45 Prozent der Frauen und 59 Prozent der Männer gestiegen; Herald-AGB McNair –Umfrage, zitiert bei Milton Cockburn, »Voter Support Strong, but Only When They Decide Who Leads«, *Sydney Morning Herald* 7.Juni 1995.

6 Ein erster Entwurf dieser Argumentation wurde in einem öffentlichen Seminar präsentiert, organisiert im November 1993 vom Research Centre in Intercommunal Studies, University of Western Sydney, Nepean. Mein Dank geht an Ghassan Hage und Lesley Johnson.

7 Siehe Anne Phillips, *Democracy and Difference*, Cambridge 1993, 75-88.

8 David Burchell, »The Virtuous Citizen and the Commercial Spirit; The Unhappy Prehistory of Citizenship and Modernity«, *Communal/Plural* 2 (1993), 17-45.
[A.d.Ü.: Im Folgenden wird der Begriff »Bürger« bzw. »bürgerlich« im Sinne des englischen »citizen«/«civil«, nicht im Sinne von »bourgeois« eingeführt. Der Begriffsinhalt ist daher in der Tradition des römischen »cives« bzw. im Zusammenhang mit der in Österreich und Deutschland um die Wende zum Dritten Jahrtausend wieder aufgelebten Diskussion um eine »Bürgergesellschaft« bzw. »Zivilgesellschaft« zu lesen. Die zur Vermeidung »bourgeoiser« Konnotationen ebenfalls in Betracht gezogene, aus ebendiesem Grund auch von den meisten Wörterbüchern primär vorgeschlagene Übersetzung als »Staatsbürger« wurde vor allem wegen des im Deutschen (aufgrund geschichtlicher Erfahrungen und glücklicherweise) auf rein öffentlichrechtliche Aspekte eingeschränkten Begriffsinhalts, der die hier im Text zentral thematisierten emotionalen Komponenten (Zugehörigkeitsgefühl, Treuebindung, Verantwortung für

das Gemeinwesen) nur sehr eingeschränkt zuläßt, verworfen.]

9 Helen Irving, »Republicanism, Royalty and Tales of Australian Manhood«, *Communal/Plural* 2 (1993), 139-151.

10 Chilla Bulbeck, »Republicanism and Post-nationalism«, in *The Republicanism Debate*, Wayne Hudson/David Carter (Hg), Kensington 1993, 89.

11 Australian House of Representatives, Daily Hansard 27.Feb.1992, 373-374.

12 Siehe Desmond Ball, *A Suitable Piece of Real Estate: American Installations in Australia*, Sydney 1980; Barrie Dyster/David Meredith, *Australia in the International Economy in the Twentieth Century*, Cambridge 1990.

13 Für eine US-orientierte Version dieser Geschichte siehe John Schlesingers Film *Der Falke und der Schneemann*, USA 1984.

14 Siehe Henry Reynolds, *The Law of the Land*, Ringwood 1987. Die verfassungsrechtliche Fiktion, daß Australien zur Zeit der britischen Invasion 1788 »niemandem« gehört hatte (*»terra nullius«*) wurde umgestoßen, als der High Court in *Mabo v. Queensland* (1992) eine Art einheimischen Besitztitel anerkannte. In der Folge entschied der Gerichtshof Ende 1996 in einem vom Volk der Wik von Cape Cod anhängig gemachten Verfahren, daß ein einheimischer Titel mit den Agrarpachten koexistieren kann, die sich über 70 Prozent von Australien erstrecken.

15 Jürgen Habermas, *The New Conservatism*, Cambridge 1989, 135.

16 Elaine Thompson, »Giving Ourselves Better Government«, in Donald Horne u.a., (Hg.) *The Coming Republic*, Sydney 1992, 148-160.

17 Barry Hindess, »The Very Idea of a Modern Republic«, *Comunal/Plural* 2 (1993), 1-15.

18 Progressive »Rasse-Klasse-Geschlecht«-Kulturalismen haben ein großes Problem damit, den Grund für ihr Versagen zu benennen, irgendetwas zu mobilisieren, das den großen Wählergruppen ähnlich sähe, an die sich ihre Identitäts- und Differenzrhetorik richtet. Für einen feministischen Zugang zu *ökonomischer* »Differenz«, der kreativ und unter Rückgriff auf die Kulturtheorie mit diesem Problem umgeht, siehe jedoch J.K.Gibson-Graham, *The End of Capitalism (as We Knew It): A Feminist Critique of Political Economy*, Cambridge & Oxford 1996.

19 Ich leihe mir diesen Begriff von Lauren Berlant, »The Face of America and the State of Emergency«, *Disciplinarity and Dissent in Cultural Studies*, Cary Nelson/Dilip Parameshwar Gaonkar (Hg.), New York/London 1996, 397-439.

20 Ann Curthoys/Stephen Muecke, »Australia, for Example«, in: Hudson/Carter, *The Republicanism Debate*, 181. Weitere Verweise darauf im Text in Klammern.

21 1996 behauptete der Siegerslogan der Koalition »Für uns alle« stillschweigend, daß Labor nur im Interesse von Minderheiten regiert hatte. Daß Rassismus beim Erfolg des Slogans eine Rolle spielte, legen die Resultate nahe, die drei weiße Kandidaten aus vorwiegend landwirtschaftlich orientierten Staaten erzielten, die von ihren eigenen Parteien wegen rassistischer Bemerkungen gerügt worden waren; alle erhielten jeweils einen »Sympathiebonus« von den Wählern. Eine, Ms. Pauline Hanson, wurde von der Liberal Party wegen diskriminatorischer Bemerkungen über Aborigines von der Liste

gestrichen. Sie bewarb sich als Unabhängige um einen bis dahin sicheren Labor-Sitz und gewann mit einem Überhang von 20%.

22 Curthoys und Muecke stützen ihren Begriff des Exemplarischen auf Jacques Derrida, »Das andere Kap«, in: ders., *Das andere Kap. Die vertagte Demokratie. Zwei Essays zu Europa* (aus d. Franz. von Alexander García Düttmann), Frankfurt am Main 1992, 9-80._Man könnte argumentieren, daß sie die von den Aborigines errungene kulturelle Autorität überbewerten, bedenkt man den Wutausbruch gegen die von indigenen Völkern angeblich genossenen »besonderen Privilegien« im Jahr 1996. Ich bin anderer Ansicht. Die »diskursive und narrative« Kraft der Aborigines bleibt immer noch immens, verglichen mit vor dreißig Jahren; es ist der *Kampf* darum, dies zu erreichen, den Curthoys und Muecke »exemplarisch« nennen, und zu sagen, daß es da einen Rückschlag gibt, heißt zu sagen, daß der Kampf andauert.

23 »An Australian Non-Nationalism«, *Sydney Morning Herald* 12.Feb.1994; »National Independence a Far Cry from Virulent Nationalism«, *Financial Review* 14.Juni 1994.

24 Ann Curthoys, »Single White Male«, *Arena Magazine* 8 (1993/94), 28. Hervorhebung durch mich.

25 Peter Beilharz, »Republicanism and Citizenschip«, in Hudson/Carter, *The Republicanism Debate*, 115.

26 Kobena Mercer, »›1968‹: Periodizing Politics and Identity«, Lawrence Grossberg/Cary Nelson/Paula Treichler (Hg.), *Cultural Studies*, New York/London 1992, 425.

27 Horne ua., *The Coming Republic*; Tom Keneally, *Our Republic*, Port Melbourne, 1993.

28 *The Coming Republic* macht von diesem Vorläufer in komischer und freizügiger Weise Gebrauch.

29 Ghassan Hage, »Racism, Multiculturalism and the Gulf War«, *Arena* 96 (1991), 8-13.

30 Michel de Certeau, *Kunst des Handelns*, 315-333.

31 Ein Thema der Verhandlungen war, das Gesetz vor dem Ablauf eines Ultimatums zu verabschieden, das durch eine drohende Anfechtung von *Mabo* durch die Regierung des Staates Western Australia gesetzt wurde.

32 Siehe Rick Farley, »The Political Imperatives of Native Title«, *Australian* 15.Mai 1996.

33 Gary Shapiro, »From the Sublime to the Political: Some Historical Notes«, *New Literary History* 16.2 (1985), 213-235.

34 Donald Horne, *The Public Culture: An Argument with the Future*, London/Boulder 1994, vii.

35 Homi K. Bhabha (Hg), *Nation and Narration*, London/New York 1990, 5.

36 Michael Kirby, »Reflections on a Constitutional Monarchy«, in Hudson/Carter, *The Republicanism Debate* 74.

37 Barry Hindess, »The Very Idea of a Modern Republik«, 15.

38 Siehe Anna Haebich, *For Their Own Good: Aborigines and Government in the South West of Western Australia 1900-1940*, Nedlands 1992.

39 Ghassan Hage, »Republicanism, Multiculturalism, Zoology«, *Communal/Plural* 2 (1993), 117.

40 Michael B. Naas, »Introduction: For Example«, in Jacques Derrida, *The Other*

Heading. Reflections on Today's Europe (engl.v. Pascale-Anne Brault/Michael B. Naas), Bloomington/Indianapolis 1992, xxii.

41 Graeme Turner, »Two faces of Australian Nationalism«, *Sydney Morning Herald* 25.Jan.1997.

42 Das ist ein zur Zeit dominanter, eher *fraktioneller* als definitiver Zugang; vieles an Australiens bestehendem multikulturellen politischen Rahmenwerk wurde von einem früheren liberalen Premierminister, Malcolm Fraser (1975-1983), initiiert.

43 Für eine akademische Bearbeitung des »postmodernen« Republikanismus aus einer linken Position siehe Paul James, »As Nation and State: A Postmodern Republic Takes Shape«, in ders. (Hg), *The State in Question: Transformation of the Australian State*, Sydney 1996.

44 Donald Horne, *How to Be Australia*, Monash University 1994.

45 Watson, »Birth of A Post-Modern Nation«.

46 Jon Stratton/Ien Ang, »Multicultural Imagined Communities: Cultural Difference and National Identity in Australia and the USA«, *Continuum* 8.2 (1994), 147.

47 Ein Faktor, der die Geschichte der australischen Labor Party von jener der britischen Labour Party unterscheidet, ist der signifikante katholische Wähleranteil der ersten; siehe Ross McMullin, *The Light on the Hill: The Australian Labor Party 1891-1991*, Oxford 1991. Zum Konflikt über den Kommunismus siehe Robert Murray, *The Split: Australian Labor in the Fifties*, Melbourne 1970.

48 Bede Nairn, *Civilising Capitalism: The Beginnings of the Australian Labor Party*, Canberra 1973.

49 Im Idealfall Vorauswahl auf 35% der wählbaren Sitze im Parlament bis 2001. Die praktischen Anstrengungen, dieses Ziel zu erreichen, waren unterschiedlich eindrucksvoll Ein schmerzhafter Aspekt der Labor-Niederlage 1996 war die bis dahin präzedenzlos hohe Anzahl von Frauen, die für konservative Parteien von marginalen Sitzen aus ohne Zugang zu einem Quotensystem gewählt wurden. Mein Interesse gilt jedoch der kulturellen Verschiebung, die das Ziel selbst mit sich brachte.

50 Ich argumentiere anderswo, daß sich Korporatismus als politische Kultur in Australien auf indonesische *exempla* stützt und mit ambivalentem Neid auf Singapurs Effizienz als ein Modell blickt; »›Non-Nationalism‹ und ›Post-Nationalism‹ in the Australian Republicanism Debate«, *Trajectories II*, 1995 Proceedings, Institute of Literature, National Tsing-Hua University, Taiwan.

51 Als Antwort für jene, die von der Idee des »Managens« von Differenzen entsetzt sind, ist diese Variante des Neokorporatismus agnostisch gegenüber philosophisch konstruierter Differenz. Inkommensurabilitäten als Verhandlungen nicht zugänglich beiseite lassend, verweist sie auf die extreme Gewalttätigkeit jener Nationalismen, die Differenzen als *nicht* managebar behandeln, fordert seine KritikerInnen heraus, der Regierung zugängliche Alternativen zu benennen, und ermutigt konkrete Vorschläge zur Verbesserung des Managementprozesses: Daß in jedem Augenblick dieses Prozesses so mancher *différend* aktiviert wird, wird nicht geleugnet, sondern geradewegs als Teil dessen akzeptiert, wie die Dinge funktionieren.

52 In dieser Hinsicht unterscheidet sich der Labor-Korporatismus von der eingehender analysierten *faschistischen* Variante des Korporatismus. Über letzteren siehe Slavoj Žižek, Tarrying with the Negative: Kant, Hegel and the Critique of Ideology, Durham 1993 (erschienen 2000), 200-237.

53 Während es kaum rigorose Analysen der feministischen »Kumpel«-Kultur gibt, gibt es eine umfangreiche Literatur über die Erfahrungen des australischen Feminismus beim »Setzen auf den Staat«. Aus den bisher noch nicht zitierten Beispielen siehe: Ann Curthoys, »Australian Feminism and the State: Practice and Theory«, in Paul James (Hg.), *The State in Question: Transformations of the Australian State*, Sydney 1996, 138-160; Suzanne Franzway/Dianne Court/R.W.Connell, *Staking a Claim: Feminism, Bureaucracy and the State*, Sydney/Boston 1989; Anna Yeatman, *Bureaucrats, Technocrats, Femocrats*, Sydney/Boston 1990.

54 Siehe Masao Miyoshi, »A Borderless World? From Colonialism to Transnationalism and the Decline of the Nation-State«, *Critical Inquiry* 19.4 (1993), 726-751.

55 Curthoys/Muecke 190.

56 Siehe Bain Attwood (Hg.), *In the Age of Mabo: History, Aborigines and Australia*, Sydney 1996; Murray Goot/Tim Rowse, *Make a Better Offer: The Politics of Mabo*, Sydney 1994; A.M.Stephenson/Suri Ratnapala (Hg.), *Mabo: A Judicial Revolution*, St.Lucia 1993.

57 In den meisten Fällen müssen zumindest zwei Drittel aller WählerInnen mit »Ja« stimmen, um dieses Ergebnis zu sichern. Im Northern Territory und im Australian Capital Territory abgegebene Stimmen zählen nur in der Auszählung der Einzelstimmen.

58 Zweiundvierzig Vorschläge für Verfassungszusätze wurden zwischen der Föderation 1901 und 1993 den WählerInnen vorgelegt. Alle außer acht wurden abgelehnt, ebenso wie zwei weitere Vorschläge einer allgemeinen Wehrpflicht im Ersten Weltkrieg. *Parliamentary Handbook of the Commonwealth of Australia*, 26.Aufl. 1993, 689.

59 Marcia Langton, *»Well, I heard it on the radio and I saw it on the television ...«*, North Sydney 1993, 84.

60 Über den »spezifischen« Intellektuellen siehe Colin Gordon (Hg.), *Michel Foucault: Power/Knowledge*, Brighton 1980, 126-133.

61 Langton, zitiert in David Lesers Profil von Noel Pearson, »The Cape Crusader«, *HQ* (März/Apr.1994), 80.

62 Langton, *»Well, I heard it on the radio and I saw it on the television ...«*, 84 bzw. 35.

63 Siehe Catrina Felton/Liz Flanagan, »Institutionalised Feminism: A Tidda's Perspective«, *Lilith* 8 (1993), 56; Langton, *»Well, I heard it on the radio and I saw it on the television ...«*, 91-92; Stephen Muecke, *Textual Spaces: Aboriginality and Cultural Studies*, Kensington 1992.

64 Zitiert in »The Cape Crusader«, 84; siehe auch Sue Cant, »Aborigines Urged to Target Middle Class«, *The Australian* 6.Jun.1994.

65 Zitiert bei Keith Scott, »Last Chance to Translate Grievance into Change«, *Canberra Times* 14.Okt.1993.

66 Tim Rowse, »Diversity in Indigenous Citizenship«, *Communal/Plural* 2 (1993), 49.

67 Anfang 1966 wurden konservative Politiker, die überschwenglich ihre Kraft an aboriginalen Angelegenheiten erprobten, von den Bergbauchefs und Viezüchtern ersucht, sich nicht weiter einzumischen, die normalerweise ihre Alliierten waren. Siehe Fiona Kennedy, »Aboriginal Consensus Reached on Cape York«, *Australian* 6.Feb.1996; Marcia Langton, »No Future in a Return to Racial Paternalism«, *Australian* 18.Apr.1996.

68 Zitiert in Cameron Forbes, »How Green Can a Black Afford to Be?«, *The Australian* 6.Jun.1994.

69 Siehe Giorgio Agamben, *The Coming Community*, engl.v.Michael Hardt, Minneapolis 1993; Deleuze/Guattari, Tausend Plateaus, Berlin 1992.

70 Über die Komplizenschaft zwischen Universalismus und Partikularismus, die die Hartnäckigkeit dieses Schemas unterstützt, siehe Naoki Sakai, *Translation and Subjectivity*, Minneapolis 1997, Kap.5.

71 Hage, »Republicanism, Multiculturalism, Zoology«, 132. Hage glossiert Susan Stewart, *On Longing: Narratives of the Miniature, the Gigantic, the Souvenir, the Collection*, Baltimore/London 1984.

72 Bruce Robbins, *Secular Vocations: Intellectuals, Professionalism, Culture*, London/ New York 1993, 196.

73 Diese Gesetze wurden von der tasmanischen Regierung 1997 nach einer langen Kampagne schwuler und lesbischer AktivistInnen aufgehoben.

74 Kalantzis/Cope, »Republikanism and Cultural Diversity«, in: Hudson/Carter (Hg.), *The Republican Debate*, 134.

75 Über »das nationale Interesse« als sektiererische Abstraktion siehe Graeme Turner, *Making It National: Nationalism and Australian Popular Culture*, Sydney 1994. Über die Macht der Identitätspolitik siehe James Holston/Arjun Appadurai, »Cities and Citizenship«, *Public Culture* 8.2 (1996), 195.

76 Rowse, »Diversity in Indigenous Citizenship«, 52.

77 Beatrice Faust, »Cultural Clash of Women in Motion«, *Weekend Australian* 15./16.Okt.1994.

78 Helen Irving, »Swissterhood«, *Arena Magazine* 11 (1994), 15.

79 Über die mediale Vermarktung dieses »Marketing-Image« siehe Martin Hirst, »The Coming Republic: Citizenship and the Public Sphere in Post-Colonial Australia«, *Australian Journal of Communication* 22.3 (1995), 13-39.

80 Siehe Terry Widders/Greg Noble, »On the Dreaming Track to the Republic: Indigenous People and the Ambivalence of Citizenship«, *Communal-Plural* 2 (1993), 95-112.

81 Zitiert bei Catherine Armitage, »Companies Urged to Halt Asian Exploitation«, *The Australian* 11.Okt.1994.

82 Zitiert bei Adele Horin, »Plea for Businesses to Combat Child Labour«, *Sydney Morning Herald* 6.März 1996.

Epilog

1 Friedrich Nietzsche, *Vom Nutzen und Nachteil der Historie für das Leben* (1874), München 1996, 29.

2 Zitiert bei Frank Devine, »›Drab Mr.Suburbia‹ Has the Last Laugh«, *Australian* 27.Feb.1997.

2a A.d.Ü: Unübersetzbar; wörtlich: »Allianz aus Grünen und Rotnacken«. Der Begriff »red-neck« bezeichnete im britischen Sprachgebrauch ursprünglich einen »Bauerntölpel« (der von der Feldarbeit im Nacken einen Sonnenbrand hat), erhielt jedoch im US-Amerikanischen (als Folge der v.a. den Farmern im Süden der USA vorzugsweise zugeschriebenen politischen Haltung) bald die Bedeutung »weiß-rassistischer Hinterwäldler« und wird heute nach Verlust seiner ländlichen Konnotation auf alle Arten von »plumpem« weißem Rassismus angewendet.

3 Christobel Young, Demograph, zitiert bei Michael Stutchbury, »The Bizarre Anti-Migration Coalition«, *Australian Financial Review* 14.Nov.1990.

4 Siehe Gail Guthrie Valaskakis, »The Chippewa and the Other: Living the Heritage of Lac du Flambeau«, *Cultural Studies* 2.3 (1988), 267-293.

5 Michael Gordon: »An Ordinary Success: Mainstream Man, One Year On«, *The Australian Magazine*, 22./23.Feb.1997, 12-18. Der Artikel enthält eine Photographie von Howard in einem Küstenort im Hemd mit offenem Kragen. Siehe oben Kap.3.

6 Über die Hartnäckigkeit des Glaubens daran, daß anglo-keltische BürgerInnen ein größeres »Recht« haben als andere BürgerInnen, die Rechte anderer zu definieren, siehe Ghassan Hage, »Anglo-Celtics Today: Cosmo-Multiculturalism and the Phase of the Fading Phallus«, *Communal/Plural* 4 (1994), 41-77.

7 Über den weiteren Kontext, der diese Einschätzung prägt, siehe Arif Dirlik, »The Postcolonial Aura: Third World Criticism in the Age of Global Capitalism«, *Critical Inquiry* 20.2 (1994), 328-356; und Stuart Halls Antwort auf Dirlik in »When Was ›the Post-Colonial‹? Thinking at the Limit«, Ian Chambers/Lidia Curti (Hg.), *The Post-Colonial Question: Common Skies, Divided Horizons*, London/New York 1996, 242-260.

8 Ich bespreche den Diskurs der Rassenapokalypse in »White Panic or, Mad Max and the Sublime«, in: Kuan-Hsing Chen (Hg.), *Trajectories: Inter-Asia Cultural Studies. Culture and Communication in Asia*, London 1998.

9 Donald Horne, *The Public Culture: An Argument with the Future*, London/Boulder 1994, vii.

10 Nietzsche, 30.

11 Zitiert bei Devine. Ich betone erneut, daß »Vorstadt« bescheidene materielle Umstände konnotiert, und soziale Kämpfe der Arbeiter- und unteren Mittelschicht. Siehe Kap.2, FN 3, und Kap.4, FN 28.

12 Les Murray, *Subhuman Redneck Poems*, Potts Point 1996.

13 Margaret Harris/Ian Verrender, »How Sydney became Asia's Middle-Class Sweatshop«, *Sydney Morning Herald* 19.Nov.1995. Der Artikel bespricht die Taktik asiati-

scher Firmen wie Cathay Pacific (eine der größten Fluglinien der Welt) und asienorientierter amerikanischer Firmen, regionale Hauptquartiere in Australien einzurichten wegen »unserer Ausverkaufs-Lohnsätze« (»billige Arbeitskräfte«), verglichen mit den von Angestellten in Hong Kong oder Singapur erwarteten Gehältern.

14 Diese Langzeitserien, die während meiner Pubertät in den 1960ern immer noch populär waren, trugen Titel wie »Blue Hills«, »Portia Faces Life« und »When a Girl Marries«. Eindeutige Vorläufer der populären TV-Serie der letzten zwanzig Jahre (*A Country Praxis, Flying Doctors, Blue Heelers*), die sich im Unterschied zu US-Seifenopern auf heimelige Gemeinschaften konzentrieren statt auf reiche und schöne Individualisten, waren diese Radioserien ihrerseits in einer populären sozial-realistischen Literatur verwurzelt: zum Beispiel Kylie Tennants klassischer Roman *The Battlers*, London/Sydney 1941.

15 Nietzsche, 30.

16 *Politiken* für Frauen hingegen fingen bald nach der Wahl 1996 an, abgeschafft oder vernachlässigt zu werden.

17 Über das »Kynische« siehe oben Kap.5.

18 Über die Unterscheidung zwischen einer schlechten echten Kopie und einem Simulakrum siehe oben Kap.4.

19 Walter Benjamin, »Über den Begriff der Geschichte«, in: *Gesammelte Schriften I.2* (Hg. Rolf Tiedemann/Hermann Schweppenhäuser), Frankfurt a.M. 1974, 691-704 (697f).

20 Jane Goodall, »General Adaptation Syndrome: Hypochondrias of the *Fin de Siècle*«, in: Helen Grace (Hg.), *Aesthesia and the Economy of the Senses*, Nepean 1996, 80. Goodall bezieht sich beispielsweise auf das Werk Paul Virilios. Ich sollte dazu erklären, daß sie diesen Aufsatz als Hypochoderin schreibt.

21 Goodall, »General Adaptation Syndrome«, 79. Goodall konzentriert sich auf Bilder von invasivem technologischem Stress. Ein anderes Modell immanenter Apokalypse ist das »Virale«, und in einem Aufsatz, der nach wie vor eine der klarsten mir bekannten Darstellungen davon ist, was es für den Aktivismus bedeutet, die Temporalität der Erfahrung und der Mühe von einem »Ende der« (schwulen Sex-)Phantasie zurückzuerobern, weist Douglas Crimp auf die phobische Funktion des Viralen im Werk Baudrillards, einem von Goodalls »Hypochondern«, hin: »Portraits of People with AIDS«, in: Lawrence Grossberg/Cary Nelson/Paula Treichler (Hg.), *Cultural Studies*, New York/London 1992, 130.

22 Dick Hebdige, »Training Some Thoughts on the Future«, in: Jon Bird/Barry Curtis/Tim Putnam/George Robertson (Hg.), *Mapping the Futures: Local Cultures, Global Change*, London/New York 1993, 275.

23 Über die komplexe Artikulation der »Klimatologie« in der Philosophie zu Rassismus, Nationalismus und, spezieller, Feindseligkeit gegen Immigranten siehe Naoki Sakai, *Translation and Subjectivity*, Minneapolis 1997, Kap.3 u. 4.

24 David Harvey, *The Condition of Postmodernity: An Enquiry into the Origins of Cultural Change*, Oxford 1989.

25 Über volatilisierte Zeitmodelle siehe oben Kap.1. Über heterogene Temporalitäten siehe Homi K. Bhabha, *The Location of Culture*, London/New York 1994; Dipesh Chakrabarty, »Postcoloniality and the Artifice of History: Who Speaks for ›Indian‹ Pasts?«, *Representations* 37 (1992), 1-26, und »Provincializing Europe: Postcoloniality and the Critique of History«, *Cultural Studies* 6.3 (1992), 337-357; Luke Gibbons, *Transformations in Irish Culture*, Cork 1996.

26 Ruth Levitas, »The Future of Thinking about the Future«, in: Jon Bird u.a. (Hg.), *Mapping the Future*, 258.

27 Margaret Morse, »An Ontology of Everyday Distraction: The Freeway, the Mall and Television«, in: Patricia Mellenkamp (Hg.), *Logics of Television: Essays in Cultural Criticism*, London 1990, 215.

28 Ian Hunter, *Culture and Government: The Emergence of Literary Education*, London 1988. Siehe oben Kap.3.

29 Michèle Le Doeuff, *The Philosophical Imaginary* (engl.v. Colin Gordon), Stanford 1989, 45-56.

30 Ian Hunter, »Setting Limits to Culture«, *New Formations* 4 (Frühj.1988), 103-124.

31 Tony Bennet, »Putting Policy into Cultural Studies«, in: Lawrence Grossberg u.a. (Hg.), *Cultural Studies*, 31-32 (Hervorhebung durch mich, weitere Verweise darauf im Text in Klammern). Die Definition von »agency«, die ich im nächsten Satz zitiere, stammt aus einem unveröffentlichen Artikel von Barry Hindess *[A.d.Ü.: Das angesprochene Zitat findet sich nicht im nächsten Satz, sondern sechs Absätze weiter].*

32 Michèle Le Doeff, *The Philosophical Immaginary* und *Hipparchia's Choice: An Essay Concerning Women, Philosophy, Etc.* (engl.v. Trista Selous), Oxford/Cambridge,MA 1991.

33 Zuletzt: *Outside in the Teaching Machine*, New York/London 1993. Eine Kritik der Rolle, die ein Phantomagent (der »seiner selbst bewußte, politisch schlaue Untergebene«) in der Kulturtheorie spielt, ist explizit das Ziel von Spivaks berühmtestem Essay »Can the Subaltern Speak?«, in: Cary Nelson/Lawrence Grossberg (Hg.), *Marxism and the Interpretation of Culture*, Urbana 1988, 227-313.

34 Patricia J. Williams, *The Alchemy of Race and Rights: Diary of a Law Professor*, Cambridge, MA/London, 1991.

35 Rey Chow, *Writing Diaspora: Tactics of Intervention in Contemporary Cultural Studies*, Bloomington/Indianapolis 1993: »Genau gesagt leben wir nicht bloß im Zeitalter der ›reisenden Theorien‹ und ›reisenden TheoretikerInnen‹, ... sondern auch der *portablen Unterdrückungen und portablen unterdrückten Objekte*« (146). Weitere Verweise darauf im Text in Klammern.

36 Ich beziehe mich auf Ross Chambers Arbeit über Lesen, Begehren und Veränderung, *Room for Maneuver: Reading Oppositional Narrative*, Chicago/London 1991.

37 Chow greift selbst Teile von Iain Chambers Aufsatz »A Miniature History of the Walkman«, *New Formation* 11 (Sommer 1990), 1-4 auf und führt sie weiter aus.

38 Deleuze/Guattari, Tausend Plateaus, Berlin 1992, 15.

39 Hunter, *Culture and Government*, 288.

40 Über Genre, verstanden als eine Rhetorik und somit eher als eine Praxis denn eine Regel, siehe Anne Freadman/Amanda Macdonald, *What Is This Thing Called »Genre«?*, Mount Nebo 1992.

41 Siehe Deborah McDowells Diskussion des Vormarsches des Nativismus in *»The Changing Same«: Black Women's Literature, Criticism and Theory*, Bloomington/ Indianapolis 1995, 113-117.

42 David Harvey, »From Space to Place and Back Again: Reflections on the Condition of Postmodernity«, in: Bird u.a., *Mapping the Futures*, 26. Harvey zitiert Hans Speiers Arbeit über *German White Collar Workers and the Rise of Hitler*, Yale 1987.

43 Cynthia Enloe, *Bananas, Beaches and Bases: Making Feminist Sense of International Politics*, Berkeley/Los Angeles 1989; Jamaica Kincaid, *A Small Place*, London 1988; Eric Michaels, *For a Cultural Future: Francis Jupurrurla Makes TV at Yuendumu*, Sydney 1987, enthalten in: *Bad Aboriginal Art: Tradition, Media, and Technological Horizons*, Minneapolis 1994, 99-125; Sally Morgan, *My Place*, Freemantle 1987.

44 Laura Mulvey, *Visual and Other Pleasures*, Bloomington 1989, 163.

45 Diese Unterscheidung wird von Doreen Massey im Detail entwickelt in »Power-Geometry and a Progressive Sense of Place«, in: Bird u.a., *Mapping the Futures*, 59-69.

46 In den meisten Zeitungen in kleinen Artikeln verstaut, war die Neuigkeit für die *Business Review Weekly* eine große Titelstory: »Keating Is Dead: Labor's New Guard Rejects His Faith in Free Markets«, 3.März 1997.

47 Eric Michaels, *Unbecoming: An AIDS Diary*, Sydney 1990, 192.

Literaturverzeichnis

»$A Fall Tells Keating to Watch His Step«, *Australian Financial Review* 13.Jan.1992).

»An Australian Non-Nationalism«, *Sydney Morning Herald* 12.Feb.1994.

»Aust. ›in Argentine Syndrome‹«, *Australian Financial Review* 3.März 1992.

»Australia–Time to Get Serious« in der *Far Eastern Economic Review* 10.Okt.1991.

»Bald Rock Highlight«, *Tenterfield Star* 17.Nov.1986.

»Carr Cuts Skycraper Plans Down«, *The Sydney Morning Herald* 31.Aug.1987.

»Cassandra«, »Rationalist Winning Some, Losing Some«, *Australian Financial Review* 19.Nov.1991.

»Colquhoun«, »Once Upon A Time ...«, *Sydney Morning Herald* 21.Aug.1989.

»Colquhoun«, *Sydney Morning Herald* 4.Nov.1991.

»Coming to Grips with the Debt Crisis«, *Australian Financial Review* 20.Nov.1989.

»Contemporary Aboriginal Art«, *Artlink* 10.1/2 (1990).

»Eastville to Go West«, *Maitland Mercury* 12.Nov.1969.

»Exclusive: The Human Fly«, *People* 23.März 1987.

»From Dust to Shops«, *Courier-Mail* 26.2.1969.

»Great Moments in Philosophy«, *Sydney Morning Herald* 30.6.1987.

»In the Know«, *Weekend Australian* 24./25.Jun.1989.

»Keating Is Dead: Labor's New Guard Rejects His Faith in Free Markets«, *Business Review Weekly* 3.März 1997.

»Keating? Welfare Boss Says: No Way«, *Sydney Morning Herald* 24.Oct.1991.

»King Kong: The Moment of Final Decision«, *Australian Financial Review* 15.Juni 1989, 47-49

»Mini-City to Open – July 8«, *Courier-Mail* 7.4.1970.

»National Birthplace Goes off the Rails«, *Sydney Morning Herald* 23.Okt.1989.

»National Independence a Far Cry from Virulent Nationalism«, *Financial Review* 14.Juni 1994.

»Poor Performance ›Shooting Aust in the Head‹«, *Australian Financial Review* 26.Okt.1989.

»Swan Steels ARC for Competition«, *Sunday Telegraph* 26.Nov.1989.

»Sydney Tower«, *Island Magazine* 9/10 (März 1982), 53-61.

»Sydney's Human Fly«, *Daily Mirror* 2.Feb.1987.

»Will Maitland Retain Its Entity or Become a Newcastle Suburb?«, *Newcastle Morning Herald* 24.Jan.1969.

Abelson, Elaine S., *When Ladies Go A-Thieving: Middle-Class Shoplifters in the Victorian Department Store*, New York 1990.

Adorno, Theodor W., »Fortschritt«, *Gesammelte Schriften 10.2, Kulturkritik und Gesellschaft II* (hg. v. Rolf Tiedemann), Frankfurt a.M. 1977, 617-638.

Adorno, Theodor W./Benjamin, Walter, *Briefwechsel 1928-1940* (Hg. Henri Lonitz), Frankfurt a.M. 1994.

Agamben Giorgio, *The Coming Community* (engl.v.Michael Hardt), Minneapolis 1993.
Alexander Jeffrey / Sztompa Piotr (Hg.), *Rethinking Progress*, London 1990.
Alliez Eric/Feher Michel, »Notes on the Sophisticated City«, *Zone* 1/2 (nd) 40-55.
Alliez Eric/Feher Michel, »The Luster of Capital«, *Zone 1/2 (nd)*, 315-359.
Anderson Perry, »Modernity and Revolution«, in: Nelson/Grossberg (Hg.), *Marxism and the Interpretation of Culture*, 317-38.
Appleby Joyce/Hunt Lynn/Jacob Margaret, *Telling the Truth about History*, New York/London 1994.
Armitage Catherine, »Companies Urged to Halt Asian Exploitation«, *The Australian* 11.Okt.1994.
Attali Jacques, *Noise: The Political Economy of Music*, Minneapolis 1985.
Attwood Bain (Hg.), *In the Age of Mabo: History, Aborigines and Australia*, Sydney 1996.
Augé Marc, *Non-Places: Introduction to an Anthropology of Supermodernity* (engl. v. John Howe), London 1995.
Aurum Encyclopaedia of Science Fiction (Hg. Phil Hardy), London 1984.
Australian Council of Trade Unions (Hg.), *Australia Reconstructed: ACTU/TDC Mission to Western Europe*, Canberra 1987.
Australian Cultural History 10 (1991), »Travellers, Journeys, Tourists«.
Australian House of Representatives, Daily Hansard 27.Feb.1992.
Badham, John (Regie):, *Dracula*, 1979.
Baker G./Funaro B., *Shopping Centers, Design and Operation*, New York 1951.
Bakhtin M.M., *The Dialogic Imagination: Four Essays* (hg.Michael Holquist, engl.von Caryl Emmerson/Michael Holquist), Austin 1981.
Ball Desmond, *A Suitable Piece of Real Estate: American Installations in Australia*, Sydney 1980.
Bammer Angelika, »The Question of Home«, Editorial zu *New Formations* 17 (Sommer 1992).
Barry Don/Muecke Stephen (Hg.), *The Apprehension of Time*, Sydney 1988.
Barthes Roland, »Change the Object Itself«, *Image-Music-Text* (ausgewählt u. engl. von Stephen Heath), Glasgow 1979, 165-69.
Barthes Roland, »Der Tod des Autors«, in: Jannidis Fotis (Hg.), *Texte zur Theorie der Autorschaft*, 185-193.
Barthes Roland, *Der Eiffelturm* (a.d. Franz.v.Helmut Scheffel), München 1970 (Paris 1964).
Barthes Roland, *Mythen des Alltags* (aus d.Franz. von Helmut Scheffel), Frankfurt a.M. 1964 (Paris 1957).
Baudrillard Jean,*L'effet beaubourg: implosion et dissuasion*, Paris 1977.
Baudrillard Jean, »The Ecstasy of Communication«, in: Hal Foster (Hg), *The Anti-Aesthetic*, Washington 1983, 126-134.
Baudrillard Jean, *America* (engl.v. Chris Turner), London 1988.
Baudrillard Jean, *Amerika* (aus d. Franz. von Michaela Ott), München 1985.
Baudrillard Jean, *Die fatalen Strategien* (aus d.Franz.v. Ulrike Bockskopf/Ronald Voullié), München 1985.

Baudrillard Jean, *La société de consommation*, Paris 1970.
Baudrillard Jean, *Simulations* (engl. von Paul Foss/Paul Patton/Phillip Beitchman), New York 1983.
Baudrillard Jean, Von der Verführung (aus d. Franz.v. Michaela Meßner), München 1992.
Beddington Nadine, *Design for Shopping Centres*, London 1982.
Beilharz Peter, »Republicanism and Citizenschip«, in Hudson/Carter (Hg), *The Republicanism Debate*, 109-117.
Bell Diane, *Daughters of the Dreaming*, Melbourne/North Sydney 1983.
Benjamin Walter, »Über den Begriff der Geschichte«, in: ders., *Gesammelte Schriften* Bd.I.2, 691-704.
Benjamin Walter, Berliner Chronik (1932), in ders., *Gesammelte Schriften* Bd.VI, 465-519.
Benjamin Walter, *Gesammelte Schriften* (Hg. Rolf Tiedemann/Hermann Schweppenhäuser), 7 Bde, Frankfurt a.M. 1972-1989.
Bennet Tony, »Putting Policy into Cultural Studies«, in: Grossberg/Nelson/Treichler (Hg.), *Cultural Studies*, 23-37.
Bennet Tony/Buckridge Patrick/Carter David/Mercer Colin (Hg.), *Celebrating the Nation: A Critical Study of Australia's Bicentenary*, Sydney 1992.
Bennett Tony, »Coming Out of English: A Policy Calculus for Cultural Studies«, », in: K.K. Ruthven (Hg.), *Beyond the Disciplines*, 33-44.
Bensen Susan Porter, *Counter Cultures: Saleswomen, Managers, and Customers in American Department Stores 1890-1940*, Urbana-Chicago 1988.
Bensmaïa Réda, »On the Concept of Minor Literature: From Kafka to Kateb Yacine«, in: Boundas/Olkowski (Hg.), *Gilles Deleuze and the Theater of Philosophy*, 213-228.
Benveniste Emile, *Problèmes de linguistique générale*, Paris 1966.
Berlant Lauren, »The Face of America and the State of Emergency«, in: Nelson/Gaonkar (Hg.), *Disciplinarity and Dissent in Cultural Studies*, 397-439.
Berman Marshall, »The Signs in the Street: A Response to Perry Anderson«, *New Left Review* 144 (1984),114-123.
Berman Marshall, *All That Is Solid Melts into Air: The Experience of Modernity*, New York 1982.
Bhabha Homi K. (Hg), *Nation and Narration*, London/New York 1990.
Bhabha Homi K. *The Location of Culture*, London/New York 1994.
Bird Jon/Curtis Barry/Putnam Tim/Robertson George/Tickner Lisa (Hg.), *Mapping the Futures: Local Cultures, Global Change*, London/New York 1993.
Blainey Geoffrey, *The Tyranny of Distance: How Distance Shaped Australia's History*, Melbourne 1966.
Blainey Geoffrey, Vorwort zu E.Lloyd Sommerlad, *The Migrant Shepherd* (1986).
Blanchot Maurice, »Everyday Speech«, *Yale French Studies* 73 (1987) 12-20.
Bogue Ronald, *Deleuze and Guattari* (New York 1989).
Boorstin Daniel, *The Image: A Guide to Pseudo-Events in America*, New York 1961.
Boundas Constantin V./Olkowski Dorothea (Hg.), *Gilles Deleuze and the Theater of Philosophy*, New York/London 1994.

Boyd Robin, *Australia's Home*, Harmondsworth 1978.
Boyd Robin, *The Australian Ugliness*, Ringwood-Harmondsworth 1963.
Boyer Christine, »The Return of Aesthetics to City Planning«, in: Dennis Crow (Hg.), *Philosophical Streets: New Approaches to Urbanism*, Washington, DC 1990, 93-112.
Braidotti Rosi, *Nomadic Subjects: Embodiment and Sexual Difference in Contemporary Feminist Theory*, New York 1994.
Brennan Warwick, »ARM Hails Libs' win«, *Sunday Telegraph* 10.März 1996.
Bringing Them Home, Report On the National Inquiry into the Separation of Aboriginal and Torres Strait Islander Children from Their Families, Commonwealth of Australia 1997.
Bromfield David, »Making the Modern in the Newest City in the World«, in: ders. (Hg.), *Aspects of Perth Modernism 1929-1942*, Perth 1988, 2-8.
Bruno Guiliana, »Ramble City: Postmodernism and *Blade Runner*«, *October* 41 (1987) 61-74.
Bruno Guiliana, *Streetwalking on a Ruined Map: Cultural Theory and the City Films of Elvira Notari*, Princeton 1993.
Bulbeck Chilla, »Republicanism and Post-nationalism«, in: Hudson/Carter (Hg), *The Republicanism Debate*, 88-96.
Burchell David, »The Virtuous Citizen and the Commercial Spirit; The Unhappy Prehistory of Citizenship and Modernity«, *Communal/Plural* 2 (1993), 17-45.
Burchell David/Matthews Race (Hg.), *Labor's Troubled Times*, Sydney 1991.
Burger Peter, *Theory of the Avant-Garde* (Engl. von Michael Shaw), Minneapolis 1984.
Burns Wilfred, *British Shopping Centers*, London 1959.
Bury J.P., *The Idea of Progress: An Inquiry into Its Origin and Growth*, New York 1932.
Butler Judith/Scott Joan W. (Hg.), *Feminists Theorize the Political*, New York/London 1992.
Camera Obscura 20-21 (Mai.-Sept.1989), »The Spectatrix«.
Canetti Elias, *Masse und Macht*, Frankfurt 1980.
Cant Sue, »Aborigines Urged to Target Middle Class«, *The Australian* 6.Jun.1994.
Carew Edna, *Keating: A Biography*, Sydney 1988.
Carew Edna, *Paul Keating: Prime Minister*, Sydney 1992.
Carter Erica/Donald James/Squires Judith (Hg), *Space and Place: Theories of Identity and Location*, London 1993.
Carter Paul, *The Road to Botany Bay*, London/Boston 1987.
Castle in the Clouds! 3 (1977), Marvel Comics.
Castles Stephen/Kalantzis Mary/Cope Bill /Morrissey Michael, *Mistaken Identity: Multiculturalism and the Demise of Nationalism in Australia*, Sydney 1988.
Chakrabarty Dipesh, »Postcoloniality and the Artifice of History: Who Speaks for ›Indian‹ Pasts?«, *Representations* 37 (1992), 1-26.
Chakrabarty Dipesh, »Provincializing Europe: Postcoloniality and the Critique of History«, *Cultural Studies* 6.3 (1992), 337-357.
Chakrabarty Dipesh, »Trafficking in History and Theory: Subaltern Studies«, in: Ruthven (Hg.), *Beyond the Disciplines*, 101-108.

Chambers Iain, »A Miniature History of the Walkman«, *New Formation* 11 (Sommer 1990), 1-4.

Chambers Iain, »Maps for the Metropolis: A Possible Guide to the Present«, *Cultural Studies* 1.1 (Jan.1987) 1-21.

Chambers Iain, *Popular Culture: The Metropolitan Experience*, New York/London 1986.

Chambers Iain/Curti Lidia (Hg.), *The Post-Colonial Question: Common Skies, Divided Horizons*, London/New York 1996.

Chambers Ross, »Strolling, Touring, Cruising: Counter-Disciplinary Narrative and the Loiterature of Travel«, in: Phelan/Rabinowitz (Hg.), *Understanding Narrative,* 17-42.

Chambers Ross, *Room for Maneuver: Reading Oppositional Narrative*, Chicago/London 1991.

Chang Briankle, *Deconstructing Communication*, Minneapolis 1996.

Chen Kuan-Hsing (Hg.), *Trajectories: Inter-Asia Cultural Studies. Culture and Communication in Asia*, London 1998.

Chen Kuan-Hsing, »Voices from the Outside: Towards a New Internationalist Localism«, *Cultural Studies* 6.3, 1992, 476-484.

Chow Rey, *Women and Chinese Modernity: The Politics of Reading between West and East*, Minneapolis 1991.

Chow Rey, *Writing Diaspora: Tactics of Intervention in Contemporary Cultural Studies*, Bloomington/Indianapolis 1993.

Christensen Jerome, »From Rhetoric to Corporate Populism: A Romantic Critique of the Academy in an Age of High Gossip«, *Critical Inquiry* 16.2 (Winter 1990), 438-465.

Clark C.M.H., »The Ruin of the Ideologies«, in: Ian Turner (Hg.), *The Australian Dream*, 348-351.

Clark C.M.H., *A History of Australia*, Bd.V, *The People Make Laws 1888-1915*, Melbourne 1981.

Cleary Paul, »Banana Republic Vision Comes True«, *Sydney Morning Herald* 14.Mai 1996

Clifford James, *The Predicament of Culture*, Cambridge 1988.

Cockburn Milton, »Voter Support Strong, but Only When They Decide Who Leads«, *Sydney Morning Herald* 7.Juni 1995.

Coleman Peter (Hg.), *Australian Civilization*, Melbourne/Sydney 1962.

Communal/Plural 2 (1993), »Republicanism/Citizenship/Community«.

Connell R.W., *Ruling Class Ruling Culture: Studies of Conflict, Power and Hegemony in Australian Life*, Cambridge 1977.

Continuum 8.2 (1994), »Critical Multiculturalism«.

Conway Ronald, *Land of the Long Weekend*, Melbourne 1978.

Conway Ronald, *The Great Australian Stupor: An Interpretation of the Australian Way of Life*, Melbourne 1971.

Cot Annie L., »Neoconservative Economics, Utopia and Crisis«, *Zone* 1/2 (undatiert), 293-311.

Craik Jennifer, *Resorting to Tourism: Cultural Policies for Tourist Development in Australia*, Sydney 1991.

Cramer Sue (Hg.), *Postmodernism: A Consideration of the Appropriation of Aboriginal Imagery*, Brisbane 1989.
Crawford Norman, *Tenterfield*, Tenterfield District Historical Society 1949.
Crimp Douglas, »Portraits of People with AIDS«, in: Grossberg/Nelson/Treichler (Hg.), *Cultural Studies*, 117-133.
Cronenberg David (Regie), *Die Fliege*, 1982.
Crow Dennis (Hg.), *Philosophical Streets: New Approaches to Urbanism*, Washington, DC 1990
Crozier Michel J./Huntington Samuel P./Watanuki Joli (Hg), *The Crisis of Democracy: Report of the Trilateral Commission on the Governability of Democracies*, New York 1975.
Cryle Peter, *The Thematics of Commitment: The Tower & The Plain*, Princeton 1985.
Culler Jonathan, »Semiotics of Tourism«, *The American Journal of Semiotics* 1.1/2 (1981) 127-140.
Cultural Studies 6.3 (1992), »Dismantling Freemantle«.
Cumming Fia, *Mates: Five Champions of the Labor Right*, Sydney 1991.
Cunningham Stuart, »Cultural Studies from the Viewpoint of Cultural Policy«, in: Turner (Hg.), *Nation, Culture, Text*, 126-139.
Cunningham Stuart, »Style, Form and History in Australian Mini-Series«, *Southern Review* 22.3 (1989), 315-333.
Cunningham Stuart, »The Cultural Policy Debate Revisited«, *Meanjin* 51.3 (1992), 533-543.
Cunningham Stuart/Elizabeth Jacka, »Cultural Studies in the Light of the Policy Process – A Curate's Egg?« in *Australian Cultural Studies Conference: 1990 Proceedings,* Nepean 1991, 26-56.
Curthoys Ann, »Australian Feminism and the State: Practice and Theory«, in James (Hg.), *The State in Question*, 138-160.
Curthoys Ann, »Single White Male«, *Arena Magazine* 8 (1993/94) 28.
Curthoys Ann, »What Is the Socialism in Socialist Feminism?« *Australian Feminist Studies* 6 (Herbst 1988), 17-24.
Curthoys Ann, *For and Against Feminism*, Sydney 1988.
Curthoys Ann/Muecke Stephen, »Australia, for Example«, in: Hudson/Carter (Hg), *The Republicanism Debate*, 177-200.
Daly M.T., *Sydney Boom, Sydney Bust*, Sydney 1982.
Dark Eleanor, *The Timeless Land*, Sydney 1941.
David Abe/Weelwright Ted, *The Third Wave: Australia and Asian Capitalism*, Sydney 1989.
Davila Juan, *Hysterical Tears* (Hg. Paul Taylor), Melbourne 1985.
Davila Juan/Foss Paul, *The Mutilated Pieta*, Sydney 1985.
Davis Mike, »Urban Renaissance and the Spirit of Postmodernism«, in: Kaplan (Hg.), *Postmodernism and Its Discontents*, 79-87.
Dawson John A., *Shopping Centre Development*, London/New York 1983.
de Certeau Michel, Heterologies. Discourse on the Other (Engl.v.Brian Massumi),

Minneapolis 1986.
de Certeau Michel, *Kunst des Handelns* (a.d.Franz.v. Ronald Voullié), Berlin 1988 (Paris 1980).
de Certeau Michel, *The Practice of Everyday Life* (engl. v. Steven F. Rendall), London 1984.
de Certeau Michel, *The Writing of History* (engl. v. Tom Conley), New York 1988.
de Lauretis Teresa (Hg.), *Feminist Studies/Critical Studies*, Bloomington 1986
de Lauretis Teresa, *Alice Doesn't: Feminism, Semiotics, Cinema*, Bloomington 1984.
de Weerdt Jacques, »L'espace rural français: vocation touristique ou processus de touristification?«; *Beitrag zum 1990 World Congress of the International Sociological Association*, Madrid.
Dean Kenneth/Massumi Brian, *First and Last Emperors: The Absolute State and the Body of the Despot*, Brooklyn 1992.
Deleuze Gilles, »He Stuttered«, in: Boundas/Olkowski (Hg.), *Gilles Deleuze and the Theater of Philosophy*, 23-29.
Deleuze Gilles, »Plato and the Simulacrum« (engl.v. Rosalind Krauss), *October* 27 (1983) 45-56.
Deleuze Gilles, *Logik des Sinns* (aus d. Franz. v. Bernhard Dieckmann), Frankfurt a.M. 1993 (Paris 1969).
Deleuze Gilles/Guattari Félix, *Kafka. Für eine kleine Literatur* (a.d.Franz.v. Burkhart Kroeber), Frankfurt a.M.1976 (Paris 1975).
Deleuze Gilles/Guattari Félix: *Tausend Plateaus, Kapitalismus und Schizophrenie* (aus d. Franz. von Gabriele Ricke und Ronald Voullié), Berlin 1992 (Paris 1980)
Denoon Donald, *Settler Capitalism: The Dynamics of Dependent Development in the Southern Hemisphere*, Oxford/New York 1983.
Department of Environment, Housing and Community Development, *The Shopping Centre as a Community Leisure Resource*, Canberra 1978.
Derrida Jacques, *Das andere Kap. Die vertagte Demokratie. Zwei Essays zu Europa* (aus d. Franz. v. Alexander García Düttmann), Frankfurt am Main 1992.
Derrida Jacques, *The Other Heading. Reflections on Today's Europe* (engl.v. Pascale-Anne Brault/Michael B. Naas), Bloomington/Indianapolis 1992.
Deutsche Rosalyn, »Architecture of the Evicted«, *Strategies* 3 (1990) 159-183.
Deutsche Rosalyn, *Evictions: Art and Spatial Politics*, Cambridge, MA 1996.
Devine Frank, »›Drab Mr.Suburbia‹ Has the Last Laugh«, *Australian* 27.Feb.1997.
Dictionary of Australian Quotations (hg.v.Murray-Smith Stephen), Melbourne1984.
Diprose Rosalyn/Ferrel Robyn (Hg.), *Cartographies: Poststructuralism and the Mapping of Bodies and Spaces*, Sydney 1991
Dirlik Arif, »The Postcolonial Aura: Third World Criticism in the Age of Global Capitalism«, *Critical Inquiry* 20.2 (1994), 328-356.
Docker John, *Postmodernism and Popular Culture: A Cultural History*, Cambridge 1994.
Docker John, *The Nervous Nineties: Australian Cultural Life in the 1890s*, Melbourne/Oxford 1991.

Duncan James/Ley David (Hg), *Place/Culture/Representation*, London-New York 1993
Dutton Geoffrey, *Sun, Sea, Surf and Sand – The Myth of the Beach*, Oxford/Melbourne 1985.
Dyster Barrie/Meredith David, *Australia in the International Economy in the Twentieth Century*, Cambridge 1990.
Eagleton Terry,*Walter Benjamin, or Towards a Revolutionary Criticism*, London 1981.
Edinburgh '76 Magazine 1 (1976), »Psycho-analysis/Cinema/Avant-Garde«.
Edwards Coral/Read Peter, *The Lost Children*, Sydney/New York 1992.
Edwards John, »Paul Keating: A Lust for Power«, *Sydney Morning Herald* 24.Sep.1988.
Eisenstein Hester, *Inside Agitators: Australian Femocrats and the State*, Philadelphia 1996.
Encyclopaedia of Aboriginal Australia (2 Bde, hg.v. David Horton), Canberra 1994.
Enloe Cynthia, *Bananas, Beaches and Bases: Making Feminist Sense of International Politics*, Berkeley/Los Angeles 1989.
Ermath Elizabeth Deeds, *Sequel to History: Postmodernism and the Crisis of Representational Time*, Princeton 1992.
Ewen Stuart, *Captains of Consciousness: Advertising and the Social Roots of the Consumer Culture*, New York 1976.
Fabian Johannes, *Time and the Other: How Anthropology Makes Its Objekt*, New York 1983.
Farley Rick, »The Political Imperatives of Native Title«, *Australian* 15.Mai 1996.
Faust Beatrice, »Cultural Clash of Women in Motion«, *Weekend Australian* 15./16.Okt.1994.
Featherstone Mike (Hg.), *Cultural Theory and Cultural Change*, London/Newbury Park/New Delhi 1992.
Featherstone Mike, »The Heroic Life and Everyday Life«, in: ders. (Hg.), *Cultural Theory and Cultural Change*, 159-82.
Felski Rita, *The Gender of Modernity*, Cambridge,MA/London, 1995.
Felton Catrina/Flanagan Liz, »Institutionalised Feminism: A Tidda's Perspective«, *Lilith* 8 (1993) 53-59.
Filmnews May 1988, »Remembering Claire Johnston«.
Finch Lynette, *The Classic Gaze: Sexuality, Class and Surveillance*, Sydney 1993.
Fiske John, *Lesarten des Populären*, Wien 2000 (Boston 1989).
Fiske John/Hodge Bob/Turner Graeme, *Myths of Oz: Reading Australian Popular Culture*, Sydney/London/Boston 1987.
Fletcher Angus, *Allegory: The Theorie of a Symbolic Mode*, Ithaca/London 1964.
Forbes Cameron, »How Green Can a Black Afford to Be?«, *The Australian* 6.Jun.1994.
Forbes John, *New and Selected Poems*, Sydney 1992.
Foss Paul (Hg.), *Island in the Stream: Myths of Place in Australian Culture*, Sydney 1988.
Foss Paul, »Landscape Without Landscape«, in: ders. (Hg), *Island in the Stream*, 1-3.
Foss Paul/Morris Meaghan (Hg.) *Language, Sexuality and Subversion*, Sydney 1978.
Fourmile Henrietta, »Aboriginal Heritage Legislation and Self-Determination«, *Australian-Canadian Studies* 7.1-2 (1989), 45-61.

Franzway Suzanne/Court Dianne/Connell R.W., *Staking a Claim: Feminism, Bureaucracy and the State*, Sydney/Boston 1989.

Freadman Anne, »Sandpaper«, *Southern Review* 16.1 (1983) 161-173.

Freadman Anne/Macdonald Amanda, *What Is This Thing Called »Genre«?*, Mount Nebo 1992.

Freeland J.M., *Architecture in Australia: A History*, Ringwood 1972.

Freudenberg Graham, *Cause for Power: The Official History of the New South Wales Branch of the Australian Labor Party*, Sydney 1991.

Friedburg Anne, *Window Shopping: Cinema and the Postmodern*, Berkeley/Los Angeles 1993.

Frieden Bernard J./Sagalyn Lynne B., *Downtown, Inc.: How America Rebuilds Cities*, Cambridge,MA 1989.

Frow John, »Accounting for Tastes: Some Problems in Bourdieu's Sociology of Culture«, *Cultural Studies* 1.1 (1987) 59-73.

Frow John, »Michel de Certeau and the Practice of Representation«, *Cultural Studies* 5.1. (1991) 52-60.

Frow John, »Tourism and the Semiotics of Nostalgia«, *October* 57 (1991), 123-151.

Frow John, *Cultural Studies and Cultural Value*, Oxford 1995.

Frow John/Morris Meaghan (Hg.), *Australian Cultural Studies: A Reader*, Sydney/Urbana 1993.

Fussell Paul, Abroad: *British Literary Traveling between the Wars*, New York/Oxford 1980.

Gallop Jane, *Feminism and Psychoanalysis: The Daughter's Seduction*, London 1982.

Gallop Jane, *Reading Lacan*, Ithaca/London 1985.

Garnaut Ross, *Australia and the North-East Asian Ascendancy: Report to the Prime Minister and the Minister for Foreign Affairs and Trade*, Canberra 1989.

Garran, R.R., *Prosper the Commonwealth*, Sydney 1958.

Gatens Moira, »Corporeal Representation in/and the Body Politic«, in: Diprose/Ferrel (Hg.), *Cartographies*, 79-87.

Gibbons Luke, *Transformations in Irish Culture*, Cork 1996.

Gibson Ross, *The Diminishing Paradise: Changing Literary Perceptions of Australia*, Sydney/London 1984.

Gibson William, *Idoru*, London 1996.

Gibson-Graham J.K., *The End of Capitalism (as We Knew It): A Feminist Critique of Political Economy*, Cambridge,MA/Oxford 1996.

Giddens Anthony, *The Constitution of Society*, Cambridge,MA/Oxford 1984.

Gilroy Paul, *The Black Atlantic: Modernity and Double Consciousness*, Cambridge 1993.

Godzich Wlad, *The Culture of Literacy*, Cambridge,MA/London 1944,

Goldstein R., *The Mind-Body Problem*, New York 1983.

Goodall Jane, »General Adaptation Syndrome: Hypochondrias of the *Fin de Siècle*«, in: Grace (Hg.), *Aesthesia and the Economy of the Senses*, 55-83.

Goot Murray/Rowse Tim, *Make a Better Offer: The Politics of Mabo*, Sydney 1994.

Gordon Colin (Hg.), *Michel Foucault: Power/Knowledge*, Brighton 1980.

Gordon Michael, *A Question of Leadership: Paul Keating, Political Fighter*, St.Lucia, 1993.
Gordon Michael: »An Ordinary Success: Mainstream Man, One Year On«, *The Australian Magazine*, 22./23.Feb.1997, 12-18.
Goss Jon, »The ›Magic of the Mall‹: An Analysis of Form, Function and Meaning in the Contemporary Retail Built Environment«, *Annals of the Association of American Geographers* 83.1 (1993), 18-47.
Grace Helen (Hg.), *Aesthesia and the Economy of the Senses*, Nepean 1996.
Grace Helen (Regie), *Serious Undertakings*, 1983.
Grace Helen, »A House of Games: Serious Business and the Aesthetics of Logic«, in: Frow/Morris (Hg.), *Australian Cultural Studies*, 69-95.
Grace Helen, »Business, Pleasure, Narrative: The Folktale in Our Times«, in: Diprose/Ferrell (Hg.), *Cartographies*, 113-25.
Grahan R.R., *Prosper the Commonwealth*, Sydney 1958.
Grattan Michelle, »Ideological Spectacles: Reporting the ›Rat Pack‹«, *Media Information Australia* 60 (Mai 1991), 9.
Gratz Roberta Brandes, *The Living City*, New York 1989.
Gregson Nicky/Crewe Louise, »The Bargain, the Knowledge, and the Spectacle: Making Sense of Consumption in the Space of the Car-Boot Sale«, *Environment and Planning D: Society and Space* 15.1 (1997) 87-112.
Grewal Inderpal/Kaplan Caren (Hg.), *Scattered Hegemonies: Postmodernity and Transnational Feminist* Practices, Minneapolis 1994.
Grimshaw Patricia/Lake Marilyn/McGrath Ann/Quartly Marian, *Creating a Nation*, Ringwood 1994.
Grossberg Lawrence, »Cultural Studies: Was steckt in einem Namen? (Noch einmal)« in: ders., *What's Going On?*, 253-86.
Grossberg Lawrence, »Cultural Studies: What's in a Name?« *B.Aubrey Fisher Memorial Lecture*, Okt.1993, Department of Communication, University of Utah (Hg.), Salt Lake City/Utah.
Grossberg Lawrence, »Formation(en) der Cultural Studies. Ein Amerikaner in Birmingham« (1989), in: ders., *What's Going On?*, 105-147.
Grossberg Lawrence, »The In-difference of Television«, *Screen* 28.2 (Frühjahr 1987), 28-45.
Grossberg Lawrence, *It's a Sin: Postmodernism, Politics and Culture*, Sydney 1988.
Grossberg Lawrence, *We Gotta Get out of This Place: Popular Conservatism and Postmodern Culture*, New York/London 1992.
Grossberg Lawrence, *What's Going On? Cultural Studies und Popularkultur* (aus d.Engl.v. Oliver Marchart/Roman Horak), Wien 2000
Grossberg Lawrence/Nelson Cary/Treichler Paula (Hg.), *Cultural Studies*, New York/London 1992.
Grosz Elizabeth, *Jacques Lacan: A Feminist Introduction*, Boston 1990.
Grosz Elizabeth, *Volatile Bodies: Toward a Corporeal Feminism*, Bloomington/Indianapolis

1994.
Gruen Victor/Smith Larry, *Shopping Towns U.S.A.,* New York 1960.
Guillermin John (Regie), *King Kong*, 1976.
Gunew Sneja, »Home and Away: Nostalgia in Australian (Migrant) Writing«, in: Foss (Hg.), *Island in the Stream*, 35-46.
Gutman G.O., »Rational View Needed on the Playing Field«, *Australian Financial Review* 23.Dez.1991.
Habermas Jürgen, *The New Conservatism*, Cambridge 1989.
Haebich Anna, *For Their Own Good: Aborigines and Government in the South West of Western Australia 1900-1940*, Nedlands 1992.
Hage Ghasan, »Anglo-Celtics Today: Cosmo-Multiculturalism and the Phase of the Fading Phallus«, *Communal/Plural* 4 (1994), 41-77
Hage Ghassan, »Racism, Multiculturalism and the Gulf War«, *Arena* 96 (1991), 8-13.
Hage Ghassan, »Republicanism, Multiculturalism, Zoology«, *Communal/Plural* 2 (1993), 113-137.
Hale David D., »Australia's Economy: Can It Survive Free Trade?« *Weekend Australian* 16./17.Nov.1991.
Hall Catherine, »Histories, Empires and the Post-Colonial Moment«, in: Chambers/Curti (Hg.), *The Post-Colonial Question*, 65-77.
Hall Glen, *The Road to the River (1839-1939),* Lismore 1975.
Hall Stuart, »Cultural Studies and Its Theoretical Legacies«; in: Grossberg/Nelson/Treichler (Hg.), *Cultural Studies*, 277-294.
Hall Stuart, »When Was ›the Post-Colonial‹? Thinking at the Limit«, in: Chambers/Curti (Hg.), *The Post-Colonial Question*, 242-260.
Hall Stuart/Jacques Martin (Hg.), New Times: *The Changing Face of Politics in the 1990s*, London 1989.
Halliday Ken, *Call of the Highlands: The Tenterfield Story 1828-1988*, Tenterfield Shire Council and Australian Bicentenary Authority, 1988.
Haraway Donna, *Die Neuerfindung der Natur. Primaten, Cyborgs und Frauen* (aus dem Engl. von Dagmar Fink u.a.), Frankfurt a.M. 1995 (New York 1991).
Harraway Donna, *Primate Visions: Gender, Race and Nature in the World of Modern Science*, New York/London 1989.
Harris Margaret/Verrender Ian, »How Sydney became Asia's Middle-Class Sweatshop«, *Sydney Morning Herald* 19.Nov.1995.
Hartcher Peter, »Kaeting Becomes a Victim of the ›Intelligence Trap‹«, *Sydney Morning Herald* 2.Nov.1991.
Hartley John, »Suburbanality (in Cultural Studies)«, *Meanjin* 51.3 (1992) 453-464.
Harvey David, »Flexible Accumulation through Urbanization: Reflections on ›Post-Modernism‹ in the American City«, *Antipode* 19/3 (1987), 260-286.
Harvey David, »From Space to Place and Back Again: Reflections on the Condition of Postmodernity«, in: Bird/Curtis/Putnam/Robertson (Hg.), *Mapping the Futures*, 1993, 3-29.

Harvey David, *The Condition of Postmodernity: An Enquiry into the Origins of Cultural Change*, Oxford 1989.
Harvey David, *The Urbanisation of Capital*, Oxford 1985.
Hawkins Gay, *From Nimbin to Mardi Gras: Constructing Community Arts*, Sydney 1993.
Hayward Philip, »Culture, Logic and Criticism«, *Media Information Australia* 61 (1991), 72-75.
Hebdige Dick, »The Impossible Object: Towards a Sociology of the Sublime«, *New Formations* 1 (Frühjahr 1987), 47-76.
Hebdige Dick, »Training Some Thoughts on the Future«, in: Bird/Curtis/Putnam/Robertson (Hg.), *Mapping the Futures*, 1993, 270-279.
Hebdige Dick, *Hiding in the Light*, London/New York 1988.
Hillach Ansgar, »The Aesthetics of Politics: Walter Benjamin's ›Theories of German Fascism‹«, *New German Critique* 17 (1979) 99-119.
Himmelfarb Gertrude, *On Looking Into the Abyss: Untimely Thoughts on Culture and Society*, New York 1994.
Hindess Barry, »The Very Idea of a Modern Republic«, *Comunal/Plural* 2 (1993), 1-15.
Hirst Martin, »The Coming Republic: Citizenship and the Public Sphere in Post-Colonial Australia«, *Australian Journal of Communication* 22.3 (1995), 13-39.
Holston James/Appadurai Arjun, »Cities and Citizenship«, *Public Culture* 8.2 (1996), 187-204.
Honda Inoshiro (Regie), *King Kong No Gyakushu*, Toho 1976.
hooks bell, *Yearning: Race, Gender and Cultural Politics*, Boston 1990.
Hooks Kevin (Regie), *Irresistible Force*, 1993.
Horin Adele, »Plea for Businesses to Combat Child Labour«, *Sydney Morning Herald* 6.März 1996.
Hornbeck James, *Stores and Shopping Centers*, New York 1962.
Horne Donald u.a.(Hg.), *The Coming Republic*, Sydney 1992
Horne Donald, *How to Be Australia*, Monash University 1994.
Horne Donald, *Money Made Us*, Ringwood/Harmondsworth 1976.
Horne Donald, *The Great Museum: The Re-Presentation of History*, London/Sydney 1984.
Horne Donald, *The Intelligent Tourist*, McMahon's Point 1993.
Horne Donald, *The Lucky Country*, Ringwood 1964.
Horne Donald, *The Public Culture: An Argument with the Future*, London/Boulder, 1994.
Hudson Wayne/Carter David (Hg), *The Republicanism Debate*, Kensington 1993
Huggins Rita/Huggins Jackie, *Auntie Rita*, Canberra 1994.
Hughes Robert, *The Fatal Shore*, London 1987.
Hunter Ian, »Setting Limits to Culture«, *New Formations* 4 (Frühjahr 1988), 103-124; ebenso in Turner, *Nation, Culture, Text,* 140-163.
Hunter Ian, *Culture and Government: The Emergence of Literary Education*; London 1988.
Hunter Ian, *Rethinking the School: Subjektivity, Bureaucracy, Criticism*, Sydney/New York 1994.
Huxley Margo/Kerkin Kate, »What Price the Bicentennial? A Political Economy of Darling

Harbour«, *Transition: Discourse on Architecture* 26 (Frühjahr 1988), 57-64.
Huxtable Ada Louise, *The Tall Building Artistically Reconsidered: The Search for a Skyscraper Style*, New York 1984.
Huyssen Andreas, *After the Great Divide: Modernism, Mass Culture, Postmodernism*, Bloomington 1986.
Hyams Peter (Regie), *Time Cop* (1994).
Irving Helen, »Feminists to Turn up Heat on the Republic«, *Sydney Morning Herald* 20.Aug.1993.
Irving Helen, »Republicanism, Royalty and Tales of Australian Manhood«, *Communal/Plural* 2 (1993), 139-151.
Irving Helen, »Swissterhood«, *Arena Magazine* 11 (1994), 15.
Jacobs Jane, *The Death and Life of Great Amercan Cities*, New York 1961.
Jaensch Dean, *The Hawke-Keating Hijack*, Sydney 1989.
James Paul (Hg.) *Technocratic Dreaming: Of Very Fast Trains and Japanese Designer Cities*, Hg., Melbourne 1990.
James Paul (Hg.), *The State in Question: Transformations of the Australian State*, Sydney 1996.
James Paul, »As Nation and State: A Postmodern Republic Takes Shape«, in ders. (Hg.), *The State in Question*, 224-251.
Jameson Fredric, *Postmodernism, or, The Cultural Logic of Late Capitalism*, Durham 1991.
Jannidis Fotis (Hg.), *Texte zur Theorie der Autorschaft*, Stuttgart 2000.
Jardine Alice, *Gynesis: Configurations of Women and Modernity*, Ithaca/London 1985.
Jayamanne Laleen (Regie), *A Song of Ceylon*, 1985.
Jennet Christine/Stewart Randal G., *Hawke and Australian Public Policy: Consensus and Restructuring*, South Melbourne 1990.
Johnson Colin, *Dr. Wooreddy's Prescription for Enduring the Ending of the World*, Melbourne 1983.
Johnston Claire, »Femininity and the Masquerade: Anne of the Indies« (1975), in: Kaplan (Hg.), *Psychoanalysis and Cinema*, 64-72.
Johnston Claire, »Maeve«, *Screen* 22.4 (1981), 55-63.
Johnston Claire, »The Subject of Feminist Film Theory/Practice«, *Screen* 21.2 (1980), 27-34.
Johnston Claire, »Women's Cinema as Counter-Cinema«, in: dies., *Notes on Women's Cinema*, 24-31.
Johnston Claire, *Dorothy Arzner – Towards a Feminist Cinema*, London 1975.
Johnston Claire, *Notes on Women's Cinema*, London 1973.
Johnston Claire/Willemen Paul (Hg.), »Brecht in Britain. On *The Nightcleaners*«, *Screen* 16.4 (1975/76), 101-113.
Johnston Claire/Willemen Paul (Hg.), *Frank Tashlin*, Edinburgh 1973.
Johnston Claire/Willemen Paul (Hg.), *Jacques Tourneur*, Edinburgh 1975
Jones Colin S., *Regional Shopping Centres*, London 1969.
Kalantzis Mary/Cope Bill, »Republikanism and Cultural Diversity«, in: Hudson/Carter

(Hg), *The Republicanism Debate*, 118-144.
Kaplan E.Ann (Hg.), *Postmodernism and Its Discontents: Theories, Practices,* London 1988.
Kaplan E.Ann (Hg.), *Psychoanalysis and Cinema*, New York 1990
Kaspar Wolfgang, »The Revolution We Have to Have«, *Weekend Australian* 12./13.Okt.1991.
Katz Cindi, »Major/Minor: Theory, Nature, and Politics«, *Annals of the Association of American Geographers* 85.1 (März 1995), 164-167.
Keating Michael/Dixon Geoff, *Making Economic Policy in Australia 1983-1988,* Melbourne 1989.
Keith Michael/Pile Steve (Hg), *Place and the Politics of Identity*, London/New York 1993.
Kelly Paul, »Howard's Report Card: A year of governing cautiously«, *Weekend Australian* 1./2. März 1997.
Kelly Paul, *The Hawke Ascendancy: A Definitive Account of Its Origins and Climax 1975-1983*, Sydney 1984.
Keneally Tom, *Our Republic*, Port Melbourne, 1993.
Kennedy Fiona, »Aboriginal Consensus Reached on Cape York«, *Australian* 6.Feb.1996.
Kincaid Jamaica, *A Small Place*, London 1988.
Kingston Beverly, *Basket, Bag and Trolley: A History of Shopping in Australia*, Melbourne 1994.
Kirby Michael, »Reflections on a Constitutional Monarchy«, in Hudson/Carter (Hg), *The Republicanism Debate*, 61-76.
Kitney Geoff, »Coarse Keating Put off Course«, *Australian Financial Review* 31.Dez.1987.
Knevitt Charles, »Towers of Power«, *Weekend Australian* 2-3, Nov.1985, 18.
Knight Stephen, *The Selling of the Australien Mind: From First Fleet to Third Mercedes*, Port Melbourne 1990.
Knightley Phillipp, »The Real Knight Revealed«. *Sunday Telegraph* 20.Aug.1989.
Kowinski William Severini, *The Malling of America: An Inside Look at the Great Consumer Paradise*, New York 1985.
Kroker Arthur, *Technology and the Canadian Mind: Innis/McLuhan/Grant*, Montreal 1984.
La Nauze J.A., *The Making of the Australian Constitution*, Melbourne 1972.
LaCapra Dominick, *History and Criticism*, Ithaca 1985.
Lacoue-Labarthe Philippe, *Heidegger, Art and Politics*, Oxford 1990.
Lake Marilyn, »Sexing the Republic: What Do Women Want?« *Age* 2.Dez.1993.
Lanfant Marie-Françoise/Allcock John B./Bruner Edward M. (Hg.), *International Tourism: Identity and Change*, London/Thousand Oaks/New Delhi 1995.
Langton Marcia, »No Future in a Return to Racial Paternalism«, *Australian* 18.Apr.1996.
Langton Marcia, *»Well, I heard it on the radio and I saw it on the television ...« An essay for the Australian Film Commission on the Politics and Aesthetics of Filmmaking by and about Aboriginal People and Things.* North Sydney 1993.
Laplanche J./Pontalis J.-B., *The Language of Psycho-analysis* (engl.v. Donald Nicholson-Smith), London 1980.

Lardeau Yann, »Touche pas à la femme blanche«, *Traverses* 8 (Mai 1977), 116-124.
Lash Scott/Urry John, *The End of Organized Capitalism*, Madison 1987
Laurence Michael, »Now, the Billion-Dollar Game Comes to the Boil«, *The Sydney Morning Herald* 15.Aug.1987.
Lawrence D.H., *Kangaroo*, Ringwood/Harmondsworth 1968.
Lawson Sylvia, »Art in Bondage«, *Australian Society* 8.8 (August 1989), 52-53.
Lawson Sylvia, *The Archibald Paradox: A Strange Case of Authorship*, Ringwood/Harmondsworth 1983.
Le Doeff Michèle, *Hipparchia's Choice: An Essay Concerning Women, Philosophy, Etc.* (engl.v. Trista Selous), Oxford/Cambridge, MA 1991.
Le Doeuff Michèle, *The Philosophical Imaginary* (engl.v. Colin Gordon), Stanford 1989.
Lefebvre Henri, *Das Alltagsleben in der modernen Welt* (aus d.Franz. von Annegret Dumasy), Frankfurt a.M. 1972 (Paris 1968).
Lefebvre Henri, *Kritik des Alltagslebens Bd.1*, München 1974 (Paris 1947).
Lefebvre Henri, *Kritik des Alltagslebens Bd.2 u. 3: Grundrisse einer Soziologie der Alltäglichkeit*, München 1975 (Paris 1962).
Lentricchia Frank, *Criticism and Social Change*, Chicago/London 1983.
Leong Wai-Teng, »Culture and the State: Manufacturing Traditions for Tourism«, *Critical Studies in Mass Communication* 6 (1989) 355-375.
Leser David, »The Cape Crusader«, *HQ* (März/Apr.1994), 78-84.
Levitas Ruth, »The Future of Thinking about the Future«, in Bird/Curtis/Putnam/Robertson (Hg.), *Mapping the Futures*, 1993, 257-266.
Levy James, »The Error in Argentina's Ways«, *Sydney Morning Herald* 19.Apr.1995.
Lilith 8 (1983), »Dealing with Difference«.
Lynch Kevin, *What Time Is This Place?*, Cambridge,MA 1972.
Lyons John, »Our Prime Minister in Waiting«, *Weekend Australian*, 22./23.Aug.1987.
Lyotard Jean-François, *Das postmoderne Wissen. Ein Bericht* (aus d. Franz. v. Otto Pfersmann), Graz/Wien 1986 (Paris 1979).
MacCannell Dean, *Empty Meeting Grounds: The Tourist Papers*, London/New York 1992.
MacCannell Dean, *The Tourist: A New Theory of the Leisure Class*, New York 1976.
Macintyre Stuart, »Tall Poppies«, *Australian Society* 8.9 (September 1989), 8-9.
Macquarie Dictionary of Australian Quotations (hg.v. Stephen Torre), Sydney 1990.
Maddox Graham, *The Hawke Government and Labor Tradition*, Ringwood 1989.
Manne Robert, »The Future of Conservatism«, *Quadrant* (Jan/Feb.1992), 49-55.
Marrie Adrian, »Museums and Aborigines: A Case Study in Internal Colonialism«, Australian-Canadian Studies 7.1-2 (1989), 63-80.
Martin A.W. (Hg), *Letters from Menie: Sir Henry Parkes and His Daughter*, Melbourne 1983.
Martin A.W., *Henry Parkes, a Biographie*, Melbourne 1980.
Martin Biddy/Mohanty Chandra Talpade, »Feminist Politics: Whats Home Got to Do with It?«, in: de Lauretis (Hg.), *Feminist Studies/Critical Studies*, 191-212
Masciarotte Gloria-Jean, »C'Mon Girl: Oprah Winfrey and the Discourse of Feminine

Talk«, *Genders* 11 (Herbst 1991), 81-110.
Massey Doreen, »Power-Geometry and a Progressive Sense of Place«, in: Bird/Curtis/Putnam/Robertson (Hg.), *Mapping the Futures*, 1993, 59-69.
Massey Doreen, *Space, Place and Gender*, Cambridge 1994.
Massumi Brian (Hg.), *The Politics of Everyday Fear*, Minneapolis 1993.
Massumi Brian, »Realer than Real: The Simulacrum According to Deleuze and Guattari«, *Copyright* 1 (1987) 90-97.
Mayne Judith, »›King Kong‹ and the Ideology of Spectacle«, *Quarterly Review of Film Studies* 1.4 (1976) 373-387.
McClelland James, »A Moneybags not a PM«, *Sydney Morning Herald* 10.Sep.1987.
McClintock Anne, *Imperial Leather: Race, Gender and Sexuality in the Colonial Context*, New York/London 1995.
McCloskey Donald N., *The Rhetoric of Economics*, Madison 1985.
McDowells Deborah E., *»The Changing Same«: Black Women's Literature, Criticism and Theory*, Bloomington/Indianapolis 1995.
McEachern Doug, *Business Mates: The Power and Politics of the Hawke Era*, Sydney 1991.
McGrath Ann, »Travels to a Distant Past: The Mythology of the Outback«, *Australian Cultural History* 10 (1991) 113-124.
McGregor Craig, *Headliners: Craig McGregor's Social Portraits*, St.Lucia, 1990.
McMullin Ross, *The Light on the Hill: The Australian Labor Party 1891-1991*, Oxford 1991.
McQueen Humphrey, »The Pineapple of Professional Correctness«, *ABC Radio 24 Hours* Juni 1996, 56-58.
McQueen Humphrey, *A New Britannia*, Ringwood/Harmondsworth 1970.
McRobbie Angela, »Settling Accounts with Subcultures«, *Screen Education* 34 (Frühjahr 1980), 37-49.
Meanjin 51.3 (1992), »Culture, Policy and beyond«.
Mellencamp Patricia (Hg.), *Logics of Television*, Bloomington/Indianapolis 1990
Mellencamp Patricia, *High Anxiety: Catastrophe, Scandal, Age, and Comedy*, Bloomington/Indianapolis 1992.
Mellencamp Patricia, *Indiscretions: Avant Garde Film, Video, and Feminism*, Bloomington-Indianapolis 1990.
Mercer Kobena, »›1968‹: Periodizing Politics and Identity«, in: Grossberg/Nelson/Treichler (Hg.), *Cultural Studies*, 424-438.
Michaels Eric, *Bad Aboriginal Art: Tradition, Media and Technological Horizons*, Minneapolis 1994.
Michaels Eric, *For a Cultural Future: Francis Jupurrurla Makes TV at Yuendumu*, Sydney 1987; auch enthalten in: ders. *Bad Aboriginal Art*, 99-125.
Michaels Eric, *The Aboriginal Invention of Television in Central Australia 1982-1986*, Canberra 1986.
Michaels Eric, *Unbecoming: An AIDS Diary*, Sydney 1990.

Mikesch Elfi/Treut Monika (Regie), *Seduction: The Cruel Woman*, 1985.
Millmow Alex, »Profile: Paul Keating«, *Australian Left Review* 130 (Juli 1991), 3.
Miyoshi Masao, »A Borderless World? From Colonialism to Transnationalism and the Decline of the Nation-State«, *Critical Inquiry* 19.4 (1993), 726-751.
Moffatt Tracey (Regie), *Nice Coloured Girls.* Women Make Movies 1987.
Moffatt Tracey (Regie), *Night Cries: A Rural Tragedy.* Women Make Movies 1989.
Montag Warren, »What Is at Stake in the Debate on Postmodernism?«, in Kaplan (Hg.), *Postmodernism and Its Discontents,* 88-103.
Moore, Catriona (Hg.), *Dissonance: Feminism and the Arts 1970-90,* Sydney 1994.
Moorhouse Frank, *Room Service: Comic Writings of Frank Moorhouse,* Ringwood/Harmondsworth 1985.
Morgan Sally, *My Place*, Fremantle 1987.
Morley David/Chen Kuan-Hsing (Hg.), *Stuart Hall: Critical Dialogues in Cultural Studies* London/New York 1996.
Morris Meaghan, »A Gadfly Bites Back«, *Meanjin* 51.3 (1992), 545-51
Morris Meaghan, »Afterthoughts on Australianism«, *Cultural Studies* 6/3 (1992) 468-475.
Morris Meaghan, »Banality in Cultural Studies«, in: Mellencamp (Hg.), *Logics of Television*, 14-43.
Morris Meaghan, »Crazy Talk Is Not Enough«, *Environment and Planning D: Society and Space* 14.4 (1996) 384-93.
Morris Meaghan, »Fear and the Family Sedan«, in: Massumi (Hg.), *The Politics of Everyday Fear*, 285-305.
Morris Meaghan, »Life as a Tourist Object in Australia«, in: Lanfant/Allcock/Bruner (Hg.), *International Tourism,* 177-91.
Morris Meaghan, »›Non-Nationalism‹ und ›Post-Nationalism‹ in the Australian Republicanism Debate«, *Trajectories II*, 1995 Proceedings, Institute of Literature, National Tsing-Hua University, Taiwan.
Morris Meaghan, »Panorama: The Live, the Dead and the Living«, in: Turner (Hg.), *Nation, Culture, Text*, 19-58; ebenso in: Foss (Hg.) *Island in the Stream*, 160-187.
Morris Meaghan, »Sydney Tower«, *Island Magazine* 9/10 (1982) 53-66.
Morris Meaghan, »The Man in the Mirror: David Harvey's ›Condition‹ of Postmodernity«, in: Featherstone (Hg.), *Cultural Theory and Cultural Change*, 253-79
Morris Meaghan, »White Panic or, Mad Max and the Sublime«, in: Kuan-Hsing Chen (Hg.), *Trajectories: Inter-Asia Cultural Studies.*
Morris Meaghan, *The Pirate's Fiancée: Feminism, Reading, Postmodernism*, London 1988.
Morris Meaghan/Patton Paul (Hg.) *Michel Foucault: Power, Truth, Strategy*, Sydney 1979.
Morse Margaret, »An Ontology of Everyday Distraction: The Freeway, the Mall, and Television«, in: Mellencamp (Hg.), *Logics of Television*, 193-221.
Mudrooroo Nyoongah, »Beached Party«, *The Sydney Morning Herald* 19.Jänner 1991.
Muecke Stephen, »Experimental History? The ›Space‹ of History in Recent Histories of Kimberley Colonialism«, *The UTS Review* 2.1 (1996) 4.
Muecke Stephen, *No Road (Bitumen All the Way)*, Fremantle 1997.

Muecke Stephen, *Textual Spaces: Aboriginality and Cultural Studies*, Kensington 1992.
Mulvey Laura, *Visual and Other Pleasures*, Bloomington 1989.
Murdolo Adele, »Warmth and Unity with all Women? Historicizing Racism in the Australian Women's Movement«, *Feminist Review* 52 (1996) 69-86.
Murray Les, *Subhuman Redneck Poems*, Potts Point 1996.
Murray Les, *The Vernacular Republic: Poems 1961-1983*, Sydney 1990.
Murray Robert, *The Split: Australian Labor in the Fifties*, Melbourne 1970.
Naas Michael B., »Introduction: For Example«, in: Jacques Derrida, *The Other Heading. Reflections on Today's Europe* (engl.v. Pascale-Anne Brault/Michael B. Naas), Bloomington/Indianapolis 1992, vii-lix.
Nairn Bede, *Civilising Capitalism: The Beginnings of the Australian Labor Party*, Canberra 1973.
Nava Mica, »Consumerism Reconsidered: Buying and Power«, *Cultural Studies* 5.2 (1991) 157-173.
Nelson Carry/Grossberg Lawrence (Hg.), *Marxism and the Interpretation of Culture*, Urbana 1988
Nelson Cary/Gaonkar Dilip Parameshwar (Hg.), *Disciplinarity and Dissent in Cultural Studies*, New York/London 1996.
New Formations 17 (1992), »The Question of Home«.
Newton Judith, »History as Usual? Feminism and the ›New Historicism‹«, in: Veeser (Hg.), *The New Historicism*,152-167.
Niethammer Lutz, *Posthistoire. Ist die Geschichte zu Ende?* Reinbek bei Hamburg, 1989.
Nietzsche Friedrich, *Vom Nutzen und Nachtheil der Historie für das Leben* , München 1996 (1873-76).
Nightingale Virginia, »What's ›Ethnographic‹ about Ethnographic Audience Research?«, Frow/Morris (Hg.), *Australian Cultural Studies*, 149-161; ebenso in Turner (Hg.), *Nation, Culture, Text*, 164-177.
Norris Christopher, *Spinoza & the Origins of Modern Critical Theory*, Blackwell 1991.
Noyce Phillip (Regie), *Newsfront*. Roadshow 1978.
O'Regan Tom, »(Mis)taking Policy: Notes on the Cultural Policy Debate«, *Cultural Studies* 6.3 (1992), 409-423; ebenso in Frow/Morris (Hg.), *Australian Cultural Studies*, 192-206.
O'Regan Tom, *Australian Television Culture*, Sydney 1993.
Parker Derek: *The Courtesans: The Press Gallery in the Hawke Era*, Sydney 1990.
Parkes Henry, *Studies in Rhyme*, Sydney 1870.
Parkes Menie, *Poems, Printed for Private Circulation*, Sydney 1867.
Parliamentary Handbook of the Commonwealth of Australia, 26.Aufl. 1993.
Pateman Carole, *The Sexual Contract*, Cambridge 1988.
Pearson Noel, »Mabo and the Humanities: Shifting Frontiers«, in: Schreuder (Hg.), *The Humanities and a Creative Nation*, 16-23.
Petro Patrice, Feminism and Film History, *Camera Obscura* 22 (Jan.1990), 9-26.
Petro Patrice, *Joyless Streets: Women and Melodramatic Representation in Weimar Germany*, Princeton 1989.

Phelan James/Rabinowitz Peter (Hg.), *Understanding Narrative,* Columbus 1994.
Phillips A.A., *The Australian Tradition: Studies in a Colonial Culture* (Neuauflage mit einer Einführung von H.P.Heseltine) St.Kilda 1980.
Phillips Anne, *Democracy and Difference*, Cambridge 1993.
Picard Michel, »Cultural Heritage and Tourist Capital: Cultural Tourism in Bali«, in: Lanfant/Allcock/Bruner (Hg.), *International Tourism*, 44-66.
Pollock Griselda, *Vision & Difference: Femininity, Feminism and the Histories of Art*, London-New York 1988.
Prato Paolo / Trivero Gianluca, »The Spectacle of Travel«, *The Australian Journal of Cultural Studies* 3.2 (Dez.1985), 27.
Pringle Rosemary, »Octavius Beale and the Ideology of Birthrate: The Royal Commissions of 1904 and 1905«, *Refractory Girl* 3 (Winter 1973), 19-27.
Pusey Michael, *Economic Rationalism in Canberra: A Nation-Building State Changes Its Mind*, Cambridge 1991.
Quarry Neville, »A Shopping Guide« (unveröffentlicht).
Quarry Neville, »Knox City Shopping Centre: A Review«, *Architecture Australia* 67.5 (Nov.1978), 68.
Rainer Yvonne (Regie), *The Man Who Envied Women*, 1985.
Ramsey Alan, »Black, Blue and Deep in the Red«, *Sydney Morning Herald* 1.Dez.1990.
Rapoport Amos, *The Meaning of the Built Environment: A Nonverbal Communication Approach*, Beverly Hills 1982
Redstone Louis G., *New Dimensions in Shopping Centers and Stores*; New York 1973.
Reekie Gail, *Temptations: Sex, Selling and the Department Store*, Sydney 1993.
Reiger Kerreen M., *The Disenchantment of the Home: Modernizing the Australian Family 1880-1940*, Melbourne 1985.
Reynolds Henry, *The Law of the Land*, Ringwood/Harmondsworth 1987.
Reynolds Henry, *The Other Side of the Frontier: Aboriginal Resistance to the European Invasion of Australia*, Ringwood/Harmondsworth 1982.
Reynolds Henry, *With the White People*, Ringwood-Harmondsworth 1990.
Richards Peter, »Rich to Get Richer at the Expense of the Poor«, *Australian Financial Review* 22.Nov.1991.
Robbins Bruce, *Secular Vocations: Intellectuals, Professionalism, Culture*, London/New York 1993.
Robert Marthe, *Roman des origines et origines du roman* , Paris 1972.
Robinson Peter, »Fair Go, We're All Bludgers«, *Sun-Herald* 18.Juni 1989.
Robinson Peter, »In Search of Elusive Economic Panacea«, *Australian Financial Review* 11.Dez.1991.
Robinson Peter, »Take a Good Look at Keating and Co.«, *Sun-Herald* 30.Aug.1987.
Robinson Peter, »Time to Rotate the Top Job«, *Sun Herald* 10.Nov.1991.
Rodriguez Ileana, *House/Garden/Nation: Space, Gender and Ethnicity in Postcolonial Latin American Literatures by Women*, Durham/London 1994.
Rolls Eric, *Sojourners: Flowers and the Wide Sea*, St.Lucia 1992.

Romero George (Regie) *Dawn of the Dead* (1979).
Rosaldo Michelle Z., »Toward an Anthropology of Self and Feeling«, in Shweder/LeVine (Hg.), *Culture Theory*, 137-157.
Rose Gillian, *Feminism and Geography: The Limits of Geographical Knowledge*, Cambridge 1993.
Rose Jaqueline, *Sexuality in the Field of Vision*, London 1986.
Ross Andrew, *No Respect: Intellectuals and Popular Culture*, New York/London, 1989.
Ross Andrew, *The Chicago Gangster Theory of Life: Nature's Debt to Society*, London/New York 1994.
Rowley Sue, »The Journey's End: Women's Mobility and Confinement«, *Australian Cultural History* 10 (1991) 69-83.
Rowse Tim, »Diversity in Indigenous Citizenship«, *Communal/Plural* 2 (1993), 47-63.
Ruddick Susan, »Heterotopias of the Homeless: Strategies and Tactics of Placemaking in Los Angeles«, *Strategies* 3 (1990) 184-201.
Ruthven K.K. (Hg.), *Beyond the Disciplines: The New Humanities*, Canberra 1993
Sakai Naoki, *Translation and Subjectivity*, Minneapolis 1997.
Sandercock Leonie, *Cities for Sale: Property, Politics and Urban Planning in Australia*, Melbourne 1977.
Sanders Noel, »Azaria Chamberlain and Popular Culture«, in: Frow/Morris (Hg.), *Australian Cultural Studies*, 86-101.
Schaffer Kay, *Women and the Bush: Forces of Desire in the Australian Cultural Tradition*, Cambridge 1988.
Schepisi Fred (Regie), *Evil Angels* (auch *A Cry in the Dark*), 1988
Schirato Tony, »My Space or Yours? De Certeau, Frow and the Meaning of Popular Culture«, *Cultural Studies* 7.2 (1993) 282-291.
Schlesinger John (Regie), *Der Falke und der Schneemann*, USA 1984.
Schoedsack Ernest B./Cooper Merian C. (Regie), *King Kong*, 1933.
Schreuder Deryck M. (Hg.), *The Humanities and a Creative Nation: Jubilee Essays*, Canberra 1995.
Schulte-Sasse Jochen, »Electronic Media and Cultural Politics in the Reagan Era: The Attack on Libya and *Hands Across America* as Post-modern Events«, *Cultural Critique* 8 (Winter 1987/88), 123-152.
Scott Andrew, *Fading Loyalties: The Australian Labour Party and the Working Class*, Sydney 1991.
Scott Bonnie Kime, *The Gender of Modernism: A Critical Anthology*; Bloomington/Indianapolis 1990.
Scott Joan W. »›Experience‹«, in: Judith Butler/Joan W.Scott (Hg.), *Feminists Theorize the Political*, New York/London 1992, 22-40.
Scott Keith, »Last Chance to Translate Grievance into Change«, *Canberra Times* 14.Okt.1993.
Scott Ridley (Regie), *Blade Runner*, 1982.
Secombe Mike, »From Paul to John, Special Delivery«, *Sydney Morning Herald*

25.Okt.1989.

Sedgwick Eve Kosofsky, *Between Men: English Literature and Male Homosocial Desire*, New York 1985.

Sedgwick Eve Kosofsky, *Epistemology of the Closet*, Berkeley/Los Angeles 1990.

Sennett Richard, *The Fall of Public Man*, New York/London, 1974.

Shapiro Gary, »From the Sublime to the Political: Some Historical Notes«, *New Literary History* 16.2 (1985), 213-235.

Sharp Rhonda/Broomhill Ray, *Short Changed: Women and Economic Policies*, Sydney 1988.

Shepard Sam, *Motel Chronicles* (aus d.Engl. von Uschi Gnade/Willi Winkler), Frankfurt a.M. 1987.

Shepard Sam, *Motel Chronicles*, San Francisco 1982.

Shopping Center Development Handbook, Washington, DC 1977.

Shopping for a Retail Policy, A.I.U.S. Publication 99, Canberra 1982.

Shweder Richard A./LeVine Robert A. (Hg.), *Culture Theory: Essays on Mind, Self and Emotion*, Cambridge 1984.

Sieburth Richard, »Sentimental Travelling: On the Road (and Off the Wall) with Laurence Sterne«, *Scripsi* 4.3, 197-211.

Singleman Glenn/Hilton Chris (Regie), *A Spire*, 1988.

Sloterdijk Peter, Kritik der zynischen Vernunft, Frankfurt a.M. (2 Bde) 1983/84.

Slutzkin Linda, »Spartans in Speedos«, in: Daniel Thomas (Hg.), *Creating Australia: 200 Years of Art 1788-1988*, Adelaide 1988, 176-177.

Smith Bernard, *European Vision and the South Pacific 1768-1850*, Oxford 1960.

Smith Kevin (Regie), *Mallrats*, 1995.

Social Text 31/32 (1992), »Third World and Post-Colonial Issues«.

Soja Edward W., *Postmodern Geographies: The Reassertion of Space in Critical Social Theory*, London/New York 1989.

Sommerlad E.Lloyd, *The Migrant Shepherd: Ober-Rosbach to Tenterfield*, Avalon Beach 1986.

Somol Robert E., »›…You Put Me in a Happy State‹: The Singularity of Power in Chicago's Loop«, *Copyright* 1 (1987), 98-118.

Spillers Hortense J. (Hg), *Comparative American Identities: Race, Sex, and Nationality in the Modern Text*, New York/London 1991.

Spivak Gayatri Chakravorty, »Can the Subaltern Speak?«, in: Nelson/Grossberg (Hg.), *Marxism and the Interpretation of Culture*, 227-313.

Steedman Carolyn, »Culture, Cultural Studies, and the Historians«, in: Grossberg/Nelson/Treichler (Hg.), *Cultural Studies*, 613-622.

Steinberg Michael P., »Cultural History and Cultural Studies«, in: Nelson/Gaonkar (Hg.), *Disciplinarity and Dissent in Cultural Studies*, 103-29.

Stephenson A.M./Ratnapala Suri (Hg.), *Mabo: A Judicial Revolution*, St.Lucia 1993.

Stern Lesley/Jayamanne Laleen/Grace Helen, »Remembering Claire Johnston«, *Framework* 35 (1988), 114-129.

Sternlieb George/Hughes James W. (Hg), *Shopping Centers, U.S.A.*, Rutgers/NJ 1981.
Stewart Susan, *On Longing: Narratives of the Miniature, the Gigantic, the Souvenir, the Collection*, Baltimore/London 1984.
Stone Oliver (Regie), *Wallstreet*, 1987.
Stratton Jon, »Deconstructing the Territory«, *Cultural Studies* 3.1 (1989), 38-57.
Stratton Jon/Ang Ien, »Multicultural Imagined Communities: Cultural Difference and National Identity in Australia and the USA«, *Continuum* 8.2 (1994), 124-158.
Straub Jean-Marie/Huillet Danielle (Regie), *Too Soon Too Late*, 1980.
Stutchbury Michael, »The Bizarre Anti-Migration Coalition«, *Australian Financial Review* 14.Nov.1990.
Summers Anne, *Damned Whores and God's Police: The Colonization of Women in Australia*, Ringwood-Harmondsworth, 1975.
Swain Tony, *A Place for Strangers: Towards a History of Australian Aboriginal Being*, Cambridge/New York/Melbourne 1993.
Sykes Roberta B., *Black Majority*, Hawthorn 1989.
Tanaka Yuki, »The Japanese Political-Construction Complex«, in: James (Hg.), *Technocratic Dreaming*, 71-77.
Tanner Lindsay, »Laborism in Retreat«, in: Burchell/Matthews (Hg), *Labor's Troubled Times*, 71-79.
Tennant Kylie, *Australia: Her Story* (1953), London 1964.
Tennant Kylie, *The Battlers*, London/Sydney 1941.
Thomas Daniel (Hg.), *Creating Australia: 200 Years of Art 1788-1988*, Adelaide 1988.
Thomas Julian, »Heroic and Democratic Histories: Pioneering as a Historical Concept«, *The UTS Review* 2.1 (1996), 58-71.
Thompson Elaine, »Giving Ourselves Better Government«, in: Horne u.a. (Hg.), *The Coming Republic*, 148-160.
Thompson Ronald/Joshua Andrew/Rogers Kevin/Geoffrey Raymond/Burkett Brian (Regie), *Ngukurr: Weya Wi Na*, Ngukurr School Council/Ngukurr Adult Education Committee/Yugul Manggi Media, 1988.
Trollope Anthony, *Travelling Sketches*, London 1866 (Nachdruck 1981).
Tuan Yi-Fu, *Morality and Imagination: Paradoxes of Progress*, Madison 1989.
Turner Graeme (Hg.), *Nation, Culture, Text: Australian Cultural and Media Studies*, London/New York 1993
Turner Graeme, »Dilemmas of a Cultural Critic: Australian Cultural Studies Today«, *Australian Journal of Communication* 16 (1989), 1-12.
Turner Graeme, »Of Rocks and Hard Places: The Colonized, the National and Australian Cultural Studies«, *Cultural Studies* 6.3 (1992), 424-32.
Turner Graeme, »Return to Oz: Populism, the Academy, and the Future of Australian Studies«, *Meanjin* 50/1 (Herbst 1991), 20.
Turner Graeme, »Two faces of Australian Nationalism«, *Sydney Morning Herald* 25.Jan.1997.
Turner Graeme, *Making It National: Nationalism and Australian Popular Culture*, Sydney

1994.
Turner Ian (Hg.), *The Australian Dream*, Melbourne 1968.
Urry John, *The Tourist Gaze: Leisure and Travel in Contemporary Societies*, London/Newbury Park/New Delhi 1990.
Valaskakis Gail Guthrie, »The Chippewa and the Other: Living the Heritage of Lac du Flambeau«, *Cultural Studies* 2.3 (1988), 267-293.
van den Abbeele Georges, »Sightseers: The Tourist as Theorist«, *Diacritics* 10 (1980), 2-14.
van Rossum-Guyon Françoise, »Questions à Julia Kristeva – A partir de Polylogue«, *Revue des sciences humaines* 168 (1977), 495-501.
Veeser H.Aram (Hg.), *The New Historicism*, New York 1989,
Venturi Robert / Scott Brown Denise / Izenour Steven, *Learning form Las Vegas: The Forgotten Symbolism of Architectural Form*, Cambridge, MA 1977.
Virilio Paul, »The Overexposed City«, *Zone* 1/2(nd), 14-31.
Virilio Paul, »Véhiculaire«, in: Jacques Berque u.a. (Hg.), *Cause commune: Nomades et vagabonds*, Paris1975, 41-68.
Virilio Paul, *Esthétique de la disparation*, Paris 1980.
Virilio Paul, *Speed and Politics* (engl.v. Mark Polizzotti), New York 1986.
Virilio Paul, *The Vision Machine* (engl.v. Julie Rose), London/Bloomington 1994.
Virilio Paul, *War and Cinema: The Logic of Perception* (engl.v. Patrick Camiller), London 1989.
Virilio Paul/Lotringer Sylvere, *Pure War* (engl.v. Mark Polizzotti), New York 1983.
Wallace Michele, *Invisibility Blues: From Pop to Theory*, London 1990.
Walsh Maximilian, »Menzies Was Right, after All«, *Sydney Morning Herald* 21.Dez.1995.
Walsh Maximilian, »Now, It's a Question of Pride for Paul«, *Sydney Morning Herald* 11.Okt.1990.
Walsh Maximilian, *Poor Little Rich Country: The Path to the Eighties*, Harmondsworth/Ringwood 1979.
Walsh Peter: *siehe* »Cassandra«.
Waring Marilyn, *Counting for Nothing: What Men Value & What Women Are Worth*, Sydney 1988.
Watson Don, »Birth of a Post-Modern Nation«, *Weekend Australian* 24./25.Juli 1993.
Watson Sophie (Hg), *Playing the State: Australian Feminist Interventions*, Sydney 1990.
Watson Sophie/Gibson Katherine (Hg), *Postmodern Cities and Spaces*, Oxford/Cambridge,MA, 1995.
Wenders Wim (Regie), *Paris, Texas*, 1991.
Werckmeister O.K., *Citadel Culture*, Chicago 1991.
Wernick Andrew, »Sign and Commodity: Aspects of the Cultural Dynamic of Advanced Capitalism«, *Canadian Journal of Political and Social Theory* 8.1-2 (1984), 17-34.
Widders Terry/ Noble Greg, »On the Dreaming Track to the Republic: Indigenous People and the Ambivalence of Citizenship«, *Communal-Plural* 2 (1993), 95-112.
Willemen Paul, »Response to Donzelot«, in: Barry/Muecke (Hg.), *The Apprehension of Time*, 28-32.

Willemen Paul, »Rotterdam«, *Framework* 20 (1983), 41-44.
Willemen Paul, *Looks and Frictions: Essays in Cultural Studies and Film Theory*, London/Bloomington 1994.
Williams Patricia J., *Outside in the Teaching Machine*, New York/London 1993.
Williams Patricia J., *The Alchemy of Race and Rights: Diary of a Law Professor*, Cambridge, MA/London, 1991.
Willmot Eric, *Australia: The Last Experiment*, Sydney 1987.
Willmot Eric, *Pemelwuy: The Rainbow Warrior*, Sydney 1987.
Wilson Elizabeth, *Adorned in Dreams: Fashion and Modernity*, London 1985.
Wilson Robert Anton, »Projekt Parameters in Cherry Valley by the Testicles«, *Semiotext(e)* 14 (1989), 337-343.
Wilson Tikka Jan, »Feminism and Institutionalized Racism: Inclusion and Exclusion at an Australian Feminist Refuge«, *Feminist Review* 52 (1996), 1-26.
Wiltshire Kenneth, *Tenterfield Revisited: Reforming Australia's System of Government for 2001*; St.Lucia 1991.
Windschuttle Keith, *The Killing of History: How a Discipline Is Being Murdered by Literary Critics and Social Theorists*, Sydney 1994.
Wolff Janet, »The Invisible Flâneuse: Women and the Literature of Modernity«, *Theory Culture & Society* 2.3 (1985), 37-46.
Yeatman Anna, *Bureaucrats, Technocrats, Femocrats*, Sydney/Boston 1990.
Yiftachel Oren, »The Dark Side of Modernism: Planning as Control of an Ethnic Minority«, in: Watson/Gibson (Hg.), *Postmodern Cities and Spaces*, 216-242.
Young Robert, *White Mythologies: Writing, History and the West*, London 1990.
Zahalka Anne, »The Tourist as Theorist 1: (Theory Takes a Holiday)«, *Cultural Studies* 2.1 (Jan.1987) 17-28.
Žižek Slavoj, »The King is a Thing«, *New Formations* 13 (1991), 19-37.
Žižek Slavoj, *Denn sie wissen nicht, was sie tun. Genießen als ein politischer Faktor,* Wien 1994.
Žižek Slavoj, *Tarrying With the Negative: Kant, Hegel and the Critique of Ideology*, Durham 1993 (erschienen 2000).
Žižek Slavoj, *The Sublime Object of Ideology*, London 1989.
Zukin Sharon, Loft Living: Culture and Capital in Urban Change, Baltimore 1982.

Register